TOUS
ENSEMBLE

Du même auteur

FRANÇOIS DE CLOSETS

TOUS ENSEMBLE

Pour en finir
avec la syndicratie

ÉDITIONS DU SEUIL
27, rue Jacob, Paris VIe

ISBN 2-02-008958-0.

Tous ensemble

Il nous reste quinze ans pour réussir notre entrée dans le troisième millénaire. La science et la technique devaient être les épreuves reines du concours. Le programme a changé : tout va se jouer sur le social. Sur son mariage avec l'économie. Les sujets de cours sont annoncés : cohésion dans l'effort, souplesse dans le changement, rapidité dans l'innovation, pugnacité dans la compétition. Ceux qui disposent de ces atouts seront reçus, les autres recalés. La guerre civile n'a plus d'avenir.

Pour notre pays, cette constatation prend valeur d'avertissement. Les Gaulois qui le peuplent toujours s'engagent plus volontiers « contre » que « pour », préfèrent la confrontation à la collaboration et ne se reconnaissent qu'à travers leurs divisions. En dépit de ce handicap, la France a pu devenir une grande puissance industrielle au cours des « trente glorieuses » : 1945-1975. Mais les règles du jeu ont changé et notre rigidité sociale nous relègue dans le peloton des traînards. Les Français ne se tireront d'affaire qu'en se battant « Tous ensemble » et non plus en faisant alterner le « Chacun pour soi » et le « Tous contre ». Les solutions expéditives, les constructions idéologiques ou les appels à la réconciliation n'apportent aucune réponse. C'est pourtant à la recherche d'une collaboration conflictuelle entre tous les acteurs sociaux que sera consacré ce livre. Un propos totalement irréaliste donc.

Sans doute le serait-il si je prétendais nier nos divergences. Mais il ne s'agit pas de cela. La concorde universelle que poursuivent les utopies totalitaires est un cauchemar et non pas un idéal. Il est naturel que les groupes sociaux et les intérêts particuliers s'opposent, il est inévitable que ces antagonismes provoquent des tensions et même des heurts. Sur le plan social comme sur le plan politique, une société démocratique est d'abord une société de conflits. Nous ne souffrons pas de nos divisions, mais de notre incapacité à les regarder en face afin de les dépasser. Car cette confrontation générale peut être néga-

7

tive ou positive, stérile ou dynamique, archaïque ou moderne selon qu'elle débouche sur des mécanismes paralysants ou des systèmes régulateurs. A l'évidence, nos relations sociales sont encore du premier type, elles mettent davantage l'accent sur les antagonismes passés que sur les convergences nouvelles. Elles nous bloquent plus qu'elles ne nous stimulent.

Un peuple, dit-on, n'échappe pas à son histoire. Je l'ai longtemps pensé, et c'est pourquoi ce sujet ne me tentait guère. A quoi bon épiloguer sur une situation figée, lorsqu'on n'a pas de goût pour les vœux pieux ? Seules les phases de déstabilisation méritent qu'on s'y intéresse. Elles naissent dans les esprits lorsque s'effrite le ciment des évidences. Une certitude perd son monopole, une interrogation va poindre et les dés roulent à nouveau. Je suis convaincu que nous arrivons à ce point et que notre confrontation sociale héritée du XIXe siècle va succomber à sa propre dégénérescence. Le système qui prendra la relève misera sur la cohésion plus que sur la division, afin de gagner en avant et « Tous ensemble » plutôt que perdre sur place et « Tous contre tous ».

En dépit de ce tempérament querelleur trop longtemps subi comme une fatalité historique, les esprits changent, les comportements aussi. En cinq ans, les Français ont plus évolué qu'en cent ans, mais ils n'en sont pas conscients car les médias reflètent mal l'histoire en gestation. Nous avons regardé, en 1982, l'usine Talbot de Poissy transformée en champ de bataille ; aujourd'hui, nous ne voyons pas la centaine de cercles de qualité qui réunissent cadres et ouvriers dans cette même usine. En 1982, les lois Auroux furent l'occasion de polémiques spectaculaires. Trois ans plus tard, la négociation et l'expression fonctionnent sans drame. Donc sans écho médiatique. Tous les six mois, des fonctionnaires, moins nombreux et moins déterminés qu'il n'y paraît, manifestent leur mécontentement sur les petits écrans. Il est plus difficile de montrer les milliers de grèves qui n'ont pas eu lieu et qui ont fait de 1984 l'année la plus calme... en attendant 1985. Le public a suivi jour après jour la grande négociation confédérations-CNPF sur la flexibilité. Tandis que, sur le devant de la scène, ce mauvais mimodrame faisait naufrage avec ses acteurs fatigués, dans les entreprises, patrons et syndicats organisaient de façon pragmatique leur propre flexibilité. Les affrontements à l'usine SKF d'Ivry ont été présentés comme une résurgence de la violence ouvrière. Fausse interprétation. Il y a vingt ans, les 600 ouvriers — éventuellement épaulés par des militants extérieurs — seraient montés eux-mêmes à l'assaut. Aujourd'hui, ils font défaut, tant pour l'occupation que pour la bagarre. Et le parti communiste doit mettre à contribution ses employés municipaux qui viennent, en service commandé, tenir leur rôle devant les caméras. On croyait voir de l'actualité alors qu'il s'agissait d'une reconstitution historique. La lutte des classes est maintenue en survie artificielle et M. Krasucki lance dans le désert son appel à la grève générale. Ce changement, qui n'en est encore qu'à ses tout débuts, ne va pas supprimer la conflictualité mais en modifiera la nature et l'expression. Les brusques explosions de colère sociale que nous connaîtrons encore traduiront davantage la survivance du passé que l'annonce des temps nouveaux. Les affrontements de l'avenir ne seront pas moins tendus, mais plus organisés. Ils feront partie du système, au lieu de constituer des ruptures.

Le vieil antagonisme capital-travail s'affiche dans les discours et s'étiole dans la vie quotidienne. Sous la pression de la concurrence, les adversaires se découvrent partenaires et s'efforcent d'inventer une gestion moderne de leurs conflits. L'image de l'entreprise change pour le salarié, tout comme celle de la société pour le citoyen. Les Français s'aperçoivent peu à peu qu'entre travailleurs et chômeurs, actifs et retraités, contribuables et subventionnés, générations à venir et générations déclinantes, les oppositions d'intérêts sont bien plus irréductibles qu'entre patrons et salariés. Les fausses divisions s'estompent, les véritables se révèlent. Demain, elles seront au cœur du débat politique. Mais la mutation qui s'amorce à la base ne parvient pas à remonter au sommet. Nos institutions restent figées. Du permanent syndical au ministre, chacun s'accroche à l'ancien système. Les structures bureaucratiques s'opposent à une évolution qui les remet en cause. Il faut précipiter leur transformation ou leur chute.

Le syndicalisme se trouve déchiré entre la France qui meurt et la France qui naît. Il ne se porte pas bien. Tout le monde le sait. Sur la nature du mal, les opinions divergent. Excès de pouvoir, me disent les uns ; trop grande faiblesse, répondent les autres. Chaque jugement contient sa part de vérité. A cette première contradiction s'en ajoute une seconde. L'institution, toujours identifiée au progrès social, inspire encore le respect, mais son action, souvent décalée par rapport à cet idéal, suscite la contestation. Deux sentiments contraires qui se neutralisent et protègent le *statu quo*. Il convient de s'en dégager.

Le terme même de « syndicalisme » recouvre tout à la fois les valeurs historiques du mouvement ouvrier et les pratiques contemporaines de la revendication salariée. Deux significations différentes qui peuvent provoquer des réactions opposées. Autre confusion, ce terme désigne indistinctement toutes les organisations « représentatives », les puissants regroupements de cheminots, d'électriciens, de mineurs ou de paysans et les petits commandos qui tentent de survivre dans les PME. Il permet de fourrer dans la même valise l'action d'un ouvrier qui se bat pour améliorer la sécurité sur un chantier et celle d'un chercheur médiocre qui s'arroge par la filière syndicale le droit de juger ses collègues. Il confond dans un même pathos guerrier les démêlés des professeurs avec l'Education nationale et les batailles de salariés aux prises avec un patron despotique. Cette confusion n'est pas le fruit de l'erreur, c'est une imposture délibérément entretenue.

Elle sert à masquer le corporatisme, le passéisme et la bureaucratisation qui rongent le syndicalisme. Celui-ci ne protège plus que les salariés déjà protégés et laisse sans défense ceux qui sont mal défendus. Désertant l'entreprise, sa « niche écologique », il remporte de trop faciles victoires loin du capitalisme, son « ennemi héréditaire ». Les deux phénomènes sont liés. C'est le maintien de la revendication archaïque qui provoque également l'hypertrophie des appareils dans le secteur monopolistique et la désyndicalisation dans le secteur concurrentiel. Les confédérations, organisations de masse censées représenter le monde du travail dans son ensemble, supposées poursuivre les mêmes buts, dans les mêmes conditions face à un ennemi commun, n'incarnent plus que des fictions. Sous prétexte de défendre indistinctement tous les travailleurs, elles garantissent les forts au détriment des faibles et se rendent complices de la pire injustice : l'exclusion. Car, en période de crise, le maintien systématique de toute situation acquise condamne inévitablement les moins bien pourvus. La société duale, fondée sur l'implacable division entre les travailleurs et les intouchables, se trouve inscrite dans la pratique syndicale de ces dix dernières années.

Mais s'agit-il encore de syndicalisme ? Les organisations représentatives du secteur monopolistique d'Etat, qui s'appuient sur des permanents plutôt que sur des bénévoles, sur des prérogatives institutionnelles plutôt que sur la confiance des travailleurs, sur la légitimité électorale plutôt que sur le militantisme, n'ont plus rien à voir avec le mouvement ouvrier dont elles se réclament. J'utiliserai le terme de « syndicratie » pour les désigner et j'y attache, c'est évident, une connotation négative. Il s'agit, en effet, d'une évolution néfaste, voire d'une perversion. Si longtemps que malade et maladie sont confondus sous une même appellation, ils forment un objet complexe qui se dérobe à tout jugement global. Dès lors qu'on les distingue, il devient aisé de séparer le « non » à la syndicratie du « oui » au syndicalisme.

Entre l'impérialisme de l'une et la faiblesse de l'autre, il n'y a nulle contradiction à prôner une réduction du pouvoir syndical ET une restauration de l'autorité syndicale. Je dirai nettement que certaines organisations me paraissent envahissantes, certaines grèves abusives, certaines prérogatives excessives, certaines procédures dévoyées et que l'évolution actuelle doit être stoppée avant de provoquer une réaction générale de rejet. Je dirai aussi que le syndicalisme doit prendre une meilleure place dans les entreprises et participer au renouveau de la vie sociale comme garant de cette collaboration conflictuelle et non pas comme champion des luttes stériles. Il n'est pas bon que le patronat soit seul à inventer l'avenir, car il risque d'habiller de neuf son autoritarisme naturel sans pousser l'évolution à son terme. L'intervention du partenaire syndical devrait permettre d'assurer un véritable partage du pouvoir. Mais également des responsabilités. Les syndicats ne pourront tenir ce rôle qu'en basculant de la confrontation à la participation. Il leur reste peu de temps pour le faire. Le train du changement roule déjà très vite, il ne sera bientôt plus possible de le prendre en marche.

La critique du syndicalisme « ouvrier », c'est-à-dire salarié, n'est que le premier cercle d'une remise en cause plus large. La défense des groupes particuliers, salariés, mais aussi agriculteurs, travailleurs indépendants, patrons, etc. est tout à la fois légitime et nécessaire. Mais cette fonction est assurée de façon déplorable dans la société française. Les stratégies conservatrices, sans imagination, ne visent qu'à conforter l'acquis sans oser prendre le risque du changement. Elles se révèlent inefficaces pour les « bénéficiaires », désastreuses pour la collectivité et ne profitent, en définitive, qu'aux bureaucraties syndicales qui les mettent en œuvre.

Mais on ne vient pas à bout des institutions sans avoir brisé les idées qui leur servent d'assise. Or, tout le système syndicratique repose sur une fausse représentation de notre société. Une représentation unanimement admise. J'entends donc en proposer ici une autre sensiblement différente et, je le pense, plus fidèle. Je ne prétends pas réinventer l'économie, ni découvrir des théories inédites. Mon propos est plus modeste, il s'apparente à un problème cartographique. Tous les géographes partent d'une même connaissance des terres émergées, mais ils peuvent changer du tout au tout notre vision du monde par le choix qu'ils font d'une méthode de projection et d'un axe d'observation. Selon qu'ils centrent un planisphère sur l'Atlantique ou sur le Pacifique, sur le pôle Sud ou sur le pôle Nord, qu'ils s'attachent à présenter le relief, les frontières politiques, le climat, la population ou les ressources, qu'ils travaillent en projection cylindrique, conique, azimutale ou autre, ils suggèrent des interprétations géopolitiques différentes.

11

Il en va de même pour notre cartographie socio-économique. Selon la manière dont on présente les faits, on met en valeur tel ou tel mécanisme, tel ou tel aspect de la réalité. Or, nous conservons obstinément depuis un siècle un mode de représentation qui amplifie démesurément les survivances archaïques et qui rejette à l'arrière-plan les rouages plus modernes. S'appuyant sur ces cartes déformantes, nos syndicats se trompent sans cesse d'adversaire, de bataille et de stratégie. Ma critique se fonde d'abord sur une représentation de notre société qui rend mieux compte de son état présent et fait ressortir le décalage entre la France de 1985 et sa projection dans le discours syndical et les pratiques revendicatives.

Ne soyons pas naïfs, cette erreur n'a rien d'innocent. Ceux qui les utilisent savent bien que ces schémas sont biaisés. Que leur importe puisqu'ils y trouvent la justification de leur pouvoir ! En découplant le social de l'économique, ces modèles lient la condition de chacun à sa combativité plus qu'à sa productivité et amplifient démesurément la fonction de défense. Ils ne laissent d'alternative aux travailleurs que subir l'exploitation patronale ou tomber sous la coupe syndicale. La syndicratie est inscrite dans ce schéma, tout comme la féodalité dans le bas Moyen Age. Les Français ont payé cher la démonstration par l'absurde de cette erreur. Ils ont pris conscience de la liaison étroite entre l'économique et le social. Mais la recherche d'une nouvelle cohérence se heurte aux bureaucraties représentatives qui essayent de perpétuer leur conflit nourricier, comme ces avocats, opposés à tout compromis qui, de contre-expertise en cassation, gagnent leur vie en ruinant leurs clients.

Au terme de cet ouvrage, je proposerai un nouveau type de relations sociales : le partenariat. Ce n'est pas une construction théorique ou idéologique, mais l'aboutissement logique des nouveaux rapports qui se créent empiriquement entre patrons, salariés et syndicats dans les entreprises les plus performantes. En ouvrant ce futur, je ne veux qu'aider notre société à se débarrasser des dogmatismes anciens. A devenir ce qu'elle est.

Pour mener à bien une telle enquête, il convient de manquer à toutes les règles du savoir-vivre social. Je m'y efforcerai. La syndicratie étant un système compliqué qui ne peut se décrire en trois lignes, je la montrerai à l'œuvre avant d'en tenter l'analyse. Il suffit pour cela de détourner les projecteurs du théâtre sur lequel s'agitent nos « partenaires sociaux », pour mettre en lumière la réalité quotidienne que vivent les Français.

CHAPITRE PREMIER

La liberté du temps

André Bergeron n'a plus de grain à moudre, Henri Krasucki plus de grévistes à entraîner, Edmond Maire plus de militants à convaincre et Yvon Gattaz plus rien à négocier. Les confédérations se sont offert deux échecs retentissants en six mois : la flexibilité et les Congés formation reconversion : les CFR. La France sociale est en panne. N'est-ce pas le mauvais calme annonciateur de brutales tempêtes ? Certains le craignent, d'autres l'espèrent et le précédent de 1968 interdit toute prévision. Curieusement, cette glaciation ne touche que le sommet. A la base, ce serait plutôt l'inverse. Dans les branches, les partenaires parviennent encore à conclure : 927 accords signés en 1984. Un score honorable. Patrons et syndicats ont même réussi à s'entendre sur la question, « sensible » entre toutes, du travail temporaire. Quant aux entreprises, elles connaissent le plus surprenant regain de la concertation. Sur les 12 000 qui comprennent au moins une section syndicale, elles étaient 3 000 à avoir négocié en 1983. Elles ont été 8 000 en 1984. Dans un cas sur deux, un accord a pu être signé. Un record d'autant plus inattendu que les normes gouvernementales ne laissaient guère de place aux « cadeaux ». Comment se fait-il que le dialogue se fige au niveau institutionnel, alors qu'il renaît au niveau opérationnel ? Pourquoi les leaders sociaux semblent-ils si crispés, alors qu'on n'a jamais autant débattu, discuté et signé dans ce pays ? Pourquoi le discours revendicatif reste-t-il immuable, alors que le système de valeurs change dans les esprits et que les comportements se modifient dans l'action ?

Nos confédérations ne connaissent que le gros grain : salaires, durée du travail, âge de la retraite. Produits normalisés en vente dans tous les supermarchés du progrès. De ce point de vue, c'est vrai, les meuniers peuvent s'endormir, les moulins ne risquent pas de s'emballer. Mais le travailleur ne vit pas que de ce pain-là. Son existence quotidienne est aussi faite de conditions de travail, de rapports hiérarchiques, d'horaires, de satisfactions et de frustrations. Des millions de problèmes éclatés, que le tamis syndical avec ses mailles trop larges laisse filer pour ne retenir que le quantitatif au détriment du qualitatif. Ce filtrage réduit les revendications à des slogans : « gagner plus », « travailler moins » ; tout le reste ne serait que du gadget patronal visant à mystifier les salariés et semer la désorganisation dans leurs rangs. Fortes de ces convictions, nos organisations représentatives se sont offert le plus beau ratage social de ces dernières années : celui des horaires libres. Une innovation qui ne figure jamais au palmarès des « grandes conquêtes sociales ». Les syndicats n'ont pas lieu de s'en vanter.

Les horaires rigides gênent assez peu les hommes, car les activités « masculines » — selon l'antique division des rôles — se casent aisément dans le temps libre. En revanche, la mère de famille qui doit faire face à plusieurs occupations dans les mêmes heures, sans compter les imprévus, s'en accommode mal. Il lui faut courir de la crèche au bureau, du bureau à la « Sécu » et de la « Sécu » au supermarché, risquant toujours de buter ici ou là sur une porte close. Une existence sous tension que détendrait un rien de souplesse. Mais comment faire, si l'on ne peut ni venir plus tard ni partir en avance ? Dans les années soixante, ce problème est aggravé par l'arrivée massive des femmes sur le marché du travail et les difficultés croissantes de circulation dans les grandes agglomérations.

Les syndicats ne voient rien. Les patrons, eux, constatent la multiplication des retards et l'accroissement de l'absentéisme. Mauvais pour l'entreprise, mais que faire ? Heureusement, il y eut les jeux Olympiques à Munich en 1972. Une source d'embouteillages inextricables dans la cité, des retards accrus pour les salariés. C'est alors que les dirigeants de Bolkow-Messerschmitt, reprenant une idée suisse, proposèrent à leurs employés d'étaler les arrivées et les départs pour éviter les heures de pointe. Il ne s'agissait pas de révolutionner les relations sociales, seulement de contourner une difficulté circonstancielle. Le personnel trouva le système si commode qu'il souhaita le conserver au-delà des Jeux. Quelques entreprises françaises l'expérimentèrent. Avec la plus grande prudence. On allait à l'aventure et, de différents côtés, on prévoyait que les inconvénients seraient très supérieurs aux avantages. A la fin de 1972, paraît le rapport Chalendar qui prône les « horaires variables ou libres ». Le feu passe à l'orange, mais les entreprises hésitent à se lancer. Les patrons sont méfiants, les cadres inquiets et les syndicats hostiles. José Bidegain, qui a suivi cette aventure au début des années soixante-dix chez les adhérents d'Entreprise et Progrès, raconte : « L'attitude syndicale était presque unanimement négative. Les délégués soutenaient que cette réforme n'intéressait pas les travailleurs et que nous ne la proposions que pour étouffer d'autres revendications plus traditionnelles comme la réduction du temps de travail. Nous avons décidé de passer outre et de lancer l'expérience, à titre d'essai, dans quelques ateliers. Peu après, c'est tout le personnel qui signait des pétitions pour bénéficier de cette organisation. Les syndicats ont dû s'incliner. »

En 1972, à l'usine Honeywell-Bull d'Angers, lorsque la direction annonce la mise en œuvre d'horaires souples, la CGT s'oppose et saisit l'Inspection du travail. A l'époque, la loi sur les horaires était encore stricte, et le projet risquait d'être condamné. Pour éviter cet écueil, les responsables de l'opération décidèrent d'organiser une consultation du personnel. Le référendum fut massivement favorable au projet. La CGT s'inclina et ses représentants n'eurent plus qu'à demander pour eux-mêmes le bénéfice des nouvelles dispositions. En 1973, le réglementation est assouplie, mais le nouveau système confère au comité d'entreprise un droit de veto sur ces changements. Un cadeau empoisonné. Bien souvent, les syndicats ne résistèrent pas à la tentation de contrecarrer les réformes patronales. L'épreuve de force s'est généralement terminée à l'avantage de la direction qui n'eut aucune peine à jouer le personnel contre les organisations « représentatives ».

En 1981, pour appliquer la semaine des 39 heures, la direction de l'EDF propose de récupérer en bloc l'heure en moins. C'est ce que les technocrates maison appellent la « globalisation ». « Plutôt que prendre vos 12 minutes chaque jour, expliquent-ils, globalisez-les sous forme d'une demi-journée mensuelle de congé que vous prendrez à votre convenance. » La CGT, dominante à l'EDF, refuse. Elle veut que tous les agents prennent chaque jour à la même heure leur même poignée de minutes. Pour éviter un choc frontal avec son « partenaire », la direction laisse l'option ouverte. A chacun de faire son choix. 75 % des électriciens préférèrent conjuguer le verbe « globaliser ».

Au tournant des années soixante-dix/quatre-vingt, la question rebondit avec l'aménagement du temps : temps partiel, emplois partagés, équipes de week-end, horaires à la carte, cinquième équipe, etc. Nouvelle crispation syndicale. En 1979, le rapport Lucas sur le travail à temps partiel avait déjà relevé l'hostilité de toutes les confédérations à ces formules. L'ordonnance du 16 janvier 1982 introduisant plus de souplesse dans l'aménagement du temps de travail est accueillie plus que fraîchement. La CGT demande l'abrogation des mesures qui permettraient « l'individualisation extrême des horaires », FO met en garde contre « l'individualisation des horaires par accords directs entre l'employeur et le personnel concerné » et la CFDT trouve « discutables » l'extension du temps partiel et la semaine de travail en 4 jours. On ne saurait être moins enthousiaste pour une réforme proposée par un gouvernement de gauche.

Même les réductions d'horaires se heurtent à l'incompréhension syndicale. A l'usine CIT-Alcatel d'Ormes dans le Loiret, la direction propose en 1982 de passer aux 35 heures avec un assouplissement des horaires — temps partiel, horaires décalés, travail du week-end — et une réduction de salaire de 4 %. L'objectif est de limiter les suppressions d'emplois dans le groupe. La section CGT ne veut rien entendre. Elle revendique les 35 heures sans la moindre contrepartie. Ce maximalisme est condamné par la confédération qui finit par dissoudre sa section syndicale. A la CFDT, majoritaire, on accepte le marché, à la condition que la réduction soit uniformément étalée sur tous les jours et non pas « globalisée » sous forme d'une demi-journée hebdomadaire ou d'une journée tous les 15 jours selon le plan de la direction. Finalement, ce sont les salariés qui envahissent la salle du comité d'entreprise et exigent une consultation directe du personnel. La position cégétiste recueille 27 voix, la position cédétiste 190 et celle de la direction 455 voix ! Une fois de plus, c'est la solution patronale qui s'impose. Effectuant un reportage dans l'entreprise un an plus tard, le journaliste du *Monde*, Alain Lebaube, a rencontré des syndicalistes qui confessent leur erreur et reconnaissent que cette expérience les a conduits à modifier leurs façons de voir et d'agir.

Sous une forme ou sous une autre, de tels scénarios se sont déroulés dans des milliers d'entreprises tout au long des années soixante-dix. A force d'être désavoués, les syndicats ont fini par abandonner la partie, laissant faire ce qu'ils ne pouvaient empêcher et ne voulaient approuver.

Au centre de recherche « Travail et Société » de Paris IX-Dauphine, une sociologue, Jocelyne Loos, a observé dans sept entreprises « le syndicalisme à l'épreuve des expériences d'aménagement du temps de travail » [108] *.

Première constatation : les initiatives sont toutes patronales à l'exception d'une seule. Dans une usine de plastique, ce sont bien des ouvrières, en retour de congé-maternité, qui ont posé le problème des horaires allégés. Auprès de la direction du personnel et non pas auprès des syndicats, tout un symbole. Pourtant, dans une fabrique de machines à coudre, la CGC et la CAT (Confédération autonome du

* Les numéros entre crochets renvoient à la bibliographie en fin de volume.

travail) répercutèrent dès 1976 auprès de la direction les demandes de certaines employées qui souhaitaient travailler 32 heures avec le mercredi libre. La sociologue note que « la plupart des sections syndicales n'ont pas été sensibles à cette demande de temps émanant de certaines catégories de salariés ».

Deuxième constatation : elles ne sont pas véritablement opposées à ces expériences. L'attitude était de « retrait » lors du lancement, puis souvent de « neutralité bienveillante » dès lors que les intéressés paraissaient satisfaits. « Elles (les sections syndicales) n'ont jamais tenté de faire échouer les initiatives patronales », mais elles ont refusé « d'engager explicitement leurs organisations sur ce type d'expérience ».

Une démission peu glorieuse, mais plus raisonnable que l'opposition systématique aux horaires souples. Il faut le dire vite, car voici la troisième conclusion. « De manière générale, les unions syndicales locales ou départementales, toutes étiquettes confondues, s'opposaient assez catégoriquement aux différentes modalités d'aménagement du temps de travail. » Dans les entreprises, les délégués sont donc passés outre aux consignes des bureaucrates locaux ou fédéraux en refusant de s'opposer aux « initiatives patronales ».

A l'usine de plastique, par exemple, la direction, répondant aux demandes ouvrières, propose un système de temps partiel. La section syndicale CFDT, ayant consulté ses instances fédérales, s'entendit rappeler l'« opposition de principe » de la centrale sur le schéma suivant : « travail à temps partiel » = « travail féminin » = « travail d'appoint » = « surexploitation » = « aller dans le sens patronal et non dans le sens de l'intérêt de la travailleuse ». Les syndicalistes CFDT doivent donc s'opposer à ce projet. Mais l'histoire ne finit pas là. Dans la section d'entreprise, deux femmes déléguées CFDT sont fortement intéressées par le travail à temps partiel et n'entendent pas se sacrifier à ce « choix idéologique ». La section fait donc connaître son opposition de principe au projet, mais ne le combat pas. Quant aux deux militantes, elles se partagent le même emploi. Deux années plus tard, devant le succès de l'expérience, la section syndicale dut intégrer les aménagements d'horaires dans ses revendications.

Tirant des enseignements, nuancés comme il se doit, Jocelyne Loos constate qu'« incontestablement les employeurs semblent plus à l'aise que les syndicats pour aborder ces questions (...) les stratégies patronales visent à intégrer dans la définition de leurs politiques sociales des variables relatives aux modes de vie de leur personnel » et note « la capacité patronale à prendre en compte et à gérer les attentes sociales plurielles (...) par des aménagements offerts : parfois très personnalisés, en tout cas jamais imposés à l'ensemble du personnel ». Les syndicats, au contraire, se trouvent « en porte à faux » dès lors que « le social n'est plus appréhendé comme un " bloc " (les salariés) mais de façon plus fine à partir des aspirations individuelles de la population salariée », car leurs analyses « se réfèrent à une conception relativement unifiante de l'intérêt d'une classe ouvrière abstraite ». Dit plus brutalement : les patrons sont plus attentifs que les syndicats aux préoccupations des salariés. Une conclusion assez épicée pour appeler quelques remarques.

Dans ces entreprises, les délégués syndicaux ont refusé de suivre les consignes de leurs fédérations. Dans de nombreuses autres, ils se sont inclinés, et les conflits ont éclaté avec les directions. Les choses se sont donc moins bien passées sur l'ensemble du pays que sur cet échantillon.

Entendons-nous, les syndicats sont dans leur rôle en contestant les réformes patronales, en s'efforçant de les rendre plus avantageuses pour les salariés. Dans ce but, ils peuvent être conduits à engager des actions très dures sans qu'on puisse dire pour autant que les choses « vont mal » et qu'ils bloquent la situation. Le consensus n'est pas plus en soi un bien, que le conflit n'est un mal.

En l'occurrence, la contestation ne s'est pas traduite par des contre-propositions. Le refus était de principe et les motifs invoqués : « risque de fatigue », « risque de travail au noir », « renforcement de l'exploitation patronale », « retour sur les acquis de 1969 » étaient des fins de non-recevoir. Les syndicats demandaient la réduction des horaires, l'allongement des congés, l'avancement de la retraite. Uniformément répartis. Ils ne voulaient pas que l'on touche aux horaires collectifs. L'affaire est capitale.

Notre façon de toujours tout faire tous en même temps est une monstrueuse sottise : elle coûte cher et ne rapporte que des ennuis. Qu'il s'agisse d'heures d'ouverture, d'horaires de travail, de périodes de vacances, de départs en retraite, l'actuel synchronisme est un anachronisme. Pour mieux vivre sans avoir besoin d'être plus riches, pour multiplier les emplois sans avoir une croissance coréenne, il faut ajuster, assouplir, diversifier, personnaliser. C'est tout à la fois une aspiration culturelle — la demande d'individualisation l'emporte partout sur la recherche du collectif — et une nécessité économique : l'exemple américain prouve qu'on ne crée des millions d'emplois qu'en desserrant le carcan des horaires et des statuts uniformes, qu'en apportant plus de souplesse sur le marché du travail. Quelques garde-fous juridiques simples suffisent à éviter qu'une telle évolution ne se traduise par une surexploitation des plus faibles.

C'est la grande révolution à réussir dans les sociétés, les cités, les entreprises et la vie de chacun. Les syndicats devraient être à la pointe de ce mouvement. Pourquoi s'accrochent-ils rageusement à l'ordre uniforme, massif et dépersonnalisant de la deuxième révolution industrielle ? Comment Force ouvrière peut-elle écrire en 1980 : « (...) nous avons toujours pour ligne de conduite de favoriser l'horaire collectif par rapport à l'horaire individuel » ?

Notre vie sociale, comme notre vie religieuse, ressasse éternellement son histoire, ou, plus exactement, sa légende. Toutes les confédérations ne sont pas également marquées par le passéisme, mais la concurrence entre elles interdit d'attaquer de front l'héritage dont se réclament les plus puissantes. De ce fait, la référence à la tradition est aussi nécessaire pour comprendre le rituel social que la liturgie catholique. La pensée syndicale ne se structure pas autour de la France moderne, mais autour de représentations qui ont, au minimum, cinquante ans d'âge.

Pilier central de ce corpus dogmatique : la « classe ouvrière ». Dans cette conception mythique, elle se compose uniformément d'ouvriers masculins, qualifiés, travaillant tous en même temps, de la même façon et dans les mêmes conditions. En usine. Elle constitue le fondement de la légitimité. Lorsque les travailleurs sont ainsi massifiés, leurs aspirations peuvent se dégager assez simplement. Elles forment « les revendications », essentiellement quantitatives. Identiques, depuis un demi-siècle : défense du pouvoir d'achat, lutte pour l'emploi, réduction des horaires, etc. Une litanie récitée de secrétaire général en secrétaire général.

Deuxième archétype fondateur : la lutte des classes. CGT, CFDT et FO s'en réclament expressément, les autres n'en parlent pas. Ce concept n'a pas le même sens pour tous, mais il implique toujours un antagonisme total patronat-salariés dans un jeu à somme nulle. Première conséquence : tout ce que gagnent les travailleurs est pris au patron, et réciproquement. Si donc une mesure est bonne pour les uns, c'est qu'elle est mauvaise pour les autres. Toute convergence d'intérêts annonciatrice de collaboration de classe doit être dénoncée. Deuxième conséquence : les patrons ne sauraient rien donner spontanément puisque ce serait amputer leur propre part. Lorsque, seuls ou par gouvernement interposé, ils proposent des mesures sociales qui semblent favorables aux salariés, il est prudent de n'y voir qu'une ruse dangereuse. A la limite, on peut reconnaître une disposition « antisociale » au seul fait qu'elle « arrange le patron ». Troisième conséquence : le progrès s'« arrache », il ne saurait être « octroyé » ; la façon d'obtenir est plus importante que ce qu'on obtient. Dans le discours syndical, les 40 heures associées aux grandes grèves de 1936 constituent une avancée majeure. Que cette mesure ait coulé le Front populaire et ne soit devenue effective que quarante ans plus tard, en dehors des lois de 1936, n'y change rien. En revanche, la participation, l'indemnisation du chômage ou la mensualisation dont les gouvernements prirent l'initiative ne figureront jamais dans la grande saga du progrès. « Rien sur le plan social n'a été octroyé par le patronat ou les pouvoirs publics », proclame Georges Séguy.

De telles idées ne pourraient naître de nos jours. Même dans les sectes les plus farfelues, les groupuscules les plus extrémistes, il resterait toujours une dernière ombre de réalisme qui les ferait écarter. Mais rien n'égale l'autorité d'une continuité historique, le poids des généralisations successives, pour paralyser l'esprit critique. Si l'on inventait aujourd'hui l'institution religieuse comme la télévision ou les clubs de vacances, on y retrouverait sans doute les traces d'une certaine misogynie — de fait et pas de droit — mais les pères fondateurs n'oseraient prétendre que le mâle doit être l'intercesseur privilégié entre Dieu et les hommes. On imagine le hourvari que déclencheraient — à juste titre — nos féministes contre une organisation toute neuve dont le chef, l'état-major et l'encadrement seraient obligatoirement masculins, dont la fonction la plus sacrée, l'eucharistie, comme la plus délicate, la confession, seraient réservées aux seuls porteurs d'attributs virils ! De telles aberrations sont parfaitement supportées dès lors qu'elles se fondent sur l'évidence des siècles. Fort de cette légitimité, le pape peut « continuer » d'interdire le sacerdoce aux femmes. S'il « commençait », celles-ci feraient la grève de l'église.

Pendant près d'un siècle, la lutte des classes a constitué la trame de notre société. Bourgeois et travailleurs vivaient en situation de guerre civile, et l'idée même d'un « cadeau » semblait invraisemblable. C'est pourquoi le syndicalisme révolutionnaire refusait de façon presque systématique toutes les lois sociales que le patronat, de façon non moins systématique, s'efforçait de saboter. C'était la bataille frontale, c'était Verdun. En attendant la lutte finale. Les syndicats ne sont toujours pas sortis de leurs tranchées transformées en monuments historiques. Et n'en ont pas envie. Il en est des musées comme des hôpitaux : les conventions de la guerre interdisent qu'on les bombarde.

L'aménagement du temps, initiative patronale visant à individualiser les revendications, ne pouvait que se heurter à l'hostilité syndicale puisqu'il portait atteinte aux deux mythes fondamentaux : la classe ouvrière et la lutte des classes. Ce qu'expliquait d'ailleurs très clairement la CFDT dans la résolution adoptée à son congrès de Brest en 1979 : « (...) La restructuration actuelle est marquée par la volonté patronale de lever les contraintes qui lui sont imposées dans la gestion de la force de travail en orientant son choix vers ce qui permettra en fin de compte une exploitation accrue des travailleurs (...). Il (le patronat) fait éclater le cadre traditionnel de travail en proposant les horaires variables, le travail à temps partiel, le crédit annuel d'heures (...). Mais, en individualisant la situation et les problèmes des travailleurs, cette politique tend à diviser les travailleurs, à marginaliser l'intervention syndicale, à déstructurer la classe ouvrière qui, dans son combat syndical, s'est unifiée sur la base de ses intérêts de classe. » Ce monument de contrevérités historiques sculpté dans la pire langue de bois n'est pas l'œuvre d'un syndicaliste ou d'un syndicat isolé, mais la position officielle de la confédération réputée la plus « intelligente ». La « base » est désormais plus clairvoyante que les appareils. Au cours des dernières années, à la CFDT justement, beaucoup d'accords ont été signés au niveau des entreprises, mais très peu au niveau des unions départementales ou des fédérations. Partout où la décision appartient aux fonctionnaires syndicaux, le refus l'emporte.

De leur naissance, nos confédérations « ouvrières » portent une marque indélébile qu'aucune évolution ultérieure n'a jamais effacée. Elles restent liées à un certain type de confrontation sociale qui justifie leur rôle, leur pouvoir, leur stratégie et transforme toute discontinuité historique en un conflit existentiel. Cet attachement sincère à une tradition comporte un risque évident de sclérose. Surtout lorsqu'il masque la dérive bureaucratique. C'est la deuxième clé explicative.

Le syndicalisme est de moins en moins une communauté ou un mouvement et de plus en plus une organisation, voire une administration. Il possède ses structures qui distinguent les fonctions et les hommes. Militants, permanents ou semi-permanents d'un côté, salariés, syndiqués ou non-syndiqués de l'autre. De la coupure à l'incompréhension, la distance n'est pas grande. Car cette fidélité se reporte aisément de l'histoire à l'organisation qui prétend l'incarner. Laquelle puise de façon très sélective dans l'héritage. Lorsque les syndicats inscrivent sur les bannières et gravent dans le marbre « lutte des classes », ils sont d'abord soucieux de magnifier leur propre rôle. Cet état de belligérance sociale est une ruse de pouvoir bien plus qu'un fait d'observation. Il permet de lancer l'anathème sur les arrangements directs entre salariés et direction, la collaboration !, et de réserver aux seuls appareils militants les prérogatives liées à la défense des travailleurs. La guerre militaire renforce le rôle des armées, la guerre revendicative, celui des syndicats. De ceux-là, du moins, qui se prétendent « révolutionnaires ».

Dans un tel climat, le professionnalisme et l'institutionnalisation finissent par inverser le rapport entre représentants-représentés. Les premiers prétendant décider en lieu et place des seconds selon le principe kafkaïen : ce qui est bon pour l'appareil est bon pour le personnel, ce qui serait mauvais pour l'appareil ne saurait être bon pour le personnel.

Les syndicalistes professionnels, qui ont quitté le monde du travail pour exercer leurs fonctions au niveau local, fédéral ou confédéral, s'enferment dans un ouvriérisme péremptoire et réducteur qui fige leur vision de la société. Ils ne perçoivent plus le fourmillement des situations concrètes, l'évolution des relations sociales et des mentalités collectives. Ignorant la poussée de l'individualisme, ils n'ont pas compris l'attrait de ces nouvelles formules pour les travailleurs. Singulier aveuglement ! Un sondage, l'Express-Gallup de 1984, montre que 76 % des Français désirent organiser leurs horaires de travail à leur guise. Dans certaines entreprises en pointe comme les Mutuelles unies, les employés sont « en compte » pour leurs journées et, avec l'accord des chefs de service, en « tirent » ou en mettent de côté à leur convenance. Ils ont même la possibilité de travailler un jour par semaine à domicile. Tel est l'avenir que nos syndicalistes ne savent pas appréhender. Dans une période de stabilité, cette inertie les fige dans le conservatisme. Face à des mutations imprévues, elle les précipite dans la réaction pure et simple.

Le CNPF s'est rallié à ces méthodes sans grandes difficultés, mais non pas sans arrière-pensées. Son objectif demeure toujours le même : renforcer le pouvoir des patrons, réduire celui des syndicats. Par leur maladresse, ces derniers lui ont offert une victoire sur un plateau d'argent. Dès lors que cette réforme ne remettait en cause ni la productivité ni la hiérarchie, il avait toutes les raisons de la saisir. Cet antagonisme sous-jacent a empoisonné toutes les discussions sur l'individualisation du temps.

Mais en quoi la désynchronisation gêne-t-elle le pouvoir syndical ? Dans l'entreprise ou l'établissement, la réponse est évidente. Les délégués ont l'habitude d'avoir tout le monde sous la main. Pour distribuer des tracts, ils se postent à l'entrée ou à la sortie. En un quart d'heure, c'est fait. Si les départs et les arrivées s'étalent sur deux heures, c'est beaucoup plus long. La Grosse Horloge leur permet de tenir les réunions à leur convenance, les petites montres les obligent à faire des acrobaties. Pour traiter les dossiers enfin, le statut général simplifie le travail, tandis que la multiplication des cas particuliers le complique. Bref, la personnalisation des horaires se traduit par des heures supplémentaires, non payées, pour les syndicalistes de terrain.

Pour réels qu'ils soient, ces inconvénients n'expliquent pas la vive hostilité des cadres et dirigeants qui ne militent pas dans l'entreprise. Il faut y voir d'abord un simple réflexe de pouvoir. Les patrons font une proposition, il convient de s'y opposer. En prenant l'initiative du progrès, ils retirent aux syndicalistes leur titre de défenseur unique des salariés, ils se dérobent à leur rôle d'ennemi héréditaire. Ils trichent. Ce genre de manœuvre transgresse les lois de la guerre sociale qui fondent la légitimité de l'un et l'autre camp.

A ces raisons pratiques ou tactiques s'ajoutent les considérations idéologiques. Les plus importantes. Ces mesures vont dans le sens de l'individualisation. L'horreur suprême ! On se heurte au même refus pour les mêmes motifs en matière de salaires, de promotions ou d'horaires. Tout ce qui différencie les situations, qui procède du choix et non pas du règlement, est ressenti comme une menace. Ce n'est pas affaire de circonstances, mais de principes. Concrètement, l'aménagement du temps signifie que chaque employé passe ses propres accords avec ses collègues, avec la hiérarchie, pour trouver l'horaire qui lui convient. Son heure d'arrivée, son heure de départ, ses temps de repos, ses jours de congé ne dépendent plus de négociations menées par le syndicat, mais de sa propre initiative. S'il en allait ainsi pour les rémunérations, les nominations et les affectations, que resterait-il du pouvoir syndical ?

Face à la toute-puissance patronale, le syndicalisme pose : « l'union fait la force », et s'empresse d'ajouter : « l'organisation fait l'union ». Une stratégie qui n'a plus à démontrer son efficacité, mais qui n'est pas sans conséquence pour les travailleurs. La défense n'est pas organisée par le personnel, même regroupé, mais par ses représentants. Les syndicats doivent jouir d'une délégation pleine et entière qui exclut les initiatives des individus ou même de la base. A eux et eux seuls, il appartient de dialoguer avec le chef d'entreprise et l'encadrement. Si certains veulent « faire les malins » et aller discuter dans leur dos, si les salariés « inorganisés » donnent leur avis à tort et à travers, il n'y a plus d'organisation, donc plus d'union. Plus de force.

Le regroupement contre le patron conduit à la dépersonnalisation. Inévitablement. Il ne vise pas des mesures individuelles, mais des conventions collectives, des contrats d'établissement, des règlements négociés, qui doivent être valables pour tous. Ainsi, la défense organisée débouche-t-elle sur un ordre uniforme. C'est le monolithisme protecteur. Les délégués se battent pour que les directions ne puissent plus agir « à la tête du client ». Cela signifie, en contrepartie, que les travailleurs ne peuvent plus « en faire à leur tête ».

Le syndicalisme porte donc en lui un projet d'entreprise qui exclut toute individualisation dans le dialogue comme dans les situations. L'organisation découle d'un règlement négocié collectivement et non pas de décisions particulières, les initiatives appartiennent aux seuls représentants syndicaux. Cette conception a longtemps rejoint celle du patronat, selon les bons principes tayloriens. Avec les horaires libres, puis l'aménagement du temps, cette alliance objective autour de l'ordre industriel paraissait remise en cause. C'est pourquoi ces propositions furent si souvent ressenties comme des opérations anti-syndicales.

L'intuition des syndicalistes était profondément juste. Rendre aux travailleurs la disponibilité de leur temps, instaurer une gestion personnalisée des horaires, briser le synchronisme autoritaire de la production, ce n'est pas seulement aménager l'ordre industriel. C'est le déstabiliser. Depuis un siècle, l'entreprise vit au rythme de l'affrontement entre le patron et les syndicats. Le salarié suit la partie. En spectateur, parfois en supporter et rarement en joueur. La gestion de son temps ne lui donnera-t-elle pas le goût de prendre en main ses propres affaires ? Jusqu'où ? Dans quelle direction ? A quelle fin ? Aucune des parties ne connaissait la réponse.

Avec une décennie de recul, il est clair que le personnel s'est pris à ce nouveau jeu. Que l'intérêt porté aux horaires est aussi disponible pour les conditions de travail, l'organisation de la production, la vie de l'entreprise. Au niveau des appareils, des fédérations et confédérations, cela ne change pas grand-chose, mais, dans les bureaux, les ateliers, les usines, les magasins, ce grand réveil des salariés fait craquer les structures traditionnelles et les relations figées. C'est le regain de l'entreprise qui sera notre piste d'arrivée au terme de cette étude. Il a commencé le jour où des employés ont pu se dire « comment vais-je organiser mes horaires ? ». C'est ainsi, dans la pratique et non pas dans l'idéologie, que peut se faire la réappropriation individuelle de la vie productive. C'est ainsi qu'elle doit continuer. Il était donc naturel de choisir, comme port de départ pour notre exploration, cette micro-révolution du quotidien qui, de proche en proche, nous entraînera fort loin.

Le moins surprenant n'est pas l'énorme erreur historique commise par des organisations qui vivent l'œil rivé au rétroviseur et ne cessent de se référer à la tradition. Les syndicats se sont cabrés devant l'aménagement du temps comme devant la remise en cause d'une « conquête sociale ». A juger du passé d'après le présent, on serait fondé à croire que les patrons ont toujours essayé de faire travailler leurs ouvriers dans la plus grande diversité et que ceux-ci ont dû longtemps se battre pour imposer une organisation du temps uniforme. Qu'en est-il en réalité ?

Au XIX⁰ siècle, la durée du travail était démesurée. 15 heures par jour sans congés. Faut-il en conclure que l'assiduité était plus grande qu'aujourd'hui ? Absolument pas. Les ouvriers n'avaient pas encore assimilé la discipline de production faite de continuité et de ponctualité. Ils s'absentaient souvent, arrivaient en retard, manquaient une demi-journée, interrompaient leur travail et changeaient constamment d'employeur. Cette instabilité était en quelque sorte la contrepartie de ces horaires écrasants. Elle put être tolérée aussi longtemps que l'économie française fut dominée par l'atelier — on dirait aujourd'hui la PME — et que l'organisation de la production resta embryonnaire. Dans de très petites unités ou dans les premières manufactures, la répartition des tâches était suffisamment souple pour que l'on puisse faire face à ces défaillances imprévisibles de la main-d'œuvre. Le patronat s'efforçait de discipliner son personnel, mais celui-ci opposait la plus forte de toutes les résistances : l'inertie d'une tradition culturelle. Le travail agricole, qui servait encore de référence, se faisait par à-coups et non pas de façon régulière.

Tout change dans la seconde moitié du siècle lorsque se développent les grandes entreprises et les véritables usines. Il devient alors indispensable de stabiliser la main-d'œuvre. Mais, en dépit d'une pression patronale beaucoup plus forte, il fallut de nombreuses années pour imposer aux hommes le rythme obsédant de la production mécanisée. De nombreux témoignages prouvent que cette mise au pas créa un traumatisme dans le monde ouvrier. L'obligation de se plier strictement au temps de l'usine, d'arriver tous ensemble à la même heure, de travailler tout le jour sans discontinuer, de ne plus s'absenter sans autorisation fut ressentie comme une perte de liberté. Ce fut une étape essentielle de la prolétarisation. L'ouvrier, qui se révoltera plus tard contre le chronométrage des tâches, s'était d'abord rebiffé contre le minutage des horaires.

On peut suivre pas à pas cette guerre du temps dans les mines de Carmaux grâce à l'étude très fouillée que leur a consacrée Rolande Trempé [157]. Dans la première moitié du XIX⁰ siècle, les difficultés de communication créent une situation de monopole régional. De ce fait, la direction ne se soucie pas trop de la productivité. Le prix du charbon est ce qu'il est. Tout change au début des années 1850 avec le chemin de fer. Désormais, les marchandises circulent, il faut être compétitif. Or, les coûts d'extraction de Carmaux ne le sont pas. La direction va engager une très longue action pour améliorer les rendements. Il lui faut moderniser, rationaliser les méthodes d'extraction. Les plus grosses difficultés proviennent de la main-d'œuvre qui ne parvient pas à adopter un comportement industriel. Comme le constate Rolande Trempé : « Ce qui donne à ce cas particulier valeur générale, c'est que l'étape carmausine coïncide avec la période où, sous la poussée du développement industriel de la France, naît et se constitue un véritable prolétariat ouvrier. »

La compagnie recrute essentiellement dans le monde agricole, et les mineurs n'entendent pas rompre avec leur milieu d'origine. La plupart restent peu ou prou des ouvriers-paysans. Cette double appartenance se traduit par un énorme absentéisme saisonnier. On atteint 50 % de défaillance au fond en juillet et août. Chaque mineur s'octroie ainsi un bon mois de congé non payé. Mais l'obligation de prêter la main aux travaux des champs ne peut seule expliquer « leurs difficultés à se soumettre à la discipline générale de l'entreprise ». La vérité, c'est que les ouvriers entendent « se sentir maîtres de leur temps (...). Les horaires stricts, l'effort régulier qui leur est demandé et la surveillance étroite dont ils sont l'objet leur sont difficiles à supporter ». Ils adoptent donc un comportement « volontiers anarchique ». Cela se traduit par des absences pour assister aux foires, aux fêtes villageoises, aux mariages. « Les lendemains et surlendemains de paye, ils vont aux foires », constate un rapport de la direction en 1875. La journée pleine leur paraît souvent intolérable. « C'est ainsi que certains quittent la taille comme ils quittaient les champs quand ils estiment leur tâche accomplie », faisant « selon leur fantaisie, huit heures, six heures ou même cinq heures de travail », déplorent les ingénieurs. Les mineurs lutteront très durement pour limiter le temps de travail, c'est vrai. Mais ces comportements individuels constituent moins une révolte contre la longueur du travail que contre la discipline. Même l'environnement souterrain ne suffit pas à retenir la main-d'œuvre qui n'hésite pas à prendre la cage de remontée, voire à emprunter les échelles, pour plaquer le front de taille.

La direction va mener une guérilla de cinquante ans pour discipliner son personnel. Elle instaure un strict contrôle des lampes que le mineur doit prendre pour descendre et rendre à la sortie. Elle fait en sorte que les cages de remontée ne puissent plus se commander que de

26

la surface. Elle multiplie menaces et sanctions, fait passer de 3 à 5 francs l'amende pour absence. Elle ira jusqu'à déclencher un lock-out. « Mais l'attrait exercé par les foires était plus fort que la crainte des sanctions », note Rolande Trempé. Ce n'est qu'au début du XXe siècle que les mineurs de Carmaux commenceront à respecter une véritable discipline industrielle.

Cette histoire s'est reproduite à des milliers d'exemplaires tout au long du XIXe siècle. « (...) A la fin du siècle dernier », note Michel Drancourt [63], « certains industriels du textile qui avaient entrepris de faire arriver tous les ouvriers à sept heures du matin provoquèrent des mouvements de mécontentement. La rigidité des horaires et la rapidité du travail sont une pratique récente. » Partout, la société industrielle a brisé l'aspiration des individus à conserver la maîtrise de leur temps et a imposé sa dictature chronocratique. Cet ordre uniforme, obligatoire, dépersonnalisant est devenu une composante essentielle de l'aliénation ouvrière.

Dans la société ultra-libérale du Second Empire, le travail est traité comme une simple marchandise. Un bien que l'on échange. C'est tout. L'ouvrier le vend à l'heure, à la journée, à la tâche. L'employeur n'a d'autre obligation que de le payer. Au prix du marché. L'insécurité est donc totale pour l'ouvrier. Il ne sait jamais s'il trouvera preneur le lendemain, il ne connaît pas le salaire qui lui sera versé. Car les rémunérations montent et baissent comme le prix de n'importe quel produit. La liberté que s'octroie le travailleur est, en quelque sorte, la contrepartie de sa précarité. Il ne se sent pas plus d'obligations vis-à-vis de son employeur que l'employeur vis-à-vis de lui. Comme un paysan qui commercialise sa récolte, il met en vente ses heures de travail. A sa guise. Seule l'obligation de gagner sa vie lui impose un minimum d'assiduité.

Dans le siècle qui va suivre, le travail cessera d'être une marchandise pour devenir un statut. Le salaire est un prix assuré qui ne baisse pratiquement plus, la législation sociale multiplie les garanties, le paternalisme assiste l'ouvrier dans sa vie. Donnant donnant, celui-ci perd en liberté ce qu'il gagne en sécurité. Lié à l'entreprise qui s'oblige envers lui, il doit s'obliger envers elle. Désormais, il ne pourra plus compter que sur l'allégement des horaires pour respirer hors du carcan industriel.

Aujourd'hui, les nouvelles techniques, les nouveaux modes d'organisation permettent de retrouver cette souplesse perdue, sans revenir sur la sécurité gagnée. C'est une chance inespérée pour tous les travailleurs. Hier, ils devaient accepter la précarité du travail intéri-

maire, pour organiser leur vie à leur guise. A l'avenir, ils pourront —
dans une certaine mesure — le faire sans connaître la crainte du
lendemain. En une première étape, l'industrie a engendré l'ordre salarial dépersonnalisé ; en une seconde étape, la modernisation permet
l'ordre salarial personnalisé. C'est l'aboutissement d'un siècle et demi
de progrès social.

Comment des syndicats, qui se prétendent les continuateurs du
mouvement ouvrier, qui se veulent les héritiers des luttes sociales,
ont pu croire que l'organisation massifiée née de la révolution industrielle représentait un « droit acquis » à défendre contre l'offensive
patronale ? N'est-il pas consternant qu'une si haute revendication de
la continuité historique recouvre une telle ignorance du passé, un tel
aveuglement sur le présent ?

Il ne faut pas beaucoup de bourdes pareilles pour tuer la confiance.
Mais, selon un processus désormais bien en place, le gouvernement
s'empresse de placer une rustine de pouvoir sur les pertes d'autorité.
La législation récente a donc renforcé les prérogatives des syndicats
en ce domaine. Leur consultation est obligatoire et leur veto incontournable. Face au refus du comité d'entreprise, le patron n'a même
pas le droit de soumettre ses propositions au personnel par référendum !

Les syndicats, soyons justes, peuvent aussi exprimer la volonté du
personnel. Aux P et T, par exemple, celui-ci est attaché à la rigidité
des horaires : vis-à-vis des usagers. Depuis longtemps, les directions
veulent introduire plus de souplesse et plus de générosité dans les
heures d'ouverture au public. Elles se sont toujours heurtées à la
résistance syndicale. Les grands centres commerciaux étant ouverts
assez tard dans la soirée, il paraissait normal que les bureaux de poste
qui s'y trouvent adoptent les mêmes horaires. Refus et grèves. Tous
les postiers de France et de Navarre doivent s'asseoir à la même heure
derrière leurs guichets et fermer la maison tous ensemble. Peu
importe qu'il n'y ait plus grand monde à servir passé 17 heures dans
les quartiers d'affaires et que la foule se présente après 18 heures dans
les quartiers populaires.

La querelle des horaires s'est envenimée à propos du week-end.
D'un côté, les syndicats exigent que les postiers obtiennent deux jours
de repos consécutifs incluant le dimanche, ce qui entraîne la fermeture du samedi matin ; de l'autre, les directions voudraient, au
contraire, étendre l'ouverture pendant le week-end. Les syndicats,
comme toujours, disent qu'ils ne sont pas opposés à cette extension.
« YAKA » engager des agents supplémentaires. Solution intermé-

diaire : l'administration pourrait recruter des équipes de week-end travaillant à horaires et salaires réduits. Opposition syndicale : tous les postiers doivent vivre sous le même statut et faire le même travail pour la même rémunération. On en restera donc là et les postiers continueront à soutenir les efforts de leurs syndicats pour « arracher » le week-end complet. D'ores et déjà, l'administration a discrètement supprimé certaines levées du samedi et renoncé à distribuer les objets recommandés et colis de valeur ce jour. Une « conquête ouvrière », mais au détriment de qui ?

Faut-il en déduire que les syndicats s'opposent à tout progrès ? C'est ce que répondent la plupart des patrons, preuves à l'appui. Antoine Riboud, PDG de BSN-Gervais-Danone, sera d'un avis différent. Preuves à l'appui. Dans sa filiale BSN-Emballage, c'est par la négociation avec toutes les organisations syndicales, CGT comprise, qu'on a réussi une sorte d'exploit social : la cinquième équipe à salaire maintenu et compétitivité préservée. L'exemple d'un véritable dialogue social débouchant sur un succès total, exemple si rare qu'il est devenu un sujet d'étude privilégié pour les sociologues et spécialistes de l'organisation du travail.

Posons d'abord le décor : l'industrie du verre. Ici, on travaille à feu continu, 24 heures sur 24. Un métier de vieille tradition ouvrière — on connaît l'épopée des verriers de Carmaux — comme la mine ou la sidérurgie. Les 2 400 ouvriers postés des huit usines de BSN-Emballage sont pratiquement tous syndiqués, et la CGT domine avec 80 % des suffrages. Rien ne peut se faire sans elle. En 1979, l'entreprise vit sur le régime des quatre équipes, ce qui représente 38 heures hebdomadaires. Les syndicats demandent qu'on aille vers les 35 heures, la direction surprend ses partenaires avec une proposition audacieuse : passer tout de suite à la cinquième équipe, soit 33 heures et demie hebdomadaires. En compensation, elle laisse le choix aux salariés : réduire les salaires de 7 % et procéder à des embauches supplémentaires ou maintenir les salaires et accroître la productivité de 7 %, sans investissements supplémentaires. La CGT refuse en un premier temps de discuter sur cette base, la CFDT accepte. Bientôt, tous les syndicats vont participer aux négociations. Le personnel ayant choisi le maintien des rémunérations, il faut dégager les gains de productivité correspondants. Les négociations pour y parvenir dureront dix-huit mois. Usine par usine. Toute l'organisation du travail sera reconsidérée, pièce à pièce, poste à poste. Finalement, l'accord est signé en janvier 1982. Dix-huit mois plus tard, la direction constatera qu'il a été parfaitement appliqué et que les gains de productivité ont même dépassé les prévisions. L'entreprise n'a rien perdu, les ouvriers ont gagné une demi-journée hebdomadaire de repos. L'arrangement profite à tous.

Quelles sont les raisons du succès ? L'attitude de la direction, tout d'abord. C'est elle qui a pris le parti de renverser le jeu habituel ; un pari risqué car il bouleversait l'organisation en place pour un résultat qui n'était nullement assuré. C'est elle encore qui a choisi de tout miser sur la carte syndicale et de rechercher obstinément l'accord avec la coriace CGT. Pour l'obtenir, elle n'a pas hésité à renforcer le pouvoir syndical, à fournir toutes les informations, commerciales, techniques et autres, à prendre en considération toutes les critiques et toutes les propositions, à s'armer d'une longue patience. Bref, la « partie patronale » fut exemplaire, tout le monde en convient. Pourtant, les sociologues qui ont étudié cette négociation insistent tous sur un second facteur tout aussi important : la force des syndicats et leur représentativité. « Si une négociation contractuelle a été possible chez BSN », constate Jean Bunel * de l'université de Lyon, « c'est d'abord parce que les syndicats y disposent d'une forte implantation et d'une grande représentativité. » Loin de vouloir court-circuiter ces organisations, l'interlocuteur patronal a décidé de jouer leur jeu. « La négociation de productivité concédait aux syndicats en tant qu'organisations un pouvoir de décision que les cadres des services formation et organisation n'ont pas habituellement à partager dans les usines (...) », observe un chercheur, Pierre Poret [133]. En effet, explique-t-il : « Les syndicats du verre de BSN ont le pouvoir d'éviter que les conditions de travail ne s'aggravent plus que ce qui est raisonnablement prévisible, il est possible alors aux syndicats de s'engager, et, dans l'esprit des postés, il est de leur devoir de le faire puisqu'ils le peuvent. »

Dans le monde du travail français rongé par la lutte des classes, les ouvriers ont toujours peur de « se faire rouler ». Seul un véritable contre-pouvoir, garant de l'accord, permet de surmonter cette méfiance. La direction de BSN-Emballage l'a compris. « Si elle exigeait bien une augmentation de la charge globale de travail des salariés, elle soumettait au contrôle syndical des décisions qui n'étaient généralement pas partagées », explique Jean Bunel.

Tout ne fut pas parfait dans la négociation. Les syndicats refusèrent tout arrangement qui aurait diversifié les horaires, ils préférèrent le maintien du pouvoir d'achat à une réduction accompagnée d'embauches supplémentaires. Il n'empêche, la preuve fut faite que des syn-

* Jean Bunel, « L'accord BSN », *Droit social*, juillet-août 1982.

dicats, CGT comprise, peuvent accepter de participer à l'organisation du travail dans leur intérêt ET dans celui de l'entreprise.

Les ouvriers de BSN-Emballage furent bien heureux de pouvoir améliorer leurs horaires sans autre contrepartie qu'une meilleure organisation de leur travail.

Dans la plupart des autres entreprises, la contrepartie fut plus lourde. C'est le « donnant donnant ». Ainsi, le personnel de la Brasserie Kronenbourg d'Obernai a dû accepter de travailler six samedis par an pour avoir les 35 heures. Celui de Moët et Chandon s'est accommodé d'une variation saisonnière dans la charge de travail pour avoir, sur l'année, un horaire moyen ramené à 37 heures et demie. Ailleurs, on se résigne aux mutations, aux pertes sur le pouvoir d'achat, on prend des engagements sur l'absentéisme afin de gagner quelques heures de repos. Etrange paradoxe ! Dans les secteurs concurrentiels, les travailleurs se rendent disponibles pour les machines, mais dans les secteurs monopolistiques, ils refusent de le faire pour les usagers !

La réinvention de l'emploi ne fait que commencer en France. Selon le BIT, le travail à temps partiel représente le quart des emplois en Suède, entre 15 et 20 % en Grande-Bretagne, 15 % aux Etats-Unis ou au Canada, 13 % en moyenne dans la CEE. Guère plus de 8 % en France. Toutes les enquêtes prouvent pourtant qu'un certain nombre de salariés seraient prêts à troquer de l'argent contre du temps libre. Plutôt que chercher des accords généraux sur des réductions uniformes d'horaires contre des réductions non moins uniformes des salaires, ne serait-il pas plus judicieux d'offrir des solutions à la carte, laissant à chacun le soin de se déterminer ? La réponse est à ce point évidente qu'elle s'imposera en dépit de toutes les oppositions.

Les organisations syndicales entretiennent la confusion comme un écran de fumée. Je m'efforcerai donc tout au long de cet ouvrage de séparer ce qui n'a pas lieu d'être confondu. Sur ce premier exemple, nous pouvons dégager cinq axes de clarification :
1. l'autorité, le pouvoir ;
2. le discours, la réalité ;
3. le passé, le présent ;
4. le public, le privé ;
5. les appareils, la base.
— *Premier axe :* l'autorité et le pouvoir. La différence est simple. L'autorité vient de la base, elle se gagne ; le pouvoir vient du sommet, il se donne. La première traduit la confiance des intéressés et n'a besoin d'aucun fondement institutionnel ; le second représente une

parcelle de la puissance publique et ne s'exerce que dans l'organisation sociale. Le syndicalisme se veut un mouvement populaire, il prétend reposer sur le militantisme des salariés et n'être que l'émanation de cette volonté collective. En fait, il mise de plus en plus sur les moyens juridiques, financiers, organisationnels qu'il a conquis au cours des luttes sociales. Il trouve plus commode de fonder sa puissance sur le renforcement de son assise légale que sur l'adhésion active des travailleurs. Il est devenu plus important pour lui d'arracher une loi l'instituant maître des horaires de travail que de rester à l'écoute des salariés.

— *Deuxième axe :* le discours et les faits. Entre les deux, le décalage ne cesse de grandir. De par leur coloration idéologique et moralisatrice, les syndicats doivent dissimuler les intentions sous les paroles. Prétendant représenter des valeurs et non pas seulement des intérêts, il leur faut démontrer que leurs revendications sont inspirées par la justice et non par l'égoïsme, qu'elles visent au bien général et non particulier. Toute discussion sérieuse suppose que l'on gomme cette rhétorique fallacieuse pour mettre à nu les forces en présence et les intérêts en cause. La défense, parfaitement légitime, des groupes sociaux n'a pas besoin de cet habillage idéologico-moralisateur.

— *Troisième axe :* celui qui va du passé au présent. Ce qui fut vrai hier ne l'est plus toujours aujourd'hui. A plus forte raison, ne saurait-on accepter des erreurs sous prétexte qu'elles appartiennent à la tradition du mouvement ouvrier et que des générations de prolétaires luttèrent, et parfois même moururent, pour elles. L'union des travailleurs, leur uniformisation a pu être une méthode de revendication efficace pour réaliser les grandes percées sociales, il n'en résulte pas que les Français doivent éternellement s'organiser sur ce mode. La lutte des classes avec ses corollaires a correspondu à une étape historique. Elle n'est plus au chapitre. L'heure est peut-être venue de la négociation qui, par définition, ne supprime pas les oppositions d'intérêts, mais permet de les résoudre autrement que par de coûteux affrontements.

Au passage, il faudra séparer le faux du vrai, car le syndicalisme manie la référence historique avec une approximation toute soviétique. Nous en avons eu un premier exemple ; nous en verrons bien d'autres. Comme toute bureaucratie, les appareils syndicaux, tant patronaux que salariés, s'érigent en maîtres de la mémoire collective qu'ils tendent à remodeler au gré de leurs stratégies.

— *Quatrième axe :* celui qui conduit du secteur privé au secteur public ou, plus précisément, du secteur capitaliste-concurrentiel au secteur non capitaliste-monopolistique. La différence est évidente entre les syndicats des Postes, qui, hors de toute concurrence et de toute exploitation capitaliste, revendiquent des avantages au détriment du public, et les syndicats de BSN qui subissent la double contrainte d'un patronat qui entend maintenir le taux de profit et d'une concurrence qui oblige à préserver la compétitivité.

C'est entretenir à dessein la confusion que présenter sous le même jour syndicalisme du public et syndicalisme du privé. Tout sépare la défense des salariés dans une entreprise libérale et dans un service d'Etat. On ne peut confondre un contre-pouvoir qui lutte pied à pied et un pouvoir institutionnel qui accroît de jour en jour son importance. Il faut distinguer ceci et cela. Les travailleurs comprendront.

— *Cinquième axe :* celui qui relie les dirigeants de la confédération au plus anonyme salarié en passant par tout l'appareil syndical. C'est là que se révèle d'abord la crise de la représentation sociale. Non pas de sa légalité, ni même de sa légitimité, mais de sa représentativité. Car il ne suffit pas d'avoir reçu mandat pour pouvoir « parler au nom de... », il faut aussi rester fidèle à son mandant et jouir de sa confiance. A la télévision, les leaders syndicaux affirment à tout bout de champ : « LES TRAVAILLEURS n'admettront pas... », « LES TRAVAILLEURS ne comprendraient pas... », « LES TRAVAILLEURS prendront leurs responsabilités... » comme s'ils redoutaient l'interpellation du téléspectateur : « Parle pour toi, camarade ! »

Le malaise syndical français est le résultat de cette quintuple confusion. Plus on se réclame de la confiance de la base et plus on s'appuie sur le jeu des institutions. Plus on parle morale et plus on pense intérêt. Plus on évoque les prolétaires en lutte d'hier et plus on s'occupe des Français embourgeoisés d'aujourd'hui. Plus on s'apitoie sur les exploités du capitalisme et plus on chouchoute les protégés de l'Etat. Plus on prétend représenter les travailleurs et plus on s'efforce de les encadrer. But ultime de ces ambiguïtés en cascade : développer un nouveau pouvoir à base bureaucratique et corporative dont l'impérialisme ne puisse être contrarié par la révélation de sa vraie nature. C'est la dérive vers la syndicratie.

L'appareil syndical se soucie moins de représenter le personnel que de l'encadrer, c'est-à-dire d'en faire une force de manœuvre au service de ses propres objectifs. Ce ne serait pas grave si ceux-ci étaient conformes à l'intérêt général. Mais il n'en va plus ainsi. Le projet syndical que nous avons entrevu dans cette affaire est incompatible avec les exigences de l'avenir. Son monolithisme simplificateur, sa conflictualité primaire, son conservatisme crispé ne répondent ni aux aspirations des travailleurs ni aux besoins du pays. Or, les organisations ne se perdent dans ces stratégies stérilisantes qu'en raison de leur mauvaise représentativité. C'est la grande leçon de toute cette affaire.

Il n'est pas vrai que toute revendication présentée par le syndicat traduise bien l'aspiration des salariés — on l'a vu dans la négociation sur la flexibilité —, que toute opposition vienne des intéressés, que l'accroissement des prérogatives syndicales améliore la défense des travailleurs. Or, l'on vit toujours sur ce postulat. Les directions multiplient les cadeaux aux organisations, estimant qu'il leur en coûte moins de satisfaire l'appareil que l'ensemble du personnel. Dans la même logique, on pourrait avantager les compagnies d'assurances sous prétexte de favoriser les automobilistes ou s'entendre avec 100 000 médecins pour le compte de 55 millions de malades.

Ce jeu tordu ne peut qu'élargir le fossé d'incompréhension entre les travailleurs et leurs organisations représentatives. Dès 1978, selon un sondage IFOP, la majorité des ouvriers estimait que les syndicats exprimaient « très mal » ou « plutôt mal » leurs aspirations, alors qu'un quart seulement était de l'opinion inverse. Résultat : en 1979, le tiers seulement des salariés déclarait être syndiqué alors que 80 % d'entre eux estimaient « utile » de l'être. L'écart est d'autant plus significatif qu'une moitié de ces réponses devait être mensongère, car le taux réel de syndicalisation est vraisemblablement inférieur à 20 %. Autrement dit, les Français reconnaissent l'utilité potentielle d'une institution qu'ils dédaignent en son état actuel. Confirmation de ce diagnostic : entre 1979 et 1981, le pourcentage des salariés qui ne se sentent proches d'aucune grande centrale a grimpé de 38 à 45 %. Près d'un travailleur sur deux n'aime aucun syndicat. Lors du dernier sondage IFOP-« Affaires sociales » de 1985, le pourcentage montait même à 58 % chez les moins de 25 ans. Qui dit pire !

Il reste, c'est vrai, la légitimité électorale. Lors des élections professionnelles au niveau national, le monde du travail vote massivement et porte ses suffrages sur les grandes confédérations. Les abstentions tournent autour de 40 %, ce qui paraît raisonnable pour des consultations dont le public ne perçoit pas toujours clairement l'enjeu. Les grandes formations recueillent la quasi-totalité des voix. Pour les élections à la Sécurité sociale de 1982, par exemple, les cinq organisations « représentatives » ont réuni 96,2 % des suffrages exprimés. Vingt ans plus tôt, elles n'en recueillaient que 84,5 %. Vous avez dit : « crise du syndicalisme » ?

Ce résultat traduit d'abord une situation institutionnelle. Dès lors que notre législation a confié des responsabilités importantes aux représentants organisés des travailleurs, ceux-ci sont naturellement portés à faire l'effort minime de jeter un bulletin dans l'urne tous les deux ou trois ans. D'autre part, cette situation incite fortement à « voter utile ». Les très petites organisations ne paraissent pas avoir leur place dans d'aussi larges confrontations.

Mais la substitution de l'électeur au militant change la nature même d'une organisation. On ne peut se réclamer d'un mouvement porté par l'action des masses en devenant une bureaucratie confortée par le simple suffrage de ses mandants. Bref, il serait dangereux de fonder sur une base aussi équivoque une légitimation que dément l'observation quotidienne. Le syndicalisme dépérit, son image se dégrade, sa crédibilité s'effrite, ses effectifs fondent. Le renforcement de la charpente institutionnelle ne peut compenser cette perte de substance. Pour regagner la confiance des salariés, il faudra un projet dynamique qui se dégage également des rêves révolutionnaires qui ne font plus le poids et des assurances réformistes qui ne font plus recette. Malheureusement, l'idéologie syndicale est incapable d'appréhender l'entreprise concurrentielle. Elle ne connaît que le monopole institutionnel et son corollaire : l'ordre bureaucratique.

Une économie de crise ne condamne pas à l'immobilisme. Bien au contraire. Elle constitue une chance de renouveau. Elle ne permet plus de miser sur le conservatisme de la croissance, elle impose une gestion moderne des conflits, une gestion qui combine les mutations techniques et les aspirations individuelles. Cela se fera en tout état de cause, car la nouvelle compétitivité est à ce prix. Elle se gagnera par le « Tous ensemble ». Avec ou sans les syndicats.

Ces perversions actuelles ne peuvent faire oublier ni leurs services passés ni leur utilité future. En un premier temps, ils ont déjoué, sans le prévoir, les fameuses contradictions marxistes. Poussant la demande, entretenant la croissance, ils ont favorisé le passage du capitalisme primitif à la société industrielle. En rééquilibrant le rapport capital-travail, en réduisant les tensions, en développant la législation sociale, ils ont créé les conditions d'une collaboration conflictuelle. Il leur faut maintenant y participer. En être un moteur et non pas un frein. Devenir les conseillers, les avocats et les garants du personnel dans cette mobilisation pour la productivité. C'est un rôle plus exaltant que d'entretenir la hargne dans une atmosphère d'affrontements stériles. De ce point de vue, l'accord BSN-Emballage est un fait porteur d'avenir.

Nos chefs d'entreprises sont loin d'en être tous convaincus. Ils voient plus volontiers dans les syndicats un obstacle à surmonter qu'un partenaire à conquérir. Une vision justifiée par l'expérience passée et même la situation présente. Mais doit-elle commander l'avenir ? Au Luxembourg, les multinationales sont rassurées par le slogan : « Chez nous, vous n'avez rien à craindre des syndicats. Ils siègeront dans votre conseil d'administration. » Entre ce type de relations sociales et le nôtre, il n'y a qu'une frontière dans l'espace. Pourquoi y aurait-il un fossé à jamais infranchissable dans le temps ? Avant de se soumettre à une prétendue fatalité historique, il vaudrait mieux tenter de la surmonter *.

---

* Il est deux itinéraires possibles dans cet ouvrage. Le premier qui est ici proposé passe par l'exploration de la syndicratie avant d'en revenir à ses nouvelles relations sociales. Mais vous pouvez également vous reporter tout de suite au chapitre XV pour découvrir les bouleversements présents et à venir de l'entreprise. Vous reprendrez ensuite la lecture à ce deuxième chapitre.

Toujours contre

S'opposer, c'est un réflexe naturel pour une organisation syndicale. Mais il n'est pas besoin d'une institution particulière pour dire « non » en toutes circonstances. Tout le monde en est capable. L'art de la défense consiste à savoir mêler le refus et la concession au mieux de ses intérêts. En affaires, le marchandage, la recherche du compromis ne sont pas signes de faiblesse, mais d'habileté. En matière sociale, c'est le contraire. Le syndicalisme doit avancer ou s'opposer, mais ne jamais reculer, se déplacer ou changer. A ce jeu — ou, plus exactement, à cette absence de jeu — il perd plus qu'il ne gagne sans comprendre la nature du piège dans lequel il se laissa enfermer par le patronat avant de s'y enfermer lui-même. Car la sclérose syndicale pèse désormais bien plus lourd que la répression patronale dans la crise du syndicalisme.

Les choses, il est vrai, n'avaient pas très bien commencé, il y a une centaine d'années. Alors que la liberté syndicale avait été reconnue en Grande-Bretagne dès 1824, que le droit de grève existait en France depuis 1864, les syndicats n'avaient toujours pas d'existence légale en 1884. Pourtant, ils avaient pignon sur rue — on ne comptait pas moins de 500 chambres syndicales en France — mais ne jouissaient que d'une tolérance précaire sans base légale. Le ministre de l'Intérieur, Waldeck-Rousseau, attendait de leur légalisation « une garantie contre la grève ». Au Parlement, les défenseurs de la loi espéraient qu'elle permettrait de mieux contrôler les mouvements ouvriers ; ses adversaires craignaient qu'elle n'en vienne à les renforcer. Pendant trois années, le projet put être bloqué, la quatrième il passa et le *Journal officiel* du 21 mars 1884 publia le faire-part législatif : « Les syndicats ou les associations professionnelles (...) pourront se constituer librement sans l'autorisation du gouvernement. »

Ce texte, outre qu'il prévoyait une déclaration à la Préfecture inquiétante pour l'époque, avait le tort d'être « octroyé ». Les syndicalistes révolutionnaires se déchaînèrent donc contre cette loi

« confectionnée par nos adversaires d'origine » et qualifiée de « policière », « liberticide », « nuisible », « déplorable »... Le 12 octobre 1886, le congrès des Fédérations nationales des syndicats à Lyon vota, par 74 voix contre 29 et 7 abstentions, une motion demandant « l'abrogation pure et simple » de la loi autorisant les syndicats ! En matière de refus, nos leaders actuels ont de qui tenir.

Les employeurs, eux, n'avaient pas à dénoncer la loi ; il leur suffisait d'en contrarier l'application. Ils ne s'en privèrent pas, tel ce patron métallurgiste de Valenciennes qui ferma son entreprise et ne la rouvrit qu'après avoir récupéré tous les livrets syndicaux dont il fit un autodafé purificateur dans la cour de l'usine. Du coup, les ouvriers ne demandèrent plus l'abrogation de la loi, mais une loi supplémentaire pour faire respecter celle de 1884. Deux projets en ce sens furent déposés au Parlement, mais ne purent aboutir. Finalement, les deux camps apprirent à mal vivre ensemble. Les syndicats, quoi qu'ils aient pu dire, furent bien contents d'être reconnus ; le patronat, en dépit de son obstruction, finit par s'accommoder de son partenaire. Une double opposition originelle tout à fait représentative du siècle qui allait suivre.

Cent ans plus tard, le mercredi 21 mars 1984, Pierre Mauroy, entouré d'une maigre brochette de ministres, présente à la presse le timbre du centenaire à l'effigie de Waldeck-Rousseau. Les « patrons » des confédérations ne se sont même pas déplacés pour assister à la cérémonie. Pierre Bérégovoy prononce le discours de circonstance, il salue « le dévouement, l'intelligence et la conviction » des syndicalistes. Il ne pouvait faire moins. On n'en fera pas plus. Les syndicats n'organiseront aucune fête commémorative. Ils n'ont pas le cœur à ça. Toute la presse souligne la morosité de cet anniversaire. Seul Georges Séguy fanfaronne dans *l'Humanité :* « Que cela plaise ou non, le syndicalisme prend — et prendra avec l'évolution de la société — de plus en plus de place dans la vie sociale et démocratique de la nation. »

Quelle différence avec 1936 ! Le grand souffle du Front populaire, poussant à la réunification de la CGT, avait provoqué une « ruée syndicale » selon l'expression de Léon Jouhaux. Les effectifs, qui ne dépassaient guère le million, bondirent à 4 millions. C'était l'euphorie. En 1981, la victoire de la gauche n'a fait que précipiter la grande déprime. Notre dinosaure syndical promène, parmi les mammifères de la Troisième Vague, son corps énorme, tout droit venu du Cambrien industriel. L'actualité démontre chaque jour son inadaptation fondamentale.

J'écris ces lignes le 20 mai 1984. Que disent les journaux de cette semaine, choisie au hasard ? Sur le front des grèves, Citroën tient la vedette avec l'occupation par la CGT de cinq usines dans la région parisienne. Les difficultés de la firme sont connues ; on apprend cette semaine qu'elle a reculé de 12 % en quatre mois sur le marché national : une dégringolade qui s'accompagne de lourdes pertes financiè-res. Les remèdes ne sont pas moins connus. De Fiat à Chrysler, plu-sieurs constructeurs ont guéri de semblables maladies. Le traitement a toujours comporté une réduction des effectifs, une compression des charges salariales et la paix sociale. Que les syndicats se battent pour réduire le coût supporté par les salariés, quoi de plus normal ? Mais, en France, la façon même de le faire leur retire toute crédibilité. Dans *le Monde,* Louis Viannet, secrétaire de la CGT, entreprend de démontrer qu'il n'y a pas de personnel en trop et, par conséquent, pas de licenciements acceptables. Il commence sur le mode triompha-liste : « (...) notre appareil de production dispose de capacités impres-sionnantes, le niveau de connaissances et de qualification des salariés représente un acquis considérable (...) ». En d'autres temps, les com-munistes avaient très justement reproché à la direction de PSA d'avoir sous-investi et fait appel à une main-d'œuvre immigrée moins qualifiée mais plus docile. Voici les capitalistes soudain absous : bons gestionnaires, ils ont toujours choisi les machines les plus modernes et les hommes les mieux formés. Louis Viannet admet toutefois la nécessité d'« une modernisation saine, conçue réellement pour développer la production et la compétitivité », ce qui, bien sûr, « implique des emplois nouveaux ». Plus on met de robots, plus il faut d'hommes, tout le monde sait cela. Pour faire bon poids, on ajoute une mesure sociale : « aller résolument vers les 35 heures sans réduction de salaire ».

Sont-ils stupides ces syndicalistes allemands, américains ou ita-liens qui consentirent des sacrifices pour sortir leur entreprise de l'ornière ! Il suffisait d'imposer par la grève la solution miracle : pro-duire plus en travaillant moins pour le même salaire. En leur temps, les accords General Motors, Chrysler, Fiat ou Volkswagen furent superbement ignorés par les syndicats français. Là encore, c'est un comportement traditionnel : le syndicalisme français a toujours des leçons à donner, jamais de conseils à recevoir.

En 1908, le secrétaire général de la CGT, Victor Griffuelhes, écri-vait déjà [64] : « (...) Le socialisme en Allemagne ne pourra renaître qu'en utilisant l'expérience du mouvement syndicaliste français (...). En Allemagne, il y a une masse de syndiqués ; en France, il y a un syndicalisme, théorie qui résume et contient toute l'action ouvrière (...). Et, vraiment, si l'on examine les exigences de l'action, on voit toute la supériorité de la décision et de l'initiative française sur la prudence et la pesanteur allemande. » Ce texte frappe autant par son immodestie que par son parfum « anti-boche ». La société allemande avait connu dès l'époque bismarckienne les assurances-maladie en 1883, les assurances-accident en 1884, l'assurance-vieillesse en 1889. Cela ne gênait en rien le complexe de supériorité français. Et comme les traditions ne se perdent jamais, la gauche, en 1981, proposait généreusement au monde un modèle original de socialisme... que les autres se dépêcheront de ne pas suivre. Ainsi, le mouvement ouvrier français a toujours placé son radicalisme, même impuissant, très au-dessus de l'empirisme, parfois efficace, des mouvements étrangers. Rien de surprenant donc dans la condescendance française à l'égard des négociations sociales étrangères.

Une seule fois — la mauvaise hélas ! — le syndicalisme français se laissera influencer, dominer même, de l'extérieur. C'est encore Griffuelhes, si méprisant pour le réformisme allemand, qui prend feu et flamme pour le communisme soviétique [112]. « On peut dire que Lénine est seul resté socialiste (...) », s'écrie-t-il en janvier 1918. Il fait le voyage à Moscou, en revient mystifié, ayant, comme tant d'autres, confondu un putsch liberticide avec une révolution libératrice. Jusqu'à sa mort, il restera un relais d'influence bolchevique dans le mouvement syndical français. Destin individuel tristement exemplaire de la dérive collective.

Me voilà injuste pourtant. Cette même semaine de mai 1984, nos syndicalistes n'ont d'yeux que pour leurs collègues étrangers. Allemands en l'occurrence. C'est un véritable chœur de supporters. André Bergeron déclare : « Il convient d'observer avec attention ce qui va se passer dans la métallurgie allemande » ; Jean Kaspar (CFDT) affirme : « L'action engagée par le DGB (le syndicat allemand) concerne les travailleurs français » et André Sainjon estime que la CGT se sent « proche de l'IG-Metall sur les 35 heures ». Une fois de plus, cette surprenante approbation ne pouvait se faire que sur une erreur. Aussi longtemps que le « kolossal » cousin germanique a joué le jeu sage de la social-démocratie il a été méprisé. Il a suffi qu'il se lance dans la voie stérile, démagogique et brouillonne des 35 heures à salaire maintenu pour que tout le syndicalisme français l'acclame. C'est que lui aussi rêve d'enfourcher ce cheval de défaite. Seul, cela paraît difficile, mais avec l'Allemagne et, pourquoi pas, toute la CEE, cela devient possible. La régression européenne se fera-t-elle en bon ordre social grâce à cette panacée syndicale dont on avait déjà mesuré l'efficacité avec l'instauration des 40 heures ?

Pourquoi 40 heures au fait et pas 37 ou 43 ? Dans un système économique, la valeur d'un paramètre comme celui-là est liée à celle de tous les autres. Des organisations responsables ne peuvent la fixer arbitrairement. A la suite de quels calculs économétriques est-on arrivé à ce résultat ? Il s'agissait d'une vieille revendication renforcée par le fait qu'en l'absence de statistiques précises, on avait sous-évalué la durée réelle du travail. A l'époque du Front populaire, on avait d'abord pensé à 44 heures. Certains firent observer que 40 avait l'avantage d'être un chiffre rond. Cela faisait un bon slogan et se traduisait par les cinq fois huit. Va pour 40 ! Et l'habitude s'est prise d'inscrire les revendications aux carrefours du système décimal. Cela nous a valu la catastrophique retraite à 60 ans et maintenant la semaine de 35 heures. Uniformément pour tous. Nul ne semble s'étonner de cette mystérieuse et automatique concordance entre la réalité économique et notre système de numération.

Cette semaine encore, la presse s'interroge sur l'avenir même de Citroën. Les conflits sociaux s'ajoutant aux difficultés commerciales ne vont-ils pas tuer la firme ? La presse de droite fait des syndicats — la CGT pour Citroën, la CFDT pour Talbot — les naufrageurs des entreprises. Procès injuste, car la situation n'est pas née d'aujourd'hui et les responsabilités sont pour le moins partagées. C'est bien un patronat de combat qui a suscité ce syndicalisme de combat. Il faut être deux pour se livrer à la lutte des classes.

En recourant massivement à la main-d'œuvre immigrée, la direction a fait passer la docilité avant la qualification comme critère de recrutement. Un choix qui lui a donné la paix sociale à bon compte, mais qui a créé pour l'entreprise un handicap insurmontable à terme. Le drame d'Aulnay n'est pas technique mais humain. Avec de l'argent, on peut toujours se payer des robots derniers modèles. Mais on ne peut pas transformer une main-d'œuvre déracinée et analphabète en ouvriers motivés et qualifiés. Or, la vraie supériorité des voitures japonaises n'est pas dans la conception, mais dans l'exécution. Là-bas, sur les chaînes, les ouvriers sont japonais, ont l'équivalent d'un bac technique et un plan de carrière devant eux. Faites par des Thaïlandais, des Pakistanais et des Philippins encadrés militairement, les Toyota et Honda ne vaudraient pas mieux que les Citroën. Les conflits d'Aulnay, succédant à ceux de Poissy, révèlent un taylorisme borné et autoritaire qui n'est plus de mise dans une entreprise moderne.

Car la direction a joué tout l'équilibre de l'entreprise sur un rapport de forces : le système CSL. Avec ses chaînes gigantesques qu'une dizaine de gars décidés peuvent bloquer, l'industrie automobile est vulnérable aux agressions sociales. La CGT peut aisément y faire la loi et imposer de coûteuses grèves thromboses. On comprend qu'une direction le redoute et favorise des syndicats plus modérés. Si la direction de Citroën s'en était tenue là, elle n'aurait fait que jouer un jeu patronal classique. Mais elle est allée bien au-delà. Longtemps elle n'a admis aucun syndicat chez elle. Jusqu'en 1963, le comité central d'entreprise n'avait même pas la gestion des œuvres sociales. A l'usine de Rennes, rapporte Guy Caire [44], « il n'y avait jamais eu d'élections de délégués depuis 1954 et le comité d'entreprise n'avait jamais été mis en place (...). Des syndicats CGT et CFDT démarrent en septembre 1965 tandis que sont organisées des élections : mais, des 15 élus CFDT et des 17 CGT, il ne reste en place, dix mois plus tard, que 7 CFDT et 8 CGT ». L'attitude patronale devient difficilement tenable après la légalisation de la section syndicale en 1968. C'est alors que la direction décide d'implanter la CFT-CSL pour encadrer le personnel sur le modèle mis en place par Pigozzi chez Simca-Chrysler. L'opération est menée de façon systématique dans les usines du groupe à partir de 1969. Elle s'accompagne d'une répression antisyndicale qui vise aussi bien les réformistes que les révolutionnaires. Je repense à une conversation récente avec des responsables FO de la métallurgie : « Nous avons rencontré la direction de Citroën en 1975, nous l'avons mise en garde contre les risques d'une telle politique. " Si vous n'acceptez pas les syndicats représentatifs, vous vous retrouverez un jour face aux syndicats révolutionnaires et vous aurez le bordel chez vous. " Ils n'ont rien voulu entendre. »

Car le système CSL marche fort bien, tant qu'il marche. On l'a souvent caricaturé en n'en présentant que l'aspect négatif et brutal. Celui-ci existe et permet de réduire au silence les contestataires. Mais il a aussi un aspect positif que les autres syndicats reconnaissent en privé. La CSL est plus proche du personnel que les centrales « représentatives ». Les agents de secteurs écoutent les ouvriers, jouent les assistantes sociales et, usant de leur connivence avec la direction, résolvent bien des problèmes individuels. L'ordre CSL joue de la carotte et du bâton. Il est particulièrement efficace vis-à-vis d'immigrés qui ont souvent besoin d'aide dans la société française. En dépit des campagnes revendicatives lancées par le syndicat maison, c'est tout de même la direction qui tire les ficelles, intègre totalement l'encadrement syndical dans sa gestion du personnel et n'admet aucune contestation. Bref, la CSL est au syndicalisme ce que Canada Dry est au whisky : ça en a l'apparence, mais pas la substance.

A l'usine de Caen, petite unité de 2 500 personnes, la CFT règne à partir de 1970. L'affiliation est indispensable sinon obligatoire, ne serait-ce que pour bénéficier de la couverture sociale maison. Maîtresse du comité d'entreprise, elle contrôle les clubs sportifs où se rencontrent et se gonflent les « gros bras » de l'ordre syndical. En 1973, la CGT tente de s'y implanter, mais n'y parvient pas. En 1976, une dizaine de salariés décident de quitter la CFT-CSL et de fonder une section syndicale FO. Pour eux, les ennuis commencent. La direction multiplie les mutations brimades : d'un poste de travail convenable à un autre très pénible, d'un travail de jour à un travail de nuit. Un technicien de laboratoire se verra même isolé dans une pièce pendant deux ans sans rien faire. Des salariés jusque-là bien notés, ayant fait l'objet de promotions, voient soudain pleuvoir les avertissements et les mises à pied. La CSL joue de l'intimidation et de la menace. Les syndicalistes sont attaqués dans la nuit, ils reçoivent coups de téléphone et lettres anonymes, subissent des campagnes de calomnies, leurs voitures sont abîmées. Ils tiennent bon, et FO remporte la majorité des suffrages lors des élections.

La situation devient telle que le syndicat intente un procès à la direction des affaires sociales de l'usine. En mars 1981, le directeur du personnel et ses adjoints sont condamnés à des peines de prison avec sursis, ils interjettent appel et, fait rarissime, voient leurs condamnations transformées en prison ferme, et la Cour de cassation rejette leur pourvoi en mars 1983. Maigre consolation pour les militants. La plupart ont dû finalement quitter l'entreprise ; certains connurent un divorce ou une dépression en prime.

Il faut le répéter car on l'oublie trop souvent : la lutte des classes fut historiquement le choix du patronat français avant d'être celui des syndicats. Dans l'industrie française de 1985, Citroën représente un cas extrême. C'est vrai. Mais s'il est absurde de prétendre que toutes les entreprises fonctionnent aujourd'hui sur ce modèle, il ne l'est pas moins d'ignorer que ce fut longtemps le cas et qu'une évolution relativement récente ne peut effacer dans la mémoire collective un siècle de sédiments. Nos syndicats ne furent peut-être pas de bons élèves, mais ils ne furent certainement pas à bonne école.

Cette semaine tombent également les chiffres du chômage. En progression pour le sixième mois consécutif. En avril, on a enregistré 52 400 chômeurs de plus. Depuis des années, gouvernements et syndicats — mis à part la CFDT au niveau confédéral — défendent ceux qui ont un emploi contre ceux qui en cherchent. Cette pseudo-politique sociale n'est pas seulement injuste, elle est surtout inefficace. 2 000 licenciés chez Citroën font cinq colonnes à la une, mais les 30 000 licenciés de ce mois d'avril ne font qu'un entrefilet. Et l'Etat finira par accorder aux gens dont on parle dix fois plus qu'à ceux dont on ne parle pas. Les syndicats sont incapables d'assurer une défense équitable des salariés. Ils se battent sur leurs bastions et créent l'inégalité dans le social comme le capitalisme la crée dans l'économie.

Mais l'événement le plus important de la semaine s'est peut-être produit le jeudi 17 mai à la gare Saint-Lazare. En fin d'après-midi, les banlieusards qui rentrent chez eux découvrent qu'ils n'ont plus de train. Les aiguilleurs d'Asnières et de Bécon-les-Bruyères, une vingtaine en tout, ont déclenché une grève surprise. Le trafic est paralysé. Les voyageurs, non prévenus, se trouvent piégés dans la salle des pas perdus. La colère gronde. L'un d'entre eux s'empare d'un micro : « La SNCF se fout de notre gueule. Ne payons plus la carte orange. Disons à tous ces feignants ce que nous pensons. » C'est la grande pagaille. Les employés de la SNCF sont pris à partie, les chariots sont réquisitionnés pour former un barrage sur la place du Havre. Les voyageurs pris en otages prennent les automobilistes en otages. « Puisque nous sommes bloqués, vous le serez aussi. » Le charivari ne se terminera que dans la soirée. Les ministres des Transports et des Affaires sociales se fâchent. La CGT et FO désavouent. La CFDT penaude se tient coite ; les grévistes incontrôlés appartiennent à sa paroisse.

Le mouvement de grève durait depuis plusieurs jours déjà et devait déboucher sur des « journées nationales d'action ». Au cœur de ce conflit : les 35 heures. La direction de la SNCF les accorde aux travailleurs postés, mais — contrairement aux propositions de l'EDF — choisit la réduction quotidienne du travail, disposition la plus commode pour l'entreprise. Les cheminots, eux, veulent « globaliser » sous forme de 12 jours de congés supplémentaires par an. La direction ne veut pas céder. On fait grève. Quoi de plus normal ? Ne s'agit-il pas d'un droit constitutionnel et sacré ? Mais comment ignorer que le public ne supporte plus les brimades que lui infligent les agents de l'Etat ou des entreprises nationalisées ? Depuis longtemps, les Français trouvent abusifs certains blocus qui leur sont imposés au nom du droit de grève. Dans un sondage IFOP-*France-Soir* de 1969, ils étaient déjà 68 % à estimer qu'« il n'est pas normal que les grévistes coupent le courant et gênent l'existence de la population ». Le durcissement de la crise et le courant antisyndical ne peuvent que renforcer ce sentiment au point d'en faire une donnée politique majeure. Les récentes grèves du tri postal ont été extrêmement impopulaires, et je lis dans ma revue de presse hebdomadaire qu'André Bergeron, parlant devant les postiers FO, a insisté sur la nécessité de ne pas désorganiser le service.

La grève dans les services publics : un problème tabou dans la classe politique, mais que les Français sont en passe de résoudre à leur façon. Un responsable syndical me disait : « La grève des fonctionnaires du 8 mars a été très mal vécue par les enseignants. Ils ont senti un mélange d'incompréhension et de réprobation. Ils ne seraient pas partants pour une autre manifestation de ce genre. » L'opinion publique, ça existe : certains syndicats l'ont rencontrée.

Pas tous, cependant. Cette semaine-là se tient à Lille le Congrès du Syndicat national autonome des policiers en civil. Gérard Munaut, son secrétaire général, demande au gouvernement d'accorder aux policiers le droit de grève et de manifestation : « Nous désirons avoir la possibilité de recourir aux mêmes moyens de pression que l'ensemble des travailleurs et salariés de ce pays », explique-t-il. Au jeu du « retiens-moi ou je fais un malheur », tout le monde n'est pas aussi crédible. L'avocat syndical recherche les meilleures armes pour son client. Malheur aux désarmés !

La presse accorde une place démesurée au secteur public et aux grandes entreprises. Les syndicalistes, protégés, salariés et gestionnaires font donner les grandes orgues des médias au moindre accroc. Un changement de statut d'une « catégorie de personnel », de très vagues projets de réduction d'effectifs se transforment immédiatement en dépêches d'agences puis en articles de journaux. Le reste de l'économie n'a quasiment pas d'existence sociale. Dans les milliers de PMI, vouées à la fosse commune de la statistique, le syndicaliste se retrouve seul face au patron comme dans l'ancien temps. Les fonctionnaires syndicaux surprotégés tiennent la vedette ; jamais les militants qui tentent de s'imposer sur le terrain. Et pourtant...

Libération s'étend longuement sur le procès de Raymond Dellaposta, un petit patron qui n'aimait pas les syndicats. Dans sa fabrique de pains et gâteaux, on vivait « en famille » jusqu'à ce qu'un salarié, Mohamed Simerabet, décide de créer une section syndicale CGT. Le voilà qui se met à distribuer des tracts, à présenter des revendications ; bref, « il faisait des problèmes, ça n'allait pas », comme dira à la barre un cadre de l'entreprise. Dellaposta, excédé, prit un fusil et, une nuit, tira une décharge de chevrotines dans le ventre de son représentant syndical. Un cas paroxysmique sans doute. Les patrons un peu plus évolués peuvent réduire l'influence des syndicats sans faire parler la poudre. Naguère, ils recouraient à des « méthodes Citroën ». Désormais, ils ont le choix. Ils peuvent aussi mener une politique sociale hardie et novatrice. Le syndicalisme résiste encore plus mal à la séduction qu'à la répression. Récemment, une amie me disait que son entreprise allait passer aux 36 heures. Très spontanément, j'attribuais ce résultat à une grande efficacité syndicale. « Pas du tout, me répondit-elle, il n'y a pas de syndicats chez nous. La direction a posé comme principe que, aussi longtemps qu'il n'y en aurait pas, elle serait en avance sur le plan social. Du coup, les gens n'ont pas envie de se syndiquer. »

La France moyennement syndicalisée des statistiques est une fiction. Il y a, d'un côté, du fait de la crise, de la maladresse syndicale, de la politique répressive ou séductrice du patronat, la grande débâcle du secteur privé ; et, de l'autre, la grande glaciation bureaucratique du secteur public. Au milieu, rien.

Printemps, saison des congrès. La CGC — la centrale qui monte —, sacre à Versailles son nouveau président, Paul Marchelli. En octobre 1983, lors des élections à la Sécurité sociale, la CGC a frôlé la barre des 16 %. Un incroyable triomphe pour un syndicat « catégoriel ». Les élections des administrateurs dans le secteur public ont encore accentué cette progression. Pourtant, la confédération reconnaît avoir perdu, en 1983, 2,7 % de ses adhérents. « C'est un cuisant échec », constate Jean Menu, le président sortant. Si les syndicats qui montent perdent leurs troupes, que doit-il se passer dans les syndicats qui baissent ?

C'était une semaine prise au hasard. Les enseignements que l'on tirerait de telle ou telle autre ne seraient guère différents. Parcourant ce chapitre de notre vie collective, je voulais montrer qu'en chaque épisode s'y révèle l'inadaptation profonde de notre système social. Mais il ne s'agit encore que d'une première approche, un survol de reconnaissance et rien de plus. Nulle conclusion à ce stade, rien que des constatations.

Ma conviction profonde, celle qui m'incite à me lancer dans cette aventure, est que les mutations provoquées par la crise actuelle seront sociales et pas seulement techniques. Les entreprises en sortiront bouleversées, les relations hiérarchiques, l'organisation du travail, la répartition du pouvoir, la structure même des établissements, tout va changer. L'aménagement du temps n'est qu'un petit aspect de ce fantastique chambardement. Nos syndicats à l'ancienne sont anachroniques dans ce nouveau monde. Ils peuvent en retarder l'avènement. Ils ne l'empêcheront pas. En s'y opposant, en prenant le parti de la réaction, ils risquent leur survie. Or, l'évolution industrielle leur donne la chance de se rénover sans avoir à se renier, simplement en participant au mouvement de l'histoire. Encore faudrait-il se dégager de ces archaïsmes révolutionnaristes qui nous collent à la peau. Une image me revient à la mémoire, délicieusement symbolique. C'était l'époque où l'on rêvait encore d'un syndicalisme libre en Pologne. Ce 15 octobre 1981, sous la grande tente de l'Hippodrome à la porte de Pantin, 3 000 Parisiens étaient venus à l'appel de la CFDT acclamer Lech Walesa et quelques-uns de ses compagnons. A la tribune, les dirigeants de la confédération entouraient le héros de Solidarnošc et la délégation polonaise. Après qu'Edmond Maire eut proclamé au nom de tous : « Nous avons Solidarité au cœur », ils se levèrent et, par un réflexe historique, brandirent le poing et entonnèrent *l'Internationale*. Profonde stupéfaction des Polonais ! Dans leur pays, ce sont les représentants des syndicats officiels qui chantent « les damnés de la terre ». D'abord surpris, ensuite amusés, Walesa et les siens regardèrent Edmond Maire, Jacques Chérèque et les autres chanter la lutte finale. A la sortie, un Polonais remarquait à mi-voix : « La révolution chez vous, c'est comme la démocratie chez nous. Plus on en parle, moins on la fait. »

Ce goût de l'ancien n'est pas innocent. Dans le domaine social, les antiquaires font de bonnes affaires. A condition, cela s'entend, de vendre la marchandise suffisamment loin de son époque et de son pays d'origine. Ainsi, notre révolutionnarisme intransigeant se révèle-t-il fort rentable dans le confort douillet des administrations, services publics et autres sociétés nationales, c'est-à-dire à l'antipodal contraire des luttes héroïques de Gervaise. Il connaît alors une inquiétante mutation : le syndicalisme devient syndicratie.

Les mutations, disent les biologistes, sont rarement favorables ; celle-ci n'échappe pas à la règle. La supercherie qui consiste pour un syndicalisme bureaucratique à enfiler les habits élimés du mouvement ouvrier s'est faite avec la complicité de l'Etat qui, soucieux de ménager ses « partenaires sociaux », s'est efforcé de rafistoler la machine syndicale en compensant par le haut les fuites à la base.

Les adhérents n'adhèrent plus : on les remplace par des électeurs. Les militants ne militent plus : on multiplie les permanents. Les cotisants ne cotisent plus : on accroît les subventions. Les travailleurs ne suivent plus : on renforce les appareils. Et la fuite en avant s'accélère. Peu à peu, les organisations « représentatives » s'habituent à vivre sur la complaisance de l'Etat plus que sur la confiance des travailleurs, à miser sur les procédures réglementaires plus que sur l'ardeur revendicative. C'est la dérive institutionnelle tant redoutée par les anarcho-syndicalistes au début du siècle.

Cette mutation ne réussit tout à fait que dans les espaces soustraits au marché libéral et à la gestion capitaliste, lorsque l'« ennemi héréditaire » patronal n'est plus là pour s'opposer à cette expansion. La « niche écologique » s'est étendue. A mesure que l'Etat étendait son empire, que les oppositions au pouvoir syndical s'y affaiblissaient, la syndicratie ne cessait de croître et d'embellir. Cheminots, postiers, électriciens, enseignants, bardés de statuts, cuirassés de garanties, maîtres de grands services publics sont censés avoir besoin d'énormes organisations pour les « protéger », tandis que des millions d'ouvriers dans les PME, d'employés dans le commerce, placés en situation de totale précarité et de faiblesse extrême, doivent se contenter d'organisations squelettiques et embryonnaires pour les défendre. En sorte que la puissance syndicale n'est jamais si forte que lorsque les risques d'exploitation sont faibles et jamais si faible que lorsque les risques d'exploitation sont forts. Contrairement à d'autres sociétés occidentales, qui limitent les droits syndicaux dans l'administration ou dans certaines professions, mais veillent à en assurer le plein exercice dans les entreprises privées, la France a fait le choix inverse. « N'est-il pas surprenant », observe, faussement naïf, le professeur J.-D. Reynaud [139], « que les syndicats soient particulièrement forts là où il n'y a pas de plus-value à s'approprier parce qu'il n'y a pas de production marchande là où cette appropriation n'est pas privée ? »

L'imposture de la syndicratie ne réside pas dans l'inévitable institutionnalisation, mais dans le refus de la reconnaître et d'en tirer les conséquences. Mi-Tartarin, mi-Tartuffe, les « militants » — en réalité les « permanents » — se pressent en foule pour administrer le terrain conquis et ne fréquentent que de loin et en paroles le vrai champ de bataille. Dans ces conditions favorables, leurs pouvoirs outrepassent la fonction revendicative et permettent d'exercer un contrôle syndical sur le personnel et le fonctionnement des services. Ainsi, des hiérarchies parallèles, occultes et irresponsables s'implantent au cœur même de l'Etat, le détournant de l'intérêt général, dont elles n'ont pas la charge, pour le mettre au service des intérêts particuliers qu'elles représentent, voire du simple intérêt bureaucratique qu'elles incarnent. Elles génèrent un ordre qui n'augmente pas la justice, l'aménité ou la solidarité, contrairement à ce qu'on pourrait espérer, mais qui impose le conservatisme, l'uniformisation et le corporatisme.

Cette évolution ne tient pas à une quelconque méchanceté des hommes, mais à une mauvaise organisation de la société. Car le syndicalisme, comme toute structure sociale, est porteur d'un projet qu'il tend obstinément à réaliser en fonction des opportunités qui lui sont offertes. Je dis bien le syndicalisme et non les syndicalistes. Les individus adoptent toujours le modèle de comportement propre à leur catégorie. C'est l'« effet Knock ». Comme le docteur de Jules Romains œuvrant au triomphe de la médecine, chacun veut faire de son activité le centre du monde. Le technocrate rêve de la société administrative, le juge de la société juridictionnelle, le professeur de la société professorale, le militaire de la société militarisée et le syndicaliste de la société syndicalisée : la syndicratie. Pour peu que ces volontés individuelles soient canalisées et orchestrées, pour autant qu'elles ne se heurtent pas à des limites infranchissables, cet impérialisme étend son emprise, imposant à la collectivité un ordre qui sert sa puissance et des finalités qui rejoignent ses intérêts.

L'organisation des pouvoirs publics a précisément pour but d'éviter ces débordements en contenant chaque institution dans un cadre bien précis, en équilibrant pouvoirs et contre-pouvoirs. Une constitution est un assemblage conçu selon un plan d'ensemble pour tenir compte de cet impératif majeur : éviter l'hypertrophie de l'un quelconque de ces pouvoirs. Le syndicalisme n'a jamais été intégré dans ce jeu de construction. Pour des raisons historiques, il s'est développé de façon conflictuelle, par poussées successives, à la « va-comme-je-te-pousse ». Il n'a jamais fait l'objet d'un effort concerté de régulation. Ainsi est-il devenu dans notre grande machine institutionnelle, l'invité inattendu dont la place et le rôle sont aussi peu satisfaisants dans le « trop » que dans le « trop peu ». C'est tout le progrès économique et social, la capacité de notre société à s'adapter et se moderniser qui se trouvent mis en cause. L'enjeu n'est pas mince. Continuons ainsi, et ce nouveau système finira par nous offrir tous les inconvénients et aucun des avantages d'un syndicalisme dont il n'aura plus que le nom. L'économie en sera freinée, la liberté réduite, le corporatisme renforcé, sans qu'il en résulte le moindre progrès de la justice.

Il ne suffit plus de dire ces choses à voix basse et de disserter en public sur le « malaise syndical » et la « crise du syndicalisme ». Nous sommes engagés dans un processus qui ne s'arrêtera pas de lui-même. Les déséquilibres s'accroissent, les perversions s'accentuent et chacun lève les bras au ciel, conscient tout à la fois de la nécessité d'agir et de l'impossibilité d'intervenir. « On ne touche pas aux syndicats ! » C'est le grand tabou. Toute législation nouvelle ne peut qu'étendre le pouvoir syndical pudiquement baptisé « libertés syndicales ». Hier, et ce fut bien nécessaire, au détriment des patrons. Aujourd'hui, et cela risque d'être fort nocif, au détriment de la collectivité.

Le syndicalisme, c'est vrai, constitue un pilier de toute démocratie moderne au même titre que les élections ou le Parlement. C'en est au point que les régimes totalitaires — hommage du vice à la vertu — tiennent à organiser des élections, à réunir un Parlement... et à mettre sur pied des organisations syndicales. Ce faisant, ils donnent une utile leçon aux démocraties. Ils prouvent que les réalités les plus diverses peuvent se glisser sous une même apparence juridique. Le drame polonais a montré aux Français qu'en cette matière aussi la contrefaçon va bon train. Depuis trente ans, les travailleurs polonais étaient censés avoir des syndicats pour les défendre, syndicats que la CGT allait visiter sans vergogne. L'apparition de Solidarnošc, opposant une authentique organisation ouvrière à un appareil bureaucratique de contrôle, a fait éclater l'imposture. A l'opposé, on connaissait depuis longtemps des syndicats américains tombés aux mains de gangs et qui s'étaient transformés en organisations de rackett sur les salariés et les employeurs. Nos organisations n'ont rien à voir avec ces exemples sinistres. Dans les PMI, elles sont plus proches de Solidarnošc que des syndicats officiels polonais ; dans les services publics, elles ressemblent plus aux grandes institutions socio-démocrates qu'aux syndicats « gangstérisés » américains. Heureusement ! Mais ces pôles extrêmes prouvent que l'institution est vulnérable et peut connaître les plus dangereuses dérives. Si ces perversions absolues ne nous menacent pas, il est d'autres maladies dégénératives qui ont besoin d'être soignées. Dans sa jeunesse, face à un capitalisme qui ne demandait qu'à lui tordre le cou, le syndicalisme a eu besoin de fortifiants et d'hormones de croissance. L'habitude s'est conservée de poursuivre le traitement bien qu'il soit arrivé en son âge adulte et coure d'autres dangers — détournement étatique, emprise bureaucratique, hypertrophie corporatiste, perte de militance — qui ne sont plus justiciables de cette monothérapie. Le statut syndical est à revoir. Tout le monde le pense et nul n'ose le dire.

Ne procède-t-on pas de même avec les autres pouvoirs ? L'exécutif, étant jugé trop faible sous la IVe République, fut renforcé par la constitution de la Ve et le législatif affaibli. Quant au mode de scrutin, il est constamment remis en discussion. Dans tous ces cas, il ne s'agit pas de porter atteinte à des principes fondamentaux, mais de porter remède à des troubles fonctionnels. D'où vient que, pour le syndicalisme seul, toute réforme qui ne vise pas à renforcer son pouvoir se trouve frappée d'illégitimité ? Il s'agit d'une question préjudicielle. Inutile de se pencher sur le malade s'il est interdit de le soigner.

Telle est l'attitude traditionnelle de nos gouvernants. Parmi les milliers de rapports officiels, pondus depuis trente ans, il n'y en a pas un seul qui soit consacré à ce sujet. Dira-t-on que l'importance en paraît trop mince ? Evidemment pas. On invoque plutôt une sorte de séparation entre la société et les syndicats comparable à celle de l'Eglise et de l'Etat. Chacun vit de son côté. Les pouvoirs publics ne doivent pas plus se mêler des problèmes syndicaux que des questions théologiques. Mais les syndicats, à la différence des Eglises, sont intégrés dans nos systèmes sociaux ; ils touchent des subsides, siègent dans les conseils et commissions, jouissent de prérogatives juridiques, participent aux décisions d'intérêt général. Peut-on être à ce point intégré à l'État et échapper à toute forme de régulation ? Peut-on se réclamer sans cesse d'une loi commune à laquelle on prétend toujours se soustraire ?

Cette raideur sociale — qui ne fit historiquement que répondre à la raideur bourgeoise — ne gêne pas trop en période de prospérité lorsqu'il s'agit simplement de se partager le « plus », mais elle est apparue en pleine lumière et en toute nocivité avec la crise, lorsqu'il s'est agi de répartir le « moins » et de modifier notre comportement. Faute de pouvoir obtenir quelque forme de concordat social pour faire face aux défis des années soixante-dix, on commença par croquer le capital, puis par accumuler les dettes afin de préserver la paix sociale. Au besoin, on reporta le poids des adaptations sur les plus faibles, rejetés au chômage. Le recours aux expédients ayant fait son temps, les revenus de tous commencent à être rognés, et le seront encore dans les cinq ou dix années à venir. Ce retard, consécutif à l'absence de négociation sociale, rendra l'opération plus douloureuse et le redressement plus aléatoire. Qu'importe, notre syndicalisme se fonde sur la théorie plus que sur la réalité et se juge aux intentions, non pas aux résultats. Mieux vaut manger indéfiniment le pain noir de la lutte des classes, que le pain gris de la collaboration. La syndicratie repose sur ce double jeu à prétention idéologique : profiter d'une société en s'y intégrant, tout en en refusant la règle sous prétexte qu'on la conteste. Lorsqu'ils rencontrent leurs homologues étrangers et leur exposent leur philosophie, nos syndicalistes s'entendent toujours demander : « C'est très bien tout cela, mais qu'est-ce que cela a rapporté à vos gars ? » La discussion s'arrête à ce point.

Si le sujet n'était tabou, une situation aussi désastreuse ne pourrait manquer de déclencher un grand débat national. On ne se contenterait pas de constater, on voudrait comprendre et corriger. Rien de tel ici. On attend que le syndicalisme devienne moribond là où il est indispensable et asphyxiant là où il est tout juste utile. C'est la faculté même de s'interroger, de remettre en cause, qui paraît anesthésiée. C'est elle que je voudrais réveiller en posant les questions, toutes les questions.

« A quoi servent les syndicats aujourd'hui ? », « Ont-ils encore un rôle à jouer, le jouent-ils réellement ? », « Défendent-ils les faibles ou les forts, les corporations organisées ou le prolétariat vulnérable ? »,

« La lutte des classes a-t-elle un sens dans la fonction publique ? », « Comment peut-on représenter " les salariés " qui constituent 85 % de la population française ? », « Le progrès social est-il lié au renforcement des droits et des pouvoirs syndicaux ? », « Ne doit-on pas limiter certaines pratiques syndicales ? », « Notre système de revendication convient-il à une société moderne, ne faut-il pas en inventer un autre ? », « Les syndicats français n'incarnent-ils pas la gauche sous-productive en déroute dans l'opinion française ? », « D'où tirent-ils leur puissance, de leur assise populaire ou de leur position légale ? », « Sont-ils encore capables de se réformer ? »...

Ces interrogations, tout à fait légitimes, sont encore considérées comme scandaleuses. On ne saurait les formuler sans être aussitôt rangé parmi les « ennemis de la classe ouvrière » et autres loups-garous qui hantent les cauchemars de la gauche archaïque. Bref, c'est le terrorisme moral qui prétend imposer le silence. Quand Edmond Maire, toujours lui, se demande : « Le syndicalisme va-t-il disparaître avec la crise ? », on s'efforce d'ignorer l'interpellation, faute de pouvoir récuser l'interpellateur. Une remise en cause, quelle horreur ! Dans son discours d'investiture, le nouveau Premier ministre, Laurent Fabius, fit ostensiblement sa génuflexion devant la chapelle syndicale. Faute de pouvoir en chanter la gloire, il tint à rappeler l'inconvénient qu'il y aurait à la voir disparaître. « C'est mieux que rien » reste effectivement l'un des rares compliments que l'on puisse encore faire.

Car le syndicalisme ne se conteste que dans des formes très limitées et en quelque sorte ritualisées. Par litotes, périphrases, réserves et regrets, on laisse entendre que, peut-être, les positions de telle ou telle centrale ne sont pas très réalistes. Dire, tout de go, que l'appareil syndical est sclérosé, vermoulu, incapable de comprendre son époque, que les positions prises sont très souvent stupides et détestables, que le langage utilisé est du sapin dont on fait les cercueils, ce serait faire offense à 22 millions de travailleurs-travailleuses et, pis encore, à tous les martyrs du mouvement ouvrier ! Nos leaders syndicaux avancent toujours avec un canut, un fédéré et un petit ouvrier phtisique de 8 ans en otage. On ne parle pas n'importe comment devant ces monuments aux morts. Transgresser les règles du savoir-vivre social vous fait basculer, au mieux, dans le camp des réactionnaires, au pire dans celui des oppresseurs ou des fusilleurs. L'interpellateur se trouve alors frappé d'ostracisme, et ses critiques d'irrecevabilité. Les journalistes qui traitent les affaires sociales doivent faire preuve de la plus extrême prudence, car les organisations représentatives, plus intolérantes que n'importe quel pouvoir, auraient vite fait de les mettre à l'index s'ils écrivaient ce qu'ils savent.

C'est ainsi que nos organisations syndicales se sont habituées à débiter les pires âneries, à énoncer les plus énormes contrevérités sans être jamais clouées au pilori. Qui d'autre qu'un syndicat — le Syndicat national de l'enseignement secondaire — oserait présenter une étude « démontrant » que les professeurs du secondaire travaillent 49,8 heures par semaine ? Qui d'autre qu'un syndicaliste soutiendrait que les douaniers font 46 heures par semaine « heures de nuit incluses » ? Qui d'autre qu'un syndicaliste présenterait les aiguilleurs du ciel comme « les fonctionnaires les plus brimés » ? Qui d'autre qu'un syndicaliste — Akka Ghazi, leader cégétiste — aurait soutenu en 1983 que l'usine Citroën d'Aulnay était en « sous-effectifs » ? Qui d'autre qu'un syndicat — la FNSEA — aurait fait croire aux Français que le revenu des agriculteurs baissait en 1982 alors qu'il augmentait de 8 % ? Qui d'autre qu'un syndicat — Force ouvrière — viendrait raconter à la télévision que le travail devant écran des femmes enceintes peut provoquer des malformations du nouveau-né ? Qui d'autre qu'un syndicat — le CNPF — prétendrait avoir calculé très exactement les 471 000 emplois que permettrait de créer la réforme proposée des ENCA ? Qui d'autre qu'un syndicat — la CGT — afficherait avec arrogance une pseudo-indépendance politique alors qu'il est contrôlé par le parti communiste au vu et au su de tout le monde ? Qui d'autre qu'un syndicat — la FEN — se proclamerait indépendant des partis tout en soutenant sans retenue le parti socialiste ? Qui d'autre que les syndicats — CGT, FEN, FO et d'autres — peut encore soutenir en 1985 qu'il faut augmenter le pouvoir d'achat des ménages pour réduire le chômage ?, etc. On n'en finirait pas de recenser les chiffres fantaisistes sur le pourcentage de grévistes et le nombre de manifestants, les solutions miracles qui débouchent toujours sur l'appel au protectionnisme et au parasitisme des finances publiques. On fait semblant de ne pas remarquer que depuis qu'ils existent, tous les syndicats du secteur public ne savent réclamer qu'une augmentation des effectifs et des budgets sans être jamais capables de propositions authentiquement novatrices pour accroître la productivité des services et la satisfaction des usagers. Faire payer les Français paraît être leur seule raison d'être.

Pour tant de sottises, combien de vues justes et raisonnables ? La CFDT, c'est vrai, fut un sage conseiller, hélas non écouté, sur les problèmes énergétiques. Si l'on avait appliqué son programme, plutôt que celui des nucléocrates, on aurait évité d'avoir un parc de centrales nucléaires démesuré et ruineux pour la fin du siècle. La CGT eut le mérite, c'est également vrai, de soutenir le nucléaire dans les années soixante-dix, lorsque déferlait la démagogie antinucléaire des écologistes. Hélas ! son patriotisme industriel de principe la conduit plus souvent au comble de l'irréalisme. Ces mêmes cégétistes voulaient nous faire construire en série les Concorde invendables dans les années soixante-dix et voudraient aujourd'hui nous lancer dans un deuxième Super Phénix pour produire de l'électricité excédentaire et hors de prix. Ce manque de responsabilités dans l'information s'accompagne des plus graves revers dans l'action. Mais comment oser dire que l'intransigeance syndicale provoqua la vente du paquebot *France* et la perte de leurs emplois pour ses 1 100 employés ? Les travailleurs constituent effectivement une mine de créativité, d'invention, que les Japonais exploitent depuis toujours et que nos chefs d'entreprises les plus modernes commencent seulement à découvrir. Pourquoi faut-il que les salariés soient tellement plus réalistes que leurs représentants ?

Les syndicats n'ont aucune exclusivité en matière de sottises. Le patronat en a débité tout au long de l'histoire ; les partis politiques sont capables de la pire démagogie. C'est vrai. Ce qui frappe ici, c'est tout d'abord la persistance dans les erreurs, l'incapacité de revenir au réel. C'est d'autre part l'absence de contestation. La crainte déférente qu'inspirent les grandes confédérations fait qu'on évite de les contredire de façon trop brutale. Cette défaillance de la critique, cette inexistence de la sanction entraînent une perte constante de crédibilité. Les « propositions » tombent dans l'indifférence générale. On les accueille avec des haussements d'épaules. « C'est de la démagogie à usage interne », me disait un technocrate à propos des fantasmes charbonniers de la CGT. C'est le cycle classique de l'irresponsabilité et de la surenchère débouchant sur le n'importe quoi. Pourtant, la compétence n'est pas rare dans les centrales. Je l'ai constaté lorsque j'ai siégé aux côtés de représentants syndicaux dans des commissions du Plan. Mais ces mêmes hommes, qui tiennent des propos pertinents et lucides à porte fermée, changent complètement de langage lorsqu'ils défendent publiquement les positions de leur organisation. Le poids de la tradition, une crainte diffuse des travailleurs dont on postule qu'« ils ne comprendraient pas » font resurgir à tout coup cette langue et même cette pensée, stéréotypées.

Quant aux sociologues, historiens et autres spécialistes des questions sociales parfaitement avertis de ces choses, ils s'efforcent de rester dans la théorie pour éviter « les exemples qui fâchent ». Rares sont ceux qui, tels Michel Crozier, Alain Touraine, Hubert Landier, Jacques Julliard, Alain Bergounioux ou Gérard Adam, disent les choses et ne se contentent pas de montrer qu'ils ne sont pas dupes sans pour autant irriter les syndicalistes et risquer de passer pour « anti-sociaux ». Les livres sur le syndicalisme ne sont jamais lus par les travailleurs, tout le monde sait cela. Le public n'a donc à sa disposition qu'une prose syndicale absolument illisible et une littérature spécialisée peu accessible. Il se forme ainsi un mur d'ennui plus efficace que toutes les censures pour décourager la curiosité.

Je n'ai donc pas eu à découvrir ces équivoques, ces mensonges, ces déviances, ces scléroses qui pervertissent aujourd'hui l'institution syndicale. Tout cela me fut révélé par les études qui lui ont été consacrées avant que je le constate sur le terrain. Je dois beaucoup aux sociologues, historiens du mouvement ouvrier, spécialistes des relations sociales et autres chercheurs avec lesquels j'ai eu l'occasion de m'entretenir et qui m'ont explicité les remarques que j'avais relevées dans leurs ouvrages. C'est pourquoi ma réflexion, rendant accessible au grand public le travail de nombreux scientifiques, s'appuiera constamment sur les recherches qui en constituèrent le point de départ. De même qu'en écrivant *Toujours plus !*, il ne me paraissait pas normal de laisser dans l'ombre un certain nombre de situations connues des spécialistes et cachées au grand public, de même me semble-t-il souhaitable de fournir à l'opinion les pièces d'un dossier qui, tôt ou tard, devra faire l'objet d'un débat national.

Parmi ceux qui m'ont décrit le mal syndical avec le plus de lucidité, certains s'en désolaient sincèrement, mais beaucoup, notamment dans les entreprises, s'en réjouissaient et préféraient l'euthanasie à toute autre solution pour en sortir. Lorsque les syndicalistes se crispent face à toute remise en cause et semblent toujours voir un ennemi mortel derrière la moindre critique, ils ne cèdent pas seulement à la paranoïa. Beaucoup de gens en France pensent que tout irait bien mieux, si l'on pouvait se débarrasser une fois pour toutes de cette « survivance archaïque ». Je l'ai beaucoup entendu dire, et je ne le pense pas. Mais, si je le pensais, je verrais dans la molle complaisance actuelle le plus sûr moyen de provoquer une réaction de rejet qui aurait définitivement raison d'une institution dévoyée. La syndicratie, en dépit des privilèges qu'elle a pu conquérir, ne me paraît pas capable de résister à la vague libérale qui monte. Seul un syndicalisme authentique, jouissant de la confiance de tous, pourrait tenir le choc et, par là, devenir un contrepoids nécessaire à d'éventuels débordements. Mais on est encore très loin de cette opération vérité qui permettrait de régénérer notre institution syndicale.

Et ce n'est pas la discussion interne qui suppléera la faiblesse de la contestation externe. Entre le conformisme militant et le bureaucratisme rampant, le débat démocratique est atrophié dans toutes les confédérations. Cette absence de critique véritable, de concurrence totale — les syndicats, comme les banques, se livrent une pseudo-concurrence dans le respect des règles établies pour le plus grand bien des compétiteurs — ; bref, ce protectionnisme malsain a beaucoup contribué à la sclérose actuelle. Plutôt qu'affronter les difficultés, les états-majors confédéraux — à l'exception de la CFDT, il est vrai — ne savent qu'invoquer « la répression patronale » ou vont répétant pour se rassurer que « le syndicalisme a toujours vécu en crise ». Comme s'il suffisait d'avoir été malade toute sa vie pour guérir miraculeusement à l'instant de sa mort ! Mieux vaudrait peut-être regarder la vérité en face.

Il n'y a que les Français à ne pas craindre les remises en cause comme le prouvent les sondages. En 1979, 49 % des Français contre 37 % faisaient confiance aux syndicats ; en 1983, la proportion s'est inversée : 39 % de votes de confiance et 47 % de méfiance ; en avril 1980, le mot de « syndicat » a une connotation positive pour 55 % des Français ; en octobre 1983, le pourcentage est tombé à 47 %, mais l'image négative, elle, a gagné dix points. 40 % seulement des Français considèrent qu'il serait « très grave » de supprimer la liberté syndicale, alors que la liberté d'entreprendre est défendue par 79 % d'entre eux. Cette défaveur est particulièrement accentuée dans la jeunesse. Selon un sondage de *l'Humanité-Dimanche*, les syndicats ne recueillent que 25 % d'opinions favorables contre 50 % d'opinions défavorables parmi les 18-25 ans.

Le plus triste dans cette Bérézina, c'est que ce déclin correspond à une très forte remontée de l'« ennemi héréditaire » : le patron. Dans le même sondage de l'hebdomadaire communiste, 45 % des jeunes affichent une bonne opinion des chefs d'entreprises et 33 % seulement une mauvaise. Toutes les enquêtes vont dans le même sens. En 1985, l'entrepreneur incarne le dynamisme, l'audace, la liberté, l'aventure ; les syndicats, eux, accumulent les connotations ringardes : la défensive, le statut, les droits acquis, le conservatisme, la non-compétition, la réglementation, l'uniformisation, la langue de bois. En dépit de ces résultats, tellement plus désastreux que tous les scores électoraux, la société française continue à miser sur un système syndical auquel elle croit de moins en moins à mesure qu'il verse dans la syndicratie. Il serait grand temps de soigner ce centenaire qui porte encore sur le visage cette apparence de bonne santé que certains médicaments dangereux donnent pour quelque temps aux grands malades.

Prétendre qu'il est une autre façon de défendre les intérêts particuliers, une autre façon de gérer les conflits, n'a rien d'utopique. La preuve nous en est administrée sous nos yeux, mais nous refusons de la voir, obnubilés que nous sommes par les schémas historiques. Tout un secteur de notre économie, celui du commerce, a su dépasser l'attitude de refus crispé et trouver une solution moderne. Mais qui l'a dit, qui l'a remarqué ? Rappelez-vous pourtant l'effarement de nos commentateurs politiques lorsqu'ils découvrirent, au soir des législatives de 1956, que le mouvement de Pierre Poujade avait réuni 2 600 000 suffrages et faisait entrer 53 députés au Palais-Bourbon. Se pouvait-il que la colère des boutiquiers perturbe à ce point le jeu politique ? On comprenait que le mécontentement des fonctionnaires ou des ouvriers profite aux partis de gauche, que celui des paysans et classes moyennes aille vers les partis de droite, mais ce rejet total du système politique par une catégorie socio-professionnelle laissait pantois. Que leur arrivait-il aux commerçants ?

Ils subissaient une épreuve impitoyable: la modernisation. Depuis des siècles, on vendait à peu près de la même façon. Il y avait bien eu Boucicaut et les Grands Magasins, rien que de très limité. La boutique restait un des piliers de notre société, avec son circuit de distribution lourd, mais efficace, et ses commerçants, personnages clés du système social. S'ils ne gagnaient pas tous des sommes considérables, du moins avaient-ils une existence reconnue dans la collectivité. L'offensive Leclerc-Carrefour, au début des années soixante, prit les allures d'un véritable cauchemar pour toute cette profession. Il ne s'agissait pas, comme pour des salariés, de s'adapter à de nouvelles machines ou de passer d'une entreprise à une autre. C'était un mode de vie, une identité sociale qui se trouvaient menacés. A très brève échéance. L'exode rural s'était étendu sur des décennies, l'exode commercial risquait de se faire en quelques années. Un ouragan.

En termes économiques, la situation était d'une lumineuse simplicité. L'épicerie traditionnelle vivait sur des marges de 25 %, et les nouveaux distributeurs prétendaient se contenter de marges deux ou trois fois plus faibles. Impossible de résister à un tel écart de productivité. Les boutiquiers étaient d'autant moins capables de contre-attaquer qu'ils ne connaissaient pas cette bataille-là. Ils misaient sur la conscience professionnelle, la prévenance et l'amabilité pour fidéliser la clientèle, mais ils pratiquaient tous les mêmes prix. Pour accroître leurs gains, ils s'efforçaient d'acheter et non pas de vendre moins cher. C'est ainsi qu'ils tendaient à se regrouper afin de se fournir directement chez les producteurs en court-circuitant la marge des grossistes. Bref, la révolution commerciale qui s'annonçait condamnait à mort un certain art de travailler et de vivre.

Toute corporation agressée de la sorte tend à se révolter. Elle s'organise en groupes de pression pour s'opposer, éventuellement par la violence, à ce qu'elle considère comme un arrêt de mort. Ainsi réagirent les petits commerçants ; on ne peut que les comprendre. Dans cette logique, il leur fallait obtenir de la collectivité, par la persuasion ou la menace, qu'elle défende la boutique en interdisant la distribution moderne. Telle était la voie poujadiste. Elle était renforcée par le refus collectif de voir la réalité en face. Un phénomène classique dans ce genre de situation.

Un travailleur ne peut jamais admettre qu'un outil de production en état de fonctionner doive être abandonné pour cause de non-compétitivité. Que ce soit le vigneron et sa vigne, le mineur et sa mine, le sidérurgiste et son haut fourneau, l'ouvrier et son usine, c'est toujours le même rejet du marché libéral et de ses impitoyables verdicts. Il est mille bonnes raisons pour dénoncer un horrible complot sous la froide analyse des faits. Ainsi, les commerçants n'admettaient pas que le nouvel outil commercial était simplement plus performant que le leur. Ils attribuaient les bas prix des supermarchés à une concurrence déloyale, aux conditions anormalement favorables consenties par les fabricants, par les banques, par l'Etat. Bref, il existait une conjuration des gros industriels, des puissances d'argent et des pouvoirs publics contre le petit commerce, et la défense n'était pas seulement celle du tiroir-caisse, mais de toutes les valeurs conviviales attachées à la boutique. Il faut bien se représenter ce climat socio-psychologique pour apprécier la suite de l'histoire.

Des commerçants indépendants avaient donc constitué, dès avant-guerre, des groupements d'achat. 10 000 d'entre eux se retrouvaient ainsi fédérés dans le mouvement UNICO. Celui-ci subit tout naturellement la tentation poujadiste. Dans certains groupements départementaux, les dirigeants recrutaient ouvertement pour l'UDCA de Pierre Poujade. Les plus raisonnables évitaient ces dérives, mais en tenaient pour la défense du petit commerce traditionnel. Lorsque s'ouvrit à Bordeaux le premier Carrefour, le président local d'UNICO dénonça comme un scandale l'autorisation accordée par les pouvoirs publics. En 1971, dans le pays nantais, deux adhérents sur trois se prononçaient pour la mobilisation autour du magasin traditionnel et contre les « usines à vendre ». C'est alors que l'un d'entre eux, Jean-Claude Jaunait, proposa la stratégie inverse : pourquoi les indépendants ne pourraient-ils pas jouer la carte du commerce moderne et battre les nouveaux distributeurs sur leur propre terrain ? L'idée à contre-courant fit scandale, et Jaunait fut sur le point d'être rejeté par les poujadistes. Lui-même envisageait sérieusement de rejoindre Leclerc. Finalement, il persuada certains commerçants de tenter avec lui l'aventure du self-service puis du supermarché. L'expérience fut couronnée de succès, fit tache d'huile. En 1973, Jean-Claude Jaunait devenait dirigeant national du mouvement.

Bientôt, les commerçants vont obtenir la loi Royer dénoncée par les libéraux comme corporatiste, mais qui, en définitive et avec le recul, se révélera avoir été bénéfique. Elle ne bloque pas le développement de la grande distribution, elle le ralentit et crée pour le commerce traditionnel des conditions favorables à sa modernisation. La chance sera saisie. Les indépendants se lancent avec fougue dans la bataille. Ils se transforment sous la bannière UNICO, mais aussi CODEC, Intermarché, Leclerc, etc. Ils s'étendent de la superette à l'hypermarché, d'autres commerces se regroupent en réseaux franchisés et gagnent leur survie dans une structure plus productive.

Comme les autres mouvements d'indépendants, UNICO connaît aujourd'hui un développement plus rapide que celui des grands distributeurs intégrés : Carrefour, Euromarché, Mammouth, Auchan. Mais il regroupait 10 000 commerçants il y a un quart de siècle et n'en compte guère plus d'un millier aujourd'hui. Il était présent dans toute la France ; il a disparu dans six départements sur dix. Bien des fédérations se crispèrent trop longtemps dans la défense de la boutique. Un retard fatal.La défense du *statu quo*, le refus des réalités, l'appel à l'Etat contre la concurrence se sont révélés les pires stratégies de défense. Ceux qui entraînèrent leurs adhérents dans cette direction les ont conduits à la faillite. De l'opposition entre des commerçants qui veulent gagner leur vie et des clients qui veulent payer moins cher, ils firent, par leur immobilisme, un conflit à somme nulle. Pour maintenir leur situation, ils devaient imposer au public de supporter éternellement des marges énormes. La défense du commerce familial devait être offensive, dynamique, imaginative. Au lieu de craindre le jeu de la productivité, il fallait le jouer hardiment avec tous les efforts, tous les risques, tous les traumatismes qu'il comporte. Pour un petit épicier, passer de la boutique au supermarché, c'est une aventure qui peut faire peur. Le rôle du groupement corporatif est alors décisif. Quelle position va-t-il adopter ? La défense sur place, qui a spontanément la faveur de ses membres, ou la défense en avant qui ne séduit jamais qu'une minorité d'audacieux ? A ce stade, il est naturel que l'action collective s'efforce d'obtenir l'aide de la communauté, mais au service de quels objectifs ? En misant sur la modernisation à l'abri de la loi Royer, les dirigeants des groupements de commerçants ont radicalement transformé les données du problème. Il devenait possible aux deux parties de gagner à terme grâce aux améliorations de la productivité. Effectivement, les Français bénéficient aujourd'hui d'un service commercial parmi les plus productifs du monde qui améliore très sensiblement leur pouvoir d'achat. Quant aux épiciers qui ont joué le jeu du libre-service et de la distribution, ils se retrouvent à la tête d'entreprises prospères qui leur assurent un niveau de vie plus élevé que leurs anciens magasins. Le conflit, convenablement géré, a débouché sur une solution favorable à tout le monde.

Les commerçants sont des patrons et non pas des salariés. Je crois pourtant que l'exemple a valeur générale. Dans la plupart des oppositions sociales, on retrouve des situations du même genre débouchant sur une semblable alternative. Mais tout le jeu revendicatif vise précisément à masquer ce fait, à distordre la réalité jusqu'à ce qu'elle ne présente plus qu'un antagonisme absolu et conduise à une lutte sans merci destinée à faire un vainqueur et un vaincu. Le syndicalisme français s'est tout entier impliqué dans une conflictualité totale et non pas relative. Longtemps, c'est vrai, la politique bourgeoise et patronale ne lui a laissé aucun autre choix. Tout indique qu'une autre possibilité est désormais ouverte. Il est vital de ne pas la laisser passer.

Cette chance, nous ne la saisirons pas en restant frileusement repliés sur notre nombrilisme hexagonal. Il nous faut abandonner un temps nos musées, nos sites archéologiques, nos traditions et nos réflexes historiques pour regarder ce qui se passe ailleurs sur la Terre. La vie sociale française a besoin d'être balayée par les vents du grand large, car les souffles épiques de 1848, 1871, 1936, 1945 et autres 68 sont devenus asthmatiques derrière nos fenêtres fermées. Cessons de jouer les vieilles filles laides qui baissent les yeux afin de croire que tout le monde les regarde. A l'étranger, la France est tout sauf exemplaire sur le plan social.

Et si, pour une fois, on la faisait, la révolution. Pas ce lampion de fête foraine qui se balance devant les chevaux de bois et tourne éternellement avec ses poursuivants, mais la vraie, celle qui nous ferait gagner un siècle d'un coup ? « Du passé faisons table rase » ? Chiche, camarades ! Mais, avant de laisser libre cours à nos humeurs iconoclastes, allons risquer une exploration sociale vers l'extrême Est du monde, sous l'Empire du Soleil-Levant.

Avec une heure d'avance sur l'horaire réglementaire, les ouvriers se rassemblent devant l'entrée principale. Calmes et déterminés, ils nouent des bandeaux rouges autour de leur front, déploient banderoles et drapeaux. Les responsables syndicaux, qui se sont juchés sur une estrade improvisée, discutent à mi-voix ; les travailleurs battent la semelle car les petits matins sont frais dans la banlieue d'Osaka.

« Camarades, camarades ! » Le meeting commence. Le discours syndical, amplifié par les mégaphones, retrace l'historique des négociations et rappelle les revendications : augmentation annuelle des salaires, grilles de rémunérations, systèmes de promotions, etc. Puis on scande des slogans pour conspuer la direction, réclamer les 8 % d'augmentation, la réduction du temps de travail et la retraite à 60 ans (au lieu de 55 ans). Bientôt, un cortège se forme qui entreprend de défiler dans les rues autour de l'usine et des bâtiments annexes. Ils sont 2 000 à tourner, le poing tendu, dans un grand déploiement de bannières rouges. Un conflit social classique qui, à Saint-Nazaire, à Detroit ou à Liverpool se terminerait par des bagarres avec les forces de l'ordre. Mais la police n'est pas au rendez-vous. Une heure après le début du rassemblement, le cortège se retrouve devant la grande entrée. Les grilles s'ouvrent. On remballe pancartes, banderoles et drapeaux ; chacun va rejoindre son poste de travail. On recommencera demain matin.

L'offensive de printemps pour la fixation des salaires, le *shunto,* est lancée depuis trois semaines. Les négociations s'enlisent, les patrons ne veulent pas céder. Pour leur forcer la main, les syndicats ont décidé de manifester et de faire grève. L'usine tourne, mais les salariés portent bandeaux, badges et brassards pour bien marquer leur mécontentement et faire « perdre la face » à leurs dirigeants. Tout se terminera dans quelques jours par un compromis « raisonnable » qui ne donnera entière satisfaction à personne et dont tout le monde pourtant se contentera.

Vous me direz « ils sont japonais ! ». Ils font la gymnastique dans l'usine, ne s'absentent jamais, ne prennent pas leurs vacances, acceptent des réductions de salaires, se plient à toutes les disciplines et font grève en travaillant. Seule l'âme nippone, celle des samouraïs et des kamikazes, peut inspirer cette soumission à l'autorité. Chez nous, les droits appartiennent aux individus et les devoirs à la société ; chez eux, c'est l'inverse, en sorte que le consensus leur est aussi naturel qu'à nous la discorde. Ainsi, la nation japonaise vivrait-elle dans une sorte d'union sacrée qui dissout l'antagonisme naturel entre patrons et travailleurs. Ce « nipporama » à base de mauvais clichés fournit une explication péremptoire de ces « drôles de guerres » revendicatives. En résumé : « Le Japon, c'est le Japon. » Inutile de faire escale, il n'y a rien à comprendre.

Le génie français — spécialement doué pour les mathématiques — a découvert pour la circonstance une forme nouvelle d'espace dans lequel les distances varient selon le sens dans lequel on les mesure. Cette bizarrerie topologique permet au Japon d'être plus éloigné de la

France que la France ne l'est du Japon. Conséquence logique : l'écart est si important d'Est en Ouest que nous ne pouvons rien apprendre des Japonais, mais se contracte si fortement d'Ouest en Est que nous pouvons les juger en tout. Syndicalistes et gens de gauche ne s'en privent pas. Pour eux, c'est clair : l'ouvrier japonais se fait flouer. Il est passé, sans même s'en rendre compte, de l'exploitation seigneuriale à l'exploitation capitaliste. Quant aux syndicats maison, ils ne servent qu'à relayer la domination patronale. Ici, la conscience ouvrière chloroformée par la tradition n'a jamais reconnu le vrai visage de la société industrielle avec ses luttes de classes, ses antagonismes irréconciliables et son recours nécessaire à la violence. Chez Toyota, un responsable syndical ne me disait-il pas : « L'entreprise est une automobile et nous sommes tous à bord. Le patronat donne la direction avec les roues avant et les syndicats la puissance avec les roues arrière. Comment une voiture peut-elle marcher si les quatre roues ne tournent pas ensemble, si les unes vont dans un sens et les autres dans l'autre ? » Un discours impie que même la CSL n'oserait tenir et qui ferait fuir tout syndicaliste français. Pauvres Japonais !

Vu de France, le syndicalisme japonais fait piètre figure. C'est le point faible du miracle, le point rassurant. Car il faut bien qu'ils aient leurs faiblesses, ces rois de l'électronique. Et, de fait... ils nous battent pour la technique, l'industrie, le commerce, l'économie, mais, pour le social, ils sont nuls. Connaissez-vous un grand théoricien japonais du mouvement ouvrier ? Un rival de Proudhon, d'Engels, de Gompers, de Bernstein, de Pelloutier ? Une empoignade entre révolutionnaires et réformistes, anarchistes et possibilistes dans l'Empire du Soleil-Levant ? Nos glorieuses images d'archives n'ont pas leur place dans cette société rétrograde, à mi-chemin entre féodalisme et paternalisme, où les syndicats ne sont pas des contre-pouvoirs mais des rouages asservis répétant obstinément leur « oui, patron ». Dans cette logique française où la prospérité des entreprises ne se fait jamais que sur le dos des travailleurs, la réussite économique du Japon doit se payer d'un coût social élevé. Notre syndicalisme souffre donc d'un complexe de supériorité vis-à-vis de son homologue japonais et ne lui porte qu'un intérêt fort limité. Dans les rencontres internationales, les représentants des centrales françaises, avec leur mise modeste et leur allure de curés sans crucifix ou d'ouvriers endimanchés, toisent d'un œil sévère les délégués japonais dans leur costume bleu trois pièces qui logent dans les palaces et roulent en limousine. Les uns et les autres n'appartiennent pas au même monde et le savent à la première poignée de main.

Ce mélange d'ignorance et de condescendance se fonde sur deux préjugés en forme de postulat. D'une part, la main-d'œuvre japonaise, mal défendue, n'aurait pas profité de la prospérité nationale ; d'autre part, les syndicats, peu évolués, auraient ignoré les débats idéologiques. Deux contrevérités typiques de la mentalité syndicale française.

L'éclat du miracle économique a occulté son double : le miracle social qui, cependant, n'est pas moins surprenant. La croissance de la production a été stupéfiante au cours des quarante dernières années, un phénomène sans équivalent dans l'histoire humaine. Au lendemain de la guerre, dans le Japon en ruine de la défaite, le revenu par tête ne dépasse pas quelques dizaines de dollars. En 1960, la barre des 1 000 dollars est atteinte et le seuil du sous-développement franchi. Au cours des vingt années suivantes, le PNB par habitant augmentera de 7 % par an : deux fois plus vite qu'en Europe occidentale, trois fois plus vite qu'aux Etats-Unis. Cette croissance supérieure a fait du Japon la troisième puissance économique du monde avec un revenu par tête de 10 000 dollars comparable à celui des grandes nations industrielles. Succès d'autant plus impressionnant qu'il n'a bénéficié d'aucune ressource naturelle et qu'il se fonde sur la maîtrise des technologies les plus modernes. Un miracle, nul ne le conteste.

Mais on se garde bien de préciser que le monde ouvrier fut le grand bénéficiaire de cette chevauchée victorieuse. Quelle ne fut pas ma stupéfaction d'entendre un des hauts dirigeants du groupe Toshiba, M. Yawatta, me dire : « Chez vous, l'efficacité économique est freinée par des inégalités excessives. » Comme tout Français je voulais croire que le dynamisme japonais reposait sur l'utilisation d'une main-d'œuvre docile et sous-payée, permettant aux entreprises de réaliser des profits considérables.

Incontestablement, les faits donnent raison à mon interlocuteur. L'ouvrier japonais est mieux traité dans sa société que l'ouvrier français dans la sienne. L'éventail des rémunérations est plus faible et le travailleur manuel plus haut situé dans la hiérarchie. Les bonnes entreprises paient des salaires supérieurs à ceux de leurs concurrentes européennes, et la différence devrait s'accentuer dans les années à venir. L'ouvrier japonais est peu menacé par le chômage — soit qu'il bénéficie de l'emploi à vie, soit qu'il se trouve sur un marché du travail à moins de 3 % de chômeurs —, son niveau de formation est le plus élevé du monde, son espérance de vie bat les records, et les fameux « groupes de qualité » dont s'inspirent les lois Auroux fonctionnent là-bas depuis des années. Certes, le tableau est beaucoup moins rose dans les petites entreprises à faible syndicalisation, mais la différence n'est-elle pas la même entre EDF et nos PMI ? Certes, les régimes sociaux comportent encore des trous béants par rapport à ceux de nos Etats providence, mais nous offrirons-nous longtemps encore ces protections que nous ne pouvons plus payer ? Certes, la durée et l'intensité du travail japonais nous paraissent intolérables, mais le temps des loisirs ne viendra-t-il pas chez eux comme chez nous ? Déjà, les dirigeants de la grande centrale, le Sohyo, annoncent qu'ils feront de la semaine de 5 jours et de l'allongement des congés le thème de leurs prochaines campagnes revendicatives. Certes, les différences de salaires entre hommes et femmes sont scandaleuses, mais est-ce chez nous ou chez eux que l'on trouve un sous-prolétariat de main-d'œuvre étrangère ? Certes, la société japonaise est aussi proche du XIXe siècle que les entreprises le sont du XXIe, mais saurait-on imputer au syndicalisme ce retard des mœurs et des mentalités ? Plus encore que le bilan, c'est la tendance qui se révèle positive : nulle part ailleurs le progrès social ne se développe à une telle vitesse. Gilles Martinet, peu suspect de complaisance à l'égard du capitalisme, notait au terme d'une enquête sur place [114] : « Les syndicats peuvent se vanter d'avoir obtenu les plus fortes et les plus rapides hausses de salaires enregistrées dans l'ensemble du monde industriel. » Tels sont les faits, à l'encontre des mensonges entretenus en France. Le décalage n'est pas moindre au niveau des idées.

Cette organisation qui semble ignorer les antagonismes à la française ne peut s'expliquer par la seule culture japonaise, car elle s'est instaurée à partir d'une situation de type occidental et même « latin ». Les syndicats de lutte des classes, les grèves à répétition, l'opposition irréductible entre patrons et salariés, le Japon a expérimenté cela. Si aujourd'hui, il ne le connaît plus, ce n'est pas par ignorance mais par choix. En l'espace de quelques années, les Japonais ont vécu en accéléré toute notre histoire sociale avant de se réconcilier sur la notion d'entreprise. Le fait est gênant, il a donc été rejeté dans l'ombre.

Comme le rappelle Gilles Martinet, le système actuel du consensus, de l'emploi à vie et de l'augmentation à l'ancienneté, le *nenko*, est apparu tardivement dans l'industrie japonaise. Jusqu'au lendemain de la guerre, le syndicalisme était interdit en droit, tout juste toléré en fait et pratiquement inexistant. C'est le général McArthur, proconsul du pays vaincu, qui, l'estimant indispensable à toute société démocratique, en impose la reconnaissance officielle le 11 octobre 1945. Les Américains vont même jusqu'à financer discrètement les nouveaux syndicats tandis qu'ils démantèlent les trusts patronaux géants, les *zaibatsu*. Souci de répandre la démocratie et/ou d'affaiblir des concurrents, il n'importe. Le succès est immédiat, le nombre des syndiqués passe très rapidement de 400 000 en 1945 à 5 millions en

1946 pour atteindre 12,3 millions aujourd'hui, soit un tiers de syndiqués : un taux supérieur à ceux de l'Allemagne ou de l'Amérique. Démentant les espoirs de McArthur, les organisations ne se cantonnent pas dans un corporatisme étroit et s'engagent dans la voie politique. Nettement à gauche. En 1946, le Sambetsu, grand syndicat à dominante communiste, prépare même une grève générale que l'occupant américain doit précipitamment faire interdire. Au Japon comme en France, la politisation entraîne les scissions, les oppositions et les surenchères. « La tradition de la gauche japonaise est pleine de luttes et d'affrontements. On retrouve ici les grands courants que nous avons observés dans l'Europe du Sud : le socialisme de droite, le socialisme de gauche, le communisme », constate Gilles Martinet. Le patronat affaibli se trouve face à un syndicalisme agressif qui multiplie les grèves, accroît ses exigences et désorganise la production... telle du moins qu'elle s'organisait traditionnellement. Les gouvernements modérés, poussés par les Américains, procèdent, c'est vrai, à une épuration anticommuniste, bientôt facilitée par la guerre de Corée. Les grandes centrales n'en restent pas moins ancrées à gauche. Le Sohyo, partisan de la lutte des classes, est surtout implanté dans les services publics et soutient le parti socialiste, tandis que le Domei, plus modéré et partisan de la cogestion, marche avec le parti socialiste démocratique. Rien à voir donc avec l'image d'une CSL docile, à l'échelle d'un pays.

Pourtant, l'agitation sociale des années quarante-cinq/cinquante cède progressivement la place au fameux consensus. Que s'est-il passé ? Ce changement n'a rien de naturel ou de culturel, il tient à la nouvelle politique du patronat. La situation du pays rappelle par certains côtés celle de la France. Dans les deux cas, on assiste à une poussée ouvrière contre une bourgeoisie déconsidérée — ici par la collaboration, là par la défaite — qui fait le gros dos en attendant des jours meilleurs. C'est ainsi qu'en France le monde patronal doit avaler sans trop protester deux énormes couleuvres : les nationalisations et les comités d'entreprises. Au Japon de même, les patrons, qui ont « perdu la face », ne peuvent engager une épreuve de force avec les syndicats. Ils subissent donc une double contrainte : sociale et commerciale. La main-d'œuvre docile de l'avant-guerre a cédé la place à un monde ouvrier organisé et contestataire, le marché mondial n'est guère favorable à « la camelote » fabriquée par l'industrie japonaise. Pour s'en sortir, il faut tout à la fois ramener la paix sociale dans l'entreprise et se donner une image de qualité. Tout cela, on le voit, n'est pas une situation de « Nô » mais la variante japonaise d'un scénario industriel classique. Pour sortir de cette prise qui l'étrangle, le patronat va réagir dans l'esprit typique du judo : en transformant les contraintes adverses en forces favorables. Pourtant, la solution trouvée devra bien plus à l'innovation qu'à la tradition. Un industriel octogénaire se souvenant de cette époque raconte : « Nous nous trouvions acculés. Alors, au cours d'un comité de direction, nous avons décidé que nous n'aurions plus de grèves dans l'entreprise. » Plus facile à dire qu'à faire.

La relation était pourtant évidente. Si les gens font grève, c'est qu'ils ne sont pas satisfaits ; s'ils ne sont pas satisfaits, ils travailleront mal ; s'ils travaillent mal, on ne produira pas de la qualité. Reprenons le tout à l'envers : la solution du problème commercial passe par celle du problème social. Les patrons décidèrent de prendre à leur compte les revendications fondamentales exprimées par les syndicats, notamment le désir de sécurité. Ils proclamèrent l'emploi à vie : le *nenko*, avec ses corollaires ; les plans de carrière, l'effort de formation, l'intéressement des salariés, etc. Un incroyable pari qui tuait l'entreprise japonaise s'il ratait et lui donnait vingt années d'avance s'il réussissait. Un pari jouable, car la situation d'affrontement patrons-salariés était encore récente et pouvait évoluer si l'on intervenait très rapidement. De fait, le syndicalisme entra dans ce jeu subtil de collaboration conflictuelle.

La collaboration porte sur l'intérêt de l'entreprise selon les principes du syndicalisme de Toyota. Pour l'obtenir, la direction accorde à ses salariés un statut qui, sur bien des points, ressemble à celui dont jouissent les électriciens en France. C'est la garantie d'emploi, mais aussi le logement, la formation, la progression de la rémunération, l'intéressement aux résultats — jusqu'à huit mois de salaire supplémentaire lié aux résultats —, la participation à l'organisation du travail, etc. Le fameux « patriotisme d'entreprise » du travailleur japonais n'a donc rien de naïf, il correspond à une série d'avantages précis et, là encore, on peut faire l'analogie avec l'« esprit maison » qui anime le syndicat CGT de l'EDF. Ce n'est pas de l'idéalisme, mais de l'intérêt bien compris. Chaque année, la direction se retrouve devant ses syndicats pour exposer ses plans de développement. Il lui faut prouver que sa gestion va accroître la productivité, la profitabilité et assurer la croissance. De ce point de vue, les partenaires sociaux sont aussi exigeants qu'un conseil d'administration ; ils savent que leur situation en dépend. Autre sujet de discussion : la reconversion des hommes. Car le maintien de la compétitivité impose l'adaptation permanente de la production, et l'emploi à vie implique la mobilité des hommes. Cela ne se décrète pas autoritairement, mais se discute sans cesse avec les organisations syndicales.

Le conflit est lié au partage des bénéfices et s'instaure au printemps lors de la fixation annuelle des salaires. La pression syndicale devient alors très forte, bien qu'elle évite les actions nuisibles à l'entreprise. Le patronat propose des augmentations nettement inférieures aux gains de productivité. Les syndicats, c'est la règle, demandent plus en s'efforçant de ne pas dépasser cette limite. Sur de telles bases, on trouve un terrain d'entente qui laisse des ressources importantes pour l'investissement. En dépit de son caractère rituel, la négociation repose bel et bien sur un affrontement, qui oblige souvent les patrons à céder plus qu'ils ne veulent. Mais jamais plus qu'ils ne peuvent. Dans le secteur public, où la notion de compétitivité se fait moins sentir, la recherche d'un accord se révèle plus difficile malgré l'interdiction, toujours contestée, du droit de grève.

Le syndicalisme japonais, souvent rongé par la corruption, est tout sauf parfait. En dépit de ses défauts et pour peu qu'un patronat éclairé joue le jeu, il offre pourtant un rapport avantages/inconvénients très favorable pour les ouvriers. Or, ce type de relations sociales se révèle exportable. A mesure que les grandes sociétés japonaises s'implantent à l'étranger, elles sont conduites à faire travailler Anglais, Américains, Allemands ou même Français dans l'esprit de la Mère Entreprise. Sans difficultés. Sous l'œil réprobateur des syndicalistes locaux, les ouvrières de Sony à Bayonne se sont adaptées à ce système et ne s'en plaignent pas. Elles ont créé des sections syndicales, cégétiste notamment, ce qui n'empêche pas les relations sociales d'être bonnes et Sony d'ouvrir une seconde usine à Dax.

Les défenseurs en titre de la classe ouvrière devraient faire en masse le pèlerinage de Tokyo. Non pour y trouver un exemple à reproduire, mais, plus simplement, une expérience à étudier ; la critiquant, comme il est de droit, mais ne refusant pas de la reconnaître, et s'efforçant même de la connaître. Les syndicats français ont choisi l'attitude inverse : l'ignorance. A la Régie Renault, des syndicats ont même décliné une offre de la direction proposant d'organiser un voyage d'études sur le phénomène syndical au Japon. Quand on possède des préjugés si confortables, il ne faut pas les exposer inconsidérément au démenti des faits.

Si le progrès sans théorie des Japonais n'intéresse personne, la théorie sans progrès des Soviétiques, en revanche, fascine tout le monde. Les communistes comme les anticommunistes. La rage des premiers à trouver des excuses n'ayant d'égale que celle des seconds à trouver des explications. Lors d'un dîner, un de nos technocrates socialistes me reprochait certains jugements, par lui jugés trop définitifs, sur l'inefficacité économique des systèmes communistes. Il pensait, se fondant sur l'exemple hongrois, que tout cela s'arrangerait. En revanche, il ajouta : « N'oubliez pas que toute l'efficacité japonaise repose sur un état social qui ne durera pas éternellement. Les travailleurs japonais sont aussi comme les autres, se plieront-ils toujours à la discipline qu'ils acceptent aujourd'hui ? » A cette même table se trouvait un fonctionnaire du ministère de la Santé. Il évoqua un voyage qu'une délégation japonaise venait d'effectuer en Europe afin d'étudier les systèmes hospitaliers. « Dans chaque hôpital visité, expliqua-t-il, des médecins et des spécialistes de gestion hospitalière discutaient avec leurs homologues français. Et puis, il y avait deux femmes, avec leurs propres interprètes, qui ne s'occupaient que des questions de nettoyage et de propreté. Elles notaient absolument tout : horaires, salaires, circuits du linge et jusqu'aux marques des lessive et à la forme des balais. Nous avons fini par apprendre qu'il s'agissait de deux femmes de ménage jointes à la délégation pour étudier les questions de leur compétence et faire des propositions au retour. » Dans l'organisation japonaise, qui n'a rien à nous envier sur le plan de la misogynie, cela paraît naturel, mais imagine-t-on la même chose dans la société française si respectueuse de la main-d'œuvre ouvrière ?

Idéomanie française classique, la perversion du discours séduit plus que l'absence de discours. Ainsi, nos syndicats cultivent-ils le contentement de soi pour se dérober à l'épreuve des faits. Nos patrons auraient bien fait de même car la lutte des classes confortait leur immobilisme et leur autoritarisme. Mais ils ont subi, à partir des années1970, le choc en retour de la crise et de l'efficacité japonaise. L'échec enseignant toujours l'humilité dans la compétition commerciale, ils ont dû, lentement, péniblement, se remettre en question et regarder ce qui se passait en Asie et ailleurs. Le syndicalisme, lui, ne craint pas la concurrence étrangère. C'est pourquoi il a pu ignorer plus longtemps la curiosité et la crainte de l'avenir. Perdurant dans l'auto-satisfaction des bonnes consciences historiques. Mais les Français finissent par reconnaître un mauvais service même en l'absence de référence extérieure. Ils en sont arrivés là avec leur syndicalisme. Au point de rupture.

Pour dépasser l'actuel blocage sur le fait syndical, il ne faut pas seulement briser les amalgames qui embrouillent le sujet, il faut également rompre avec les postulats hérités de l'histoire et qui ne correspondent plus à la réalité. J'en relèverai quatre : la non-agression, la non-intégration, la non-limitation et la non-nocivité.

— Premièrement : le syndicalisme, incarnation des faibles, des pauvres, des opprimés, des exploités, ne peut être contesté que par la guerre des classes. La double assimilation des syndicats au prolétariat industriel et du prolétariat industriel à la misère et l'injustice, paralyse toute forme d'hostilité ouverte ou, simplement, de critique, hormis celles qui, précisément, visent à défendre l'ordre social ancien. Les disciples de M. Thiers s'étant faits rares, les censeurs du syndicalisme se sont réduits en proportion.

— Deuxièmement : le syndicalisme est toujours « hors cité ». Il n'a pas sa place dans le système et doit refuser toute insertion, toute collaboration, toute responsabilité. Son objectif étant de changer la société capitaliste par la réforme ou la révolution et pas d'en devenir un rouage, il ne peut relever ni de sa logique ni de sa juridiction. Il n'a donc pas à intégrer dans son action les obstacles légaux, les contraintes économiques ou même les limites contractuelles.

— Troisièmement : le développement du syndicalisme étant contenu par celui du capitalisme ne saurait devenir excessif. Le contre-pouvoir trouve dans sa fonction même sa propre limitation sans qu'il soit besoin de restrictions supplémentaires ou même de réglementations particulières. Il ne peut donc être question de normaliser, encore moins de réduire, la puissance syndicale. Le principe reste valable quand l'employeur n'est pas capitaliste dès lors que la société dans son ensemble appartient au monde capitaliste.

— Quatrièmement : il y a identité totale entre le développement du syndicalisme et celui du progrès social, en sorte qu'on ne saurait freiner l'un sans freiner l'autre. Et comme « on n'arrête pas le progrès », on n'arrêtera pas non plus la croissance syndicale.

Replacés dans le contexte de leur naissance — à la fin du siècle dernier —, ces postulats furent parfaitement justifiés. En cette fin du XXe siècle, ils ne correspondent plus à la réalité. La cause première de tous ces dysfonctionnements qui handicapent la France réside dans l'inertie de notre système social face à l'évolution accélérée de notre système économique.

Il nous faudra donc refaire à grandes enjambées l'itinéraire historique qui a produit ce désynchronisme entre l'économique et le social. Cela permettra de proposer une vision entièrement nouvelle des conflits sociaux qui existent dans une société industrielle. Ceux-ci ont pour caractéristique première de comporter des solutions non antagonistes qui permettent de jouer à gains croissants pour tous. Malheureusement, le système de revendication « à la française » a pour objectif essentiel de masquer cette réalité afin de favoriser les bureaucraties syndicales : la syndicratie. A partir de ce schéma, nous verrons le rôle véritable des grandes confédérations, regroupements artificiels destinés à dissimuler les divisions du corps social et à « blanchir » le corporatisme de la classe moyenne salariée. Que sont devenus les syndicalistes, héritiers illégitimes des militants ouvriers transformés en professionnels de la revendication ? Que « représentent » des syndicats, sans cotisants, sans militants, qui se réduisent à des appareils permanents tirant leur pouvoir de positions institutionnelles et d'une légitimité électorale ? Est-ce encore un « mouvement » ou bien seulement une « administration » ? Pourquoi les structures syndicales, faiblement démocratiques, sont-elles si vulnérables à la dérive bureaucratique ainsi qu'au noyautage idéologique ? Sur quoi se fonde la légitimité syndicale en l'absence d'une exploitation capitaliste des travailleurs ? Comment l'appareil syndical étend son emprise sur l'ensemble du personnel et impose son organisation propre lorsqu'il se développe en secteur non capitaliste ? Comment fait-il accepter cette discipline en menant le combat corporatiste pour accroître les avantages du personnel au détriment de la communauté ? Cas d'école : le développement de la syndicratie dans les hautes sphères de l'intelligence française : Université, CNRS, etc.

Il sera temps alors d'en venir au vrai terrain du syndicalisme : l'entreprise concurrentielle. Elle est entraînée dans une formidable mutation sociale. Quel rôle vont y jouer les syndicats ? Se moderniseront-ils pour participer à cette transformation, se laisseront-ils purement et simplement éliminer ? Car le capitalisme lance au syndicalisme un défi redoutable en passant d'une stratégie défensive à une stratégie offensive. Jusqu'à présent le patronat voyait dans le progrès social le prix de la tranquillité. Que les gens soient contents ou mécontents était secondaire dès lors qu'ils travaillaient et ne faisaient pas grève. Les nouvelles conditions de la concurrence rendent nécessaire la mobilisation de tous les travailleurs. La nouvelle gestion des entreprises vise à obtenir la participation de tous et non la seule neutralité. Un tel objectif ne peut être atteint sans une refonte totale des relations professionnelles et hiérarchiques. L'ambition du patronat moderne est donc de créer une communauté au travail à la place de la société autoritaire. Pour y parvenir, le capitalisme doit changer de visage et, surtout, donner des gages tangibles à ceux qu'il prétend séduire. Rares sont encore les directions capables de tenir ce pari au niveau des faits et pas seulement des intentions. Mais cette évolution ne peut que se poursuivre puisqu'elle est dictée par des impératifs concurrentiels et non par des considérations philosophiques. C'est là que l'on attend des organisations syndicales une réplique positive et imaginative plus que négative et stérile.

L'évolution que connaît aujourd'hui le syndicalisme est celle de toute structure sociale qui a changé de nature sans changer de statut. Notre parti pris sera donc de considérer qu'il y a rupture entre le mouvement ouvrier des origines et les représentations professionnelles d'aujourd'hui. En conséquence, les organisations syndicales actuelles sont des institutions sociales parmi d'autres. Et j'entends en parler sans complaisance et sans agressivité, sans déférence ni autocensure. Avec objectivité... autant que je le pourrai.

CHAPITRE III

La guerre des classes

« L'abolition du patronat et du salariat », ce mot d'ordre anarchiste, que même les gauchistes n'osent plus lancer, est toujours l'objectif officiel de Force ouvrière. Inscrit dans les statuts confédéraux, il est pieusement retranscrit dans ceux de tout nouveau syndicat. Quel rapport entre cette formule, empruntée à la charte d'Amiens de 1906, et la silhouette pépère d'André Bergeron, reflet de la grogne bien tempérée de ses troupes ? Aucun en apparence. En réalité, un véritable cordon ombilical...

Il y a quatre-vingts ans, les ouvriers travaillaient encore 10 heures par jour, ils venaient tout juste d'obtenir le repos dominical. La violence sociale était partout présente. Le 1er mai 1906 avait été vécu dans une attente quasi messianique. Dans les quartiers bourgeois, c'était l'affolement. Les maîtresses de maison faisaient des stocks de nourriture. On attendait l'explosion, ce fut la manifestation. La grève générale n'avait pas réussi, mais la répétition avait été utile : la prochaine fois serait la bonne. « Pris par l'ambiance, je croyais la révolution toute proche », racontera plus tard Gaston Guiraud, l'un des congressistes amiennois. Le vieux monde avec ses exploiteurs et ses exploités allait mourir. Les partis politiques, armés de la révolution, et les syndicats, brandissant la grève générale, se disputaient l'honneur de lui porter l'estocade. A Amiens, la CGT, tout acquise à la révolution, avait repoussé la voie politique soutenue par le socialiste Victor Renard au profit de la voie syndicale défendue par l'anarchiste Victor Griffuelhes. Dans une telle ambiance, la « suppression du salariat » était la moindre des choses et fut retenue dans le document final : la charte d'Amiens.

Un grand moment de notre histoire sociale. Mais qu'a-t-elle à voir avec des Français qui travaillent 39 heures par semaine, se reposent 5 semaines par an, partent en retraite à 60 ans et aspirent tous au salariat ? Les pères fondateurs de FO étaient conscients de ce décalage dès 1948 lorsqu'ils reprirent la phraséologie traditionnelle : « afin de rester fidèles à l'esprit du congrès d'Amiens de 1906 », comme ils tinrent à le préciser. En vérité, cette fidélité à la lettre leur était imposée par l'infidélité à l'esprit. Bien décidés à s'engager dans la voie du « réformisme », il leur fallait bloquer les horloges confédérales sur les vieilles lunes de l'anarcho-syndicalisme. Ainsi pourraient-ils se réclamer, face aux rivaux d'obédience communiste, d'une authentique filiation avec le « cégétisme » des origines. Un lien qui n'est pas purement factice. Outre qu'il existe toujours des tendances gauchistes et anarchistes dans la confédération, la majorité modérée se doit de maintenir une certaine tradition syndicale française : méfiance à l'égard de l'institutionnalisation, de la politique, de la cogestion, fidélité à la vision unifiante des « travailleurs » ainsi qu'aux revendications quantitatives.

Et pourquoi les congressistes d'Amiens voulaient-ils tant de mal à la société bourgeoise capitaliste ? Parce qu'ils portaient, encore brûlantes, les cicatrices de la Commune et qu'ils se nourrissaient des théories fondées sur l'expérience sociale du Second Empire et de la monarchie de Juillet. Le lien est donc direct entre la crispation de Force ouvrière face aux récentes initiatives patronales et la révolte des canuts.

La CGT, moins suspecte de « révisionnisme », osa en 1969 remplacer dans ses statuts « la suppression du salariat » par « la suppression de l'exploitation capitaliste » et s'aligna sur le *Manifeste de 1848*. Ce qui ne l'empêche pas de dénoncer chaque jour l'exploitation dont souffrent les salariés de l'Etat soustraits au capitalisme.

La CFDT, liée à la tradition du syndicalisme chrétien, veut « combattre toutes les formes de capitalisme ». Rédigeant ses statuts en 1964, elle pouvait se dégager d'une tradition anarchiste bien fatiguée, mais elle restait fidèle à la problématique d'Amiens en professant un anticapitalisme absolu. Bien qu'aucun dirigeant cédétiste ne croie plus à la mort du capitalisme, la centrale maintient cette référence de principe derrière toutes ses prises de position. Récusant la méfiance anarchisante de FO, vis-à-vis de la gestion ou de la politique, manifestant même un goût prononcé pour toute forme d'engagement social, se voulant moderne et réaliste dans ses analyses économiques, il lui faut toujours, au dernier moment, se raccrocher, superstitieuse, à son anticapitalisme intégriste. Une incohérence qui fait de la centrale d'Edmond Maire le cauchemar des patrons.

Savoir évoluer, pouvoir s'adapter, coller toujours à la réalité, ce sont des qualités, pas des défauts. Les firmes commerciales s'affirment « à la pointe du progrès », les mouvements politiques se proclament « modernes », les syndicats, eux, se veulent « fidèles » et non « révisionnistes ». C'est le passé qui les commande, pas l'actualité. Lorsqu'ils cèdent au monde contemporain, c'est en préservant l'image pieuse dans laquelle l'histoire les a figés.

La France a raté son histoire sociale. L'échec ne tient pas aux affrontements parfois violents, aux injustices souvent atroces qu'elle connut tout au long de l'ère industrielle. Peu de nations ont fait mieux, certaines réussirent à faire pire. C'est l'héritage qui me paraît franchement catastrophique. Par quelle malédiction les stratégies endurées, les erreurs commises, loin de nous ouvrir les yeux, ont-elles conforté les idées fausses, les comportements aberrants et les structures nuisibles ? Pourquoi faut-il qu'en un siècle et demi nous n'ayons gagné aucune intelligence et aucune maîtrise des relations industrielles ?

La vie sociale est extraordinaire d'inertie et de continuité. Ici, le passé perdure, enfance à jamais imprimée dans la mémoire, et les fossiles d'anciennes batailles encombrent l'espace et paralysent l'action. Authentique ou falsifiée, l'histoire affleure à chaque pas comme dans ce Bassin méditerranéen où des peuples successifs, ayant partagé les dieux, les sanctuaires et les pierres, ne distinguent plus l'inventé de l'emprunté. Ainsi payons-nous ce XIXe siècle géniteur dont la sève brutale monte toujours de nos racines et pollue encore nos esprits. Seul l'assassinat de l'ancêtre tyrannique, si proche et si lointain, nous donnera notre liberté adulte. Avant d'affronter l'an 2000, regardons une dernière fois son enfance convulsive, et libérons par ce rappel historique notre inconscient collectif comme une psychanalyse qui affranchit la conscience individuelle en faisant resurgir un passé obscur et obsédant.

Historiquement, la naissance du mouvement ouvrier a précédé celle de l'entreprise. L'une date de la monarchie de Juillet, l'autre du Second Empire. De 1830 à 1850, la France balance entre l'Ancien Régime et les Temps modernes. Les premières formes d'organisation sont le fait d'ouvriers-artisans travaillant dans de petits ateliers et qui se rassemblent par métier : charpentiers, typographes, ébénistes, fondeurs, serruriers...

Ils possèdent une forte identité sociale centrée sur le savoir-faire professionnel, source de fierté personnelle et collective. Ils veulent améliorer leur condition et non changer la société. Leur idéal, imprégné des traditions maçonniques et compagnonniques, est proche du corporatisme. A mille lieues de la révolution. La loi révolutionnaire d'Allarde (1791) interdisant les corporations, ils constituent des sociétés d'entraide mutuelle, semi-clandestines, et qui se doublent d'organisations revendicatives, « de résistance », comme l'on disait.

Au reste, leurs revendications sont modestes dans le fond — ils demandent la réduction du temps de travail, protestent contre la baisse des salaires — et modérées dans la forme : ils s'adressent respectueusement aux autorités. La violence n'éclate qu'en toute dernière extrémité. Les associations groupent la quasi-totalité des professionnels de la ville, car la solidarité est très forte dans ces métiers de vieille tradition. Comme dans toute corporation, la colère ne monte que lorsque la profession même paraît menacée. Par les machines ou par les étrangers. La résistance au machinisme donne lieu à de brutales destructions : à Paris, ce sont les imprimeurs qui cassent les grandes presses ; au Havre, les menuisiers qui brisent la machine à découper les planches, etc. Quant aux étrangers, on en demande sans cesse le renvoi. A Grenoble, les maçons vont réclamer l'expulsion des Savoyards et à Paris les ouvriers-selliers dressent même des pétitions contre les provinciaux.

La France entame le processus d'industrialisation que la Grande-Bretagne, elle, termine. On trouve, d'un côté de la Manche, de nombreuses usines, avec un prolétariat industriel et des syndicats et, de l'autre, un pays rural et artisanal dans lequel ne fonctionnent guère plus de 500 machines à vapeur. La révolution industrielle s'ébauche à travers l'organisation du travail à domicile. Elle repose sur une main-d'œuvre composite de paysans déracinés, d'artisans déclassés, de femmes et d'enfants que pressurent des fabricants, et qui constitue la première forme du prolétariat. En 1835, un médecin nantais, le docteur A. Guépin, distingue dans sa ville les ouvriers-artisans qu'il qualifie d'« aisés » et les ouvriers à domicile qui gagnent trois fois moins et pour lesquels « vivre, c'est ne pas mourir » [61]. Il n'existe donc pas de classe ouvrière, mais des survivances de corporations artisanales et des embryons de prolétariat industriel. Et la solidarité n'existe pas entre les uns et les autres.

Les journées de Juillet constituent le premier rendez-vous historique entre la bourgeoisie et le peuple. L'une a lancé la révolution, l'autre l'a gagnée. De ce coude à coude pour chasser les Bourbons naissent de grandes espérances, d'autant que la crise qui sévit depuis 1826 a constamment poussé les salaires à la baisse et le chômage à la hausse. Au lendemain de la révolution, se produit donc un « deuxième tour social ». Dès le mois d'août, serruriers et menuisiers parisiens déposent une pétition pour réclamer une réduction de la durée du travail et une augmentation des tarifs. Ces « actions revendicatives » se multipliant, La Fayette fait savoir, le 25 août, qu'il n'est pas question pour les autorités d'intervenir « entre le maître et l'ouvrier au sujet de la fixation du salaire, de la durée du travail journalier et du choix des ouvriers ». De fait, ces requêtes des corps de métier seront toutes repoussées. Les premières grèves d'usines ne donnent pas de meilleurs résultats. A la manufacture Dolfuss, les ouvriers ne peuvent empêcher une baisse de salaire de 10 % et reprennent le travail sans avoir rien obtenu. Les sociétés de secours mutuel, bien admises sous le régime précédent, sont de plus en plus surveillées et pourchassées. La bourgeoisie en position de force s'installe dans le refus. Au nom du libéralisme. Une tension qui culmine l'année suivante avec l'affaire, exemplaire entre toutes, des canuts.

D'un côté, les négociants, capitalistes et entrepreneurs : moins de 1 000 personnes. De l'autre les canuts : 8 000 chefs d'ateliers, propriétaires de leurs métiers, et leurs 30 000 compagnons. Le travail reste exténuant avec des journées de 15 à 16 heures, mais les conditions de vie se sont améliorées depuis le début du siècle. Les tisseurs de soie lyonnais représentent une aristocratie par rapport aux autres ouvriers du textile en France. « Les canuts lyonnais n'étaient pas des " forçats de la faim ", de malheureux prolétaires courbés sous le joug (...). Le soulèvement de 1831 ne fut pas une révolte élémentaire, un sursaut de la misère », constate Fernand Rude [141].

La crise sévit dans la région lyonnaise, la main-d'œuvre en fait les frais. De 1824 à 1831, les salaires ont diminué de moitié. Pour se protéger, les canuts demandent un tarif garanti comme ils en ont déjà obtenu dans le passé. A travers la presse, ils ont suivi les événements parisiens, ils ont même constitué une Compagnie de volontaires du Rhône. Bref, ils sont acquis au nouveau régime et pleins d'espoir. En outre, ils ont mis sur pied depuis 1827 un réseau semi-clandestin d'associations philanthropiques, « le Devoir mutuel », qui peut leur permettre de conduire une action et pas seulement une révolte.

Bien que les affaires aient repris depuis quelques mois, les patrons prennent prétexte de la crise pour refuser toute augmentation. Dans le jeu des négociants, la rémunération du capital est la valeur fixe que l'on détermine à l'avance, tandis que la rémunération du travail est une variable qui s'ajuste à la conjoncture. Grâce à ce système, les profits ne cessent de monter malgré la concurrence étrangère et le marasme économique. Au XVIIIe siècle, il fallait trente ou quarante ans à un fabricant-négociant pour faire une fortune. Maintenant, les canuts voient leurs maîtres se retirer du métier et vivre de leurs rentes après douze à quinze ans seulement. Ils apprennent même que certains patrons prétendent faire la pelote en dix ans. Sur leurs dos, bien sûr. Dans cette circonstance, les travailleurs lyonnais surprennent par leur extrême modération. N'osant pas exiger un salaire garanti, ils ne demandent qu'un tarif « proportionné à l'état du commerce ».

En octobre 1831, le préfet Bouvier-Dumolart, après avoir reçu une délégation de chefs d'ateliers et de compagnons, consent à l'ouverture de discussions paritaires sur la fixation des barèmes. Le 25 octobre, 6 000 canuts, encadrés par les sociétés de « Devoir mutuel », défilent dans un ordre tout militaire, pendant que 22 délégués des fabricants et 22 délégués des travailleurs négocient à la préfecture. En fin d'après-midi, on apprend que l'accord sur le nouveau tarif a été signé. C'est l'explosion de joie dans les quartiers populaires. On chante et on danse, on acclame le préfet : « notre père ». Le lendemain, en refaisant les calculs, on s'aperçoit que le compte n'y est pas. C'est la grogne, pas encore la révolte.

Mais ces concessions, même limitées, semblent exorbitantes à la minorité dure du patronat. Une centaine de fabricants en appellent à l'arbitrage du gouvernement. D'Argout, ministre du Commerce, désavoue le préfet : l'Etat n'a pas à se mêler des tarifs qui relèvent des libres discussions entre particuliers. L'accord du 25 octobre est considéré comme facultatif, et de nombreux fabricants refusent de l'appliquer.

Tant de provocations !... et, pourtant, il faudra encore que des fabricants dirigeant la Garde nationale ouvrent le feu sur les canuts pour que se déclenche l'insurrection du 21 novembre au cri de : « Vivre en travaillant ou mourir en combattant ! » En deux jours, les insurgés se rendent maîtres de la ville. Toujours aussi peu révolutionnaires, ils ne savent que faire de leur victoire, car, en dépit de leurs 600 morts, ils n'envisagent aucun objectif politique au-delà de leurs revendications corporatistes. Leur grand souci pendant ces journées où ils seront maîtres de la ville sera d'assurer « la sécurité des personnes et des propriétés ». De fait, il n'y aura ni violences, ni vols, ni pillages, ni destructions. Dix jours plus tard, les 20 000 hommes du maréchal Soult entrent dans Lyon. Sans combats. Les meneurs de la révolte sont arrêtés, le préfet est révoqué, le tarif est supprimé. L'ordre bourgeois est rétabli et le Journal des débats écrivait peu après : « Les Barbares qui menacent la société ne sont point au Caucase, ni dans les steppes de la Tartarie ; ils sont dans les faubourgs de nos villes manufacturières. »

La « lutte des classes » dont nous ne parvenons pas à sortir fut théorisée par le marxisme, mais inventée par la bourgeoisie. Marx l'interprète comme une fatalité qui défie toute volonté humaine à l'égal des grandes lois scientifiques. Je serais tenté, pour ma part, d'y voir une stratégie de groupe dominant qui s'enferme dans une relation d'affrontement. La « loi d'airain » qui interdit d'augmenter les salaires a bon dos. L'énormité des profits et la connivence entre capitalistes permettaient d'accroître le prix du travail ; une majorité de patrons s'y était résignée. Le conflit, avec ses conséquences historiques incalculables, sera déclenché par moins de 10 % d'entre eux.

Ayant enclenché la machine répressive, la monarchie de Juillet vit dans la peur d'un monde ouvrier qui pourtant ne se départ ni de sa modération ni de sa détermination. En septembre 1833, 5 000 charpentiers de Paris font grève pour gagner 4 francs par jour. Ils obtiennent satisfaction. Au contraire, les ouvriers layetiers-emballeurs n'auront pas la journée de 11 heures qu'ils demandent et les « meneurs » seront arrêtés. Le conflit des tailleurs qui éclate à Paris le mois suivant reproduit, et confirme en quelque sorte, le scénario des canuts. Les associations ouvrières se sont regroupées sous la direction d'un comité central pour coordonner l'action revendicative. Les patrons tailleurs refusant toute augmentation, 8 000 ouvriers se mettent en grève. Là encore, il n'existe aucune « loi d'airain » de la paupérisation. Tandis que la majorité des patrons, regroupée dans le comité Schwartz, adopte une position de combat, 400 maîtres tailleurs libéraux créent une organisation rivale, le comité Riesz, qui non seulement accepte les augmentations, mais demande même la libération des ouvriers arrêtés. Comme à Lyon trois ans plus tôt, les durs du patronat en appellent aux pouvoirs publics et, une fois de plus, ceux-ci tranchent en leur faveur. Les « coalitions » ouvrières sont déclarées illégales, mais les « coalitions » patronales légitimes. Riesz, le patron libéral, est retenu pendant deux jours et demi à la police. Bien qu'aucune violence n'ait été commise, l'ouvrier Grignon, organisateur du mouvement, est condamné à cinq années de prison. Il ne reste au comité Schwartz qu'à remercier les autorités pour leur « loyal concours ». La leçon est nette : l'Etat n'est que l'expression politique de la bourgeoisie conservatrice.

Face à ce front politico-social, les ouvriers s'efforcent de mieux s'organiser en dépassant les divisions locales et corporatives. Déjà Grignon en appelait aux « frères des autres corps d'Etat ». Ces porcelainiers, eux, s'aidant de leurs sociétés secrètes, tentent de coordonner leur action entre Paris, Limoges et Vierzon. La bourgeoisie orléaniste est affolée par cette montée de l'humeur revendicative et par ces velléités d'organisation. En voulant étouffer les sociétés ouvrières, elle provoque les journées sanglantes de février 1834 à Lyon — 500 morts — et Paris — tuerie de la rue Transnonain. Le massacre tiendra lieu de dialogue. « Il faut que les ouvriers sachent qu'il n'y a pas de remède pour eux que la patience et la résignation. » Pour Casimir

Périer, les ouvriers se divisent en deux : les « bons » qui entendent son discours et se tiennent tranquilles, et les « mauvais » qui s'agitent et doivent être châtiés. Le maintien de l'ordre tient lieu de politique sociale, c'est pourquoi il sera de plus en plus difficile à assurer. Qu'importe ! Les valeurs françaises cotées en Bourse vont presque doubler sous le règne de Louis-Philippe.

L'industrialisation qui commence à prendre son essor pousse à son comble la misère prolétarienne. La France se peuple d'un véritable bagne ouvrier qui avale les familles entières et les tue au travail. Plus encore que des enquêtes ponctuelles, les statistiques sont terrifiantes. A Paris, la mortalité atteint 36,5 ‰ dans les quartiers populaires et 25 ‰ seulement dans les quartiers bourgeois. A Lille ou à Bordeaux, la mortalité infantile est trois fois plus élevée chez les ouvriers que chez les riches ; l'espérance de vie à la naissance atteint, en 1830, 28 ans pour les manufacturiers, 4 ans pour les maçons et guère plus d'un an pour les tisserands et ouvriers des filatures. Sur 10 000 conscrits, on compte 4 000 réformés dans les régions agricoles et 9 000 dans les régions industrielles. A tant exploiter ses travailleurs, la société n'aurait bientôt plus de soldats pour la défendre, et certains s'en inquiètent. Ces faits sont connus à partir de 1835 grâce à l'enquête demandée par l'académie des Sciences morales et politiques au docteur Villermé et dont la publication fera sensation. Tous les chiffres concordent : une partie de la population était en voie d'extermination dans les années 1800-1850 et, naturellement, les enfants étaient les premières victimes de cette hécatombe.

Face à cette situation, l'indifférence bourgeoise est totale. Quant aux sociétés ouvrières, elles sont trop faibles mais surtout trop préoccupées par leurs problèmes corporatifs pour prendre en compte le drame des femmes et des enfants. Finalement, ce seront des patrons philanthropes, notamment la « Société industrielle de Mulhouse », qui alerteront le gouvernement et susciteront les enquêtes officielles. Celle, désormais classique, de Villermé décrit ce calvaire enfantin avec une précision clinique qui n'épargne aucun détail : « (...) Ils restent 16 à 17 heures debout chaque jour, dont 13 au moins dans une pièce fermée sans presque changer de place ni d'attitude. Ce n'est plus là un travail, une tâche, c'est une torture que l'on inflige à des enfants de 6 à 8 ans mal nourris, mal vêtus, obligés de parcourir dès cinq heures du matin la longue distance qui les sépare de leurs ateliers et qu'achève d'épuiser, le soir, leur retour de ces mêmes ateliers. » Celle du ministre du Commerce, en 1837, signale qu'à Sainte-Marie-aux-Mines on utilise dans les manufactures des enfants de 4 à 5 ans pour dévider les trames. L'opinion paraît s'émouvoir, et les organismes patronaux consultés se déclarent même, dans leur ensemble, favorables à une réglementation. Le projet de loi, fort modeste, pour limiter l'utilisation de la main-d'œuvre enfantine sera discuté par les Chambres en 1840 et 1841. C'est le premier débat social de la France industrielle. Il est tout entier axé sur la défense des patrons persécutés et non pas des enfants martyrisés.

Le ministre du Commerce rappelle que : « L'admission des enfants dans les fabriques dès l'âge de 8 ans est pour les parents un moyen de surveillance, pour les enfants un commencement d'apprentissage, pour la famille une ressource. L'habitude de l'ordre, de la discipline et du travail doit s'acquérir de bonne heure (...). » Voici le glorieux Gay-Lussac : « Il n'est pas vrai que le fabricant trouve de si grands avantages dans le travail des enfants, et il l'est moins encore qu'il l'exploite avec une barbarie impitoyable. Les avantages sont réciproques ; et s'il existe quelques abus (où n'en trouve-t-on pas ?), je ne les crois pas suffisants pour motiver les nombreuses et sévères prescriptions de cette loi. » Le philosophe et ministre de l'Instruction publique Victor Cousin s'inquiète que l'on veuille imposer deux années d'école avant le travail en usine : « Je crains que cette obligation, ajoutée à tant d'autres, n'ait pour effet de dégoûter les manufacturiers de l'emploi des enfants (...). Ce serait là une chose très grave, car les familles les plus pauvres se retrouveraient dans l'impossibilité de tirer parti du travail de leurs enfants. » Les industriels se drapent dans la toge du philanthrope : « (...) Loin de voir dans l'emploi des enfants une sordide avarice, une sorte de barbarie, il faut souvent y voir un acte de générosité de la part de ceux qui les reçoivent », proclame un filateur d'Elbeuf, tandis qu'un autre manufacturier, redoutant que périssent « ceux que l'on interdira de travail », estime « ni fondé ni praticable de limiter à 8 heures la journée de travail des enfants de moins de 12 ans, alors que tout l'atelier travaille 12 heures ». Pour couronner le tout, un juriste se demande « si la société a le droit de régler d'une manière quelconque le travail, soit des enfants, soit des adultes (...) ». Régine Pernoud [130], qui a reconstitué ce débat, n'a pu trouver qu'un véritable avocat des enfants : Montalembert.

La loi, adoptée avec force amendements allant tous dans le même sens, n'aura aucune efficacité pratique. La surveillance sera confiée à des notables et restera toute théorique. Il faudra attendre 1874 pour que soit constitué un véritable corps d'inspecteurs. A cette époque, la Grande-Bretagne et la Prusse auront réglementé depuis longtemps, et de façon efficace, l'exploitation de la main-d'œuvre enfantine. La leçon est claire : rien ne sera octroyé aux ouvriers. D'autant que les théoriciens du libéralisme ne cessent de dénoncer toute intervention de l'Etat visant à réglementer le travail, garantir les salaires ou instaurer une protection sociale. L'égoïsme est une vertu sociale tout comme la charité une vertu privée que Thiers — massacreur de la rue Transnonain avant d'être celui de la Commune — chante avec des trémolos dans le verbe : « (Le riche) est bienfaisant quelquefois, et il quitte ses palais pour visiter la chaumière du pauvre (...) et, quand il a découvert cette jouissance nouvelle, il s'y passionne (...). »

Le monde ouvrier — celui de l'artisanat qualifié comme celui du prolétariat industriel — n'a rien à attendre de cette bourgeoisie-là. Il se laisse gagner par les idées républicaines et socialistes et se retrouve aux côtés de la Garde nationale sur les barricades de février 1848 pour chasser Louis-Philippe et Guizot. C'est le deuxième rendez-vous. Manqué, bien sûr. Cette fois, pourtant, les ouvriers avaient bien des raisons d'y croire. La nouvelle république s'affirme d'emblée « sociale » et s'engage, en pleine crise économique, « à garantir du travail à tous les citoyens ». Une promesse trop ambitieuse qu'illustre bien ce mélange de générosité et d'irréalisme qui caractérise l'esprit « quarante-huitard ». Pour la première fois, l'exigence d'une politique sociale émerge dans la vie publique française. Louis Blanc et l'ouvrier mécanicien Albert obtiennent la constitution d'une sorte de parlement social : la Commission pour les travailleurs. Les grandes réformes sont lancées très rapidement : abolition du marchandage, réduction de la journée de travail, âge minimum de 10 ans pour l'entrée en usine, droit de vote et liberté d'association pour les ouvriers et surtout les Ateliers nationaux pour fournir du travail aux chômeurs. Chacun y va de sa proposition, et Lamartine demande la nationalisation des chemins de fer.

Proudhon, qui observait d'un œil sceptique, note sur son carnet : « Beaucoup de paroles et pas une idée ! Il n'y a rien dans les têtes (...). » Un scénario se met en place qui ponctuera désormais l'histoire de France. D'un côté, la gauche au pouvoir se lance dans une gestion sympathique, laxiste et brouillonne qui compromet les équilibres financiers ; de l'autre, la bourgeoisie retire immédiatement son crédit à la nouvelle équipe et attend l'échec. Entre l'incompétence et la défiance, l'expérience ne peut rater. Le faux pas irrattrapable, c'est la création précipitée de ces Ateliers nationaux. Fausses entreprises fonctionnant comme des établissements de bienfaisance, ils drainent tous les chômeurs, et leurs effectifs passent de 6 000 personnes en mars à 117 000 à la fin avril. Les dépenses creusent le déficit budgétaire, la finance s'affole et la nouvelle assemblée élue au suffrage universel se compose entièrement de modérés. Les « quarante-huitards » sont minoritaires. Pour exorciser sa grande frousse, la bourgeoisie entend les éliminer physiquement et pas seulement politiquement. L'épreuve de force fait se soulever les faubourgs qui respirent encore la poudre de février. Entre le 23 et le 26 juin 1848, le général Cavaignac et ses 50 000 hommes écrasent l'insurrection ouvrière. Bilan : 3 000 victimes, 15 000 arrestations, plus de 3 000 déportations. Toutes les mesures du gouvernement provisoire — droit d'association pour les ouvriers, durée du travail, etc. — sont annulées. La répression antiouvrière sera complétée au lendemain du coup d'Etat du 2 décembre 1852. Sur les 26 000 personnes arrêtées, 15 000 sont des ouvriers.

A l'école de la lutte des classes, les ouvriers viennent de recevoir une deuxième leçon. Dans les années 1830, des corporations ouvrières réformistes furent rejetées par la bourgeoisie conservatrice ; dans les années 1848-1851, des mouvements de réformistes socialisants sont à nouveau éliminés. La moralité est toujours la même : il n'y a pas de place pour le monde ouvrier et ses revendications dans la société bourgeoise. Une même brutalité caractérise les relations sociales dans toute l'Europe, mais la France se distingue déjà par la force des antagonismes, comme le constate l'historien britannique David S. Landes [93] dans son étude classique, *l'Europe technicienne* : « Généralement parlant, l'Angleterre tenait l'ordre social pour un fait accompli. L'industriel n'avait pas d'illusions sur l'hostilité de la classe ouvrière ou sur la possibilité de violences ; mais il ne douta jamais que force resterait à la loi. Son homologue français — et, dans une moindre mesure, le fabricant allemand ou belge — ne savait jamais trop quand l'agitation ouvrière ou le chômage tourneraient à la révolution politique. D'où son empressement à assimiler la pauvreté de la classe ouvrière et la criminalité — les classes laborieuses et les classes dangereuses (...). Pour l'employeur britannique, un syndicat était sans doute un adversaire, une grève était contrariante et coûteuse, l'effort des travailleurs pour relever les salaires chimérique. Ces choses-là lui déplaisaient, mais il était disposé à les affronter. Pour l'employeur du continent, au contraire, un syndicat était une conspiration contre l'ordre public et la moralité publique ; une grève, un acte d'ingratitude ; l'effort des travailleurs pour relever les salaires, l'indiscipline d'un fils impatient. Tout cela était mal. Et l'on ne négocie pas avec le mal. »

La bourgeoisie est incapable d'institutionnaliser le conflit capital-travail, de canaliser les rapports de forces sur des procédures de négociation. Elle veut exiler le monde du travail et se réserver l'exclusivité de l'espace socialisé. Les ouvriers qui, spontanément, s'orientaient vers d'autres règles du jeu, vont s'adapter à cette stratégie qu'on leur impose : la lutte des classes. A ce stade de notre préhistoire sociale, le grand dérapage commence, il ne fera que s'accentuer.

Voilà donc la France engagée dans la bataille de l'industrialisation. Entre 1850 et 1870, le nombre des machines à vapeur est multiplié par 5, la puissance installée par 20. La production d'acier passe de 14 000 tonnes en 1851 à 110 000 tonnes vingt ans plus tard ; dans le même temps, le réseau ferroviaire s'est étendu de 3 700 km à 18 000 km. La richesse nationale augmente rapidement, les profits sont fabuleux, c'est l'euphorie. Le Crédit mobilier des frères Péreire, fondé en 1852, verse des dividendes de 10 % dès 1853 et de 44 % en 1855 ! Quant à la valeur de l'action, elle a quadruplé dans le même temps. A qui profite cette prospérité ? « En cette période de grande activité, la disproportion ne fait que s'accuser entre une richesse économique sans cesse accrue et un état social en complète stagnation : la prospérité ne correspond à aucun bien-être pour l'ensemble de ceux qui composent la nation », constate Régine Pernoud [130]. Au succès économique correspond un échec social qui lui retire toute signification.

Pendant les années 1850, le monde ouvrier, bien tenu par la police impériale, n'est guère en état de réclamer sa part du gâteau. Du coup, les riches se servent comme jamais. Les salaires ne progressent que très lentement alors que les bénéfices font un bond extraordinaire. Les inégalités croissent vertigineusement, le capitalisme triomphant paraît ne servir qu'à une petite élite, autrement dit, à rien. C'est dans ce contexte que le monde ouvrier va devenir une classe, en un sens sociologique et non marxiste, à travers un processus de différenciation et d'unification.

La différenciation, elle, devient évidente. Sur le plan physique tout d'abord. Alors qu'auparavant riches et pauvres cohabitaient bien souvent dans les mêmes immeubles mais à des étages séparés, le nouvel urbanisme sépare les quartiers bourgeois des quartiers populaires. On ne se croise pas plus dans la ville que dans le travail. La grande entreprise rompt le lien humain entre le patronat et les salariés. Désormais, les décisions sont prises par « les Messieurs de la Compagnie » qu'on ne voit jamais, et l'on ne s'explique plus qu'avec des sous-fifres.

Mais le clivage est encore plus net sur le plan socio-psychologique. La littérature officielle parle des ouvriers comme d'une race à part, des sortes de barbares à contenir aussi longtemps qu'ils ne seront pas civilisés. « Il y a aujourd'hui deux natures ennemies : la nature bourgeoise et la nature prolétarienne », constate Louis Chevalier. La main-d'œuvre salariée n'a pas sa place dans les rouages de la société et ne saurait entretenir des négociations avec les pouvoirs constitués. Au sens le plus profond, elle se trouve désocialisée et commence à dénoncer cette condition qui ne la met pas en bas de l'échelle, mais en dehors de la maison. Audiganne remarque sous le Second Empire : « Le plus souvent, on dirait qu'il y a toujours là non pas seulement deux classes, mais (...) deux nations. » Les efforts de certains patrons pour améliorer le sort de leur personnel ne font qu'accentuer ce sentiment. Fruit de la charité et non de l'équité, ce paternalisme condescendant scelle la condition minoritaire de l'ouvrier, son exclusion. « Nous ne voulons pas être des clients ou des assistés, nous voulons devenir des égaux, nous repoussons l'aumône, nous voulons la justice », écrit en 1864 l'ouvrier bronzier Tolain dans son *Manifeste des soixante*.

L'unification résulte de l'industrialisation. Les outils de production éparpillés dans des ateliers artisanaux se regroupent dans de grandes entreprises. Le monde usinier en expansion englobe un nombre toujours plus grand de travailleurs. Au fil des années, la distinction entre les ouvriers-artisans et le prolétariat s'estompe. Tout le monde se retrouve dans les mêmes établissements, soumis à la même discipline, au même statut. Pour les hommes de métier, profondément individualistes, cet encasernement est durement ressenti. La rude vie d'atelier avec un patron et quelques compagnons conservait une souplesse, une chaleur, une personnalisation qui disparaissent dans la manufacture. Du coup, la fierté professionnelle centrée sur le métier laisse place à une nouvelle conscience ouvrière : la conscience prolétarienne. François Sellier [146] note que ce phénomène de prolétarisation s'est produit en deux vagues, entre 1850 et 1860, puis entre 1900 et 1920. « Ces ouvriers devinrent les dirigeants du nouveau syndicalisme " de métier de masse " et leur prolétarisation devint la base de leur orientation révolutionnaire. »

Enfermés dans le cercle étroit du métier, les ouvriers qualifiés ne dépassaient pas l'horizon corporatiste et ne visaient, à travers leurs revendications, aucune remise en cause du système social. Plongés dans un prolétariat industriel qui mêle paysans, femmes et enfants, qui ne possède ni assise sociale, ni moyens de défense, ils découvrent un problème de société infiniment plus vaste. S'ajoutant à l'intransigeance bourgeoise, l'industrialisation achève de briser l'organisation corporatiste et réformiste. De ce double rejet va naître un nouveau syndicalisme fondé sur la lutte des classes.

Pourtant, Napoléon III se voulait un ami des ouvriers et n'était pas considéré par eux comme un ennemi. Il avait eu des velléités « socialisantes » et s'efforça toujours de conserver des contacts indirects avec le monde du travail. Maître de la France, il était trop fin politique pour ne pas voir les dangers d'une assise exclusivement bourgeoise : comme tant d'autres despotes éclairés, il rêve d'être le père de la nation en englobant les classes opposées dans une sorte de lien personnel. Bref, l'empereur voudrait se concilier les ouvriers ; calcul intéressé, mais qui peut représenter une chance d'insertion sociale pour le peuple industriel.

S'il restaure le livret ouvrier en 1852 pour des raisons de sûreté, Napoléon III favorise aussi les sociétés de secours mutuel et réforme les conseils de prud'hommes sur une base paritaire. Il n'est donc pas hostile à une certaine organisation ouvrière, mais ne peut avancer que prudemment, tenu qu'il est par les exigences contradictoires de la bourgeoisie conservatrice qui le soutient et des milieux républicains qui le combattent. A partir de 1860, il tente l'ouverture libérale. L'Exposition universelle de Londres en 1862 fournit une bonne occasion de « nouer le dialogue ». Le gouvernement français organise le voyage en Grande-Bretagne de 200 représentants élus des ouvriers. Là-bas, les Français découvrent le syndicalisme britannique qui les impressionne par sa force et son organisation. C'est la double tentation d'un « trade-unionisme » français d'une part, et d'une organisation internationale de syndicats réformistes de l'autre. En 1864, la première Association internationale des travailleurs, la Première Internationale, se crée à Londres en présence de trois délégués français. Karl Marx, dont le *Manifeste du parti communiste* est pratiquement inconnu en France, rédige la déclaration liminaire. Le ton est ferme, la portée est encore bien faible. L'Internationale aura pourtant un rôle d'alibi non négligeable. Elle sera utilisée par la bourgeoisie comme preuve de ce « complot » qui corrompt le monde ouvrier et le dresse contre elle.

La vie sociale reprend vigueur à la fin des années 1850 sur le double plan de l'organisation et de la revendication. Une évolution qui heurte le patronat, mais dont l'empereur veut habilement jouer pour se concilier le monde ouvrier. C'est à travers le conflit des typographes qu'il va faire progresser sa politique sociale. En 1860, les typographes parisiens parviennent à fusionner leurs deux organisations rivales en une seule société de secours mutuel et de résistance. Le président de la nouvelle association, Gauthier, entreprend tout à la fois d'organiser la profession à l'échelle nationale et de mener l'action revendicative. Depuis plusieurs années, les salaires ne suivent plus l'inflation, et le ministre de l'Intérieur Persigny lui-même — c'est-à-dire, en fait, l'empereur —, rappelant que l'Imprimerie nationale a augmenté les salaires de son personnel, invite les maîtres imprimeurs à ouvrir des négociations. On est en janvier 1861, les patrons font la sourde oreille. Au printemps, les 3 000 typographes parisiens déposent une pétition. L'affaire traîne encore et la commission mixte ne se réunit qu'au début de l'année suivante. Ses travaux sont aussitôt bloqués par la contre-offensive de plusieurs patrons qui commencent à remplacer les ouvriers par une main-d'œuvre féminine moins payée. Le conflit s'aigrit, Gauthier et plusieurs compositeurs sont arrêtés. Quatre d'entre eux sont condamnés à la prison. Une nouvelle pétition est adressée à l'empereur, mais la police procède à d'autres arrestations parmi les grévistes. L'opposition est manifeste entre la bourgeoisie autoritaire qui n'entend rien céder et Napoléon III qui voudrait tenter l'ouverture sociale. A l'été 1862, la grâce impériale absout les grévistes qui viennent d'être condamnés.

Deux années plus tard, l'empereur impose, contre une partie de son entourage, la reconnaissance du droit de grève. Un premier droit social, bien insuffisant en l'absence de liberté syndicale, mais qui constitue une nouveauté pour la société française. Une nouvelle délégation ouvrière élue est constituée pour l'Exposition de 1867 à Paris. Elle demande et obtient l'autorisation de constituer des chambres syndicales, ancêtres directs de nos syndicats. Il s'en crée 67 en deux ans. Les unes prennent l'orientation réformiste, les autres l'orientation révolutionnaire. On assiste même à une ébauche de confédération en liaison avec la Première Internationale. A la fin du Second Empire, l'institutionnalisation des rapports sociaux paraît en bonne voie. Certes, les conflits se multiplient sur le terrain et sont parfois très violents, mais un cadre juridique s'élabore qui, à terme, permettrait de les intégrer dans la vie publique et, par là même, de réinsérer le peuple dans la nation. Comme le souligne Jean Bron [42] : « Tous ces combats, c'est une nouvelle génération ouvrière qui les mène à partir des années 60 ; elle abandonne ce que pouvait porter d'idéalisme le courant du milieu du siècle (...). » Ces nouveaux dirigeants ont retenu, des événements de 1830 et de 1848, que les bonnes intentions ne peuvent rien contre les rapports de forces de l'évolution industrielle, que le problème posé est celui d'une classe et non d'une mosaïque de corporations, et des penseurs socialistes ils ont appris que la solution passe par la remise en cause de certains principes constitutifs de la société. Va-t-on s'acheminer vers une organisation du conflit social de type britannique ? L'histoire de France ne l'a pas voulu, ce sera le troisième bain de sang : la Commune.

La tragédie est connue, je n'en retiendrai que quelques traits significatifs. D'une part, le légalisme des communards ; l'assassinat des généraux Leconte, qui avait ordonné d'ouvrir le feu sur la foule, et Thomas, un « fusilleur » de 1848, est une « bavure » populaire ayant échappé à tout contrôle. En revanche, le comité central est constamment soucieux d'œuvrer dans un cadre légal et non insurrectionnel, comme s'il espérait y trouver légitimité et respectabilité. Plutôt que confisquer l'or des banques, les membres du comité central demandent des avances régulières à la Banque de France. Ils se révèlent en tout respectueux du droit — ils s'interrogent sur le champ d'application, local ou national, des mesures qu'ils prennent —, des institutions — ils s'interdisent de fouiller dans les archives de l'Etat pourtant à leur portée — et des libertés — ils laissent paraître une presse d'opposition. Seul l'anticléricalisme viscéral, compréhensible à cette époque, échappe à cette volonté de modération. Les hommes de la Commune sont encore marqués par 1848. Ils portent en eux l'idéalisme, flou et généreux, des précédentes insurrections et les stigmates ineffaçables de leur répression, remarque Henri Dubief [64]. Ils incarnent la « spontanéité révolutionnaire des classes populaires urbaines, surtout à Paris et à Lyon, (qui) les rendait rebelles aux idéologies élaborées (...) et les portait vers les simplifications égalitaires (...). Les ouvriers parisiens maintenaient donc, depuis l'an II, leur tradition économique retardataire et leur résistance au progrès technique créateur de chômage ». L'archétype de ces « communards quarante-huitards », Delescluze, connut l'exil sous Louis-Philippe, participa à la IIe République, juste le temps de se retrouver emprisonné puis déporté par Napoléon III. Ce sont des militants saisis par l'action immédiate plus que des théoriciens ou des stratèges.

La Commune n'a pas le moindre plan d'ensemble, pas la moindre politique globale. Face aux réalités, elle tranche au jour le jour par « coups de cœur ». Une improvisation désordonnée que traduit son bilan social plus proche de l'inventaire de Prévert que d'un programme politique : interdiction du travail de nuit dans les boulangeries, égalité de salaires entre instituteurs et institutrices, moratoire des loyers, aide aux coopératives ouvrières, réquisition des logements vacants, enseignement professionnel pour les jeunes filles, peine de mort pour les trafiquants... Tous les jours, on improvisait.

La répression dépasse en ampleur, et de très loin, tout ce qu'on a connu dans les précédentes journées révolutionnaires. 25 000 morts, près de 40 000 arrestations, 13 500 condamnations, 4 800 déportations. La bourgeoisie versaillaise veut en finir une fois pour toutes avec cette menace latente. C'est pourquoi elle frappe sans retenue : « Le sol de Paris est jonché de leurs cadavres. Ce spectacle affreux servira de leçon », écrit Thiers à ses préfets. Il ne croyait pas si bien dire. Mais il se trompait sur la « leçon ». Croyant enseigner la résignation, il a prêché la révolution. De ce massacre en plus, les ouvriers retiendront que le capitalisme à visage humain n'existe pas. Il aura fallu un demi-siècle à la bourgeoisie pour imposer la lutte des classes au monde ouvrier. Maintenant, c'est fait.

Ces trois épisodes de guerre civile laissèrent des traces indélébiles dans notre histoire sociale car, dans chaque cas, un espoir fut assassiné. En effet, la répression n'est jamais venue des régimes autoritaires, mais de ceux qui prétendaient incarner le progrès politique. Dans les années trente, c'est la monarchie de Juillet, présentée comme libérale, celle dont le peuple attend un surcroît de justice et de démocratie, qui étouffe dans l'œuf les premières manifestations du mouvement ouvrier. C'est encore bien pire en 1848. Là, nous l'avons bien vu avec l'épisode des canuts, le changement politique a fait naître une immense espérance. La société française va tenir compte de la dimension sociale et, de ce fait, réintégrer en son sein les classes laborieuses. Une fois de plus, tout se termine dans le sang. Et que dire de la Commune ! En dépit des ouvertures tentées par Napoléon III, le mouvement ouvrier refusait de s'engager aux côtés d'un pouvoir d'essence autocratique. Le politique bloquait le social. Du coup, la chute de l'Empire et la proclamation de la République apparaissent comme une libération annonciatrice des temps nouveaux. Des leaders ouvriers pourchassés par la police impériale rentrent en France et s'engagent résolument aux côtés de la jeune République. Et c'est un gouvernement républicain, issu du suffrage universel, tout comme celui de 1848, qui noie la Commune dans le sang. Autrement dit, les ouvriers ont toujours vu le pire naître des changements politiques qui allaient dans le sens de la démocratie, du suffrage universel, de la république.

De cette tragique inversion des rôles, le mouvement ouvrier retient que les libertés publiques, les garanties constitutionnelles, l'organisation des pouvoirs n'apportent au peuple que des espérances fallacieuses. Il en conservera une méfiance insurmontable vis-à-vis du système démocratique et reportera tous ses espoirs sur les utopies révolutionnaires. Entre la République, enfin triomphante, et l'avant-garde prolétarienne le divorce est consommé avant que la cohabitation ait commencé. La société française mettra un demi-siècle à renouer un semblant de dialogue social ; quant au mouvement syndical, il éprouvera le plus grand mal à intégrer dans son propre fonctionnement des règles démocratiques chargées d'un tel péché originel.

Pendant les années de silence et d'impuissance, les idées révolutionnaires progressent dans les esprits. Marxistes, anarchistes ou socialistes, elles ont toutes un dénominateur commun : le rejet total et

89

définitif de la société bourgeoise capitaliste. Lorsqu'il relèvera la tête à partir des années quatre-vingt, le mouvement ouvrier aura le visage du refus. « Antiparlementaire, antipatriote, antiféministe... antitout. Le syndicalisme révolutionnaire oppose un refus global au monde de son temps, Etat, société, culture (...) », dit Dubief [64], « le syndicalisme révolutionnaire témoigne avant tout de l'aliénation totale de la classe ouvrière par rapport à la société dite de la belle époque. »

Cette radicalisation se traduit dans l'action et dans la réflexion. D'un côté, le mouvement ouvrier, qui mise désormais sur le grand chambardement plus que sur les petits arrangements, doit réviser son organisation et sa stratégie. Schématiquement, la classe l'emporte sur les corporations et la lutte sur la négociation. Commun à tous, l'objectif révolutionnaire exige pour sa réalisation l'union de tous : seul un rassemblement de masse peut représenter une force à la mesure d'un tel enjeu. Une structure globale devra organiser la grande armée prolétarienne à partir des différents syndicats.

Cette union implique une certaine uniformisation. Les vieilles sociétés ouvrières fondées sur le métier exaltaient le particularisme et l'égoïsme corporatistes. Par crainte que les différences ne favorisent les divisions, le nouveau syndicalisme valorise ce commun dénominateur du travail manuel : l'ouvrier. Il complète ainsi, sur le plan des représentations, ce laminage qu'effectue l'industrialisation sur le plan du travail. Les diversités ouvrières, qui subsistent néanmoins, vont être masquées par l'image uniforme et anonyme du prolétaire.

La stratégie n'est pas la même selon qu'on vise des objectifs limités ou un objectif global, selon que l'on joue à l'intérieur d'un système qu'on accepte ou à l'extérieur d'un système qu'on prétend détruire. Le syndicalisme naissant adopte résolument la seconde attitude, celle du combat. Préparant l'assaut général, menant des batailles locales, il récuse toute « collaboration de classes ». Les deux camps en présence doivent rester séparés comme dans une guerre classique et non s'enchevêtrer comme dans une guerre civile. Toute velléité de négociation ou, à plus forte raison, d'entente ou d'intégration est dénoncée comme une trahison.

Cette reconversion est idéologique et non pragmatique. L'expérience des décennies passées a été théorisée en des systèmes qui déterminent la politique à mener et dessinent l'avenir à construire. Marxistes, anarchistes, socialistes fondent leurs analyses sur le capitalisme tel qu'il se manifeste. Une image qui, on l'a vu, justifie pleinement ces condamnations sans appel. Toute l'organisation, théorie et pratique, se trouverait en porte à faux si l'ennemi devenait infidèle à son portrait. On ne peut pas faire la révolution contre n'importe qui et n'importe quoi. Dans sa nouvelle façon d'être et de faire, le syndicalisme se trouve donc attaché par une sorte de lien dialectique à son ennemi. Or celui-ci, loin de jouer le jeu qui lui est assigné, commence à tricher.

La société industrielle, en apparence figée dans cette image implacable qui inspire et justifie toutes les analyses de Marx, commence, imperceptiblement, une très lente évolution. En un siècle, à travers d'innombrables péripéties, elle va accomplir des progrès dont ni ses partisans ni ses adversaires ne la croyaient capable. C'est le grand malentendu. Le mouvement ouvrier était à contretemps dans ses espérances réformistes du XIXᵉ siècle, il sera encore à contretemps dans son exigence révolutionnaire au XXᵉ siècle. Les pères fondateurs ont engagé le futur sans voir qu'ils extrapolaient le passé. Leurs successeurs n'oseront pas rompre avec cet engagement des origines. Entre une pensée qui se veut toujours révolutionnaire et une réalité qui l'est de moins en moins, il faudra multiplier les contorsions au prix de la crédibilité. Heureusement pour lui, le syndicalisme va trouver dans cet exercice difficile un allié de poids : le patronat.

Toute son attitude au cours de ce demi-siècle se fonde sur un libéralisme intégriste qui nie purement et simplement le fait social. L'économie seule existe. Parmi les transactions qui concourent à la production, les unes portent sur l'espace, les bâtiments, les machines, l'énergie, les matières premières, la technique, le capital, d'autres sur le travail. Elles relèvent toutes au même titre du commerce régi par les automatismes du marché. Il n'y a pas lieu de distinguer l'achat du travail de celui des machines. Le fait qu'il implique un individu ne doit pas entrer en ligne de compte. L'industriel ne s'attache pas un travailleur, il achète un facteur de production parmi d'autres. C'est la « réification » du prolétaire réduit à une simple marchandise : le travail.

Il ne peut donc pas exister de problème social appelant un traitement spécifique. Les particuliers échangent en toute liberté les produits ; les prix se forment en fonction de l'offre et de la demande. Tout est dit. La société n'a pas plus à s'entremettre entre l'employeur et son employé qu'entre le fournisseur et son client. La confrontation primitive qui se fixe sur des revendications concrètes, notamment sur les salaires, bute sur la question préalable. C'est ce qui apparaît clairement dans l'affaire des canuts. La prise en considération du social passe par la reconnaissance du travailleur, c'est-à-dire d'une relation humaine et non pas seulement commerciale entre le patron et la main-d'œuvre.

Cet ultra-libéralisme devient rapidement intenable. La « réification » ne trouve sa cohérence que dans un système esclavagiste qui dénie la personnalité humaine à certains individus. Il s'intègre plus difficilement dans une société qui se réclame des valeurs chrétiennes et des droits de l'homme. Par convictions religieuses, par sentiment philanthropique ou par simple nécessité, les patrons en viennent progressivement à reconnaître le travailleur derrière son travail. Ils n'admettent pas pour autant la confrontation ou même le dialogue. Découvrant la question sociale, ils la résolvent avant même de l'avoir posée en proclamant « le social, c'est nous », tout comme Louis XIV avait tranché le problème constitutionnel avec son péremptoire : « l'Etat, c'est moi ! ».

On bascule alors d'un extrême à l'autre. Les ouvriers cessent d'être des machines pour devenir des enfants. L'entreprise forme une communauté, une sorte de famille élargie. Tous ses membres sont soumis à l'autorité souveraine et tutélaire du patron. A la fois seigneur et « pater familias », il commande et protège son personnel. Le dialogue social n'a pas sa place dans l'entreprise. Il appartient à chaque industriel de prendre soin des gens qu'il occupe dans son usine comme des parents et enfants qu'il héberge sous son toit. Cette responsabilité particulière n'implique aucun partage du pouvoir, bien au contraire. Le chef d'entreprise a, plus que jamais, besoin d'être seul maître à bord pour faire régner la justice et assurer le progrès. Le personnel ne saurait être un interlocuteur, la société non plus. Les relations de travail constituent une affaire privée, pour ne pas dire « intime ». Les sociologues Jean Bunel et Jean Saglio * parlent de « cercle de famille élargi » lorsqu'ils décrivent cette conception. « Pour le patron de la tradition, l'entreprise est une communauté naturelle dont il est le chef incontestable (...). L'entreprise est, avec la famille, l'une des cellules de base de la vie sociale, et, de ce fait, la responsabilité du patron ne s'arrête pas à la rétribution financière des salariés. Autoritarisme et paternalisme dans l'ordre social sont les deux stratégies complémentaires qui éclairent cette conception que le patron a de son rôle social. »

Il existe donc une fonction sociale, mais non pas un pouvoir social. Les rapports entre employeurs-employés sont du même ordre que ceux des parents avec leurs enfants. Ils ne doivent ni reposer sur l'affrontement de deux forces, ni être réglementés par la société. Chaque chef de famille donne l'éducation qu'il juge bonne, et chaque chef

---

* Jean Bunel et Jean Saglio, « La redéfinition de la politique sociale du patronat français », *Droit social*, décembre 1980.

d'entreprise traite son personnel comme il l'entend. Cette autorité suprême n'est pourtant pas despotique puisque nul n'est obligé de rester à son travail. « Si cela ne vous plaît pas, vous pouvez toujours vous en aller. »

Cette conception qui s'épanouit dans le paternalisme est loin d'avoir disparu. Plus un patron a conscience de ses responsabilités sociales, plus il est tenté de penser qu'il les assumerait bien mieux si on lui laissait les mains libres. Toute l'histoire qui va suivre sera marquée par la défense farouche de ce rêve entrepreneurial contre l'irrésistible montée du social. Les stratégies varieront, mais l'objectif restera toujours le même : ne pas permettre que l'indépendance souveraine et le pouvoir absolu du patron soient remis en cause sous prétexte de progrès social.

CHAPITRE IV

Le double refus

L'histoire des cent dernières années se voit mieux et se lit plus mal. Les images nous sont plus familières. Plus ambiguës aussi. Car les acteurs perdent leur franchise brutale et les situations leur manichéisme simplificateur. Notre vie sociale passe de l'authentique au symbolique. Elle est davantage connue et moins bien comprise.

La nouvelle conscience ouvrière s'affirme dans les années qui suivent la Commune. Un premier Congrès ouvrier se tient à Paris en 1876. La faiblesse du mouvement impose la modération dans les propos. Chabert, son président, a dû prendre l'engagement de rester sur le terrain revendicatif. Mais c'est bien la radicalisation qui l'emporte dans les esprits. Dès 1879, le troisième Congrès affiche la détermination des participants : « avant toute chose, le prolétariat doit faire une scission complète avec la bourgeoisie ».

Les péripéties qui entourent la loi syndicale de 1884 illustrent les nouvelles règles du jeu. Cette mesure n'est pas imposée par une majorité socialiste ou par une pression populaire. C'est une initiative étatique. Dans les périodes précédentes, le pouvoir politique avait partie liée avec les classes possédantes dont il défendait les intérêts pour se maintenir en place. Avec le suffrage universel, il lui faut satisfaire une majorité de Français pour gagner les élections. Pour le politique, le temps de l'émancipation est arrivé.

Entre le monde du capital et celui du travail, l'Etat devient le « grand entremetteur ». Une tâche épuisante ! Il faut instaurer un dialogue entre des parties qui le refusent. Les adversaires mettront plus d'un demi-siècle à reconnaître leur existence et leur représentativité. Les gouvernements n'en finissent pas d'imposer le social au nom du politique. Toute réforme est suspectée de porter atteinte à l'autorité patronale et/ou d'émousser l'ardeur révolutionnaire, et se trouve rejetée des deux côtés. C'est toujours trop ou pas assez et jamais comme il faut. La lutte des classes justifie également l'autoritarisme capitaliste et le messianisme syndical. Elle va faire recette pendant un siècle encore et figer le présent par excès de crainte ou d'espoir.

De sa naissance à la Première Guerre mondiale, le syndicalisme français donne, tête baissée, dans le mythe révolutionnaire. Les partisans de Jules Guesde dominent la Fédération nationale des syndicats, première organisation à se mettre en place dès 1886. Marxistes convaincus, ils veulent donner la prééminence au parti socialiste seul à même de conduire la révolution. Six ans plus tard, se crée la Fédération des Bourses du travail dominée par le courant anarcho-syndicaliste. Ici l'on défend une sorte de pansyndicalisme mégalomaniaque dédaigneux des forces politiques. Le mouvement ouvrier entend défier seul le capitalisme. Il veut l'affaiblir par l'action directe : grèves, sabotages, séquestrations, etc., puis le jeter à bas avec l'arme absolue de la grève générale. En 1895, à Limoges, les deux mouvements se rapprochent pour fonder la CGT. Les anarcho-syndicalistes ont le vent en poupe, ils vont dominer le syndicalisme français jusqu'à la Première Guerre mondiale. Mais les travailleurs se lassent d'attendre un « Grand Soir » dont l'aube tant annoncée ne pointe jamais. En 1914, la CGT se trouve très mal en point avec quelque 300 000 cotisants sur 15 millions de salariés.

Car ce révolutionnarisme de principe ne correspond déjà plus à la diversité des situations et à l'attente des salariés. Ici ou là, on ne dédaigne pas les avantages immédiats que procure une tactique plus opportuniste. Voulant maintenir le maximalisme qui exalte les militants et le réalisme que réclament les salariés, la CGT, en son fameux congrès d'Amiens de 1906, va se fixer « une double besogne quotidienne et d'avenir ». D'un côté, elle prépare la grève générale pour assurer « l'émancipation intégrale qui ne peut se réaliser que par l'expropriation capitaliste » ; de l'autre, elle revendique pour obtenir des « améliorations immédiates, telles que la diminution des heures de travail, l'augmentation des salaires, etc. ». Deux attitudes contradictoires, car la première ne conserve son sens que si la seconde échoue. En effet, la lutte totale, qui exclut l'espoir d'améliorations limitées mais rapides, n'est tenable que si la voie réformiste apparaît fermée ou, du moins, fort décevante, tandis que la voie révolutionnaire s'annonce ouverte à court ou moyen terme. C'est le contraire qui se produira, mais nul n'a encore lu les prochains chapitres. Paroisse déchirée par une inexpiable guerre de religion, la centrale va connaître une existence mouvementée, ponctuée de séparations et d'apparentes réconciliations.

Face à cette montée du syndicalisme ouvrier, le patronat est très lent à développer une riposte collective. Il considère qu'il appartient au pouvoir politique de contenir les mouvements « antisociaux ». Il vit en sécurité dans ses entreprises forteresses, où les syndicats ne pénètrent pas, et contrôle en sous-main les principaux rouages de la société. A quoi bon développer un « contre-syndicalisme » ? Sa mentalité est un curieux mélange d'ultra-capitalisme et d'infra-libéralisme. Le patron français attache à la propriété un pouvoir absolu. Il ne supporte aucune contrainte collective, d'où qu'elle vienne, et se comporte en prince souverain de son fief industriel. C'est l'attitude qu'adopte en 1870 Eugène Schneider pour éconduire une délégation ouvrière dans ses établissements du Creusot : « Je ne veux pas qu'on me dicte des lois ; je n'en ai jamais subi, et je suis trop vieux pour commencer (...). Je n'ai rien à discuter tant que les ouvriers n'auront pas repris leurs travaux. Je verrai ce que j'aurai à faire quand je le jugerai nécessaire et ferai rouvrir les portes de l'usine. Alors, je serai en force. Je suis libre d'employer qui je voudrai dans mes usines. A la reprise des travaux, un premier triage sera fait parmi les ouvriers (...) ce matin on a rallumé une machine et, une demi-heure après, j'ai donné l'ordre de l'éteindre ; j'aimerais mieux voir éteindre tous les hauts fourneaux que de céder à la pression » [43].

Etre maître chez soi, n'être entravé ni par l'administration, ni par la réglementation, ni par les organisations collectives, c'est la première exigence, universelle, éternelle. Elle n'a jamais varié. On la retrouve, toujours vivace, dans l'entreprise familiale de 1985. Car cet individualisme forcené englobe la famille. Présente et future. Bien que l'on justifie les droits de la propriété par le mérite personnel du chef et la concurrence ouverte qu'il affronte, on ne voit nulle contradiction à en faire bénéficier la parenté puis à les transmettre aux héritiers. Cette société capitaliste-là est surtout une société bourgeoise. Ainsi, la révolution industrielle débouche-t-elle, à la fin du XIXe siècle, sur un pouvoir absolu de type anarcho-féodal qui ressent la montée du pouvoir social comme le danger majeur. La menace vient de trois horizons : les syndicats ouvriers certes, mais aussi le pouvoir politique et même les organisations corporatives. Car les chefs d'entreprises n'entendent pas davantage partager leur pouvoir avec leurs pairs. « Le rejet du syndicalisme ouvrier a été pendant longtemps — et reste encore aujourd'hui dans bien des cas — l'expression d'une méfiance plus générale à l'égard de toute organisation collective, du phénomène collectif lui-même, tant ouvrier que patronal », constate François Sellier [146].

Mais ce capitaliste rigoriste se double, jusqu'à la Seconde Guerre mondiale, d'un libéral bien timoré. Il n'apprécie ni le risque ni la concurrence et recherche les ententes, les protections, les coalitions.

Sa mentalité est celle d'un rentier plutôt que d'un entrepreneur. Dans son pâté, c'est le corporatisme qui fait le cheval et le libéralisme l'alouette. Il conservera très longtemps les schémas de la première révolution industrielle et ne se convertira que très tard aux idées d'Henri Ford. Visant un enrichissement rapide qu'il entend réaliser sur le travail et non pas sur l'expansion et l'innovation, il voit dans les revendications ouvrières une menace pour l'entreprise. Cette mentalité explique la longueur démesurée des journées à l'usine. La productivité est mauvaise sur de pareilles durées, on le sait : les ouvriers produiraient tout autant en 10 heures qu'en 12 ou 14. Mais les employeurs, crispés sur le travail comme sur un filon d'or, n'en veulent rien céder.

Cette gestion statique condamne aux bas salaires, donc à la « lutte des classes ». Tous les moyens sont bons pour « tenir » le personnel. Le mensonge sur la situation réelle — les affaires, toujours mauvaises, s'opposent à toute augmentation — et les pressions de toutes sortes sur les « meneurs ». Un syndicat ne saurait avoir sa place dans un tel système.

Les premières organisations patronales sont donc économiques et non pas sociales. Elles ne visent pas à défendre le capitalisme — qui n'est guère menacé —, mais à lutter contre le libéralisme — qui est toujours menaçant. Du Comité des filateurs de Lille au Comité des industriels de l'Est, la revendication protectionniste revient comme un leitmotiv. Si l'on se réunit, c'est pour s'entendre sur les prix, sur les qualités et contrôler l'accès au marché. En 1860, le lobby patronal lance sa première grande offensive contre le traité franco-britannique de libre-échange. Peu après se crée le fameux « Comité des forges » pour contrôler les prix et limiter la concurrence. Une fois de plus, la IIIe République avec les « tarifs Méline » revient au protectionnisme tant espéré des industriels. Entre des frontières fermées qui écartent la menace étrangère et un monde ouvrier désorganisé qui éloigne le péril social, le patronat n'a que faire d'organisations représentatives pour le défendre.

Si la situation est assez bien contrôlée sur le plan économique, il n'en va pas de même dans le domaine social. Au tournant du siècle, la violence des conflits où l'on voit encore le sang couler et dont on attend toujours — espoir ou crainte — la réaction en chaîne, la misère du monde ouvrier qui ne se réduit que très lentement et que le taylorisme va aggraver dans le travail, la pugnacité d'un patronat qui trempe sa propre intransigeance dans le durcissement syndical et dont la toute-puissance, battue en brèche dans la société, se resserre sur l'entreprise, tout cela conforte l'anticapitalisme radical du mouvement ouvrier. Le patronat, en prenant grand soin de ne pas se donner des structures de discussion, n'en forme pas moins un groupe de pression efficace qui se mobilise pour bloquer au Parlement les initiatives sociales du gouvernement. Ainsi le progrès ne se fait-il qu'avec une infinie lenteur.

Le droit du travail n'en finit pas de faire la « navette » entre les deux assemblées ; Jean Bron [42] a relevé les exemples suivants : « 9 ans pour la suppression du livret ouvrier (1881-1890) ; 13 ans entre le dépôt du premier projet d'une loi sur la réduction du temps de travail pour les femmes et les enfants (1879) et le vote en 1892 ; 10 ans (1882-1893) pour la loi sur l'hygiène et la sécurité des travailleurs ; 15 ans (1883-1898) pour la loi sur les accidents du travail. » Il fallait beaucoup de santé et une confiance frisant l'inconscience pour rêver d'un dialogue social en ces temps-là. Alexandre Millerand va en faire la rude expérience.

Avocat socialiste, il s'est d'abord fait connaître comme défenseur des mineurs de Carmaux. A la suite des élections municipales de janvier 1892, le leader syndical Calvignac avait été élu maire de la ville. Le marquis de Soulages, patron de la mine, qui supportait mal qu'un de ses ouvriers puisse être son égal dans le civil, avait saisi le premier prétexte pour le renvoyer. Un cas exemplaire de répression antisyndicale. Le 16 août, les mineurs cessent le travail ; la grève durera jusqu'au 20 octobre. L'affaire se termine par un arbitrage défavorable à la Compagnie minière : Soulages démissionne. Calvignac est réintégré, l'arbitraire patronal est remplacé par un règlement intérieur.

Le gouvernement s'appuie sur ce précédent pour faire voter par les Chambres, dès la fin 1892, une loi sur la conciliation et l'arbitrage. Pour obtenir un vote favorable, il doit rendre facultatif le recours à la procédure comme le respect des sentences et, surtout, s'abstenir de toute référence aux syndicats. Cette première tentative manque à ce point de corps qu'elle ne suscite d'hostilité ni patronale ni syndicale. Ce qui est toujours mauvais signe en France.

Réélu député de Paris en 1893, Millerand voudrait instaurer un réformisme tranquille qui bannisse les affrontements dramatiques. En 1899, Waldeck-Rousseau lui propose d'entrer dans son gouvernement avec le portefeuille du Commerce et de l'Industrie. Tempête chez les socialistes qui s'alarment du « ministérialisme ». En définitive, Millerand accepte et tente d'acclimater la notion de négociation collective déjà bien acceptée à l'étranger. Pour gagner la confiance — ou, du moins, réduire la méfiance — syndicale, il estime que l'Etat doit « donner l'exemple ». En gage de bonne volonté, il laisse se développer les syndicats dans les Postes et les associations professionnelles chez les fonctionnaires. Il impose aux entreprises qui enlèvent des marchés publics de mieux traiter leurs ouvriers. L'Etat-client aura un rôle pilote en matière de progrès social.

Toujours dans l'espoir de se concilier les syndicats, il veut élargir leur capacité juridique. Mal lui en prend. A la CGT, les révolutionnaires poussent les hauts cris et font capoter le projet. Ils suspectent le gouvernement de vouloir les corrompre par le biais de l'enrichissement ! Millerand ne désespère pas et crée des Conseils du travail où des représentants ouvriers siègent à côté des employeurs. Pour le coup, les projets gouvernementaux commencent à inquiéter les milieux d'affaires. La superbe inorganisation pourrait devenir dangereuse si l'Etat aidait au développement d'un véritable contre-pouvoir ouvrier. Pour répondre à cette menace diffuse, le Comité des forges se transforme en Union des industries métallurgiques et minières, la fameuse UIMM. Un organisme qui ne fera plus seulement du corporatisme économique, mais s'occupera tout particulièrement des questions de personnel. C'est la première mesure d'organisation collective prise par le patronat pour se défendre sur le plan social. Il ne s'agit pas, surtout pas, de fournir un interlocuteur à la CGT, mais d'apporter aux chefs d'entreprises des informations et des conseils, de coordonner les politiques vis-à-vis de la main-d'œuvre et d'influencer le gouvernement. Les Conseils du travail ne verront jamais le jour, mais l'UIMM restera.

Les syndicalistes protestent encore bien plus fort en découvrant le statut de l'arbitrage que propose Millerand en 1900. La nouvelle procédure s'ouvre par une discussion organisée entre le patron et les délégués élus des ouvriers : présentation des revendications, réponses écrites, etc. Si les parties ne peuvent se mettre d'accord, elles recourent à l'arbitrage ; si le conflit subsiste, le personnel est consulté sur l'éventualité d'une grève ; si le principe en est adopté, il faut encore respecter un délai de réflexion avant de cesser le travail. Le projet ne limite pas le droit de grève, certes ! mais, il en limite assurément l'usage. Les anarcho-syndicalistes, on s'en doute, ne veulent pas en entendre parler et suspectent une manœuvre du patronat, qui, lui-même, est horrifié à la perspective de se voir imposer un tête-à-tête avec des élus du personnel. Victime du double refus, le projet sera descendu en flammes par le Parlement en 1904. A la même époque, les salariés allemands et anglais commencent à être régis par des conventions collectives, et leurs syndicats sont déjà familiarisés avec la pratique contractuelle. En France, il faudra attendre 1936 pour que la procédure se généralise. Salariés et directions signent des accords au coup par coup : situation de fait hors de tout cadre juridique.

Nouvelle coalition des extrêmes à propos des retraites ouvrières. Une vieille revendication dont on trouve la première trace en 1850. Les mineurs ont arraché de haute lutte, en 1894, un premier statut qui, tout imparfait qu'il soit, constitue déjà un progrès. Certains syndicalistes réformistes s'associent avec des parlementaires, notamment Jaurès, pour étendre la protection vieillesse. Le projet passe à l'Assemblée en 1897 et capote au Sénat. Un échec auquel l'influence des milieux industriels n'est pas étrangère. C'est finalement en 1910 que sera votée la loi instituant des « retraites ouvrières et paysannes » sur le principe de la capitalisation, à partir d'une double contribution patronale et ouvrière. La CGT se déchaîne contre le système. A son congrès du Havre, en 1912, elle proclame son « opposition entière ». Les syndicalistes sont choqués que l'on demande une participation au « travailleur exploité ». Une affiche cégétiste proclame : « De nouveau la classe ouvrière est menacée, sous le prétexte de retraites ouvrières, d'une formidable escroquerie. » Le vieux fond d'antimilitarisme fait découvrir un argument plus surprenant : « Cette capitalisation est pour nos gouvernants une bonne affaire financière. Elle leur permettra en cas de conflagration internationale de trouver les fonds nécessaires pour soutenir la guerre ! » Tous les prétextes sont bons pour refuser l'évidence dangereuse d'un progrès social.

Les anarcho-syndicalistes ne veulent pas voir que la confusion de l'Etat et du capitalisme est de moins en moins vraie, qu'ils auraient tout intérêt à jouer de la corde électorale pour tirer les gouvernements de leur côté. Comme le note Jacques Julliard [90], ils ne repoussent pas les améliorations de la condition ouvrière, « au contraire, ils les recherchent, à condition que ces améliorations soient conquises par les travailleurs et non octroyées par le patronat, l'Etat ou grâce à l'intervention des milieux politiques, fussent-ils socialistes ». Autrement dit, le progrès doit être idéologiquement acceptable, c'est-à-dire ne pas remettre en cause la nature irrémédiablement perverse de la société bourgeoise. Laquelle ne progresse que sous les coups des prolétaires et jamais d'un mouvement spontané. Mais ce rejet global, ponctué d'imprécations rageuses, se révèle impuissant à retenir dans la zone des ouragans révolutionnaires un cours des choses qui dérive irrésistiblement vers les plaines tempérées du réformisme.

L'attitude du patronat — sans doute faudrait-il parler « des » patronats — est exactement symétrique. Le paternalisme n'est pas un vain mot. Pour les salariés qui en profitent, il se traduit par un très réel progrès social. Travailler chez Schneider, de Wendel, Michelin,

Peugeot, c'est bénéficier des logements, des écoles, des hôpitaux, des centres d'apprentissage, des caisses de secours, des retraites, des magasins coopératifs, des clubs et équipements sportifs créés par l'entreprise ; bref, c'est vivre en avance d'un demi-siècle sur son temps. Mais il s'agit — et il ne peut s'agir — que d'avantages « octroyés » qui ne résultent pas d'un « contrat », qui ne sauraient créer de « droits » et qui n'impliquent aucune reconnaissance d'un « pouvoir social » dans l'entreprise. C'est d'ailleurs la direction qui assure la gestion de ces œuvres sociales et fait régner sa morale et sa discipline.

Ainsi s'ébauche le grand malentendu. D'un côté, les salariés privilégient les résultats concrets ; de l'autre, les organisations mettent l'accent sur les questions de pouvoir. Pour les syndicats, la « bonne » opération est celle qui oblige le capitalisme à reculer, qui affaiblit sa puissance et réduit ses prérogatives. Peu importe à la limite que les revendications aient été satisfaites. Pour le patronat, les vraies défaites, intolérables, sont celles qui portent atteinte à l'« autorité du chef d'entreprise », les vraies victoires, celles qui nuisent au crédit des organisations ouvrières. Par comparaison, les concessions matérielles sont secondaires. Cette confrontation, à dominante idéologique, réduit la diversité des situations à de simples rapports de forces et transpose au niveau des appareils représentatifs ou des organismes étatiques les conflits qui naissent sur le terrain entre travailleurs et employeurs. C'est la dérive politico-bureaucratique qui fait échouer toute approche pragmatique. Le progrès social ne vise plus à résoudre les problèmes des Français, mais devient un enjeu de pouvoir entre les trois forces rivales : Etat, patronat, syndicats.

Pendant la Grande Guerre, des industriels mettent sur pied un premier système d'allocations familiales. Le gouvernement et les organisations syndicales n'ont pris aucune part dans cette initiative. A partir de 1920, un Comité des allocations familiales, toujours privé, centralise et organise le mouvement qui se développe rapidement. En 1928, 20 000 entreprises se trouvent affiliées à 218 Caisses. Pourtant, le patronat s'opposera à la loi de 1932 qui « fait obligation aux employeurs » de s'affilier aux Caisses afin que tout salarié profite de ce système. Toujours ce jeu stupide des uns qui veulent bien donner, mais ne veulent pas qu'on leur prenne, et des autres qui veulent bien prendre, mais qui ne veulent pas qu'on leur donne.

Paradoxalement, la guerre avait laissé entrevoir l'amorce d'un dialogue. La CGT, en dépit de sa tradition antimilitariste et pacifiste, avait rejoint l'Union sacrée et participé activement à l'effort militaire. Les syndicalistes avaient siégé dans des comités avec des représentants de l'administration et des industriels. Ces derniers avaient appris à connaître leurs adversaires, parfois à les estimer. Un homme comme Léon Jouhaux tire de cette expérience la conviction que le syndicalisme doit participer à la vie de la société. Dans les usines d'armement, une nouvelle collaboration s'était établie entre ouvriers, contremaîtres, ingénieurs et patrons. On avait vu apparaître des délégués d'ateliers. Sans parler de la « camaraderie des tranchées ». Bref, quelque chose s'était passé qui, la paix revenue, pourrait avoir des prolongements.

C'est le sentiment du ministre du Commerce, Etienne Clémentel. Représentant d'un Etat qui intervient de plus en plus dans la vie économique, il se plaint de n'avoir pas d'interlocuteurs pour faire pendant à la CGT. Car le monde capitaliste est toujours aussi peu structuré. Les associations professionnelles demeurent extrêmement vagues et lâches. « Les patrons qui s'y retrouvent », observe Bernard Brizay [41], « les considèrent plus comme des clubs que comme des syndicats. » Il n'existe aucun organisme regroupant ces associations d'industrie. Pendant longtemps, les révolutionnaires devront adresser leurs invectives à un adversaire abstrait : « le capital », « le capitalisme », « le patronat », ou symbolique : « les maîtres des forges », « les 200 familles », faute de pouvoir tirer sur un ennemi institutionnel. Refusant également les contraintes étatiques, les organisations ouvrières et la discussion collective, ayant des canaux d'influence discrets, mais efficaces, le patronat flaire un piège dans la constitution d'une organisation représentative que l'Etat serait toujours tenté de transformer en interlocuteur de la CGT. Ne pas se donner de négociateur paraît une bonne assurance contre toute forme de négociation.

Des partenaires pour le gouvernement et pour les syndicats, c'est très exactement ce que veut le ministre Clémentel. Par sa loi de 1919, il instaure un nouveau type de relations entre employeurs et employés : la convention collective. L'application de ce dispositif suppose donc qu'il existe des organisations représentatives dans les deux camps. Sous son impulsion finit par se créer une Confédération générale de la production française, la CGPF, grande sœur chétive de notre CNPF. Les relations sociales vont-elles se modifier ? La négociation va-t-elle supplanter l'affrontement ?

La Fédération des ouvriers métallurgistes CGT prend en 1919 l'initiative de contacter directement l'UIMM pour tenter de résoudre, par une négociation bilatérale, la question des 8 heures. « Les maîtres des forges » sont inquiets de la violence sociale qui a suivi le retour à la paix ; certains se prennent à rêver de nouvelles relations nées de la guerre. Ils interprètent cette proposition comme un signe rassurant de détente et l'accueillent avec enthousiasme. Sans doute s'agit-il d'une reconnaissance officieuse de la CGT, mais les circonstances incitent à sauter le pas. Et l'on aboutit, en avril 1919, à une convention en bonne et due forme portant les signatures de « de Wendel » et « Merrheim », leader des métallurgistes cégétistes. Pour la première fois, un accord, susceptible de s'étendre par la suite à tous les travailleurs, est signé par les « vedettes » des deux camps. La France est à la croisée des chemins. Hélas ! Dans les semaines qui suivent la coalition, des révolutionnaires communistes, anarchistes se déchaînent contre cette « trahison », cette « collaboration de classes ». Merrheim est désavoué, l'accord rejeté et les conflits redoublent de violence.

Après cette expérience malheureuse, la loi de 1919 se heurte au mauvais vouloir patronal, et ses dispositions ne sont plus guère utilisées. En 1936, lorsque le Front populaire lance les conventions collectives sur une grande échelle, les accords signés au cours des quinze années précédentes ne couvrent que 7,5 % des salariés. La participation à la guerre a profondément déchiré la CGT. L'anarcho-syndicalisme ne survivra pas à cette épreuve. Il demeure vivace dans le mouvement ouvrier, mais devient minoritaire ; même dans la minorité. Ce sont désormais les communistes qui mènent l'opposition à la direction confédérale. La cassure qui survient en 1921, à Nantes, ne reproduit pas exactement celle qui est intervenue l'année précédente sur le plan politique au congrès de Tours. Les communistes souhaitent le maintien de l'union, car ils espèrent prendre le contrôle de la CGT. Mais le conflit oppose moins communistes et socialistes que révolutionnaires et réformistes. Ce sont finalement les anarchistes qui provoquent l'éclatement de la confédération. Le syndicalisme en sort divisé avec, d'un côté, la CGT réformiste et, de l'autre, la CGTU révolutionnaire, bientôt dominée par les communistes. La situation s'est clarifiée comme le montre l'affaire des assurances sociales.

A partir de 1918, des militants cégétistes, de tendance réformiste, interviennent auprès de parlementaires pour créer un dispositif de protection maladie. Le patronat, comme l'on imagine, est réticent. Selon le témoignage d'Etienne Antonelli, qui fut rapporteur du projet : « Jusqu'à la fin, l'attitude du patronat français restera la même : jamais il ne s'opposera franchement, ouvertement, au principe de la loi, mais il s'efforcera, par tous les moyens, d'en ajourner indéfiniment l'application et, à tout le moins, d'en rester le maître. » Pourtant la loi finit par être votée en 1924 à la Chambre et en 1928 au Sénat. Elle entrera en application sous une forme un peu différente à partir de 1930. La CGTU part en guerre contre le projet qualifié de « fasciste » en dépit de son origine syndicale. La condamnation ne se fonde pas seulement sur les imperfections évidentes de la loi, mais sur le principe même. La double cotisation patronale et ouvrière est dénoncée comme un vol. Le rapporteur, estimant que les ouvriers qui subiront le prélèvement de 5 % n'auront plus les moyens de payer la cotisation syndicale, conclut : « Nous avons la conviction profonde que l'application de la loi sur les assurances sociales sera la mort du syndicalisme révolutionnaire. »

Au refus global du XIXᵉ siècle se substitue le refus circonstanciel du XXᵉ. Le patronat doit prendre acte du fait social. Pour le contrôler, il se fonde sur un principe : « L'argent coûte moins cher que le pouvoir. » Autrement dit, les revendications doivent se limiter aux questions matérielles sans jamais remettre en cause ou même entraver « l'autorité du chef d'entreprise ». Lors de la querelle des assurances sociales, le représentant de l'industrie textile du Nord, Désiré Ley, écrit que ses mandants sont disposés à étendre le système à tous les salariés et à le financer eux-mêmes « à l'exclusion de tout prélèvement sur les salaires », mais « il faut que le gouvernement fasse confiance aux industries textiles pour une durée de trois années après lesquelles un nouvel examen de la loi et des résultats obtenus pourra être fait ». Payer plus si on ne peut l'éviter, mais, d'abord, rester seul maître du jeu.

De 1920 à 1936, la CGPF poursuit le double jeu : imposer le libéralisme aux travailleurs, en dispenser les entrepreneurs. Elle lutte contre les lois de la concurrence qui, dans cette curieuse logique, doivent régir le marché du travail et non pas celui des marchandises. Poussant les industriels à former des cartels, elle va même jusqu'à faire voter par la Chambre une loi qui impose les ententes. Par bonheur, il se trouvera au Sénat d'authentiques libéraux pour repousser ce néo-corporatisme. Dans le même temps, la confédération guerroie contre les projets sociaux du gouvernement, notamment l'instauration des congés payés. Tous les arguments sont lancés dans la bataille, y compris le risque de voir les ouvriers profiter de leurs vacances pour aller travailler dans d'autres usines et empocher un salaire double ! Lorsque le projet passe à la Chambre, le lobby patronal le fait bloquer au Sénat. Ce qui n'empêche pas un nombre croissant d'entreprises d'« octroyer » des vacances à leur personnel. On voit même des conventions collectives « accorder » cette faveur.

Le syndicalisme reste la bête noire et, s'il faut choisir, on le préfère dans sa version révolutionnaire maximaliste. Le refus de « participer à la gestion capitaliste », la volonté d'« abattre le patronat et le salariat », limitent les relations à un simple rapport de forces portant sur des questions de gros sous et d'horaires. L'organisation autoritaire de l'entreprise et l'exclusion de tout contre-pouvoir s'en trouvent pleinement justifiées. Pour contenir la poussée syndicale, tous les moyens sont bons. Au début du siècle, certains industriels sont tentés de développer sur une grande échelle les fameux « syndicats jaunes » de Lanoir et Biétry, lointains ancêtres de la CFT-CSL. L'opposition de principe est aussi virulente à l'égard des réformistes que des révolutionnaires. Lorsque Jules Zirnheld et Gaston Tessier créent, en 1920, la CFTC, qui pourtant rejette formellement la « lutte des classes », ils se heurtent à l'hostilité des industriels. En 1924, Eugène Mathon, président du comité central de la laine, fait même le voyage à Rome pour s'efforcer, mais en vain, d'obtenir la condamnation du syndicalisme chrétien par le Saint-Office.

Malgré ces combats de retardement, la législation sociale envahit peu à peu l'espace économique. L'entreprise devient alors le bastion de la résistance. Là, du moins, l'autorité patronale doit rester pleine et entière. « L'exercice de l'action syndicale à l'intérieur de l'entreprise enlèverait manifestement à cette dernière le caractère qu'elle doit conserver d'être exclusivement un lieu de travail où la neutralité est essentielle », proclame l'Union des industries métallurgiques et minières en 1933. La pénétration de la forteresse se fera en trois poussées irrésistibles : 1936, les conventions collectives et les délégués du personnel ; 1945, les comités d'entreprises ; 1968, la section syndicale d'entreprise.

Il faut le choc du Front populaire pour que le patronat et la CGT — qui vient de faire sa réunification — se retrouvent face à face. Ils ne s'étaient pas vus depuis quinze ans ! Les chefs d'entreprises sont abasourdis par cette grève générale aussi déterminée que pacifique, par ces occupations d'usines joyeuses et triomphantes, par ce formidable rejet de l'ordre industriel qui monte de la classe ouvrière et qu'ils n'avaient pas senti venir. Tout est parti de la base. Spontanément. Personne ne comprend. Ni le gouvernement, ni les syndicats, ni le patronat. Le phénomène social, laissé en état de totale désorganisation, vient d'échapper à tout contrôle. On ne sait plus comment en sortir. Certains lancent l'idée d'une rencontre au sommet sous l'égide de l'Etat. Léon Blum prend la balle au bond et obtient l'ouverture de discussions sans attendre l'évacuation des usines.

Le dimanche 7 juin 1936, les syndicalistes, Léon Jouhaux en tête, pénètrent à l'Hôtel Matignon et vont rejoindre à la table de négociation les représentants du gouvernement et du patronat. Mais, précisément, ces derniers n'existent pas. En raison de l'urgence, on a décidé que la CGPF serait habilitée à tenir ce rôle. La délégation est donc conduite par le président de la Confédération, René Duchemin. Elle est totalement dépassée par la situation. Les syndicalistes et les ministres sont venus avec des dossiers solides qu'ils maîtrisent bien, alors que les patrons ne connaissent pas les problèmes, n'ont aucune information sérieuse, aucun argumentaire convaincant. Depuis un demi-siècle, ils boycottent le dialogue social en refusant de le préparer ; lorsque, enfin, l'événement se produit, ils se trouvent pris de court. Mitraillé de faits, accablé de reproches, harcelé de récriminations, submergé de revendications, Duchemin ne sait que lever les yeux au ciel. Il n'a pas le moindre biscuit dans sa giberne. En désespoir de cause, il suggère l'élection de délégués pour éviter cette coupure totale entre le personnel et les directions.

Liberté syndicale, augmentations de salaires, congés payés, conventions collectives, délégués du personnel : les défenses patronales ont craqué. Le peuple juge les avantages concrets qui ont été obtenus, mais, dans les deux camps, on évalue surtout le nouveau rapport de forces. A la CGT, on célèbre la « victoire » syndicale et la « capitulation » patronale. Chez les patrons, on fait les comptes. Et on les règle. C.-J. Gignoux, futur successeur de Duchemin, note : « Un concert de malédictions s'abattit sur les signataires patronaux des accords Matignon, accusés d'avoir assumé sans mandat de leurs collègues des obligations insupportables. » L'Union des industries textiles quittera même la CGPF pour manifester son désaccord. Les patrons sont furieux qu'on ait pu utiliser cette confédération ectoplasmique comme outil de pression pour les engager. C'est un précédent qui risque de les emprisonner dans le dialogue social. Désormais, leur liberté d'action ne sera plus seulement à la merci de la loi, mais également des accords que des organisations professionnelles pourraient passer avec des syndicats. Ce fait est infiniment plus important que les 12 % d'augmentation de salaires.

Les conséquences en sont rapidement tirées. Dès le mois d'août, Duchemin est remercié et la CGPF réorganisée. « La CGPF n'était pas mandatée, d'après ses statuts de 1919, pour représenter le patronat dans une négociation tripartite », explique Bernard Brizay [41]. « Cette faiblesse, ou plutôt cette omission, a permis à la CGPF d'être présente à Matignon. Le sacre de la représentativité lui a donc été conféré par le président du Conseil (socialiste) et la CGT. Après la définition des nouveaux statuts et l'arrivée de Gignoux, il ne sera plus question de permettre à la Confédération d'engager la responsabilité de ses adhérents. » On en revient donc à la tactique précédente : pas d'interlocuteur, pas de négociation. Pour combien de temps ?

Après la Libération, le patronat se retrouve en position d'extrême faiblesse. Il n'a guère participé à la Résistance, s'est prêté de bonne grâce à l'ordre vichyssois et se trouve suspecté de collaboration. Les confédérations ouvrières au contraire font partie du Conseil national de la Résistance qui prône un partage du pouvoir au sein des entreprises. Bien des usines sont occupées. Les patrons craignent les soviets, ils auront les comités d'entreprises. En d'autres temps, ils eussent hurlé ; dans les vents contraires de 1945, ils poussent un soupir de soulagement. Un siècle après le début de l'industrialisation, le face-à-face personnel-direction se réalise enfin. Dans la crainte et les illusions. Les patrons espèrent que la procédure électorale écartera les syndicalistes, ces derniers entendent bien utiliser les comités pour imposer leur pouvoir dans l'entreprise. Les uns et les autres seront déçus. Les syndicalistes seront bien élus, mais les comités ne deviendront pas des machines de guerre cégétistes. Ils seront neutralisés.

Dans son livre *l'Alibi*, Maurice Combes [50], un prêtre-ouvrier ayant vécu vingt ans en usine, retrace l'histoire d'un comité d'entreprise dans une grande société métallurgique entre 1945 et 1964. Au départ, les délégués sont avides de participation : ils revendiquent un droit de regard sur la gestion du personnel et de l'affaire. La direction n'entend les associer ni aux décisions ni aux responsabilités. Dans les premières années, le président rappelle, de séance en séance, qu'il est le seul à commander et à répondre de la société, qu'il n'est pas question de partager l'autorité. « Il est symptomatique », remarque Maurice Combes, « que l'opposition ait eu à se manifester dès le début (deuxième et troisième réunion) sur deux questions essentielles, l'une qui concernait le personnel, l'autre qui tenait à la gestion. Selon ses propres termes, le président devait dire qu'il " restait intransigeant sur la promotion et n'admettait pas un droit de regard " du comité sur cette question. Quant à une commission qui se fût occupée " de la production et des problèmes financiers ", elle est vue comme un empiétement sur l'autorité de la direction. C'est à la même époque que fut rejetée la seule idée d'une participation aux bénéfices et la communication des prix de revient. » Et Combes de conclure : « Si nous rappelons ces épisodes (...) c'est à cause de la signification qu'ils prennent dans un ensemble. En dehors d'une attitude personnelle, il y a l'affirmation préalable d'une position de classe : à propos du pouvoir sur les hommes, un réflexe de classe dirigeante, et à propos de la libre disposition des biens, un réflexe de classe possédante. »

Tandis que le personnel attend de la nouvelle institution une amélioration de la vie en commun, le délégué ouvrier voit la lutte des classes derrière l'organisation hiérarchisée de l'entreprise, le PDG suspecte la subversion communiste derrière les revendications des militants cégétistes. L'interférence entre les visions microscopiques et macroscopiques est la règle absolue dans la vie sociale française. Quand d'aventure de bonnes relations humaines permettent de trouver un arrangement, les partenaires s'empressent de plaquer le cérémonial de la mésentente sur l'évidence inavouable de la collaboration. Une telle convention condamne les comités d'entreprises à ne s'occuper que des œuvres sociales.

En 1946, le Conseil national du patronat français prend la suite de la CGPF. C'en est fini du jeu de cache-cache. Le social existe bien et le refus de représentativité ne serait plus qu'une politique de l'autruche. Les partenaires sociaux font leur entrée en scène. Manifestement peu à l'aise dans leur rôle. Pour la CGT — qui se dédouble en 1948 avec la scission de Force ouvrière —, le jeu est relativement simple. Il s'agit d'arracher des avantages collectifs, quantitatifs, matériels et normalisés. La question du pouvoir ne se pose pas au sein de l'entreprise, mais dans la société. Inutile de s'intéresser à la gestion si longtemps qu'on se trouve en système capitaliste. Ce serait illusoire et même dangereux, car on passerait aisément de la participation à la concertation puis à la collaboration. Le syndicaliste doit se tenir à l'écart afin de ne pas entrer dans la logique du capitalisme. Force ouvrière, qui n'a pas cet arrière-plan révolutionnaire, ne pense pas autrement. Dans les années 1950, il existe donc une sorte d'accord sur le désaccord. On se bat sur « les revendications », c'est-à-dire les salaires, la durée du travail, les congés, les cadences, les promotions, bref le quantitatif, et non pas sur la conduite de l'entreprise qui reste l'apanage exclusif des directions. Entre ceux qui ne veulent rien céder de leurs prérogatives et ceux qui ne veulent prendre aucune responsabilité, l'intéressement des travailleurs, grande idée gaulliste, ne fait pas recette. Aux syndicats le pouvoir social, au patronat le pouvoir économique. Les Français, au milieu, sont les spectateurs de la bataille.

Ainsi se trouve définie la règle du jeu qui prévaudra de 1948 à 1968. Durant toute cette période, le progrès est économique bien plus que social. Le développement industriel sort peu à peu la France de la misère, puis de la pauvreté et cette évolution risque d'ébranler les dogmes marxistes. Est-il vraiment nécessaire de renverser le capitalisme et faire la révolution si l'on peut s'acheminer sans drame vers un bien-être généralisé ? Les réformistes n'auraient-ils pas raison ?

La CGT ressent comme un défi ce niveau de vie qui s'élève irrésistiblement. Au début des années cinquante, sous l'influence de théoriciens comme Pierre Le Brun, elle paraît amorcer le virage du réformisme. Mais le parti communiste français s'accroche aux vieux mythes staliniens et, en 1955, la confédération se réaligne sur les postulats marxistes, notamment celui de la paupérisation. Désormais, et quelle que puisse être la réalité, la misère devra s'accroître en France, car la vérité ne réside pas dans les faits, mais « dans la conscience que les gens doivent en avoir » comme le disait un dirigeant communiste.

Tout au long des années soixante, les congrès annuels s'ouvrent sur un rapport funèbre annonçant une détérioration de la situation pour les travailleurs français. C'est un rite incantatoire auquel se livrent les secrétaires généraux : « (...) le pouvoir d'achat de la classe ouvrière, des fonctionnaires et de la grande majorité de la population laborieuse s'est considérablement dégradé depuis l'instauration du pouvoir personnel », proclame Léon Mauvais au congrès de 1961. En 1963, c'est Benoît Frachon qui reprend l'antienne : « La tendance est nettement affirmée de l'accumulation de richesses entre les mains d'un nombre toujours plus restreint de capitalistes et l'appauvrissement chez les travailleurs. » Léon Mauvais récidive en 1965 : « En résumé, nous pouvons dire que l'année 1964 a été marquée par une détérioration sensible des conditions de vie et du pouvoir d'achat d'une grande partie des travailleurs. » (On ne dit plus « de tous les travailleurs ».) En 1967, le même Léon Mauvais n'osant défier l'évidence se réfugie dans une formule générale. Ce sont les « nouveaux éléments d'aggravation de la situation des travailleurs ».

Ainsi, une confédération qui représentait une bonne moitié de la population active part en dérive dans l'irréalisme total. A l'époque, les hasards d'une enquête m'avaient mis en contact avec un charmant monsieur anglais qui présidait « The Earth Flat Society », petite secte biblique qui, comme son nom l'indique, en tenait toujours pour la Terre plate. Je me souviens d'un argument péremptoire qui devait jeter bas le mythe absurde de la Terre ronde : si notre planète était sphérique, il faudrait courber les rails de chemin de fer que l'on pose sur sa surface. Or, les rails sont parfaitement droits et se plaquent sur le sol... donc... On est en droit de sourire. Mais pas plus qu'en relisant cette diatribe de Benoît Frachon contre la machine à laver, prononcée devant le XXXe congrès de la CGT en 1955 : « Avant qu'elle ne possède la machine, cette ménagère faisait sa lessive à la main, mais elle ne travaillait pas à l'usine. Le salaire du mari suffisait à faire vivre

110

le ménage. Un jour vint où ce salaire ne suffit plus. La femme dut à son tour vendre sa force à un exploiteur. Pour prix de son travail, le ménage pouvait vivre plus décemment et, à crédit, la ménagère acheta sa machine à laver parce que ça devenait trop dur de faire la lessive à la main après la pénible journée à l'usine.

« Et voilà la machine à laver, " instrument moderne et de progrès ", qui se transforme en un nouveau moyen de surexploitation de la classe ouvrière. Au lieu d'un prolétaire, le capitaliste en exploite deux et prélève sa dîme sur deux journées de travail pour le prix d'une machine à laver sans laquelle la femme ne pourrait pas tenir convenablement ses cadences à l'usine. » Si ma mère avait entendu ces sages paroles, elle aurait compris son bonheur de faire à la main, dans la lessiveuse et sans machine, la lessive de ses huit enfants !

Accrochés dévotement au dogme de la paupérisation, les apparatchiks cégétistes ressemblent à ces astronomes précoperniciens qui se livraient à d'incroyables acrobaties pour intégrer dans l'univers géocentrique des observations de plus en plus précises et de plus en plus décalées par rapport à leurs modèles. Le moine Frascator avait ainsi élaboré un système du monde qui ne comprenait pas moins de 90 sphères célestes — les astres étaient fixés sur des sphères qui tournaient autour de la Terre — excentrées les unes par rapport aux autres et animées de mouvements différents !

Je serais tenté d'attribuer la médaille de Frascator au conseiller économique de la CGT, André Barjonet [15], pour le petit opuscule qu'il publia en 1966 : *Qu'est-ce que la paupérisation ?* Un chef-d'œuvre de marxomanie que le parti communiste et la CGT ont laissé tomber dans un injuste oubli. Deux ans avant la révolte contre « la société de consommation », alors que les Soviétiques, eux-mêmes, se préparent à une révision déchirante sur ce point, le malheureux Barjonet monte aux créneaux pour démontrer qu'en dépit des apparences la situation des travailleurs français ne cesse d'empirer. Retenons les conclusions : « Le moins que l'on puisse dire sur l'évolution du pouvoir d'achat des salariés depuis soixante ans est que celle-ci ne donne nullement l'impression d'un progrès indiscutable. » A plus court terme, la tendance est beaucoup plus nette puisque le « barjomètre » enregistre une chute de 30 % sur le pouvoir d'achat des salaires horaires de manœuvres entre 1938 et 1965 !

Seuls les spécialistes voudront étudier les tortures raffinées auxquelles furent soumises des statistiques pour avouer pareille énormité. Mais le travail de Barjonet-Frascator a le mérite de bien illustrer ce misérabilisme cégétiste qui sera la note dominante du mouvement ouvrier dans les années cinquante/soixante-dix. Le principe est toujours le même : l'amélioration visible n'est jamais qu'une apparence masquant une détérioration en profondeur. Les travailleurs doivent plus que jamais s'en remettre à leurs organisations pour lutter contre la misère grandissante. Pour soutenir l'insoutenable, ces économistes marxistes en viennent à embellir la condition ouvrière du XIXᵉ siècle comme aucun historien « bourgeois » n'oserait le faire. Ainsi de la nourriture : « Le fait que les travailleurs " mangent mieux qu'autrefois " ne prouve, par lui-même, pas le moins du monde que le niveau de vie des ouvriers ait augmenté. » Sachez donc que les aliments d'hier étaient meilleurs que ceux d'aujourd'hui. « Le pain actuel, par exemple, est beaucoup moins nutritif que celui d'il y a un siècle. » Mais l'argument décisif sera fourni par la théorie du « BESOIN OBJECTIF ». Le principe en est simple et était souvent utilisé par les colons pour démontrer que « les indigènes », n'ayant pas les mêmes besoins, ne souffrent pas de leur misère. Il suffit de remplacer l'Arabe par l'ouvrier, et voilà ce que ça donne : « Le travailleur d'autrefois effectuait, certes, de longues journées de labeur, il faisait des efforts musculaires souvent considérables, mais, en règle générale, le rythme du travail était lent, encore artisanal. La journée de travail était " poreuse ". Pour permettre à l'organisme de supporter ce travail, une nourriture riche en produits hautement énergétiques (glucides et lipides, c'est-à-dire, dans la pratique, pain, pommes de terre, légumes secs, lard, etc.) était en principe très suffisante. (La soupe aux choux au lard constituait le menu type correspondant à ce genre de besoins.) De la viande une ou deux fois par semaine pouvait suffire parfaitement. » Face à cette heureuse frugalité, voici cette redoutable maladie moderne : le besoin. « (...) Le besoin de protides et d'acides aminés, autrement dit de " viande " (et aussi de produits laitiers) se fait sentir avec une acuité particulière (...). Le bifteck quotidien (lorsqu'il est possible) n'est donc pas le signe d'un " enrichissement ", ni même d'une meilleure nourriture, mais d'un BESOIN OBJECTIF nouveau apparu sur la base des conditions de vie et de travail de la société capitaliste actuelle. » Autre exemple : « Le BESOIN OBJECTIF en fruits frais est beaucoup plus grand aujourd'hui qu'il ne l'était il y a seulement cinquante ans. » Barjonet découvre également « l'apparition d'un BESOIN OBJECTIF vital de congés ».

Bref, pépé n'était pas tellement à plaindre ; ce qui lui rappelle des souvenirs. Au début du siècle quand, jeune ouvrier, il revendiquait la journée de 8 heures, Henri Schneider, « le maître des forges », déclarait déjà au *Figaro :* « Pour moi, la vérité, c'est qu'un ouvrier bien-portant peut bien faire ses 10 heures et qu'on doit le laisser libre de travailler davantage si ça lui fait plaisir (...). » Plus tard, lorsqu'il fut question des congés payés, on a encore dit qu'il n'en avait pas besoin : « Les conditions de travail de l'ouvrier dans l'industrie sont actuellement parfaitement salubres et ne nécessitent aucunement la période de détente nerveuse appelée congé qui est nécessaire aux cadres et aux employés », déclarait en 1930 la Chambre de commerce de Douai. Pépé pourrait s'étonner que l'argument des patrons soit devenu celui du syndicat et que la vie de ses petits-enfants soit tellement plus dure que la sienne. Il lui semblait plutôt que c'était le contraire. Mais, si le camarade Barjonet dit que les jeunes sont affligés de ces BESOINS OBJECTIFS que, lui, n'a jamais connus...

Cette théorie plaçait la confédération en porte à faux vis-à-vis de ses adhérents. Comme ce commerçant qui perdait sur chaque article, mais se rattrapait sur l'ensemble, elle associait au recul historique de la condition ouvrière une série impressionnante de succès locaux. Pour soutenir le moral des troupes, elle célébrait ses victoires sur « le front des luttes », mais, pour se conformer au dogme, elle dénonçait une aggravation générale de la situation. Nul ne demandait pourquoi « plus on gagne, plus ça va mal ». A la contradiction salariale répondait la contradiction patronale, qui combinait la baisse tendancielle des taux de profits annoncée par la doctrine et l'existence permanente de « superprofits » justifiant toutes les revendications. Bref, l'économie capitaliste, condamnée à payer de moins en moins, était toujours en état de payer de plus en plus, mais, plus on la faisait payer et plus on était pauvre.

Il n'est pas facile d'étudier l'évolution du niveau de vie sur de longues périodes historiques. C'est vrai. Il vaut donc mieux se fier à différents auteurs ainsi que le fait Yves Lequin [106] : « Selon une série d'essais d'approche globale, de J. Fourastié à J. Singer-Kérel en passant par J. Kuczynski, l'indice du pouvoir d'achat d'un manœuvre parisien passerait donc, d'après les uns, de 68 en 1820 à 70 en 1840, 92 en 1913, 144 en 1930 et 224 en 1939 ; d'après les autres, de 67 au milieu de la monarchie de Juillet à 94 à la fin de la Belle Epoque et 209 à la veille de la Seconde Guerre mondiale. » Nous savons donc aujourd'hui que, dès le XIXe siècle, il y avait enrichissement et non paupérisation. Toutefois, le phénomène était fort lent, entrecoupé par des phases de régression, et s'observait mal en l'absence d'appareil statistique. Les conflits sociaux, provoqués par des baisses de salaire, attiraient l'attention sur les diminutions et pas sur les augmentations du niveau de vie. On comprend que, dans ces conditions, Karl Marx ait diagnostiqué une paupérisation et n'ait pas hésité à en faire une règle générale.

Dans les années 1950-1960, au contraire, le progrès s'emballe. Selon le CERC, le pouvoir d'achat du salaire mensuel net ouvrier, calculé sur la base 100 en 1951, avait atteint 177 en 1965. L'augmentation suivait donc une pente de 50 % par décennie, et la CGT n'observait toujours qu'une diminution ! Mais le plus accablant, le plus scandaleux, c'est qu'à l'époque l'évolution du niveau de vie depuis un siècle avait fait l'objet d'études irréfutables en sorte que la question était tranchée aux yeux des scientifiques. En particulier, Jean Fourastié avait publié en 1962 *Machinisme et Bien-Etre* [71] avec le sous-titre explicite : « Niveau de vie et genre de vie en France de 1700 à nos jours », qui établissait l'enrichissement général de la population. L'auteur avait poussé le scrupule jusqu'à mesurer le pouvoir d'achat en faisant abstraction des unités monétaires dépréciables mais en fondant ses calculs sur des unités physiques comme l'heure de travail ou le kilo de pain. Alfred Sauvy, de son côté, avait fait en 1953 un rapport au Conseil économique et social dans lequel il calculait l'évolution du revenu sur un siècle. Bref, l'enrichissement était en 1966 un fait d'observation courante et un fait scientifique. Barjonet et les leaders de la CGT ne pouvaient ignorer ces travaux — qu'évidemment ils se gardent bien de citer — ; ils trompaient donc délibérément les salariés afin de démontrer l'utilité de leur service et la nécessité de leur pouvoir.

Car la paupérisation n'est pas l'accessoire, mais l'essentiel de la doctrine, comme André Barjonet le souligne à propos. « Ce sur quoi il faut d'abord insister avec force, c'est que la théorie de la paupérisation absolue n'est qu'une conséquence, ou, plus exactement, qu'un autre aspect de la théorie marxiste de l'accumulation du capital (...) (qui) se situe au cœur de la doctrine du socialisme scientifique. » Il réfute avec brio « l'inanité de l'allégation — fréquemment entendue — selon laquelle on ne trouverait pas trace chez Marx de la théorie de la paupérisation absolue » ! Fustigeant les révisionnistes qui seraient tentés de nier cette réalité ou d'en minimiser la portée, il enfonce le clou : « La paupérisation n'est nullement un " accident " du régime capitaliste, mais bien la conséquence de la structure même et des lois objectives de ce régime. »

Rien n'est plus vrai. Toute la pratique communiste implique la paupérisation, non pas comme slogan, mais comme base théorique et confirmation expérimentale. Si le capitalisme administre la preuve qu'il peut accroître spontanément la rémunération du travail, c'est un pan essentiel de l'analyse qui s'effondre et toute la stratégie qui doit être revue. Pourtant, la CGT, avec la complicité générale, se tirera de ce guêpier sur la pointe des pieds. On ne ridiculise pas un syndicat ouvrier.

Le CNPF, de son côté, découvre les subtilités de la logique confédérale car le « patronat » en tant que corps homogène est un mythe forgé par le mouvement ouvrier. Dans la réalité, il est beaucoup plus divers que le salariat. Entre grandes et petites entreprises, secteurs de pointe et secteurs en déclin, industries capitalistiques et industries de main-d'œuvre, spécialistes des commandes publiques et spécialistes du marché grand public, exportateurs, importateurs ou producteurs « hexagonaux », il n'existe pas seulement des différences, mais de véritables conflits d'intérêts. Le regroupement se fit donc « contre ». Contre l'Etat, contre les syndicats. Les patrons se sont donné des organisations représentatives afin de n'avoir pas de délégués et de fonctionnaires dans les jambes. Il appartient au CNPF d'entretenir un rapport de forces qui protège l'entreprise du pouvoir social. « Nous admettons volontiers les comités d'entreprises, mais nous n'admettrons jamais la pénétration de l'action syndicale dans l'entreprise. Il faudrait qu'elle nous soit imposée de force », dit Paul Huvelin, président du CNPF en 1965.

Une réflexion qui trahit bien une certaine inquiétude. L'année précédente, en effet, un rapport sur la section syndicale d'entreprise a été présenté — et repoussé — devant le Conseil économique et social. Le rapporteur était le représentant de la CFDT : la nouvelle confédération qui ébranle le fragile équilibre conflictuel. Refusant la séparation des genres entre gestion et revendication, économique et social, corporatif et politique, elle entend se mêler de tout et, en premier lieu, de ce qui ne devrait pas la regarder.

Le syndicalisme ex-chrétien sera-t-il l'empêcheur de revendiquer en rond ? Il a le mérite de soulever les questions que les « ennemis réunis » sont convenus de ne plus poser. Il parle de l'entreprise, du pouvoir, de l'expérience quotidienne. Il dérange et c'est bon signe. Mais il assume mal son émancipation. Les cédétistes subissent la double fascination de l'Eglise catholique et du parti communiste et se justifient autant de s'être éloignés de l'une que de n'avoir pas rejoint l'autre. Ils n'échappent à leur coupable solitude qu'en se faisant les dévots du mouvement ouvrier.

Ainsi le renouveau du ton et du fond se trouve-t-il gâté par l'archaïsme de l'idéologie. D'un côté, la centrale s'interroge sur l'avoir et l'être, le quantitatif et le qualitatif, le niveau de vie et le mode de vie, les nouvelles divisions du monde salarié, l'exercice de l'autorité, la prise de responsabilité ; mais, de l'autre, elle reste attachée aux valeurs du passé : anticapitalisme systématique, lutte des classes, utopies autogestionnaires, méfiance vis-à-vis de l'argent, de l'intérêt personnel, du profit et de la compétition, illusions sur les vertus de l'égalitarisme, de la solidarité, de la convivialité, de la culture. A force de mêler toujours le neuf et l'ancien, le potage cédétiste se révèle imbuvable pour les chefs d'entreprises. Ceux-là même qui, à titre privé, ne cachent pas leur sympathie reconnaissent qu'ils ne savent pas par quel bout prendre ce nouveau partenaire. Plus les dirigeants cédétistes veulent discuter, plus ils bloquent la discussion. Ils n'ont pas compris que, pour renouveler le dialogue, il faut d'abord reconnaître la légitimité de son interlocuteur. Faute de quoi, on reste dans l'échange formel et insignifiant qui se noue avec les deux CGT. Une anecdote révélatrice : lorsqu'en 1966, les confédérations se retrouvèrent au siège du CNPF, avenue Pierre-Ier-de-Serbie, pour entamer une négociation sur le régime des retraites, Eugène Descamps, le patron de la CFDT, écarte d'un geste théâtral les cigarettes disposées au centre de la table : « On ne fume pas les cigarettes capitalistes ! », proclame-t-il. Après cela, causons...

Ayant installé sa pépinière d'idées neuves dans un sarcophage de mythes fossilisés, la confédération « intellectuelle » réussit à toujours parler faux sur des idées justes. Elle devient rapidement la bête noire des patrons. « Gérer, c'est maîtriser le futur, donc les aléas, m'expliquait l'un d'entre eux. C'est pour cela qu'on fait des provisions. L'horreur absolue, c'est le phénomène tellement imprévisible qu'on ne peut même pas le couvrir avec des provisions. Les communistes, je peux provisionner, les cédétistes, je ne peux pas. Donc, ils m'empêchent de gérer. »

Le choix du CNPF est rapidement fait. Il préfère, de loin, la CGT — pour ne pas parler des centrales « réformistes » — à ce chien fou lancé dans un jeu de quilles dont il ne comprendra jamais les règles. De nombreuses entreprises — Renault, Dassault, EDF, etc. — favorisent systématiquement les cégétistes au détriment des cédétistes. « Avec eux, on ne sait jamais ce que ça coûtera », m'a-t-on dit. Effectivement, il est toujours dangereux de négocier son pouvoir sur des bases aussi confuses et aussi peu réalistes.

La part prépondérante que prend la centrale dans les événements de 1968 finit de ruiner son image auprès des chefs d'entreprises. La CGT a récupéré le mouvement sur des revendications quantitatives selon les règles habituelles. Le patronat, qui suit le jeu de son partenaire, est disposé à payer cher la fin de la grève. Effectivement, il cède plus que prévu sur le SMIG. Mais la CFDT tient à son cheval de bataille : la section syndicale d'entreprise. Elle revient vigoureusement à la charge et réussit à pénétrer dans le saint des saints. Une fois de plus, la réforme soulève une tempête de protestations dans les milieux patronaux. François Michelin, furieux que Paul Huvelin ait cédé sur ce point, entraîne la Fédération du caoutchouc hors du CNPF. Les slogans ne variant pas plus de ce côté que de l'autre. On annonce la mort de l'entreprise, la prise de pouvoir par les soviets, etc. Puis les délégués syndicaux prennent leur place dans le monde du travail. Ils comptent leurs crédits d'heures, s'installent dans leurs locaux, disposent leurs panneaux. Ce qui ne causera pas grand tort à l'autorité patronale et n'évitera pas la chute de l'autorité syndicale par la suite.

Dans les années 1970, sous l'impulsion de François Ceyrac, le patronat joue enfin la carte de la représentativité qu'il avait si long-temps refusée. C'est l'apothéose du CNPF qui va devenir une orga-nisation sans équivalent au monde. Le pouvoir patronal français, après avoir été le plus désorganisé, devient le plus organisé. Il cesse de se terrer dans les entreprises, de se claquemurer derrière ses portes capitonnées, de ne s'exprimer que par des communiqués secs et laco-niques. Il apparaît, puissant et structuré, au centre de l'édifice social. Il accepte, sans aucune réticence, son rôle de partenaire social, tient ses assises, proclame ses valeurs, affiche ses options, défend ses pro-jets. Il ne cultive plus seulement ses réseaux d'influence, il s'occupe de son image de marque. Il entend être consulté par le gouvernement et les ministres. Pour renforcer son pouvoir dans la société, le Conseil mise sur la négociation collective. Les pouvoirs publics qui jouent la décrispation poussent dans ce sens.

Toute une syndicratie patronale se développe tant au niveau du CNPF que des fédérations d'industries. On ne compte pas moins de 7 000 bureaucrates, sans compter tous les mi-temps, détachés et béné-voles qui naviguent entre leur emploi et les fonctions corporatives. Les ressources ne manquent pas, car les organisations patronales brassent désormais des sommes considérables au titre du 1 % pour la construction, de la formation permanente, etc. En outre, les chefs d'entreprises, si longtemps réticents à l'égard de l'action collective, en apprécient mieux la nécessité depuis qu'ils se sentent enserrés par cette montée du social. Car la mission du CNPF est claire : aspirer vers le haut la négociation avec les « partenaires » afin de libérer les employeurs. Par le jeu des organes représentatifs, les problèmes se résolvent au niveau de l'Etat, des confédérations ou des branches en sorte qu'il ne reste plus rien à négocier dans l'entreprise. Le PDG se contente d'appliquer les accords signés ailleurs, et, s'il veut ajouter « quelque chose » en plus, il le fait discrétionnairement. « Pas la peine de se réunir, il n'y a plus rien à discuter. » La section syndicale s'agite inutilement : « Ce n'est pas ici que ça se passe. »

Les syndicraties patronales et salariées s'accordent à mi-mots sur cette stratégie qui valorise leur rôle et concentre le pouvoir social dans les appareils au lieu de le laisser diffuser parmi les intéressés. Il y a vingt ans, nos « partenaires sociaux » n'étaient que des comparses dans la vie publique. C'est à peine si le grand public connaissait le nom des principaux dirigeants. Aujourd'hui, chaque institution représentative devient une vedette médiatique à part entière.

Entre les deux syndicraties, la connivence est plus profonde qu'il n'y paraît. Les centrales « ouvrières » ont été heureuses « pour le principe » de pouvoir constituer des sections syndicales, mais elles ne veulent pas que ces dernières puissent avoir la personnalité morale. Car elles craignent de se faire prendre à leur propre jeu. Que se passerait-il si le personnel se disait qu'après tout il est absurde de se diviser entre des obédiences rivales ? Qu'il doit se regrouper au sein d'une seule organisation en ne traitant que ses propres problèmes sans aucune référence extérieure ? Cela s'appelle le syndicat d'entreprise. Une formule qui fait recette aux Etats-Unis et au Japon et qui ne laisse aux fédérations et confédérations que des fonctions très réduites. C'est un péril mortel. Ainsi les bureaucraties patronales et syndicales s'entendent-elles pour se réserver l'essentiel du pouvoir social et n'en laisser que le strict minimum à la base.

L'émergence du « patronat » a donc pour première fonction de protéger « les patrons ». C'est un choix stratégique pour fixer l'adversaire sur le terrain de bataille qui semble le plus propice. Et tandis que l'on négocie à grand spectacle par organisations interposées, la situation n'évolue guère sur le terrain. Le CNPF y veille. Il réussit à faire enterrer le « rapport Sudreau » de 1975 sur la réforme de l'entreprise qui contenait des idées jugées subversives. Il paralyse les négociations sur un statut européen de l'entreprise dans la crainte qu'il ne s'inspire de la cogestion allemande. « Ils ont la v... et ils veulent nous la refiler. Il n'en est pas question », dit crûment un haut fonctionnaire patronal.

Une fois de plus, c'est l'influence cédétiste qui renverse le jeu. Après mai 1981, elle s'exerce fortement au ministère du Travail et inspire les lois Auroux. Ni le comité d'entreprise ni la section syndicale n'ont pu faire naître une véritable vie collective dans le monde de la production. Un rituel aseptisé a figé les institutions. La nouvelle législation vise donc la fonction et non pas l'organe. Il s'agit moins de créer des structures supplémentaires que d'utiliser celles qui existent afin qu'il « se passe quelque chose » dans les bureaux, les usines, les établissements et pas seulement au niveau des bureaucraties. Deux mesures font s'étrangler de rage les milieux patronaux : la négociation, l'expression. Elles donneront lieu à l'un de ces combats d'arrière-garde dont nous avons le secret.

L'obligation de négocier chaque année dans l'entreprise est dénoncée comme une atteinte à l'autorité, une entrave à la gestion, un renforcement des syndicats, bref une menace mortelle. Il n'y avait que des socialistes, cédétistes de surcroît, pour inventer pareille brimade anticapitaliste. Pourtant, ce n'était pas dans les démocraties populaires, pas même dans les démocraties social-démocrates que les auteurs du projet étaient allés chercher leur inspiration. Ils s'étaient contentés de transposer à la réalité française le Wagner Act de 1935, relayé par la loi Taft-Hartley de 1947 qui régissent les relations de travail aux États-Unis. Depuis un demi-siècle, les employeurs américains — dont les collègues français admirent tant la souveraine liberté — sont dans l'obligation de négocier « de bonne foi » avec les représentants de leur personnel sur les salaires ainsi que les conditions et horaires de travail. On a même vu un juge américain condamner un chef d'entreprise qui avait augmenté ses salariés sans négociation préalable ! Bref, cette obligation ne fait pas mourir à tout coup le capitalisme. Qu'importe, la mesure étant ressentie comme une reculade infligée au patronat, celui-ci se devait de la combattre indépendamment de son contenu ou de ses conséquences.

C'est le droit d'expression directe qui souleva le plus de vociférations. Le CNPF subit une énorme pression de ses adhérents qui, confondant prise de parole et prise de pouvoir, lui enjoignirent de s'y opposer avec la plus grande fermeté. Pourtant, l'idée n'avait rien de bien révolutionnaire, certains managers en parlaient depuis plusieurs années déjà et le RPR l'avait même retenue dans son livre-programme de 1980, *Atout France.* Cela n'empêcha pas le patronat de canonner le projet. « Les " lois Auroux " risquent de compromettre gravement l'efficacité des entreprises au détriment de ceux qui y travaillent et de la communauté nationale tout entière », avertit sombrement le CNPF dans *la Revue des entreprises* en juin 1983. Guy Trébor, dans *le Figaro,* annonce en titre « La ruine de l'entreprise » : « La démocratie dans l'entreprise telle que l'instaurent les lois Auroux aboutira à la contestation permanente, à l'agitation sociale, enfin à la mort lente de l'économie française », pronostique-t-il. Pour la CGPME, Jean Brunet indique que les lois Auroux signifient « la ruine de l'entreprise et de la France avec » et qu'elles reviennent à « faire contrôler des responsables par des irresponsables ». Yvon Gattaz redoute des « conséquences catastrophiques sur la vie des entreprises ». Il craint que les groupes d'expression deviennent une instance d'enrégimentement syndical. « On veut favoriser l'expression individuelle des salariés et on la fait confisquer, monopoliser par les seuls syndicats. » C'est le même lamento chez tous les patrons interrogés par les journalistes : « On risque de créer des problèmes où il n'y en a pas. C'est très grave pour la bonne marche d'une PME », dit l'un ; « c'est la porte ouverte à certains abus syndicaux », dit l'autre, tandis qu'un troisième pronostique : « L'intrusion des syndicats va entraîner des surenchères et des affrontements. »

Les organisations syndicales, à l'exception de la CFDT et de la CFTC, ne sont guère plus enthousiastes. La CGT ne s'y rallie qu'avec l'espoir de détourner l'institution de son objectif et d'en faire « un levier pour le renforcement de l'appareil syndical » et « un instrument pour l'instauration de conseils d'ateliers ». Force ouvrière est radicalement contre. « C'est donner la primauté à l'individu ou au conseil d'atelier au détriment du syndicat. » « Force ouvrière ne peut que réitérer son opposition à ce qu'elle estime porter atteinte à la libre négociation collective et à l'organisation syndicale libre et indépendante. » En conséquence, la confédération lance un véritable appel au boycott des groupes d'expression. La CGC n'est guère plus rassurée. Elle ne se déclare « favorable au principe » que pour en estimer l'application « prématurée ». De fait, elle y voit un risque de « soviétisation » qui pourrait conduire à « bâillonner l'encadrement », voire à instaurer de « mini-tribunaux populaires » dominés par des « commissaires du peuple ». Se peut-il que des organisations « représentatives », des chefs d'entreprises « responsables » et un encadrement « qualifié » redoutent à ce point la libre parole des salariés ?

Selon notre détestable tradition, les partenaires n'ont pas réagi en fonction des réalités concrètes mais des relations abstraites de pouvoir. Le patronat ne voulait pas connaître de syndicats dans l'entreprise, le syndicalisme défendait son monopole sur l'expression du personnel, l'encadrement tremblait pour son pouvoir hiérarchique. Le CNPF se devait de combattre ce qui, dans le rapport de forces, serait ressenti comme une reculade de sa part.

Une fois de plus, l'expérience vécue a démenti ces prévisions apocalyptiques. La négociation dans les entreprises s'est instaurée sans difficultés particulières. Pourtant, les circonstances n'étaient guère favorables en 1983 et 1984. Le gouvernement avait fixé des normes salariales qui réduisaient à fort peu de chose les augmentations, et les employeurs prônaient l'individualisation que condamnent les syndicats. Il n'empêche que les signatures furent nombreuses et n'eurent aucun effet inflationniste contrairement à ce qu'avaient annoncé les experts patronaux.

Quant au droit d'expression, il est passé dans les mœurs encore plus rapidement que les comités d'entreprises. Dès le mois de mai 1984, Jacques Plassard, économiste proche du CNPF, constate : « (...) Les lois Auroux ont donné une impulsion décisive à cette organisation des communications (dans l'entreprise) entre la base et le sommet. Et ces communications deviennent, non dans tous les cas mais dans la plupart, meilleures que celles qu'organisent les syndicats, meilleures parce qu'elles ne sont pas de simples oppositions conflictuelles, mais tendent à être positives et constructives. » Depuis lors, les enquêtes approfondies ont pleinement confirmé le bilan positif des lois Auroux, et les chefs d'entreprises ne sont pas les derniers à le reconnaître.

Il est vrai qu'entre-temps le patronat a radicalement changé de tactique. Après s'être battu pendant tant d'années pour contenir le dialogue social dans les bureaucraties, il a soudain pris le parti inverse. Pierre Morville [122] oppose judicieusement ces deux déclarations de François Ceyrac. En 1972, celui-ci estimait que « ce sont des négociations menées dans le cadre des professions qui sont les seules à pouvoir résoudre convenablement les problèmes (...) », tandis qu'en 1980 il reconnaissait : « Pendant des années, on a sous-estimé le rôle fondamental de l'entreprise dans le progrès social et le développement de l'innovation sociale (...). » C'était l'amorce d'un virage qui n'a cessé de s'accentuer dans les cinq années suivantes. Désormais, les patrons sont de plus en plus nombreux à penser que les confédérations et fédérations ne constituent plus le terrain de bataille favorable pour affronter les syndicats et qu'il faut déplacer l'action vers l'entreprise. Il s'agit d'un changement capital, lourd de toutes les ambiguïtés qui ont marqué ce siècle et demi de confrontation sociale. C'est un chapitre nouveau... ce sera notre dernier chapitre.

Sans se livrer au jeu dérisoire de la morale rétrospective, quels enseignements tirer de ces cent cinquante ans d'histoire sociale ? Le XIXᵉ siècle ne pouvait qu'être violent : les sacrifices intolérables qu'impose l'industrialisation à ses débuts font naître la colère chez les uns, la peur chez les autres. Il n'a jamais existé et n'existera sans doute jamais de concorde à ce stade. Nos ancêtres défrichaient l'avenir et ignoraient qu'ils naviguaient vers une société de consommation. Ils ne pouvaient donc faire la paix sur les bénéfices à venir et se battaient pour le partage de maigres rations. Rien que de très normal.

Aujourd'hui encore, on ne cultive pas l'art de la négociation dans les pays sous-développés.

On passe de la fatalité historique à la responsabilité humaine lorsque, dans un camp comme dans l'autre, des états-majors s'attachent à perpétuer une guerre alors que les conditions de la paix se trouvent réunies. Ce jugement se fonde d'abord sur les comparaisons internationales. Le professeur François Sellier ouvre son étude sur *la Confrontation sociale en France* [146] par ce constat général : « Ce qui frappe l'observateur des relations professionnelles en France, c'est le radicalisme réciproque des patrons et des syndicats. Les premiers gardent toujours comme objectif principal, lorsque c'est encore possible, l'élimination du syndicat ou, tout au moins, ce que les organisations patronales ont appelé la " neutralisation syndicale de l'entreprise ". (Cette attitude) est aussi, en partie au moins, une réponse à la radicalité syndicale, manifestée par l'adhésion doctrinale des deux plus grands syndicats ouvriers à la notion de lutte des classes. » Les historiens et sociologues s'accordent à voir dans cette crispation une spécificité française et une responsabilité partagée. Alain Touraine y revient longuement dans *le Mouvement ouvrier* [156] : « Avant 1914, la négociation collective n'existait en France que dans les mines ; à la même époque, les syndicats allemands négocient des conventions qui concernent deux millions de travailleurs et, en Grande-Bretagne, le " free collective bargaining " constitue la clé de voûte des rapports sociaux auxquels syndicats autant qu'employeurs sont attachés depuis la fin du siècle dernier. Les premiers accords d'industrie y apparaissent dans les années 1880 (...). » Il en va de même, constate-t-il, pour « les procédures d'arbitrage, de médiation ou de conciliation, si importantes aux Etats-Unis (...) en Allemagne », et Touraine de conclure : « La négociation collective n'a été véritablement recherchée ni par les syndicats ni par le patronat (...) le patronat français a toujours nettement tendu à bloquer le système de régulation des conflits par la négociation (...) (le syndicalisme) refuse tout engagement de paix sociale. »

Il existe donc bien un art de mal vivre ensemble que cultivent les « partenaires sociaux » pour la plus grande satisfaction des états-majors et des appareils. Car les salariés, et tout particulièrement les ouvriers, n'ont rien gagné à cette stratégie de la tension. Bien au contraire. Les travailleurs manuels sont moins bien payés et moins bien considérés dans nos usines que dans les usines étrangères. A qui la faute, sinon à ceux qui s'étaient donné pour mission de les défendre ?

Côté patronat, la situation est plus ambiguë. Il a toujours existé une très forte pression de « la base » en faveur d'une attitude radicale comme le prouve la volée de bois vert qui s'abattit sur les épaules du malheureux Duchemin, signataire des accords de Matignon, et les difficultés que François Ceyrac rencontra auprès de ses troupes lorsqu'il voulut développer la négociation collective. Toutefois, les organismes patronaux n'ont eu que très rarement le courage d'entraîner leurs troupes dans la voie du compromis. Leurs premiers réflexes furent toujours de crier à la mort de l'entreprise face à des mesures qui, à l'expérience, se révélèrent fort acceptables. L'épisode grotesque des lois Auroux prouve que ces bonnes habitudes ne sont pas perdues. Il est trop facile de tout expliquer par le communisme. Les autres sociétés industrialisées ont également connu la poussée du marxisme révolutionnaire encouragée par l'Internationale soviétique. D'où vient que ce courant ait rencontré un terrain plus favorable en France qu'à l'étranger ? On ne peut éluder la question et on ne saurait y répondre sans impliquer la responsabilité patronale.

Les structures sociales qui accompagnent nécessairement le développement industriel ne se sont mises en place qu'avec retard et de façon chaotique. Sans nulle préparation, au hasard des crises politiques, on a transformé à la hâte des slogans en législation au lieu de programmer à froid une évolution de la société. A ce jeu, tous les Français ont été perdants. Les entreprises ont été fragilisées par des modes de gestion archaïques puis déséquilibrées par des changements brusques et inattendus. Le manque de considération pour le travailleur a entraîné l'insuffisante qualité du travail puis celle des produits. Le sous-paiement de la main-d'œuvre a permis de retarder les indispensables évolutions techniques, le mauvais état des relations sociales a introduit des rigidités qui rendent plus difficile l'adaptation aux nouvelles conditions du marché. Au total, les chefs d'entreprises ont eu plus de mal à maintenir leur compétitivité. Le désastre de notre industrie automobile tient d'abord à ce qu'on oppose des produits issus de la lutte des classes à des produits concurrents nés de la collaboration de classes. A de très rares exceptions près, tout le monde a donc perdu. Salariés réduits au chômage et capitalistes acculés à la faillite ; notre guéguerre sociale n'a profité à personne sinon aux syndicraties rivales qui en firent leurs fonds de commerce.

Celles-ci n'ont pas inventé la conflictualité qui reste la donnée fondamentale de toute société, mais elles l'ont doublement pervertie sur le plan des objectifs et des méthodes. Posant les questions de principe avant les problèmes concrets, traduisant les difficultés quotidiennes en rapports de forces, elles ont préféré les affrontements antagonistes aux approches pragmatiques et recherché des victoires plutôt que des solutions. Au niveau des moyens, on s'est toujours opposé à l'instauration de procédures visant à traiter les différends sur un mode négocié. Le recours à l'épreuve de force est légitime — il suffit de songer aux sociétés totalitaires qui prétendent nier les conflits pour crier : « Vive la grève ! » —, mais il peut s'insérer dans un cadre juridique convenu. Tous les Français trouvent naturel de s'en remettre à des institutions collectives pour résoudre leurs contentieux. Pour la seule vie sociale les ennemis ont prétendu se soustraire à cette loi de civilisation. Patronat et syndicats, par une sorte de connivence symétrique, refusaient d'institutionnaliser une opposition qui devait fatalement se conclure par la mort de l'un ou de l'autre. Double erreur, au terme de laquelle ils se retrouvent enchaînés dans les règles que l'Etat leur a imposées. La leçon de l'histoire est sans appel : cette lutte fut absurde et préjudiciable à tous. Comment se fait-il qu'elle perdure en dépit de cette condamnation ?

Ne pas faire d'angélisme, c'est également ne pas s'illusionner sur l'expérience des autres. L'institutionnalisation des conflits n'a été totalement réussie dans aucune démocratie et ne fait disparaître ni les rapports de forces ni les bouffées de violence, comme le rappelle Yves Lequin [106] en se référant à la première moitié du siècle : « La situation en France n'est d'ailleurs pas pire que dans la plupart des pays industrialisés et R. Goëtz-Girey estime même que, entre les deux guerres, elle révèle une propension à la paix sociale bien plus forte que dans le Royaume-Uni, en Allemagne, aux Etats-Unis et en Suède. Même sur le long terme, des années 1880-1890 à la Seconde Guerre mondiale, la fréquence des grèves y est inférieure (seule la Grande-Bretagne est moins secouée), leur durée et le nombre des journées perdues plus faible (...). » S'il est vrai que, chemin mal faisant, les autres semblent avoir mieux appris que nous, ils n'ont pas pour autant évité toutes les ornières. L'Angleterre, lancée plus tôt et plus intelligemment que nous dans la voie de la négociation sociale, a sombré dans le corporatisme syndical le plus obtus. La Hollande, modèle de concertation sociale, a fini par étouffer son économie — pourtant avantagée par ses gisements de gaz naturel — sous le poids d'un Etat-providence hypertrophié. La Belgique, qui a poussé l'intégration syndicale jusqu'à faire prélever les cotisations par les employeurs, bat les records de chômage et frôle la faillite. Il n'est donc pas de modèle parfait. Chacun porte en lui ses propres perversions, et pas plus le système japonais que le système suédois ne sont à copier tels quels. Ils constituent simplement des points de comparaison pour juger notre propre expérience.

Nous aurions donc toutes raisons de ranger nos souvenirs au musée et de faire place nette à l'avenir. Nous faisons tout juste le contraire. Notre présent n'est que du passé continué. Les événements qui jalonnèrent cette histoire cahotique ont été ritualisés dans les structures, dans les procédures et dans les esprits.

CHAPITRE V

La revendication française

Cette histoire tourmentée nous a donc légué un mode de revendication particulier qui privilégie la confrontation sur la négociation et récuse toute forme avouée de collaboration entre employeurs et salariés. Ce syndicalisme de lutte des classes — qui existe en différentes versions de la référence verbale à la pratique quotidienne — se fonde sur une représentation de la société qui n'a pratiquement pas changé depuis un siècle et demi. Cette image reflète le monde qui l'inspira et non pas celui dans lequel nous vivons, mais, comme l'on sait, les objets trop familiers ne sont plus jamais étudiés. Pas même regardés. Et la syndicratie veille jalousement sur la relique qui sacralise son pouvoir. Toute critique de notre système social implique donc une remise en cause de ce schéma trompeur. Les slogans des cortèges revendicatifs décrivent la France de 1885. Depuis lors, les choses ont un peu changé.

La société traditionnelle repose sur une multitude de cellules productives semblables et autonomes, voire autarciques : fermes, villages, tribus... que coiffent des structures de commandement : roi, seigneur, clergé... Les échanges commerciaux sont très restreints. Le flux principal s'organise du bas vers le haut à travers les prélèvements que la caste au pouvoir opère sur la production. J'appelle relation verticale ce type de rapport inégalitaire qui oppose deux niveaux hiérarchiques nettement distants. Maîtres et esclaves, gros et petits, riches et pauvres, exploiteurs et exploités, dominants et dominés. D'un côté se trouve la puissance, de l'autre la faiblesse. Le tribut payé peut correspondre à un service rendu — le seigneur protège ses serfs, rend la justice, assure un semblant d'administration —, mais les deux parties ne se situent pas sur le même plan. C'est le supérieur qui dicte sa loi. La confrontation sociale primitive va se greffer sur ce type d'organisation avec les jacqueries et autres explosions de colère contre l'impôt, la corvée, le servage, l'usure, etc. C'est toujours la révolte des « gens d'en bas » contre les « gens d'en haut ».

127

Notre France du XIXᵉ siècle reproduit, à peine transposée, cette configuration sociale. Le paysan est devenu ouvrier, le tribut s'appelle désormais profit. Mais, que l'on travaille pour un seigneur ou pour le patron, on se retrouve toujours avec un maître qui s'enrichit sur le dos de ses serviteurs. Le canut ne voit de l'économie que la ponction insupportable opérée par les fabricants sur le fruit de son travail. Avec le recul, les taux de profits paraissent vertigineux. La valeur ajoutée de l'industrie en 1840-1845 se décompose en 44,4 % de salaires et 48,9 % de profits, note Jean-Charles Asselain [12]. Sous le Second Empire, on atteint 34,5 % pour les salaires et 56,1 % pour les profits. Sans impôts sur le revenu, bien sûr ! Décrire cette situation en termes de « marché du travail » impliquant des contrats libres et volontaires entre partenaires égaux est un abus de langage. La société veillait à tenir la balance inégale entre les employeurs et leurs employés. En l'absence de tout syndicat, de toute législation sociale, les premiers imposaient leur loi aux seconds. Le capitaliste se révélait être le pire des seigneurs. Les mythes fondateurs du mouvement ouvrier se nourrissent de cette confrontation sociale : la plus verticale de toutes.

Cette vision, en accord avec l'expérience vécue des ouvriers, masque pourtant l'essentiel. Contrairement au seigneur qui consomme directement ce qu'il prélève, le capitaliste, lui, intervient dans un circuit plus compliqué. Il suffit au premier que les serfs produisent pour qu'il prenne et s'enrichisse, il faut au second que les clients achètent et pas seulement que les ouvriers fabriquent. L'exploitation des travailleurs n'empêche pas de se ruiner lorsque les produits ne s'écoulent plus sur le marché. La relation salarié-patron se présente bien à la verticale, mais elle n'est que partielle. Elle demande à être complétée par la relation symétrique patron-clients. La partie se joue à trois et non plus à deux. L'ouvrier ne se trouve pas seulement lié à l'employeur qui achète son travail, mais également au public qui en achète le résultat. La médiation capitaliste n'est qu'un pont entre l'offre et la demande, mais l'énormité du péage cache l'autre rive. D'autant que les uns et les autres n'appartiennent pas au même monde. Les femmes des canuts ne portent pas la soie tissée par leurs maris.

Cette violence sociale masque la réorganisation économique qu'entraîne la révolution industrielle. La nouvelle société se fonde sur la division du travail, l'ouverture et la dépendance, non plus sur la subsistance, le repli et la fermeture. Les unités de base se sont différenciées et spécialisées : entreprises, administrations, services publics, exploitations agricoles, professions, associations. Ce sont des structures échangistes et non plus autarciques. Elles travaillent pour la collectivité et subsistent par elle. C'est le seul destin possible des manufactures et ce deviendra progressivement celui des fermes. Celles-ci ont longtemps vécu en circuit « fermé », se nourrissant de leurs récoltes, construisant leurs bâtiments, fabriquant leurs meubles, leurs outils et leurs vêtements. Aujourd'hui, elles vivent en circuit ouvert vendant ce qu'elles produisent et achetant ce qu'elles consomment.

Le corps social se métamorphose en un organisme évolué qui s'entretient de l'incessante circulation des biens et des services. Chaque groupe socioprofessionnel n'est plus qu'un organe assurant une fonction. Cette interdépendance généralisée s'exprime par des relations d'échange bien plus que de subordination. Le commerce qui se développe met face à face des partenaires soumis aux lois du marché et non plus à des rapports hiérarchiques. De ce mode de production va naître un nouveau type de conflit. Mais on ne le voit pas encore, car les regards convergent sur ce point focal : le partage entre capitalistes et salariés. En l'absence de toute protection sociale, de toute redistribution, de tout Etat-providence, le peuple a pour seule ressource le prix de son travail que le patronat souverain ne fixe qu'après avoir pris son profit. Le drame social se noue autour du capitalisme.

Où en est-on aujourd'hui ? En 1984, si l'on se réfère aux Comptes de la nation, la rémunération des salariés a représenté 69,2 % de la valeur ajoutée brute des entreprises. Après paiement des impôts, il restait à ces dernières 23,6 %. Ce pourcentage, qu'on appelle taux de marge, ne représente pas la rémunération du capital, car il faut encore déduire les frais financiers, l'épargne pour les investissements... infiniment plus lourds aujourd'hui qu'au XIXe siècle. Finalement, les propriétaires ont touché 3,6 % de la valeur ajoutée sous forme de dividendes. Ce que confirme, par l'aval, le Centre d'étude des revenus et des coûts : 5 % seulement du revenu direct des ménages (compte non tenu des prestations sociales) provient de la propriété (loyers, dividendes, intérêts) et non pas du travail. Un chiffre qui cache, c'est vrai, d'immenses fortunes individuelles, mais pas un prélèvement massif au niveau national. Si même l'on tient compte des rémunérations abusives et rétributions occultes de certains dirigeants, cette plus-value fait bien piètre figure par rapport à celle des anciens soyeux lyonnais. On est passé d'une exploitation capitalistique du travail à une rémunération du travail capitaliste (épargne, risque, organisation). Rémunération légitime et indispensable tout à la fois.

En économie ouverte, la fonction entreprenariale est la plus importante. La plus difficile aussi. Faute d'être suffisamment gratifiée, elle suscite de moins en moins de vocations, et l'économie perd son dynamisme. Le « patron » a cessé d'être un « rentier » pour devenir un « entrepreneur ». La vulgate revendicatrice ignore cette mutation et conteste en bloc toute forme de rémunération patronale.

La querelle entre capital et travail s'est inversée à la suite du premier choc pétrolier. Après un siècle de luttes pour rééquilibrer le partage, on avait atteint un certain équilibre économique dans les années 1960 avec 66 % de la valeur ajoutée pour les salariés et 27 % pour les entreprises. Mais, à partir de 1974, les Français ont fait payer la crise à ces dernières. Leurs rémunérations ont gagné 5 points... qui ont été naturellement perdus par les sociétés. A ce niveau, le travail est surpayé et le capital sous-rémunéré. C'est le personnel qui devient l'exploiteur et qui détruit par ses prélèvements l'outil de production. Aussi longtemps que l'équilibre ne sera pas rétabli, la France ne sortira pas de la crise. Le gouvernement socialiste s'est courageusement engagé dans cette voie. Les entreprises ont repris 2 % de la valeur ajoutée à leur personnel entre 1982 et 1984. Il faudra poursuivre l'opération pendant plusieurs années pour que l'économie française crée à nouveau des emplois. Le conflit vertical travailleurs-capitalistes tend donc à s'inverser. C'est la base et non plus le sommet qui pèse trop sur le système.

La société industrielle n'a pas seulement réduit le profit, elle a surtout limité le capitalisme. Celui-ci repose sur l'achat du travail par des particuliers qui détiennent les outils de production. Cette relation bien spécifique permet l'appropriation de la plus-value. Aux yeux des syndicalistes révolutionnaires, elle introduit l'injustice dans le monde économique. Elle dominait ce XIXe siècle dans lequel l'Etat n'était en économie qu'un arbitre partial et un acteur marginal. Que représente-t-elle aujourd'hui ?

Sur un produit intérieur brut de l'ordre de 4 250 milliards de francs en 1984, les salaires et traitements bruts versés par les entreprises représentent environ 1 000 milliards. Moins du quart. Mais on compte dans ce total les nationalisées de 1982 ainsi que des sociétés comme Havas, Elf, dans lesquelles l'Etat est majoritaire. C'est-à-dire que la rémunération directe du travail par le capitalisme au sens strict représente moins de 20 % de la richesse nationale ! Rappelons qu'elle n'est pas laissée à la discrétion des patrons, mais étroitement enserrée dans le système réglementaire : SMIC, conventions collectives, etc. Voici le deuxième chiffre clé après le taux du profit : plus de 80 % du produit intérieur brut (PIB) échappe à la relation génératrice de notre système social. J'ajoute, pour mémoire, qu'on est passé d'une sous-rémunération à une sur-rémunération du travail. Cela prouve tout simplement que la France a cessé d'être une société capitaliste, pour devenir une société mixte dans laquelle les ménages ne tirent plus des salaires que 53,1 % de leurs revenus disponibles, tandis que 36,5 % proviennent des diverses prestations sociales qu'ils reçoivent.

Le second acteur qui a envahi la scène et fait reculer l'économie privée, c'est évidemment l'Etat. Pour moins de précision et plus d'exactitude, parlons de « la collectivité » en englobant également les administrations centrales, régionales ou locales, les sociétés nationales, les grands organismes sociaux, etc. Jadis celle-ci ne prélevait que quelques pour cent de la richesse nationale et « laissait faire » les automatismes régulateurs. Mis à part l'agriculture, toute la France fonctionnait dans une relation employeurs-employés ou producteurs-clients. Depuis lors, ponctions et interventions n'ont cessé de croître. A quelle fin ?

C'est improprement que nous parlons de « prélèvements » obligatoires, il s'agit en fait de « transferts » obligatoires. Le temps n'est plus où les impôts et taxes de toute sorte servaient à financer les pensions des courtisans. Aujourd'hui, la collectivité qui contrôle 45 % du produit intérieur brut le redistribue à travers les canaux les plus divers : traitements des fonctionnaires, prestations sociales, subventions économiques, etc. Elle est, de très loin, le premier employeur de France avec plus du tiers de la population salariée. Elle intervient dans tous les rouages de la machine économique. Ces circuits sont présumés corriger l'aspect inégalitaire du capitalisme. Là encore, on découvre qu'on est allé trop loin. Plutôt qu'accentuer une redistribution égalisatrice, il faut en réduire l'importance si l'on veut rendre aux tensions verticales leur ressort dynamique.

Entre le laminage des profits, la redistribution des richesses et l'élévation des qualifications, l'inégalité française a été profondément bouleversée. Lorsqu'on la représente en empilant la population en couches successives selon les niveaux de revenus, on obtient pour le XIXe siècle une sorte de bougeoir avec un socle très large et une pointe très effilée. C'est l'illustration d'un monde dans lequel les pauvres étaient très pauvres et très nombreux tandis que les riches étaient très riches et très peu nombreux. Les salariés se recrutaient dans ces masses immenses et misérables, les patrons et les clients dans cette minorité opulente. En un siècle, on est passé du bougeoir au tonneau. Il reste toujours des riches au-dessus et des pauvres en dessous, mais, entre possédants et prolétaires, une catégorie intermédiaire et majoritaire s'est formée là où n'existait autrefois qu'une population clairsemée. Cette énorme classe moyenne comprend la moitié de la population et se partage la moitié des revenus et du patrimoine.

Le système libéral primitif à dominante verticale que décrit Marx n'est pas bouclé. Donc pas viable. Les flux ne conduisent pas à des phénomènes de circulation, mais d'accumulation. Ils ne peuvent alimenter une expansion régulière. Un siècle de transformations fut nécessaire pour mettre en place des circuits fonctionnels qui combinent pompes aspirantes et pompes refoulantes afin que la richesse tourne au lieu de s'entasser jusqu'à provoquer des thromboses. En dépit de toutes les inégalités et de toutes les injustices qui restent à corriger, c'est chose faite pour l'essentiel. Désormais, il s'agit moins de réduire l'écart entre les uns et les autres que de lui conférer une cohérence. Dans la répartition sociale, la question dominante n'est plus le « combien », mais le « pourquoi ». Faire en sorte que les meilleures rétributions aillent aux plus productifs et non pas aux mieux organisés, c'est une réforme sociale qui reste à accomplir.

L'essentiel du jeu économique se déroule donc au sein de la classe moyenne. C'est vrai pour les échanges comme pour les transferts. Depuis que Henry Ford a fait de ses ouvriers les acheteurs des voitures qu'ils construisent, producteurs et consommateurs appartiennent aux mêmes couches sociales. Et se trouvent en conflit. Les premiers voudraient faire surpayer le fruit de leur travail, les seconds voudraient en disposer à vil prix. Une dialectique de marché s'instaure, celle de l'offre et de la demande. Tous les jours des milliers de Français, en choisissant des voitures étrangères, poussent à la baisse les rémunérations chez Renault, tandis que les salariés de la Régie essayent de se rattraper sur le dos de la communauté en arrachant les subventions étatiques qui autorisent les gestions laxistes. Entre les catégories en conflit : personnel, automobilistes et contribuables — sans compter tous ceux qui espéraient recevoir l'argent public donné à Renault —, il n'y a plus de supérieurs et d'inférieurs. Bref, le marché bascule à l'horizontale.

Il en va de même pour l'action redistributrice. La pompe à finances publiques trouve dans la classe moyenne l'essentiel de ses ponctionnés comme de ses assistés. Seule une minorité possédante paie plus qu'elle ne reçoit. Seule une minorité fort pauvre reçoit plus qu'elle ne paie. Ces circuits, qui ont pris la première place dans nos économies, multiplient les antagonismes horizontaux : fonctionnaires et administrés, agriculteurs et citadins, salariés et usagers, subventionnés et contribuables, actifs et retraités, bien-portants et malades. Mais ils sont encore moins transparents que ceux du système industriel. La relation directe comme celle des enfants qui, autrefois, faisaient vivre leurs parents âgés, tend à disparaître. Dans la majorité des cas, l'argent transite à un niveau supérieur avant de redescendre. Les deux opérations, prélèvement-distribution, sont donc distinctes et toujours traitées séparément. On se plaint à l'Etat des ponctions trop lourdes ou des aides trop légères, comme s'il s'appropriait l'argent qu'il prélève et fabriquait celui qu'il distribue. Dans les services publics qui vivent de leurs recettes, le personnel utilise mille ruses pour adresser à la seule direction des revendications dont les usagers supporteront le coût.

La réduction du profit capitaliste et le gonflement de la redistribution collective ont donc fait basculer l'économie des relations inégalitaires aux relations égalitaires. De la verticale à l'horizontale. Entre les producteurs et le public, le patronat a cessé d'être une structure écran pour devenir une structure relais. Il révèle ainsi un antagonisme naturel, de type commercial plus que social, qui met face à face ceux qui font et ceux qui consomment. L'Etat-providence, de son côté, a créé des conflits intercatégoriels qui n'ont pas non plus la dimension morale de la lutte des classes. Entre contribuables, fonctionnaires, subventionnés, administrés, usagers, on appartient le plus souvent au même monde. Or, notre système revendicatif ne peut s'accommoder de cette nouvelle donne. Les Français n'osent pas se regarder les yeux dans les yeux pour s'affronter. Ils veulent toujours lever la tête pour supplier ou maudire, défier ou servir, combattre ou courtiser un maître qui les domine.

Ce refus de la relation horizontale et cette recherche obsessionnelle de la relation verticale constituent donc le principe premier de toute action collective. Dans une société d'opinion et non plus d'oppression, il faut toujours réclamer vers le haut et ne jamais s'opposer à son égal. Une hypocrisie qui cimente toutes nos règles de savoir-vivre. C'est ainsi que le champ des réalités économiques se double d'un espace revendicatif imaginaire. Les nouveaux conflits qu'engendrent le reflux capitaliste et la poussée socialisante en sont bannis pour cause d'hérésie idéologique. Toute tentative pour ramener la confrontation au niveau des vrais arbitrages devient une manœuvre sournoise pour diviser les Français. Argument d'autant plus surprenant qu'il sert à défendre l'image la plus conflictuelle qui soit : celle de la lutte des classes. Mais ce racisme archaïque est admis tandis que le contentieux échangiste est proscrit. Car le premier fait vivre des bureaucraties protectrices, tandis que l'autre se réglerait plus aisément entre les intéressés.

Le système syndical s'est construit sur le modèle primitif. Il n'en a pas bougé. Plus l'économie s'est jouée à l'horizontale entre égaux, plus il s'est accroché à la représentation verticale entre inégaux. Les références obsessionnelles au mouvement ouvrier, à la lutte des classes, à l'exploitation sont autant d'images écrans qui visent à conjurer ce vertige moderniste qui paraît s'être emparé du monde. Les syndicalistes n'en finissent pas de repeindre la France aux couleurs du XIXᵉ siècle. Henri Krasucki pousse à la caricature cet exercice de « verticalisation » dans un éditorial de *la Vie ouvrière* de juin 1985. Exhortant les militants à l'action, il précise bien que « chaque action s'adresse aux interlocuteurs réels : le patron ou la direction, les organisations patronales ou le CNPF, les pouvoirs publics, le pouvoir politique : ministre ou gouvernement : chacun pour ce qui le concerne ». En désignant ainsi les « interlocuteurs réels », le secrétaire général de la CGT veut conjurer un trouble sinon une prise de conscience chez les travailleurs. Ces derniers se doutent-ils que leurs difficultés ne se réduisent pas à l'antagonisme hiérarchique, qu'il existe d'autres parties prenantes qui ne sont pas forcément « au-dessus » ? Krasucki fait le catéchisme, preuve que la rébellion des faits ébranle la solidité des convictions. Celles-ci deviennent bien nécessaires lorsque le capitalisme et l'Etat se dérobent, laissant face à face les salariés et leur véritable interlocuteur : le public.

Ce nouveau type de conflits s'observe fort bien devant une grande agence bancaire une veille de fête. Premier temps : à midi moins une, le garde en faction rentre dans l'établissement et un employé vient fermer la porte. Dans les minutes qui suivent arrivent encore des clients. Les uns, conscients du piège, piquent un ultime sprint ; les autres, oublieux des règles, marchent d'un pas tranquille. A l'intérieur, les employés finissent déjà de plier bagage. Discrètement, par la porte latérale, ils commencent à partir pour leur « pont » tandis que les retardataires pestent et cherchent le distributeur de billets qui pourrait n'être pas en panne. Une voiture freine en catastrophe, se gare en double file, l'automobiliste bondit. Trop tard. Les gens de la banque qui s'en vont s'efforcent de ne pas voir les mines contrariées, de ne pas entendre les jurons. Ils n'ignorent pas que la gêne de la clientèle est le prix à payer pour leur après-midi de congé et que la direction n'est qu'un comparse dans cette opposition entre le personnel et le public. Mais cette réalité est censurée. Il ne peut pas exister de conflit entre Français moyens. C'est le postulat de notre paix sociale.

Les banquiers savent d'expérience qu'ils s'enrichissent plus facilement en fermant les coffres qu'en ouvrant les guichets. Car la fermeture, qui retarde les retraits plus que les dépôts, leur profite. Ils ont donc tout intérêt à réduire les heures d'ouverture et à multiplier les jours de congé. Sur ce point, il se trouvent en parfait accord avec leurs employés. Voilà pourquoi les temples d'argent éprouvent tant de pudeur à entrebâiller leurs portes. En France, comme à l'étranger d'ailleurs. Dans cette profession fort peu concurrentielle, les heures d'ouverture sont donc fixées en fonction du personnel et non pas des clients.

Lorsque ces derniers s'étonnent de trouver porte close en plein après-midi, on leur assène, péremptoire : « Il faut faire la caisse. » Toujours impressionnés par « la Banque », ils n'osent s'étonner que les calculs des comptables interdisent de discuter gestion du portefeuille ou prolongement de crédit, que l'informatique ne permette pas de retarder davantage la fermeture, que pendant si longtemps des caissiers n'aient pas pu assurer douze heures par jour ces retraits que les robots — en état de marche — font désormais vingt-quatre heures sur vingt-quatre et, somme toute, qu'à l'agence bancaire on paraisse si peu soucieux de les servir alors que, dans la boutique voisine, le commerçant oblige les vendeuses à rester debout toute la journée pour bien signifier aux badauds qu'elles se tiennent à leur disposition. L'autorité de l'institution financière aidant, les Français se sont résignés à faire des acrobaties pour se glisser dans les heures d'ouverture.

L'exercice devient donc de haute voltige les veilles de fêtes, lorsque la fermeture intervient dès midi. Les radios le savent qui n'oublient jamais de donner le conseil rituel : « N'oubliez pas de passer à votre banque. » Chacun a admis que l'institution bancaire ne saurait fonctionner comme une entreprise ou un commerce ordinaire.

Au siècle dernier, les banquiers fort catholiques se dirent que leurs employés auraient besoin d'aller se confesser la veille des « fêtes d'obligation ». Cette pieuse pensée les conduisit à libérer « leurs gens » dès la mi-journée. Etant donné sa motivation première, cette faveur était réservée aux fêtes « carillonnées ». Mais, lorsque apparurent des célébrations civiles, 1er mai, 11 novembre, l'habitude se prit de respecter la même coutume bien que l'Eglise ne fît pas entendre son carillon. Ces dernières années, certaines directions estimèrent que la brimade infligée au public nuisait au bon renom de l'institution. Qu'il conviendrait de servir la clientèle tous les « jours ouvrables ». Ils décidèrent de revenir sur cette extension abusive d'une pratique contestable. Les syndicats, comme bien l'on pense, dénoncèrent cette remise en cause d'une « conquête ouvrière » et se portèrent en justice. Il appartiendra à la Cour de cassation de dire si les clients devront continuer à se passer de banque les veilles de fêtes afin de permettre au personnel de partir à la campagne faire ses dévotions.

Tout le système des ouvertures fut remis en cause par le vote des lois Auroux. Celles-ci prévoient formellement la possibilité d'aménager les horaires afin d'améliorer le service. La situation a été figée par les décrets de 1937 : un pur exemple d'ordre syndicalo-bureaucratique. Les employés de banque doivent travailler 5 jours par semaine, en ayant tous les mêmes horaires et en prenant 2 jours consécutifs de repos dont le dimanche. 8 heures de travail, 8 heures d'ouverture, samedis et veilles de fêtes exclus. Moins le délai de grâce pour « faire la caisse ». Un régime qui condamne à réduire les heures d'ouverture lorsqu'on réduit la durée du travail. Les clients devraient donc faire les frais du passage aux 39, puis aux 38 heures.

Une conséquence d'autant plus difficile à admettre que le système bancaire a été nationalisé et que sa clientèle s'est démocratisée. Afin d'éviter cette dégradation du service, le gouvernement décida de modifier le décret quadragénaire. Au terme des nouvelles dispositions, les horaires pourraient être décalés, le repos hebdomadaire n'être pas samedi-dimanche, etc., ce qui permettrait d'accueillir le public 10 heures par jour ainsi que le samedi matin. Sitôt le projet connu, les diverses obédiences syndicales se mobilisèrent contre cette « régression sociale » et, en guise de contre-propositions, exigèrent que le régime de 1937 soit maintenu et même imposé au Crédit Agricole, au Crédit Mutuel et autres établissements financiers qui, n'étant pas tenus de s'y conformer, osent parfois ouvrir leurs guichets lorsque les banques ordinaires sont fermées.

Toutefois, l'affrontement fut longtemps différé. En période d'austérité salariale, les directions hésitent à prendre des mesures qui irritent le personnel. En faisant preuve de rigueur sur les rémunérations et les horaires, ne risque-t-on pas de favoriser les syndicats « durs » au détriment des « modérés » ? Il parut plus sage de maintenir l'ancien régime et de conserver le nouveau comme une simple menace. Dans certains établissements, on en vint même à fermer une heure au moment du déjeuner. Toutefois, les syndicats savent que la question est pendante, que les décisions ne pourront être éternellement différées. Il leur faut donc mobiliser leurs troupes.

Face à un patron capitaliste, la « bataille du samedi » aurait pu être menée au simple nom des droits acquis ; face à une clientèle populaire, il fallait pousser plus loin l'explication. Avec une gêne évidente, les syndicats tentent dans leurs tracts l'impossible démonstration.

« Ce sont donc essentiellement les salariés des autres secteurs qui sont concernés. Mais alors, il faut s'interroger. Pourquoi ceux-ci ont-ils davantage besoin aujourd'hui et en France de guichets bancaires ouverts plus longtemps ? », se demande la CFDT, — majoritaire dans la banque — qui, sur le même raisonnement, pourrait nous ramener à l'homme de Cro-Magnon qui a toujours su se passer de ce qu'il n'avait pas. Ce besoin, décide-t-elle, est « fabriqué » par les directions. « La généralisation des guichets automatiques et des distributeurs de billets permet aux clients de réaliser toutes les opérations habituelles hors des heures et jours d'ouverture. Quant aux opérations exceptionnelles (ouverture de comptes, demande de crédit...), elles peuvent être planifiées suffisamment à l'avance, à l'instar d'autres démarches administratives. » Ainsi, les syndicats peuvent combattre ces mêmes machines pour défendre les emplois et les récupérer pour se défendre des clients. C'est pourtant un syndicat CFDT, le syndicat du Crédit de Brest, qui a le courage de rétablir les faits. « Avec le virement quasi obligatoire des salaires sur les comptes bancaires et postaux, il est absolument nécessaire que tous les travailleurs puissent accéder aux services de banque (pour les retraits en particulier) en dehors de leurs heures de travail (...). Les distributeurs automatiques de billets ne sont pas encore suffisamment nombreux pour constituer une solution de remplacement. Par ailleurs, leur fiabilité est loin d'être assurée. Enfin un nombre non négligeable d'usagers, parmi les catégories les plus défavorisées, ne pourra jamais accéder à ces distributeurs ; il s'agit d'un problème culturel qu'il serait vain d'ignorer. »

Le plus triste de cette affaire est que le blocage est purement syndical. Il serait relativement simple de trouver des solutions qui arrangent tout le monde en s'entendant directement avec les employés. Ce sont les organisations dites représentatives qui figent la situation et nuisent à la collectivité à seule fin de conserver leur emprise sur le personnel. La preuve en a été administrée à Gentilly dans une agence de la Banque parisienne de crédit. La direction a proposé un système de roulement permettant l'ouverture de l'établissement 6 jours sur 7. Au comité d'entreprise, les représentants de la CGC et de la CGT ont donné leur accord. Ceux de FO et de la CFTC s'y sont opposés. Le personnel concerné a été consulté et s'est déclaré favorable. A l'unanimité. L'expérience a donc été mise sur pied et les habitants de Gentilly peuvent venir le samedi régler leurs affaires bancaires. Tout marche beaucoup trop bien, c'est pourquoi direction et syndicats sont convenus de ne pas ébruiter l'affaire, par crainte d'irriter les syndicraties qui ne manqueraient pas d'exiger l'application stricte du règlement.

Le fondement de l'argumentaire syndical ne s'affiche que dans les tracts destinés à la consommation interne : « l'amélioration du service public passe par l'amélioration des conditions de travail et d'emploi du personnel des banques, par la réduction du temps de travail ». Une phrase qui, dans sa candeur naïve, pose et résout tout à la fois le conflit central de toute société industrielle : Intérieur contre Extérieur.

Lorsque les chauffeurs de taxi protégés par leur *numerus clausus* désertent aux heures de pointe et imposent de longues attentes aux usagers, lorsque, pour fêter le travail le 1er mai, les gens de la télévision laissent malades et retraités devant les écrans vides, lorsque le personnel des musées ferme les portes à l'heure où les salariés pourraient venir visiter et lorsque tous les affamés de la subvention croquent à belles dents l'argent de leurs voisins contribuables, on se trouve dans la confrontation moderne.

Entre ces millions de structures spécialisées et leur environnement, quel sera le pôle dominant ? Les producteurs regroupés autour d'une fonction ou les utilisateurs disséminés en dépit d'un même besoin ? Car le conflit d'intérêts entre le personnel et la clientèle des banques se retrouve absolument partout. Dans les services publics, dans les administrations et à chaque bout des circuits productifs. Dans chaque situation, on voit un camp organisé et un autre désorganisé. Qui l'emportera ? C'est un choix de civilisation : l'alternative libéralisme ou bureaucratisme. Deux termes opposés et aussi inacceptables l'un que l'autre dans leur version intégriste. D'un côté, la collectivité exerce une pression constante sur les producteurs permettant aux plus efficaces de prospérer, tandis que les moins efficaces sont écrasés. C'est la dictature de l'Extérieur. De l'autre, le corps social s'organise autour de groupements fermés qui imposent leur loi. Ceux qui jouissent des meilleures conditions pour mener l'action collective conquièrent des positions dominantes. Il se crée un ordre fortement hiérarchisé, à base corporative, tenu par des bureaucraties. C'est la dictature de l'Intérieur.

Dans ce jeu, la propriété n'est plus qu'un phénomène secondaire. Le libéralisme admet des structures non capitalistes : sociétés nationales, coopératives de production, mutuelles, pourvu qu'elles vivent en compétition ouverte. A l'opposé, le système bureaucratique s'accommode de l'entreprise privée dans le cadre d'une économie administrée qui bannit la concurrence. Le syndicalisme à la française a choisi son camp : celui de l'Intérieur ; son système : le bureaucratisme ; et son cheval de bataille : le monopole. Le tout est intimement lié. Car c'est la position prise par rapport à la concurrence qui fait basculer dans l'un ou l'autre système.

Le marché donne à l'Extérieur un avantage décisif. Sur le plan de l'information tout d'abord. Par la loi de l'offre et de la demande, un prix est fixé pour chaque chose en sorte que l'on peut immédiatement évaluer la valeur marchande des produits. Toute prétention supérieure à la norme est clairement visible. Le prix de référence est celui de l'Extérieur : le prix de vente, et non pas celui de l'Intérieur : le prix de revient. Sur le plan de la sanction ensuite. En choisissant entre les compétiteurs, les clients pénalisent les plus gourmands ou les moins performants. Dans la relation échangiste travailleur-patron-consommateur ou producteur-acheteur, la rémunération du travail est liée au prix de vente du produit qui constitue le butoir sur lequel se brisent toutes les revendications. Les paysans en sentent la menace chaque jour, c'est pourquoi ils veulent remplacer les prix du marché par des prix administrés. Mais les autres catégories tendent à l'oublier. Sur le plan de l'action collective enfin. La concurrence oblige les producteurs à se battre entre eux et leur interdit de se coaliser pour faire pression sur la communauté. C'est donc le règne du client roi. En théorie du moins.

Ce régime est très dur pour les producteurs. De l'atelier artisanal à la grosse entreprise, chaque structure se trouve condamnée à la compétitivité. Cette contrainte s'exerce directement sur le travailleur indépendant et indirectement sur le salarié. Peu importe qu'elle soit répercutée par un capitaliste ou bien par une direction technocratique, il faudra en tout état de cause s'y plier.

Le but de l'action revendicative est d'augmenter la rémunération du travail. Dans une version minimale, cette prétention se traduit par une bataille avec le patron pour récupérer 1 ou 2 % de profit au bénéfice des salariés. Peu de chose. Pour vivre au-dessus de sa productivité, il faut parvenir à faire surpayer ses produits. C'est-à-dire obtenir du consommateur et non du capitaliste qu'il supporte cette charge supplémentaire. On se retrouve dans le conflit horizontal, et c'est bien ainsi qu'il est vécu. Le public est impitoyable dans son rôle d'arbitre. Il n'ignore pas qu'en achetant certaines marchandises importées, il pousse les salariés français au chômage et profite des mauvaises conditions sociales qui règnent à l'étranger. Peu lui importe. Il veut payer le moins cher possible et entend que les bonnes rémunérations correspondent à des gains de productivité et non pas à des prix élevés. Son comportement n'est pas différent de celui des employeurs qui préfèrent une main-d'œuvre immigrée plus docile à une main-d'œuvre nationale plus revendicative.

C'est là le point essentiel pour le syndicalisme. A quoi bon vaincre le patron si l'on bute sur l'invincible pression du public qui impose un ordre productiviste aussi contraignant pour les propriétaires de l'entreprise que pour le personnel. Un ordre qui a surtout pour défaut d'imposer le dynamisme, le changement, la productivité et qui, de ce fait, s'oppose à la toute-puissance syndicale telle que peut la souhaiter l'appareil bureaucratique. Le syndicalisme se révèle donc l'ennemi du marché tout autant que du capitalisme. Il voit dans le monopole la solution idéale pour inverser le vrai rapport de forces : producteurs-consommateurs. En cela, il rejoint la théorie économique classique selon laquelle tous les acteurs s'efforcent d'échapper à la concurrence ou, à tout le moins, d'en limiter les effets. Il n'existe plus aucune différence entre le comportement des patrons et celui des organisations ouvrières. D'un côté comme de l'autre, on refuse la loi de l'Extérieur qu'impose le marché. On se comporte en « producteur ».

En l'absence de concurrence, le prix de référence disparaît, et nul ne peut plus dire si le travail est surpayé ou normalement rémunéré. En l'absence de choix, le client doit se plier aux conditions qui lui sont faites. En l'absence de compétition, les professionnels peuvent utiliser leurs outils de travail pour peser sur leur environnement et dictent leurs conditions à la collectivité. Ils étaient dominés, ils deviennent dominants ; la contrainte extérieure était inébranlable, elle devient malléable.

Le monde communiste et le monde capitaliste s'opposent, en privilégiant à l'Est la production : « peu importe que le client soit mécontent, pourvu que le travailleur soit satisfait » ; à l'Ouest, la consommation : « peu importe que le travailleur soit mécontent pourvu que le client soit satisfait ». Les syndicats ont naturellement tendance à adopter le premier point de vue, qui a le mérite de mieux protéger les salariés et, plus encore, le pouvoir syndical.

Ont-ils pour autant le sentiment de conduire un combat corporatiste ? Certainement pas, car l'idéologie anticoncurrentielle les a depuis longtemps persuadés que les clients se font duper par les lois du marché et que les producteurs sont les mieux à même de définir la demande. Ainsi en viennent-ils à considérer que leurs revendications sont également celles des consommateurs. Ils parlent au nom du « peuple » s'adressant à ses maîtres. Il n'existe donc plus de conflit qu'avec l'instance supérieure : patron, direction, Etat. La confrontation sociale a été « reverticalisée ». C'est un tour de passe-passe que nous retrouverons dans toute la confrontation sociale en dehors du secteur libéral.

Ce refus de la relation horizontale éclate lorsque l'intermédiaire capitaliste disparaît, lorsque les salariés travaillent directement au service d'usagers ni plus riches ni mieux lotis qu'eux. Acceptent-ils alors de rompre avec l'ancienne vision verticale et de s'impliquer dans une nouvelle relation qui tienne compte du rapport égalitaire ? Il suffit pour trouver la réponse de voir ce qui se passe dans le secteur de l'économie sociale, celui qui échappe au système capitaliste tout comme au système étatique classique.

Discutant un jour avec une permanente syndicale dans un organisme mutualiste, j'en vins à lui faire remarquer : « Mais, ici, vous n'avez pas de patron. » Depuis un quart d'heure, mon interlocutrice me parlait des manœuvres patronales pour tromper le personnel, des conditions de travail de plus en plus dures, de la recherche du profit à tout prix, des salaires insuffisants, des promotions trop lentes et de la combativité trop faible. Le langage de la revendication pure et dure. A l'écouter, nul n'aurait pu deviner qu'elle n'avait pas comme employeur un capitaliste motivé par la seule recherche du profit, mais un organisme sans but lucratif au service de ses adhérents. Un instant surprise par ma provocation, elle se reprit bien vite et entreprit de me démontrer qu'« il ne fallait pas croire... ».

J'avais oublié cet incident lorsque je découvris le compte rendu d'une visite faite par Henri Krasucki à Niort en octobre 1982 dans les bureaux confortables de la Mutuelle des artisans, commerçants et industriels de France, la MACIF. Lui aussi eut droit en guise d'allocution de bienvenue à un superbe numéro de « faut pas croire », car, en raison de ses convictions marxistes, il pouvait être suspecté de faire une certaine différence entre une entreprise capitaliste et un organisme mutualiste. La secrétaire de la section syndicale CGT rappela au camarade secrétaire général : « (...) A la MACIF les salariés ne travaillent pas dans on ne sait quel paradis social (...) nous en avons assez d'être traités de nantis, de privilégiés, et pour certains, de parasites. » Elle entreprit alors d'exposer le mécontentement de la base : « En supprimant l'échelle mobile des salaires, en gelant l'avancement automatique et en exerçant un chantage sur les augmentations de salaires pour 1983, notre direction ne prend pas le chemin de l'action sociale, mais crée les conditions d'une détérioration d'un climat déjà tendu. » Impossible pourtant d'oublier le caractère non capitaliste d'une entreprise avec laquelle la CGT venait de passer un accord d'affiliation : « Nous savons, et nous ne le nions pas, que parmi nos sociétaires il y a des chômeurs, des smicards, des gens qui, quotidiennement, connaissent gêne et difficultés de vivre, mais ce n'est pas en aliénant le pouvoir d'achat des employées de la MACIF que l'on réglera les conséquences des décennies du pouvoir de la droite. » Elle précisa donc que les salariés de la MACIF entendent manifester leur

141

solidarité en présentant aux travailleurs-sociétaires leur nouvelle revendication : « 35 heures à la MACIF [*NDLA :* à salaire maintenu, cela va de soi], ce n'est pas de l'utopie. C'est possible et tout de suite. Ce serait à notre sens un résultat conséquent dans la lutte contre le chômage. »

Le secrétaire général se lança dans un exposé filandreux pour tenter de raisonner sa militante. Rappelant qu'une mutuelle « ce n'est pas Citroën », il prend soin de préciser : « Cela ne veut pas dire que c'est le paradis pour ceux qui y travaillent. » Il ose mettre en garde les syndiquées contre « un langage ou des initiatives mal adaptés à ce type d'entreprises », mais proclame bien haut : « il n'y a pas de raison qu'il vous soit demandé des sacrifices au nom du fait que vous travaillez dans une mutuelle dont les adhérents sont des travailleurs ». Bref, il faut revendiquer, mais dans les règles, en n'oubliant pas que : « Nous sommes, nous, pour un mouvement mutualiste qui soit fondé sur une conception unitaire, certes, mais en même temps qui se rattache à la lutte de la classe ouvrière. » Comprenne qui pourra. Comme tout devient difficile lorsque le patron n'est plus un capitaliste et que les revendications doivent être payées par des salariés... voire des chômeurs !

Loin d'être exceptionnel, cet incident est significatif du climat qui règne dans notre immense bureaucratie sociale, des Maisons de la culture aux ANPE, en passant par la Sécurité sociale, les caisses de retraite, les associations d'aide aux handicapés, etc. Ces salariés ne sont pas utilisés pour « faire du profit », mais pour servir la communauté et, principalement, les plus faibles. Leurs employeurs ne sont plus des patrons capitalistes, ni même « l'Etat bourgeois », mais des organismes à gestion paritaire quand ce ne sont pas des associations privées sans but lucratif. Bref, ils se trouvent placés dans les conditions idéales pour rompre avec le comportement revendicatif traditionnel né des luttes sociales entre capitalistes et prolétaires. Le résultat est tout juste inverse. On rencontre dans ce secteur le corporatisme syndical le plus acharné qui, sous couvert d'un discours gauchisant, ne vise qu'à profiter d'une autorité hiérarchique faible pour arracher un maximum d'avantages au détriment du service social.

Prenons l'Agence nationale pour l'emploi. Il s'agit d'un établissement public tripartite : Etat-employeurs-salariés. Les organisations syndicales sont donc cogestionnaires et coresponsables du système.

Le budget dépasse 1,5 milliard de francs et les effectifs atteignent 11 000 agents, éclatés en 640 agences locales et antennes. Le résultat — variable selon les établissements, cela va de soi — est globalement négatif. La Cour des comptes l'a constaté en 1983. Son rapport, tout en litotes, en dit long sur ce que les contrôleurs ont pu voir. Ici, la défense des employés passe avant celle des chômeurs. Elle a permis d'obtenir les avantages de la fonction publique, l'austérité et la discipline en moins. La Cour révèle qu'en 1981 les dépenses de personnel ont dépassé de 97 millions les prévisions, ce que le rapporteur appelle pudiquement une « aisance financière ». Payée par qui ? Quant à l'ardeur au travail, elle n'apparaît pas avec évidence. « Le fonctionnement des unités est souvent perturbé par un absentéisme important (...), les estimations les plus sûres en fixent le taux, tous motifs confondus, entre 20 et 25 % selon les régions et même 27 % dans la Région parisienne en 1980 en raison d'absences pour maladie constamment très élevées. A certains moments, des agences locales ont dû fonctionner avec la moitié de leurs effectifs : tel était le cas pour celle de Besançon II en mai 1982. La présence du personnel paraît au demeurant peu contrôlée : un responsable d'antenne, à Paris, ne s'est pas présenté pendant plus d'un an à son travail avant qu'une sanction soit envisagée à son encontre. » Dans le même temps, le rôle de l'ANPE dans le reclassement des demandeurs d'emploi n'a cessé de se réduire, passant de 26,5 % en 1976 à 19,5 % en 1981. Une enquête de *l'Expansion* en 1984 faisait apparaître que 36 % des inscrits n'ont jamais pu discuter de leur situation avec les employés de l'agence !

La situation des ASSEDIC et de l'UNEDIC n'est guère plus satisfaisante. A la différence de l'ANPE, institution publique centralisée, il s'agit d'organismes privés, gérés par les partenaires sociaux, pour verser les indemnités aux chômeurs. Les syndicats, maîtres du système, y ont réintroduit tous les défauts qu'ils dénoncent dans l'entreprise capitaliste. La hiérarchie des salaires est tout à fait « classique » et monte jusqu'à de très confortables traitements directoriaux jamais liés aux résultats ; le favoritisme et le népotisme sont couramment pratiqués au profit des syndicalistes. Le même rapport de la Cour des comptes fait état d'un « taux d'absentéisme élevé » et d'un laisser-aller général aux frais du contribuable. De 1980 à 1982, la participation de l'Etat aux dépenses de fonctionnement a dû augmenter deux fois plus vite que les dépenses officiellement constatées. La différence entre les deux atteint 335 millions. Les exemples de laxisme cités, pour constituer des cas extrêmes, n'en sont pas moins accablants. Dans les ASSEDIC des Bouches-du-Rhône, le déficit de fonctionnement atteint 27 millions en 1982. Les traitements y sont supérieurs de 12 % à la convention collective nationale, les horaires hebdomadaires inférieurs d'une heure et demie tandis que l'absentéisme atteint un taux record. Une situation qui a perduré pendant des années.

L'UNEDIC, organisme central, chargé de chapeauter et surveiller l'ensemble, est assez mal placé pour prêcher l'efficacité et l'austérité. Elle s'est transformée en une douillette privilégiature syndicale dont la CGT s'est bêtement fait exclure. Lorsque le système fut mis sur pied en 1959, elle céda à son réflexe de refus. A la réflexion, elle changea d'attitude et voulut y prendre place. Trop tard. Les autres confédérations s'étaient déjà tout attribué et la laissèrent à la porte. Car l'UNEDIC est une excellente affaire. L'appartenance syndicale est déterminante dans le recrutement. L'équilibre entre les confédérations se respecte jusqu'au niveau des services. Les syndicats, qui revendiquent partout la publicité des salaires, se gardent bien de la pratiquer ici. Les rémunérations vont de 6 000 à 40 000 francs par mois, avec les années de 14 mois et demi, et tous les avantages qu'on s'accorde dans les bonnes maisons. Le personnel, cela va de soi, ne peut qu'être entièrement syndiqué et consomme à haute dose de la formation permanente incluant le maquillage, la musique traditionnelle, voire la conduite automobile. Toutes sciences indispensables pour assister les chômeurs !

Tout le secteur de la Sécurité sociale et des mutuelles soumis à la cogestion syndicale vit également dans une heureuse ignorance de la productivité. Dans certaines caisses, une direction efficace parvient à résister aux revendications et imposer une saine gestion. Ailleurs, le laxisme prévaut, avec l'absentéisme de rigueur dans ces bureaux : 31 % en Ile-de-France. Faute de concurrence pour éliminer les moins productifs, l'Inspection générale des affaires sociales se contente de relever que le traitement d'une feuille de maladie revient à 17,94 francs à la caisse de Melun et 47,22 à celle de Pontoise. Dans *les Danseuses de la République*, Jean-Pierre Gaudard précise [76] : « En Seine-et-Marne, 900 employés suffisent à la tâche. Dans l'Essonne, pour une charge de travail équivalente, 2 000 employés sont mobilisés. Que peut faire le directeur de la caisse de l'Essonne puisqu'il ne peut ni licencier du personnel ni le muter comme il voudrait ? A-t-il même intérêt à régler ce problème de sureffectifs qui lui permet d'avoir une rémunération supérieure à son collègue de Seine-et-Marne puisqu'il commande un personnel deux fois plus nombreux ? » Les « conquêtes sociales » ne sont pas étrangères au surcoût de fonctionnement payé par les assurés qui, jusqu'en 1983, devaient en outre financer un régime de retraite exceptionnellement favorable pour un travail qui n'était pas toujours exceptionnellement pénible.

Louis Bériot [30] a justement fustigé, dans son *Bazar de la solidarité*, la perversion de tout le secteur associatif qui n'a d'ailleurs plus d'associatif que le nom. Désormais, l'argent vient de l'Etat et le travail est salarié. L'entremise d'une association ayant à sa tête des bénévoles assure aux employés la sécurité des fonctionnaires sans leur imposer la discipline de l'administration. Résultat prévisible d'une telle ambiguïté : une hypersyndicalisation gaucho-corporatiste. Parlant des « 250 000 permanents d'associations qui s'occupent soit de formation d'animateurs, soit d'animation dans les clubs, les foyers, les Maisons de jeunes et de la culture, etc., et divers équipements socio-éducatifs ou culturels », Bériot dénonce : « (...) Leurs conventions collectives en or qui leur procurent une carrière rapide ; en dix-sept ou dix-huit ans, c'est le cas dans une MJC, ils franchissent les dix échelons de la fonction et deviennent " Maréchal " à 40 ans. A cet âge, ils n'ont plus rien à espérer que leurs 12 000 francs par mois, leurs tickets de restaurant et leurs logements de fonction. » Pour une mission jamais évaluée au niveau des résultats.

Sans doute existe-t-il de très nombreux travailleurs sociaux qui, dépassant la conscience professionnelle, manifestent un réel dévouement. Mais il s'agit de comportements personnels. Les organes représentatifs, eux, revendiquent obstinément pour les employés et ne se souviennent de leurs « administrés » que comme alibis pour demander plus de crédits, plus d'effectifs et plus d'avantages. A l'Etat, aux directions, au système, aux « gros », au « patronat », à « la droite », bref, toujours aux mythiques « gens d'en haut » et jamais à ceux qui devront en supporter le coût.

On voudrait croire que l'on peut régénérer les relations sociales en redonnant un sens au travail. La bureaucratie sociale tend à démontrer le contraire. La relation d'utilité directe qui devrait être un motif d'engagement est ressentie comme une gêne et se trouve occultée au profit de la vieille confrontation sociale, si commode : « faut pas croire » ... que le service des handicapés soit différent du travail en usine ; « faut pas croire » ... qu'une paisible association soit différente d'un patron de choc ; « faut pas croire » ... que le syndicalisme hors capitalisme soit différent du syndicalisme dans le capitalisme. Beaucoup de Français pensent comme moi que cet amalgame recouvre une imposture, mais ils respectent les règles élémentaires de la politesse : ils font semblant de ne pas croire et lèvent docilement la tête lorsque les militants désignent, « là-haut », ces maîtres imaginaires qui les exploitent. Il faut ici manquer à tout savoir-vivre ou mettre le mot « fin ».

S'agit-il de dénier à ces travailleurs le droit à la revendication, sous prétexte qu'ils n'ont plus l'Etat ou les capitalistes comme maîtres ? Certainement pas. Ils vivent une situation d'opposition d'intérêts et de conflit comme tous les Français ; à ce titre ils doivent « se défendre » et non pas se résigner. Je ne plaide pas pour l'abolition totalitaire de la conflictualité, mais, au contraire, pour une acceptation de la conflictualité généralisée. Encore faut-il que celle-ci soit reconnue pour ce qu'elle est, dans toute sa diversité, et qu'on n'en fabrique pas une image fallacieuse pour justifier une action collective sans correspondance avec la réalité.

La revendication naît du salariat comme la concurrence du marché. Il suffit de recevoir une feuille de paie pour la trouver trop légère. Les syndicats eux-mêmes doivent faire face au mécontentement du personnel qu'ils emploient. Nulle concession ne vient à bout de cette insatisfaction fondamentale. Le salarié repu n'existe pas et l'électro-encéphalogramme social n'est jamais plat. On en déduit que toute revendication est « légitime ». S'il s'agit d'un droit général, la formule ne traduit qu'une banale évidence : on peut toujours demander une augmentation. S'il s'agit des conditions dans lesquelles s'exerce ce droit, alors elle devient abusive : on ne peut pas demander n'importe quoi, n'importe comment, à n'importe qui. En résumé, LA revendication est légitime, mais toute revendication ne l'est pas. Et, sitôt que l'on abandonne les principes généraux pour revenir aux réalités concrètes, on découvre que LA revendication en soi n'existe pas. On ne rencontre que des circonstances toutes particulières et des systèmes revendicatifs extrêmement divers.

Si cette variété est une évidence dans un cas, elle ne l'est pas dans l'autre. La grande majorité des Français pense qu'il n'y a pas trente-six façons de demander une augmentation. Ou bien on tend la main bien poliment et « on attend que ça tombe », ou bien on réclame son dû et, si le patron ne cède pas, on engage la bataille. A leurs yeux, la seconde manière, seule, mérite le nom de revendication, cela s'appelle une épreuve de force, et cela n'appelle pas de longs développements. Ainsi, la leçon du syndicalisme a-t-elle été parfaitement assimilée, et les travailleurs sont convaincus que la seule défense possible de leurs intérêts est celle qu'ils connaissent, c'est-à-dire un rapport de forces destiné à faire un vainqueur et un vaincu et non pas la recherche d'une solution acceptable par tous. Rien n'est plus faux. Notre tradition est spécifique et non pas universelle ou éternelle. Notre avenir social ne saurait être enchaîné à ce rail unique.

Les perversions de la revendication hexagonale furent superbement illustrées en 1984 par la malheureuse négociation sur la flexibilité. Toutes les sociétés industrielles le constatent : la route de la croissance est droite, celle de la crise est tortueuse. L'une autorise la rigidité, l'autre exige la souplesse. Dans les années d'expansion, on a multiplié les réglementations, les normes, les protections. Aujourd'hui, cet appareil de statuts, de conventions, de lois et de décrets pénalise notre industrie dans la bataille sans merci de la compétitivité. Il faut donc se donner plus de liberté pour modifier les conditions de production. C'est un problème opérationnel qui ne devrait pas soulever de questions métaphysiques.

Mais le dispositif mis en place dans la période précédente ne peut être assimilé à des machines que l'on change lorsqu'elles sont démodées. Nous sommes ici dans le champ du social et non plus de la technique. Chacune de ces dispositions ne représente pas une modalité adaptable aux circonstances mais un « acquis », c'est-à-dire un avantage pour les travailleurs et, surtout, une « victoire » arrachée par le camp des salariés sur le camp des employeurs. Dans notre logique revendicative, il ne peut être question d'y toucher puisqu'il faudrait « revenir en arrière ». Ainsi un ensemble de difficultés pratiques débouche sur des questions de principe et des rapports de forces. C'est la perversion du système syndicratique dans toute son horreur.

Dans la plupart des pays — Allemagne, Belgique, Grande-Bretagne, Espagne —, la réglementation concernant les contrats à durée déterminée, les calculs des horaires, les procédures de licenciement, la représentation du personnel a été assouplie. Les syndicats tantôt se sont indignés, tantôt se sont résignés. Le gouvernement a tranché. En France, dans les entreprises secouées par la crise, les délégués doivent accepter depuis quelques années certaines concessions qu'ils s'efforcent de négocier contre des compensations. Ces marchandages ne sont jamais faciles, mais, lorsque les deux parties se trouvent sur le même bateau face aux mêmes tempêtes, elles peuvent finir par s'entendre. Il s'agissait donc d'accords locaux, justifiés par l'urgence, sur lesquels les syndicraties fermaient les yeux et dont elles minimisaient la portée. Au niveau confédéral, le seul précédent connu était l'accord de 1983 sur l'indemnisation du chômage qui avait rogné les avantages ... des chômeurs, ce qui s'admet plus facilement. Pour les travailleurs, le respect des droits acquis restait le dogme intangible.

Mais les efforts d'adaptation au niveau des entreprises butaient sans cesse sur la rigidité des normes nationales. Réglementaires ou conventionnelles. Il fallait élargir ce cadre général afin de faciliter les arrangements sur le terrain. Rompant avec la tradition étatiste, le gouvernement voulut emprunter la voie contractuelle en cherchant un accord national au niveau des confédérations. C'était donner tête baissée dans tous les pièges de la syndicratie.

La négociation qui s'était ouverte en mai se traîna en un interminable feuilleton ponctué de fausses nouvelles et de fausses ruptures, de mauvaise humeur et de mauvaises rumeurs. En cette mi-décembre, les confédérations « modérées » semblaient désireuses d'aboutir. Seule la CGT fulminait. « Une mutilation sociale, ça ne se négocie pas. Ça se combat », lançait Henri Krasucki qui dénonçait la trahison de la « bande des quatre » : CFDT, FO, CFTC et CGC. Les commentateurs voyaient dans ces imprécations une preuve du durcissement cégétiste consécutif à la rupture socialo-communiste. Ils avaient tort. Le leader de la CGT ne faisait que rappeler la doctrine constante du syndicalisme français. Une négociation ne consiste pas à résoudre des problèmes, mais à faire reculer l'adversaire. Longtemps le patronat s'était trouvé dans la situation du défenseur. Les circonstances lui donnaient plutôt le rôle d'attaquant. Le débat, qui portait en apparence sur des questions éminemment concrètes comme les délais de licenciement, l'aménagement du temps de travail, le recours à la main-d'œuvre temporaire, etc., se doublait d'une lutte entre le libéralisme et le socialisme. Le patronat et le syndicalisme.

On termina « au finish » avec une séance marathon de 21 heures. Dans cette nuit du 15 au 16 décembre, la lumière ne s'éteignit pas avenue Pierre-Ier-de-Serbie au siège du CNPF. A l'aube du dimanche, les partenaires sociaux, fourbus, vinrent présenter leur enfant. Impossible de se cacher la réalité : les représentants syndicaux avaient accepté de revenir sur certaines dispositions considérées comme des « conquêtes sociales ». La durée du travail serait calculée sur l'année et non plus sur la semaine, afin de l'adapter aux nécessités de la production ; les seuils sociaux, qui entraînent la mise en place des délégués du personnel puis des comités d'entreprise, étaient assouplis ; le recours à l'intérim et aux contrats à durée déterminée était facilité ; les délais de licenciement étaient raccourcis. En contrepartie, les syndicats n'avaient obtenu qu'une discussion sur la réduction de la durée du travail et des négociations sur les mutations techniques. Il restait à faire ratifier l'accord, mais l'optimisme était de mise. La CGC se proclamait d'emblée favorable, la CFDT aussi ; FO et la

CFTC se rallieraient sans enthousiasme. En l'espace de quatre jours tout bascula. Le vendredi, les trois confédérations « ouvrières » annonçaient qu'elles ne signeraient pas. La CGC ne pouvait seule légitimer l'accord. La négociation avait capoté. Que s'était-il passé ?

La presse expliqua que les directions confédérales s'étaient heurtées au « refus de la base ». On omit de souligner que les protestataires n'étaient pas les salariés démocratiquement consultés, pas même les syndiqués, mais des dirigeants de fédérations et d'unions régionales ou départementales, des permanents des grandes sociétés nationales, bref des syndicalistes professionnels qui imposèrent le demi-tour sur un question de principe.

Dans *le Monde* du 21 décembre, André Lebaube constatait que « (...) Le véritable sujet de cette négociation était l'adaptation du syndicalisme et l'évolution des rapports sociaux pour se préparer aux conditions de la modernité. » Même appréciation dans *Libération* : « C'est sans doute cette mise sous le boisseau d'un syndicalisme de " lutte des classes " pour une collaboration imposée par le " cancer " du chômage qui constitue la véritable évolution de l'accord sur la flexibilité. Une révolution jusqu'alors sans précédent dans l'histoire du syndicalisme français. » La rupture avec la tradition syndicale française, tel était bien l'enjeu. Commentant la révolte de ses fédérations, André Bergeron expliquait : « On a été au bout des possibilités. Cela touche au Code du travail. Nos militants ne veulent pas. C'est théologique. » Un autre dirigeant parlait d'un « choc culturel ». Un responsable cégétiste pouvait justement résumer le comportement des autres confédérations en déclarant : « Le syndicalisme de lutte des classes n'est pas fini. »

Les choses étaient donc claires. Pour les syndicrates des deux bords, il ne s'agissait pas d'aider l'économie française à franchir une passe difficile, mais de continuer leur guerre de cent ans. Le CNPF avait marqué des points dans sa contre-offensive libérale, les syndicalistes professionnels ne voulaient pas lui concéder cette victoire. La situation des entreprises était tout à fait secondaire. La preuve que ce refus ne tenait aucun compte des réalités et ne se fondait que sur un rapport de forces entre bureaucraties fut apportée par un sondage réalisé par BVA pour *l'Expansion*. L'échantillon choisi n'était pas représentatif de la population dans son ensemble, mais des salariés du secteur concurrentiel, ceux qui étaient concernés au premier chef par l'accord et qui vivent chaque jour les problèmes auxquels l'accord devait porter remède. Les réponses furent sans équivoque :

Etes-vous favorables ou opposés aux dispositions suivantes :

	Favorable	Opposé	N.S.P.
Donner aux entreprises la possibilité de faire varier la durée de la journée de travail ou de la semaine de travail. En contrepartie, le nombre d'heures travaillées au total par an serait réduit	53 %	28 %	19 %
Accorder aux petites entreprises qui atteignent les seuils de 10 ou de 50 salariés une année de délai avant de mettre en place des délégués du personnel, les délégués syndicaux ou le comité d'entreprise	48 %	29 %	23 %
Permettre aux entreprises de recourir plus aisément à l'intérim, au travail à temps partiel ou aux embauches pour une durée limitée	47 %	35 %	18 %
Fixer clairement et limiter les délais accordés aux inspecteurs du travail pour approuver ou refuser les licenciements collectifs	58 %	20 %	22 %

Tout compte fait, si vous aviez été consulté, auriez-vous donné votre accord sur ce texte ?

OUI .... 48 %
NON .... 24 %
N.S.P. .... 28 %

On ne saurait imaginer plus éclatant démenti des appareils par les salariés. Cela prouve clairement que ce sont les syndicalistes bien plus que les travailleurs qui tiennent à cette « revendication à la française ». Par fidélité et/ou par intérêt, nous le verrons. Cela prouve aussi que, en dépit de toutes les divergences et divisions, il existe bien un accord syndical, toutes obédiences confondues, sur un certain type de confrontation sociale. Une contre-preuve encore plus démonstrative fut administrée six mois plus tard.

L'accord sur la flexibilité devait donc permettre aux entreprises de faire appel plus facilement à l'intérim. Il s'agissait, en fait, de revenir sur l'ordonnance de février 1982 qui en avait réglementé l'usage. Pour les confédérations « ouvrières », le « recul » était particulièrement voyant. Pour le patronat, qui avait ressenti cette limitation comme une « défaite », le « succès » n'était pas moins sensible. Depuis des années, il faisait un appel de plus en plus large au travail temporaire qui constituait une sorte d'assurance contre les sureffectifs. La nouvelle législation n'autorisait cette solution que dans quatre cas bien définis et pour des durées qui ne devaient pas excéder six mois. Les employeurs demandaient que le délai soit porté à dix-huit mois.

En 1985, la discussion reprit discrètement sous les auspices du ministère du Travail entre les fédérations patronales et les syndicats concernés. Au lieu de poser la question de principe, on s'efforça de faire le point de la situation. Les entreprises avaient-elles réellement besoin d'utiliser des travailleurs temporaires pendant de si longues périodes ? En repartant des faits, on constatait que la durée moyenne des missions était inférieure à quatre semaines avant 1982 et n'atteignait pas deux semaines en 1984. Les contrats de plus de quinze semaines représentaient, en 1981, 1,2 % du total, 0,9 % en 1983 *. Il n'était donc pas nécessaire de porter globalement la durée à dix-huit mois, mais il fallait identifier les cas exceptionnels dans lesquels un allongement était nécessaire. C'est ce que firent ensemble les partenaires et les représentants du ministère. Il peut arriver qu'un employé s'en aille, mais qu'on ne puisse le remplacer par un permanent, car son poste est appelé à disparaître dans un ou deux ans ; il se présente encore des situations délicates pour les firmes exportatrices ayant des contrats à l'étranger, etc.

Discutant sur de telles bases et dans un tel esprit, il fut possible de se mettre d'accord sur ce point et sur les autres questions litigieuses. Les différentes parties signèrent le 7 mai un protocole prévoyant des aménagements à l'ordonnance de 1982. Le représentant de la CGT ne manqua pas de souligner que « les organisations réformistes ont cédé aux exigences patronales », mais, cette fois, il ne put entraîner ses collègues dans le refus. On avait cherché des solutions, on en avait trouvé. Il n'y avait ni vainqueurs ni vaincus.

Ce genre d'approche pragmatique permit également de signer dans le bâtiment et les travaux publics un accord prévoyant le calcul des horaires de travail sur les années avec la possibilité de le moduler selon l'activité. Là encore, il s'agissait d'un point essentiel du fameux accord sur la flexibilité. On voit bien que cette mesure n'a pas la même importance dans des industries saisonnières ou soumises aux aléas climatiques et dans des activités régulières. La poser en termes généraux de tout ou de rien revient à en faire une bataille entre deux systèmes et deux bureaucraties : la syndicratie patronale qui veut libérer le chef d'entreprise de toute entrave ; la syndicratie salariée qui veut réduire toujours davantage la marge de manœuvre de l'employeur.

---

* Chiffres sans doute sous-évalués, car les employeurs maquillent en contrats de courte durée des missions plus longues.

Telle est donc cette revendication française qui entretient la guerre civile pour le plus grand profit des appareils syndicaux. Se référant toujours à la lutte historique des dominés contre les dominants, elle exclut toute forme d'accommodement qui dépasse l'épreuve de force linéaire.

Principe constitutif de cette doctrine syndicale française : une négociation ne porte jamais que sur le « plus ». Le « moins » peut être imposé — c'est une « agression » —, mais jamais consenti, même contre compensations. Cette évidence est portée par un siècle d'histoire sociale et trente années de prospérité. Car le « moins » avait disparu de notre horizon social depuis la fin de la dernière guerre. L'expansion continue permettait aux patrons d'avoir toujours quelque chose à donner, peu parfois, mais jamais, au grand jamais, ils n'avaient de sacrifices à demander. L'absence de toute réciprocité dans la négociation allait de soi. La bonne santé de l'économie correspondait si bien à la doctrine syndicale qu'elle avait fini par la masquer.

Il y a quelques années, on eût bien étonné un ouvrier français en lui expliquant qu'un syndicat pouvait consentir une diminution du pouvoir d'achat, une réduction des garanties statutaires, un alourdissement des horaires. Les syndicats de « collaboration de classes » qui, à l'étranger, entraient dans de semblables compromis, ne pouvaient être que des organisations « bidon » à la solde du patronat.

Nous savons désormais qu'il n'en est rien. Dans les pays où l'on pratique, exceptionnellement il faut le reconnaître, le jeu des concessions réciproques, la vie sociale n'est pas moins authentique que chez nous. Les organisations syndicales sont généralement plus puissantes et les affrontements sont plus rares mais plus durs. Au total, les salariés sont mieux défendus si l'on en juge par les résultats sur le long terme et non par les discours instantanés. Bref, la crise nous fait découvrir que le syndicalisme « à la française », loin d'être le seul concevable, constituerait plutôt une bizarrerie ou un archaïsme par rapport au mouvement syndical mondial.

Dans la confrontation sociale, la CFDT ou la CGT se plaignent chaque jour que leurs partenaires refusent de négocier alors qu'eux-mêmes ont érigé en principe le refus de s'engager. Selon cette doctrine, la négociation sociale ne viserait qu'à faire prendre des engagements aux employeurs. Jamais aux employés. « Les syndicats », constate Hubert Landier [94] en résumant ces thèses, « n'ont pas à se considérer comme liés par des conventions qui ne sont qu'autant d'armistices engageant le seul patronat », et Jean-Daniel Reynaud

[139] de préciser : « La CGT comme la CFDT affirment explicitement qu'un accord constate une situation et que sa validité disparaît quand la situation change. » L'appréciation du « changement » étant laissée à la discrétion du syndicat. Les documents que l'on prétend élaborer dans les discussions sociales ne sont donc que des « constats » et non des « contrats ». La partie patronale — qui peut être aussi bien un capitaliste qu'une administration, une société nationale, une association ou un organisme paritaire — est tenue d'en respecter les stipulations tandis que la partie syndicale peut à tout moment les dénoncer. Ce comportement de factions libanaises au combat, aberrant dans une société moderne, traduit bien cette volonté de se maintenir en position de dominé face au dominateur et de s'ériger en « libérateur ». Bref, ce refus de reconnaître que la réalité économique a cessé de s'analyser à la verticale pour se présenter à l'horizontale. Que le temps des luttes héroïques est bien terminé.

Ce parti pris de l'affrontement écarte toute institutionnalisation de la confrontation sociale. Il existe bien des procédures de concertation, voire de cogestion, mais, au moment où s'engage le conflit, on se retrouve face à la lutte sociale primitive. Le syndicat ne peut accepter de se laisser enfermer dans des procédures qui réduiraient sa liberté d'action. Nulle garantie statutaire ne saurait justifier une limitation de la grève, nulle instance supérieure ne saurait imposer une solution aux « travailleurs en lutte ». Entre l'échec de Millerand s'efforçant de mettre sur pied une tentative d'arbitrage au début du siècle et l'oubli de la conciliation-arbitrage obligatoire instaurée par le Front populaire, c'est toujours la même attitude que l'on vit encore dans le contrat de progrès signé le 10 décembre 1969 à l'EDF sous l'impulsion de Jacques Delors, alors conseiller de Jacques Chaban-Delmas.

Les parties étaient convenues qu'en contrepartie d'avantages salariaux, les syndicats s'engageaient à ne pas déclencher de conflits sur ce sujet pendant les deux années suivantes. Il était toutefois prévu une dénonciation possible du contrat avec un préavis de trois mois qui leur rendait une entière liberté de manœuvre. A l'époque, ce timide essai avait fait sensation. Jacques Chaban-Delmas avait parlé d'une « révolution ». Qui fit long feu. La CGT, hostile, par principe, à tout accord de « paix sociale », refusa de signer, mena campagne contre l'accord et obtint une consultation du personnel qui dégagea une majorité d'opposants. Echappant à toute « exploitation » capitaliste, cogérant l'une des plus grandes entreprises nationales, jouissant de multiples prérogatives, somptueusement subventionné par les usagers, le syndicat le mieux pourvu de France voulait toujours entretenir la fiction de la guerre civile.

Cette prétention, qui ferait scandale si elle venait d'une autre institution, ne choque pas lorsqu'elle est affichée « au nom des travailleurs ». La CFDT, après avoir signé, se dépêcha de reprendre sa parole avec des explications embarrassées : « Les contrats, dit-elle, ne sauraient s'interpréter comme relevant d'une prétendue " politique de paix sociale ". » Gérard Lyon-Caen *, étudiant les termes de cet accord et son application, constate : « L'idée de devoir de paix semble jusqu'ici étrangère au système français des conventions collectives, même sous son aspect le plus modéré, celle du devoir de paix relative. »

De fait, l'expérience ne put être ni étendue ni renouvelée. Nos syndicats tiennent à leur attitude de guérilla permanente. Celle-ci ne se traduit nullement par un nombre anormal de journées de grève — au cours de la dernière décennie, la « conflictualité sociale » fut beaucoup plus faible en France qu'aux Etats-Unis, en Grande-Bretagne, en Italie, en Belgique ou au Canada ; ne nous laissons donc pas écraser par le calme des pays sociaux-démocrates : Allemagne, Suède, Hollande, Autriche, etc. —, mais elle donne à notre vie collective un caractère heurté et décousu.

De ce fait, la grève tend à se banaliser. On la déclenche à propos de tout et de n'importe quoi : pour une heure, une demi-journée ou pour deux jours ; pour préparer une négociation, pour l'accompagner ou pour la conclure ; pour soutenir, pour protester ou pour condamner.

A la télévision, il y a une douzaine d'années, j'appris que les journalistes CFDT avaient décidé une grève de solidarité avec le personnel de Lip. Dans d'autres pays, la solidarité eût consisté à verser une journée de salaire pour soutenir la caisse des grévistes ; en France, on préférait infliger une brimade aux téléspectateurs et faire cadeau de son salaire à la direction de l'ORTF. Plus récemment, le 28 novembre 1984, les visiteurs trouvèrent les portes du Louvre closes. Sans annonce et sans explications. Le conflit portait sur les délais de remboursement de l'excédent de bagage accordé aux gardiens antillais lors des vols gratuits auxquels ils ont périodiquement droit pour retourner dans leur famille !

Ce recours anarchique à la grève, qui multiplie les arrêts de travail ponctuels, signifie qu'on gaspille les cartouches au lieu de concentrer le tir. Cette stratégie — ou cette absence de stratégie — n'a rien de

---

* *Droit social*, avril 1970, cité par Dimitri Weiss [161].

« naturel ». On la rencontre dans certains pays comme l'Italie ou la Grande-Bretagne, mais l'Allemagne ou les sociétés social-démocrates l'ignorent. On ne sache pas que les salariés y soient plus mal défendus.

En France même, la grève n'est guère banalisée que dans les services publics. Dans les entreprises concurrentielles, elle reste un acte grave et exceptionnel. Il s'agit donc bien d'un mode revendicatif particulier... et que les Français réprouvent. En 1977, lors d'un sondage Public S.A., 77 % d'entre eux estimaient que la négociation est plus efficace que la grève pour faire aboutir les revendications et 85 % considéraient que celle-ci ne doit être qu'un « ultime recours », tandis que 14 % seulement y voyaient un « instrument courant ». S'agissant de la seule population syndiquée, les réponses étaient à peine différentes : les trois quarts étaient favorables à l'ultime recours et un quart seulement à l'instrument courant.

Concluons donc que la France a édifié une pratique revendicative originale qui se caractérise notamment par le triple refus du marchandage ou de la concession mutuelle, de l'engagement réciproque et de la réglementation des conflits. Cette crispation tient au fait que le pouvoir social, surtout du côté des salariés, n'est pas exercé par ceux qui sont au contact direct des réalités, mais par les bureaucraties représentatives qui, pour soutenir leur propre nécessité d'être, transposent les problèmes du particulier au général, de l'opérationnel à l'idéologique, du principe d'action au principe de pouvoir. Cette valorisation de la conflictualité par rapport à la négociation entraîne une rigidité et un manque d'adaptabilité de nos rapports sociaux. Comme toute tradition française, celle-ci n'est pas une construction empirique, mais idéologique. Pour le syndicalisme français, la question ne peut se réduire à un simple conflit d'intérêts, à un banal contentieux entre des parties opposées. C'est le combat épique du bien contre le mal. L'objectif n'est pas d'obtenir deux sous de plus, mais de libérer l'homme. Pas moins.

Premier article de foi : la condition salariale est inique. Les attendus de ce jugement sont oubliés, on n'en retient que la sentence : le salarié est une victime. La relation entre employeurs et employés n'est donc pas neutre comme l'échange entre clients et fournisseurs, mais possède une charge éthique — négative en l'occurrence — qui l'apparente à la domination du maître sur l'esclave.

Deuxième article : la revendication sociale vise à corriger cette iniquité. C'est pourquoi la politique, dite contractuelle, ne saurait être qu'unilatérale : on ne demande pas aux opprimés de consentir des sacrifices supplémentaires et encore moins de s'engager à limiter leur liberté d'action. Le refus reste la dernière dignité de la servitude. Les conflits du travail s'insèrent dans un long processus historique : le progrès social qui possède une double réalité : l'une visible, c'est l'amélioration des conditions de vie ; l'autre fondamentale, c'est la progression de la justice. Conçue comme une demande de réparation, cette revendication n'a pas à être argumentée, mais seulement énoncée. Quant aux concessions arrachées, elles ne sauraient effacer ce péché originel. Le SMIC, quel que soit son niveau, sera toujours injuste et pas seulement insuffisant.

Voilà un blocage typiquement français. Nous avons idéologisé, moralisé le champ du social, et nous refusons d'y introduire la notion prosaïque du marché. Le monde de l'économie est un espace ouvert à l'affrontement de tous les égoïsmes individuels. Ici, chacun n'est mû que par l'appât du gain et l'on se ridiculise à vouloir mettre du sentiment dans les affaires. Le monde du social est perçu comme son double vertueux. Tout d'abord, c'est le règne du collectif et non pas de l'individuel. Donc de la solidarité et non pas de l'égoïsme. L'argent, symbole du mal, n'y est pas recherché à fin d'accumulation cupide, mais seulement pour soulager la misère humaine. Les travailleurs ne revendiquent jamais que pour réparer une injustice, vaincre la misère ou défendre l'intérêt général. Ici, le calcul sordide, les froides stratégies chers aux économistes libéraux sont interdits de séjour. Ou, plus exactement, de discours. Bref l'ombre portée de l'histoire sociale fait régner un moralisme étouffant qui condamne tous les acteurs à la pire hypocrisie. Alors qu'il s'agit bel et bien d'un marché sur lequel des groupes sociaux se livrent une compétition implacable, il faut impérativement parer son égoïsme de toutes les vertus. Où trouver un tel déguisement sinon dans cette classe ouvrière du XIXe siècle, incarnation mythique de l'aliénation absolue et de la solidarité totale ?

Il appartient au syndicalisme, telles les veuves d'artistes authentifiant les faux tableaux, de prolétariser à bon compte tous les salariés à la recherche d'une identité revendicative. De ce fait, on ne parle pas à un syndicat comme à un partenaire en affaires. On doit admettre qu'il ne ment pas, qu'il ne bluffe pas, que ses revendications sont « légitimes ». On refuse de lui accorder satisfaction, mais, ce faisant, on se place en situation d'infériorité morale et l'on doit s'en excuser au nom des contraintes économiques. Dans le dialogue commercial, on s'exprime simplement : « Je n'en veux pas, c'est beaucoup trop cher pour ce que c'est. » « Je n'y gagne pas assez, ça ne m'intéresse pas. » Dans le dialogue social, on feint le double désintéressement : « Les travailleurs n'arrivent plus à joindre les deux bouts, ils sont excédés », quand ce n'est pas l'intérêt du service qui rend nécessaire l'augmentation de salaire. Et le refus utilise les mêmes détours : « La situation ne permet pas... » « Nos charges trop lourdes nous interdisent... » Une politesse bien confortable qui permet au pouvoir syndicratique d'engranger de substantiels bénéfices lorsqu'il est débarrassé de la contrainte extérieure.

Je n'en déduis pas de cette analyse que les conflits verticaux ont disparu de la société française. Je dis simplement qu'ils ont cessé de constituer la charpente de la confrontation sociale. Entre riches et pauvres, la question se pose désormais en termes de légitimité. Schématiquement, il s'agit de favoriser l'enrichissement contre la propriété, l'entreprise contre la rente. Il est bon que des Français fassent fortune par la création de richesse et d'emplois. Si longtemps que cette réussite s'opère dans un cadre concurrentiel, elle ne crée pas un conflit de type vertical. Le patron ne profite que de ce qu'il a créé et assume les risques de son entreprise. La situation est saine. Il en va différemment pour la bourgeoisie possédante qui n'a pas gagné l'argent dont elle dispose. En termes de pouvoir, on peut retrouver cette configuration verticale dans les entreprises où règne le patron de droit divin. Là encore, des réformes doivent intervenir. Inévitablement. La monarchie absolue est devenue une organisation inefficace, condamnée à terme par la nouvelle rationalité micro-économique. Mais, dans les deux cas, il s'agit de situations qui n'ont plus rien de commun avec celles qui existaient au siècle dernier. Elles appellent des corrections et non pas une révolution. Faire de ces conflits le centre unique de notre vie sociale est un anachronisme paralysant.

La revendication française s'analyse donc comme la survivance de la confrontation primitive dans une situation totalement nouvelle, comme un refus de prendre en considération les changements survenus depuis un siècle dans la société française. Elle ne bénéficie pas aux travailleurs, mais aux organismes syndicaux, c'est l'alibi de la syndicratie. C'est aussi, hélas, un des pires handicaps de la France dans cette course sans pitié au troisième millénaire.

CHAPITRE VI

Les auberges confédérales

La télévision de service public a des « obligations ». Parmi les pires « obligations » figurent les « perrons », et parmi les pires « perrons », il y a les « perrons sociaux ». En langage non codé, il s'agit d'aller recueillir les déclarations des « partenaires sociaux » dans la cour de l'Elysée, de l'Hôtel Matignon ou de quelque ministère. Ces proclamations ronflantes et répétitives n'ont pas le moindre intérêt — exception faite de quelques vérités premières qu'assène parfois Edmond Chrysostome. Leur constance dans l'inutilité symbolise parfaitement la dérive syndicratique.

Patrons et syndicalistes qui négocient à Paris. L'Etat qui intervient en tiers. Les conventions nationales et les règlements généraux... mais oui, bien sûr ! Ce sont les accords de Matignon, les accords de Grenelle. Des organisations géantes : Etat, CGT, CFDT, FO, CNPF, FNSEA, FEN, qui décident de normes rigides et simplificatrices : semaine de 39 heures, retraite à 60 ans, revalorisation du SMIC, etc. La tradition française ! Le patronat croyait se débarrasser du syndicalisme, il n'a fait que le repousser. Du bas vers le haut, du micro vers le macro et du social vers le politique. Une détestable évolution. C'est l'entreprise qui aurait dû constituer l'école de la réalité, car elle rend lisible le jeu des contraintes et des opportunités. Mais l'école était fermée. Le « Je ne veux pas le savoir » des syndicalistes a répondu au « Ça ne vous regarde pas » des patrons. La revendication sociale s'est dissociée de sa base économique pour se relier à sa tangente idéologique. Un dialogue raté par consentement mutuel en quelque sorte.

Faute de chercher des solutions sur le terrain, les responsables patronaux et syndicaux se grisent de pouvoir dans les palais ministériels. Il est tellement plus flatteur de s'entretenir à Matignon des intérêts de la France, que de discuter en province d'un contrat d'établissement ! Fille du double refus, cette ultra-centralisation n'a aucun

159

équivalent à l'étranger. Michel Despax * souligne cette singularité : « Des questions qui, en France, sont pour la plus grande partie résolues par la législation (congés payés, pensions et retraites, prérogatives des représentants du personnel), font l'objet, en Amérique, de négociations entre employeurs et salariés. La législation du travail, moins envahissante qu'en droit français, laisse à la négociation collective un champ d'action plus étendu. L'implantation syndicale, beaucoup plus forte qu'en France, favorise la conclusion de nombreuses conventions collectives. »

Sans aller jusqu'au syndicalisme d'entreprise, la plupart des sociétés industrielles préfèrent les procédures contractuelles aux procédures législatives et le niveau professionnel au niveau national. La France a fait le choix inverse. « Ainsi, conclut François Sellier [146], le syndicalisme français est le mieux reconnu comme institution du marché du travail, par les patrons et par l'Etat, là où il est le plus loin des conditions concrètes de travail. Et c'est à ce niveau que les facteurs de division politique jouent le plus sur l'ensemble du mouvement ouvrier. »

Ces affrontements rituels de confédérations pachydermiques transforment les Français en spectateurs, les conflits d'intérêts en rapports de forces et mutilent la complexité du réel avec les simplifications du politique. Ces acteurs se trouvent condamnés à déformer une réalité qu'ils représentent fort peu afin de conférer à leur rôle une apparence de légitimité.

Cette mise en scène reflète la France du XIXe siècle, la France des deux blocs. La population active était du même ordre qu'aujourd'hui : 20 millions de personnes occupées en 1906 contre 21,5 en 1982 ; mais sa répartition était toute différente. 41 % de ces travailleurs étaient paysans, pêcheurs ou sylviculteurs. Sur les 12 millions restants, près de 8 étaient employés dans l'industrie et les transports et 1 million seulement — en comptant les militaires — étaient au service de l'Etat. Le monde ouvrier représente alors 8 millions de personnes auxquelles on peut encore ajouter la plupart des 1,8 million de « salariés à domicile » ou « salariés sans emploi fixe » qui étaient pour une large part des ouvriers agricoles. La confrontation sociale, hors la campagne, était donc bien ouvrière, industrielle et capitaliste. Qu'en est-il aujourd'hui ? La terre ne fait plus travailler que 1,7 million de personnes ; l'industrie et le bâtiment, plus que 7 millions ; tout le reste de la population se retrouve dans ce fourretout qu'on appelle le « secteur tertiaire ». Le nombre des ouvriers,

* Cité par Dimitri Weiss [161].

qui décline régulièrement, ne représente plus qu'un tiers de la population active. Dans le même temps le tiers des travailleurs français est entré dans le giron de l'Etat et 85 % connaissent la sécurité du salariat contre 37 % en 1906.

Face à cette balkanisation de la société, les confédérations ont développé une stratégie « attrape tout ». A l'origine, les notions d'« ouvriers » et de « travailleurs » étaient confondues — à l'approximation paysanne près — en sorte que le syndicalisme pouvait prétendre en même temps représenter une catégorie — les ouvriers — et le peuple dans son ensemble : le prolétariat.

Au fil des décennies, le salariat s'est développé et diversifié. Il a cessé d'être lié à la condition ouvrière. Si les confédérations s'en étaient tenues à la représentation des travailleurs manuels, elles auraient fini par ne regrouper *QUE* les ouvriers tout comme la FEN ne regroupe que les enseignants, la FNSEA que les agriculteurs et la CGC que les cadres. Elles retombaient du politique dans le catégoriel. Pour l'éviter, la CGT — imitée en cela par FO, la CFDT et la CFTC — s'est transformée en auberge à géométrie variable accueillant employés, fonctionnaires, cadres, enseignants, pilotes de ligne, comédiens, chercheurs et même retraités. Seuls les membres des professions libérales, les agriculteurs et les patrons ne sont pas encore admis, ce qui permet tout de même de recevoir 90 % de la population. Dans le premier article de ses statuts, la CFDT affirme réunir des organisations syndicales « ouvertes à tous les travailleurs résolus (...) à défendre leurs intérêts communs et à lutter pour instaurer une société démocratique d'hommes libres et responsables ». Il n'y a vraiment que le rentier qui se ferait refouler.

En procédant de la sorte, on peut rassembler beaucoup de monde, mais sur quelles bases et à quelles fins ? Un regroupement tire sa force de sa spécificité autant que de sa masse. Peu de gens et une forte unité ou beaucoup de gens et une faible unité, car on perd sur un facteur ce que l'on gagne sur l'autre. Une foule n'a jamais fait un mouvement. Ouvrir les confédérations à tous, c'est courir le risque de perdre toute cohésion et toute identité. Donc de les affaiblir. Il était indispensable de jouer sur deux tableaux : une admission large pour « faire du chiffre » et une image précise pour préserver une spécificité. Cet élargissement du recrutement ne s'est donc pas accompagné d'un changement de la raison sociale. Surtout pas ! CGT, CFDT, FO et CFTC se proclament toujours « ouvrières » et font constamment référence au « mouvement ouvrier ». Célébrant le centième anniversaire du syndicalisme, Henri Krasucki se lance dans des acrobaties dialectiques pour étirer sa « classe ouvrière » sans la faire éclater : « Car la classe ouvrière se modifie, sa structure évolue, ses caractéristiques se transforment, mais elle est la classe ouvrière. Et plus largement le monde des travailleurs salariés grandit et évolue. Il rassemble ceux qui participent à la production des biens ou des services, ceux qui vivent de leurs salaires, ceux qui subissent une même exploitation — qu'ils en aient conscience ou non. »

Mais la relation est de plus en plus incertaine entre l'étiquette et le produit. Une équipe de chercheurs entreprenant une étude sur le langage des confédérations « ouvrières » [29] fut obligée de cerner le sens moderne de ce qualificatif. Le résultat est instructif : « Par " ouvrières " nous entendrons : présentes ou s'efforçant de l'être à tous les niveaux de l'échelle des tâches et des salaires, que ce soit besognes d'exécution, œuvre de création ou poste gestionnaire. » Autrement dit, une centrale pourrait se dire « ouvrière » du seul fait que ses statuts n'excluent pas les ouvriers !

Les dirigeants jouent de cette ambiguïté dans leur langage. Alors que Guillaume dit « les agriculteurs », Marchelli « l'encadrement », Pommatau « les enseignants », MM. Krasucki, Maire, Bergeron ou Bornard n'osant plus dire « les ouvriers » — un peu abusif ! —, ne voulant pas dire « les salariés » — trop prosaïque —, se rabattent sur « les travailleurs ». L'équivoque parfaite. Dans un pays où les rentiers sont en voie de disparition, cela peut désigner tous les Français ; dans une civilisation où le travail reste une valeur morale, cela peut signifier les courageux, les exploités, les malheureux : le peuple. Bref, c'est à la fois tout le monde et seulement les honnêtes gens.

A cette représentativité générale, nos confédérations ajouteraient volontiers une compétence universelle. La tradition française était en sens contraire. Soit étroitement corporative, soit révolutionnaire au sens le plus large. Les vieux syndicalistes étaient tout à la fois impliqués dans l'action politique et hors du jeu politique dont ils contestaient les règles. FO reste fidèle à la ligne corporative, la CFDT, au contraire, s'approprie goulûment tous les sujets qui passent hors de sa portée. La CGT, qui avait toujours refusé de mettre le nez dans la gestion des entreprises, s'y précipite maintenant à corps perdu. De l'invasion de l'Afghanistan au prix du super en passant par la politique économique, la sécurité publique et les droits de l'homme, tout est matière à prises de position. Au congrès de la FEN de 1985, M. Pommatau rappelait depuis la tribune « l'opposition irréductible à cette Constitution qui donne des pouvoirs excessifs à un seul homme ». « De quoi je me mêle » n'est manifestement plus traduisible en langage syndical. La frontière du social a volé en éclats.

Cette dérive n'est pas seulement liée à la charge idéologique particulière de la CGT ou de la CFDT, elle tient à la position occupée dans la société. Au sommet, tout devient politique. Mais ce territoire est déjà solidement tenu. Partis, parlement, gouvernement, présidence de la République se réclament d'une légitimité indiscutable pour traduire les aspirations des Français. A l'opposé se trouvent des associations qui prétendent représenter la population à un titre ou à un autre : consommateurs, automobilistes, contribuables, téléspectateurs, etc., mais ne jouissent que d'une autorité limitée. Les « associations de travailleurs » que constituent les confédérations sont traitées avec beaucoup plus de considération.

Ce traitement favorable se fonde d'abord sur la légitimité historique. Les confédérations incarnent la continuité du mouvement ouvrier. Mais que peut encore représenter celui-ci dans une société moderne ? Peu de chose assurément, tant sur le plan des réalités sociologiques que des principes idéologiques. Il faut donc multiplier les acrobaties, réécrire le passé, travestir le présent pour maintenir le mythe justificateur : l'unité des travailleurs. Cet assemblage hétéroclite de représentations décalées les unes par rapport aux autres constitue une véritable imposture. Car nos centrales « ouvrières » ne représentent plus ni les ouvriers, ni les prolétaires, ni les salariés.

Quels sont les effectifs de ces organisations ? Impossible de le savoir avec précision. Question de méthode tout d'abord. Comment faire la comptabilité ? Faut-il tenir compte des adhérents ou des cotisants ? A partir de combien de timbres payés peut-on parler d'un cotisant ? Le calcul est d'autant plus difficile que le syndicalisme n'ouvre ni ses livres de comptes, ni ses fichiers. Chaque fois qu'un recoupement est possible, les spécialistes constatent que les chiffres publiés sont fortement « gonflés ». Je m'en tiendrai donc aux évaluations qui me semblent les plus réalistes et qui ne sont jamais que des ordres de grandeur. En étant très généreux, on peut estimer que la CGT regroupe 1 million de cotisants — compte non tenu des retraités —, que FO et la CFDT se situent chacune entre 600 000 et 700 000 et la CFTC autour de 200 000. Mais des chiffres inférieurs de 100 000 à 200 000 membres selon les centrales circulent à mi-voix. Le plus grave n'est pas dans le nombre, mais dans la tendance. A la question « Combien d'adhérents ? », la vraie réponse est « De moins en moins ».

Toutes les centrales constatent cette décrue selon des pentes qui varient de 5 à 10 % par an. La CGT reconnaît avoir perdu près de 300 000 cotisants entre 1981 et 1984. La CFDT a vu s'évaporer 7 % de ses effectifs en 1984. Même la FEN, en dépit de son assise institutionnelle et de ses services sociaux, subit le choc de la désyndicalisation. Le SNI, qui revendiquait 315 000 adhérents il y a dix ans, en annonce 100 000 de moins. Les effectifs du SNESup ont chuté de 7 400 à 5 470 entre 1983 et 1985. C'est partout la même débandade. Admettons moins de 3 millions d'adhérents pour nos confédérations « ouvrières » sans préciser davantage. C'est peu par rapport à la population concernée puisqu'on compte environ 18,5 millions de salariés en France. En ajoutant la CGC et la FEN, cela permet d'atteindre un taux de 15 %, mais certainement pas les 20 % annoncés par les statistiques officielles.

Une minorité peut être représentative en ne rassemblant qu'un petit nombre de militants. Organisations de cadres, organisations de masses, les unes ne sont pas moins légitimes que les autres. Encore faut-il que la population militante soit significative de la population représentée. Les 3 millions de syndiqués forment-ils un échantillon représentatif du monde salarié ou, à défaut, du monde ouvrier ?

On peut chercher la réponse dans la composition des confédérations. Les évaluations les plus fiables donnent à penser que les ouvriers sont nettement majoritaires à la CGT : environ 60 %. En revanche, ils semblent minoritaires à la CFDT : entre 45 et 50 %. Quant à FO, elle ne doit pas compter plus d'un tiers d'ouvriers parmi ses membres.

Deuxième indication : la division secteur public-secteur privé. Dès 1975, les employés du secteur public représentaient 42,5 % des effectifs cégétistes. A la même époque, 46,5 % des délégués au congrès national de la CFDT étaient fonctionnaires ou assimilés, et l'on sait que les fédérations de fonctionnaires apportent régulièrement les deux tiers de ses membres à FO. Depuis dix ans, la tendance n'a fait que s'accentuer, car le secteur public a été élargi par la nationalisation d'entreprises fortement syndicalisées tandis que les syndicats dépérissaient dans le secteur privé. Conclusion : les salariés de l'Etat sont majoritaires dans toutes les centrales. Ajoutons que, dans l'administration et les grands services publics, les organisations représentatives disposent de moyens considérables, de nombreux permanents et d'outils de pression très efficaces ; bref, que leur domination dans le système syndical est plus grande que ne le laisserait supposer le simple examen des effectifs. Le responsable cédétiste Jean-Paul Jacquier le reconnaît très lucidement : « Il n'y a plus de condition salariale unique et, du coup, éclate la contradiction entre cette diversification de la demande des salariés et le discours normalisateur du syndicalisme. Le décalage est énorme ! Il n'y a plus que 25 % d'ouvriers industriels, un emploi sur deux est féminin, tertiaire, et occupé dans une entreprise de moins de cinquante salariés ; or, à nos congrès, plus de la moitié des délégués sont issus du secteur public et nationalisé, à peine 10 % viennent des PME et, entre 15 et 20 % sont des femmes ! On se sent mis en cause dans notre légitimité sociale et politique. »

Le taux de syndicalisation est un autre indicateur précieux. La moyenne de 20 % cache d'énormes disparités. Dans les métiers entièrement corporatisés — les dockers, le livre —, on atteint 100 % ; dans les grandes entreprises publiques comme l'EDF on compte 85 % de syndiqués et, pour l'ensemble de la fonction publique, environ 40 %. On rencontre encore des pourcentages élevés dans les industries traditionnelles à prédominance masculine : mines, sidérurgie, métallurgie, construction navale, verre. Ces taux nettement supérieurs à la moyenne en annoncent d'autres aussi anormaux dans l'autre sens. C'est dans l'ensemble du secteur privé que l'on découvre cette sous-syndicalisation. Elle existe dans les services, le commerce, les industries nouvelles et, d'une façon générale, dans les PME. Il n'est pas rare d'y enregistrer des taux de 5 % pour des secteurs entiers avec des « pointes » à 0 % dans de nombreuses entreprises dont certaines peuvent employer des centaines de personnes.

Que retenir de ces indications ? Dans la dialectique Intérieur-Extérieur, les confédérations ne représentent que le premier monde, les cheminots et pas leurs voyageurs, les fonctionnaires et pas les contribuables, les postiers et pas les usagers, les électriciens et pas les abonnés, etc. Or, les uns ne sont pas moins « travailleurs » que les autres. Mais ces organisations ne représentent même pas les salariés producteurs, les « Français de l'Intérieur » au sens général, mais spécifiquement ceux des forteresses protégées. Elles regroupent surtout les salariés des monopoles d'Etat ou des oligopoles de fait.

La masse des syndiqués se recrute dans l'« aristocratie ouvrière » pour la CGT, chez les fonctionnaires pour FO, chez les uns et les autres pour la CFDT. La caractéristique première de cette population est de ne pas être soumise de plein fouet aux lois du capitalisme libéral. C'est évident pour les agents de la fonction publique. C'est également vrai pour les ouvriers des grands secteurs en déclin : mines, sidérurgie, chantiers navals, automobile qui, en cas de difficultés, bénéficient de régimes de faveur : subventions à l'entreprise, préretraites, indemnités spéciales, etc., par rapport à la masse des salariés. Où est la « classe ouvrière » dans tout cela ? Si on l'identifie au prolétariat, il faut la chercher parmi les chômeurs, les OS, les ouvriers des petites entreprises, les employés de commerce, ceux qui connaissent encore la pauvreté, la pénibilité, la précarité, la subordination, l'aliénation. Mais, dans ces groupes, il n'y a pratiquement plus de syndiqués.

Cette sous-représentation ouvrière dans le syndicalisme français n'est pas une nouveauté. Le problème s'est posé à la CGT en 1927 lorsque la Fédération autonome des fonctionnaires a demandé son admission à la centrale. Léon Jouhaux, nous disent ses biographes [77], « s'inquiète de leur trop grande force numérique qui contraste avec la faiblesse des secteurs proprement ouvriers, et il craint l'influence qu'ils pourraient prendre à l'intérieur de la CGT ». Il tentera même d'imposer la division des nouveaux arrivants en Fédération des fonctionnaires et Fédération des enseignants pour les affaiblir.

Ainsi en arrive-t-on à ce paradoxe d'un syndicalisme général qui se prétend « ouvrier » et qui n'a jamais su défendre le travail d'usine. Exemple classique, le salaire de l'employé est supérieur à celui de l'ouvrier en France, alors que c'est l'inverse en Allemagne. Le même décalage se retrouve dans les autres domaines : conditions de travail, protection sociale, etc. La composition socioprofessionnelle de la population syndiquée est-elle tout à fait étrangère à cette situation ? Les organisations représentatives ont-elles servi le monde ouvrier ou bien s'en sont-elles servi ?

Pour masquer ce décalage, on a donc bâti le mythe unitaire de la classe ouvrière, puis des travailleurs en général. Ces différences de situation seraient en quelque sorte gommées par la commune aliénation du salariat et se transformeraient en synergie par le miracle de la solidarité. Car la confédération est censée se battre pour tous et pour les plus malheureux en priorité. Or, ce rassemblement unitaire et solidaire des travailleurs qui, pour une large part, fonde la légitimité de nos modernes confédérations, ne résiste guère à l'examen.

Voyons tout d'abord la conflictualité sociale. Elle ne cesse de baisser. Tout va diminuant : le nombre des grèves, le nombre des grévistes, le nombre des journées perdues. Celui-ci a été divisé par quatre au cours des cinq dernières années. Au premier trimestre 1985, on a compté moins de 60 000 journées par mois. Un record historique, mais qui ne doit pas faire préjuger de l'avenir. Une grande vague de mécontentement est toujours possible lorsque le pouvoir d'achat baisse pendant plusieurs années. En dépit de cette accalmie, trouve-t-on encore la marque d'un mouvement populaire que la CGT appelle de ses vœux ? Bien au contraire. C'est dans l'engagement unitaire que l'on observe la plus forte chute du militantisme et de la combativité. Les journées nationales d'action sont de plus en plus rares et de moins en moins suivies. Il n'y a plus guère que les permanents et les délégués qui cessent le travail et défilent pour des thèmes généraux : « chômage », « pouvoir d'achat », « protection sociale », etc. Même les manifestations des fonctionnaires ou des personnels des services publics ne parviennent plus à faire nombre, et les salariés de la CGT et du parti communiste n'en finissent pas de se déguiser en administrateurs, en enseignants, en électriciens ou en sidérurgistes pour aller renforcer des cortèges trop clairsemés.

Les conflits classiques au sein d'entreprises pour des augmentations de salaire sont également en forte réduction maintenant que la France entière est au pain sec. Les salariés ne se mobilisent que pour leur emploi. Dans les secteurs des grandes entreprises : chantiers navals, sidérurgie, mines, ils mènent des actions de longue haleine, sont fortement soutenus par la presse et arrachent des avantages substantiels : préretraites, contrats de formation, etc. Mais il ne s'agit que d'une petite minorité, que se passe-t-il pour le reste ?

Analysant les statistiques du ministère du Travail dans *le Monde*, Michel Noblécourt fait remarquer : « Dans les établissements de moins de cinquante salariés, qui regroupent 48,2 % des effectifs comptabilisés à l'UNEDIC, le nombre moyen des journées non travaillées pour dix salariés n'est que de 1,2 journée, alors qu'il est de 36 journées pour les établissements ayant entre 100 et 499 salariés. Trente fois plus (...). » Autrement dit, la grande masse des travailleurs frappés par la crise ne dispose d'aucun recours efficace pour éviter les licenciements secs. Et nulle « solidarité ouvrière » ne vole à son secours.

Cette même crise qui tend à réduire la conflictualité classique en fait surgir une autre d'un genre différent. A l'opposé du mouvement ouvrier. Dans son numéro spécial « Vive la Crise ! », *Libération* s'est plu à recenser ces conflits d'un nouveau type qui ne relèvent plus du vieil antagonisme capitalistes-salariés. L'échantillon est réjouissant.

Le 17 mars 1983, grève à Antenne 2 contre le déménagement de la rue Cognacq-Jay à l'avenue Montaigne. Les techniciens s'opposent à ce que l'on fasse un centre nodal, un centre de diffusion, par chaîne. Ils veulent conserver le centre groupé des trois chaînes qui présente un outil de pression revendicative beaucoup plus efficace.

Le 23 mars, 800 postiers toulousains cessent le travail. Motif : le transfert à la périphérie de la ville du tri postal précédemment effectué au centre de la cité.

Le 2 avril, les dentistes protestent contre la concurrence de cabinets dentaires mutualistes.

Le 8 avril, les dockers bloquent les ports pour défendre le droit de partir en préretraite dès 55 ans.

Le 13 avril, les fontainiers de Paris cessent le travail. Ils veulent une augmentation de salaire. A l'Hôtel de ville, on rappelle qu'ils gagnent de 6 300 à 10 500 par mois, que 50 % d'entre eux ont des appartements de fonction et qu'ils ont la retraite à 50 ans.

Le 14 avril, les « Ecureuils » protestent contre la loi de réforme des caisses d'épargne qui permettrait de remettre en cause leurs « droits acquis ».

Le 27 avril, la télévision est en grève. Les techniciens veulent peser sur la convention salariale en cours de négociation. A l'appel de la CGT, il a suffi que trente agents du centre de diffusion cessent le travail pour priver 54 millions de Français des programmes normaux.

Le 5 mai, les bouchers manifestent et déversent une demi-tonne d'abats sur la chaussée. Ils sont furieux que le ministère de l'Economie leur ait reproché, ainsi qu'aux cafetiers et aux poissonniers, d'avoir trop augmenté leurs prix.

Le 31 mai, électriciens et gaziers infligent quatre heures de coupure. La direction avait envisagé de relever le prix préférentiel auquel ils paient l'électricité et qui n'a pas bougé depuis des années : 4 centimes le kilowatt-heure contre 45 aux abonnés.

Ce même jour, les taxis arrachent une détaxation du carburant.

Le 17 juin, les conducteurs de métro bloquent les rames. Ils veulent des augmentations. Depuis la mise en service du RER, ils revendiquent plus fort que jamais la parité avec les conducteurs de la SNCF.

Le 18 juillet, les pharmaciens font la grève des gardes. Ils protestent contre la concurrence des mutualistes, contre les informations sur leurs revenus, contre les mesures administratives qu'ils redoutent.

Le 28 juillet, les banques jouent à guichet fermé. Les employés refusent l'ouverture du samedi.

Le 15 septembre, le tri postal s'arrête. Les employés s'opposent à une réorganisation qui supprime le travail dominical et les primes qui y sont liées.

Le 26 septembre, la place de la Concorde est bloquée par les ambulanciers qui protestent contre la concurrence déloyale des pompiers.

Le 27 septembre, les médecins partent en guerre contre la fiscalité et la non-revalorisation des visites.

Le 3 octobre, ce sont les cadres qui à l'appel de la CGC coupent le courant, c'est-à-dire se privent volontairement d'électricité, pour dénoncer leurs pertes de pouvoir d'achat.

Ce même 3 octobre, le ministère de la Solidarité est secoué par un conflit. Une grève chez Bérégovoy, cela mérite le coup d'œil.

Ce jeudi 3 octobre, donc, à l'appel des quatre centrales, 70 % des fonctionnaires de la Direction de l'Action sociale et de la Direction générale de la Santé cessent le travail. L'après-midi, ils se rendent en délégation à l'Hôtel Matignon demandant à être reçus par le Premier ministre, mais sont refoulés par les cordons de gendarmes. Ils reviennent au ministère et tentent de s'inviter chez Pierre Bérégovoy. Ils sont également éconduits. Les manifestants en colère occupent le standard téléphonique du ministère. Les correspondants ont la surprise de tomber sur des grévistes qui leur tiennent des discours revendicatifs. Puis ce sont les sorties de garage du bâtiment qui sont bloquées par des piquets de grève. Chaude journée ! Mais rien qu'un épisode dans un conflit à rebondissements qui secoue le ministère pendant des mois.

Le 6 octobre, 250 manifestants ont déjà rendu visite au ministre de la Solidarité. Le 27 octobre, une première grève s'était accompagnée de cortèges revendicatifs dans les couloirs. Tout au long de l'hiver, les agents multiplient les actions, signant des pétitions, écrivant aux députés, réussissant à « coincer » Pierre Bérégovoy dans une manifestation, « obtenant » une dizaine d'articles dans la presse, etc. Ce feuilleton revendicatif donne lieu à une avalanche de tracts syndicaux dans la grande tradition de la littérature revendicative. « La lutte paie ! », « Nous gagnerons par notre mobilisation ! », « La lutte a déjà permis des avancées », « Bérégovoy est informé, personne ne pourra accepter qu'il choisisse froidement de dégrader nos conditions de travail », « Nous appelons à la mobilisation massive des personnels ». Quelle peut être la cause d'un conflit aussi âpre ?

Les services ministériels se trouvent à l'étroit dans « l'îlot Fontenoy », ensemble d'immeubles administratifs superbement situés en face du palais de l'Unesco, juste derrière l'Ecole militaire, et, depuis longtemps déjà, demandent à s'agrandir. Finalement, l'administration décide de louer des bureaux dans un immeuble tout neuf : l'immeuble Artois, qui présente, pour les fonctionnaires, l'inconvénient de se trouver à la porte de Vanves, en bordure du périphérique, dans un environnement plus difficile d'accès et moins plaisant que le 7e arrondissement, c'est vrai, mais qui offre, pour le contribuable, l'avantage de coûter bien moins cher au mètre carré. Aussitôt, levée des boucliers contre « la déportation ». En un premier temps, les quatre syndicats s'opposent à toute l'opération. En bloc. Mais le front du refus va se briser au cours des négociations, d'autant que le ministère donne satisfaction à plusieurs revendications, apporte des précisions apaisantes et que le ministre fait la concession majeure : seuls les volontaires iront à Vanves, les récalcitrants resteront à Fontenoy.

La CGT et FO donnent leur accord, mais CFDT et CFTC s'obstinent dans le refus. Ils proposent une solution de rechange : l'immeuble qu'Antenne 2 va abandonner rue de Montessuy, près du Champ-de-Mars. Solution d'apparence plus confortable pour le personnel, mais qui se révèle trop chère et impraticable.

On en reste à cet immeuble Artois contre lequel se déchaîne un véritable tir de barrage. « De tels bâtiments méritent d'être totalement inoccupés », peut-on lire dans le dossier syndical. « (...) Notre ministère, s'il y implantait ses services, se rendrait complice d'opérations spéculatives (...). Les fonctionnaires du ministère des Affaires sociales sont dans leur très grande majorité des démocrates et font fi des bureaux lambrissés et dorés, témoins d'une époque où la grande majorité de la population travaillait sans repos et ne mangeait pas à sa faim. Mais l'Etat se doit d'avoir une certaine grandeur. » La vie qui attend les futurs déportés est décrite avec les accents tragiques de Soljénitsyne. Songez qu'ils seront soumis au supplice de l'« air pulsé » —, il se révélera à plus ample informé que ce dispositif n'existe pas, mais qu'importe. Songez qu'ils respireront de l'air filtré et que « les fonctionnaires auront la gorge desséchée ». Mais il y a plus horrible : on a autorisé l'installation d'un restaurant au rez-de-chaussée. Une imprudence dont on peut prévoir les suites tragiques : « Les flammes montent et un incendie est toujours possible dans les huiles, les ordures, les dépôts de nourriture. La propagation de l'incendie peut être limitée, mais les fumées corrosives peuvent se répandre par les gaines (...) en cas d'incendie le salut ne serait que dans la précipitation vers la terrasse avec évacuation par hélicoptère comme certains hôtels du Brésil. Quant aux invalides des membres inférieurs, leur évacuation ne se ferait que par la solidarité [*NDLA* : forcément, on est dans son ministère], mais comment les prendre dans des escaliers raides comme ceux des caves ; en supposant encore que le désenfumage de ces escaliers soit efficace » ! Vite à l'air libre que je sorte de ce cauchemar, que j'échappe à l'infâme Bérégovoy qui rêvait de faire rôtir ses fonctionnaires hémiplégiques dans les sous-sols enfumés de son ministère ! Qui d'autre qu'un syndicaliste pourrait aujourd'hui écrire de pareilles calembredaines dans un semblable pathos ?

Cette conflictualité n'a rien de commun avec l'affrontement classique entre capitalistes et travailleurs. Ces rouspéteurs ne ferraillent pas contre un maître tout-puissant, ils font pression sur la collectivité. Les ministères, directions et autres hiérarchies ne sont que des relais transparents. C'est toujours le groupe corporatisé qui tente de s'imposer contre l'intérêt général. Le conflit horizontal de l'Intérieur contre l'Extérieur.

Quant à la solidarité des travailleurs en lutte, elle a bon dos ! Mais faut-il vraiment s'en étonner ? Est-ce l'expérience historique qui dégénère ou le rêve idéologique qui se brise ? Les deux sans doute. Elle est un peu triste cette récupération du mouvement ouvrier dans la France de 1985. Mais ce peuple uni, dont l'utilité rétrospective n'est pas douteuse, a-t-il jamais eu la réalité sociologique qu'on lui prête ? Héritières abusives, les puissances de gauche, partis et syndicats, forcent l'histoire pour consolider leur légitimité. Ainsi fabriquent-elles un mythe qui colle à la peau comme un papier de caramel. Pour s'en débarrasser, il faut d'abord le regarder dans sa nue réalité. Sans cachotteries et sans supercheries.

Le mouvement ouvrier ne naquit pas de la masse mais d'une petite élite qui fit l'histoire et à travers laquelle on l'écrivit. Le prestige de ces pères fondateurs, leur éclat se détachant sur la masse ouvrière, conduit bien souvent à confondre le projet obstinément poursuivi par quelques-uns et la réalité que vécut le plus grand nombre. L'édifiante saga d'une classe ouvrière (solidaire, unie, courageuse), entraînée par un syndicalisme (lucide, efficace, généreux), dans une lutte (héroïque, salvatrice, nécessaire) contre un patronat (brutal, cupide, stupide) allié à un Etat (oppressif, cruel, malhonnête) est une légende.

Dans les années trente, Pierre Besnard [31] avait ainsi composé un véritable traité de piété syndicale, *l'Ethique du syndicalisme,* qui a le mérite d'expliciter naïvement les fondements — désormais « implicités » mais inchangés — de l'hagiographie syndicale. « Ce sublime sentiment venu des profondeurs de l'être et qui, par là même, est vraiment instinctif dans la classe ouvrière, doit aujourd'hui, sans perdre sa fraîcheur et sa spontanéité, qui en font la valeur et le charme, prendre une forme différente (...). Il faut appliquer ce grand principe de la solidarité à des tâches plus terre à terre, à tous les actes de notre vie syndicale et sociale, à toutes les manifestations de notre être collectif. » Classe ouvrière, peuple uni des justes et des exploités, refuge de toutes les vertus face aux puissances du mal : le mythe fut tellement rabâché qu'il a fini par s'imposer comme une évidence : les syndicalistes d'aujourd'hui peuvent s'en prévaloir sans s'y référer.

La vérité historique est sensiblement différente. Dans une phase transitoire de l'industrialisation, entre 1860 et 1939 environ, pour la France, la condition ouvrière tend à s'uniformiser, imposant des champs de solidarité plus larges. Cette conscience ouvrière n'est

171

qu'une réalité sociologique fragile, magnifiée par des dirigeants qui, ayant tout misé sur son existence, veulent croire à son avènement. Serge Mallet [113], cherchant au début des années soixante une « nouvelle classe ouvrière », reconnaissait que « les marxistes ont souvent été amenés à déduire du concept philosophique de prolétariat une unité sociologique de la classe ouvrière qui, en réalité, n'a jamais existé ». Et Gérard Adam [1], rappelant que Proudhon parlait DES classes ouvrières, souligne que « la réalité du syndicalisme est davantage dans les grèves des grandes corporations — les mineurs, les cheminots, les métallurgistes — qui ponctuent la belle époque, que dans les débats des théoriciens ». Les tentatives pour élargir le cadre de la grève ont presque toujours échoué. Les fameux « 1er Mai revendicatifs » n'ont jamais rien donné. Les lames de fond qui ont entraîné de grandes réformes sociales n'ont fait que suivre des changements politiques — Front populaire, Libération — et non pas des offensives syndicales menées sur un front élargi. Quant à la grève générale de Mai 68, elle fut une surprise complète pour les confédérations, et les ouvriers ne firent que saisir une opportunité née en dehors d'eux. Bref, même aux plus beaux jours de l'ouvriérisme, l'ouvrier ne répondait pas aux ordres de mobilisation générale et ne partait en guerre que pour défendre sa paroisse.

Cette idéologie du monde ouvrier est plus une construction intellectuelle, une construction d'intellectuels, qu'un fait d'observation. Ses théoriciens constatent que le monde du travail est en voie de prolétarisation et que la revendication corporatiste ne peut pas protéger les plus faibles. Ils en viennent donc à imaginer des regroupements plus larges qui peuvent seuls rendre justice à tout le peuple et pas seulement à sa partie la plus forte. Ces idées sont souvent propagées par les instituteurs ou les employés qui assistent les ouvriers analphabètes dans le secrétariat des syndicats. Mais la classe ouvrière existait plus dans les discours que dans l'action, dans l'attente des militants que dans le comportement des salariés.

Les dirigeants, qui ne l'ignoraient pas, voulaient sans cesse éveiller cette fameuse conscience, mais ils n'y réussirent vraiment que sur le plan de l'engagement politique et fort peu sur celui de l'action revendicative. On vote à gauche, avec les ouvriers, mais on fait la grève avec ses compagnons de labeur. L'image d'un monde du travail unifié fut surtout imposée par la pauvreté des négociations à petite échelle et l'éclat des confrontations nationales politiques. Le face à face de 1936, patronat d'un côté, salariés de l'autre, parut confirmer le monolithisme des deux blocs.

Cette vision unifiante ne devient mobilisatrice que de façon circonstancielle, lorsqu'elle paraît conduire à des résultats immédiats ; car il en va de ce patriotisme social comme du patriotisme national, il n'atténue égoïsmes et particularismes que dans les périodes exaltées où l'espérance de la victoire gomme les différences. Passé la crise inspiratrice, chaque groupe retourne à ses égoïsmes.

Les travailleurs passaient difficilement d'une solidarité particulière à une solidarité générale et ne s'engageaient pas davantage dans des alliances entre professions ou industries différentes. Très rares furent les actions des uns pour soutenir les autres. A l'intérieur d'un même groupe, d'une même entreprise, les plus forts et les mieux armés oubliaient les plus faibles et les moins bien lotis. C'est Alain Touraine [154] qui, parlant des sidérurgistes du début du siècle, note : « Dans l'action, les ouvriers de métier ne présentent qu'exceptionnellement des revendications concernant les manœuvres ; les réunions communes sont loin d'être la règle ; le secours mutuel est rarement pratiqué. Les exemples sont nombreux (...) de conflits entre les deux mondes et souvent, comme l'écrit Michelle Perrot, " au dédain des uns répond la hargne des autres ". »

Les ouvriers qualifiés ne se contentent pas d'ignorer les prolétaires. Ils s'opposent à eux lorsqu'ils s'estiment menacés par cette concurrence. Une attitude qui s'est constamment manifestée à l'égard des étrangers et des femmes.

Yves Lequin [106] cite de nombreux exemples de xénophobie : « Contre les étrangers, on perd toute mesure : à Lille et à Roubaix en 1848, à la Grande-Combe aussi, on avait déjà frôlé le pogrom. De 1881 à 1893, une trentaine d'Italiens y perdent la vie, dont une dizaine lors de l'affaire d'Aigues-Mortes, en 1893. » La dépression démographique française attire les étrangers de toute nationalité qui se retrouvent en butte à l'hostilité ouvrière. Celle-ci ne désarme même pas lorsque le collègue venu d'ailleurs refuse de jouer le jeu patronal et s'engage dans les syndicats et dans les luttes. En 1901, 2 000 mineurs grenoblois se mettent en grève avec pour seul objectif l'expulsion des Italiens récemment arrivés en France.

« C'est du passé ! » est-on tenté de dire. Voire. L'évolution culturelle ne permet plus de telles manifestations. Mais cette censure collective ne prouve pas que les mentalités profondes aient changé. Aujourd'hui, même les syndicats sont très attachés à l'interdiction d'engager des étrangers dans les services publics. Le métro doit être conduit par des Français mais peut être balayé par des Africains ! Les poubelles peuvent être vidées par des immigrés... pourvu qu'ils ne demandent pas un statut municipal. Bref, les ouvriers ne réagissent pas différemment des autres Français. Mais eux risquent à tout moment d'être confrontés à une concurrence étrangère qui ne menace ni les cadres ni les employés. Ne pouvant plus, comme leurs ancêtres, demander l'expulsion des gêneurs, ils s'expriment autrement. Et l'on voit des quartiers populaires voter Le Pen. Seule l'hagiographie ouvriériste a décidé que le prolétaire ignorait le racisme latent dans toute la population et qui se manifeste sitôt qu'une minorité semble troubler la majorité. Les responsables confédéraux, eux, sont conscients de ce risque, ils s'efforcent avec courage de ne rien faire qui puisse susciter de telles réactions et d'en combattre tous les signes avant-coureurs.

La misogynie, tout comme la xénophobie, fut attisée par le patronat qui utilisa la main-d'œuvre féminine contre la main-d'œuvre masculine afin de diminuer les salaires. Les ouvriers ont donc toutes les raisons de s'opposer au travail des femmes qui, au mieux, réduit leurs salaires et, au pire, les réduit au chômage. Il existe également un vieux fond de « machisme » ouvrier que Madeleine Rebérioux [137] n'hésite pas à rappeler : « l'attachement intime des ouvriers qualifiés à une vie familiale (...) ; au centre de la famille, la femme de l'ouvrier, la ménagère, non l'ouvrière. S'y ajoute une représentation imaginaire de " la femme " empêchée par sa nature de devenir jamais une " syndicaliste ". La femme ne résiste pas à l'oppression, elle pleure ».

Madeleine Guilbert [81] montre que le mouvement syndical, dominé dès le départ par les hommes, porte les traces de cet antagonisme. « A de nombreux égards, constate-t-elle, la période qui s'étend jusqu'en 1914 apparaît tout entière comme marquée par des tensions dans les rapports entre mains-d'œuvre masculine et féminine. Tout au long de cette période et jusqu'à la veille de la Première Guerre mondiale, se produisent, dans différents secteurs, des grèves masculines contre l'emploi des femmes. Bien qu'elles soient de moins en moins nombreuses, on relève, dans les congrès syndicaux et dans la presse syndicale, des oppositions très nettement exprimées au travail féminin. » L'hostilité est particulièrement forte dans les secteurs qui semblent menacés : cuirs et peaux, alimentaire et, surtout, métiers du livre.

Alors que les travailleurs manuels sont, le plus souvent, analphabètes, les typographes doivent lire et écrire. Grâce à cette supériorité intellectuelle, ils se sont dotés de fortes organisations syndicales. De propos délibéré, comme on l'a vu dans le conflit de 1860, les maîtres imprimeurs jouent les femmes contre les hommes. Ces derniers n'envisagent aucune riposte de « solidarité ouvrière ». Ils réagissent en s'opposant à leurs concurrentes.

Dès sa création en 1881, la Fédération française des travailleurs du livre se donne pour objectif d'« écarter par tous les moyens légaux, même à salaire égal, la femme de l'atelier de composition ». En 1900, un référendum est organisé sur le point de savoir si les typotes — les femmes typographes — peuvent se syndiquer. 8 453 ouvriers votent, 5 633 s'opposent à leur entrée. Cette misogynie culmine en 1913 avec l'affaire Couriau. Emma Couriau est typote depuis dix-sept ans et mariée à un typographe cégétiste lorsque le couple vient s'installer à Lyon. Elle pose sa candidature à la FFTL. Non seulement celle-ci est repoussée, mais son mari, Louis, se trouve exclu du syndicat pour avoir laissé son épouse travailler !

On ne se comporte plus ainsi de nos jours, c'est vrai. Mais l'interdiction du travail de nuit pour les femmes est une « conquête sociale » fort ambiguë. On ne voit pas en quoi la travailleuse est moins apte que le travailleur aux emplois nocturnes. Il n'existe de difficulté que pour les mères qui, seules, justifient une protection particulière. L'extension abusive de cette interdiction n'est pas innocente. Elle permet de limiter la concurrence dans certains métiers bien payés comme l'imprimerie de presse, où le syndicat, maître du recrutement, aurait toutes facilités pour obtenir l'engagement de main-d'œuvre féminine. Les cadres n'agissent pas autrement dans les banques où l'on voit le personnel féminin disparaître à mesure que l'on monte dans la hiérarchie jusqu'à n'être plus représenté lorsqu'on arrive aux plus hauts postes gratifiés des plus beaux salaires. Sur ce point encore, les ouvriers ne se singularisent pas du reste de la population contrairement à ce que voudraient nous faire croire les tenants de la « conscience prolétarienne ».

Bien que les femmes soient souvent au premier rang dans les grèves et les manifestations, elles n'auront longtemps qu'un rôle tout à fait marginal dans le syndicalisme. Il n'est que de voir aujourd'hui leur place dans le Syndicat national des instituteurs. La profession a beau être en majorité féminine, les cadres dirigeants du syndicat — position de puissance fort recherchée — restent masculins. Ne croyez pas qu'il s'agisse d'une survivance en voie de disparition. Contrairement à la quasi-totalité des concours administratifs qui sont mixtes, l'épreuve d'admission aux écoles normales est toujours différente pour les filles et pour les garçons. Une anomalie qui soulève un double « pourquoi ? ».

Au premier, on peut répondre de manière hypocrite « parce que l'administration en a décidé ainsi ». Mais il y a beau temps qu'en ce domaine l'administration ne fait rien sans l'accord du SNI. Si celui-ci l'exigeait, la mixité serait imposée dans les deux ans. Cette anomalie ne perdure que « parce que » le syndicat est d'accord, ce qui nous fait rebondir sur le deuxième « pourquoi ? ». De « mauvais esprits » comme Dominique de La Martinière [115] vous proposeront l'explication suivante. La dévalorisation générale de la profession fait qu'elle est encore recherchée par les filles comme promotion alors que les garçons ne s'y résignent qu'en pis-aller. Le niveau des candidates est supérieur à celui des candidats. Avec une épreuve mixte, la féminisation s'accélérerait au point d'entraîner celle du SNI. Grâce au double recrutement, la permanence masculine est assurée dans la profession et dans le syndicat. Cette domination des hommes, qui se rencontre dans toutes les organisations, permet de mieux comprendre l'aveuglement syndical sur des revendications à forte coloration féminine comme l'aménagement du temps.

C'est la corporation et non pas la classe qui constitue le mode d'organisation naturel. L'individu est à la recherche d'une identité personnelle et collective dans la société. Il la trouve dans sa spécificité de travailleur et la prolonge dans le groupe qui possède la même qualification et exerce la même profession. Ensemble ils deviennent un organe du corps social reconnu dans sa nécessité et capable de se défendre à travers la maîtrise d'une fonction. C'est ainsi que se développe le syndicalisme de métier dans le prolongement du corporatisme. Le capitalisme industriel a jeté bas cette organisation en détruisant les qualifications, c'est la prolétarisation. Le grand traumatisme. Seule l'entreprise aurait pu proposer une identité professionnelle de substitution. Elle y parvint dans une certaine mesure à travers le paternalisme de grands ensembles industriels. L'exemple spectaculaire des houillères n'est pas le seul. Mais l'organisation taylorienne et le syndicalisme révolutionnaire se prêtaient mal au regroupement dans une « culture d'entreprise ». Une telle possibilité n'a été envisagée que dans les toutes dernières années et reste encore très incertaine.

Le syndicalisme de masse n'est qu'un pis-aller proposant une vague et aliénante identité prolétarienne en remplacement de l'ancienne identité professionnelle si forte et si rassurante. Mais les travailleurs saisissent toute opportunité pour reformer des groupes plus différenciés, plus solidaires, plus forts. La fermeture devient alors essentielle. Elle suscite des rivalités, des antagonismes. La menace sur le métier ou la corporation est combattue avec plus de vigilance et de vigueur que l'« ennemi de classe ». Ces réactions n'ont rien que de très normal. Il est absurde de les dissimuler comme des comportements coupables et honteux.

Les syndicats accusent traditionnellement les patrons de « diviser la classe ouvrière ». La belle affaire ! C'est « la classe ouvrière » qui ne demande qu'à se diviser : nul n'a envie d'avoir sa condition de prolétaire comme seule raison sociale. Le monde du salariat subit une pression incessante à la différenciation et à la segmentation qui fait émerger les plus forts et laisse flotter à la dérive les faibles et les inorganisés.

La société industrielle a effectivement connu un demi-siècle d'uniformisation. Mais, depuis lors, la tendance s'est inversée. Industrie-services, secteur public-secteur privé, grandes entreprises-PME, industries de pointe-industries traditionnelles, industrie en expansion-industrie en récession, etc. : les particularismes éclatent et le monde du travail explose. A l'intérieur même des entreprises et des administrations, la coupure entre le personnel statutaire garanti et le personnel précaire s'est développée. Les courants économiques ont rejoint les pesanteurs sociologiques et poussent au particularisme. Au corporatisme.

Les confédérations doivent nier cette évidence et maintenir coûte que coûte le modèle ancien qui peut seul justifier la structure unitaire. Pour réussir cet exercice difficile, la lutte des classes, tombée dans le coma, est maintenant en survie sous perfusion idéologique.

Inutile d'insister sur la CGT qui en fait la base de toute sa doctrine. Mais la CFDT et FO n'osent pas davantage rompre avec la sainte relique. Hier la classe était un fait, à présent c'est un sentiment. Edmond Maire dialoguant avec Michel Foucault [109] tente de s'en expliquer : « Une classe sociale se définit autant à partir de la conscience de classe et du projet de classe qu'à partir d'éléments sociologiques (...). L'action de classe pour nous, c'est l'action de tous ceux qui, d'une part, sont dominés, exploités ou aliénés ; et, d'autre part, sont reliés entre eux par un projet de changement. De ce point de vue, nous estimons être un syndicat de classe, une classe qui est constamment en mouvement (...). » « Vous faites toujours vôtre le concept de lutte de classes ? » demande Foucault. « Ce n'est pas un point de vue philosophique : c'est un constat que nous faisons quotidiennement dans les entreprises, dans la vie courante ! Au sein de la CFDT, Paul Vignaux a toujours dit, d'une part, que la lutte de classes était une réalité incontournable ; d'autre part, que nous n'avions pas pour principe systématique de la pousser à bout, quelles qu'en soient les conséquences. »

A Force ouvrière également, on tient à conserver le mythe. En 1984, dans la déclaration finale de son XVe congrès, la confédération rappelle que : « La contradiction d'intérêts, qui résulte de la division de la société en classe sociales, a conduit les salariés à s'organiser en syndicat, d'une part pour imposer au patronat et à l'Etat-patron leur reconnaissance en tant que classe, d'autre part pour les obliger à discuter, à négocier (...). » Et André Bergeron avait précisé à la tribune : « Il m'est arrivé, un jour, de déclarer que la lutte des classes existerait toujours. Je le pense plus que jamais ! »

Dans les deux cas, l'existence même du syndicalisme est liée à une structure de la société massifiée, hiérarchisée et antagoniste. La confédération est justifiée par ces gigantesques rassemblements homogènes, les classes, qui se répartissent à la verticale entre dominants et dominés.

Pour incertaine qu'elle soit, cette théorie ne constitue pas seulement une référence superstitieuse sans conséquence pratique. A la CGT, elle entretient un antagonisme permanent, une hargne constante qui fait office de substitut à l'impossible révolution. A la CFDT, elle interdit toute adhésion au capitalisme, même rénové, et condamne à rechercher des solutions communautaires fort éloignées des réalités contemporaines. A FO, elle impose de tenir ses distances vis-à-vis du patronat, à refuser toute forme de collaboration ou de participation. A la CFTC enfin, où l'on récuse la doctrine, elle impose pourtant une grande prudence pour ne pas paraître manquer à la tradition ouvrière. Bref, qu'il entretienne la tension anticapitaliste, qu'il poursuive une utopie non capitaliste, qu'il campe sur ses positions face au capitalisme, ou qu'il s'efforce de faire comme les autres, le syndicalisme français reste profondément marqué par cette vision du XIXᵉ siècle. La « collaboration » a toujours mauvaise presse. Lorsqu'on en prend le parti, il vaut mieux ne pas le chanter sur les toits.

Dire que la lutte des classes ne traduit plus la réalité sociale de 1985 n'implique nullement que notre société soit juste, qu'il ne s'y trouve pas des groupes dominants et des groupes dominés, des phénomènes d'exploitation, etc. Mais Marx a donné à cette notion un sens bien précis fondé sur l'économie. C'est la place occupée par les différents acteurs dans le processus de production qui structure la population en classes et c'est l'exploitation entraînée par cette organisation en système capitaliste qui crée la lutte entre les unes et les autres. Les marxistes orthodoxes s'efforcent de décrire la France avec ce schéma et doivent se livrer à des contorsions par rapport auxquelles les acrobaties de Barjonet avec la paupérisation n'étaient que de la gymnastique suédoise.

Au lendemain de Mai 68, les théoriciens maoïstes, qui se voulaient des intégristes du marxisme, débattirent longuement sur la structuration en classes de la fonction commerciale. Certains en vinrent à conclure que les transporteurs, participant aux tâches de production, appartenaient à la classe ouvrière exploitée, mais que les caissières, liées à la fonction financière, ne pouvaient s'en réclamer, bien qu'elles soient astreintes au plus dur travail pour les plus bas salaires et qu'elles se trouvent à la pointe de la revendication ! Il n'est pas simple de retrouver les modèles du XIXe siècle en cette fin de XXe siècle ! Maire et Bergeron ne donnent pas dans ce ridicule. Ils se contentent de conserver la formule magique en la vidant de son contenu. La simple conscience de subir une injustice suffirait pour se ranger dans une classe d'exploités en lutte contre une classe d'exploiteurs, indépendamment du travail que l'on fait, du patron, capitaliste ou non capitaliste, qui vous emploie et du salaire que l'on perçoit. Les Français adorent s'imaginer dans cette confrontation ancienne dès lors qu'ils ne s'y trouvent plus. Selon un sondage SOFRES de 1976, 64 % des employés éprouvent le sentiment d'appartenir à une classe et 44 % d'entre eux se situent au sein de la classe ouvrière !

Pour les militants syndicaux, la permanence de ce modèle pose une véritable question existentielle. Ils sont incapables de se penser en dehors de ce monde, de ses représentations, de son idéologie. Alain Touraine [156] en a donné un exemple saisissant à propos des informaticiens. Il tient à rappeler qu' « il est impossible aux techniciens de l'informatique de s'identifier au mouvement ouvrier classique ». C'est le moins qu'on puisse dire. Pourtant, il observe chez les syndicalistes de cette profession « un puissant attachement au modèle classique du mouvement ouvrier. Un membre de FO, refusant toute organisation syndicale autonome des cadres et des techniciens, affirme que le syndicalisme devrait unir tous les salariés et renforcer sa capacité d'action comme représentant de tous (...). Plusieurs syndicalistes CFDT proclament leur attachement au modèle proprement ouvrier du syndicalisme. Des militants CGT (...) se déclarent convaincus qu'il n'est pas de mouvement syndical possible en dehors de la lutte directe dans l'entreprise et de l'attachement à l'idéal socialiste issu du mouvement ouvrier (...). Chacun reconnut que les demandes s'individualisent, que les horaires variables ont été massivement approuvés par les salariés malgré leur propre opposition initiale et celle de tous les syndicats (...). Mais personne ne put pour autant opposer au syndicalisme de type ouvrier un syndicalisme nouveau, reposant sur d'autres analyses et d'autres priorités ». Que les habits de prolétaire sont agréables à porter lorsqu'on se les fait tailler en haute couture !

Cette doctrine archaïque du « Tous ensemble contre » se fissure tous les jours à l'épreuve des nouveaux antagonismes. Les centrales n'en finissent pas d'étouffer ces craquements et de masquer ces déchirures qui ébranlent la base même de leur édifice. A la Caisse d'Epargne de Paris, lorsque les « Ecureuils » introduisent une action en justice pour s'opposer à l'embauche de cadres âgés en chômage afin de préserver leur monopole de promotion interne, le « syndicat des chômeurs » est seul à dénoncer ce manquement à la « solidarité ouvrière » ! Les responsables confédéraux ne cachent pas leur réprobation en privé, mais ne peuvent condamner publiquement l'initiative de leurs sections syndicales.

En 1983, pendant la préparation du plan acier, les syndicats défendaient publiquement l'ensemble de la profession, mais ils n'ignoraient rien des coupes claires qui devraient être faites dans le tissu industriel. C'est pourquoi les sidérurgistes du Nord et de Lorraine faisaient pression chacun de leur côté et en sens inverse sur les pouvoirs publics pour que l'arbitrage final préserve leurs installations. Les uns et les autres envoyaient aux autorités des dossiers vantant la solution qui les arrangeait et, parfois même, dénigrant celle qui les condamnait. Le choix proposé revenait à étendre la casse dans l'autre province. Mais comment ne pas prôner l'abandon du train universel de Gandrange lorsqu'on est un sidérurgiste valenciennois ? Ce n'est pas l'égoïsme des hommes, mais la conflictualité des situations qui brise l'unité ouvrière.

« Dans la fonction publique », remarque Gérard Adam [1], « les vacataires, les contractuels, les intérimaires ne sont défendus que lorsque leurs intérêts ne heurtent pas ceux des fonctionnaires titulaires. » Et que dire de la FEN paralysée par l'antagonisme des différentes catégories d'enseignants ! C'est l'historien du mouvement ouvrier, pourtant peu suspect d'antisyndicalisme, Georges Lefranc [104], qui constate : « Les enseignants qui se trouvent dans les catégories limitrophes défendent jalousement leurs prérogatives et parfois essaient de les étendre (instituteurs d'une part, professeurs de collèges d'enseignement général et d'enseignement secondaire d'autre part ; enseignants des classes préparatoires aux grandes Ecoles d'une part et assistants ou maîtres-assistants des universités d'autre part). Ces rivalités qu'aucune " puissance confédérale " n'est en mesure d'arbitrer expliquent sans doute que jusqu'à présent, depuis la Libération, la FEN n'ait pas pu mettre sur pied un projet de réforme de l'enseignement capable de s'opposer efficacement à la cascade de projets gouvernementaux qui se sont succédé. » Lorsque la possibilité a été offerte aux instituteurs de devenir professeurs de CEG, il a été convenu, contre toute logique, que les nouveaux promus seraient contrôlés par des inspecteurs appartenant au corps des instituteurs et non pas à celui des professeurs du secondaire. Il était inadmissible qu'on s'inspecte d'un corps à l'autre. La méfiance s'affiche ouvertement dans la presse professionnelle. Le journal des professeurs titulaires du CAPES, *le Certifié*, a lancé cet appel à la vigilance qui ne visait nullement l'Etat-patron : « Si nous ne défendons pas courageusement notre catégorie, nous serons rapidement annihilés par les forces concurrentes issues des bataillons des maîtres de CEG, des maîtres auxiliaires, des contractuels, des adjoints d'enseignement. » Au niveau supérieur, on retrouve ces mêmes rivalités. Toute la querelle universitaire fut déclenchée par l'assaut des assistants et maîtres-assistants contre les chaires solidement tenues par le corps des professeurs. On a même vu les « maîtres d'internat et surveillants d'externat », les « pions » affiliés au SNES se mettre en grève pour protester contre l'affectation de jeunes « tucistes » à des tâches de surveillance. On comprend que la FEN ne cesse de sonner la charge pour la défense de la laïcité. Seul l'ennemi extérieur, même imaginaire, peut rassembler une troupe aussi divisée.

A l'intérieur des avions, la solidarité a connu de curieux courts-circuits au cours de ces dernières années. Le perfectionnement des aides à la navigation fut l'occasion d'un premier conflit dans les années 1970. Avec l'ancien système, il fallait un commandant, un copilote et un mécanicien ; avec le nouveau, ce dernier ne serait plus nécessaire. La profession se mobilisa contre le pilotage à deux. Au nom de la sécurité. Et fut soutenue par les pilotes. Curieusement, les hôtesses et stewards, non moins concernés par le danger, ne suivirent pas le mouvement. Par la suite, ce personnel de cabine eut à craindre qu'un nouvel aménagement des portes et des sièges ne se traduise par une réduction d'effectifs ou un surcroît de travail. Il dénonça le risque créé par cette modification. Mais, cette fois, personne ne sembla s'inquiéter dans le poste de pilotage. L'affaire rebondit en 1985 et révéla une « rupture de solidarité » autrement grave. La direction d'Air France avait offert aux mécaniciens de se reconvertir en copilotes et leur avait réservé 20 % des postes à pourvoir. Ceux-ci, qui savent le pilotage à trois condamné, voulurent en obtenir davantage. Or le chômage sévit chez les pilotes. Du coup, le conflit éclata entre les deux corporations rivales des pilotes et des mécaniciens qui s'affrontèrent sur la place publique à coups de livres blancs et de déclarations hargneuses. Seule la perspective d'imposer le pilotage à trois, c'est-à-dire de faire payer le passager, avait fait régner la solidarité. Celle-ci a volé en éclats dès lors qu'il fallait en revenir aux lois de la compétitivité.

Tout le monde trouve naturel que les différentes catégories de personnel entrent en conflit avec la direction d'Air France — c'est-à-dire le plus souvent avec le public —, mais il paraît incongru qu'elles puissent s'opposer entre elles. Il n'y a pourtant là rien que de très normal. Le marché social est un jeu de mistigri dans lequel chacun défend ses propres intérêts et s'efforce de « passer à son voisin » ses inconvénients. Les « travailleurs », pris dans la partie, ne sont pas toujours côte à côte. Ils se retrouvent aussi face à face et rien n'est si difficile que d'arbitrer cette concurrence-là.

Le conflit historique capital-travail n'est pas nécessairement antagoniste, car patrons et salariés peuvent se réconcilier à travers des gains de productivité. C'est ainsi que les profits ont pu s'accroître en même temps que les salaires. Il n'en va pas de même entre les groupes professionnels. Bien souvent, les ambitions d'un corps et de l'autre sont totalement inconciliables. Lorsque les chercheurs ou enseignants de bas niveau veulent remettre en cause les prérogatives des professeurs ou des directeurs de recherche, lorsque les cameramen de la télévision veulent faire le travail des réalisateurs, lorsque les agents de l'Etat appartenant aux corps C et D veulent rogner les primes des hauts fonctionnaires du corps A et réduire la hiérarchie des rémunérations, il est difficile de satisfaire tout le monde et son père.

C'est encore plus vrai dans les circuits de pure redistribution. Comment éviter que l'augmentation des pensions pèse sur les actifs, celle de l'indemnité chômage sur les travailleurs, celle des allocations familiales sur les célibataires, etc. Quoi que l'on fasse, on en vient toujours à déshabiller Pierre pour habiller Paul ; or Paul et Pierre sont également adhérents de la confédération. Sur le strict plan économique, ces antagonismes sont plus radicaux que l'opposition entre employeurs et salariés. Ils sont presque impossibles à résoudre par la négociation rationnelle, et ne peuvent se stabiliser que sur un rapport de forces. C'est le grand paradoxe.

Des vérités évidentes autant qu'inadmissibles. Le syndicalisme ouvrier s'est fondé sur le double postulat : que la solidarité ouvrière pouvait l'emporter sur toutes les différences jusqu'à effacer les nationalismes, que l'antagonisme capitalistes-travailleurs surpassait tous les autres au point de structurer toute la société. Comment admettre aujourd'hui que la corporation l'emporte sur la classe et les conflits de redistribution sur les conflits de production ? Comment reconnaître que l'antagonisme capital-travailleur, à l'origine du syndicalisme, en dissimule d'autres encore plus radicaux ? Comment mettre ces faits en lumière sans mettre les confédérations en question ?

Celles-ci n'en finissent pas de se débattre dans ces contradictions. Par leur existence même elles attestent qu'il n'existe pas de conflit entre « les travailleurs », de conflits horizontaux, mais seulement entre les salariés et les patrons, voire les salariés et l'Etat-patron, des conflits verticaux. Cette « reverticalisation » est devenue leur première fonction.

A la CGT, l'occultation des faits par le dogme permet de s'en acquitter aisément. Une fois pour toutes, il est entendu qu'il ne peut exister de conflits entre des Français de même niveau. Prétendre le contraire, c'est « diviser les travailleurs ». Il est donc toujours possible de satisfaire les revendications sans accroître les prélèvements, ceux du moins que subit la France moyenne. Ce postulat conduit à prêter au capitalisme la vertu quasi miraculeuse de donner à tout le monde sans prendre à personne, si ce n'est à quelques « gros capitalistes ».

A FO, on revendique, modérément, obstinément, en refusant le niveau de la synthèse politique qui fait jaillir les contradictions. Le fait de demander « raisonnablement » dispense de le faire « rationnellement ». La vision doit rester partielle afin que la relation complète n'apparaisse jamais. On réclame une augmentation au patron, à l'Etat, à la direction, un point c'est tout. Le « je ne veux pas le savoir » tient lieu de doctrine, c'est le dogmatisme de la myopie.

A la CFDT, on souffre. Les responsables confédéraux n'en finissent pas de s'autodéchirer dans une multitude de réclamations contradictoires. Ils voient les paradoxes, les ambiguïtés, les hypocrisies et les impostures, ils rêvent à de nouvelles solidarités, et Edmond Maire admoneste avec un courage presque suicidaire les champions des droits acquis. On aura compris qu'il n'est pas de meilleur habillage pour les intérêts catégoriels. Qui oserait chercher le corporatisme dans une maison où il est chaque jour dénoncé ? Qui pourrait penser qu'un syndicat CFDT puisse s'opposer égoïstement à de modestes Français ? Cet ombrage propice permet donc aux fédérations des banques, des assurances, des travailleurs sociaux, des PTT, de la télévision, de l'éducation et la recherche de pousser chaque jour leurs avantages contre le public en prétendant ne jamais défendre que les hautes valeurs du socialisme autogestionnaire.

En maintenant, contre toute réalité, cette vision dépassée, les confédérations offrent un produit recherché sur le marché des confrontations sociales : l'irresponsabilité. Le prolétaire du XIXe siècle n'avait pas à prendre en considération l'état d'un système économique auquel il ne participait pas et sur lequel il n'intervenait pas. Son aliénation absolue, son exploitation totale, le déresponsabilisait vis-à-vis d'une société qui le rejetait. Un siècle de progrès social a permis d'intégrer l'immense majorité de la population. Electeur, contribuable, assuré, consommateur, retraité, fonctionnaire, producteur, cotisant, automobiliste ou abonné au téléphone, le salarié moyen est partie prenante dans le jeu social. Il ne peut plus demander n'importe quoi, n'importe comment puisqu'il se heurte toujours à un autre qui n'est pas « le maître » auquel on ne doit rien, mais le semblable dont on s'affirme solidaire. Cette imbrication emprisonne chaque situation particulière dans un réseau de contraintes paralysantes. La revendication n'est plus « légitime » de nature, elle se trouve condamnée à la responsabilité. Le travailleur n'est plus un esclave étranger au système qui l'exploite, c'est un citoyen membre à part entière de la collectivité. L'exclusion, qui subsiste, hélas !, ne concerne plus qu'une petite minorité désyndicalisée.

Cette évolution, fort heureuse sur le plan matériel, pose en des termes nouveaux les conflits d'intérêts qui subsistent au sein des entreprises comme au sein de la société. Elle oblige chacun à se considérer du double point de vue de ses droits et de ses devoirs, de ses avantages et de ses inconvénients, des services qu'il rend et des prestations qu'il reçoit. Rien n'est plus étranger à notre tempérament national. Le Français a choisi une fois pour toutes de n'être qu'un demandeur et non pas un obligé, un sujet passif et non pas membre actif vis-à-vis de la collectivité.

La démagogie syndicale est à l'opposé de cette exigence. L'argumentaire varie selon qu'on se réclame du marxisme ou du christianisme, de la révolution ou de la réforme, mais la conclusion est toujours la même : les salariés n'ont à se soucier ni du coût de leurs réclamations, ni des conséquences de leurs actions, ni des aléas de la conjoncture, ni de l'identité des payeurs. Cela ne les regarde pas. Ils revendiquent, c'est tout.

Marchands d'irresponsabilité, les syndicats le sont aussi d'innocence. On ne saurait rien reprocher aux « travailleurs » qui sont toujours et par définition consciencieux, courageux, compétents, intègres et dévoués. Tout ce qui va mal est imputable au capitalisme ou à la société, jamais aux « classes laborieuses ». C'est l'insuffisance des moyens ou le manque d'effectifs — jamais la négligence du personnel — qui explique le mauvais fonctionnement d'un service public. Ce sont les conditions de travail intolérables qui provoquent les taux d'absentéisme trop élevés. Et le mauvais accueil du public prouve simplement que les fonctionnaires sont débordés.

Tous les groupes socioprofessionnels s'inspirent de la même tactique. C'est vrai. Mais ils ne sont guère convaincants. Il leur manque la référence historique et l'amalgame social. Les confédérations « ouvrières », elles, ont tous les malheureux qu'il leur faut : ceux d'hier et ceux d'aujourd'hui. Elles peuvent décerner les certificats de revendication légitime aussi facilement que l'Eglise distribuait les indulgences. Et avec le même succès.

Dans ce contexte, le lyrisme brûlant des ronds-de-cuir et la brutale agressivité de nos « privilégiatures » prennent leur véritable sens. Pendant qu'au ministère de la Solidarité, réputé pour ses semaines à moins de 35 heures, des fonctionnaires harcelaient les ministres et intéressaient la presse avec leur « déportation », des travailleurs perdaient leur job, des jeunes ne trouvaient pas le leur. Ils étaient des centaines de milliers. Les syndicats n'ont rien pu faire. Mais tous ces licenciés inconnus n'ont pas été vidés pour rien. Ils ont formé « la situation de l'emploi » qui préoccupe tant les secrétaires confédéraux sur les perrons des ministères et qui fonde leur légitimité. La centrale devient le circuit de transfert par lequel le malheur des uns protège le confort des autres. C'est la grande blanchisserie du corporatisme salarié. Il suffit d'y mettre un peu de lessive « mouvement ouvrier » pour que toutes les traces disparaissent.

Les techniciens de l'ancienne ORTF l'ont bien compris après Mai 68. La majorité d'entre eux s'était regroupée dans un syndicat autonome, le SURT, qui, en jouant du blocus de l'image, avait obtenu des avantages appréciables. Mais cette singularité syndicale pouvait faire suspecter un égoïsme catégoriel qui aurait irrité les téléspectateurs les soirs de grève. Le SURT a donc décidé — pas pour cette raison, bien sûr — de rejoindre la CFDT. Désormais, les revendications sont emballées en bleu de chauffe. C'est tout de même plus présentable.

Classe ou corporation ? Les Français s'efforcent de combiner les deux. La première structure, à dominante politique, sert de couverture idéologique et de bulldozer institutionnel. C'est le grand filet de camouflage tendu sur le champ morcelé du social. L'instance de « reverticalisation » par excellence. La corporation, plus proche des réalités, fournit tout à la fois la cohésion et les moyens de pression. Elle constitue l'unité opérationnelle. Ceux qui n'en disposent pas sont privés de véritable défense collective. Ce sont les jeunes, les chômeurs, les travailleurs précaires, les ouvriers des PME, « la classe ouvrière bis » comme l'on dit. Ceux qui, à l'inverse, n'ont pas la référence « ouvrière » — travailleurs indépendants, commerçants, paysans, membres des professions libérales — doivent pratiquer le corporatisme à visage découvert. La France moyenne salariée, elle, peut jouer tranquillement sur les deux tableaux.

Les confédérations connaissent leurs heures de gloire dans les scrutins nationaux, car l'urne efface les diversités et les divisions. Un homme, une voix. Le nombre seul compte et, le nombre, c'est la centrale. Sur cette base se constitue une sorte de lobby institutionnel. Et c'est la deuxième fonction confédérale : négocier le minimum national à partir duquel chaque syndicat-corporation poussera son avantage. Les salariés n'en espèrent pas grand-chose sur le plan matériel. Il faut être smicard pour attendre une augmentation d'une discussion nationale. Il en va différemment pour les droits qui constituent le gain essentiel des « actions de classe ». Délégués du personnel, comités d'entreprises, section syndicale, autant d'innovations qui ont concerné des millions de salariés et qui ne furent pas négligeables, même pour les mieux pourvus d'entre eux. Sans compter les « grandes négociations sociales » qui connurent leurs heures de noblesse notamment en 1959 avec l'accord sur l'UNEDIC.

En contrepartie de la couverture morale et du progrès institutionnel, les centrales aspirent l'essentiel du pouvoir social. Vers le haut. De cette altitude, la diversité foisonnante du réel se réduit à des schémas stéréotypés. La vision confédérale transforme l'individuel en collectif, le compliqué en simple, le particulier en normalisé, le concret en abstrait, le catégoriel en politique et l'opérationnel en idéologique. Dans le camp des salariés comme dans celui des patrons. Une telle position permet de jouer au politique par la voie contrebandière du corporatif. En revanche, elle ne favorise guère la solution des difficultés pratiques auxquelles se heurtent les adhérents. C'est pourquoi l'étranger ignore ce gigantisme confédéral qui paralyse l'édifice français tant du côté des salariés que des employeurs.

Car l'on retrouve une situation comparable dans la maison d'en face. Le patronat est beaucoup trop divers, beaucoup trop contradictoire, pour s'incarner dans une structure unique. La concordance des chefs d'entreprises avec leurs organisations professionnelles, qui existe encore à l'intérieur des branches industrielles, disparaît au niveau national. Entre la Compagnie générale d'électricité et un garage, entre un chantier de construction navale et une société de services en informatique, entre un atelier de broderie et une raffinerie automatisée, entre une entreprise de travaux publics et un cabinet d'assurances, le dénominateur commun est minuscule. Pas de quoi faire vivre un grand organisme. C'est pourquoi les regroupements se font par profession dans les pays étrangers. Le·CNPF, lui, n'a pu gagner une telle importance qu'en représentant une idéologie et non pas une catégorie. En étant un parti plus qu'un syndicat.

« Parti de l'entreprise », dit-on au CNPF. Comme on dit « Parti des travailleurs » dans les confédérations. Le slogan est aussi trompeur dans les deux cas. Il donne à penser que les revendications sont purement factuelles. Ce qui permet de parler au singulier et non pas au pluriel. La différence est d'importance. On sortirait de l'engagement idéologique, donc du choix, pour entrer dans la certitude expérimentale, donc dans l'évidence. La CGT, la CFDT ou la FEN peuvent ainsi prétendre tout à la fois s'engager à gauche et ne pas faire de politique. Il suffit de poser au départ la lutte des classes, de situer dans un même camp certains partis et certaines catégories, pour que la suite aille de soi. Intellectuellement, il s'agit d'une malhonnêteté qui permet aux syndicrates nationaux d'entrer dans le champ politique par la grande porte et sans nulle habilitation. Rien ne permet d'affirmer que tous les défenseurs de la condition salariée se trouvent dans le camp de la gauche et tous les défenseurs de l'entreprise dans celui de la droite.

Le CNPF joue exactement le même jeu. Officiellement, il « ne fait pas de politique » et se contente de défendre l'intérêt de l'entreprise. En réalité, sans même parler du financement occulte des partis, lorsqu'on observe ses objectifs et ses actions, ses propositions et ses condamnations, on voit se dessiner un projet de société aussi idéologique que celui de la CGT. Dans les deux cas, les propositions sont fondées sur des systèmes de valeur et non pas sur des réalités concrètes. Elles ne sont pas « la seule solution possible » au problème catégoriel mais un type de réponse parmi d'autres. Le monde cégétiste n'est pas celui « des travailleurs », mais « des communistes », ce qui n'a rien à voir. Le monde du CNPF n'est pas celui « de l'entreprise », mais celui d'un certain capitalisme bourgeois. La preuve en est que des mouvements patronaux comme Entreprise et Progrès ou le Centre des jeunes dirigeants s'opposent à lui et que des patrons novateurs, aujourd'hui cités en exemple, firent, en leur temps, l'objet des critiques du CNPF.

Pour ce dernier, l'idéal réside dans le minimum d'Etat, le minimum de syndicalisme et le maximum de capitalisme — mais non pas de libéralisme. Le modèle est toujours celui de l'entreprise souveraine et libérée de toute entrave, vivant sous l'autorité absolue de son chef, tel qu'il nous vient du XIXe siècle. Mais pimenté d'une certaine complicité avec l'Etat client, l'Etat protecteur, l'Etat mécène, l'Etat tutélaire. Cette conception, que partagent, reconnaissons-le, la plupart des adhérents du CNPF, est fort respectable, mais elle n'est pas la seule compatible avec l'économie de marché. Dans de nombreux pays, l'industrie tire sa force d'une association étroite entre patrons et syndicats, une certaine législation sociale ne se révèle nullement incompatible avec le dynamisme industriel. Quant à « l'autorité du chef d'entreprise », toujours présentée comme une sorte d'état naturel et nécessaire du système productif, elle est revendiquée dans une acception particulière. Là encore, on fait d'un choix une nécessité. Qu'un pouvoir de commandement soit indispensable, c'est un fait. Qu'il doive s'exercer selon les modalités du capitalisme français, c'est une option.

N'est-il pas surprenant encore de voir notre CNPF défendre au même titre la création et la transmission des entreprises ? Des centaines de superbes affaires françaises ont capoté à la deuxième ou troisième génération faute d'avoir pu échapper à la famille. Tout le monde sait que la gestion doit se transmettre au nom de la compétence et non pas de la propriété et que la seule succession légitime est celle du talent et non pas de l'argent. Le libéralisme — religion de la concurrence et du mérite individuel — ne saurait dire autre chose. Pourtant, l'organisation patronale, qui met toujours en avant « l'entrepreneur », en tient toujours pour l'ordre héréditaire bourgeois, tout comme nos confédérations qui se veulent « ouvrières » afin de mieux défendre ceux qui ne sont pas ouvriers.

Les présupposés idéologiques ont empoisonné toute la querelle de la flexibilité. Nous avons insisté sur ceux des confédérations, mais ceux du CNPF ne sont pas moindres. Tandis que les premières voient un progrès dans tout renforcement de la rigidité, le second n'imagine de progrès que dans un retour à la précarité. Dans cette optique, l'idéal — « hélas irréalisable ! » — serait que l'entreprise soit débarrassée de toute contrainte sociale, que son chef puisse engager dans n'importe quelles conditions, à n'importe quel prix, et licencier de même. A cette condition seulement pourraient être relevés les défis de la crise. La recette paraît avoir donné certains résultats aux Etats-Unis. Mais c'est bien la solution inverse qui fait le succès du Japon. Dieu sait que les entreprises nippones savent être souples, flexibles et adaptables ! Or, ces caractéristiques se révèlent tout à fait compatibles avec des garanties statutaires que le secteur public est seul à même de proposer chez nous. Encore une fois, il n'est pas question de transposer le *nenko* en France. Mais cet exemple prouve bien que la précarité n'est pas la seule voie de la flexibilité. Le projet « Saturne » de General Motors ne vise-t-il pas également à troquer de l'adaptabilité contre de la sécurité ? Ni la voie choisie par le CNPF pour répondre au besoin de souplesse des entreprises, ni celle retenue par les confédérations pour sécuriser les salariés ne sont les seules possibles. Elles sont dérivées d'options idéologiques. A terme, c'est sans doute dans une autre direction qu'on cherchera des solutions.

Mais, aujourd'hui, les syndicraties sont toujours fascinées par le jeu politique. Le CNPF a lié le sort de l'entreprise aux partis de droite, la CGT celui des salariés au parti communiste, et la FEN s'est offert le parti socialiste pour mieux défendre les enseignants. Cette confusion des genres est détestable. Il n'est pas dans l'intérêt des salariés que leurs représentants bloquent systématiquement la négociation parce que la droite est au pouvoir, ni dans l'intérêt des entreprises que le CNPF fasse de même lorsque la gauche gouverne. Sur ce point, du moins, Force ouvrière, la CGC et la CFTC ont des comportements plus responsables.

Entre le syndicalisme salarié et patronal existe un effet de miroir, une véritable complicité, qui s'accorde au moins sur un point : la défense des bureaucraties. D'un côté comme de l'autre, on exclut la collaboration dans les entreprises entre les employeurs et les délégués syndicaux qui réduirait le rôle des confédérations. Les volontés antagonistes de supprimer les patrons ou de supprimer les syndicats conduisent, d'un côté comme de l'autre, à ne parler que par avocats interposés. Les syndicraties nationales des deux bords se reconnaissent dans cette première nécessité : la défense des défenseurs.

Toutes deux se sont mises à l'abri des risques encourus par leur faible représentativité en se dotant de solides prérogatives institutionnelles. Gestion d'organismes sociaux, négociation de grandes conventions, concertation avec le gouvernement sont des sources de puissance qui échappent à la mauvaise humeur des adhérents. Le sommet de notre pyramide sociale est parfaitement bureaucratisé et entretient en circuit fermé son conflit nourricier. Il est admis en France que les organisations syndicales ne doivent jamais être payées au rendement.

Quelles pourraient être les véritables missions des confédérations « ouvrières » ? L'ambition première, faire la révolution, n'étant plus de saison, le développement du progrès social nous laisse faire face à quatre défis majeurs : la croissance, le pouvoir, l'innovation et l'exclusion.

— *Premier point* : la croissance. S'il est vrai que le partage n'est plus qu'une querelle, en revanche la production tend à devenir une vraie guerre. Le progrès dépend pour une large part d'un surcroît de production ou, à tout le moins, d'un maintien de nos positions sur le marché international, ce qui implique un renouvellement des relations sociales.

— *Deuxième point* : le pouvoir. Comment concilier dans l'entreprise l'unité de commandement et la diffusion du pouvoir ? Entre l'autocratisme patronal, la bureaucratie publique et l'impuissance autogestionnaire, les modes de gestion qui combineront l'efficacité capitaliste à la convivialité socialiste restent à inventer. Le pluriel est de rigueur, car il n'existera pas un statut unique convenant à toutes les situations. Il convient aujourd'hui d'ouvrir grandes les portes à l'expérimentation et d'en tirer, demain, les enseignements. Sans *a priori*.

— *Troisième point* : l'innovation. Non pas seulement technologique, mais également sociologique. C'est un autre mode de vie qu'il faut inventer. D'autres manières de travailler, de s'instruire, de consommer, de se distraire. Tout notre comportement est calqué sur la deuxième révolution industrielle comme le train sur la diligence. Allons-nous éternellement regrouper l'espace-temps de travail, l'espace-temps de loisir, l'espace-temps d'apprentissage alors que les nécessités qui imposèrent cette organisation s'éloignent de plus en plus ? Sur tous ces points, les confédérations ne devraient-elles pas se consacrer à l'exploration des hypothèses plutôt qu'à la conservation des hypothèques ?

— *Quatrième défi* et, de loin, le plus important : l'exclusion. Le combat contre l'exclusion. Si notre société a cessé d'être révolutionnaire, je crains qu'elle ne soit de plus en plus révoltante. Face à la crise, elle sacrifie les plus faibles : rejetés du travail, bannis de la solidarité, exilés de la collectivité. S'il est une bataille — et non pas une guerre — à livrer, c'est celle-là. Mais les grandes centrales, sans même en être conscientes, jouent les travailleurs contre les chômeurs. Elles ont même refait l'unité du monde salarié. Contre le nouveau prolétariat et non pas contre le capitalisme. Un cruel paradoxe.

Les sans-emploi représentent 7,5 % de la population active aux Etats-Unis, 2,5 % au Japon et près de 11 % en Europe ; la durée moyenne du chômage est trois fois plus longue sur le Vieux Continent qu'en Amérique. La cause de ce décalage est connue : de 1973 à 1983, 18 millions d'emplois ont été créés aux Etats-Unis, 5 millions au Japon, alors que les économies européennes en perdaient 1 million et demi. Ce décalage ne peut s'expliquer par les seuls différentiels de croissance. Il doit correspondre à des gains de productivité plus élevés en Europe puisqu'on assure une production croissante avec moins de monde. C'est effectivement ce que l'on constate. Sur les cinq dernières années, la productivité a augmenté au rythme de 3,5 % dans notre industrie et de 1,2 % aux Etats-Unis. Seuls les Japonais ont fait mieux avec 3,9 %, mais ils ont pu éviter le chômage grâce à leurs exportations phénoménales. Les industriels français ont donc mené la substitution capital-travail à une telle allure que seule une croissance « à la japonaise » aurait permis de ne pas perdre d'emplois. Les Américains, au contraire, ont procédé plus lentement.

Dans une économie capitaliste, le remplacement des hommes par les machines est affaire de rentabilité. Il n'intervient que si les investissements à réaliser sont inférieurs aux salaires économisés. Plus la main-d'œuvre coûte cher, plus les entreprises ont intérêt à s'en passer. Or le prix du travail n'a cessé de diminuer aux Etats-Unis. Entre 1972 et 1983, sa rémunération a baissé de 37 % par rapport à celle du capital. L'économiste américain Lester Thurow *, qui rapporte ce fait, remarque : « Cela ne s'est pas produit en Europe où les salaires ont augmenté par rapport au prix du capital (...). Les entreprises européennes étaient tentées de substituer les machines aux travailleurs partout où c'était possible. Car les travailleurs étaient devenus plus coûteux que les machines (...). Aux Etats-Unis, les capitalistes ont réagi à un signal inverse. Le coût de la main-d'œuvre chutant par rapport à celui du capital, les entreprises étaient incitées à substituer des travailleurs aux machines partout où la chose était possible (...). Le résultat fut une bonne situation de l'emploi et une mauvaise croissance de la productivité. »

Au coût salarial *stricto sensu,* il faut également ajouter les coûts indirects. Un industriel calcule ses amortissements dans toutes les hypothèses d'utilisation. Avec le salarié européen, il manque de prévisibilité. En raison des garanties et protections, l'employeur peut être empêché d'utiliser son personnel dans les conditions les plus productives, ou bien obligé de le conserver alors qu'il n'a plus de travail à lui donner. Pour fuir ces situations, il pousse au maximum la mécanisation.

Ce raisonnement est fort dangereux. Il conduit le patronat à revendiquer une précarité totale, à maintenir les bas salaires et à ne pas investir dans les nouvelles machines sous prétexte de préserver l'emploi global au détriment des emplois individuels. A terme, une telle politique conduit à la faillite économique par la misère sociale. Il faut jouer sur des salaires élevés, afin de pousser à la productivité. Nul ne le conteste. Mais, à l'inverse, une hausse trop brutale des salaires et des protections sociales, une rigidité du personnel

* Contribution au colloque *Nouvel Observateur* « L'avenir de l'Europe », 3 juin 1985.

et des conditions de travail, poussent les industriels à ne conserver que le minimum indispensable de main-d'œuvre dans les conjonctures de basse croissance. Ils le font et ils ne peuvent faire autrement.

Il faut donc naviguer entre Charybde et Scylla. Ne pas recourir à la précarité pour se dispenser de la modernisation, ne pas introduire des rigidités sous prétexte de protection. Bref, combiner le progrès technique et le progrès social, lequel ne consiste pas à poursuivre éternellement dans la même direction, mais exige, au contraire, une réinvention permanente du travail. En période de tension sur l'emploi, il est donc sage de freiner les salaires et de réduire les rigidités, afin de ralentir la substitution capital-travail et de favoriser l'embauche. En résumé, il faut imposer à tous de modestes sacrifices sur le pouvoir d'achat et les droits acquis plus quelques efforts d'adaptation afin de limiter la montée du chômage.

Si l'on refuse ce genre de solutions, les salariés protégés, les travailleurs bien qualifiés traverseront la crise sans être mouillés. Ce seront les faibles à la périphérie qui plongeront dans l'exclusion. La question n'est pas de savoir si l'on fait du libéralisme ou du socialisme, mais si l'on défend en priorité les mieux pourvus ou les plus fragiles. Elle fut posée à BSN-Emballage lorsque la direction donnait le choix entre le maintien du salaire ou une perte de pouvoir d'achat avec embauches supplémentaires. La réponse du personnel ne fut guère différente de celle des Français en général. Il en est allé de même à l'usine Sony de Bayonne lorsque la direction proposa en 1982 de combiner une forte réduction de la durée du travail sans compensation salariale complète avec l'engagement de personnel supplémentaire. Là encore les ouvrières préférèrent conserver le salaire que partager le travail. C'est dans les entreprises en difficulté que l'on voit aujourd'hui les travailleurs consentir des baisses de salaires pour réduire les licenciements, voire éviter la fermeture pure et simple. Il est toujours plus facile d'être solidaire de sa communauté que des gens de l'extérieur qui attendent à l'ANPE.

Tel est le piège redoutable que la crise a tendu aux confédérations. Pour éviter que l'adaptation ne se fasse sur le dos de la population désorganisée, il fallait consentir des réductions globales de pouvoir d'achat et renoncer à certains avantages. Notre histoire sociale ne se prête guère à ce genre de concessions. Le personnel a toujours peur de se faire flouer par le patron. Seuls les syndicats peuvent être garants de tels accords et inciter leurs adhérents à les accepter. A l'exception de la CFDT — au niveau confédéral, il faut le préciser — ils ont malheureusement pris le parti inverse et précipité la France dans les mécanismes cruels du « libéralisme sauvage ». C'est, en définitive, l'Amérique qui a adopté empiriquement la solution la plus juste, sans résoudre pour autant le problème de ses minorités exclues. Mais il est frappant que la patrie du capitalisme triomphant ait pu pratiquer la politique des revenus qui devrait être la marque d'une gestion socialiste en période de crise. En France, tous les salariés ayant un bon job se sont senti un intérêt commun, un intérêt qui allait exactement à l'encontre de la solidarité ouvrière, et ont été encouragés dans cette attitude par leurs confédérations.

Prisonniers des idées fausses qu'ils répandent depuis si longtemps, les leaders syndicaux ne pouvaient tenir le discours inverse du jour au lendemain. Ce ne sont pas les représentants de la France moyenne, forte, organisée, protégée, celle d'EDF, de l'Education nationale, de la SNCF, des P et T, ou des grandes entreprises, etc., qui peuvent protéger les jeunes à la dérive, les chômeurs de longue durée, les vieillards abandonnés, les habitants des bidonvilles, les immigrés de la deuxième génération, les oubliés du quart monde. Non seulement ils ne les défendent pas, mais ils les enfoncent. En toute inconscience, sans doute, mais le fait est là.

Cette situation nous reporte cent cinquante ans en arrière. Les premières associations ouvrières, nous l'avons vu, s'intéressaient au sort de leurs membres et non pas à celui des plus misérables. Il en va de même aujourd'hui, avec l'hypocrisie en plus. Au lieu d'ignorer le prolétariat, on le prend en couverture. Mais les demandes cent fois répétées de « revaloriser les bas salaires », de « trouver des emplois pour les jeunes », de « lutter contre le chômage » ne servent que d'alibi. Comme ces « contrats de solidarité » et ces réductions du temps de travail, par lesquels les travailleurs sont invités à se reposer pour aider les chômeurs. Au moment du choix implicite, le pouvoir d'achat de ceux qui travaillent — et pas seulement des smicards — passe toujours avant le souci de créer des emplois pour les exclus. Et les soi-disant politiques de relance, qui prétendent lier les augmentations des travailleurs aux emplois des chômeurs, tiennent de la jonglerie intellectuelle. C'est alors que le discours pieux sur la « solidarité ouvrière » devient une pure hypocrisie. N'est-il pas significatif que, sous le règne de la gauche, avec l'accord des syndicats, les revenus des chômeurs de longue durée, des préretraités ou des malades aient été plus amputés que ceux de la population active ?

Une interview d'André Bergeron au *Journal du dimanche* du 19 août 1984 fournit une parfaite illustration de la tactique syndicale. Le leader de FO explique : « (...) On s'engage dans le grand débat, celui de savoir s'il est souhaitable de persister dans l'orientation actuelle ou si, au contraire, il faut changer de cap. Selon moi, il faut changer de route et le faire très vite, car il est très mauvais de laisser s'accentuer une perte de pouvoir d'achat. Prenons un exemple : celui de la fonction publique (...). » (Suit un long développement sur les pertes de pouvoir d'achat des fonctionnaires qui, selon Bergeron, atteindraient 5 % pour 1983 et 1984.) Il conclut alors sa démonstration : « Ce n'est pas rien, surtout que cette constatation peut être faite dans beaucoup d'autres endroits et que la situation est même beaucoup plus sérieuse dans certains secteurs ou régions. Lorsque je me déplace, je suis généralement reçu par les maires de la majorité comme de l'opposition. Tous, sans exception, me disent constater une recrudescence de l'activité des bureaux d'aide sociale : de plus en plus, les gens sont aux prises avec des difficultés très sérieuses. Il y a de plus en plus de pauvres en France, c'est un fait que l'on ne peut pas ignorer davantage. » Chef-d'œuvre de tactique revendicative à disséquer dans toutes les écoles de syndicalisme.

Le gros des troupes d'André Bergeron se recrutant dans le secteur protégé, toute sa rhétorique, diabolique d'habileté, vise à servir les intérêts de ses mandants sans perdre cette efficacité particulière que l'image ouvrière confère au discours revendicatif. En préambule, il efface les antagonismes catégoriels du genre contribuables-fonctionnaires, qui pourraient nuire à sa démonstration. Pour y parvenir, il inverse la relation entre l'économique et le social, comme faisait de Gaulle entre l'économique et la politique : « l'intendance suivra ». Il laisse donc entendre qu'il existe des politiques de rechange qu'il ne précise pas, mais dont chacun devine qu'elles permettraient, par le retour à la croissance, de donner à tous sans prendre à personne. C'est l'application du slogan réformiste : « davantage ». Pour ceux qui s'y réfèrent, le syndicat, machine à obtenir des augmentations, perdrait sa raison d'être si les hausses de salaires étaient impossibles. Le meunier postulera donc l'existence du « grain à moudre » pour justifier la nécessité de son moulin. Il y a toujours un « plus » à négocier. Réformistes et révolutionnaires se rejoignent sur ce postulat, mais les premiers restent « modérés » dans leurs prétentions, ce qui les dispense d'en démontrer le bien-fondé économique. Dès lors qu'« on ne demande pas la lune », il doit être possible d'obtenir satisfaction. Envisager le contraire serait reconnaître que la réalité puisse être antisyndicale ! Démonstration par l'absurde qui suffit à prouver la « légitimité » des revendications. Sous une forme ou sous une autre, Marchelli ou Bornard appuieraient leurs discours sur les mêmes prémisses. Krasucki, en revanche, parce qu'il demande tout, doit se livrer à de grandes démonstrations économiques, afin de prouver que « les patrons peuvent payer ». Quant à Maire, il plaiderait contre sa clientèle qui, ravie, se dépêcherait de faire le contraire de ce qu'il préconise.

Sur cet effacement miraculeux des contraintes économiques et des interdépendances sociales peut commencer le démonstration. Premier temps, le leader fait état d'une grogne populaire naturelle en temps de rigueur. Il semble parler au nom du peuple tout entier. Mine de rien, il glisse du mécontentement général à un mécontentement particulier : le pouvoir d'achat des salaires. Il est passé du cercle le plus large, le corps électoral aux élections de la Sécurité sociale, au deuxième cercle, celui des salariés, c'est-à-dire de tous ceux qui sont susceptibles d'adhérer à FO. Chemin faisant, tous ceux qui ne touchent pas effectivement un salaire : retraités, chômeurs, quart monde, etc., ont été abandonnés. La revendication première porte sur les revenus de la France au travail. Mais l'habile homme a déjà fait un saut de plus que le lecteur n'a pas remarqué — « Prenons un exemple... » — et se retrouve dans le troisième cercle : celui de sa véritable clientèle. C'est alors que s'engage la plaidoirie visant à persuader les Français que les fonctionnaires ont perdu les 5 %. Démonstration classique de paupérisation instantanée. Dans ce genre, Bergeron ne fera jamais mieux que Guillaume avec ses paysans. Le lecteur pourrait s'étonner que, portant sur ses épaules le malheur de tous les Français, le leader syndical réserve à la fonction publique la meilleure part de sa sollicitude. C'est la péroraison, superbe, qui écarte ces mesquines interrogations. Par des enchaînements subtils, le leader de Force ouvrière relie le mécontentement des fonctionnaires à la situation du quart monde en France. Le drame du cadre de 50 ans réduit à l'assistance, du jeune sans travail condamné au parasitisme familial et des familles vivant de la charité publique est le même que celui des professeurs ou des attachés d'administration qui ont perdu quelques miettes de pouvoir d'achat. A croire que les uns et les autres encombrent les bureaux d'aide sociale et qu'en revalorisant les salaires, on libérerait ceux qui n'en touchent pas du choix dramatique entre la faim et la mendicité. Pour soulager la misère justement dénoncée, la France protégée n'a donc aucun sacrifice à consentir, mais, au contraire, des cadeaux à recevoir. Ainsi, bénissant les revendications de la France moyenne, le révérend Bergeron leur donne la sainte onction des luttes ouvrières. J'ai analysé ce texte, car il n'a rien d'improvisé. On a retrouvé exactement le même discours dans toutes les interviews données par le secrétaire général de FO pour la rentrée 1984.

Le syndicalisme doit défendre en priorité ses adhérents, on ne saurait le lui reprocher, mais il ne saurait le nier. Avocat de la France moyenne et, en priorité, de la France protégée, il ne peut être le défenseur efficace de la France prolétarisée. Toute son action revendicative pousse les gouvernements à faire cette politique de l'exclusion. Comme ces immeubles anciens dont les habitants changent après les opérations de rénovation, les vieux syndicats prolétariens transformés en institutions respectables abritent une population nouvelle qui confine sous les combles les locataires en titre. La lutte des classes est morte, mais il s'est formé un nouveau prolétariat que nos syndicats ne représentent pas et dont ils ne peuvent assurer la défense.

CHAPITRE VII

Adieu, camarade !

Un salaire de 350 000 francs par mois ! Il n'y a que des Américains pour... C'est vrai. Jacky Presser est américain, c'est pourquoi il affiche si volontiers sa feuille de paie. Dans la plus pure tradition d'outre-Atlantique, ce traitement faramineux doit prouver sa compétence et, par là même, la prospérité de la compagnie qu'il dirige. A une nuance près. « Chubby Jacky » ne dirige pas une société capitaliste, mais un syndicat. Pas n'importe lequel, le fameux syndicat des « Teamsters », les camionneurs américains dont le syndicaliste gangster James R. Hoffa avait fait son fief. Cette rémunération somptueuse, tout de même exceptionnelle, reste dans la tradition du syndicalisme américain. Ici, la revendication sociale est bien un « business » et pas une affaire de sentiments. Ceux qui font preuve d'efficacité pour défendre les intérêts des salariés ne sont pas des camarades dévoués, mais des professionnels qui doivent être payés comme les plus fameux avocats ou managers. Une conception aux antipodes de notre tradition.

Combien gagnent les homologues français de Jacky Presser ? Vingt ou trente fois moins, répondent les confédérations. Le « patron » français prouve son honnêteté en acceptant un petit salaire, tout comme le « patron » américain prouve son efficacité en recevant une énorme rémunération. Ceux qui croient au désintéressement, ceux qui croient à l'intéressement : deux mondes que sépare un océan d'incompréhension. On aura plus tôt fait de traverser l'Atlantique à la nage que de faire admettre le syndicalisme à l'américaine en terre française.

Au lendemain de la dernière guerre, les syndicalistes qui partaient en province ne recevaient de leur centrale qu'un billet de chemin de fer, aller simple, en troisième classe. Sur place, les camarades s'arrangeaient pour assurer le gîte et le couvert — l'hôtel coûtait trop cher ; en fin de séjour, ils se cotisaient pour payer le billet de retour. Lorsque des représentants syndicaux furent nommés au Conseil économique et social, ils reçurent, comme tous les parlementaires, un titre de

197

transport gratuit, permanent et en première classe sur le réseau de la SNCF. Certains d'entre eux continuèrent à voyager en troisième classe avec leur titre de première en poche. Ils se sentaient mal à l'aise dans les « compartiments bourgeois » et redoutaient d'y être vus par des camarades. « Un jour, me raconte un vieux syndicaliste, le responsable de l'union locale était venu me chercher à la gare avec une traction avant. Un luxe pour l'époque ! Pendant le trajet — alors que je ne lui demandais rien —, il tint à m'expliquer qu'il n'était pas propriétaire de la voiture, mais qu'elle appartenait à son épouse commerçante dans la cité. Il se sentait gêné, lui, simple permanent, d'étaler un tel signe extérieur de richesse devant un responsable confédéral. »

Une situation qui reproduit à l'inverse celle de Léon Jouhaux venant rencontrer ses homologues britanniques en 1911 [77] : « D'abord, note-t-il, je fus assez étonné de constater qu'à Liverpool le comité de grève siégeait dans un des plus grands hôtels de la ville (...). Les militants n'étaient nullement tenus, comme chez nous, de partager la vie des grévistes. Alors que la misère était grande chez ces derniers, les chefs ne se gênaient pas pour habiter les plus somptueux hôtels de la ville. De tels faits n'auraient pu être acceptés en France (...). »

En 1985, le syndicaliste n'est toujours pas riche — certains syndicats, en revanche, le sont —, mais il a cessé d'être pauvre. Il vit modestement, comme un Français moyen, et ne tire de ses fonctions aucun avantage monétaire. Aucune pénalisation non plus. La filière syndicale peut conduire au pouvoir. Pas à la richesse. Les situations médiocres y sont la règle, les débouchés rémunérateurs l'exception. Cette banalisation n'a pas fait disparaître la pudeur financière du monde syndical qui reste sur ce chapitre aussi prude que les bonnes sœurs sur leur sexualité.

Dans son livre-interview, *Lutter*, Georges Séguy [145] se fait poser la question suivante : « L'autre jour, dans le métro, j'ai relevé un graffiti. Il y était écrit : " Georges Séguy gagne 8 millions par mois. " Tout le monde sait que cela est faux, mais j'aimerais savoir comment vous réagissez devant ce genre de calomnies ? » — « J'ai l'habitude de ce genre d'ignominies, répond-il, elles me laissent froid, d'autant que, comme vous le dites, tout le monde sait que cela est faux. Vous savez (...) les questions d'argent, de conditions matérielles de vie sont secondaires. Ce ne sont sûrement pas elles qui peuvent déterminer les militants de la classe ouvrière que nous sommes. J'étais cheminot à l'échelle 4 lorsque je suis devenu permanent ; vingt-six ans après, je suis toujours à l'échelle 4, probablement le cheminot le plus ancien dans le grade le moins élevé. Si je ne m'étais pas orienté vers la vie militante, j'aurais pu faire carrière à la SNCF. J'aurais eu des conditions de vie incomparablement supérieures à celles qui sont les miennes. C'est vrai pour la plupart des militants. » Et de préciser que son salaire est comparable à celui d'un ouvrier qualifié de la Région parisienne. Voiture de fonction en plus.

L'outrance de la réponse traduit bien la crispation de l'intéressé. Il lui faut prouver qu'il est resté fidèle à ce vœu implicite de pauvreté, qu'il a sacrifié son intérêt personnel à son engagement syndical et que, parvenu au sommet du pouvoir, il tient à rester un « gagne-petit ». Si la démonstration contraire pouvait être apportée, toute son action serait frappée d'illégitimité. Un secrétaire général de la CGT qui gagnerait 50 000 francs par mois ne serait qu'un imposteur.

Tout syndicaliste se place sur la défensive sitôt qu'on lui parle de sa feuille de paie. Il ne fait pas « ça » pour « ça ». S'il gagne de l'argent, c'est par nécessité. Pas par intérêt. Réserve d'autant plus révélatrice, qu'il n'a rien à cacher. Mais le simple fait d'être payé pour militer, de n'être pas plus pauvre que les plus pauvres, suffit à culpabiliser ce franciscain de la revendication.

« Je n'exagère rien en affirmant que la mission du permanent syndical est un peu un sacerdoce », écrit André Bergeron [26]. « Sacerdoce », voilà le grand mot lâché. Tout le syndicalisme français baigne dans un cléricalisme qui n'ose dire son nom et l'analogie va bien au-delà de la façade moralisatrice. La confédération, telle une Eglise, conserve les valeurs sacrées que les militants doivent prêcher par l'exemple et pas seulement par le verbe. La sémantique confirme cette vision apostolique du syndicaliste. René Mouriaux rappelle [125] que le terme de militant est d'origine religieuse. On le voit apparaître comme adjectif au xve siècle. Il s'utilise au féminin et s'applique à l'Eglise, c'est l'Eglise militante. A la fin du Second Empire, on découvre une classe ouvrière « militante ». Mais le militant est inconnu du *Littré*, et René Mouriaux n'en trouve la première trace qu'en 1876. Une filiation linguistique qui repose sur une analogie profonde : le mouvement ouvrier fait appel aux mêmes valeurs humaines que le catholicisme.

Cette nouvelle église, comme son aînée, est passée d'une phase héroïque à une phase institutionnelle. Entre les sociétés ouvrières du xixe siècle et les organisations syndicales d'aujourd'hui, la rupture paraît aussi radicale qu'entre les premières communautés chrétiennes et l'Eglise catholique apostolique et romaine. D'un côté, les « hors-la-loi » guettés par la police lors des premières grèves ; de l'autre, les notables attendus par les caméras à la sortie des palais ministériels ; ici, des groupes révolutionnaires inorganisés qui rêvaient de détruire la société ; là, ces énormes appareils bureaucratiques qui n'aspirent qu'à s'y intégrer. Le syndicalisme devait prendre sa place dans notre système socio-économique. Il s'est longtemps battu pour l'obtenir. Il a réussi.

Ce ne sont plus les droits supplémentaires, mais les idées nouvelles, qui lui permettront de jouer dans les faits le rôle éminent qui lui est dévolu par les textes. Il lui faudrait donc reconnaître ce passage à maturité, basculer franchement d'une stratégie conquérante à une stratégie gestionnaire puisque aussi bien le retour en arrière n'est même pas imaginable. Ni les confédérations « ouvrières » ni leurs troupes ne peuvent se résigner à cette traumatisante mutation. Elles s'accrochent à cette continuité historique sur laquelle elles ont, une fois pour toutes, fondé leur légitimité. Attachement sentimental, confort moral, difficultés de la rupture, considérations tactiques, de nombreuses raisons les poussent à maintenir ce cordon ombilical. Encore faut-il que le décalage entre l'image de victime et le statut de puissance ne soit pas trop visible, qu'un fait patent prouve aux yeux du peuple la permanence de cette tradition. Ce repère symbolique, c'est la pauvreté ou, du moins, le désintéressement. Des syndicalistes français vivant dans un confort « à l'américaine » ne seraient plus en droit de revendiquer l'héritage du mouvement ouvrier. Seul l'ascétisme moralisateur de ses membres permet à l'institution de poursuivre dans une France embourgeoisée une expansion que le poids de l'histoire rend irrésistible. Car la fidélité ostentatoire à cet article du code masque peut-être une infidélité beaucoup plus grave à son esprit. La référence obsessionnelle à la pureté passée ne prouve-t-elle pas que la fiction de la continuité est de plus en plus difficile à maintenir ? Mais quel dessein cachent, sous le masque des ancêtres, ces nouvelles générations qui n'osent s'avancer à visage découvert ?

Le syndicaliste moderne est écrasé autant que protégé par l'ombre du « militant ouvrier » : soldat inconnu d'une guerre de cent ans qui résume en son anonymat toutes les vertus qu'une compassion tardive prête si volontiers aux victimes de l'histoire. Dans sa défense, Georges Séguy place tous les permanents cégétistes sous cette bannière : « les militants de la classe ouvrière que nous sommes ». Un simple réflexe tant la chose lui paraît naturelle. L'amalgame est total entre les pionniers rejetés et faméliques de 1884 et les 1 054 agents qu'EDF paye à temps plein pour ne faire que du syndicalisme, ou les milliers d'électriciens qui jouissent de « crédits d'heures » pour fonctions syndicales, ou les 4 134 employés permanents du comité d'entreprise, la CCAS alimentée par le fameux 1 %. Cette revendication d'image est plus qu'une expression routinière, elle repose sur une intime conviction dont l'utilité tactique ne fait que renforcer la sincérité.

L'indignation des syndicalistes, lorsqu'on remet en cause cette filiation, n'est pas feinte. Je m'en suis rendu compte à l'automne 1982 lorsque, invité à un débat de l'UGICT, le syndicat de cadres cégétistes, j'eus la surprise d'entendre ces représentants de l'encadrement — appartenant en majorité aux secteurs protégés — utiliser sans gêne le langage héroïco-militaire de la tradition prolétarienne et justifier leurs prérogatives ou leurs privilèges comme autant de « conquêtes ouvrières ». Syndicrates garantis ou travailleurs exposés, le parrainage vaut pour tous.

Un attachement bien compréhensible. Les pionniers des luttes ouvrières manifestèrent autant d'héroïsme et, pour dire le mot, de sainteté que les premiers chrétiens ou les premiers résistants, mais ils ne figurent pas dans notre Panthéon aux côtés des gloires nationales. Le syndicalisme a pu revendiquer en légitime propriété ce capital moral dédaigné par la société bourgeoise. Rester fidèle à la mémoire des ancêtres, c'était aussi réparer une injustice. N'est-il pas incroyable qu'à Paris, Thiers, l'horrible bonhomme, ait sa rue et que Varlin, l'admirable, ne l'ait pas, que tous les enfants de France connaissent le nom du fusilleur — « le libérateur du territoire » — et qu'aucun ne sache même le nom du fusillé ?

Impossible de retracer une telle vie sans paraître verser dans l'hagiographie, mais, c'est un fait, elle fut exemplaire en tout et, si je la retiens parmi tant d'autres, c'est pour redonner un visage à ce mythe dépersonnalisé comme ces anciennes monnaies que des milliers de mains anonymes usèrent jusqu'à gommer l'effigie des princes qui les firent frapper.

Il naît dans une famille de paysans pauvres en 1839 et, à 13 ans, entre en apprentissage chez un relieur parisien. Il possède un « bon métier » qui lui permet de satisfaire sa passion d'autodidacte pour la lecture et le savoir. Mais, dès l'adolescence, il entre en « militance » comme d'autres en religion, refuse de s'établir et de se marier pour se consacrer « aux opprimés ». Commençant par le petit cercle de sa profession, il fonde à l'âge de 18 ans la « Société civile des relieurs ». Désormais, le mouvement ouvrier occupera toute son existence. Jusqu'à sa mort, il travaillera la nuit à domicile pour gagner sa vie et réservera ses journées à son « apostolat ». Tous les témoignages concordent : c'était un homme timide, le contraire même du meneur « fort en gueule », que l'on rencontrait souvent dans le monde ouvrier. Pourtant, son autorité s'impose rapidement.

En 1862, il représente sa corporation dans la délégation qui se rend à l'Exposition universelle de Londres. Il devient un leader reconnu. Deux ans plus tard, il dirige la grève de 1864. Les relieurs impressionnés par son dévouement et son courage se cotisent pour lui offrir une montre en argent. La seule « richesse » qu'il possédera jamais. Véritable missionnaire de l'idéal ouvrier, il fonde des sociétés d'épargne et de crédit, des coopératives de consommation, des restaurants coopératifs, il court la France pour soutenir les mouvements de grève, collabore à la presse socialiste naissante, est emprisonné à plusieurs reprises. Il assiste à la première conférence de l'Internationale à Londres en 1864, rencontre Marx et adhère à la section française. Recherché comme un révolutionnaire dangereux par le pouvoir impérial, il doit se réfugier en Belgique en avril 1870. Après la chute de l'Empire, il rentre en France pour s'engager dans la Garde nationale. « Par tous les moyens possibles, nous concourrons à la défense nationale qui est la chose capitale du moment », écrit-il. Un engagement qui ne doit rien au nationalisme primaire. « Depuis la proclamation de la République, l'épouvantable guerre actuelle a pris une autre signification : elle est maintenant le duel à mort entre le monarchisme féodal et la démocratie républicaine. » Pourtant, il sera révoqué en raison de ses convictions.

Il se retrouve tout naturellement à la tête de l'insurrection communarde et occupe, dès le 18 mars 1871, l'état-major de la place Vendôme. Elu au comité central, il devient responsable des finances et s'acquitte de ses fonctions avec le scrupule que l'on sait. Dans l'épisode final de l'insurrection, il tente de s'opposer aux excès dont il est témoin. Pendant la « Semaine sanglante », il organise la résistance sur les barricades autour du Père-Lachaise. Reconnu et dénoncé par un passant après l'effondrement, il est livré aux versaillais. La troupe l'emmène sous les injures et les coups de la foule. Il n'échappe au lynchage que pour être adossé au mur, face au peloton, et meurt — « sublime de courage » reconnaissent les militaires — aux cris de « Vive la Commune ! », « Vive la République ! ». Le lieutenant Sicre, qui présidait l'exécution, « fait les poches » du supplicié et trouve une montre en argent. Qu'il s'empresse de voler. Dix-huit mois après son assassinat, Varlin sera condamné à mort... par contumace.

Voilà pour les faits. Les idées ne sont pas moins admirables. Varlin a toujours su placer la revendication populaire à son niveau le plus juste et le plus élevé. Sur le terrain, il mène la bataille pour les salaires, mais à l'Internationale, il se bat pour que la réduction du temps de travail devienne une revendication prioritaire, car il pense d'abord

202

aux femmes et aux enfants. Ses positions féministes, trop en avance pour l'époque, ne sont pas retenues par les camarades révolutionnaires. Sa vision de l'évolution économique, bien plus juste que celle de Marx, lui fait entrevoir, à une époque où rien ne l'annonçait, la possibilité de l'enrichissement général que réalisera le fordisme : « Le développement de l'industrie doit avoir pour résultat l'augmentation du bien-être de tous. La production augmentant chaque jour par l'extension de l'emploi des machines, le riche ne suffit plus à la consommation ; il faut donc que l'ouvrier devienne consommateur et, pour cela, il lui faut un salaire assez élevé pour l'acquérir. » Mais sa conception du progrès social dépasse le simple niveau de vie, elle est indissociable d'une dimension culturelle et morale. S'il estime qu'« il faut réduire la journée de travail à 8 heures et, avec le progrès des machines, le travail sera aussi bien fait qu'aujourd'hui (...) », il s'empresse de préciser le sens de cette revendication : « (...) l'esprit et le cœur en ont surtout besoin (...) l'instruction nous est rendue impossible par l'emploi de nos journées (...). La famille pour nous aurait aussi ses charmes et sa puissance moralisante (...). Les devoirs du père de famille, les besoins du ménage, les joies de l'intérieur nous sont impossibles et inconnues, l'atelier absorbe nos forces et toutes nos heures ». Un moralisme un peu naïf qui impose le respect lorsqu'il est payé d'un tel prix.

Que Varlin soit un personnage d'exception et non un « combattant moyen », c'est évident. J'en ai pourtant rappelé brièvement la biographie, car il réunit, portés à l'idéal, tous les traits singuliers de ce légendaire « militant ouvrier ». La pauvreté, qui fut la compagne de toute sa vie, se retrouve chez les plus humbles comme chez les plus illustres. A la fin du XIXᵉ siècle, Fernand Pelloutier, véritable « patron » du syndicalisme français à la tête des Bourses du travail, a toujours tiré le diable par la queue. « Les rares places qu'il occupera comme chroniqueur social ou éditorialiste dans un journal ou comme enquêteur de l'Office du travail auront toujours un caractère partiel et précaire », rappelle Jacques Julliard [90]. « Il vivra toujours aux frontières de la pauvreté et de la misère (...) plus d'une fois, il aura recours à la table et à la bourse paternelles (...). Enfin lui-même s'astreignait à un travail de copie pour le théâtre et de traduction d'ouvrages techniques. » Et Julliard de conclure : « La classe ouvrière française qui se plaint de " l'exploitation capitaliste " a toujours exploité ses serviteurs. »

Cette gêne pécuniaire n'était que la marque visible, donc superficielle, de l'éthique militante. On ne faisait pas vœu de pauvreté, mais de bénévolat. D'amateurisme pour tout dire. « Armée bénévole. Le modèle de la militance, c'est l'échange de services populaires : le service gratuit... », rappelle Michel Verret [158]. « Gratuit au sens propre : surtout pas d'argent. " Vendu ", la pire injure. Le militant est un amateur au sens social du mot, pas professionnel au sens moral. » Ce refus du professionnalisme est une exigence fondamentale. Les anarcho-syndicalistes ne voulaient pas améliorer la société, ils voulaient la détruire. Ils redoutaient plus que tout la tentation d'un réformisme éclairé qui intégrerait peu à peu le mouvement ouvrier dans la société capitaliste. La structuration du syndicalisme, l'apparition d'une bureaucratie permanente, représentaient un risque majeur. La bourgeoisie pourrait aisément corrompre cette petite élite en lui offrant des promotions personnelles. En revanche, elle ne pourrait rien contre une communauté extérieure à son monde.

Pauvreté et bénévolat débouchaient donc sur un principe déontologique plus vaste et absolu : le « refus de parvenir ». La formule servit de titre au roman-témoignage de A. V. Jacquet [86], un instituteur qui avait choisi de rester dans son village plutôt que « monter » à la ville. « C'est l'éternel problème de la conscience ouvrière (comme ça a pu être en d'autres temps, et sous d'autres formes, le drame de certaines consciences monastiques) », note Marc Bloch dans la préface. « Monter, non seulement pour assurer mon mieux-être, mais aussi, mais surtout, pour être plus utile ? Mais c'est abandonner ma classe. Rester dans ma classe ; mais c'est peut-être me condamner à moins bien servir ? »

Afin de ne pas se différencier de ceux qu'il défendait, le syndicaliste devait gagner sa vie en travaillant au même titre qu'eux. Il en allait de sa crédibilité. Le leader des mineurs de Carmaux, Philosa Berthon, qui assuma de multiples responsabilités de 1890 à 1919 : membre du Conseil syndical, président du comité de défense des ouvriers-mineurs, administrateur de la caisse de retraite... et père de six enfants, travailla sans discontinuer pendant quarante-cinq ans au fond de la mine. A la génération suivante, la règle commence à se perdre, et Pierre Monatte, l'une des grandes figures de la CGT et fondateur de *la Vie ouvrière,* faisait figure d'exception au lendemain de la dernière guerre en exerçant toujours son métier de correcteur d'imprimerie à *France-Soir.*

C'est entre les deux guerres que se développe le professionnalisme syndical. Très mal vu par la base. On se méfie des « fuyards de l'atelier » qui « sont payés à ne rien faire ou à discuter avec les patrons ». On rit des « kilos du permanent », embonpoint que provoque chez un travailleur de force le passage à un emploi de bureau. Et l'on suspecte toujours une « envie de parvenir » en contradiction avec l'éthique du mouvement. L'ouvrier bronzeur Tolain, figure de proue du mouvement ouvrier sous le Second Empire, qui deviendra député et notable socialiste sous la IIIᵉ République, est montré du doigt par les intégristes comme l'exemple à ne pas suivre. Léon Jouhaux sera le premier leader à parvenir au sommet de la hiérarchie sociale par la voie syndicale. Une promotion qu'il devra entourer de mille précautions et que ses opposants anarcho-syndicalistes ou communistes lui reprocheront sans cesse.

Car la suspicion reste vive, et la plupart des syndicats refusent le renouvellement des mandats pour éviter la bureaucratisation : leur hantise. Dans les années trente, André Delmas, secrétaire général du Syndicat des instituteurs, pose en principe que le militant doit être « d'un dévouement absolu à son organisation et ne doit pas recevoir d'autre rémunération que celle que lui alloue, pour vivre, la caisse syndicale ». Notez le « pour vivre ». Et A. Delmas précise dans son autobiographie [58] : « Il m'est toutefois arrivé de recevoir des indemnités de l'Etat pour participation à des travaux de commissions diverses. Je les ai reversées à la caisse syndicale. » Que de suspicion et de culpabilité sous-jacentes !

C'est le communisme, calquant les structures syndicales sur celles du parti, qui introduira dans la CGTU le véritable permanent, celui qui abandonne définitivement son métier pour se consacrer tout entier aux tâches syndicales. Mais la défiance de la base ne disparaît jamais. On l'a vu resurgir lors des événements de Mai 68. Lorsque aujourd'hui des militants qui n'ont plus exercé leur métier depuis des lustres se proclament « militants », acceptent le terme de « permanents » et s'insurgent à l'appellation de « professionnels », c'est toujours le regard des anciens qui pèse sur les comportements.

Pauvre, bénévole, moralisateur aussi, Varlin n'est nullement exceptionnel. Tout le mouvement ouvrier baigne dans un humanisme éthico-sentimental. La revendication matérielle ne saurait fermer son horizon, il lui faut des objectifs plus vastes. Humanistes sinon idéologiques. Les leaders insistent sans cesse sur la mission éducative qui n'est point entendue au sens pratique qu'elle prend aujourd'hui. Il s'agit d'instruire sans doute, mais également de développer des valeurs proches des vertus chrétiennes : solidarité, honnêteté, justice, travail qui font bon ménage avec l'antimilitarisme et l'anticléricalisme. La contre-société qui bouillonne dans les discussions enflammées est athée, mais certainement pas matérialiste au sens étroit du terme. Le syndicalisme de la feuille de paie tel que l'entendent aujourd'hui la plupart des salariés est en rupture totale avec la tradition. J.-D. Reynaud [139] brosse le tableau de ce militant : « (...) désintéressé, fier de ses responsabilités, sans soucis d'y trouver une carrière, convaincu que les résultats de son action ne se mesurent pas seulement en francs et en effectifs, mais en éducation et en dignité, proche de ceux qui le mandatent et vivant de la même vie qu'eux (...) ».

Une image précieuse à conserver, mais difficile à utiliser. Le militant ouvrier est l'homme du rapport inégal, de la domination. Né de la confrontation verticale bourgeoisie-prolétariat qui a dominé le XIXe siècle, il représente l'avant-garde d'un peuple asservi en révolte contre ses maîtres. Toutes ses valeurs, toute sa démarche n'ont de sens que dans ce contexte. Ces situations se rencontrent un peu partout dans le tiers monde, en France même ; elles ne concernent pas seulement notre quart monde. Il est encore des entreprises, notamment des PME, où perdure, sous une forme atténuée, ce genre de relations. Mais ce n'est pas là, nous le savons, que se trouvent les gros bataillons du syndicalisme. Pour la plupart des militants, défenseurs de la France moyenne salariée, le personnage mythique est à l'évidence surdimensionné. La noblesse du refus inspire le respect, mais elle n'a jamais eu de sens qu'en fonction d'un projet et d'une situation déterminés. N'en conserver que certains symboles : le désintéressement pécuniaire et les références verbales pour faire tout autre chose dans un tout autre contexte, c'est confondre les apparences et la réalité. Mais cette confusion pourrait bien aussi masquer une stratégie de pouvoir.

Au premier regard, la distance paraît sidérale entre le militantisme d'hier et celui d'aujourd'hui. Une différence qui se lit d'abord au niveau macroéconomique. Le syndicalisme est reconnu, protégé et rémunéré par le Code du travail. Selon les évaluations de Gérard Adam, les dispositions légales correspondent à un million et demi de postes dans l'économie française : représentants syndicaux, membres des comités d'entreprise, délégués du personnel, etc. En raison des cumuls, c'est un demi-million de salariés qui assument ces fonctions et portent à ce titre le bouclier syndical.

Au niveau individuel, le militant ouvrier était dévoué et pas seulement désintéressé. Il donnait son temps au syndicat. Sans compter. D'autant qu'il ne voyait les camarades qu'en dehors des heures de travail, donc le soir et le dimanche. La vie familiale était sacrifiée à la vie militante. Une alternative qui rappelait le choix entre mariage et sacerdoce. Et, de fait, c'étaient les hommes jeunes et célibataires qui formaient l'essentiel du « clergé syndical » au XIXe siècle.

Aujourd'hui, ce sont les salariés d'âge mûr qui occupent les fonctions syndicales dédaignées par leurs cadets. Preuve que le syndicalisme a perdu cet aspect chronophage. Les activités souterraines de militantisme ont été remplacées par des missions bien définies et codifiées qui sont effectuées pendant les heures de travail. Les réunions syndicales prennent souvent place dans la journée et dans l'établissement même. Pour le responsable, les conditions de travail s'apparentent de plus en plus à celles de l'assistante sociale ou du directeur du personnel. De moins en moins à celles du bénévole.

Ce sont donc les entreprises et administrations qui financent, sous forme de crédit d'heures, le travail des militants. Plus de 15 millions d'heures sont ainsi payées chaque année par l'économie française pour l'exercice de la fonction syndicale. Cela correspond à 100 000 emplois, mais cela ne signifie pas qu'il existe autant de permanents à temps plein, car une fonction ne donne droit qu'à un nombre limité d'heures : 15 heures par mois pour le délégué du personnel, 20 heures par mois pour les membres du comité d'entreprise, un mi-temps pour les administrateurs des entreprises nationalisées, etc. Le crédit total est donc réparti entre un demi-million de personnes environ. Comme certains syndicalistes cumulent plusieurs fonctions, comme certains employeurs, surtout dans le secteur public, ne vérifient pas beaucoup leurs horaires, comme d'autres vont bien au-delà des dispositions légales, ce système permet à des salariés de ne plus faire que du syndicalisme. Inutile d'en chercher le nombre exact dans les statistiques, il n'est pas donné et, en tout état de cause, il serait fortement sous-évalué. Beaucoup de ces professionnels sont détachés de leurs administrations ou de leurs entreprises et mis à la disposition des organisations qui les utilisent dans leur propre appareil. On sait que le nombre des heures et des hommes ainsi payés ne cesse d'augmenter — dans la fonction publique la croissance « annoncée » a été de + 27 % entre 1979 et 1983 — et que la générosité du secteur public comparée à la pingrerie de l'industrie privée conduit à peupler les organismes syndicaux de fonctionnaires et salariés de l'Etat en détachement. Les P et T, l'Education nationale et quelques autres passent pour être les plus généreux. On atteint ici un laxisme coupable.

Il y a quelques années, Jacques Duclos intervint discrètement pour faire obtenir une décoration à une institutrice. L'administration tenta de joindre l'intéressée sur son lieu d'affectation en province. Les responsables de l'établissement tombèrent des nues ; ils ne connaissaient pas cette personne. Renseignements pris, elle avait été détachée comme secrétaire de Jacques Duclos par le général de Gaulle au lendemain de la Libération et remplissait ces fonctions depuis un quart de siècle. L'administration l'ignorait. Rue de Grenelle, au ministère, on parle des « 10 000 disparus » de l'Education nationale, chiffre très approximatif des agents détachés à un titre ou à un autre, à un poste ou à un autre, qui peuplent cette multitude d'organismes pléthorico-parasitaires qui, des Fédérations Léo Lagrange au Comité national d'action laïque, tournent autour de la FEN. L'administration n'exerce plus le moindre contrôle sur ce personnel et serait bien en peine de préciser où se trouvent physiquement ces fonctionnaires et en quoi consistent leurs activités. Tout le monde sait de même que bien des permanents de l'EDF sont davantage des fonctionnaires politiques que syndicaux. Mais, la société paie sans avoir le moindre droit de regard sur le travail effectivement fourni.

A côté de ces salariés-syndicalistes se trouvent les syndicalistes-salariés. C'est-à-dire des permanents qui exercent hors entreprise et sont payés par les organisations mêmes. Ils sont infiniment moins nombreux, mais là encore les chiffres sont plus qu'incertains, car les confédérations adorent l'opacité sur leur propre fonctionnement. Tous les observateurs s'accordent à reconnaître que cette bureaucratie syndicale proprement dite n'est pas pléthorique. Les syndicats préfèrent se faire payer des serviteurs plutôt que les payer eux-mêmes.

Loin d'être scandaleux, ce double phénomène de professionnalisation et d'institutionnalisation est parfaitement normal. Constatons qu'il se produit dans tous les pays industriels et qu'il s'y trouve même beaucoup plus marqué que chez nous. Les syndicats étrangers disposent généralement de prérogatives et de moyens très supérieurs. D'une part, l'unité syndicale qui est la règle dans la plupart des pays transforme tout droit en monopole ; d'autre part, l'affiliation fait souvent l'objet de pressions, qui nous paraîtraient insupportables. En pays anglo-saxons, il n'est pas rare de voir l'exercice d'une profession ou l'embauche dans une entreprise subordonné à l'adhésion syndicale. Enfin les pouvoirs en matière de négociation, de grève ou de gestion sont beaucoup plus étendus. En Allemagne fédérale, par exemple, le syndicat a seul le droit de déclencher une grève. En Belgique ou au Japon, les patrons prélèvent directement les cotisations syndicales. En Amérique, le syndicat gère la plupart des organismes de protection sociale. En Suède, le syndicat LO a pratiquement le monopole de la négociation sociale dont les résultats sont obligatoires pour tous, etc. Ces fonctions syndicales hypertrophiées ont entraîné la mise en place d'énormes bureaucraties. Nos centrales sont squelettiques comparées aux organisations des pays sociaux-démocrates. Aux Etats-Unis mêmes, on compte 70 000 syndicalistes professionnels. Il s'agit donc d'une évolution naturelle des sociétés industrielles et non d'une particularité française. On peut estimer qu'elle conduit à des abus, mais on ne peut nier qu'elle paraisse répondre à une nécessité.

Les anarcho-syndicalistes pouvaient ne faire appel qu'à l'amateurisme et à la vertu parce qu'ils entendaient se tenir à l'écart de la société bourgeoise ; leurs descendants qui acceptent d'y pénétrer — et l'on n'a vu nulle part qu'ils aient persisté dans leur refus —, qui assument des fonctions importantes, doivent miser sur le professionnalisme et la compétence. On ne peut assurer la défense de groupes socioprofessionnels importants, conduire des négociations longues et difficiles, gérer des organismes qui brassent des milliards, participer à de multiples comités et organismes publics, donner des avis et conseils sur les sujets les plus divers, mener des actions en justice, conduire des expertises financières, fournir des consultations juridiques, etc., avec une poignée de militants dévoués. Tout cela exige des moyens considérables en hommes et en matériel. Il est inutile de siéger au conseil d'administration d'une grande entreprise si l'on ne dispose pas de la compétence nécessaire pour comprendre les dossiers en discussion et les choix en cause. Bref, on ne peut assurer la gestion avec les moyens qui permirent de conduire la lutte. Lorsque les missions changent, les moyens doivent également changer. Ajoutons que le climat général d'une société de consommation n'est plus à l'héroïsme et que ceux qui assurent une négociation sociale jugée nécessaire à la paix civile n'ont pas à sacrifier leur vie personnelle à cette fonction d'intérêt général. Sur le principe même, il n'y a donc rien de choquant à retrouver nos militants dans la peau de bureaucrates.

Les étrangers s'accommodent de cette évolution et, devenus gestionnaires, ne jouent plus les bénévoles. La singularité française tient à cette ambiguïté qui fait accepter sur le plan matériel et juridique une situation refusée sur le plan socioculturel. Nos permanents ne peuvent admettre que leur fonction a radicalement changé de nature, qu'elle a cessé d'être un combat au service d'un idéal pour devenir un travail au service d'une administration. Lorsque les leaders confédéraux parlent de luttes et d'apostolat, des observateurs aussi avertis que J.-D. Reynaud ou Gérard Adam répondent prosaïquement : « service public ». Le syndicalisme est devenu une administration sociale parmi d'autres et son clergé militant n'en est plus que le personnel gestionnaire. Les fils des apôtres sont des professionnels et ne

209

s'en consolent pas ; du coup, ils deviennent des bureaucrates. A longueur de journée, ils se livrent à des tâches de routine pour faire tourner la grande machine syndicale, mais, dans leur tête, ils mènent toujours le combat désintéressé du peuple contre « les puissances d'argent ». Cogestionnaires d'un système qu'ils avaient fait serment de détruire, ils ne savent ni renoncer à cette place qu'ils ont tant revendiquée et qui offre tant d'avantages, ni renoncer à leur projet qu'ils ont tant proclamé et qui justifie toute leur action. En définitive, ils ne refusent plus de parvenir, mais seulement d'être parvenus.

Entre sa volonté de coller à l'héritage ancien qui conforte sa légitimité et la nécessité de séduire un monde du travail qui s'éloigne chaque jour davantage de cet idéal, le militant vit dans son activité quotidienne le porte-à-faux de son organisation. Tous les sondages le prouvent : les travailleurs attendent de leurs organisations qu'elles défendent leurs intérêts matériels. La SOFRES, en octobre 1979 puis en mai 1981, demande : « A quoi servent les syndicats ? » Une réponse l'emporte massivement : « A défendre les revendications des travailleurs. » Le pourcentage passe de 59 % en 1979 à 70 % en 1981. Il atteint même 85 % chez les salariés du secteur public, ceux dont les revendications ne visent jamais qu'à « améliorer le service public » comme l'on sait. En revanche, les objectifs plus larges n'inspirent plus : 16 % pour « lutter pour transformer la société » et 9 % pour « trouver des solutions aux principaux problèmes du pays ». De nombreux autres sondages confirment ce refus du syndicalisme idéologique ou politique. Dans l'opinion française, comme dans l'opinion ouvrière, la fonction syndicale est tout à la fois reconnue et limitée. Elle vise à faire aboutir les revendications professionnelles. Un point, c'est tout. La progression de Force ouvrière concrétise ce choix au niveau des bulletins de vote.

Le syndicaliste, lui, ne suit qu'avec retard et nostalgie ce recentrage prosaïque. Une enquête conduite en 1968 auprès d'un millier de responsables syndicaux montre que 37 % veulent donner une dimension idéologique à leur action, à peine moins que les 44 % qui se sentent d'abord concernés par la situation immédiate des travailleurs. Dans les motivations de leur engagement, le programme économique et le projet de société recueillent 60 % des suffrages, devançant largement l'action immédiate : 40 %. Le militant vit dans un monde à changer, un monde mauvais. Il se veut combattant de la justice et interprète chaque situation particulière à la lumière de ce schéma général. Il lui faut partout retrouver le bien et le mal, l'exploiteur et l'exploité, les gros et les petits, le haut et le bas. On ne peut militer contre son semblable. Seulement marchander. Le monde des relations égales est totalement inacceptable. Que peuvent faire les héritiers de Varlin dans un conflit entre électriciens et abonnés à l'électricité, professeurs et parents d'élèves, fabricants et clients ? Le refus de l'échange conflictuel ne procède pas seulement d'une ruse d'avocat, c'est une recherche de valorisation personnelle. Admettre un rapport sans domination ferait perdre au personnage une dimension. Sa dimension imaginaire.

L'éternel militant dont se réclame tout responsable syndical, c'est l'homme du conflit, celui qui incarne en sa personne un antagonisme irréductible entre ceux qu'il représente et ceux qu'il combat. Cet autre camp est de plus en plus mal défini, il s'agit des « patrons », de la « direction » : appellations aimables des « exploiteurs » ; bref, des ennemis. Un syndicaliste sans ennemi, c'est un danseur sans cavalière, et, lorsque le double antagoniste se dérobe, on préfère défier les moulins à vent que changer les règles du jeu. De plus en plus, on voit les syndicalistes flotter dans des armures taillées pour leurs aînés et dont ils n'ont plus l'usage.

On rencontre encore, c'est vrai, des travailleurs pour qui l'engagement syndical a conservé son caractère d'affrontement dans la tradition des luttes ouvrières. La presse se fait périodiquement l'écho de telles affaires. C'est la violence, hélas traditionnelle, dans l'industrie automobile. Telle l'affaire Mohamed El Harrari. Ce délégué CFDT à l'usine Citroën d'Aulnay fut agressé à quatre reprises entre septembre 1981 et mars 1982 par des gros bras de la CSL. Les faits ont été suffisamment graves pour être sanctionnés par le tribunal correctionnel. Parfois, dans les PME, la confrontation sociale tourne au western tragique. Une enquête de Thierry Gandillot et Henri Gibier du *Nouvel Economiste* relate, parmi bien d'autres, ce cas significatif : « Le lundi 12 mars 1984 (...) des ouvriers syndiqués d'une PME de Bonneuil-en-Valois tirent sur " les gros bras " spécialement venus de Paris à l'appel de la direction pour briser une grève. Evénement dramatique, point d'orgue de deux années de tentatives d'implantation syndicale. En mai 1982, douze ouvriers créent une petite section cédétiste. La répression s'abat. Cinq d'entre eux sont licenciés. Malgré les avertissements et les brimades, les élections ont lieu grâce à la vigilance de l'Inspection du travail. A la surprise générale, la CFDT remporte deux sièges. Le climat se dégrade encore et, en janvier dernier, exaspérés, les ouvriers se mettent en grève. Au bout de trois semaines, le patron cède mais la guérilla se poursuit... à la carabine. Bilan final : la section syndicale est détruite et tous les syndiqués sont licenciés. »

Dans *le Monde*, Pierre Georges retrace une histoire moins dramatique, mais beaucoup plus fréquente. Ouvrier très qualifié, Jacques X. (pour des raisons évidentes, le journaliste ne donne pas son nom) a travaillé vingt-quatre ans dans une PME d'une cinquantaine de salariés. Il est même devenu chef d'équipe. En 1982, il adhère à la CGT et décide de se présenter aux élections professionnelles. Le nouveau chef d'entreprise fait savoir au personnel : « Si vous votez pour lui, je ferme la boutique. » Est-ce l'effet de cette menace ? Le fait est qu'il n'est pas élu et se retrouve isolé face à un patron bien décidé à s'en débarrasser. Un huissier surveille ses faits et gestes, note ses moindres retards. Des « camarades » témoignent contre lui. C'est le licenciement. Les prud'hommes accordent les indemnités. Mais non pas la réintégration. Un an plus tard, Jacques X. est toujours au chômage. Sa qualification aurait dû lui permettre de retrouver un emploi, mais le « téléphone arabe » fonctionne entre les chefs d'entreprises de la région. Il figure sur la liste rouge. Dans une période où les candidats ne manquent pas, les employeurs n'embauchent pas un ouvrier « qui fait des histoires ». A l'approche de la « fin de droits », il lui reste à travailler au noir ou à changer de région.

Histoires révélatrices d'un certain milieu. Le faible taux de syndicalisation dans le secteur privé en général et les PME en particulier — le quart des entreprises de 50 à 100 salariés n'ont même pas de comité d'entreprise — prouve assez les difficultés que rencontrent les rares militants. Pour ceux-là, l'heure de la fonctionnarisation n'a pas encore sonné, ils sont toujours des militants au sens plein du terme. Mais ils constituent l'exception et non pas la règle.

Même dans le monde ouvrier, le militantisme n'est plus ce qu'il était. Le progrès économique et social est passé par là, améliorant la condition matérielle des travailleurs, renforçant la position juridique des syndicalistes. Un décalage déjà perceptible dans la grande industrie et qui atteint des proportions vertigineuses dans le secteur public. Le militant devient alors un personnage bizarre empêtré dans ses contradictions.

Daniel Mothé [123], un sociologue qui connaît son sujet pour avoir travaillé vingt-cinq ans comme ouvrier, a analysé ce malaise avec une féroce lucidité. « L'univers militant, constate-t-il, est essentiellement un univers idéaliste et religieux (...). » Un univers qui perd sa réalité lorsqu'il est déserté par les forces du mal. « Militer comportait jadis un danger sérieux », rappelle l'historien Georges Lefranc [100]. « C'est encore vrai parfois, surtout dans les petites et moyennes entreprises ; mais dans les grandes entreprises il semble que, le plus souvent, grâce à l'élection, militer apporte une relative sécurité. » En l'absence de répression patronale, l'ascétisme moralisateur ne suffit plus à crédibiliser le héros des luttes sociales. D'autant que son statut le protège plus qu'il ne l'expose. Au moment de monter à l'assaut, à la veille d'une vague de licenciements, c'est lui qui risque le moins. Hier, on s'exposait en acceptant des responsabilités syndicales, voilà que certains les recherchent pour « se planquer ».

« Ils ont beaucoup de difficultés à s'adapter à une situation dans laquelle ils ne sont pas persécutés », a remarqué Daniel Mothé. « (...) Certains n'hésitent pas à commettre délibérément des actions répréhensibles avec l'espoir que la sanction qu'elles entraîneront pourra provoquer de l'agitation et leur donner du prestige. » Exemple typique de ce comportement : tous les téléspectateurs ont pu voir, le 31 août 1984, le leader de la CGT à l'usine Citroën d'Aulnay, Akka Ghazi, créer l'incident en voulant entrer de force par la grille principale. Dans la bagarre qui suivit, le syndicaliste fut blessé par les forces de l'ordre. Calcul délibéré ou réaction spontanée, peu importe ; le fait est que son geste pouvait s'interpréter comme le banco d'un leader qui risquait de perdre son autorité face à des salariés qui reprenaient le travail dans le calme. En bonne logique syndicale, indépendamment des intentions de l'intéressé, il fallait déclencher le conflit pour se faire à nouveau entendre de la base.

Le plus souvent, c'est par le verbe que les militants s'efforcent de conjurer le cours favorable et pacifique des choses. Ils deviennent alors « ces personnages qui décrivent sans cesse les ignominies de la vie quotidienne et qui s'insurgent contre tout rayon de bonheur », explique Mothé. « Ainsi l'outrance du langage, l'exagération, s'intègrent dans un rituel ayant pour fonction de donner des dimensions colossales aux événements et de colorer le quotidien... ». A cause de ce décalage entre la base et l'appareil, le militant « en s'engageant a engagé un processus de différenciation », en sorte qu'il devient pour le travailleur « celui qui se distingue des autres par certaines caractéristiques dont la plus frappante est son langage stéréotypé. Combien de fois ne m'a-t-on pas raconté l'histoire du permanent qui, prenant la parole devant un atelier, avait commencé son discours par " citoyens ". Tout ce qu'il avait dit par la suite s'était perdu dans un grand rire ». Et Daniel Mothé de conclure : « Avec le bon sauvage, avec l'enfant pur et fondamentalement bon, avec le brave ouvrier, le militant de base, lui aussi, est destiné un jour ou l'autre à rejoindre le musée des illusions perdues. »

L'espèce sauvage, façonnée par une vie de risques et de combats, est sans doute en voie de disparition. A sa place, prolifère une espèce domestique au service de son organisation et qui, sous les mêmes apparences, cache une tout autre allure. Harangues guerrières et refus de l'enrichissement ne peuvent donner le change ; même le travailleur le moins averti sait voir que le militant n'est plus ce qu'il prétend être.

Distinguons, là encore, secteur capitaliste et secteur non capitaliste. D'un côté, le rapport conflictuel reste dominant. Si la répression ouverte est devenue exceptionnelle, la brimade hypocrite reste courante ; primes et promotions passent sous le nez des « fortes têtes » et l'on peut encore payer son engagement de sa carrière. Rien de tel dans le secteur public ou para-public. Les directeurs n'ont ni la pugnacité ni le pouvoir des patrons capitalistes, ils recherchent la paix avant l'efficacité. Préférant séduire que « sacquer », ils proposent volontiers un avancement « bien mérité » au délégué du personnel. Perfide manœuvre. On a toujours vu des patrons tenter de se concilier les syndicats en favorisant les syndicalistes. L'opération réussissait rarement, car la « barrière des classes » restait infranchissable. Il n'en va pas de même ici. Ce n'est pas trahir son idéal qu'accepter une promotion légitime et ce serait reconnaître son peu de mérite que la refuser. Mais les collègues suspectent toujours la « manœuvre patronale », et la promotion du syndicaliste entraîne la dépréciation du syndicat. De ce point de vue, l'après-mai 1981 fut catastrophique. Un peu partout les directions, nouvelles ou anciennes, multiplièrent les « promotions alibis » et rendirent le plus mauvais service aux organisations représentatives. La presse audio-visuelle fut exemplaire et non exceptionnelle. A force de répéter qu'ils sont persécutés, les militants deviennent suspects quand ils cessent de l'être et ne demeurent respectables qu'au niveau le plus bas de la hiérarchie. Une exigence dont les intéressés s'accommodent de plus en plus mal.

Désormais, les centrales veillent jalousement sur leurs militants. Sur les délégués permanents en tout premier lieu. L'avancement d'un fonctionnaire dépendant, en théorie, des notes données par son supérieur, les agents détachés ne vont-ils pas se trouver pénalisés ? L'habitude s'était prise de leur affecter une note moyenne. Forfaitaire en quelque sorte. La FEN s'avisa que cette méthode ne rendait pas justice aux mérites de ses membres. Elle prétendit noter elle-même, en tant que « chef de service », ses permanents ! L'administration, ferme pour une fois, repoussa cette revendication. Au CNRS, le Syndicat national des chercheurs scientifiques, rendant compte de ses négociations avec la direction en 1983, souligne : « le problème de la carrière des chercheurs militants syndicaux déchargés à plein temps ou à mi-temps a été également abordé : la direction a envisagé la possibilité que ces chercheurs voient leurs activités examinées également par la commission interdisciplinaire " administration de la recherche ". Ce serait un pas vers la reconnaissance des qualifications et expériences acquises au cours de l'activité syndicale ». Pauvre science française !

A l'Education nationale, on n'a cessé de poser des passerelles, visibles ou invisibles, pour permettre aux syndicalistes de grimper d'instituteur à PEGC, de maître-assistant à maître de conférences, etc. En 1981, dans une université parisienne, on a tenté de créer un poste de professeur afin de récompenser une permanente du SNESup. La commission, ayant refusé de reconnaître les « services rendus », se prononça contre la candidate. Qu'à cela ne tienne ! La direction revint à la charge en proposant deux postes dont un destiné à un universitaire indiscutable. Manœuvre classique et toujours réussie. Sous la pression des appareils syndicaux, le socialisme à la mode 81 a favorisé la promotion des syndicalistes jusqu'à créer cette fameuse « Troisième Voie » de l'ENA à laquelle donne droit l'action militante, mais non pas la création et la gestion d'une entreprise. Comme si l'expérience acquise par l'individu et le service rendu à la société n'étaient pas aussi grands à procurer des emplois qu'à défendre les salariés. Que l'on prétende « corriger les retards de carrière provoqués par l'activité militante » ou « puiser dans le vivier syndical pour enrichir l'élite du pays », la tendance est toujours la même et, sans le dire, tourne le dos à la tradition. On passe insensiblement du « refus », à l' « acceptation », puis au « désir » de parvenir.

Ce n'est pas la corruption mais la combine qui menace le syndicalisme français. Les comportements se banalisent comme les mentalités. Le militant de base devient un Français moyen sensible à ses petits avantages : un travail plus agréable, une promotion plus rapide, un meilleur salaire. Dans le climat de 1985, le syndicaliste qui représente la classe moyenne et non pas le prolétariat, qui défend les revendications matérielles et non pas les projets de société, ne peut conserver le désintéressement admirable de ses ancêtres qui se battaient pour les plus malheureux dans une exaltation messianique. Un jeu ordinaire qui devient ici double jeu. Côté cour, l'intransigeance se réfère aux principes anciens ; côté jardin, l'accommodement se conforme à l'égoïsme contemporain. Le désintéressement qui reste la règle de conduite des responsables syndicaux sert d'alibi à ce glissement. Les petites compromissions se développent bien mieux dans l'ombre des grandes vertus.

Le mouvement ouvrier s'est fondé sur la fierté professionnelle. Ses dirigeants devaient être les meilleurs dans le métier — « le premier sur le chantier », comme disait la CGT — afin que leur qualité de travailleurs renforce leur autorité de syndicalistes. En un temps où la répression était encore la règle, cette compétence constituait une première garantie. « C'est une forte tête, mais un bon professionnel. » Plus d'une fois l'argument a protégé les « meneurs ». Bref, l'élite ouvrière se trouvait être tout à la fois professionnelle et revendicative, ce qui lui conférait une double représentativité. Qui soutiendrait encore que les syndicalistes sont les plus qualifiés, les plus habiles, les plus consciencieux, les plus brillants dans le travail ? La présomption s'est désormais inversée. Celui qui s'engage dans le militantisme est soupçonné de fuir un avenir professionnel médiocre en raison d'une compétence limitée.

Passé les premiers échelons de la hiérarchie syndicale, le processus de professionnalisation a vite fait de devenir irréversible. Tout concourt à rendre le retour improbable. Le délégué, on peut l'espérer, a pris goût à ses nouvelles activités, il a eu le plaisir d'y réussir — satisfaction que ne procure pas souvent le travail ordinaire —, il a acquis une nouvelle compétence. Dans le même temps, il a régressé sur le plan professionnel. Il a perdu la main, oublié son expérience, rompu le contact avec ses collègues. En reprenant son métier, il aurait le sentiment de revenir dix ans en arrière. Imagine-t-on André Henry recommençant à faire la classe, André Sainjon à commander sa fraiseuse ? Si le retour est statutairement possible dans le secteur public, il devient pratiquement impossible dans le privé. Quel employeur engagera, dans des conditions acceptables, un candidat qui présente dix années de permanence syndicale comme dernière référence professionnelle ? Pour celui qui veut tenter une « désyndicalisation », il ne reste plus qu'à trouver des « débouchés » dans le secteur social. On se recase dans les ANPE, les caisses de retraite, les mutuelles, les comités d'entreprise, les collectivités locales ; il s'agira parfois d'excellentes sinécures, mais ce ne sera jamais le retour à la case départ.

La retraite est d'autant mieux coupée que les directions elles-mêmes souhaitent conserver les mêmes interlocuteurs. Au sein de l'entreprise ou du service, ce sont en fait deux hiérarchies parallèles qui se mettent en place pour la gestion du personnel, elles finissent par s'adapter l'une à l'autre, une adaptation toute conflictuelle, mais qui apporte à la gestion cet élément irremplaçable : la prévisibilité. Après plusieurs années, chacun utilise le même langage, connaît les textes et les dossiers en discussion, les tactiques et les ruses en usage. « Celui-là ou un autre... au moins lui on le connaît et il connaît son affaire. » Il faut qu'un militant se révèle particulièrement incommode pour que la direction en souhaite le remplacement. Irrésistiblement le syndicalisme devient donc une profession à part entière.

Ayant rompu les amarres avec son métier d'origine, ayant acquis une réelle compétence et entamé une nouvelle carrière, le syndicaliste souffre toujours d'une mauvaise identité professionnelle. Un permanent m'avouait la gêne qu'il éprouvait lorsque ses enfants l'interrogeaient sur son travail. « De formation, m'expliquait-il, je suis ébéniste. C'est un vrai métier que les jeunes comprennent et respectent. Comment expliquer que je suis responsable confédéral ? Pour être valorisante à leurs yeux, une telle activité devrait être bénévole. Il faudrait que je me dévoue pour défendre les autres en plus et non à la place de mon travail. Alors, pendant longtemps, je suis resté évasif, sans vraiment leur expliquer la nature de mes fonctions. Depuis qu'ils travaillent, ils comprennent mieux l'utilité de ce que je fais. » Là encore, la société française n'ose regarder les choses en face. Il serait impensable d'organiser dans le cadre des études universitaires une formation de syndicaliste, impensable pour un jeune de choisir cette profession à 18 ans. Il faut maintenir la fiction d'une vocation découverte « sur le tas ».

Cette professionnalisation, qui touche de plus en plus de salariés, lie le militant à son organisation plus qu'à sa base. Une rupture avec le syndicat entraînant un retrait de l'accréditation peut avoir des conséquences catastrophiques sur le plan personnel. Le délégué ou l'employé syndical doit se recaser dans des conditions très délicates. Dans sa biographie, Arlette Laguiller [92] raconte la passe difficile qu'elle a connue au Crédit Lyonnais après avoir été exclue de la CGT et avoir, du même coup, perdu son poste syndical dans la banque. Pour les fonctions électives, la désignation du candidat joue le rôle essentiel ; or, elle dépend de l'appareil syndical bien plus que des adhérents. Une bonne place sur une bonne liste assurant l'élection, il est plus important de satisfaire ceux qui vous nomment que ceux qui vous élisent.

D'autre part, le désir de promotion fait partie de la professionnalisation. Il devient de moins en moins admissible que la démonstration d'une réelle compétence ne soit pas sanctionnée par un avancement rapide dans la fonction syndicale comme dans n'importe quelle autre. A ce stade, les séductions du pouvoir l'emportent sur toutes les autres. D'autant qu'elles ne sont pas contestables comme la réussite professionnelle ou matérielle. C'est pour servir, bien sûr, que l'on vise les hautes responsabilités syndicales. « Le goût du pouvoir peut inspirer un syndicaliste, mais non l'appât du gain », reconnaît J.-D. Reynaud [139]. Institution hiérarchisée du bas en haut de la société, le syndicalisme ne pouvait que devenir une échelle d'ascension, il suffit que la cooptation l'emporte sur l'élection pour que l'ordre bureaucratique prenne le pas sur la compétition méritocratique.

Que Georges Séguy gagne le SMIC ou 10 000 francs par mois, il est, de toute façon, plus riche en pouvoir que Jacky Presser. De ce point de vue, il est milliardaire et se trouve autant coupé du monde ouvrier, autant intégré à la classe dirigeante que s'il gagnait les 80 000 francs que lui prête la calomnie. Relatant ses activités de 1980 à 1984 dans son dernier ouvrage [27], André Bergeron nous fait revivre un véritable rallye dans le Tout-Etat. Il attaque le 10 septembre 1980 en commentant publiquement les mesures gouvernementales ; au bas de la page, il s'entretient « longuement » avec le président de la République Valéry Giscard d'Estaing ; deux lignes plus bas, il répond à un discours de Raymond Barre depuis la tribune du Conseil économique et social. On tourne la page et on le trouve à Matignon évoquant « les perspectives économiques de la nation » avec le Premier ministre, qu'il quitte quinze lignes plus loin pour rejoindre le président du CNPF, François Ceyrac, avec lequel il a rendez-vous... et l'on continue pendant 200 pages la partie de billard dans les très hautes sphères. Quel président, quel ministre a pu comme Bergeron se maintenir vingt ans à un tel niveau de responsabilités ? Il ne s'agit pas de critiquer, simplement de constater. Les syndicats sont devenus des puissances au même titre que l'armée, l'administration, les grandes entreprises ou l'Eglise, et leurs représentants font partie de l'élite dirigeante tout comme les hommes politiques, les technocrates, les managers, les intellectuels.

Ce qui est vrai au sommet l'est tout au long de la pyramide. Dans une administration, un service public ou une grande entreprise, le représentant syndical est, de fait, un membre de la direction. Peu importe qu'il n'en ait pas le titre, puisqu'il pèse sur les décisions sans même participer aux délibérations. A tous les échelons, le délégué détient un pouvoir qui le distingue de ceux qu'il représente et l'apparente à ceux qu'il affronte.

Est-ce à dire que tous les responsables syndicaux sont assoiffés de puissance et de promotion ? Il serait absurde de le prétendre. Et pas seulement pour les commandos qui bataillent dans les entreprises privées. La majorité sans doute des délégués, des semi-permanents ou des permanents, ne cherche pas à se promouvoir. Aux élections professionnelles, on ne se bouscule pas pour figurer sur les listes. Même dans le secteur public, les centrales doivent « faire la retape » pour trouver des candidats valables, car les séductions de la carrière ne suffisent pas à susciter les vocations. Entre l'attrait des places et la réserve des salariés, la contradiction n'est qu'apparente.

La syndicratie n'est pas un état installé, mais une réalité en devenir, et ce que j'ai écrit est une évolution en cours plus qu'une situation en place. A mesure qu'on renforce la position, les prérogatives, les avantages, le choix de carrière remplace l'engagement bénévole comme base de militantisme. Peu à peu, les salariés découvrent la nouvelle règle du jeu. Nous n'en sommes qu'au tout début.

Dans certaines administrations, certaines entreprises publiques, le point de basculement est atteint. « Les responsabilités dans le service aident à assumer les responsabilités dans le syndicat », m'expliquait un directeur de banque pour justifier la promotion rapide de certains syndicalistes. Observation pertinente. Les impératifs de la gestion sont mieux compris lorsqu'on les rencontre dans son travail et pas seulement dans les négociations. Mais, à ce jeu, le syndicalisme devient un des services de l'entreprise et, surtout, une des filières de promotion. Ceux qui n'ont pas réussi par la voie normale se rappellent au bon souvenir de la direction à travers leurs fonctions représentatives. En mêlant la promotion syndicale et la promotion professionnelle, en étendant les responsabilités syndicales à la cogestion des services, on ne fera qu'abaisser le niveau du recrutement.

Dans les secteurs à haute qualification : enseignement, recherche, administrations, banque, etc., ce sont bien souvent les recalés de la promotion interne, les plus médiocres sur le plan professionnel, qui tentent d'obtenir au titre du syndicalisme des responsabilités auxquelles ils ne peuvent prétendre au titre de leur mérite. Progressivement, les arrivistes vont remplacer les militants. La population syndicale en sera changée ; son image aussi. Nous n'en sommes là, c'est vrai, que dans certains secteurs bien particuliers. Mais nous y allons tout droit.

Dire que la recherche du pouvoir transforme le syndicalisme en syndicratie ne signifie donc pas que tous les syndicalistes se transforment en syndicrates. C'est la structure dans son ensemble qui se laisse entraîner par son impérialisme, mais les individus qui la composent ont des comportements fort variés. Les uns restent fidèles à l'image ancienne, d'autres cèdent à un médiocre arrivisme, d'autres enfin suivent leur goût du pouvoir. Il en va de même pour toute organisation : parti, église, association à ce stade de son évolution. C'est un fait sociologique banal : une institution transforme l'abnégation de ses membres en un projet commun de domination, et sa puissance n'est jamais si grande que lorsqu'elle parvient à faire taire les égoïsmes individuels au profit du projet collectif. Alors même que l'Eglise était au sommet de sa puissance, de très nombreux prêtres et religieux vivaient dans le dévouement et l'abnégation sans rechercher pour eux-mêmes la moindre élévation sociale. Entre l'évidente volonté de puissance de la CGT et le réel dévouement de ses militants, je ne vois aucune contradiction. Bien au contraire.

Adieu Varlin, adieu camarade ! Le militant ouvrier va-t-il enfin prendre sa place dans l'histoire, le nouveau syndicaliste va-t-il enfin naître ? Plus professionnel que bénévole, plus compétent que courageux, plus imaginatif que conservateur, il est nécessaire au monde moderne. Mais il lui faudrait être plus attentif aux changements des hommes qu'au respect de la tradition, et préférer le risque de l'innovation à la sécurité du *statu quo*. Il lui faudrait surtout assumer sa nouvelle condition. En acceptant les règles qui s'imposent à tout détenteur d'un pouvoir, en refusant les tentations qui s'offrent à tout fonctionnaire d'une organisation. Car cette professionnalisation n'est dangereuse que dans la clandestinité et la bureaucratie. Mais comment imaginer qu'un mouvement d'essence et d'origine populaires puisse être menacé par une telle dérive ? La question est bien naturelle, la réponse a de quoi surprendre.

CHAPITRE VIII

Electeurs, cotisants, grévistes

1968, la chienlit ! L'année précédente, l'opinion « s'ennuyait » ; en ce printemps, elle s'offusque. Les élections législatives reflètent ce basculement. En 1967, le député des îles Wallis-et-Futuna avait sauvé la majorité ; en 1968, l'UDR submerge l'Assemblée nationale. Et le jeu continue d'élections en élections, jusqu'à ce printemps 1981 où le rejet de Giscard provoqua l'arrivée de Mitterrand. Cela s'appelle la démocratie. Appellation contrôlée par l'antériorité des représentés sur les représentants dans l'initiative du changement. A l'inverse, lorsque Khrouchtchev tombe en disgrâce, que Lin Piao disparaît avec son avion, les bouleversements interviennent au sommet en l'absence de toute évolution à la base. Cela s'appelle la dictature. Voilà des règles simples et incontestables.

Le système syndical tout comme le système politique repose, en théorie, sur des organisations représentatives et démocratiques dans lesquelles le sommet doit être le reflet de la base. S'il en est ainsi, nos politologues ont péché par omission en ne remarquant pas qu'entre 1965 et 1970 la majorité des enseignants du secondaire et du supérieur s'est brusquement convertie au communisme. Seul un tel mouvement d'opinion peut expliquer que les deux syndicats les plus représentatifs — le Syndicat national de l'enseignement secondaire (SNES) et le Syndicat national de l'enseignement supérieur (SNESup) — passèrent sous contrôle communiste à cette époque. Nous n'avons pas la moindre indication d'un tel phénomène. Il est même probable que, depuis cette époque, l'influence communiste a régressé dans cette catégorie comme dans le reste de la population. Cela n'a pas empêché la domination communiste de se maintenir sur le SNES et le SNESup dans les années suivantes alors que le PC dégringolait à son plus bas niveau historique.

La FEN constitue une curiosité dans le paysage syndical français. A la Libération, tous les enseignants, révolutionnaires et réformistes, socialistes et communistes, confondus, se retrouvent au sein de la CGT encore unifiée. En 1948, la scission-clarification entraîne la création de FO. Selon leurs orientations, les syndicats rejoignent l'une ou l'autre maison ; ceux de l'Education nationale décident de se tenir à l'écart et de fonder leur propre fédération. La CGT et FO conviennent de laisser le champ libre à la nouvelle organisation en n'allant pas chasser dans le monde scolaire et universitaire : la FEN est née. C'est un conglomérat de 49 syndicats, regroupant environ 500 000 membres, qui rafle les deux tiers des votes aux élections professionnelles et que le colossal Syndicat national des instituteurs (SNI) écrase de ses 220 000 adhérents. Ayant refusé de choisir entre les uns et les autres, elle fait cohabiter des frères ennemis qui organisent en tendances rivales leur mésentente cordiale. En un premier temps, les réformistes-socialistes-corporatistes dirigent la plupart des organisations et la fédération dans son ensemble. C'est notamment le cas au SNES, deuxième syndicat de la FEN avec ses 80 000 membres.

La syndicalisation des professeurs est massive, presque automatique. Elle répond à une nécessité professionnelle. C'est au responsable syndical qu'on adresse les demandes de mutation, c'est de lui qu'on reçoit les avis de promotion. Au sein des commissions paritaires, les syndicats — le SNES en tout premier lieu — surveillent le déroulement des carrières, délibèrent avec la hiérarchie des notations, blâmes, mutations, promotions ; bref, exercent une véritable cogestion du personnel. A cette fonction de défense individuelle s'ajoute la mission plus générale et plus banale : la défense collective. Cette dernière paraît primordiale aux enseignants du secondaire qui redoutent l'envahissement de leur fief par des instituteurs montés en grade. La tendance communiste « Unité et Action » joue cette carte sans vergogne. Et marque des points. Les socialistes peuvent être suspectés de favoriser les instituteurs qui constituent le gros de leurs troupes.

Les communistes plus motivés que les « apolitiques » s'occupent activement du syndicat et, de ce fait, se trouvent sur-représentés dans les instances supérieures. Renforcés par leur démagogie corporatiste, ils constituent une opposition menaçante pour les sociaslites. En 1967, le syndicat se trouve entraîné dans une interminable grève administrative dont il ne sait comment sortir. L'affaire a été mal conduite et soulève des mécontentements. « Unité et Action » coalise les opposants et pousse la direction à rcmettre sa démission. Les communistes se gardent de chanter victoire et mettent en avant quelques alliés : socialistes révolutionnaires ou chrétiens de gauche. Le contrôle de l'appareil a basculé, mais la plupart des adhérents n'ont rien vu.

Les nouveaux maîtres changent les statuts pour pérenniser leur pouvoir. Le SNES est construit sur quatre niveaux depuis l'établissement jusqu'à la direction nationale. La réforme consiste à privilégier le niveau du bas : le S 1. Dans tous les lycées et collèges pourront se créer des sections autonomes qui désigneront des représentants pour élire les instances supérieures. Cette organisation est très favorable au noyautage puisqu'elle calque les structures du syndicat sur celles du parti. La cellule constitue le noyau autour duquel s'organise la section.

Et comment désigne-t-on les représentants qui, eux-mêmes, choisiront les dirigeants du syndicat ? Par un vote public des présents au cours de l'assemblée générale. Si l'on prend un établissement de 100 enseignants, on comptera, par exemple, 60 adhérents au SNES, mais on n'en retrouvera qu'une vingtaine à l'assemblée fixée, comme par hasard, à l'heure la plus malcommode. Les 7 membres de la cellule communiste sont tous présents. Cela va de soi. Ils font alliance avec des sous-minorités comme les gaucho-anars de l'Ecole émancipée, entraînent quelques socialistes durs et chrétiens progressistes. On a vite fait de réunir une douzaine de voix sur le candidat du parti : lequel, à ce stade, n'est généralement pas un communiste déclaré. Commencée dans le corporatisme, acquise dans la dissimulation et confortée dans la procédure, l'opération fut donc réussie en 1967. Hervé Hamon et Patrick Rotman [83] en tirent ainsi les enseignements : « La conquête du SNES par " Unité et Action " peut se comprendre comme une résistance des maîtres des lycées à la pénétration des " instits ". Les animateurs du courant victorieux ont joué de ce registre. Difficile d'imposer une direction communiste à des adhérents qui, en forte majorité, ne le sont pas (...). Afin de faire accepter ou de faire oublier sa dépendance partisane, l'équipe qui s'est emparée du SNES s'est condamnée à suivre sa base, à en remettre sur le terrain corporatif. »

L'OPA réussie devient pratiquement irréversible. A l'époque, de nombreux syndiqués n'y prêtèrent aucune attention. Dès lors que le « service des carrières » continuait à fonctionner comme par le passé, l'orientation politique — jamais ouvertement avouée — importait peu. Abandonne-t-on sa compagnie d'assurances lorsqu'un nouveau groupe financier en prend le contrôle ? Ainsi la tendance « Unité et Action » a le champ libre pour étendre son emprise. Dix années plus tard, elle recueillait les deux tiers des mandats. Seules conséquences dommageables : la désaffection pour la vie syndicale n'a fait que s'accentuer et le SNES a régulièrement perdu de son audience. Lors des élections aux commissions paritaires de 1984, il n'obtient plus que 53 % des suffrages.

Après ce premier coup gagnant, les communistes sont bien près d'en réussir un second en s'emparant du SNI et de la FEN dans la foulée. Chez les instituteurs, troublés par les événements de Mai 68, les socialistes n'ont plus qu'une majorité infinitésimale. Tout doit basculer aux prochaines élections. Là encore le noyautage a joué à plein. Toutefois la structure syndicale est moins vulnérable. Dans le primaire, le regroupement de base ne se fait pas au niveau de l'établissement, mais à celui du département. Et chaque fédération a conservé ses propres règles. Le plus souvent celles-ci prévoient le fameux vote à main levée. En 1969, la direction socialiste du SNI impose à toutes les fédérations départementales le vote démocratique et secret par correspondance. Ce retour à la vérité permet à la tendance socialiste, qui ne détenait la majorité que d'un souffle, de gagner près de 10 points.

Que se passait-il dans l'enseignement supérieur ? Lors des événements de Mai 68, les Français découvrirent l'homme le plus représentatif des universitaires : Alain Geismar, patron du SNESup. Fort heureusement, ils savaient qu'un syndicaliste ne ressemble pas aux syndiqués et encore moins aux non-syndiqués. Au bureau confédéral du SNESup, les différents courants gauchistes et communistes exercent un quasi-monopole. Lorsque éclatent les événements de Mai, les premiers sont majoritaires. Au lendemain de la crise, en dépit des vives critiques communistes, ils réussissent à conserver le contrôle de l'organisation. Mais beaucoup de dirigeants se détournent de l'action syndicale pour s'engager dans l'action politique. Les communistes devinent la faille et mettent l'accent sur les antagonismes corporatistes qui, là encore, sont très vifs. Le SNESup regroupe surtout les assistants et maîtres-assistants, OS de l'université qui lorgnent les positions tenues par les professeurs, lesquels s'affilient plus volontiers au syndicat autonome.

La grande explication a lieu au congrès de 1969 à Paris. Les gauchistes sont affaiblis par leurs divisions, par le départ de leurs leaders, par leur ultra-politisation. L'opposition, dans laquelle les communistes se font encore discrets, a choisi l'étiquette révélatrice : « Action syndicale ». Elle paraît unie, sérieuse, professionnelle et l'emporte à une faible majorité. Le scénario se déroule comme au SNES, et la majorité communiste se renforce dans les années suivantes.

Pour les enseignants du supérieur, la différence n'est pas grande. La direction gauchiste n'était pas plus représentative, pas plus démocratique, pas plus syndicale. La nouvelle majorité n'a donc rien à se faire pardonner et peut afficher le rouge plus librement. Dans cette organisation, censée représenter la fine fleur de l'intelligence française, sévit le pire béton cégétiste selon ce masochisme propre aux intellectuels communistes qui les porte à se vouloir plus stupides pour se faire pardonner d'être plus instruits. Là encore, la domination ne fera que se renforcer. En 1975, les communistes et leurs amis recueillent les deux tiers des voix, les divers courants gauchistes 10 %, les socialistes 20 %. Mais les positions du syndicat s'érodent au fil des ans. En raison de l'antagonisme catégoriel, le recul est plus sensible chez les professeurs que chez leurs subordonnés. En 1983, le SNESup subit de plein fouet la concurrence de formations rivales dans le premier corps : il n'y est plus majoritaire qu'à 52 %. En revanche, il regroupe encore 60 % des assistants et maîtres-assistants dont il soutient inconditionnellement les revendications.

Que les enseignants aient le cœur à gauche, c'est ce que confirment toutes les enquêtes d'opinion. Selon un sondage IFOP de mars 1981, la moitié d'entre eux annonçaient leur intention de voter pour François Mitterrand au premier tour et 80 % de le soutenir au second tour. Comme le disent Hamon et Rotman [83] : « Ne cherchons pas ailleurs : le PS, c'est eux. » Car, dans la gauche, ils choisissent le socialisme et non pas le communisme. Dans ce même sondage, Georges Marchais n'atteignait que 8 % des intentions de vote au premier tour chez les professeurs ! Deux points de moins que Brice Lalonde. Tels sont les faits : les communistes ne représentent pas 10 % du corps professoral, mais contrôlent les syndicats « les plus représentatifs » de la profession. Comprenne qui voudra.

Les techniques de noyautage, les coups fourrés, les manipulations d'assemblées, les combinaisons souterraines font partie intégrante de la vie syndicale. A chaque renversement de tendance, les vaincus crient au « coup de force ». En pure perte. Les affrontements au sein de la FEN ne furent ni plus ni moins réguliers que ceux qui se déroulent ailleurs. C'est partout la même cuisine bureaucratique. Le communisme n'a pas fabriqué ces procédures, il s'est contenté de les utiliser — mieux que d'autres, il est vrai — et d'en révéler par là même la vulnérabilité. Car sa forte coloration idéologique permet de « marquer » le pouvoir au sens où l'on dit que des molécules radioactives « marquent » des circuits physiologiques — afin d'en suivre les mécanismes et, le cas échéant, les dérapages.

A la CGT-FO, la tendance « Bergeron » se trouve combattue par des courants gauchistes et conservateurs. Les salariés n'ont jamais été les arbitres de ces conflits. L'employé de banque syndiqué à FO se trouve représenté par Arlette Laguiller quand il travaille au Crédit Lyonnais et par un membre du RPR quand il travaille dans un autre établissement. Il existe à l'Education nationale un « Front unique ouvrier » — défense de sourire — expression corporatiste du Parti communiste internationaliste, sous-groupuscule du mouvement trotskiste que dirige Pierre Lambert, lui-même militant FO. Cette poignée d'enseignants agités ne représente rien en termes démocratiques, mais constitue un des très rares noyaux militants du monde enseignant. Etouffés au sein de la gigantesque FEN, nos « trotsko » ont récemment décidé de se donner une structure autonome. A visage découvert, ils n'auraient été que ce qu'ils sont, c'est-à-dire epsilon. Ils se sont donc alliés à des enseignants, plutôt conservateurs et généralement alliés à l'opposition de droite, pour fonder un syndicat FO de l'Education nationale qui, rompant le pacte de 1948, s'est lancé dans la bataille. Demain les professeurs, qui votent FO par antipathie pour l'option à gauche de la FEN, soutiendront peut-être un mouvement contrôlé en sous-main par les gauchistes.

L'extrême gauche n'a pas, que l'on sache, repris force en Région parisienne depuis 1984. Cela n'a pas empêché l'Union de la région parisienne CFDT de basculer en 1985 dans le camp des gauchistes opposés à Edmond Maire. Au moment où les salariés recherchent des solutions concrètes au sein des entreprises, où ils auraient besoin de conseils pour diriger leur action en ce sens, ils trouveront de primitifs « lutteurs de classe et bouffeurs de patrons » qui ne correspondent ni aux militants ni aux situations, mais, seulement, aux rapports de forces dans le monde clos des permanents cédétistes parisiens. Ces anomalies ne perturbent pas trop les salariés. Les instituteurs socialistes adhèrent aussi volontiers au SNI dans les départements où le syndicat est tenu par la tendance communiste " Unité et Action " que dans les autres.

Les positions acquises dans le domaine social sont extrêmement stables. Lorsqu'un syndicat domine dans une entreprise ou une profession, il jouit d'un avantage de position qui lui assure une reconduction quasi automatique. A l'Opéra, où règne le monopole syndical, les machinistes sont tous cégétistes ; en revanche, les électriciens sont tous cédétistes ; quant aux musiciens — dont on pourrait penser qu'ils ont une mentalité « petit-bourgeois » —, ils adhèrent tous à la CGT. Les contrôleurs aériens se syndiquent en masse à la CFTC, les techniciens de la télévision à la CFDT, les acteurs à la CGT. On attend encore le sondage qui révélera que l'on est plus communiste chez les violonistes que chez les éclairagistes, que l'on est plus chrétien chez les aiguilleurs du ciel que chez les aiguilleurs des ondes. Le phénomène est absolument général. Aux Etats-Unis, les syndicats de dockers sont dominés par les communistes sur la côte Ouest et par les gangsters sur la côte Est.

Cette indifférence de la base aux options affichées par le sommet permet de mieux comprendre le phénomène cégétiste. Cette confédération recueille aujourd'hui un bon tiers des suffrages, un pourcentage trois fois supérieur à celui du parti communiste. Il ne s'agit ni des mêmes consultations ni des mêmes électeurs, c'est vrai. Il n'empêche que le décalage est surprenant. Comment se fait-il qu'il y ait tellement plus de cégétistes que de communistes ?

Un regroupement catégoriel peut avoir une coloration très différente de la moyenne nationale. La gauche, c'est un fait, est peu représentée parmi les adhérents du CNPF. L'explication reste insuffisante car les ouvriers, majoritaires à la CGT, ne votent plus communiste qu'à 24 %. L'image de marque cégétiste, elle, est détestable, comme le montre le sondage annuel IFRES-*le Nouvel Economiste* de novembre 1984. Le rôle de la centrale est jugé négatif dans la vie politique (55 % contre 26 %), dans la vie économique (54 % contre 25 %) et même dans la vie sociale (48 % contre 32 %). Quant à son leader, Henri Krasucki, il bat tous les records d'impopularité avec 67 % d'opinions défavorables et 19 % seulement d'opinions favorables !

La CGT récuse cette assimilation au communisme et se prétend indépendante de tout courant politique. Cette affirmation ne trompe ni les travailleurs ni les experts. Pourtant, la confédération et le parti déploient des efforts considérables pour le faire croire. On l'a vu encore au printemps 1985. Le parti communiste ayant décidé de lancer les grosses divisions cégétistes dans la bataille antisocialiste monta une vaste campagne de désinformation. Des « indiscrétions » savamment dosées en direction de la presse bourgeoise laissèrent entendre qu'Henri Krasucki s'était vu reprocher au comité central la trop grande mollesse du syndicat. L'attaque aurait été lancée par les « durs » de la CGT emmenés par Louis Viannet. Ainsi se trouvait accréditée l'idée qu'il existerait une tendance pro-communiste, mais qu'elle serait minoritaire et que la majorité appartiendrait au courant « indépendantiste » que conduit le secrétaire général. Ce dernier devient en quelque sorte le « garant » de l'indépendance cégétiste. La manœuvre ne pouvait tromper personne, sauf des journalistes privés d'informations sur le monde secret du parti communiste et toujours disposés à prendre pour argent comptant la fausse monnaie qui leur est parcimonieusement distribuée.

L'intoxication n'a pas grand effet et l'opinion tient pour acquise la symbiose PC-CGT. A la question : « Pensez-vous que la CGT dépend du PC ? », les réponses positives atteignaient 50 % en 1969, 54 % en 1978 et 66 % en mai 1981 avec même une pointe à 78 % pour les salariés du public qui se trouvent aux premières loges. Plus l'image du communisme s'est dégradée et plus elle a été associée à la centrale.

Pour les experts, les choses sont encore plus claires. Inutile de revenir sur la doctrine léniniste du syndicat « courroie de transmission », la consigne est absolue : « s'emparer du mouvement syndical et le diriger ». Elle s'applique à visage découvert dans les régimes soviétiques. Sous un camouflage transparent dans les démocraties occidentales. Y renoncer serait une marque caractérisée de révisionnisme, et l'exemple malheureux de Solidarité prouve que le communisme n'est pas disposé à une telle révision. Les démonstrations oiseuses des responsables cégétistes pour nier l'emprise communiste — Georges Séguy va même jusqu'à déclarer : « Lénine n'a jamais préconisé la subordination des syndicats au parti » — ne résistent pas à l'examen.

Plus encore que l'absolue coordination entre l'action du PC et celle de la CGT, le verrouillage de l'organisation est devenu un sujet d'étude classique en science politique. Les hommes, et les femmes, du parti ne sont ni trop nombreux ni trop voyants parmi les militants de base — il n'est nullement besoin d'avoir sa carte pour devenir délégué du personnel cégétiste — en sorte que, vue d'en bas, la confédération n'annonce pas trop la couleur. Mais le pourcentage des communistes augmente à mesure qu'on s'élève dans la hiérarchie. Aux niveaux clés des fédérations et des unions départementales, on atteint pratiquement 100 %. Grâce aux « compagnons de route », un pluralisme de façade est réintroduit dans les instances confédérales, avec un bureau d'apparence paritaire communistes/non-communistes et une commission exécutive qui ne compte « que » trois quarts de communistes. Quant aux dirigeants suprêmes, ils assurent la liaison organique parti-syndicat en occupant les plus hauts échelons de la hiérarchie dans l'une et l'autre organisation.

L'édifice cégétiste se présente donc comme une pyramide dont la couleur vire du rose tendre au rouge vif entre le bas et le haut. Dans la clientèle immense de la confédération, le pourcentage des électeurs communistes est évidemment supérieur à la moyenne nationale, toutefois il est loin d'atteindre 50 %. En effet, on n'arrive qu'à 57 % dans le cercle, beaucoup plus engagé, des adhérents à la CGT. Il y aurait donc 600 000 sympathisants communistes dans la confédération, mais seulement 200 000 membres du parti au dire d'Henri Krasucki. Refaisons le calcul. Une population de 5 à 6 millions de travailleurs, un syndicat d'un million de membres et une minorité agissante de 200 000 militants, 4 % du total, qui contrôle le système représentatif, c'est toujours la domination d'une petite élite sur les masses. Les leaders cégétistes expliquent cet état de fait par la qualité des communistes en tant que militants syndicaux et, en un sens, ils n'ont pas tort. Les membres du parti ne rechignent pas au travail syndical dont se désintéressent souvent les travailleurs peu politisés.

Les syndicats se veulent des organisations « représentatives ». Il est donc grave qu'ils puissent être pris en défaut sur ce point. C'est le fondement même de notre démocratie sociale qui se trouve mis en cause. Qui dit « démocratie » signifie pouvoir du peuple. Mais le « souverain » n'est pas en état d'exercer sa souveraineté. Il doit la déléguer. En l'absence d'un asservissement rigoureux du syndicat aux salariés, cette procédure perd toute légitimité. Les pouvoirs donnés aux appareils ne sont plus des libertés obtenues par les travailleurs. Il ne s'agit donc pas d'une mauvaise querelle, mais d'une question centrale. Oui ou non, les syndicats représentent-ils les salariés ?

« La notion de démocratie syndicale n'est pas d'une clarté aveuglante », remarque Guy Caire [44]. C'est le moins que l'on puisse dire. La première interrogation porte donc sur le système représentatif. L'élection est à ce point entrée dans les mœurs que rien ne nous paraît si simple. Et pourtant... Gérard Adam [1] constate : « Les syndicats manifestent tous quelque méfiance à l'égard de la fonction la plus traditionnelle de la démocratie politique : l'élection au suffrage universel. Sauf à la FEN où les adhérents élisent directement leurs dirigeants, plusieurs filtres existent entre les organismes directeurs des confédérations et les adhérents : à Force ouvrière, seuls les responsables de fédérations et d'unions départementales disposent du pouvoir de désignation. A la CGT, le congrès vote, mais après un contrôle *a priori* vigilant de l'appareil. A la CFDT, le congrès dispose d'une plus grande marge de choix (...) mais l'essentiel demeure : le pouvoir d'initiative n'appartient pas à la base. Tout au plus dispose-t-elle du droit d'amender les choix qui lui sont proposés. » Bref, les instances dirigeantes, en conservant la haute main sur les candidatures, laissent aux militants le soin de choisir la couleur de leur automobile dans la gamme des voitures noires. Ainsi prévaut toujours, d'une façon ou d'une autre, un système de cooptation-ratification qui réduit au minimum l'intervention de la base dans la vie des appareils.

On reconnaît d'ordinaire ce centralisme bureaucratique à la longévité des dirigeants. Le syndicalisme est exemplaire de ce point de vue. Les membres du bureau confédéral, la plus haute instance, jouissent partout d'une remarquable stabilité de l'emploi. 9,1 années en moyenne à la CFDT, 10 années à FO, 12 années à la CGT. Pour ne pas parler des « règnes » de Jouhaux, Frachon, Séguy ou Bergeron qui s'étendent sur plusieurs décennies. Et les changements qui interviennent dans les hautes sphères ne sont guère initiés par la foule lointaine du peuple syndiqué. Le renouvellement qui s'est produit en 1982 au bureau confédéral de la CGT est typique. Il ne fut pas provoqué par un vote des militants dans un sens ou dans l'autre, mais par la démission de quatre membres qui refusaient l'alignement de la centrale sur les thèses soviétiques dans l'affaire afghane. Tout s'est joué à l'intérieur de l'appareil.

Dans la société politique, l'élection assure une image fidèle de l'opinion. Si l'on enregistre 25 % de voix en faveur des candidats socialistes, c'est que l'on compte un quart de socialistes dans le corps électoral. Cela va de soi. L'adéquation n'est déjà plus tout à fait exacte dans les scrutins locaux. Il arrive qu'un notable réunisse sur sa personne plus de voix que la formation dont il se réclame. D'autres considérations entrent en ligne de compte. Un électeur peut voter pour un maire d'une tendance politique différente de la sienne, mais dont il apprécie la gestion municipale. Il existe donc deux critères de choix que les citoyens pondèrent de manière très variable. Dans les élections professionnelles, cette ambiguïté prend de telles proportions qu'elle en vient à fausser complètement le système représentatif. Non seulement les salariés n'ont qu'un poids limité, mais, en outre, ils n'ont qu'un choix équivoque.

Le mandat syndical comporte un premier élément sur lequel tout le monde est d'accord : la défense des intérêts catégoriels et individuels. Pas de doute à ce sujet. Mais les appareils ajoutent à cette fonction une mission : la poursuite d'objectifs politiques, idéologiques, voire bureaucratiques. C'est le décalage fondamental dont nous avons retrouvé la trace dans les luttes de tendances à la FEN. La base choisit des avocats professionnels, mais, en se déterminant sur ces critères très limités, elle crée une structure de pouvoir infiniment plus large.

Depuis des années, les Français répètent, de sondage en sondage, qu'à leurs yeux les syndicats doivent s'occuper de leurs revendications et de rien d'autre. Les ouvriers, clientèle privilégiée de la CGT, estiment à 73 % que les syndicats servent à défendre les revendications des travailleurs et à 61 % qu'ils doivent permettre aux travailleurs d'être mieux défendus dans l'entreprise, mais ils ne sont que 18 % à souhaiter qu'« ils luttent pour transformer la société » et 9 % à désirer qu'« ils trouvent des solutions aux principaux problèmes du pays » (sondage SOFRES, mai 1981). Deux sondages concordants d'octobre 1979 et avril 1981 (IFOP-*l'Express* et SOFRES-*le Nouvel Observateur*) montrent que les consignes de vote syndicales pour les élections politiques sont largement condamnées. L'opinion des salariés du public, les plus syndiqués, est sans appel : 74 % contre l'engagement politique en 1979 et 64 % en 1981.

Les travailleurs français veulent, c'est clair, des organisations réformistes menant une action corporative. Le décalage est vertigineux entre ce qu'ils demandent et l'image qu'ils ont des confédérations. Dans un sondage BVA de mars 1982, 63 % des Français estiment que la CGT se soucie d'abord de motivations politiques et 26 % seulement qu'elle fait passer en premier les intérêts des salariés. Le pourcentage est à peine moins net pour la CFDT : 49 % contre 29 %. Force ouvrière est tout juste perçue comme « apolitique » : 40 % lui attribuent d'abord des motivations corporatives et 37 % seulement des motivations politiques.

Ni la CGT ni la CFDT n'ont tenu le moindre compte de ces avertissements sans frais des « inorganisés » et, pendant de longues années, elles ne s'en sont pas plus mal portées. La CGT déclinait tout doucement à partir d'un sommet historique de 1945, la CFDT progressait constamment. FO piétinait, la CFTC et la CGC ne parvenaient pas à sortir de leur marginalité. Puis, dans les années quatre-vingt, le décalage entre représentants et représentés étant devenu trop fort, le séisme s'est produit. La plus forte secousse intervint aux élections à la Sécurité sociale d'octobre 1983 lorsque la CGT perdit 8 points et la CFDT 5 par rapport aux élections prud'hommales de l'année précédente ; tandis que les syndicats réformistes « apolitiques » réalisaient tous des gains spectaculaires à commencer par FO qui progressait de 7,5 %. Les commentateurs se plurent à souligner l'événement comme s'il constituait une grande surprise. Il eût été plus normal de s'interroger dix ans plus tôt sur la contradiction persistante entre la condamnation de la politisation syndicale et le vote massif pour les confédérations politisées. Comment comprendre cette fidélité des salariés-électeurs vis-à-vis d'organisations qui semblent si loin de leurs conceptions ?

L'explication se trouve dans un sondage effectué par la CGT en 1977 auprès du personnel de l'usine Renault du Mans. Les réponses concernant l'action revendicative sont très positives. « La CGT est utile ? » : oui à 90 % ; « Les revendications de la CGT sont sérieuses et réalisables ? », « Elle s'occupe bien des grandes revendications ? » : oui à 69 %. Bref, l'organisation corporative fait bien son boulot et les ouvriers ont toutes raisons d'y adhérer. Ils n'en sont pas moins lucides sur le reste. « La CGT est un syndicat démocratique ? » : les « oui » ne recueillent plus que 34,5 % de voix. « La CGT est inféodée à un parti politique ? » : 68 % de « oui ». « Elle fait trop de politique ? » : 79 % de « oui ».

Que vont faire les salariés dans une telle situation ? Ils attendent du syndicat une défense efficace de leurs intérêts, et trouvent que la direction syndicale assure bien cette fonction. Rien de surprenant : les communistes sont toujours en pointe pour faire respecter les droits acquis et pousser les revendications. C'est l'essentiel. La réprobation qui s'attache à l'orientation politique est secondaire. En 1984, lorsque les menaces de licenciement s'amoncellent sur la Régie, la CGT prend une position en flèche et récuse la notion de sureffectifs. Bernard Hanon, le PDG, capitule et, à partir des paris les plus aventurés, s'engage à ne pas licencier. La CGT a gagné. Elle en recueille immédiatement les dividendes en progressant dans les élections professionnelles de la Régie. Partout ailleurs, le déclin du PC et la prise de conscience des réalités économiques précipitent le déclin cégétiste. Mais on imagine mal que les ouvriers de Renault sanctionnent, sous prétexte de communisme, un syndicat qui vient de leur gagner un certificat de non-licenciement. Ce scénario va se reproduire dans tous les secteurs en restructuration.

En 1983, le gouvernement a annoncé avec des froncements de sourcils que la modernisation était inévitable et qu'il entendait la mener avec détermination en dépit de son coût social. Dans les mines, les chantiers navals, la sidérurgie, à Creusot-Loire et dans l'automobile, la plupart des syndicats semblèrent s'incliner devant les dures lois de l'économie. Seule la CGT, très fortement implantée dans ces bastions ouvriers, refusa tout compromis, rejetant en bloc les notions de sureffectifs et de surcapacités. Face à cette opposition résolue, le gouvernement socialiste a bien souvent reculé, engloutissant milliards après milliards pour éviter ici les licenciements qu'il accepte sans remords ailleurs.

Pour les travailleurs menacés par les restructurations industrielles, la leçon est claire : les socialistes capitulent devant la CGT et seulement devant elle. Ils en tireront les conséquences lors des prochaines élections professionnelles et la centrale remontera dans les secteurs industriels en déclin. La tendance s'inversera lorsque les stratégies jusqu'au-boutistes auront administré la preuve qu'elles mènent à l'échec total, et que des positions plus réalistes assurent mieux, à terme, la défense des ouvriers. Ce point arrive plus rapidement dans le secteur purement concurrentiel. Le personnel s'y détourne des organisations qui prônent la lutte des classes, mais il le fait pour des raisons pratiques et non pas théoriques. Lorsqu'une PME est prise dans les tourmentes d'un marché en crise, il devient évident pour tous que les batailles internes peuvent mettre en cause sa survie même. C'est alors, et pour cette seule raison, que des ouvriers, même communistes, vont rechercher un autre type de relations sociales. Faute de le trouver dans les grandes confédérations, ils se désyndicaliseront tout simplement.

De ce point de vue, le succès de Force ouvrière est lourd d'équivoques. En effet, il ne suffit pas d'être « apolitique », il faut encore mener sur le plan revendicatif une stratégie conforme aux souhaits des salariés. Or FO est restée jusqu'à présent fermée aux nouvelles aspirations qui se manifestent dans le monde du travail. Si cette incompréhension perdure, il ne fait guère de doute que l'engouement actuel retombera.

Le comportement des salariés est banal, il s'apparente à celui des parents d'élèves. L'Eglise catholique a la haute main sur l'enseignement privé. Or, tout le monde sait que les familles qui choisissent ces écoles ne le font généralement pas pour des considérations religieuses. Elles jugent un établissement scolaire sur ses résultats pédagogiques. Si elles ont le sentiment que l'école privée assure de meilleures chances de succès aux examens, elles opteront pour l'enseignement confessionnel alors même qu'elles sont athées et ne donnent aucune éducation religieuse à leurs enfants. Le recul du catholicisme en France peut donc se marier sans difficultés avec un renforcement de son service éducatif. Et celui du PC avec une progression de sa filiale revendicative.

Ajoutons qu'à l'intérieur des groupes corporatisés où les organisations représentatives disposent d'une forte assise institutionnelle, la conquête d'une position représentative confère automatiquement les moyens de la défendre. Il faut vraiment le vouloir pour se faire déloger de l'EDF lorsqu'on dispose de toutes les prérogatives attachées aux organisations dominantes dans cette entreprise.

Le décalage est donc considérable entre la minorité active et la masse peu motivée et peu encadrée. Il assure aux bureaucraties une large autonomie de manœuvre dès lors qu'elles remplissent la fonction corporative pour laquelle elles ont été élues. En fait, les salariés abandonnent à leurs représentants la liberté de l'indifférence. Toutefois, ils retrouvent leur rôle d'arbitre au moment où ils sont invités à payer. De leur argent ou de leur personne. On repasse de la pure démocratie représentative, celle dans laquelle on ne demande aux citoyens qu'un bulletin de vote, à la démocratie directe, celle qui exige d'eux une participation personnelle et volontaire. Autant une légitimité électorale peut sembler fragile, autant une légitimité militante est incontestable. Mais celle-ci existe-t-elle encore ?

Né de la grève et non pas de la négociation, le syndicalisme français valorise la confrontation. L'efficacité d'une organisation dépend de sa capacité à mener des « luttes » plus que de son habileté à gérer des intérêts. Outrant cette attitude, la CGT fait de « la combativité des masses » un facteur de progrès social plus important que la conjoncture économique. Dans cette conception des rapports sociaux, la base devrait retrouver son rôle d'arbitre souverain : au moment de la bataille, les travailleurs tranchent en dernier ressort. Mais là aussi le poids des salariés tend à diminuer car la grève n'est plus ce qu'elle était.

Elle n'est pas seulement devenue moins fréquente depuis quelques années, elle a surtout cessé d'être le centre de la vie sociale. Dans les entreprises, les grands changements en cours ne sont plus « arrachés » à la suite de longs conflits, mais mis en place au prix de négociations parfois longues et tendues, mais qui débouchent rarement sur des affrontements.

En l'absence de toute fonction officielle, de toute négociation régulière, le syndicalisme de l'époque héroïque avait pour rôle principal de mener des « luttes ». Le leader syndical était un « chef de guerre » dont la valeur se mesurait à la capacité d'entraîner les troupes. Il n'en va plus de même aujourd'hui, surtout dans le secteur protégé. La gestion l'emporte sur l'action.

En dépit de ce recul, la grève reste une donnée prégnante pour les syndicats car elle met en cause leur crédibilité. « Les relations sociales, c'est une partie de poker menteur, m'expliquait un chef du personnel. Le plus souvent on ne montre que le dos des cartes : les règlements, les statuts, la législation, les bilans et les statistiques. Bref, on négocie. Les syndicalistes, c'est leur jeu, laissent entendre qu'ils ont une main superbe avec des grèves très dures à la clé. Puis on arrive au point où nous demandons à voir. A ce moment, on abat les cartes et la partie bascule. Nous avons fait le pari que notre partenaire a bluffé, que le personnel ne le suivra pas. S'il a vraiment les atouts en main, alors nous avons perdu. »

Dans le sondage réalisé à l'usine du Mans, 64,5 % des ouvriers estiment que la CGT pousse trop à la grève chez Renault. C'est là une réponse beaucoup plus dangereuse pour la confédération que la condamnation des orientations politiques, car tout faux pas sur « le terrain des luttes » est sanctionné par une perte de confiance et, à terme, par une perte d'audience. Les grands syndicats étrangers disposent d'organisations si efficaces qu'ils ne s'engagent qu'à coup sûr. Leur puissance financière qui permet de payer les salaires des grévistes constitue, à elle seule, un indiscutable facteur de dissuasion. Il n'existe rien de tel en France. Les syndicats se lancent à l'aventure. Ils vivent dans la mythologie du conflit, mais n'en ont pas la maîtrise.

La décision de grève peut être prise par le syndicat, l'assemblée ou les salariés. Dans la première procédure, les dirigeants syndicaux sont maîtres du jeu, mais ils risquent de n'être pas suivis ; dans la seconde, ils réduisent et leurs prérogatives et leurs responsabilités ; dans la troisième, ils perdent tout pouvoir de décision mais évitent tout risque de désaveu.

Au XIXe siècle, les « protosyndicats » n'avaient ni l'autorité qu'il faut pour décider seuls, ni le pouvoir nécessaire pour organiser une véritable consultation, il ne restait qu'une solution : le vote en assemblée. Pour les syndicalistes, il ne s'agissait pas d'un pis-aller, mais d'un parti pris, car ils récusaient la voie bureaucratique comme la voie démocratique et s'en tenaient à une troisième : la « démocratie ouvrière ». Dans cette conception, la volonté à dégager n'était pas celle des individus, mais celle de la collectivité et son expression devait être publique et non pas privée. Les ouvriers délibéraient, s'expliquaient et, le moment venu, se prononçaient. Tous ensemble contre. Dans ces réunions, le poids des responsables syndicaux, des minorités agissantes était très grand, mais ce n'était pas pour déplaire. Il ne s'agissait pas d'organiser une discussion contradictoire au terme de laquelle chacun choisirait en son âme et conscience, mais de mobiliser une masse indécise afin de l'engager dans la bataille. Pour déclencher les « grèves de Germinal », il fallait se donner du cœur au ventre.

Le vote à main levée est encore d'utilisation courante et pas seulement dans les petites communautés : atelier, PMI, établissement de moyenne importance. Il a conservé tous ses inconvénients. On l'a bien vu dans la grève déclenchée à Antenne 2 au début de 1985, lorsque fut mise en place la télévision du matin. Les décisions de poursuivre le mouvement étaient prises dans des « assemblées générales » qui ne réunissaient pas le dixième des 1 339 salariés de la chaîne et qui étaient complètement contrôlées par la CGT.

La consultation du personnel à bulletin secret est la plus satisfaisante sur le strict plan démocratique. Mais elle soulève des difficultés d'organisation et, plus encore, de procédure. Un référendum ne s'improvise pas. La mise en place des urnes doit permettre à tout le monde de voter, le contrôle des opérations doit garantir la régularité du scrutin. Cela peut difficilement se faire sans l'accord et même l'aide de la direction. Qui aura l'initiative d'une telle procédure ? Les syndicats ou un certain pourcentage de salariés ? Le choix de la question est également crucial. On connaît ces pseudo-consultations du genre : « Préférez-vous qu'il y ait des licenciements ou qu'il n'y en ait pas ? » Enfin il reste à déterminer l'étendue du corps électoral : fait-on voter tous les salariés, tous les syndiqués ou seulement les adhérents du syndicat qui organise le scrutin ? *Last but not least*, quelle valeur convient-il de reconnaître à la réponse sortie des urnes ? Si la grève est votée par la majorité, la minorité se trouve-t-elle obligée de s'incliner et de suivre le mouvement ? Si la grève est rejetée, la minorité perd-elle le droit de cesser le travail ? Les questions sont si nombreuses qu'une telle procédure demande à être réglementée.

En Allemagne fédérale, par exemple, la grève, pour être légale, doit avoir été approuvée à bulletin secret par 75 % des voix. En contrepartie, les syndicats jouissent d'un monopole : tout arrêt de travail décidé en dehors d'eux est illégal. On voit donc se mettre en place une institutionnalisation du conflit dans laquelle la loi renforce et limite tout à la fois le pouvoir syndical. Dans la tradition française, une telle réglementation — bien que prévue par la Constitution — reste inconcevable. Ce serait une « atteinte au droit de grève » selon la formule consacrée. Le référendum n'est utilisé que pour sortir d'une action mal engagée ou d'une situation bloquée. Avec le secret espoir que le personnel votera la reprise du travail. Cette situation renforce les organisations dans le secteur public où elles bénéficient de prérogatives institutionnelles et les affaiblit dans le secteur privé où les actions brouillonnes et dispersées sont bien plus faciles à contrer qu'une offensive organisée.

Dans les monopoles d'Etat et les grandes entreprises, où les syndicats sont bien implantés et jouissent de prérogatives importantes, les responsables syndicaux ont pris l'habitude de lancer directement les mots d'ordre. Dès lors que chacun est libre de poursuivre ou cesser le travail, le vote a bien lieu. Dans les faits et non pas dans l'urne. C'est la ratification remplaçant la délibération.

Le risque de n'être pas suivi demeure, mais bien atténué. Les salariés protégés par leurs statuts peuvent cesser le travail sans encourir le moindre risque, et l'effet produit peut être considérable même avec une grève très courte. C'est particulièrement vrai lorsque le mouvement permet de bloquer un service public ou une activité essentielle du pays. L'énormité du moyen de pression mis en jeu conduit à remplacer les grandes grèves « au finish » consécutives à un conflit par une multiplication de microgrèves que l'on déclenche en accompagnement de négociations « pour manifester la combativité de la base ».

Dans la fonction publique, il était de règle que tout mouvement de grève entraîne une retenue d'une journée au minimum. Le ministre communiste Anicet Le Pors, désirant faciliter les arrêts de travail, décida que la retenue minimum ne serait plus que d'une heure. Pour paralyser tout un service, il suffit donc qu'un petit nombre de fonctionnaires cesse le travail à l'instant stratégique. On obtient ainsi un effet maximum pour une seule heure de salaire. Lorsque la grève est si bon marché, l'incertitude sur le comportement des « travailleurs en lutte » diminue considérablement.

Enfin, les syndicats se chargent d'annoncer le résultat à la presse en avançant les chiffres les plus fantaisistes. C'est toujours un communiqué de victoire. Les journalistes se contentent de mettre côte à côte un pourcentage de grévistes très faible donné par la direction et un pourcentage très élevé donné par les syndicats sans le moindre effort pour tenter d'établir la vérité. Au public de trancher. Et l'on sait qu'il ne tranche pas.

Localement, les conditions peuvent être beaucoup plus favorables. Au début des années 1970, à l'ORTF, le régime du service minimum et des réquisitions de personnel permettait aux salariés de faire la grève sans supporter la moindre retenue de salaire. Ils la firent tant et si mal que le gouvernement Chirac, avec l'approbation des Français, n'eut plus qu'à sortir la tronçonneuse pour découper le monstre.

Dans l'université, l'enseignant n'a le plus souvent pas cours le jour où il « cesse le travail ». Il sera donc compté comme gréviste par le syndicat et se fera noter comme travailleur par l'administration... pour toucher son salaire. On pourra donc avoir 80 % du personnel qui suit le mouvement pour le SNESup et 80 % qui ne le suit pas pour l'administration. Tel l'électron qui est tout à la fois onde et particule selon la façon de l'observer, le mandarin prolétaire jouit d'une double nature : gréviste aux yeux du syndicat et non-gréviste aux yeux de l'administration. Pour éviter tout risque de recoupement, l'habitude s'était même prise de ne pas faire le tri entre grévistes et non-grévistes. Ministre à cravache, Alice Saulnier-Séité pria un jour les présidents d'université de bien vouloir établir la liste des rouges et des jaunes lors des « journées d'action ». Ce fut un beau tollé parmi les universitaires qui accusaient leur ministre d'instaurer « la délation ». Le professeur Piquemal [132] s'interroge très sérieusement sur ce point : « La livraison des noms du personnel gréviste serait une atteinte à la liberté individuelle. Un agent qui fait grève exerce un droit constitutionnel. Livrer son nom revient à le donner à la vindicte publique de ses adversaires. » Ainsi les syndicats ne risquent-ils pas un désaveu public en lançant ces « grèves farces » dans nos facultés.

237

Dans le laisser-aller actuel de certaines administrations, seuls les fonctionnaires qui se font porter grévistes, par un acte délibéré et explicite, se voient infliger une retenue. Les autres sont présumés non grévistes sans que l'on se donne la peine de vérifier s'ils ont effectivement fait leur service.

Et que disent les travailleurs ? Ils furent interrogés sur ce point dans un sondage réalisé par Public SA en 1977. Dans la population active, 8,5 % se prononcent pour une décision prise par les syndicats seuls, 24 % sont pour le vote à main levée et 66,5 % souhaitent un vote à bulletin secret. Les résultats sont pratiquement les mêmes dans la population syndiquée. La réponse est sans équivoque. Les appareils syndicaux redoutent cette demande de la base et s'efforcent de conserver la maîtrise de la décision. Avec le risque de voir éclater des grèves sauvages qui échappent à tout contrôle. Au leur en tout premier lieu. Car la perte de contrôle joue dans les deux sens. D'un côté, le personnel traîne les pieds lorsqu'il est appelé à cesser le travail ; de l'autre, la grève démarre en l'absence de tout mot d'ordre. Dans le secteur privé, c'est devenu la pratique courante : 61 % des conflits salariaux sont déclenchés spontanément par la base. La même absence de méthode se développe dans le secteur institutionnel. On l'a constaté à plusieurs reprises, dans les postes, chez Renault ou à la SNCF. A l'EDF, les syndicats savent qu'ils ne peuvent braver l'opinion et s'efforcent d'organiser la grève avec la direction de telle sorte qu'elle ne perturbe pas la vie des Français. Mais certains électriciens ne l'entendent pas de cette oreille et, passant outre aux consignes syndicales, improvisent des coupures sur des objectifs bien précis. La télévision en particulier.

Le syndicalisme français voit dans cette non-réglementation des relations sociales un gage de sa puissance. André Bergeron affirme [26] : « On ne réglemente pas le droit de grève », mais il ajoute sagement qu'il demeure très attaché à ce qu'elle se décide à bulletin secret. En matière de négociation, l'institutionnalisation a renforcé le pouvoir des organisations. En matière de conflit, l'anarchie traditionnelle a toutes les chances de se retourner contre le pouvoir syndical. La perte de crédibilité est double. Vis-à-vis des employeurs qui doutent autant des menaces que des engagements, vis-à-vis des travailleurs qui court-circuitent leurs représentants au moment crucial du conflit majeur.

Les salariés ont trois façons de manifester la confiance, ou la défiance qu'ils accordent au syndicat. La première c'est le vote, la seconde l'action et la troisième l'argent. En théorie, les caisses syndicales sont toujours alimentées par les cotisations des adhérents. C'est une source de financement peu abondante, mais avouable et limpide. Elle permettrait aux confédérations de vivre à comptes ouverts sans crainte des regards indiscrets. En pratique, les finances syndicales s'entourent d'une opacité qui ne le cède en rien à la comptabilité de Michelin.

Né sous le signe de l'anarchie, le mouvement ouvrier n'a jamais eu les structures et les moyens de ses grandes ambitions. Le travailleur français, uniquement stimulé par des considérations idéologiques, n'admet pas de payer ses organisations syndicales, et les militants, tribuns et combattants plus que comptables et gestionnaires, ont toujours manifesté une grande répugnance à collecter les fonds. Pelloutier vit dans la misère parce que la CGT naissante n'est même pas capable de se payer un permanent, et Jaurès doit, déjà !, intervenir discrètement afin que le ministère du Travail lui procure un emploi à mi-temps. Dès l'origine, les municipalités financent les Bourses du travail, avec la sollicitude affectueuse de la corde pour le cou du pendu.

Aujourd'hui comme hier, les trésoriers ne cessent d'attirer l'attention sur la mauvaise rentrée des cotisations. En théorie, un adhérent paie un timbre par mois. En pratique, les cartes sont rarement pleines en fin d'année. Le nombre exact des cases vides est tenu secret, mais les meilleurs spécialistes estiment, par recoupement, que les grandes confédérations ne placent en moyenne que 6 ou 7 timbres par adhérent. Et encore... Pourtant nos syndicats sont loin de rançonner leur monde. Les cotisations sont fixées à des taux ridiculement bas — moins de 1 % du salaire — par rapport à ceux de l'étranger. Mais les salariés ne veulent pas payer et la baisse générale des effectifs n'est pas faite pour arranger les choses.

Cette grande dèche est d'autant plus fâcheuse que les syndicats ne cessent d'alourdir leur organisation. L'Etat a dû prendre la relève des cotisants défaillants. Dans la plus grande discrétion et sous couvert de l'image ancienne. Nul n'est dupe de cette présentation, mais chacun feint d'y croire. Les nouveaux sièges sociaux que viennent d'édifier la CGT et la CFDT sont un parfait symbole de cette fiction. L'ensemble cégétiste de Montreuil représente un investissement de 350 millions de francs : une somme démesurée par rapport aux seules cotisations. Il en va de même pour l'immeuble cédétiste de Belleville. Dans un cas comme dans l'autre, les pouvoirs publics ont été constamment sollicités et sont discrètement intervenus sous toutes les formes : prêts bonifiés, remises d'impôts, subventions, etc. Et nos confédérations disposent d'une façade immobilière sans rapport avec leur réelle situation financière.

Dans les années qui suivent la Libération, l'Etat commence à subventionner les organisations syndicales. En un premier temps la CGT refuse cette manne qu'elle jugé compromettante. Elle se ravise bien vite et demande, exige même, sa part. Elle obtient satisfaction dans les années soixante. Les confédérations sont moins gênées de récupérer une part des indemnités perçues par leurs membres qui siègent au Conseil économique et social. Depuis lors, les voies de financement se sont multipliées sous les prétextes et les dénominations les plus divers. Mais toujours aussi discrètes. Parmi la ribambelle de subventions avouées ou dissimulées, les plus importantes proviennent du ministère du Travail avec 36 millions de francs en 1983 pour la formation des militants et 20 millions de francs pour la participation aux conseils de prud'hommes ; du ministère de la Formation professionnelle avec 30 millions ; des Caisses nationales d'assurance maladie avec 20 millions de francs. Il faudrait encore énumérer, on n'en finirait pas, les versements des collectivités locales et régionales, les aides circonstancielles et conjoncturelles, etc.

Dans les *Notes de conjoncture sociale* de février 1983, Hubert Landier et Bernard Vivier ont tenté de dresser l'état des lieux. Ils ont constaté un accroissement très sensible de ces aides depuis l'arrivée de la gauche au pouvoir. Tantôt ce sont les budgets existants qui sont augmentés. Le coup de pouce du ministère du Travail aurait atteint 53,8 % entre le début 1981 — le budget initialement prévu avant le changement de majorité — et 1982, tandis que celui du ministère de la Formation professionnelle se montait à 28 % pour une subvention et 40 % pour une autre. Tantôt on a inauguré de nouveaux modes de financement. C'est ainsi qu'en juin 1982 était annoncée la création d'un Institut de recherches économiques et sociales (IRES), curieusement installé dans un hôtel particulier en bordure de l'avenue Foch. Le public n'était pas obligé de savoir qu'une part des 13,7 millions de francs alloués par l'Etat à cet organisme serait, en fait, redistribuée aux confédérations. Il faudrait encore citer les aides accordées à l'occasion des congrès, la publicité de soutien qui se développe dans la presse syndicale, les subventions aux associations de consommateurs créées par les syndicats, les participations à des organismes ou des programmes, « compensées » bien évidemment. Au total, on va approcher sans doute les 190 millions de francs en 1985, une somme modeste par rapport à nos gouffres industriels qui vous avalent 1 milliard comme une bouchée de pain. Toutes les subventions du syndicalisme ne représentent guère qu'une semaine de subvention à la sidérurgie. L'ampleur de la dépense ne risque pas plus d'appauvrir la France que d'enrichir les confédérations.

En dépit de ces subsides, celles-ci se débattent dans d'inextricables difficultés financières, et leurs budgets restent dérisoires comparés à ceux de leurs homologues étrangers. La CGT, qui récuse partout la notion de sureffectifs, a dû l'admettre chez elle et licencier discrètement un certain nombre d'employés qu'elle ne pouvait plus payer. Ailleurs, des syndicats doivent renoncer à des sièges sociaux confortables, mais trop lourds pour des finances anémiées.

Les centrales publient peu de chiffres, généralement incomplets, et s'efforcent surtout de masquer le plus embarrassant de tous : le pourcentage du financement externe par rapport au financement interne. Lorsqu'elle prétend informer « à livres ouverts », la CFDT annonce que les cotisations représentent 82 % de son budget de fonctionnement. Un pourcentage flatteur qui doit lui assurer une indépendance totale. Cette fiction comptable masque une réalité bien différente. La confédération elle-même reconnaît avoir reçu, en 1983, 16,8 millions de francs au titre des quatre principales subventions. Comme elle serait à l'aise, si cette somme, plus le reste, ne représentait que 18 % de son budget ! La CGC a fourni une présentation beaucoup plus complète de sa situation financière. Elle évalue à 12,695 millions de francs ses subventions pour 1982 et à 17,372 celles de 1983. En augmentation de 36,8 %. Notons, à titre indicatif, que les subventions des « grandes » centrales, CGT, CFDT ou FO, sont deux fois plus élevées que celles des « petites » comme la CGC. L'évaluation de la CFDT est donc fortement minorée d'autant que celle de la CGC n'est sans doute pas exhaustive. Quoi qu'il en soit, la confédération de l'encadrement faisait apparaître dans son compte d'exploitation de 1982 un financement extérieur à hauteur de 41 %. La forte augmentation des subventions, jointe à la diminution des cotisants, a sans doute fait monter ce pourcentage à 50 % en 1983. Il en va de même dans toutes les confédérations. « Ces ressources extérieures représentent un volume très comparable — pour ne pas être plus affirmatif — à celui des cotisations des adhérents », estiment Vivier et Landier.

Faut-il se scandaliser ? Il n'y a pas de quoi. Certaines subventions correspondent à des services effectivement rendus et si l'on voit dans la négociation sociale un « quasi-service public », il est naturel d'aider les partenaires sociaux à l'organiser. Bref, il est bien des raisons qui justifient les subventions syndicales. En revanche, la semi-clandestinité qui entoure ces voies de financement est difficilement admissible. Lors de l'édification des sièges sociaux cégétistes et cédétistes, les deux centrales durent payer une redevance particulière qui frappe la construction des immeubles de bureaux en Région parisienne. Les sommes en jeu étaient d'importance et la CGT n'avait pas versé moins de 5,4 millions de francs juste à la veille de la victoire socialiste. Elle se dépêcha d'en demander le remboursement au gouvernement Mauroy. Mais comment faire ? On imagina d'annoncer une disposition législative dispensant les organisations syndicales du paiement de cette taxe. La loi n'étant pas rétroactive, cette mesure n'entraînait pas la restitution. En revanche, elle permettait de présenter le paiement effectué en avril 1981 comme une injustice à réparer. Sur cette justification toute théorique, on put glisser dans le budget du ministère du Travail de 1982 une discrète ligne prévoyant ce remboursement et, du même coup, celui des taxes payées par la CFDT. L'affaire, on s'en doute, se fit dans la plus grande discrétion et n'attira pas l'attention de la presse.

C'est contre cette clandestinité qu'en avril 1984, dans la revue *Relations humaines*, Gérard Adam a poussé un « coup de gueule » qui a fait grincer bien des dents. Sous le titre parfaitement explicite de « Non aux avions renifleurs du syndicalisme », il « met les pieds dans le plat » : « Les syndicats ont peu d'adhérents et ceux-ci payent des cotisations faibles d'où leur souci de rechercher des moyens financiers et matériels auprès des entreprises ou de l'Etat. Or, comme les partis nient être financés par les entreprises, les syndicats refusent de reconnaître l'évidence. Refuser la transparence est suicidaire. Les syndicats jouent un rôle de service public et sont financés comme tel ; pourquoi ne pas le dire ? (...) Que se passera-t-il lorsque certains brandiront des talons de chèques (...) ? Je veux bien que chaque syndicat reçoive 500 000 francs du programme mobilisation, technologie, emploi et conditions de travail du ministère de l'Industrie pour préparer un schéma directeur d'un programme de recherche. Mais, ou bien on subventionne les syndicats et il faut le dire sans honte, ou on finance la recherche et je ne suis pas sûr que c'est comme ça qu'il faille procéder. » Gérard Adam parle d'évidence, mais on sera toujours mieux à l'ombre pour recueillir la pluie des subventions.

L'indépendance financière devrait être la règle de tout contre-pouvoir, en particulier des contre-pouvoirs « révolutionnaires ». Mais le syndicalisme français ne peut plus faire face à cette exigence. L'afflux croissant de l'argent public ne compense même pas le reflux constant de l'argent privé. La situation financière devient intenable, surtout pour les organisations qui se sont dotées d'une infrastructure puissante mais coûteuse. La CGT, qui a perdu entre le tiers et la moitié de ses adhérents au cours des dernières années, a dû se résigner en mars 1985 à « lancer une énorme bataille financière ». Concrètement, elle doit faire appel à la générosité de ses partisans pour boucher un « trou » de 150 à 250 millions de francs. Selon des évaluations toujours officieuses et non confirmées. Certes, Henri Krasucki s'est efforcé de présenter la chose sur le mode triomphaliste propre à la maison. Il s'agit de réunir un trésor de guerre pour lancer une grande offensive face au CNPF et aux pouvoirs publics qui disposeraient de moyens « jamais connus en puissance, en densité et en efficacité ». Mais la véhémence du ton ne faisait que souligner la gravité de la situation et n'a trompé personne. La CGT est bien obligée de réduire son train de vie. On sait déjà qu'elle ne pourra pas lancer la deuxième tranche de travaux sur le site de Montreuil et qu'elle devra faire appel au pouvoir socialiste. Car la centrale s'est lourdement endettée pour construire son siège social. Aujourd'hui, elle croule sous les charges financières. Afin d'alléger ce fardeau, elle voudrait qu'on abaisse les taux d'intérêt. Mais « on » ne peut être que le gouvernement. Elle fait donc le siège de Matignon pour obtenir cette faveur. Certains emprunts seraient déjà passés de 17 % à 11,7 %. Mais elle voudrait descendre encore beaucoup plus bas pour restaurer sa santé financière. De tels bienfaits se négocient, hélas ! Les autres centrales, qui avaient mieux maîtrisé leurs dépenses, se trouvent dans une situation moins grave, mais doivent également se mettre à l'heure de l'austérité.

Ainsi les confédérations vivent et vivront de plus en plus sur l'argent public et non privé. Mais ce déplacement de la pompe à finances n'a pas que des inconvénients, loin de là. Il affranchit l'organisation de cette épuisante chasse au cotisant, aussi prévisible dans ses difficultés qu'imprévisible dans ses résultats. Le concours de l'Etat présente tous les avantages bien connus du théâtre subventionné sur le théâtre privé. Stabilité des recettes tout d'abord. La reconduction d'un budget s'obtient plus aisément que le renouvellement des cartes. Commodité de la perception ensuite, car on sollicite plus facilement la générosité d'une administration que de 500 000 salariés. Les appareils syndicaux préfèrent s'entendre avec les pouvoirs publics en négociant de puissance à puissance que tenter, comme M. Krasucki, de se faire entendre des troupes en multipliant les campagnes de souscription.

« A l'importance croissante de la masse des subventions qu'elles reçoivent correspond une institutionnalisation progressive du rôle des organisations syndicales (...). Cette intégration accrue pourrait être de nature à limiter leur indépendance dans la mesure où leur train de vie est de plus en plus largement conditionné par des décisions budgétaires qu'elles ne contrôlent pas ; ainsi remarque-t-on qu'elles se montrent particulièrement discrètes sur la nature de leurs ressources », concluent Landier et Vivier au terme de leur étude. Il est vrai que le syndicalisme a créé une nouvelle dépendance. Mais, il n'a pas lieu de le regretter car, dans le rapport de forces qui s'est instauré en France, les pouvoirs publics se révèlent moins pesants que les syndiqués. S'ils peuvent renâcler pour une faveur exceptionnelle, ils y regardent à deux fois avant de faire le chantage aux subventions, à l'inverse de l'adhérent qui y regarde à deux fois avant de renouveler sa carte.

Pour les finances publiques, il est moins coûteux de se concilier les syndicats en leur allouant des sommes — qui restent toujours modestes par rapport aux masses budgétaires — que de les irriter au risque de déclencher une crise sociale qui reviendra beaucoup plus cher. Les bureaucraties politiques et syndicales ont toujours intérêt à s'entendre sur les problèmes de gros sous afin de se ménager des marges de manœuvre par rapport à leurs bases respectives. Il existe donc une tendance lourde à remplacer les cotisations par les subventions dans les finances syndicales et les cotisants par les électeurs comme support de légitimité. Mais cela ne peut se faire que dans la plus grande discrétion afin de préserver la cohérence d'image sur laquelle vit le syndicalisme français. Le résultat le plus clair de cette évolution sera d'accroître encore l'autonomie des appareils par rapport à des salariés qui, dispensés de contribuer, se verront aussi empêchés de censurer.

La démocratie syndicale se trouve doublement en défaut. Sur le plan représentatif tout d'abord, puisque les élus ne sont pas le reflet fidèle des électeurs, sur le plan participatif ensuite, puisque les salariés s'engagent de moins en moins dans l'action. Il existe donc une faille dans le système. Le syndicalisme n'est pas ce qu'il prétend être. Entre le mouvement qu'il n'est plus et l'institution qu'il n'a pas su devenir, il est tombé à pieds joints dans la bureaucratie.

CHAPITRE IX

La démocratie ouvrière

Toute l'histoire du mouvement ouvrier prouve que les syndicalistes n'ont jamais accepté d'être liés aux salariés par le type de contrat qui s'instaure entre les élus et leurs électeurs dans le système représentatif. Ils entendent organiser, encadrer, mobiliser une population supposée hors d'état de se défendre et pas seulement traduire ses aspirations et se conformer à ses directives. Cette différence n'a jamais été clairement définie, car elle ne manquerait pas de choquer les camarades syndiqués et, plus encore, non syndiqués. On se contente donc d'opposer une « démocratie syndicale » à la démocratie politique. Nous voyons aujourd'hui des responsables syndicaux se réclamer, par analogie implicite, de ce dernier système lorsque cela les arrange, et s'en affranchir lorsque cela risquerait de les déranger. Il faut pourtant faire le choix et en tirer les conséquences.

L'économiste américain Mancur Olson [127-128] a justement montré que le syndiqué est un être hautement improbable. Un paradoxe qui explique, pour une part, ces difficultés. Imaginons que chaque individu adopte un comportement rationnel, c'est-à-dire délibère de son attitude de telle sorte qu'il obtienne un maximum de gain pour un minimum d'effort. « Dès lors que tout avantage profite à tous les membres du groupe, explique Olson, ceux qui ne font aucun effort pour l'obtenir en bénéficieront au même titre que les autres. Il est donc plus avantageux de laisser faire les autres. Mais les autres n'ont pas non plus d'incitations à agir pour le groupe de pression, et il n'y aura, par conséquent, que fort peu ou pas du tout d'action commune (...). Le paradoxe est donc (...) que les grands groupes sociaux, du moins ceux composés d'individus rationnels, n'agiront pas dans le sens de l'intérêt du groupe. » Autrement dit, si chacun a compris qu'il est idiot de se brûler les doigts pour les autres, les marrons finiront par être carbonisés, car nul n'ira les tirer du feu. Nonobstant cette impossibilité théorique, les individus finissent par se regrouper afin de constituer des organismes revendicatifs. Tout le mouvement syndical, en France comme à l'étranger, est déterminé par cet obstacle et par le choix des stratégies visant à le contourner.

« Votre paradoxe, c'est tout simplement la galère syndicale », m'a dit un militant âgé avec lequel j'évoquais les théories de Mancur Olson. Toute sa vie il avait « ramé » pour persuader les collègues d'adhérer, puis pour faire rentrer les cotisations. « Ils étaient tous convaincus que le syndicat était utile, m'expliquait-il, mais ils se dérobaient quand on leur demandait d'adhérer. Chacun attendait que les autres aillent à la bagarre et quand il n'y avait plus de bagarre tout le monde laissait tomber. »

La « mobilisation des travailleurs », c'est le problème, jamais résolu, du syndicalisme français. Au XIXe siècle pourtant, elle semblait se faire spontanément. En dépit des interdictions et des risques, les ouvriers d'un même métier et d'une même ville formaient et reformaient des sociétés de résistance et d'entraide. Comment se fait-il qu'elle devienne si difficile aujourd'hui alors que les conditions paraissent tellement plus favorables ?

Olson fournit l'explication : « L'intérêt qu'il y a à mener une action collective diminue lorsque la taille du groupe augmente, et les grands groupes sont moins aptes que les petits à mener une action de défense de leurs intérêts. » Dans une ville, les ouvriers d'un même métier étaient peu nombreux, ils se connaissaient et l'amélioration de leur sort nécessitait l'engagement de tous. La pression du groupe était très forte sur ceux qui entendaient faire bande à part. En outre, ces regroupements étaient mutualistes autant que défensifs. Ils assuraient un service d'entraide, première forme de protection sociale. Un petit groupe jouissant d'une forte identité et d'une forte unité, des incitations tantôt négatives sous forme de pressions, tantôt positives sous forme de services : voilà précisément les facteurs qui favorisent l'action collective selon Mancur Olson.

Tout se complique avec l'industrialisation et le passage au syndicalisme industriel de masse. Cette nouvelle forme d'organisation se heurte de plein fouet au paradoxe d'Olson. Pour les individus, l'intérêt de l'engagement diminue, pour la communauté les moyens de pression se réduisent, les dirigeants doivent surmonter la « passivité des travailleurs ». Comment vont-ils s'y prendre ? Ils ont le choix entre la carotte et le bâton.

D'un côté, l'organisation collective propose des services : mutuelles, assurances, coopératives, afin de renforcer l'intérêt de l'adhésion. Les syndicats allemands ou suédois ont ainsi constitué des empires économiques qui offrent de multiples avantages à leurs membres. De l'autre côté, le syndicat recourt à des arguments plus musclés.

L'ancien président de l'United Steel Workers of America, David McDonald, explique qu'aux temps héroïques, il organisait des « piquets de cotisations ». « C'était très simple. Un groupe de militants encaisseurs de cotisations, choisis par le responsable de district (généralement plus pour leur gabarit que pour leurs bonnes manières), stationnaient devant la porte de l'usine, armés d'un manche de pioche ou d'une batte de base-ball et se mettaient en face de chaque ouvrier qui arrivait pour prendre son travail. » Séduction et/ou contrainte font donc partie de la tradition syndicale et l'on voit partout les organisations mettre à profit les « conquêtes sociales » pour renforcer sur une base légale ces méthodes d'embrigadement.

La tradition individualiste française nous a évité les excès qui se produisent couramment à l'étranger. Si la FEN propose une véritable société parallèle avec la MAIF, la CAMIF, la CASDEN, la MGEN, etc., pour inciter les enseignants à la rejoindre, elle n'en réserve pas l'usage à ses seuls adhérents comme cela se pratique dans plusieurs pays sociaux-démocrates. Quant à la méthode du « *closed shop* » qui, dans certaines entreprises américaines ou britanniques, subordonne l'embauche à l'adhésion, elle se trouve interdite par une loi de 1956. A plus forte raison, l'opinion française ne tolérerait-elle pas le recours systématique à la violence d'Arthur Scargill et de ses troupes vis-à-vis des mineurs britanniques. Tout mouvement syndical est tenté de faire resurgir, si possible avec la complicité de la loi, le vieil ordre autoritaire et contraignant de la corporation.

Entre ces deux méthodes, le mouvement ouvrier français en a choisi une troisième : la mobilisation idéologique. A l'origine, les pionniers ont fixé au syndicalisme l'objectif le plus vaste qui soit : la révolution. Pour les hommes de gauche, c'est le terrain de manœuvre idéal. Les socialistes cherchent dans le syndicat une annexe du parti alors que les anarchistes, déçus par l'offensive terroriste des années 1890, y voient leur résidence principale. Dans son *Père Peinard*, Emile Pouget [134], l'adjoint de Fernand Pelloutier, le dit en son style inimitable : « S'il y a un groupement où les anarchos doivent se fourrer, c'est évidemment la Chambre syndicale (...) y a pas de meilleure base que le groupe corporatif (...). Le problème est celui-ci : " Je suis anarcho, je veux semer mes idées, quel est le terrain où elles germeront le mieux ? (...). Ce coin existe-t-il ? " Oui, nom de Dieu. Et il est unique : c'est le groupe corporatif ! » Sur cette base, ils s'emparent de la CGT et, s'ils refusent de l'inféoder à un parti, c'est parce qu'ils veulent en faire leur parti. La doctrine française de l'indépendance syndicale par rapport aux formations politiques naît de cette équivoque. Elle n'implique aucun apolitisme. Bien au contraire.

S'étant auto-investis de cette mission libératrice, les militants révolutionnaires n'utilisent ni le service, ni la contrainte mais la persuasion. Ils entendent « éveiller la conscience de classe » en misant sur l'éducation plus que sur l'encadrement. De Pelloutier à Monatte, cette fonction pédagogique revient comme une obsession. Ils ne doutent pas de former une avant-garde qui va éclairer la route pour le gros de la troupe. La justesse de la théorie sera prouvée par le succès de l'action et non par l'adhésion préalable de la majorité. Vision respectable, mais élitiste.

Dans cette perspective, la représentation des travailleurs prend un sens très particulier. Si le mouvement se conforme à la volonté du plus grand nombre, il sombrera dans un réformisme médiocre et conservateur : une avant-garde ne peut suivre le gros de la troupe, aurait dit M. de La Palice. Il appartient à la masse de refléter l'élite, au syndicat de diriger les salariés. La « démocratie » syndicale devient minoritaire et non pas majoritaire. Emile Pouget le dit brutalement en 1908 :« La minorité consciente agira sans tenir compte de la masse des inconscients que l'esprit de révolte n'a pas encore vivifiés, que l'on peut considérer comme des zéros humains. »

Les révolutionnaires penchent pour une « démocratie ouvrière » qui favorise les minorités à travers un unanimisme de façade. Ils ne veulent pas de la loi du nombre et ne s'en cachent pas. Colette Chambellan [47] rapporte cette déclaration du syndicaliste révolutionnaire Luquet : « La vérité est que ce sont toujours les minorités qui sont les plus actives et que pour cela il faut les laisser se produire, ne pas les étouffer. C'est la minorité des travailleurs qui est syndiquée et ce sont, dans les syndicats, des minorités syndiquées qui poussent les autres. » Ainsi, résume Colette Chambellan : « L'important, ce n'est pas d'avoir la masse des ouvriers, c'est d'avoir la qualité. C'est alors qu'on parle de " minorités agissantes " ». Les procédures retenues sont généralement celles qui favorisent le noyautage des organisations.

Le risque antidémocratique propre à cette démarche est amplifié par le mépris des anarchistes pour le suffrage universel. Pouget, toujours lui [134], ne cesse de vitupérer la « putainerie électorale ». Il invective les blanquistes soupçonnés de s'être convertis au parlementarisme : « Aujourd'hui ces bougres-là sont d'enragés votards et ils ne sont plus guère révolutionnaires qu'en paroles : la politicaillerie les a châtrés de toute énergie (...). Aujourd'hui radicaux et blanquistes sont quasiment cul et chemise. Il s'est évanoui aussi le mépris que les blanquos avaient pour la duperie du suffrage universel qu'avec raison ils appelaient : " l'escamotage de la révolution " (...). Ce mépris s'est mué en amour endiablé pour les torche-croupions électoraux. Le vote ! Le vote ! (...). Pour eux, y a plus que ça : cette couillonnade est devenue leur unique dada. » Cette condamnation du suffrage universel ne peut être identifiée à celle d'un quelconque dictateur militaire. L'intention en est sans doute généreuse. L'opposition des révolutionnaires à la démocratie parlementaire et syndicale visait à libérer le peuple et non pas à le maintenir en servitude. Mais c'est toujours prendre un grand risque que prétendre décider du bien public en lieu et place des intéressés.

Ces choix initiaux ne peuvent s'expliquer que dans leur contexte historique. La genèse du syndicalisme, nous l'avons vu, ne fut pas délibérée comme celle de nos institutions publiques, elle se fit « à chaud ». Dans ce climat de guerre civile larvée, il fallait s'imposer comme force combattante avant de se voir reconnaître une existence légale. Passé cette première phase, l'institution ne cessa de se transformer au hasard des luttes et des bouleversements politiques. Ainsi devint-elle le produit de l'histoire bien plus que l'application d'une théorie : un résultat sans projet.

Dans la logique de l'anarcho-syndicalisme — on serait tenté de dire l'archéo-syndicalisme — on refuse la loi du plus grand nombre, mais on refuse également le jeu du pouvoir « bourgeois ». Le syndicalisme qui prétend imposer son point de vue aux salariés n'entend user d'aucun support institutionnel. Un choix dangereux et risqué. Il est toujours menacé par le désaveu de sa base — son seul soutien — et jamais conforté par une position officielle attentatoire à sa pureté révolutionnaire. De ce fait, la CGT sera toujours un organisme accordéon qui s'enfle et se dégonfle selon les aléas de la conjoncture.

Au début du siècle, ses effectifs tournent autour de quelques centaines de milliers, alors que le nombre des ouvriers est pratiquement le même qu'aujourd'hui et que les syndicats britanniques ou allemands ont dix fois plus d'adhérents. « Ceci apparaît d'ailleurs de peu d'importance aux syndicalistes », remarque Colette Chambellan [47]. Surestimant la force des minorités actives, les anarcho-syndicalistes espèrent entraîner la totalité des travailleurs avec de si faibles effectifs. Ils multiplient les tentatives de grèves générales et paraissent toujours surpris d'échecs pourtant bien prévisibles. Les salariés français n'adhéreront jamais que par grandes vagues dans les situations de tension. Ainsi les effectifs de la CGT se gonflent dans la période de violence qui suit la Première Guerre mondiale, puis ils décroissent dans les années vingt pour faire un bond avec le Front populaire. Nouveau mouvement d'enthousiasme à la Libération, suivi de la lente décrue qui dure encore aujourd'hui. La motivation des adhérents, toujours politique et jamais syndicale, ne dure que le temps d'une exaltation. Le retour à la normale est aussi le retour à la désyn-dicalisation.

Le projet révolutionnaire a donc échoué et avec lui l'espoir de créer un mouvement de masse. Du coup, le syndicalisme français se trou-vait désarmé, il n'avait rien à offrir pour mobiliser les travailleurs. Mais le succès du projet réformiste l'a tiré d'embarras en fournissant une solution alternative : l'institutionnalisation. Investi de fonctions officielles, doté de prérogatives considérables, il offre un service de défense individuelle qui renforce l'intérêt de l'adhésion. Le rapport contribution rétribution devient largement positif pour le salarié et le paradoxe d'Olson se trouve contourné. L'organisation n'attend plus de ses membres un militantisme actif dont son assise légale lui per-met de se passer, mais une simple légitimation électorale. Toutefois, cette institutionnalisation qui est devenue la règle dans le secteur public reste étrangère au monde de l'entreprise privée. D'un côté, on a surmonté la malédiction d'Olson ; de l'autre, on en subit plus que jamais les effets. C'est l'éclatement du syndicalisme.

Les syndicats sont donc passés de la phase combattante à la phase institutionnelle, en refusant toute remise en cause de leur statut, de leur mission ou de leur fonctionnement. Car l'échec des anarchistes et les premiers succès des réformistes ne sont pas reconnus. Loin d'entraîner la disparition du révolutionnarisme, ils le font basculer de l'anarchisme au communisme. Les avantages institutionnels ne sont plus méprisés mais recherchés comme autant de « conquêtes » arra-chées à l'ennemi. La méfiance vis-à-vis de la masse et les visées politiques demeurent, mais ne s'avouent plus au grand jour. On s'ins-talle dans l'ambiguïté. Les révolutionnaires ne veulent pas prendre le parti de l'institutionnalisation, les réformistes ne veulent pas rompre avec la tradition révolutionnaire : le syndicalisme français naît de cette équivoque.

Tout mouvement de résistance trouve son origine dans des initia-tives minoritaires qui fondent leur légitimité sur une ratification ulté-rieure en cas de succès. Mais la situation de fait ne peut se prolonger indéfiniment. Les mécanismes démocratiques doivent reprendre leurs droits. Ainsi les institutions de la France libre, surgies en dehors de toute légalité pendant la guerre, cédèrent-elles la place au système représentatif après la Libération. Selon ce schéma, le syndicalisme aurait dû profondément modifier ses règles de fonctionnement au sortir d'une phase combattante et quasi insurrectionnelle. Mais on bute, là encore, sur le piège de la continuité historique. Bien que la situation sociale ait changé du tout au tout en l'espace d'un siècle, on chercherait en vain une rupture comparable à un traité de paix ou une reconnaissance d'indépendance. La transformation fut progressive, inégale, désordonnée et n'imposa jamais la remise en cause de structures primitives. Ce changement dans la continuité a fait perdurer, à peine modifiées, des structures et des mentalités dont l'anachronisme croissant a fini par remettre en cause la légitimité même. Les syndicats vivent la paix comme la guerre et la démocratie n'y trouve pas toujours son compte.

Si l'on considère l'ampleur des moyens, l'importance des missions, l'étendue des prérogatives, il ne fait pas de doute que certains syndicats sont devenus des services publics. C'est-à-dire qu'ils sont responsables d'une fonction et détenteurs d'un pouvoir et peuvent également négliger leur fonction et abuser de leur pouvoir. C'est pourquoi l'Etat astreint à des règles très strictes l'exercice de l'autorité publique. Les syndicats n'admettent pas cette conséquence. Or, l'autonomie des appareils par rapport aux salariés, l'élasticité des procédures internes, l'absence de véritable contrôle, l'opacité systématiquement entretenue sont autant de caractères incompatibles avec le fonctionnement du service public.

Car l'ambition impérialiste du syndicalisme survit avec des objectifs et des moyens différents. Si le renversement de l'ordre social n'est plus de saison, le renforcement de l'ordre syndical est plus que jamais à l'ordre du jour. Pour mener à bien ce projet, on ne mise plus sur l'ardeur des militants, mais sur l'injection de pouvoir institutionnel dans les vieilles structures. Le résultat inévitable de cette chimère, c'est la bureaucratisation.

Au départ, la partie n'est pas égale entre un pouvoir patronal concentré qui décide souverainement et un pouvoir revendicatif dispersé qui doit toujours s'en remettre à la base. Entre l'un qui donne des ordres et l'autre qui met aux voix. Les syndicats vont donc constituer cette société militante, voire autoritaire, à l'image de celle qu'ils combattent.

Que la puissance syndicale protège les salariés contre l'arbitraire patronal, c'est une évidence passée et présente. Son corollaire va de soi : tout ce qui est bon pour l'organisation est bon pour les travailleurs. Le pouvoir syndical, étant par nature au service des salariés, ne saurait en aucun cas se retourner contre eux, et son accroissement doit constituer la base du progrès social. Cette proposition a-t-elle une valeur absolue ? N'y a-t-il pas une plage dans laquelle elle se vérifie et une autre dans laquelle elle cesse d'être vraie ? Ne faut-il pas changer le cadre juridique en passant de la phase combattante à la phase gestionnaire ?

Fortes de leur légitimité historique, les organisations syndicales regardent d'un œil soupçonneux tout ce qui pourrait nuire à leur puissance. En France, l'Etat a rarement tenté de remettre directement en cause leurs prérogatives. Quelques limitations de la grève dans les services publics, c'est tout. En revanche, l'impérialisme syndical a toujours été contrarié par le pluralisme des organisations et la consultation des salariés. Alors que, dans certains pays étrangers, le syndicat unique décide de tout au nom du personnel, en France, l'oligopole l'emporte sur le monopole et la représentation élue sur les représentants nommés. La démocratie y trouve son compte, mais les confédérations n'y voient que de regrettables imperfections. L'autocratie du syndicat unique reste leur idéal.

L'aspiration unitaire inspire toute l'action syndicale. En 1945, lorsqu'on organisa l'élection des délégués du personnel, le cégétiste Robert Bothereau prit vigoureusement position pour le scrutin de liste majoritaire. Il n'existait à l'époque que deux confédérations ouvrières : la CGT et la CFTC. L'une étant quatre fois plus importante que l'autre. Le scrutin majoritaire aurait donc eu pour résultat d'éliminer les syndicalistes chrétiens, ce qui n'était pas pour déplaire aux cégétistes. Le seul compromis qu'envisage R. Bothereau, c'est un accord entre les appareils syndicaux. « Mieux vaut, on l'admettra aisément, écrit-il, l'entente préalable destinée à la présentation d'une liste unique de candidats. » En définitive, le pouvoir politique imposera le scrutin de liste proportionnel. Un réformiste comme Bothereau était donc un ardent défenseur du monopole cégétiste. Il changera d'avis, trois ans plus tard, en devenant le premier secrétaire général de Force ouvrière.

La crainte de la division va peser d'un poids décisif en 1947-1948, lors de la crise qui donne naissance à Force ouvrière. Léon Jouhaux ne cesse de mettre ses amis en garde contre la scission : « Jamais, en ce qui nous concerne, nous ne prendrons la responsabilité de diviser les travailleurs (...) », écrit-il en novembre 1947, un mois avant l'éclatement. En définitive, la rupture sera imposée par la base et le « patriarche » ne fera que se rallier au mouvement. L'attitude des ouvriers du livre est particulièrement caractéristique.

Il existe dans les métiers de l'imprimerie : typographes, clavistes, rotativistes, correcteurs, etc., une vieille tradition syndicale et corporatiste. Le courant révolutionnaire y fut toujours minoritaire, et Auguste Keufer, le leader des « typos » dans les premiers âges de la CGT, fut la figure de proue des réformistes. En 1922, lorsque communistes et anarchistes abandonnent la CGT pour fonder la CGTU,

MUSSELBURGH GRAMMAR SCHOOL

MEMO

From: | To:

Per 6   A 33
Per 7   A 29
Per 8   A 29

- - - - - - - - - - - -

2.05

9.05

5^2

le livre reste sans hésiter aux côtés de Léon Jouhaux. Au lendemain de la Libération, tout le monde se retrouve dans la CGT réunifiée. L'emprise communiste s'affirme très rapidement sur la confédération, mais le réformisme reste la tendance dominante au livre. A son congrès de Saint-Etienne, en 1946, les partisans de l'indépendance politique, hostiles à l'orientation communiste de la centrale, recueillent 21 sièges sur 24 au comité fédéral. Le secrétaire général, E. Ehni, déclare que, pour lui, « le syndicalisme n'est qu'une question de biftecks ». Tout naturellement, il participe à la tendance Force ouvrière qui reprend la tradition du réformisme apolitique. Certaines réunions où l'on parle ouvertement de scission se déroulent même dans son bureau.

Pourtant, au moment crucial, il se prononce pour le maintien dans la CGT. Les réformistes hurlent à la trahison, au noyautage. Vaines querelles puisqu'un référendum tranchera en mars 1948. A la question : « Voulez-vous oui ou non rester à la CGT ? », les « oui » l'emportent avec une confortable majorité de 59 % des votants. A la seconde question : « Etes-vous partisans de l'autonomie ou de FO ? », l'autonomie recueille 54 % des voix et FO 11 % seulement. Tels sont les faits indiscutables. A nouveau, on peut s'interroger : « La majorité des ouvriers du livre serait-elle devenue communiste entre 1946 et 1948 ? » La question ne s'est jamais posée en ces termes. Les ouvriers du livre n'ont pas voté pour le communisme, mais pour l'unité et contre la scission. Les cégétistes, qui ne l'ignoraient pas, annoncèrent qu'en cas de ralliement à FO, ils créeraient leur propre syndicat. C'est pourquoi FO, qui impliquait la division, eut un score inférieur à l'autonomie qui maintenait la cohésion. Cet attachement à l'organisation unique se comprend aisément.

Les ouvriers du livre constituent par excellence l'aristocratie ouvrière. Une tradition qui remonte loin. N'avaient-ils pas reçu de Louis XI le privilège de porter l'épée ? Des travailleurs instruits et fiers de leur métier, une concurrence atténuée, ce sont les conditions idéales pour l'instauration d'un ordre corporatiste. On en retrouve dès l'origine les deux marques caractéristiques : la représentation unitaire et la priorité aux problèmes professionnels ; et les avantages suivent : leurs rémunérations sont plus élevées, leurs patrons sont moins puissants.

Les salariés savent qu'ils ne doivent pas cette condition favorable à la loi, mais à une organisation puissante parce que unitaire qui peut négocier en position de force avec le patronat les conditions de travail, l'organisation des carrières, les diverses formes de protection...

« Le problème de l'unité corporative était au centre de toutes les préoccupations », explique Claude Harmel [85]. « La dislocation de la fédération n'allait-elle pas apporter des risques de chômage, altérer l'ensemble des œuvres, secours, aides diverses ? Les minoritaires ne risquaient-ils pas de tout perdre ? Au vrai, il fallait être majoritaire ou rien. L'unité syndicale était nécessaire pour le succès des revendications. » Face à l'enjeu corporatif, le risque politique ne pèse pas lourd. D'autant que les militants réformistes croient leur forteresse imprenable. Forts de cette conviction, ils préfèrent la CGT à l'autonomie afin de ne pas « diviser la classe ouvrière » en précipitant l'éclatement syndical.

Une fois de plus, la vulnérabilité des structures syndicales a été sous-estimée. Dès 1948, le Syndicat du livre signe avec la CGT un télégramme de « félicitations aux travailleurs tchécoslovaques » approuvant le coup de Prague. Le noyautage s'étend irrésistiblement. Les minoritaires, tel Monatte qui ne cesse de dénoncer le « totalitarisme stalinien », sont marginalisés. Le Syndicat du livre tout entier tombe sous la coupe des communistes. A la même époque, chez les instituteurs, la direction du SNI avait organisé un référendum qui plébiscita l'autonomie par 72 000 voix contre 15 000. Mais, dans ce cas, il n'y avait pas eu de chantage à la division.

En 1975, dans son congrès de Saint-Etienne, le SNI, qui jouit d'un quasi-monopole, a débattu longuement cette question. Dans son rapport, le secrétaire général, Guy Georges, défend l'unité, meilleur moyen de créer « un rapport de forces favorable ». « La pluralité des syndicats, par les concertations préalables qu'elle impose, par la conduite délicate et éphémère de l'unité d'action, est loin de l'assurer ! », estime-t-il. Mais il précise les conditions à respecter : le syndicat doit se tenir à l'écart des formations politiques et refuser d'être lié à un parti, comme la CGT, ou de fonder son propre parti, comme le travaillisme. Il doit surtout respecter la démocratie dans son fonctionnement interne. La résolution finale en précise les modalités essentielles : « C'est-à-dire que l'adhésion syndicale demeure un acte libre, que l'élection des responsables se déroule au bulletin secret, que soient nettement définis les mandats politique, syndical et gestionnaire et que le syndicat interdise en son sein le cumul des fonctions propres à chacun de ces mandats. »

De sages préceptes, mais peu respectés. La FEN, tout en proclamant son indépendance politique, ne cesse d'affirmer son appartenance à un camp : celui de la gauche, et de soutenir, voire de tenir, un parti : le PS. Lors du fameux congrès de Metz, on l'a même vue se poser en arbitre de coulisse entre les factions rivales. Un détournement de fonction qui heurte d'autant moins la base que les instituteurs sont effectivement socialistes dans leur immense majorité. En outre, le SNI définit des règles qui n'ont rien d'obligatoire. Ses adhérents ne peuvent ignorer ce qui est arrivé à leurs cousins les professeurs et qui faillit leur arriver. Dans un monde aussi peu démocratique, le monopole représente un danger évident et le pluralisme une garantie indispensable.

Tout pouvoir doit être contrôlé et limité, celui des syndicats ne peut faire exception. Le pluralisme constitue une réponse tout empirique, mais fort utile à cette nécessité. S'il peut pousser à la surenchère, il permet aussi d'éviter des abus de position dominante. La comparaison avec certaines situations étrangères montre que l'oligopole syndical de règle en France est, comme toujours, le plus mauvais système, excepté tous les autres.

Le syndicat supporte aussi mal la concurrence d'autres organisations que celle des salariés. Car les difficiles relations que les appareils syndicaux entretiennent avec leurs adhérents ne sont rien à côté de l'animosité qu'ils manifestent à l'ensemble des travailleurs syndiqués et non syndiqués. Les réformistes rejoignent les révolutionnaires pour accabler dans un commun mépris les « inorganisés » et leur retirer toute prérogative.

En 1936, lors des discussions de Matignon, les syndicalistes sont donc stupéfaits d'entendre les représentants patronaux proposer la création de délégués du personnel. Belin et Jouhaux, représentants de la CGT, acceptent d'enthousiasme, mais proposent la désignation de ces représentants par l'organisation syndicale. « Nous ne voulons pas de délégués d'ateliers élus par les inorganisés, contre l'organisation syndicale », tonne Léon Jouhaux qui, finalement, se résignera à l'élection. Le conflit est posé. L'organisation syndicale considère qu'elle est par nature investie d'un mandat général qui exclut tout autre système représentatif. Le patronat, au contraire, voit dans les délégués élus une sorte de contre-feu opposé au pouvoir syndical.

Après la Libération, lorsque se met en place notre droit social moderne, l'élection s'impose pour les délégués du personnel et les représentants au comité d'entreprise. Ainsi coexistent deux sources de légitimité : la désignation d'un côté et l'élection de l'autre. Cette dualité est moins favorable au pouvoir syndical que le monopole pur et simple. Toutefois, l'élection ne dépossédera pas le syndicalisme et lui permettra même, dans une certaine mesure, de renforcer sa légitimité. Mais la méfiance ne se relâche jamais vis-à-vis de la « masse inorganisée ».

Contrairement à ce qu'on dit parfois, les grandes confédérations ne tirent pas leur force électorale d'un monopole de présentation — les communistes l'ont bien demandé, mais ils n'ont pas été suivis —, elles ne disposent que d'une facilité de candidature. Le monopole, lui, profite aux syndicats. A tous les syndicats. Il n'exclut du premier tour que les non-syndiqués. En revanche, rien n'interdit de constituer dans l'entreprise un syndicat autonome qui aura sa propre liste. Seule différence — mais elle est réelle — entre les organisations « les plus représentatives » et les autres : les premières disposent d'un droit absolu, tandis que les secondes peuvent voir leur représentativité contestée en justice par l'employeur ou les syndicats concurrents. Il leur appartient alors de prouver leur caractère syndical. Dans la pratique jurisprudentielle, cette procédure ne constitue nullement un obstacle infranchissable, et de telles listes se présentent régulièrement dans de nombreuses entreprises. Si, en revanche, les candidats du premier tour n'ont pas réuni la majorité des votants, alors chacun peut se présenter au second tour sans aucun critère.

Ce « monopole syndical » a soulevé de nombreuses polémiques. Dans le principe, il est naturel que l'on fixe certaines règles pour éviter que les consultations ne soient perturbées par les candidatures fantaisistes ou suspectes que favorise le principe équitable de la proportionnelle. Gérard Adam [1] fait observer que les contraintes sont beaucoup plus fortes à l'étranger. Aux Etats-Unis, en Grande-Bretagne ou dans certains pays sociaux-démocrates, la création d'un nouveau syndicat est en fait subordonnée au bon vouloir des grandes organisations. Notons, là encore, qu'il existe bien une tendance naturelle de tout organe corporatif à s'octroyer le monopole de la représentation et que la société française a, mieux que d'autres, résisté à cette dérive antidémocratique. On peut discuter la méthode retenue pour assurer le sérieux des élections professionnelles, le fait est que la totale anarchie n'est guère concevable.

Plus que les règles elles-mêmes, c'est l'esprit dans lequel elles sont appliquées qui est parfois discutable. Aussi longtemps qu'il s'agit de se prémunir contre les manœuvres de l'employeur ou l'inconséquence de certains salariés, il n'y a rien à redire. La méfiance vis-à-vis des « syndicats maison » n'est pas sans fondement.A la télévision, après la grande grève de Mai 68 et les purges qui suivirent, la direction fit représenter les journalistes au conseil d'administration par une organisation créée pour la circonstance qui regroupait les non-grévistes plutôt que par le délégué de l'intersyndicale. La presse oublia de s'en scandaliser.

Mais les confédérations se révèlent davantage soucieuses d'écarter les candidatures sérieuses que les candidatures fantaisistes. Un exemple parmi d'autres. Au lendemain des événements de Mai 68, une nouvelle organisation syndicale, le GAPSA, se crée aux établissements Sud-Aviation à Courbevoie et présente aussitôt des candidats au premier tour des élections alors qu'elle ne réunit pas les critères syndicaux, notamment pour la durée d'existence. Elle n'en a pas le droit, mais les syndicats « représentatifs » ne réagissent que tardivement. Ils sont persuadés que le nouveau venu ne fera qu'un score ridicule et confortera ainsi leur légitimité. Les élections ont donc lieu régulièrement dans ces conditions irrégulières. Au cours du dépouillement, on découvre que le GAPSA arrive en seconde position derrière la CGT. Il va enlever un siège. Le cégétiste qui préside le bureau de vote fait arrêter les opérations, se réunit avec les représentants des autres organisations (CFDT et FO en l'occurrence) et, tous ensemble, ils se déclarent « convaincus du caractère non représentatif du GAPSA et décident de compter comme blancs ou nuls les bulletins de vote émis au nom des candidats de cette liste ». Pour justifier cette décision, les syndicats expliquèrent : « nous ne sommes pas certains que ceux qui ont voté pour le GAPSA savaient que leurs voix n'étaient autres qu'un soutien à la direction » ! La même histoire s'est produite à plusieurs reprises, notamment chez Berliet, mais, le plus souvent, les dispositions légales interdisent ce genre d'incidents. Il est gênant de voir les syndicats ne se mobiliser qu'au moment où se révèle la représentativité des candidats inorganisés. C'est respecter la lettre de la loi, mais sûrement pas son esprit.

Au cours de ces quarante années, la préférence syndicale a-t-elle traduit dans les faits un monopole de représentativité ? Il suffit pour répondre de regarder les chiffres. Malgré le handicap du premier tour, les candidats indépendants ne cessent d'améliorer leur score. Dans les petites entreprises, ils recueillent la moitié des suffrages pour la tranche d'établissements comprise entre 50 et 100 salariés. Sur l'ensemble des élections aux comités d'entreprise, ils rassemblaient 17,7 % des voix en 1967 et atteignent 22,8 % en 1983. C'est dire que la « non-centrale » est devenue — sur ce seul critère précisons-le — la deuxième centrale de France dans les entreprises avec un point d'avance sur la CFDT. C'est dire aussi que, sans le handicap de la non-présence au premier tour, elle détiendrait la première place haut la main. Dans le même temps, la CGT plongeait de 45 % à 28,5 %. Si la tendance se poursuit, les non-syndiqués, même interdits de premier tour, auront le plus grand nombre de voix dans moins de cinq ans. Les grandes confédérations n'ont pas su justifier leur prétention à l'exclusivité, elles n'ont pas été capables de traduire à elles seules les aspirations de tous les salariés, et c'est ce qui rend leur prérogative contestable aux yeux du public. Car les Français apprécient de moins en moins ce droit de présentation. Selon un sondage SOFRES-*le Figaro-Magazine*, les opinions étaient partagées à 37 % contre le monopole et 36 % pour son maintien en novembre 1982. Deux ans et demi plus tard, la cause est entendue : 45 % des personnes interrogées souhaitent que l'on supprime ce « monopole » et 28 % seulement qu'on le maintienne. Il n'y a plus que les ouvriers et les communistes pour le défendre ; même les employés et les électeurs socialistes se prononcent contre. Du coup, le patronat a lancé l'assaut contre cette prérogative. Une vraie bataille française en perspective !

En revanche, les grandes centrales jouissent d'une présomption irréfragable de représentativité qui leur permet de créer des sections syndicales alors même qu'elles n'auraient qu'une implantation marginale dans l'établissement. Un syndiqué suffit pour fonder une section. Or, la loi de 1982 fait obligation de négocier chaque année avec les syndicats installés dans l'entreprise. L'employeur peut donc se voir imposer un interlocuteur qui ne jouit d'aucune audience. « Je perds mon temps à discuter avec des syndicalistes qui sont si peu assurés de leur représentativité qu'ils ne présentent même plus de listes au premier tour », me disait un chef d'entreprise.

On comprend mieux dans cette perspective les réticences syndicales face aux innovations des lois Auroux. Pour le secteur public, l'élection de représentants du personnel aux conseils d'administration fit l'objet d'une mise au point sans ambiguïté d'André Bergeron : « Nous ne devons tenir aucun compte de l'interprétation officielle selon laquelle les administrateurs ne sont pas les porte-parole des syndicats, mais ceux des salariés. » Ces querelles juridiques ne visent qu'à contourner la vraie question : le syndicat est-il en harmonie avec les aspirations des salariés ? Lorsque la réponse est positive, ni les élections de délégués ni l'expression directe ne peuvent nuire à son autorité. Dans le cas contraire, nul monopole légal n'évite la perte d'autorité.

Cette méfiance vis-à-vis de la base, cette aspiration au monopole de représentation s'expliquent par des considérations pratiques autant qu'idéologiques. Le progrès social n'a diminué en rien les difficultés de l'action syndicale. Bien au contraire. Les militants découvrent que les salariés d'aujourd'hui sont aussi difficiles à remuer que les prolétaires d'hier. L'inertie qu'engendrent la sécurité et le confort a succédé à la paralysie qui naissait de la crainte et de la misère.

« Désespérant », le qualificatif revenait souvent dans mes enquêtes. Impossible de faire bouger les gens, d'obtenir le moindre effort de participation, le moindre geste de solidarité. Si encore ils se contentaient de suivre ! Mais non, ils interviennent à tort et à travers, se plaignant sans rien faire, dénigrant sans rien proposer, renonçant quand il faudrait tenir, brisant quand il faudrait négocier, toujours prêts à critiquer en cas d'échec et jamais à féliciter en cas de succès. Bienheureux encore lorsque les faux frères de mèche avec la direction ne viennent pas glisser des peaux de bananes ! On comprend que les syndicalistes conservent l'ancien système pour écarter ces récriminations égoïstes, ces objections stériles, cette abstention paralysante.

Tout militant normalement constitué vous dira, mais en privé seulement, que « les non-syndiqués n'ont le droit que de la boucler ». En refusant d'adhérer, ils se seraient en quelque sorte dépouillés de leur capacité revendicative et mis en état de minorité sociale. Un peu comme les abstentionnistes dans la société politique. On voit bien l'argumentation. La démocratie syndicale est collective, elle ne peut se manifester qu'à travers une organisation et non pas à titre individuel. Un salarié isolé, la Cour de cassation l'a formellement reconnu, ne peut se mettre en grève tout seul. Ceux qui refusent de passer par le truchement syndical s'interdisent toute expression propre et ne devraient même pas profiter des avantages arrachés par l'action revendicative.

C'est Robert Bothereau * qui écrivait en 1955 : « Il est vraiment dommage que les avantages que notre syndicalisme vient d'obtenir ne puissent être réservés à ceux-là seuls qui se sont associés pour obtenir ces avantages. Le jour où les conventions syndicales ne seraient applicables qu'aux syndiqués des organisations signataires, bien des masques tomberaient (...) tout comme y réfléchiraient à deux fois les égoïstes et les profiteurs des actions d'autrui qui se maintiennent en dehors des organisations. » Les confédérations françaises ont en définitive écarté ce système qui bute sur des modalités d'application très délicates. Mais cette réserve des avantages reste une obsession syndicale. Elle a d'ailleurs été mise en œuvre dans certaines conventions collectives belges ou américaines. L'idée était récemment relancée par Michel Duthoit, leader de la CFDT en Bretagne, qui proposait de faire payer aux non-syndiqués une cotisation sociale à répartir entre les organisations afin de les admettre au bénéfice des accords conclus par les syndicats. La question paraît un peu dépassée dans le secteur public où les accords se négocient entre bureaucraties

---

* Rapporté dans *Les Etudes sociales et syndicales,* mars 1970.

professionnelles. Dans les entreprises concurrentielles, en revanche, le débat reste ouvert.

Est-il juste que les uns subissent des retenues de salaire, éventuellement des sanctions déguisées, et que les autres, sans nulle peine, recueillent le fruit de cette action ? Cette situation réduit le syndicat à ne compter que sur les plus généreux ou les moins bons calculateurs. Faute de pouvoir exclure du partage les déserteurs, il ne reste plus qu'à les enrôler de force. L'obligation de participer devient la contrepartie du droit à profiter, et le monopole syndical pointe le bout de l'oreille. Partout dans le monde, les organisations professionnelles s'efforcent d'obtenir un moyen légal de pression : adhésion forcée, consignes obligatoires, exclusivité de représentation, etc. Il s'agit toujours de mettre au pas les inorganisés qui, non contents de ne rien faire, compromettent, par leur inaction même, les efforts de leurs camarades.

La démocratie ne supporte ni la guerre ni l'indifférence. Le syndicalisme français est passé de l'une à l'autre. Il ne pouvait s'appuyer sur les masses pour mener ses combats, il ne peut davantage s'appuyer sur elles pour assurer sa gestion. En théorie, rien ne s'oppose plus à une participation active et constante de tous à l'action collective. Le personnel peut se réunir, se prononcer, c'est vrai, mais il n'en a aucune envie. Il préfère s'en remettre à un syndicat professionnel que militer dans un mouvement populaire. En raison de sa passivité, la base n'est pas un tremplin, mais un boulet. Tous les syndicalistes le disent. Face à la démission de ces travailleurs qui demandent beaucoup et s'engagent peu, les militants éprouvent irritation et condescendance. Ils ont le sentiment que le syndicat appartient à ceux qui s'en occupent. Comment le leur reprocher ? La démocratie syndicale est en panne faute de citoyens.

L'anarcho-syndicalisme a toujours eu d'immenses ambitions et de petits moyens, le syndicalisme institutionnel a de grands moyens et des ambitions médiocres. Sa nouvelle stratégie l'a rendu maître de confortables et redoutables citadelles qui n'ont pas été édifiées par les militants, mais par les gouvernements. Qu'elles aient été « arrachées » et non pas « octroyées » ne change rien à leur origine.

Les rapports avec l'ordre social se sont renversés. A l'opposition la plus irréductible a succédé la dépendance absolue. La rupture avec la tradition française est complète. Mais secrète. Les deux grandes centrales ouvrières, CGT et CFDT, pratiquent le « révolutionnarisme institutionnel » en s'efforçant de compenser l'excès de leur intégration par l'outrance de leurs dénonciations. La représentation sociale se révèle aussi lointaine dans l'exercice de son pouvoir qu'elle pouvait l'être dans la poursuite de ses utopies. Elle ne réussit pas mieux à soulever l'enthousiasme des salariés en renégociant des conventions collectives qu'en reconstruisant le monde. La voie nouvelle pourrait donc se révéler aussi dangereuse par l'ampleur de ses succès que la voie ancienne par la constance de ses échecs.

Entre la base qui voudrait recevoir sans contrepartie et le sommet qui entend diriger sans contrôle, ne s'agit-il pas d'une séparation par consentement mutuel tenant au comportement national, aux mentalités contemporaines bien plus qu'à une défaillance syndicale ? Les Français de 1985 veulent être défendus sans se défendre. Tels les soldats de 1940 dans leur ligne Maginot, ils misent sur des statuts, des procédures, des commissions, des syndicats, des avocats, sur tout sauf sur eux-mêmes. C'est le syndicalisme de délégation, le syndicalisme sans militantisme. Comment peut-on l'organiser ?

Notre législation sociale a développé en parallèle les nouveaux droits et les nouveaux moyens. Le système de représentation du personnel s'est accompagné de crédits d'heures. La reconnaissance de la section syndicale a entraîné la mise à disposition de locaux, les lois Auroux ont attribué aux comités d'entreprise une subvention de fonctionnement — 0,2 % de la masse salariale — etc. Cette assistance logistique fait l'objet de normes très précises. Dans le secteur capitaliste, le patronat s'y conforme. Plutôt moins, rarement plus. L'action syndicale jouit ainsi d'une base matérielle modeste mais sûre. Sur cette structure proprement revendicative se greffe la structure sociale qui met en œuvre des moyens beaucoup plus importants. Son budget atteint au minimum 1,5 % de la masse salariale ; le double dans les bonnes maisons ; le triple dans les meilleures.

La distinction entre le revendicatif et le social, grande dans les principes, l'est beaucoup moins dans la pratique. Le réseau des services sociaux à l'intérieur de l'entreprise permet aux syndicats d'améliorer leur image de marque, c'est l'indispensable « carotte » qui aide à surmonter le paradoxe d'Olson en assurant l'encadrement séducteur et non coercitif. Les salariés, que rebutent les questions syndicales lorsqu'elles ne concernent pas leur propre cas, ont des contacts suivis avec les militants pour organiser le départ d'un enfant en colonie de vacances, pour obtenir un prêt de dépannage, pour emprunter des disques, pour discuter d'une sortie touristique ou théâtrale. Par comité d'entreprise interposé, les syndicats peuvent distribuer sans prélever et donner sans demander. C'est une position très favorable qui constitue, dans les grands groupes, un excellent instrument de pouvoir.

La fameuse Caisse centrale d'action sociale d'EGF, avec son milliard et demi de francs lourds, n'est pas une exception, c'est un comble. Dans la plupart des grands groupes, notamment dans le secteur parapublic, les œuvres sociales, pour être moins bien pourvues, n'en jouissent pas moins de budgets considérables. Et le « marché du comité d'entreprise » s'est si bien développé qu'il représente aujourd'hui un chiffre d'affaires de 15 à 20 milliards de francs et tient salon chaque année comme tout secteur économique d'importance nationale. Les syndicats ne s'y trompent pas qui se battent farouchement pour le contrôle de ces organismes et défendent bec et ongles ceux qu'ils tiennent. La perte du comité d'entreprise de la RATP avec son budget de 235 millions fut, pour la CGT, un coup très dur. Celle du Comité EDF, si elle intervenait dans l'avenir, serait une véritable catastrophe.

Les changements de pouvoir sont souvent l'occasion de batailles homériques. Aux NMPP, organisme coopératif distribuant la presse parisienne, la CGT contrôlait depuis vingt ans le comité d'entreprise couvrant les deux établissements de Réaumur et de La Villette. En 1979, FO passe devant la CGT à Réaumur. Ses militants tentent de vérifier les comptes. Un incendie (?) détruit les documents. Ils entreprennent alors une procédure pour obtenir la division du comité unique en deux comités d'établissement. La CGT voit la menace, tente de s'y opposer. Le leader de FO reçoit des menaces. Le ministère du Travail décide pourtant de dédoubler le comité et, lors des élections d'octobre 1981, la majorité cégétiste l'emporte à La Villette, mais une coalition FO-CFTC gagne à Réaumur. La guerre de succession sera sans pitié. Dans la nuit, la CGT « déménage » tout Réaumur à La Villette. On se dispute les machines, on s'arrache les dossiers, on se dérobe les caisses enregistreuses, chacun menace de « virer » les salariés du comité d'entreprise appartenant à l'autre bord, bagarres et horions, chaque partie fait pression sur les patrons pour obtenir la meilleure part des 25 millions de subventions. La bataille finie, chacun se replie sur son bastion afin d'en tirer le meilleur parti.

Le « paternalisme syndical » s'est donc substitué au « paternalisme patronal ». Les employeurs qui, de gré ou de force, financent ces activités se gardent d'y mettre le nez. C'est une chasse gardée et toute intervention de leur part soulèverait un beau tollé. Les syndicats gèrent donc sans aucun contrôle. Lorsqu'une organisation domine les autres, elle tend à écarter les minoritaires et instaure un règne sans partage. C'est alors que les abus risquent de se produire. Gestion aventurée, favoritisme, manque de rigueur, politisation ou détourne-

ment au profit d'organisations syndicales ou politiques ; tous les errements sont possibles.

Périodiquement un changement de majorité succédant à des
années de monopole révèle des pratiques peu recommandables. Le
cas des NMPP est loin d'être isolé. A la même époque, la majorité
cégétiste, qui dominait depuis vingt ans le comité d'entreprise de la
Caisse centrale d'assurance-maladie de la région parisienne, fut rem-
placée par une coalition FO-CFDT. L'expertise faite par les nouveaux arrivants a révélé un trou de 6 à 8 millions de francs et le
recours à des sociétés écrans suspectées d'alimenter les caisses du
parti communiste. Même scénario en 1984 à Renault-Flins. Ici, le
comité d'entreprise gère un budget de 20 millions de francs et emploie
70 personnes. Lorsque la CGT en perdit le contrôle au profit de la
CFDT, celle-ci déclara avoir découvert un « trou » de 11 millions de
francs. « Les comptes sont faux », proclama-t-elle.

Ces situations sont malsaines. L'administration de sommes aussi
importantes, d'entreprises de services, ne peut se faire dans une telle
irresponsabilité. Il n'appartient pas aux directions d'éplucher les
comptes des syndicats et de critiquer leurs décisions. En revanche,
dans le domaine public et nationalisé, la Cour des comptes est parfaitement compétente pour faire l'« audit » des grands comités
d'entreprise et vérifier que tout s'y passe régulièrement. Tout pouvoir
doit être réglementé et son exercice vérifié. La règle ne souffre pas
d'exceptions et les pouvoirs publics font preuve d'une coupable
lâcheté devant les bastions syndicaux. Il n'y a rien de déshonorant ni
d'attentatoire à la liberté dans le fait d'ouvrir ses livres aux commissaires de la Cour des comptes ou de toute autre juridiction similaire.
La dignité de l'institution syndicale aurait tout à y gagner.

Le budget social n'est pas un « cadeau » mais une rémunération
collective, son utilisation doit être laissée à l'appréciation des salariés
et non pas de la direction, et sa gestion ne saurait ignorer la représentation organisée du personnel. Il reste que cette fonction sociale gon-
fle artificiellement l'importance du syndicalisme, car l'administration d'une ressource extérieure ne peut avoir la même signification
que l'organisation d'une activité propre. Or bien peu de syndicats
sont, comme la Fédération de l'éducation nationale — avec une aide
considérable de l'administration —, capables de mobiliser les salariés
sur une base mutualiste et de créer par eux-mêmes leur propre réseau
d'œuvres.

Dans le secteur public et nationalisé, le pouvoir syndical, échap-
pant à la pingrerie des salariés et des capitalistes, puise à une source
abondante dont le débit ne cesse d'augmenter. Subventions, locaux,

permanents, aides multiples et variées, les moyens affluent dans la plus grande discrétion. On en vit un bel exemple au printemps 1984 avec les élections des représentants du personnel aux conseils d'administration. Rivalisant de prodigalité, les directions ont mis à la disposition des confédérations des moyens dignes d'une campagne législative. N'allez pas demander la facture, nul ne vous la montrera.

Le mystère est entretenu par la complicité des deux parties. Les syndicats se targuent des avantages qu'ils gagnent pour le personnel, mais entourent d'un silence farouche ceux qu'ils obtiennent pour eux-mêmes. Le principe de pauvreté qui régit les organisations comme les militants provoque la gêne et impose le secret. Les responsables syndicaux ne reconnaissent que la partie émergée de l'iceberg : la part légale obligatoire. Les directions vont bien au-delà, mais, elles non plus, ne veulent rien dire. Elles ressentent ces concessions comme des marques de faiblesse et sont tentées de les nier plutôt que de s'en vanter. A en croire les anciens ministres de l'Education nationale, la FEN aurait toujours été tenue serrée, presque au pain sec, et la Ligue de l'enseignement serait financée par les quêtes sur la voie publique. « Laxisme vis-à-vis de la FEN ? (...) Certains prédécesseurs ou successeurs peut-être (...) mais, de mon temps, sûrement pas. » Nul risque de voir des chiffres gênants filtrer dans la presse. Ils n'existent pas. Tantôt l'Education nationale décharge de service des agents qu'elle continue de payer, tantôt elle met à disposition des fonctionnaires dont elle est censée récupérer le traitement, tantôt elle couvre des affectations plus ou moins fictives qui masquent des activités militantes ; bref, aucun chiffre n'est prouvable ou réfutable. L'incertitude est totale, c'est le régime du fait occulté. Partout les « cadeaux » sont discrets. Parfois, ils sont clandestins.

Hors de l'entreprise capitaliste, ces arrangements entre la hiérarchie et les bureaucraties syndicales sont de véritables outils de gestion. Gouvernements et directions espèrent ainsi calmer la grogne et apaiser les conflits à un moindre coût. Le personnel très nombreux représente un énorme multiplicateur qui amplifie démesurément la moindre concession. 1 % d'augmentation sur le salaire des enseignants, des militaires ou des électriciens se traduit aussitôt en milliards et relève d'une décision politique, voire parlementaire. Le jeu est donc bloqué. En revanche, une faveur faite à l'appareil syndical peut être appréciée sans revenir bien cher. Subtil commerce de bons procédés, qui, de l'échange, conduit à la connivence. Lorsque furent votées les lois d'aide à l'enseignement privé, la FEN reçut un bon contingent de permanents et des aides substantielles pour ses œuvres afin de faire passer la pilule antilaïque. Lorsque le gauchisme travaillait les centres de tri postaux au début des années 1970, le ministre des P. et T. offrit quelques centaines de permanents à la CFDT. A charge pour elle d'apaiser les troupes.

Ces pratiques se sont généralisées depuis mai 1981. Dans les grands groupes nationalisés, les directions, déstabilisées par le changement, incertaines de l'avenir, s'efforcèrent d'amadouer les syndicats que la victoire de la gauche rendait plus exigeants. Même les patrons les plus fermes dans la confrontation sociale, comme Jean Gandois à Rhône-Poulenc, durent, en un premier temps, concéder quelques permanents aux grandes confédérations. Son successeur, Loïc Le Floc Prigent, en ajouta une bonne douzaine en prime. La plupart des banques, notamment les nouvelles nationalisées, ont procédé à de semblables distributions. Dans les années suivantes, la politique directoriale a repris du poil de la bête, mais ce retour de la gestion s'accompagne d'un nouvel accroissement des appareils syndicaux. Moyens légaux tout d'abord.

La loi de démocratisation du secteur public du 28 octobre 1982 prévoit la constitution de comités de groupes dans les grandes sociétés nationales. Le législateur a précisé qu'il s'agit d'un simple organe d'information, même pas de consultation. Un super-comité d'entreprise en quelque sorte avec les pouvoirs en moins. Quelques représentants syndicaux autour du PDG, c'est tout. Légère sur le papier, la structure devient lourde dans les faits avec bureaux, secrétariat, permanents, crédit de fonctionnement, etc. Chez Rhône-Poulenc où Jean Gandois avait créé, dès avant 1981, un comité de groupe déjà bien installé, l'accord de 1983 prévoit un doublement du crédit d'heures (4 200 à l'origine) affecté à cette fonction, plus un supplément de 1 240 heures par syndicat. L'accord est parfaitement explicite sur le sens de ces concessions. Il prévoit que ce crédit d'heures pourra être « transformé en subventions (...) versées aux fédérations syndicales des branches d'activité représentées au sein du groupe Rhône-Poulenc, à charge pour elles de rémunérer les salariés bénéficiant d'une suspension de leur contrat de travail ». Traduisons en clair : chaque syndicat ayant le droit de détacher 5 salariés de la maison auprès de sa fédération, il est prévu que les salaires correspondants seront supportés par Rhône-Poulenc au titre de ces crédits d'heures. Autrement dit, les comités de groupes servent de prétexte, leur fonctionnement ne justifie pas ces moyens supplémentaires mais ils fournissent une couverture commode pour accroître les subventions syndicales. Les délégués syndicaux se voient reconnaître 100 heures de décharge mensuelle au lieu des 20 prévues par la loi. Là encore, les fonctions ne sont que des alibis. On va même jusqu'à instaurer un système de « vignettes » correspondant aux décharges de service. Chaque organisation se voit remettre son lot en début d'année et le répartit comme elle l'entend entre ses militants.

Le cas de Rhône-Poulenc n'a rien d'exceptionnel. On compte 1 200 emplois socio-syndicaux à temps plein dans le groupe Saint-Gobain Pont-à-Mousson. Un permanent pour 100 employés, c'est une honorable moyenne que l'on tend à dépasser dans les meilleures maisons. Chez Renault, on arrive à compter 3 % de salariés affectés aux fonctions sociales et/ou syndicales ! Un record. Partout on multiplie les faveurs et les égards vis-à-vis des dirigeants syndicaux qui deviennent autant de moyens de pression lors des épreuves de force. A la Régie Renault, la direction a discrètement rogné certains privilèges cégétistes et fait savoir qu'elle entendait s'en tenir aux accords en vigueur. Simple avertissement sans frais, avant les grandes batailles.

On ne saurait étendre les droits des salariés sans qu'on n'accroisse de même les moyens des syndicats, avec cette surenchère permanente des directions sur le législateur. La loi de 1982 a prévu pour les administrateurs élus du personnel des décharges de service égales à 20 % du temps de travail. Une circulaire précisa que l'on pouvait monter à 50 %. Le plafond devint aussitôt le plancher et, dans la plupart des cas, les membres des conseils d'administration se sont transformés en permanents. L'évolution se fait naturellement, presque inévitablement.

Encore ne s'agit-il que de fine dentelle comparée à l'opération tricotée par Charles Fiterman à la SNCF. Depuis la Libération, celle-ci connaissait un régime dérogatoire au droit commun pour la représentation du personnel. En l'absence de comités d'entreprise, les œuvres sociales étaient gérées par l'administration en concertation étroite avec le personnel. Un paternalisme certes, mais dans lequel le « pater » était l'Etat et non pas un capitaliste. La SNCF est moins réputée pour ses salaires que pour sa gamme de services sociaux bien organisés et convenablement financés. Quant au statut maison, il fixe les grilles de rémunération, les conditions de travail, les règles de promotion, etc. ; bref, il assure une garantie tous risques au cheminot. Mais il est vrai que le système syndical n'y trouvait pas son compte. Ministre communiste des Transports, Charles Fiterman entreprend de transformer toute l'organisation au profit du syndicalisme en général et de son syndicat préféré : la CGT. L'enjeu n'est pas mince puisque le seul budget social atteint 900 millions. La SNCF se trouve donc ramenée au régime commun défini par la loi d'octobre 1982. A la suite d'une bataille épique entre le ministre et le PDG André Chadeau, l'entreprise est divisée en 327 comités d'établissement. La désignation des représentants du personnel a donc lieu dans ces petites unités si propices au noyautage par les communistes. Ce découpage accentue l'emprise cégétiste très forte chez les cheminots. Aux élections de décembre 1983, la CGT rafle la majorité absolue des sièges aux comités d'établissement et au comité d'entreprise. Cette réorganisation entraîne la création de 2 600 postes de permanents, soit une dépense de l'ordre de 200 millions, sans compter tous les autres moyens mis à la disposition des appareils syndicaux pour assurer ces nouvelles fonctions. L'affaire paraissait dans le sac, lorsque le Conseil d'Etat, saisi par les organisations syndicales minoritaires, annula la mesure Fiterman et jeta à bas toute la combinaison.

Sur tous ces exemples, on voit que la coutume a fait plus que la loi. Si l'on s'en tient à la lettre des lois Auroux, on y trouve bien plus à louer qu'à blâmer. Or la mise en œuvre de ces dispositions s'est bel et bien accompagnée d'un renforcement des bureaucraties syndicales dans le secteur public. Cela prouve que nous nous trouvons là en présence d'une tendance lourde du système social, tendance qui trouve son champ d'expansion idéal en dehors du capitalisme.

CHAPITRE X

Hors capitalisme

Nous n'avons cessé de buter sur les divisions marché-monopole, secteur public-secteur privé. La même question s'est toujours posée : la revendication peut-elle rester la même dans le capitalisme et hors capitalisme ? La réponse ne se trouve nulle part, car cette frontière n'est pas seulement ignorée, elle est soigneusement dissimulée. Venir s'y installer en poste d'observation, comparer l'un et l'autre monde, en tirer les conclusions, ce serait commettre le péché mortel : diviser les travailleurs. Le dogme de la condition salariale unique ne se maintient qu'au prix de cet interdit majeur. Mais, en période de crise, la réalité tend à dépasser la fiction et les Français se sont mis à pêcher. Loin d'ignorer le clivage public-privé, ils ne parlent plus que de ça. A voix basse, bien sûr. Selon la logique propre à toute forme de refoulement, ils se gavent d'images outrancières avec les « planqués » d'un côté, les « combattants » de l'autre. Les premiers qui travaillent pour l'Etat à l'abri de leurs statuts, les seconds qui se battent dans les entreprises sans nulle protection. Le racisme antifonctionnaire n'est pas loin. Ainsi fait-on un antagonisme d'une différence que l'on prétend nier.

La société française est divisée en trois secteurs :
— capitaliste-concurrentiel : ce sont les entreprises privées ;
— non capitaliste-concurrentiel : ce sont les sociétés nationalisées ;
— non capitaliste-non concurrentiel : ce sont les services publics, les associations, les organismes paritaires, etc.

Le syndicalisme est faible dans le premier secteur, fort dans le second, tout-puissant dans le troisième. Ces différences ne tiennent-elles pas à l'extension abusive de la revendication française ? Celle-ci se fonde sur la lutte des classes et s'oppose au capitalisme libéral, peut-elle s'appliquer inchangée dans un cadre de cogestion statutaire et contre la nation-employeur ? Ces succès trop faciles ne sont-ils pas frappés d'illégitimité ?

Ces questions suscitent immédiatement l'anti-question : des travailleurs perdraient-ils tout sujet de plainte et seraient-ils condamnés à la satisfaction béate sous prétexte que leur patron n'est plus une personne privée ? Une fois de plus, le terrorisme intellectuel joue de l'amalgame et du « tout ou rien » pour censurer toute réflexion critique.

Repartons des deux faits toujours occultés : la pluralité des systèmes revendicatifs et le fondement idéologique du nôtre. Demandons-nous si l'on peut se prévaloir d'un syndicalisme anti-capitaliste face à l'Etat-patron, s'il n'est pas abusif de jouer les prolétaires exploités lorsqu'on est un fonctionnaire protégé ? Ces interrogations trottent dans les têtes et, quoi que prétendent nos syndicrates, elles n'ont rien de scandaleux. Si les Français sont 52 % à considérer qu'il serait grave ou très grave de supprimer le droit de grève, 49 % d'entre eux, selon un sondage SOFRES, estiment que les syndicats provoquent trop de grèves dans les entreprises ; pourcentage qui monte à 58 % lorsqu'il s'agit des services publics. Intuitivement, ils font une double distinction. Premièrement, le droit auquel ils sont attachés ne se confond pas avec l'exercice de ce droit sur lequel ils expriment des réserves ; deuxièmement, le secteur privé où le recours à la grève leur paraît normal se distingue du secteur public où cette pratique leur paraît discutable. C'est raisonner de fort bon sens.

Nos syndicats doivent supporter les obligations comme les avantages de leur parti pris éthique. Ils prétendent avoir le bon droit dans leur camp et se présentent en défenseurs des exploités, des opprimés et des victimes. Ils tirent de cette supériorité morale les avantages bien connus de toute position élevée sur un champ de bataille. Accuser sans être accusé, dénoncer sans être dénoncé, tenir toujours le rôle du bon face aux méchants. C'est fort bien joué, encore faut-il que l'adversaire soit un « capitaliste exploiteur », que la règle reste la « loi du profit ». Pourtant, la FEN ne voit aucune contradiction à cogérer l'Education nationale tout en se réclamant des luttes prolétariennes. N'est-ce pas troublant ?

La revendication française fonde sa légitimité sur son meilleur ennemi : le capitaliste. Tel Atlas portant le monde, celui-ci tient tout notre système de confrontation sociale. Or il n'emploie guère que 60 % de la main-d'œuvre. L'Etat, à lui seul, en fait travailler le tiers. Plutôt que changer sa doctrine et sa stratégie en fonction de cette mutation, le syndicalisme français a choisi de la nier. Il s'est emparé de l'image patronale qu'il a plaquée telle quelle sur tout employeur. Entreprise capitaliste ou service public, société nationale, PME, association ou mutuelle, peu importe : tous les patrons se ressemblent.

Tous les salariés aussi. Balayeurs ou professeurs, employés de banque ou travailleurs du bâtiment partagent la même condition prolétarienne et revendiquent au même titre, face au même adversaire.

L'habitude s'est donc prise de considérer que la nation n'était qu'un employeur parmi d'autres, que les fonctionnaires étaient des salariés comme les autres. Ils sont même devenus les plus fervents adeptes de notre bellicisme social. Mais ils doivent utiliser toutes les ressources de la rhétorique pour transformer les querelles de bureau en lutte des classes.

Car il faut se justifier auprès du tiers partenaire qui fait ici son apparition : l'opinion publique. Lorsque les conflits se déroulent à l'intérieur d'entreprises privées, elle n'y voit que des affaires privées et reste spectatrice. Les consommateurs ne font pas le lien entre l'augmentation des rémunérations qui est demandée et l'augmentation de prix qui pourrait en résulter. Ils se contenteront d'arbitrer dans le supermarché. Chacun se débrouille comme il veut avec son patron.

Dans un service public ou dans une entreprise nationale, les Français ont trois raisons de se sentir concernés. Ils sont agressés par les actions des grévistes. Une usine qui ne tourne pas, ils s'en moquent ; un service public qui s'arrête, ça les bloque. Ils comparent la situation du personnel à la leur. Ces travailleurs jouissent de garanties qui les mettent à l'abri de la crise, alors qu'eux en subissent de plein fouet les effets. Enfin, ils n'ignorent pas qu'ils risquent de payer la facture en fin de parcours. Tout ce qu'on accordera pour mettre fin au conflit sera supporté par la population au titre de contribuable ou d'usager. Lorsque le capitalisme ne fait plus écran, les Français ressentent intuitivement cette relation entre l'Intérieur et l'Extérieur. Il n'est pas besoin qu'un expert vienne la leur expliquer. Le public se trouve donc totalement impliqué dans cette confrontation sociale, et le premier rôle du syndicalisme est de faire passer pour une opposition avec l'Etat — et, par extension, avec le capitalisme — ce qui, fondamentalement, ne peut être qu'un conflit avec les citoyens. Plus la crise s'aggrave et plus il est difficile de plaider le dossier devant le tribunal de l'opinion.

On l'a bien vu lors des grèves du secteur public de 1984. A la veille du 8 mars, Edmond Maire en se désolidarisant du mouvement a bien posé le problème : « Il est particulièrement regrettable qu'au moment où le nombre des chômeurs s'accroît dangereusement et où des millions de salariés sont en situation précaire, la plus grande journée d'action syndicale depuis le 10 mai 1981 ait pour seul objectif affirmé le pouvoir d'achat des salariés déjà les plus protégés (...). On a beau, comme on le fait dans d'autres centrales, masquer le corporatisme le plus plat par un discours pseudo-économique, on en revient à la conception de l'action syndicale donnée par l'Américain Gompers : " More and More. " Ce n'est pas ainsi qu'un syndicalisme en difficulté peut espérer s'en tirer. En se transformant en lobby défendant les forts, les déjà-nantis. En agissant ainsi, il perd sa raison d'être. Il s'enfonce (...). » Fortes paroles qui n'empêchèrent pas certaines fédérations cédétistes de refuser les consignes confédérales et de se joindre à la grève.

Les raisons du mécontentement étaient faciles à admettre. Les fonctionnaires entendaient que le gouvernement tienne sa promesse de sauvegarder leur pouvoir d'achat. Un conflit classique par temps de rigueur : aux Pays-Bas, les agents de l'Etat, malgré une grève de huit semaines, n'ont pu éviter une baisse des salaires de 3 % succédant à une autre du même montant l'année précédente. Les fonctionnaires belges ont perdu 2 % en 1984, tout comme les fonctionnaires espagnols. En Allemagne, les rémunérations sont bloquées pour deux ans, etc. Et, partout, les serviteurs de l'Etat protestent contre cette cure d'austérité. La revendication est donc banale. Les fonctionnaires veulent que les Français les payent plus, un point c'est tout. Faute d'obtenir satisfaction, ils privent la nation de services publics. Au gouvernement de savoir quelle colère il craint le plus : celle de ses agents ou celle des contribuables-électeurs. Tout cela paraît limpide, c'est le conflit horizontal dans toute son horreur.

Ce raisonnement n'étant pas recevable, chaque confédération dut y aller de son couplet moralisateur. André Giauque, patron des fonctionnaires FO, se défend de tout égoïsme corporatiste : « Nous n'avons pas de mauvaise conscience. Défendre le maintien du pouvoir d'achat des fonctionnaires, c'est sauvegarder le niveau de vie des ménages, donc la consommation et, finalement, l'emploi (...). Les fonctionnaires n'ont pas de leçon de civisme à recevoir. » La FEN aussi prétend lutter pour l'emploi à travers ses revendications salariales, quant à la CGT, elle affirme, péremptoire, que les fonctionnaires grévistes « rendent service à tous les travailleurs ». Marcel Piquemal, professeur de droit spécialisé dans la défense des fonctionnaires, explique très sérieusement dans le Monde : « Les tâches administratives sont de plus en plus complexes. Elles doivent être assurées par des gens ayant les compétences nécessaires et libérés de la hantise du licenciement. Sinon elles seront mal faites. » En somme, le travail administratif serait d'une essence supérieure à celle du travail productif et, en raison d'une plus grande complexité, nécessiterait une sérénité dont peuvent se passer les simples salariés des entreprises. Ouvriers et cadres apprécieront !

Depuis lors, les leaders syndicaux ont dû redoubler d'efforts pour donner à leurs revendications corporatistes — et, à ce titre, légitimes — les couleurs des luttes sociales traditionnelles. Faute de pouvoir nier l'évidente relation fonctionnaires-contribuables, il faut démontrer que les agents de l'Etat se battent pour les salariés du privé contre les monstres d'en haut : Etat, puissances d'argent, grands monopoles, technocratie, etc., afin que le miracle de la solidarité écarte le spectre de la division. C'est la fameuse théorie du secteur public « fer de lance » de la revendication et avant-garde du progrès social. En avril, Jacques Pomattau, secrétaire général de la FEN, expliquait au *Nouvel Economiste :* « Nous faisons le contraire du corporatisme. Car nous ne défendons pas seulement les salaires des fonctionnaires. Chacun sait qu'en France, la politique salariale suivie dans le privé est largement dépendante de celle de la fonction publique. »

On joue donc de deux mythes : la relation verticale et le mirage de la relance. D'un côté, le système économique est ramené à l'affrontement « patrons »-salariés ; de l'autre, il est censé fournir des emplois aux chômeurs grâce à la surconsommation des travailleurs. Malgré le désastre de 1981-1982, le mythe de la relance de la consommation est encore mis à contribution. Ces arguments, risquant de ne plus faire recette, voilà qu'à l'approche de la deuxième grève du 25 octobre, les appels au peuple prennent le relais de l'argumentation. Dénonçant « (...) une stratégie qui vise à diviser les grandes catégories de salariés », Thérèze Hirszberg, leader des fonctionnaires CGT, assène : « nous vous disons sans complexe, et avec de plus en plus de fermeté, que les fonctionnaires sont solidaires de l'ensemble des travailleurs ». Elle demande donc « un sursaut de l'ensemble des catégories de salariés face à ces entreprises de division ». Quant à la commission exécutive FO, elle « met en garde l'opinion contre les arguments de ceux qui vont tenter de dresser les salariés du privé (...) contre les agents de la fonction publique » car, explique-t-elle, « de tels arguments ne peuvent qu'ébranler les fondements de la société républicaine ». Diable ! Cet ultime recours à l'imprécation prouve assez la faillite de l'argumentaire. Les Français ne sont plus convaincus par ces démonstrations. Ils n'y voient plus qu'un tour de bonneteau raté.

Ayant fait du capitalisme la cause de tous les malheurs et la raison de toutes les révoltes, de son élimination l'objectif des luttes et la condition du progrès, le syndicalisme s'emberlificote dans ses contradictions lorsqu'il perd son « ennemi de classe ». Pour retrouver la cohérence, il lui faudrait renoncer à la revendication française et à ses commodités. Quel dommage ! C'est en temps de paix qu'il faut être militaire, dans les démocraties qu'il faut être révolutionnaire et dans les poulaillers qu'il faut être chasseur : tout le monde sait cela. Le secteur public devient donc la terre promise de la syndicratie, le lieu où l'on peut livrer au cri de « mort au capitalisme ! » des charges héroïques contre les moulins à vent de l'administration. Les tentatives pour organiser les rapports entre l'Etat et ses agents, sur la base de procédures réglementaires et d'engagements réciproques, ont toujours été dénoncées comme des « régressions sociales », des « agressions contre les travailleurs » et autres « remises en cause des acquis des luttes ouvrières ».

Mais les organisations syndicales doivent se livrer à des contorsions idéologiques pour conserver leur statut guerrier sur cet ancien champ de bataille reconverti en terrain de golf. Car elles restent prisonnières de leurs postulats. Ce sont elles qui ont lié système économique et revendication sociale. Georges Séguy [145] ne manque pas de le rappeler pour justifier les pays communistes : « Il est vrai qu'une grève dans un pays socialiste paraît de prime abord difficilement concevable dans la mesure où les travailleurs sont réputés être les représentants et les tenants du pouvoir économique et politique ; dans ces conditions, il n'existe pas de grèves provoquées par des conflits d'intérêts entre salariés et employeurs, puisqu'il n'y a plus d'employeurs privés. » L'ancien secrétaire général de la CGT précise que les oppositions qui peuvent encore surgir entre le personnel et les directions ne sont plus que secondaires. « Ces conflits ne durent pas très longtemps ; ils font bouger les choses et permettent de trouver très rapidement des solutions. »

Il existerait donc deux sortes de conflits : les uns, irréconciliables, qui naissent du système capitaliste et, les autres, non antagonistes, qui naissent de toute organisation sociale. On peut admettre ou refuser cette théorie, mais, dans le premier cas, il faut en tirer les conséquences et reconnaître qu'en secteur non capitaliste la revendication doit se faire sur le mode mineur et non plus majeur. Tous nos syndicalistes marxisants devraient donc distinguer le public du privé comme le jour de la nuit et changer totalement de stratégie selon qu'ils font face à l'ennemi principal ou à de simples partenaires. Pourtant, ce sont eux, et non pas les économistes libéraux, qui refusent de faire la différence.

Les communistes surmontent cette contradiction en estimant que la disparition du capitalisme doit être globale et qu'il ne peut exister d'enclave socialiste dans une société bourgeoise. Conclusion : les travailleurs de l'Etat ne se trouvent pas dans une situation particulière. Pour qu'il en aille différemment, il faudrait que le parti communiste détienne le pouvoir. Y participer ne saurait être suffisant. La théorie du capitalisme monopoliste d'Etat, le CME, explique qu'en dépit de toutes les mesures de socialisation, le « Grand Capital » continue à gérer le pays dans son intérêt et prélève la plus-value sur toute l'économie. L'exploitation devient donc un phénomène collectif et non pas singulier. Il suffit d'appartenir à une société non communiste pour être victime du capitalisme. Si longtemps qu'il subsistera en France une PME privée, tous les Français resteront exploités. Quel que soit leur employeur, ils n'auront pas à revoir leur système revendicatif. C'est « l'Etat au service des grands monopoles », affirmation péremptoire, qui ne tient nul compte de l'effondrement des profits et du gonflement des salaires tout au long du septennat giscardien. La citation de Georges Séguy se situe dans cette théorie d'ensemble. Seule une France communiste justifierait une rupture du système revendicatif. Ce qui s'est toujours vérifié dans la pratique. Lorsque les communistes prennent le pouvoir, ils ne manquent jamais d'imposer un syndicat officiel contrôlé par le parti unique, d'interdire l'usage de la grève, etc.

La CFDT, sans épouser ce dogme rigide, se réfère à un vague projet de socialisme autogestionnaire qui tient le même rôle que le CME sur le plan idéologique. Si longtemps que le pouvoir ne s'exerce pas « démocratiquement », on reste dans une structure autoritaire, aliénante, de type capitaliste. Dans leur énorme enquête sociologique sur le mouvement ouvrier aujourd'hui, Alain Touraine, Michel Wieviorka et François Dubet [156] donnent de nombreux exemples de cette confusion visant à masquer l'égoïsme corporatiste sous les élans révolutionnaires. Les chercheurs rapportent notamment une discussion entre des cheminots et de jeunes chômeurs : « Gérard [*NDLA :* un cadre de la SNCF] s'oppose aux raisonnements " réformistes " : 14 000 francs par mois, ce n'est pas assez ; il faut renforcer la pression sur les salaires pour affaiblir l'ennemi de classe. Une logique de pure défense catégorielle se voit ainsi justifiée par une argumentation anticapitaliste, chez ceux qui ne peuvent plus se définir comme des sous-privilégiés. " Vos emplois, dit Gérard aux chômeurs, passent par l'augmentation de nos salaires et de notre pouvoir d'achat. " La relance économique, créatrice d'emplois, passe par l'augmentation des salaires. Ce discours est d'autant plus ambigu, et perçu comme tel par les militants, que Gérard occupe une position hiérarchique assez élevée et que, lors d'un autre débat, il justifie les augmentations de salaires en pourcentage qui durcissent la hiérarchie des salaires mais auraient, selon lui, l'avantage d'affaiblir les patrons. La logique de défense catégorielle est presque toujours associée, chez de tels militants, à une priorité accordée au politique. »

Inutile d'insister sur la misère d'une telle argumentation. Notre cadre cheminot est sans doute sincère lorsqu'il conteste la société française, il peut militer dans un parti politique pour l'avènement d'un régime différent, mais, en tant que salarié de la SNCF, il fait face à des Français et non pas à des capitalistes. Tous ses sophismes n'empêcheront pas qu'en dernier ressort les augmentations qu'il revendique soient prélevées sur les revenus des voyageurs et des contribuables et non pas sur des profits capitalistes. La référence permanente à l'affrontement politique global ne sert qu'à dissimuler cette évidence.

La seconde explication se retrouve, implicite, dans le discours revendicatif ordinaire du secteur public. L'Etat est un patron comme les autres, son comportement d'employeur ne diffère pas de celui des capitalistes, et ses employés n'ont pas lieu de modifier leur attitude du fait qu'ils ne dépendent plus d'un propriétaire privé.

Que les salariés de l'Etat aient des raisons réelles et multiples de mécontentement, c'est une évidence. Nul ne la conteste. Ce fut vrai hier, ce l'est encore aujourd'hui. Pour les travailleurs, la différence peut n'être pas grande entre public et privé. Il est donc exclu de diviser la population salariée selon le clivage capitaliste-non capitaliste en prétendant avoir d'un côté des privilégiés qui n'ont pas à se plaindre et de l'autre des exploités qui seraient en tout défavorisés. On trouve dans un camp comme dans l'autre des gagnants et des perdants. La grogne est normalement répandue sur tout le front du salariat.

Mais on en revient toujours à la contradiction centrale : peut-on fonder son action revendicative sur l'existence du capitalisme et soutenir que sa disparition ne change rien à rien ? C'est pourtant bien le même langage débouchant sur la même pratique que l'on retrouve dans les entreprises privées et dans les services publics ou dans le secteur associatif. Là encore, le présent est prisonnier du passé, c'est dans l'histoire que se trouve la clé de ces ambiguïtés.

Le syndicalisme est donc né dans le monde ouvrier. L'administration, encore marquée par la discipline napoléonienne, s'est longtemps tenue à l'écart du mouvement. Au XIXe siècle, la confrontation sociale était tout entière centrée sur l'affrontement entre prolétaires et patrons, elle concernait le travail manuel et son exploitation capitaliste. Les serviteurs de l'Etat, confinés dans des emplois de bureau et non pas d'usine, soumis à un pouvoir administratif et non pas financier, ne paraissaient pas directement concernés. Le pouvoir considéra que la loi de 1884 autorisant le syndicalisme était

« manifestement incompatible avec l'idée même d'une fonction publique ».

Si les fonctionnaires d'autorité pouvaient accepter cette minorité sociale, il n'en allait pas de même au bas de la hiérarchie. Pour les postiers, les instituteurs ou les agents subalternes, l'Etat n'était qu'un patron comme les autres. Et pas nécessairement le meilleur. Ce sentiment était particulièrement vif chez les cheminots qui avaient le droit de se syndiquer lorsqu'ils travaillaient dans les compagnies privées, et se le voyaient interdire sur les réseaux d'Etat. Dès 1894, ils arrachent l'autorisation de se grouper en associations ; dans la foulée, d'autres ouvriers de l'Etat formèrent des syndicats. En 1900, Millerand, inaugurant sa politique sociale, favorise dans les Postes les associations de travailleurs qui regroupent rapidement les trois quarts des agents. Dès 1902, apparaissent les premiers mouvements de grève soutenus par Aristide Briand. Les postiers, comme les autres groupements de fonctionnaires, hésitent encore entre le réformisme modéré et les tendances révolutionnaires de la CGT.

A partir de 1906, le mouvement se durcit brutalement. Clemenceau, président du Conseil, partisan de la manière forte, nomme comme sous-secrétaire d'Etat aux Postes un homme réputé pour son autoritarisme intransigeant, un patron de choc : Simyan. Une première grève éclate entraînant 300 révocations ; nouveau mouvement l'année suivante : 200 révocations. Face aux revendications de l'Association générale des postes et télégraphes, Simyan mise sur l'intimidation, multiplie brimades et sanctions. En 1909, une manifestation est brutalement réprimée, et le sous-secrétaire d'Etat dirige personnellement l'arrestation des « meneurs », déclenchant ainsi la grève générale des Postes. La CGT soutient le mouvement. Après dix jours de grève, les postiers reprennent le travail sans avoir obtenu la tête de leur ennemi. La Chambre approuve le gouvernement et se déclare « résolue à donner un statut légal aux fonctionnaires excluant formellement le droit de grève ». Trois mois plus tard, la grève éclate de nouveau. Le mouvement est mal organisé, la CGT lance un appel à la grève générale qui n'est pas suivi. C'est l'échec qui se solde par 800 révocations. Peu après, Clemenceau et son ministre tombent, le syndicalisme va se développer normalement dans les Postes, mais le souvenir des grandes grèves ne sera pas oublié.

Il imprégnera encore plus le monde du rail marqué par les crises de 1910 et 1920. Le chemin de fer vivait donc sous le régime mixte public-privé et l'État, qui avait bloqué pendant des années les salaires de ses cheminots, versait des rémunérations nettement inférieures à celles des compagnies. La grève éclate en octobre 1910 et le « renégat » Aristide Briand, président du Conseil, réagit très brutalement. Occupation militaire des gares, mobilisation des cheminots, arrestation des membres du comité de grève. Mais surtout Briand, l'ancien chantre de la grève générale, invente de toutes pièces un complot. Les grévistes, explique-t-il, s'apprêtent à saboter tout le réseau ferroviaire et fluvial. La fable est largement reprise par la presse et, pour grossière qu'elle soit, elle est gobée toute crue par l'opinion. Le mouvement s'arrête. Les cheminots révoqués constatent qu'ils obtiennent plus facilement leur réintégration sur les réseaux de l'Etat que dans les compagnies privées. Du coup, l'idée d'une nationalisation de tout le réseau commence à faire son chemin.

En 1920, dans le climat prérévolutionnaire de l'après-guerre, la mise à pied d'un cheminot syndicaliste sera l'étincelle qui déclenche l'explosion. Alexandre Millerand est président du Conseil, mais ce n'est plus le Millerand du début du siècle, il représente désormais l'ordre conservateur et non plus le socialisme modéré. Il refuse de rendre son arbitrage et laisse la compagnie PLM révoquer 300 grévistes. La Fédération des cheminots appelle à la grève sur tout le réseau. Le gouvernement et les compagnies privées, agissant de concert, s'étaient préparés à l'affrontement tandis que révolutionnaires et réformistes se déchiraient à l'intérieur du syndicat. Entre une campagne de presse dénonçant les grévistes, une menace de mobilisation militaire des agents et un geste de conciliation en direction des cheminots modérés, Millerand réussit à imposer sa médiation. Le travail reprend, mais les révolutionnaires dénoncent « la victoire qui fait honte ». Un mois plus tard, le mouvement reprend. Encore plus dur. Le congrès des cheminots demande la révision de l'accord, revendique la nationalisation et décide la grève sur tout le réseau. La CGT, mise devant le fait accompli, décide de lancer des grèves de soutien par vagues successives, jusqu'à parvenir à la grève générale. Mais, chez les cheminots mêmes, la moitié seulement des salariés suivent le mouvement. Le gouvernement dénonce à nouveau le complot contre la sûreté de l'Etat. Monatte, Monmousseau et les principaux leaders sont arrêtés. Profitant de l'occasion, Millerand décide de poursuivre les dirigeants de la CGT et de demander en justice la dissolution de la confédération. Une fois de plus, c'est l'échec et les sanctions s'abattent.

Mais la syndicalisation s'est considérablement développée dans tout le secteur public. D'autant plus forte que plus contrariée. En 1905, certains instituteurs veulent transformer leurs amicales en un syndicat qui adhère à la CGT. Clemenceau, furieux, renvoie les dirigeants. Pourtant ceux-ci ne sont pas de dangereux révolutionnaires ;

dans leur manifeste, ils affirment : « Les instituteurs réclament la capacité syndicale pleine et entière. Toutefois, il est profondément injuste d'affirmer que leur préoccupation soit de conquérir le droit de grève. » En 1912, le gouvernement dissout l'organisation accusée de propagande antimilitariste.

Toutes les amicales de fonctionnaires, qui se sont créées de façon officieuse dans l'avant-guerre, prennent une allure nettement syndicale à partir de 1919. Les militants ouvriers qui, au départ, manifestaient une réticence certaine vis-à-vis de ces bureaucrates, s'ouvrent à « tout le prolétariat d'Etat » qui va devenir une force dominante dans la CGT. Du côté des pouvoirs publics, on hésite depuis un quart de siècle. Au hasard des majorités, des textes sont proposés qui tantôt reconnaissent les droits syndicaux aux fonctionnaires et tantôt les leur refusent, textes qui n'aboutissent jamais. De 1922 à 1924, Poincaré mène un combat d'arrière-garde contre la syndicalisation. Après la victoire du Cartel des gauches en 1924, la circulaire Chautemps accorde une reconnaissance de fait.

Mais les agents de l'administration resteront beaucoup plus modérés dans leur action que les postiers, les cheminots ou les électriciens. En 1935, lorsque Laval rogne leurs traitements de 10 %, ils protestent mais ne passent pas à l'action. Jusqu'en 1948, il est vrai, le Conseil d'Etat considéra que la grève rompait leur contrat de travail et autorisait leur révocation sans observation des garanties disciplinaires. En définitive, les employés de l'Etat ne se voient reconnaître leur majorité sociale qu'à la Libération et, presque aussitôt, bénéficient d'un statut qui à nouveau les différencie : ils étaient des sous-salariés, ils deviennent des sur-salariés. Hier sous-syndicalisés, interdits de grève, corvéables et révocables à merci, ils se retrouvent sur-syndicalisés, champions de la grève, protégés et intouchables.

Le secteur public a donc connu une longue guerre sociale tout comme le secteur privé ; l'Etat, autoritaire et arrogant, ne fut pas plus conciliant que les patrons capitalistes, et ses employés durent se battre autant que les ouvriers pour voir reconnaître leurs droits. Ayant demandé pendant cinquante ans à être des « salariés comme les autres » et s'étant entendu répondre qu'ils ne l'étaient pas, ils ne pouvaient renoncer à cette singularité au moment où elle leur devenait favorable.

Celle-ci ne se limite ni à la sécurité de l'emploi ni aux garanties statutaires et pas même au pouvoir syndical, sa base est économique et non pas sociale. Elle réside d'abord dans le caractère non capitaliste et/ou non libéral, c'est-à-dire non concurrentiel du secteur public.

C'est sur ce point, nous l'avons vu, que se fonde la doctrine revendicative française. La lutte des classes est un antagonisme économique, c'est donc le critère même de ce particularisme. Quelles conséquences sociales peuvent découler de la rupture avec le capitalisme ? C'est la querelle des nationalisations qui permet de trouver la réponse.

Aujourd'hui, les positions sont bien tranchées. On est ultranationalisateur au parti communiste ou à la CGT, on est très ou modérément nationalisateur au parti socialiste ou à la CFDT, on est peu ou pas du tout nationalisateur chez les radicaux et dans les syndicats réformistes. Ce spectre d'opinions paraît à ce point logique qu'on n'en imagine pas d'autre. Et pourtant... Le 20 décembre 1934, Maurice Thorez déclarait au cours d'un meeting : « Nous ne saurions approuver les propositions de nationalisation que nous estimons contraires aux intérêts des travailleurs (...). La nationalisation dans le cadre de l'Etat capitaliste ne pourrait conduire qu'à un renforcement de l'Etat bourgeois, à une plus grande concentration des moyens d'oppression et de domination entre les mains de l'oligarchie financière. Ce serait simplement accélérer le processus de fascisation de l'Etat (...). » En 1936, faisant le bilan des négociations du Front populaire, il concluait [39] : « Les camarades du parti socialiste voulaient introduire dans le programme les nationalisations. Nous nous sommes refusés à semer des illusions. Nous avons eu raison. » Le secrétaire général du PCF ne faisait que réaffirmer la doctrine constante des anarchistes, socialistes révolutionnaires et communistes depuis le début du siècle. Le virage à 180° ne se fera qu'à la Libération. Pourquoi * ?

Jusqu'au lendemain de la Grande Guerre, l'idée de nationalisation n'est qu'une sorte de mirage ectoplasmique. Lamartine en a parlé en 1848 dans un élan lyrique ; Jaurès pense à une nationalisation de la mine et de la vigne ; Paul Brousse, un « Possibiliste », y songe sur le plan municipal. Les plus intéressés sont les ouvriers des services publics, chemin de fer ou électricité, qui estiment que l'Etat pourrait être un « moins mauvais maître » que les capitalistes. Bref, le concept vient des socialistes modérés et répond plutôt à des préoccupations corporatistes. Les doctrinaires de la révolution s'empressent de remettre les choses au point. « L'Etat-patron, c'est l'ouvrier doublement esclave puisque, tenu par le ventre, il est également tenu par le collet », estime le marxiste Jules Guesde [118]. Une fois de plus, c'est

* Voir sur le sujet les actes du colloque « Les nationalisations à la Libération » du Centre de recherches d'histoire des mouvements sociaux et du syndicalisme, université Paris I, mai 1984.

la volonté révolutionnaire qui pousse au refus de la réforme : « Ce n'est pas en devenant Patron que l'Etat réalisera le socialisme, mais en préparant l'abolition complète du patronat, aussi bien du patronat de l'Etat que du patronat des particuliers. L'Etat-patron ne vaut pas mieux que les Compagnies », tranche Georges Dumoulin [118], l'un des leaders cégétistes, dans *la Vie ouvrière* en 1909. En vérité, la question reste assez académique jusqu'en 1919.

La CGT sort déchirée de la guerre et entre dans une zone de hautes turbulences. La direction réformiste est contestée par les révolutionnaires en raison de sa participation à l'Union sacrée, les conflits sociaux redoublent de violence et prennent une dimension pré-insurrectionnelle. Or, précisément, Léon Jouhaux a retenu de son expérience de guerre que le syndicalisme doit participer à la vie de la nation et non pas s'en tenir éloigné. Pour faire admettre cette stratégie, il lui faut proposer une plate-forme mobilisatrice. Ce sera le programme minimum de 1919 avec son idée-choc, inspirée du socialisme autrichien [103] : « La nationalisation industrialisée, sous le contrôle des producteurs et des consommateurs, des grands services de l'économie moderne : les transports terrestres et maritimes, les mines, la houille blanche, les grandes organisations de crédit (...). » Les révolutionnaires se déchaînent contre ce projet. Regroupés dans la CGTU après la scission de 1921, ils ne cesseront de le dénoncer. René Garny écrit [75] : « La CGT considère en somme qu'on ne peut calmer l'effervescence de la classe ouvrière que par un renforcement de l'Etat bourgeois (...). La même idée revient toujours : organisation de la collaboration des classes. »

Comment se fait-il qu'une mesure considérée aujourd'hui comme d'essence anticapitaliste ait pu être si longtemps présentée comme favorable à la société capitaliste ? Il est difficile d'y voir clair dans les déclarations, parfois contradictoires, des uns et des autres. Un Léon Blum, par exemple, ne cesse de varier sur le sujet *. Il en voit d'abord l'aspect économique. En 1920, il pense à des « monopoles fiscaux » par analogie avec le monopole des tabacs et allumettes. L'Etat prendrait le contrôle d'activités hautement lucratives qui lui fourniraient les ressources nécessaires pour financer des réformes sociales coûteuses. Mais, il s'interroge sur la nationalisation des chemins de fer : « Par qui serait supporté demain le déficit des réseaux nationalisés — déficit qu'il n'est ni possible, ni souhaitable, de faire disparaître — si ce n'est par un budget d'Etat ? » Une chose lui semble indiscutable : la

---

* Claude Harmel, « Léon Blum et les nationalisations » dans *Les Études sociales et syndicales*, avril 1977.

nationalisation ne constitue ni une rupture avec le capitalisme ni une étape du socialisme : « La socialisation n'est pas socialisme tant que la propriété capitaliste n'est pas elle-même socialisée. Elle ne crée pas une " forme intermédiaire " entre la propriété capitaliste et la propriété socialiste. » On ne peut être plus tiède. S'il se rallie finalement à certaines nationalisations, très limitées, qu'il fera inclure dans le programme de Front populaire, c'est pour « garder le contact » avec la CGT, mais, à ses yeux, ces réformes ne se traduiront que par une amélioration de la condition ouvrière et une récupération du profit par la nation, toutes choses que l'on pourrait aussi bien faire par l'impôt et la législation sociale.

Tout est donc subordonné à une vision globale de l'économie. Maurice Thorez ne dit pas autre chose en octobre 1935 dans son rapport au comité central : « Nous sommes pour les nationalisations, mais nous considérons que, pour nationaliser, il faut le pouvoir. Et prendre le pouvoir, pour nous, cela ne se fait que d'une façon : par la dictature du prolétariat, par le pouvoir des soviets. »

Derrière ces querelles doctrinales assez confuses se dissimulent des préoccupations tactiques bien précises. Pour les révolutionnaires, le capitalisme est un homme malade, condamné et dont il faut précipiter la chute. Celle-ci sera favorisée par les crises économiques qui durciront les luttes sociales. Or, les uns et les autres considèrent que la gestion socialiste d'une entreprise, en faisant disparaître l'exploitation des travailleurs et l'accaparement du profit, se révélera très supérieure à la gestion capitaliste. Par conséquent, la société bourgeoise en recourant à cette solution crée des îlots de bonne santé qui vont la renforcer.

Sur le plan économique, l'indemnisation apportera aux anciens propriétaires une rente, en sorte que la collectivité fera fructifier pour eux le capital exproprié. Mais le plus grave danger réside dans l'ordre social. Les salariés des grandes entreprises nationales ne subissant plus l'exploitation capitaliste, jouissant de conditions améliorées, auront le sentiment de se trouver dans une société socialiste. Concrètement, cela signifie que la nationalisation va créer des centres de paix sociale dans ces « grands monopoles » qui constituent ordinairement les points chauds de la contestation ouvrière. C'est pourquoi ceux qui réclament un changement radical de société ne cessent de mettre les travailleurs en garde contre les « illusions » qui pourraient naître de ces mesures ; il faut dire et répéter que l'appropriation ne change rien, faute de quoi, elle risquerait de retarder le « Grand Soir ». A l'inverse, les réformistes voient dans la nationalisation un moyen de donner satisfaction à des groupes importants d'ouvriers en les dégageant du capitalisme et en instaurant dans les faits une collaboration de classes. C'est une voie d'apaisement des conflits, de socialisation sans drames.

Qu'ils le redoutent ou qu'ils s'en réjouissent, partisans et adversaires s'accordent donc à considérer que la confrontation sociale devrait être moins dure, les antagonismes moins forts, les conflits moins fréquents dans les secteurs nationalisés qui, dans cette hypothèse, ne seraient pas le fer de lance, mais l'édredon des luttes sociales. On constatait à l'époque que les fonctionnaires n'adoptaient pas la revendication d'« action directe », qu'ils pratiquaient plus volontiers la concertation que la grève. Il devait en aller de même pour les ouvriers qui basculeraient dans le secteur public. Léon Jouhaux et ses amis espéraient, par ce biais, créer des fiefs importants pour le syndicalisme modéré et couper l'herbe sous les pieds de leurs opposants révolutionnaires. Bref, le système de revendication à la française semblait incompatible avec le développement d'un secteur non capitaliste.

Tout cela paraissait fort logique, mais l'expérience montra bien vite qu'il n'en était rien. La sortie du capitalisme, loin d'apaiser l'humeur revendicative, fournissait aux salariés des moyens d'actions supplémentaires et la pression corporative pouvait aisément suppléer l'ardeur militante. Il n'était, en définitive, pas besoin de justifications théoriques pour utiliser le mode revendicatif majeur. En sorte que le secteur nationalisé, loin d'être impraticable pour le syndicalisme révolutionnaire, devenait son meilleur terrain de bataille. Il suffisait d'adapter la doctrine pour lui faire dire tout à la fois que la nationalisation était indispensable et qu'elle ne changeait rien, que les salariés, loin de s'en satisfaire, devaient l'utiliser pour accentuer les luttes sociales.

Etienne Fajon expliquait que les nationalisations ne sont pas des mesures socialistes, mais que ce n'est pas une raison pour ne pas les faire et qu'un cheminot ou un postier français, même s'il travaillait dans une entreprise nationale ou était fonctionnaire, n'en était pas moins un prolétaire exploité comme n'importe quel ouvrier d'usine. Le message fut parfaitement reçu par les intéressés, et le syndicalisme communiste, ayant trouvé dans les sociétés nationales ses plus riches conquêtes, devint le plus ardent promoteur des nationalisations, tandis que les réformistes de la CGT-FO, fort dépités de perdre la partie sur le triomphe de leurs idées, cherchaient dans d'autres directions des terres d'avenir. Mais il faut une certaine dose d'amnésie pour affirmer, péremptoire, que le secteur public a une vocation naturelle à devenir le moteur de l'action revendicative.

Ainsi, les syndicalistes ont-ils fait successivement de l'Etat un « patron comme les autres », tout en craignant qu'il soit un « patron pas comme les autres ». Et l'Etat s'est comporté en « patron comme les autres » avant de devenir un « patron pas comme les autres ». Preuve que notre société a beaucoup évolué depuis cent cinquante ans. Que les réponses d'hier ne sont plus celles d'aujourd'hui.

Au XIXe siècle, l'Etat n'était que l'expression politique de la bourgeoisie possédante selon le schéma communiste. Les salariés, quel que soit leur employeur, étaient exploités par la classe capitaliste. Patron ou ministre, c'était tout un. Le rapport salarial était prétexte à un prélèvement insupportable, à une domination sans partage. Les théoriciens du mouvement ouvrier refusaient, à juste raison, de faire la différence. Ils entendaient remplacer ce rapport typiquement « vertical » par un système de production égalitaire et communautaire aux contours imprécis. En dépit des reliques historiques, nul ne soutient plus cette revendication. L'avenir appartient à la société salariale et non pas à des communautés de coopérateurs mutualistes.

En un siècle, la relation de travail a cessé d'être écrasée par le fait capitaliste. Le profit figure parmi les coûts normaux et inévitables. Il rémunère un facteur de production parmi d'autres. Il reste le même quel qu'en soit le bénéficiaire : propriétaire unique, groupe financier, foule d'actionnaires ou nation tout entière — que la propriété de la fortune reste encore trop concentrée pose un tout autre problème : celui des inégalités. Preuve qu'il a cessé de constituer un prélèvement exceptionnel : les rémunérations sont du même ordre dans les Coopératives ouvrières de production et dans les entreprises privées concurrentes. Par rapport aux travailleurs, l'intermédiation capitaliste est une modalité de gestion qui influe davantage sur la source que sur l'exercice du pouvoir. « Qu'est-ce que ça change pour nous ? » demandent les salariés. Ceux des grands groupes nationalisés en 1982 ont perdu bien des illusions à ce sujet. Ils s'imaginaient qu'en entrant dans le giron de l'Etat, ils échapperaient à la loi commune, gagneraient plus, travailleraient moins, auraient la sécurité de l'emploi... Il leur a fallu déchanter. Les syndicats s'indignent que « la nationalisation n'ait rien changé ». Il ne pouvait en être autrement, dès lors qu'ils restent sur le plan des revendications quantitatives. Le passage de l'actionnaire privé à l'actionnaire public ne modifie en rien le rapport fondamental entre salariés et clients arbitré par la concurrence. De ce point de vue, l'Etat n'est pas un patron différent des autres. C'est tout à fait vrai. Mais nos syndicalistes, accrochés au schéma du XIXe siècle, ne peuvent admettre que le capitalisme, dont ils ont fait le centre de leur argumentaire, soit réduit à l'état de caractère secondaire. D'où les acrobaties pour le maintenir en tant que trait distinctif... sans pour autant distinguer ceux qui le portent de ceux qui ne le portent pas. Bref, tout vient du capitalisme, mais, capitaliste ou pas, c'est la même chose.

Pourtant, il existe une différence considérable entre les salariés du secteur public et ceux du secteur privé. Les Français le sentent, et ils n'ont pas tort. Mais l'originalité de l'Etat-patron n'est pas liée à sa nature économique, elle tient à sa position monopolistique et à sa politique statutaire.

Les employeurs ne sont pas libres de leurs rapports avec leurs employés. Ils subissent sans cesse les « lois d'airain » du marché qui les obligent à s'aligner. Sur le plan social comme sur le plan commercial. Certains en viennent même à indexer les hausses de salaires sur celles que pratique la concurrence. Une situation de monopole desserre ces contraintes. C'est à ce titre que l'Etat-patron se singularise. Echappant, pour une large part, à la compétition libérale, livrant des services réguliers qui n'ont pas le caractère imprévisible des affaires purement commerciales, il jouit d'une plus grande liberté de manœuvre vis-à-vis de ses salariés. Pendant très longtemps, il n'en a pas usé et s'est contenté de calquer sa politique sur celle du secteur privé. Mais, depuis la Libération, il s'est engagé dans une voie résolument originale : celle des garanties statutaires. Du coup, les fonctionnaires ont cessé d'être des salariés comme les autres. Sans que la nature capitaliste ou non capitaliste de leur employeur ait quelque chose à voir dans ce changement.

La vogue actuelle du libéralisme se traduit volontiers par une hargne antifonctionnaire. Les idéologues contestent la légitimité même du statut qui transformerait tout fonctionnaire en parasite privilégié. C'est aussi absurde que de jouer à la lutte des classes avec de paisibles chefs de service. Il est fort bon que la condition salariale soit diversifiée. Qu'elle se présente également sous forme précaire et garantie, qu'elle puisse offrir l'espoir du succès au risque de l'échec pour les uns et l'assurance de l'avenir au prix de l'austérité pour les autres. Le totalitarisme uniformisateur n'est pas plus supportable dans sa version libérale que bureaucratique. Mais il faut tirer les conséquences, toutes les conséquences, de cette diversification. Les employés ne peuvent maintenir leur comportement face à un employeur qui change le sien.

La gestion statutaire du personnel ne fait disparaître ni les motifs de mécontentement ni le bien-fondé des réclamations. Pris en tenaille entre fonctionnaires et contribuables, agents et usagers, le gouvernement peut être tenté de sous-payer les premiers pour plaire aux seconds. Que l'exploitation se fasse au profit de la collectivité et non pas d'un particulier ne la rend pas plus supportable. Un statut n'empêche pas les conditions de travail d'être détestables, certains chefs d'être insupportables, le règlement d'être inadapté, etc. Bref, la revendication reste « légitime » à l'égard de l'Etat-patron. Mais elle se situe dans un cadre différent.

Comment se pose le problème aujourd'hui ? Distinguons la situation et le système. D'un côté, la condition présente des serviteurs de l'Etat ; de l'autre, les procédures qui régentent les relations de travail dans le secteur public.

Les « fonctionnaires et assimilés » jouissent de certains avantages : sécurité, garantie de carrière, protection accrue, faibles contraintes productivistes, etc., et subissent certains inconvénients : rémunérations plus faibles — souvent mais pas toujours —, affectations autoritaires, moindres espoirs de promotions rapides, obligations de concours, disciplines administratives, etc. Le tout formant un lot très différent de celui que proposent les entreprises privées. Ce qui n'implique au départ ni privilège ni pénalisation. C'est la comparaison avec les emplois équivalents qui permet seule de se prononcer.

Prétendre donner une réponse globale pour les 6 millions de personnes englobant le directeur du Trésor et les cantonniers, en passant par les inspecteurs du travail, les plantons, les infirmières, les postiers, les agents de police, les ingénieurs du Génie maritime et les capitaines, relève de la seule polémique. L'Etat est un employeur protéiforme et se comporte, selon les secteurs, en patron modèle ou bien en adjudant avare, autoritaire et borné. Ses employés doivent se défendre pour avoir le meilleur et non pas le pire de la fonction publique.

Mais tous ces salariés ont un dénominateur commun : la sécurité de l'emploi. A ce titre, ils ont réalisé une énorme plus-value au cours des dix dernières années. Au temps béni du plein emploi, cette garantie ne valait pas grand-chose. Par les temps de grand chômage, c'est une valeur-or. Cela ne remet pas en cause la garantie statutaire elle-même, mais cela change son appréciation. Ce n'est pas chercher une mauvaise querelle que de poser la question. On ne peut l'évacuer en affirmant sur le mode péremptoire que tous les Français devraient jouir d'une telle situation et qu'il faut la donner à ceux qui ne l'ont pas sans la faire payer à ceux qui en profitent. Les syndicats qui tiennent ce genre de raisonnement heurtent une opinion qui sait bien ce que représente aujourd'hui l'emploi à vie. Il s'agit d'un avantage qui doit se payer. Le prix restant à débattre, bien sûr. Evitons la morale et l'appel à la solidarité. C'est une simple question de marché. La valeur de ce bien est celle que les Français lui reconnaissent. Ni plus ni moins. La faveur extrême que connaît aujourd'hui la fonction publique — en 1981, un million de candidats pour moins de 50 000 postes mis en concours — tend à prouver que, dans de nombreux secteurs, la puissance publique sous-évalue cet élément de salaire. Le jour où on ne trouvera plus de candidats valables aux concours administratifs — ce qui était souvent le cas dans les années soixante —, alors le fonctionnariat sera sous-payé. Mais, gardons-nous de tout jugement global qu'interdit la diversité des situations. Du haut en bas de la hiérarchie, il se trouve des agents de l'Etat qui, sous couvert de sécurité, « se sont fait avoir ».

Le deuxième point, encore plus délicat, concerne les relations de travail. Le salarié peut jouir de deux systèmes de défense : interne ou externe. Dans l'entreprise capitaliste classique, il se trouve confronté à un employeur, supposé adverse sinon hostile, qui dispose d'un très grand pouvoir. Pour que le rapport soit équilibré, il doit avoir le soutien d'organisations représentatives libres de toute entrave et fortes de protections légales. Tout change, au contraire, lorsque le personnel est défendu dans son emploi même, qu'il jouit de garanties réglementaires et contractuelles. Ne doit-on pas alors réglementer l'emploi des armes antipatronales comme on a réduit celui des armes patronales ? La limitation, légale ou contractuelle, de l'autorité n'implique-t-elle pas celle de la revendication ? Telles sont les vraies questions.

Un statut, celui de la fonction publique ou de nos grandes sociétés nationales, ce n'est pas peu de chose et cela mérite d'être traité en termes de donnant-donnant. Cela n'a rien de théorique. Les statisticiens ont observé que, à qualification comparable, les agents de la fonction publique ont une espérance de vie supérieure de dix-huit mois à celle de leurs collègues du privé. Se réclamer des libertés revendicatives qui faisaient le contrepoids de l'autocratie patronale, alors qu'on se trouve à l'abri de telles forteresses, a cessé de paraître naturel aux Français. Selon un sondage SOFRES/*le Figaro-Magazine* de 1985, 46 % des personnes seraient plutôt favorables à la limitation du droit de grève dans la fonction publique et 44 % contre. Les seuls salariés du privé sont très partagés : 46 % pour, 47 % contre. Ceux de l'Etat en revanche sont à 75 % opposés à cette limitation. Ce n'est guère surprenant.

Beaucoup de pays étrangers en sont arrivés à cette conclusion. En échange des protections accordées par l'administration, ils imposent aux serviteurs de l'Etat le recours à des procédures arbitrales, le renoncement à la grève, la limitation des prérogatives syndicales, etc. Ce n'est pas pour autant que ces nations ont cessé d'être démocratiques ou que les fonctionnaires y sont particulièrement maltraités. Le service minimum imposé à certaines administrations et sociétés nationales ne constitue en rien une atteinte aux libertés, bien au contraire. Car la liberté de l'usager n'est pas moins précieuse que celle du travailleur.

Dans le secteur public, il n'est pas besoin de déclencher des grèves ou de s'abriter derrière des syndicats surpuissants pour se trouver à l'abri de l'arbitraire patronal. Or, c'est là que les prérogatives des organisations représentatives ont été le plus renforcées, que les arrêts de travail sont le plus aisément déclenchés. En sorte que l'avocat n'est jamais si fort que lorsque son client est déjà bien défendu. Une surprotection qui profite davantage aux protecteurs qu'aux protégés. Ainsi naît la confrontation sociale « hors capitalisme » qui oppose un employeur affaibli à des employés garantis et des syndicats renforcés.

Car la position monopolistique bénéficie aux salariés autant qu'à l'employeur. Celui-ci s'en sert pour imposer ses produits et ceux-là pour faire aboutir leurs revendications. Ne revenons pas sur l'efficacité des grèves blocus dans les grands services publics, c'est un fait bien connu et qu'on ne pourra éternellement contourner. Les Français ressentent comme des agressions ces arrêts de travail qui, brutalement, les gênent dans leur vie quotidienne. L'extension du chômage ne fait que renforcer ce sentiment d'irritation. En tant qu'usagers, ils estiment avoir le droit à la continuité du service. Et ils ont raison. La puissance publique se doit de l'assurer.

Cette obligation est incompatible avec la conflictualité classique. Si le personnel peut à tout moment déclencher une grève, le public n'est plus garanti. Il faut donc instaurer de nouvelles relations sociales. Dans les cas d'extrême nécessité — armée, police, etc. —, l'Etat interdit le droit de grève de façon autoritaire et unilatérale. Il ne peut procéder de même dans toutes les administrations. Il lui faut alors utiliser la voie contractuelle. Celle du donnant-donnant.

Profitant de sa position de monopole, de la régularité, de la prévisibilité de son activité, il offre des garanties qui se substituent à la confrontation classique. « Plutôt que me laisser faire n'importe quoi, quitte pour vous à faire de même, je m'oblige à ne procéder que selon des règles bien définies, je vous donne des garanties à l'intérieur même du système. Vous, de votre côté, n'engagez le conflit que selon

des procédures qui ne mettent pas en cause la continuité du service. »
Telle devrait être la base des relations sociales dans les monopoles
d'Etat.

On imagine aussitôt les vociférations de la gauche syndicaloarchaï-
que. « Toucher au droit de grève, quelle horreur ! » La réponse doit
être double. D'une part, il n'y a aucune raison de mettre ce droit
au-dessus de tous les autres. Sa réglementation est formellement prévue dans la Constitution. Elle ne pose pas de problèmes métaphysiques. La loi définit les conditions d'exercice de la plupart des libertés :
droit d'expression, droit de propriété, droits politiques, etc. C'est
sacrifier à un lâche fétichisme que faire une exception en cette seule
matière. Qu'il s'agisse de prérogatives syndicales, d'actions revendicatives ou de gestion patronale, il ne doit pas y avoir de vaches
sacrées.

Cette sanctification du droit de grève est une des plus belles victoires de l'Intérieur sur l'Extérieur. La résignation des millions d'usagers
pris périodiquement en otages par les agents des services publics a
quelque chose d'hypnotique. En toute autre circonstance et pour
beaucoup moins que ça, ils rouspéteraient, protesteraient, tempête-
raient. Là, ils se contentent de marmonner et de pester, sans oser
exprimer le fond de leur pensée. Ils savent parfaitement que ces ruptures de service sont abusives et scandaleuses, mais le tabou leur
ferme la bouche. Disons donc que le droit de grève est important,
sérieux et ne peut être remis en cause que pour des raisons impérati-
ves. Sa réglementation n'est ni plus ni moins admissible que celle de
nos autres libertés qui, toutes, s'exercent dans un cadre légal qui en
limite les abus. Un point, c'est tout. Le souci d'éviter les interruptions
de courrier, d'électricité, de trains ou de services bancaires constitue
précisément une raison impérative de s'interroger.

Mais il ne s'agit pas pour l'Etat de procéder autoritairement et
unilatéralement. L'instauration de nouvelles procédures conflictuelles ne peut se faire qu'en échange de garanties statutaires. Sur la base
de concessions mutuelles. Dans cette perspective, il ne s'agit plus
d'une limitation légale du droit de grève ou de toute autre arme
conflictuelle, mais d'un échange très banal comme il s'en fait tous les
jours. Qui n'accepte de troquer certains droits de propriété contre
d'autres avantages ? Il en va de même ici. Libre à ceux qui ne
s'accommodent pas du marché de travailler dans des entreprises où
patronat et syndicats conservent l'entière maîtrise de leurs armes.

Dans cette logique, les statuts de la fonction publique, de l'EDF et
de tant d'autres corps ou services publics n'auraient jamais dû être
concédés unilatéralement. Mais les mythes archaïques n'ont pas per-

mis à la puissance publique de construire sur cette base sa politique sociale. Ses employés ont obtenu un statut « en béton » sans rien concéder en échange. Ce qui, d'ailleurs, n'a pas empêché leur employeur de les sous-payer par la suite. Ce déséquilibre constitue une anomalie. Si le personnel ne veut accepter aucune procédure arbitrale, aucune limitation de la grève, il n'a pas à bénéficier de tous les systèmes paritaires, de toutes les sécurités statutaires qui sont de règle dans la fonction publique. Ce doit être l'un ou l'autre. Agents libres de leur action comme des salariés privés, mais non garantis ou bien agents assurés de leurs arrières, mais tenus par des obligations de service.

Cette réciprocité n'a rien à voir avec la frontière capitalisme-hors capitalisme. Il y a gros à parier qu'on la verra s'étendre dans l'avenir en dehors du secteur public. De grandes entreprises, s'inspirant du *nenko* japonais, pourraient proposer des concordats sociaux prévoyant des garanties statutaires contre une réglementation de la conflictualité. Il ne s'agit pas de paternalisme, mais de partenariat. Dans le premier cas, la direction retient son personnel par des services extérieurs en se conservant l'intégralité du pouvoir sur les employés ; dans le second, les organisations représentatives négocient une limitation du pouvoir patronal contre une limitation du pouvoir revendicatif. C'est dire que les procédures négociées ou arbitrales l'emportent sur les affrontements inorganisés. A ce jeu, il n'y a ni vainqueur ni vaincu. C'est la rationalité moderne qui l'emporte sur la violence archaïque.

Cela posé, il existe dans le secteur public en France une situation de fait, legs du passé, qui combine l'organisation du côté de l'employeur et l'anarchie du côté des employés. Les responsabilités d'un côté, l'irresponsabilité de l'autre. Je parle ici de droit et non pas de fait. Dans l'action quotidienne, l'irresponsabilité provient généralement de petites minorités qui échappent au contrôle des syndicats. Mais cette réserve, que s'imposent les organisations représentatives, ne découle d'aucune obligation réglementaire tandis que les directions sont corsetées dans un système qui ne leur laisse plus aucune marge de manœuvre.

Cette situation est malsaine. La raison le montre autant que l'observation. Il faut compléter l'édifice social du secteur public en construisant, face aux garanties statutaires et organisations paritaires, un système institutionnel de négociation et de conflit. Mais rien ne serait pire que de faire une loi générale précipitée. Le pouvoir législatif ne doit intervenir qu'en tout dernier lieu pour consacrer un état de fait et non pas défier un siècle et demi d'histoire. La grève des services publics est de plus en plus ressentie comme un anachronisme. Il faut laisser aux mentalités le temps d'évoluer. Aujourd'hui, les agents de l'Etat se crispent sur leurs droits et leurs syndicats, car ils sont convaincus qu'ils deviendraient des citoyens de seconde zone s'ils en négociaient une partie, qu'ils perdraient tout recours et toute garantie s'ils entraient dans des systèmes de conflictualité organisée. Nulle ordonnance ne changera cet état d'esprit qu'entretient la désinformation syndicale.

Il faut savoir que l'état de choses actuel n'est pas satisfaisant. Et le dire. Sans prétendre tout changer du jour au lendemain. C'est au fil des années, à force de tentatives ratées, de négociations infructueuses, de conflits et d'accords qu'on se dirigera vers une normalisation des rapports entre l'Etat et ses salariés. Et nul n'en peut fixer les échéances. En revanche, il est indispensable de stopper la dérive présente. De contenir la montée du pouvoir syndicratique et les débordements de la conflictualité sauvage. C'est à ce niveau que l'Etat doit savoir prendre ses responsabilités. Car les pratiques coutumières qui se développent dans les monopoles publics accentuent la nocivité de ce cadre juridique bancal.

Dans un service public, la priorité des priorités est bien souvent la paix sociale et non pas la satisfaction du public. C'est l'Intérieur qui tend à l'emporter sur l'Extérieur. Le schéma de la confrontation sociale se trouve donc bouleversé. Le syndicalisme n'affronte qu'un pouvoir affaibli disposé à lui céder du terrain pour éviter un conflit. Certaines directions résistent au nom de l'intérêt général, d'autres préfèrent rechercher une entente au détriment du public.

Il arrive même que l'on dépasse le pacte de paix sociale pour entrer dans la connivence sur les avantages partagés par tout le personnel du bas en haut de la hiérarchie. C'est une situation plus fréquente qu'on ne croit. Dans la banque, secteur d'oligopole corporatisé, les très hauts salaires des dirigeants faisaient partie du système au même titre que le statut confortable des employés. Lorsque la Cour des comptes épingle une administration, elle relève souvent des anomalies symétriques au sommet et à la base.

Dans son rapport de 1983, les nombreux avantages accordés irrégulièrement au personnel de l'hôpital Sainte-Anne — octroi de congés supplémentaires, paiement de primes et indemnités, etc. — sont le pendant des cadeaux substantiels que la direction se faisait à elle-même : 10 000 francs d'heures supplémentaires régulièrement perçus de 1975 à 1978, frais de voyages exceptionnels, logements de fonction abusifs, etc., ainsi que des entorses au statut hospitalier commises par des médecins. Ce laxisme généralisé a lourdement pesé sur les frais de fonctionnement. De 1973 à 1980, le nombre des journées a diminué de 7,5 % et celui des malades de 4,8 %, mais les dépenses d'exploitation ont crû de 5 % par an en francs constants. Mais un hôpital, ça ne fait pas faillite.

Le comble dans le genre a été atteint au service des Monnaies et Médailles où les irrégularités dénoncées année après année faisaient partie d'un système général de complicité. A la base, le personnel ouvrier jouissait de rémunérations dérogatoires au droit commun. Les salaires étaient payés sur la base de 47 heures et demie de travail hebdomadaire pour 40 heures effectivement faites. Les 7 heures et demie fictives étant rémunérées au tarif des heures supplémentaires renforcé par différentes primes de résidence et de rendement. Quand, effectivement, le personnel dépassait les 40 heures — ou les 39 heures après 1981 —, il se faisait payer 50 % en plus comme s'il effectuait son heure supplémentaire au titre de sa 48e heure ! La Cour jugea ces anomalies suffisamment graves pour déférer cette affaire devant la cour de discipline budgétaire et financière.

Pour les corriger, l'administration des Monnaies et Médailles n'a rien trouvé de mieux que de transformer les 7 heures et demie fictives en « complément spécifique de rémunération » et d'améliorer la prime de rendement. Au total, constatent les conseillers en 1984, « ces nouvelles modalités d'assiette conduisent à l'octroi d'une rémunération au moins égale, sinon supérieure, à celle qui résultait des usages antérieurs ». Quand ils reviennent inspecter l'année suivante, ils doivent bien avouer que « les mesures prises en matière d'indemnités ou de primes servies aux agents des Monnaies et Médailles n'ont fait que consolider les anomalies déjà constatées en 1980 ».

Mais, cette fois, les censeurs voient rouge en découvrant le véritable pillage de la maison : « La Cour a constaté, au début de 1984, la disparition d'un nombre important de pièces de valeur. » On se répartit les trésors du patrimoine mais, et en outre, on détourne la production : « Vingt-trois piéforts en or ont disparu, représentant 194 478 francs au prix du métal et 292 232 francs au prix de vente du catalogue. D'autre part, les piéforts ont aussi été frappés en surnombre et deux d'entre eux, en or, valant chacun 6 460 francs, n'ont pas été retrouvés. L'établissement distribuait gratuitement un nombre important de médailles qui n'étaient pas enregistrées en comptabilité (...). De 1978 à 1982, 21 130 médailles représentant une valeur hors taxes de 1 697 815 francs ont été remises gratuitement aux chefs de service et aux représentants syndicaux ; 1 834 médailles " calendrier " en bronze ou en argent, d'une valeur non prise en compte de 710 409 francs, ont été envoyées à diverses personnes à l'occasion des fêtes de fin d'année (...). Ainsi, pour la seule année 1982, sur 15 057 médailles distribuées gracieusement, 2 350 seulement concernent véritablement des actions de publicité. Ces libéralités représentent de 1978 à 1982 plus de 2 700 000 francs. »

On comprend qu'un directeur qui offrait discrétionnairement plus de 300 000 francs d'« envois spéciaux » ne figurant pas dans la comptabilité ne pouvait refuser à son personnel de menus cadeaux : guère plus que des miettes. Il n'est donc pas étonnant qu'il ait accepté, comme le lui reproche la Cour, de payer la « prime de balai » aux ouvriers pendant les périodes de congé et de maladie. C'est la moindre des choses.

De telles pratiques auraient vite fait de mettre une entreprise concurrentielle en banqueroute. Mais les Monnaies et Médailles forment un monopole public qui échappe totalement à la sanction du marché. Dans cette situation, on peut se permettre d'être généreux sur les déficits et non pas sur les bénéfices. Car le service, grassement subventionné par le contribuable, travaille à perte dans une totale indifférence. En 1983, dans le secteur des médailles, les ventes n'équilibrent les comptes qu'à hauteur de 60 %. Des médailles d'or à l'effigie du général de Gaulle frappées pour un client privé rapportent 10 387 540 francs, mais ont coûté 11 737 216 francs. Tout est à l'avenant.

Sur cet exemple scandaleux, et heureusement exceptionnel, on voit bien le genre d'entente malsaine qui peut se nouer entre personnel, direction et syndicats lorsque disparaît toute pression de la collectivité. Lorsqu'on se retrouve « entre soi ». Dans un tel cadre, la revendication ne porte plus que sur le partage de la rente ou du tribut arrachés à la collectivité. De tels arrangements sont fréquents dans les secteurs monopolistiques, mais ils restent dans le cadre de la revendication ordinaire. Les avantages que s'accordent les uns correspondent aux facilités qu'ils laissent prendre aux autres. C'est du laxisme sans plus, mais que n'autoriserait pas la concurrence internationale.

Au sein des entreprises, seuls des bénéfices élevés permettent de répartir une manne abondante, mais ceux-ci ne peuvent être réalisés qu'en maintenant la tension productiviste. Il faut donc choisir : la discipline et l'effort pour jouir de bonnes rémunérations ou bien le laisser-aller et la sécurité au risque de tout perdre. En l'absence de ce butoir extérieur, les organisations syndicales peuvent pousser leurs avantages.

Notons aussi les cadeaux aux syndicalistes. Le trait outrancier pousse à la caricature une tendance générale. Sans doute n'existe-t-il pas d'autre endroit en France où l'on distribue des médailles de valeur aux délégués et permanents ; en revanche, la pratique des « cadeaux » aux appareils syndicaux — et non pas aux syndicalistes — sous forme de permanents, locaux, subventions, est courante avec le secret espoir d'une alliance objective entre les hiérarchies administrative et syndicale pour maintenir la paix sociale. Autant de signes qui manifestent bien cette tendance du pouvoir monopolistique à rechercher l'arrangement plutôt que la négociation face aux poussées revendicatives.

Avec les nationalisations, l'Etat joue le jeu du marché. Le niveau des rémunérations dépendra des résultats de la société. Dira-t-on donc que cette mesure ne change rien ? Ce serait oublier les relations sociales. La disparition du conflit capitaliste, l'assurance que la direction ne favorise pas en sous-main des propriétaires privés, qu'elle ne peut avoir d'autres soucis qu'améliorer la gestion, devraient faciliter le passage d'un syndicalisme de conflit à un syndicalisme de concertation. C'est tout le pari que devraient faciliter la présence d'élus du personnel au conseil d'administration et l'instauration de nouvelles structures de concertation.

Parlons clair, la seule justification de la nationalisation serait de susciter un nouveau système revendicatif qui, tournant le dos à l'antique lutte des classes, s'engage franchement dans la collaboration conflictuelle. Car cette disparition de l'antagonisme fondamental entre capital et travail ne supprime en rien le contentieux qui existe toujours entre une direction et son personnel. Mais on ne devrait pas traiter ces affaires de la même façon selon qu'on estime se trouver en face d'un ennemi irréductible ou d'un partenaire plus ou moins coriace.

Les organisations syndicales, c'est évident, rejettent cette vision des choses et entendent maintenir le *statu quo*. Elles refusent également une organisation de la conflictualité et un partenariat d'entreprise. Le seul progrès qu'elles imaginent, c'est l'accroissement de leur pouvoir.

Mais que devient une action syndicale qui ne vise plus à récupérer la plus-value capitaliste ou à protéger les salariés de l'arbitraire patronal ? Elle va se développer dans deux directions : l'une interne, l'autre externe. D'un côté, les syndicats étendent leur domination dans le domaine qui les intéresse vraiment : la gestion des hommes. Ils tentent de retirer à la direction toutes ses prérogatives de commandement : engagements, licenciements, promotions, sanctions, gratifications, affectations, mutations, afin de briser auprès des salariés l'image concurrente du « patron ». Le protecteur devenant le maître :

un cas de figure classique dans l'histoire des sociétés. Pour atteindre cet objectif, la syndicratie impose un ordre intérieur bureaucratique qui lui confère la réalité d'un pouvoir dont elle laisse à d'autres les obligations.

L'action extérieure consiste à desserrer les contraintes qui pèsent sur les travailleurs. Elle serait vaine dans une situation de concurrence, mais devient réalisable dans le monopole. Le public, c'est vrai, perd son rôle d'arbitre souverain qu'il tient sur le marché, il n'est pas pour autant impuissant. Il devient directement impliqué dans la revendication. Entre des agents d'un service public et des usagers, la confrontation horizontale affleure en permanence, et l'action revendicative doit être beaucoup plus subtile.

Faire accepter son ordre intérieur pour faire reculer la contrainte extérieure, c'est le nouveau contrat revendicatif entre personnel et syndicats dans le secteur hors capitalisme. Cette action n'a plus rien à voir avec la confrontation sociale historique ; pourtant, elle doit toujours en conserver les apparences. L'exercice de style est difficile, mais notre syndicratie a eu tout le temps de faire ses gammes.

CHAPITRE XI

L'ordre intérieur

Tendus, nerveux, les fumeurs en manque interrogeaient les buralistes : « Est-ce que vous avez des cigarettes ? » Ils n'osaient même plus demander leur marque préférée, ils prenaient ce qui restait sur le rayon. N'importe quoi ! En ce mois de novembre 1984, la France du tabagisme souffrait : la SEITA était en grève. Un conflit dur, en tout point exemplaire : un ordre syndical parfait luttait pour sa survie. Par bribes, au hasard des articles de presse, les Français purent jeter un œil sur l'étrange domaine de nos cigarettes. En fait de bureaucratisme syndical, le SEITA — la féminisation du nom ne date que de 1980 — constitue un cas d'école que Michel Crozier étudia de façon minutieuse, quoique anonyme [55], comme l'exemple du phénomène bureaucratique. L'enquête prit valeur de référence, mais le système ronronna une décennie encore car ce genre de situation est fait pour perdurer dans le silence et n'attire l'attention qu'en cas de crise majeure. Il ne fallut pas moins que l'affrontement entre la volonté réformatrice du gouvernement et la résistance farouche du personnel pour susciter l'inconstante curiosité des journalistes. C'est dommage, car la SEITA, avec ses relations sociales figées, illustre cet idéal que poursuit obstinément — et sans en avoir toujours conscience — toute stratégie syndicale. Voilà ce que devient le monde du travail lorsque s'impose l'ordre syndical.

Cet épanouissement ne peut se réaliser que dans un cadre bien particulier : le monopole. Celui du tabac et des allumettes remonte à Napoléon. A première vue, la SEITA se présente comme une entreprise industrielle classique, propriété de l'Etat, qui emploie 8 500 personnes réparties dans une quinzaine d'usines, souvent assez vieilles, et livre chaque jour 400 tonnes de cigarettes. Les unes, qu'elle produit elle-même ; les autres, venues de l'étranger, qu'elle ne fait que distribuer.

Les grévistes de l'automne 1984 défendaient le statut du personnel, la grande originalité de la SEITA, que le gouvernement prétendait réformer sur un point essentiel : l'avancement à l'ancienneté. L'affaire remontait à 1980. A l'époque, le gouvernement avait transformé l'antique Service d'exploitation industrielle du tabac et des allumettes en une véritable entreprise : la Société nationale d'exploitation, etc. Le SEITA devenait la SEITA ; il s'agissait bien d'un changement de genre : on allait passer de l'administration à la gestion. Jusque-là on avait pratiqué une activité fort curieuse : l'industrie administrative. Le caractère industriel tenait à la production, le caractère administratif aux relations sociales. Le personnel se trouvait divisé en six catégories, correspondant à autant de statuts uniformes pour toute la France. La vie professionnelle était un jeu de l'oie programmé tel que la case « départ » impliquait l'itinéraire jusqu'à la case « arrivée ». Ainsi l'ouvrier professionnel qui commençait à l'indice 215 avec un salaire de 7 740 francs savait qu'il finirait vingt-quatre ans plus tard à l'indice 316 avec une paie correspondant à 11 500 francs. Mais toujours dans la même catégorie, car on ne sort pas de son corps. Dans le cours de cette carrière, il n'arriverait rien que de prévisible. Les postes de travail, la répartition des tâches, les cadences, les horaires, tout était connu, codifié, immuable. Et chacun recevait son colis mensuel de produits tabagiques, cadeau de la maison, dont le contenu était savamment calculé en fonction de sa position hiérarchique. Le progrès technique n'était introduit qu'avec une très sage lenteur afin de ne pas bouleverser l'ordonnancement « séitatique ». Du haut en bas de la hiérarchie, tout le monde défendait la privilégiature dans laquelle, cela va de soi, la notion de licenciement était radicalement inconnue. La retraite, qui sonnait dès l'âge de 55 ans pour les femmes, était confortable : 75 % du salaire sur les trois meilleures années. Au sommet, les polytechniciens se cooptaient entre eux, à la base un tiers des emplois était mis à la disposition de « la parenté ».

Une telle organisation n'assure pas un grand dynamisme commercial, mais était-ce bien nécessaire ? Les Français avaient le bon — ou le mauvais — goût de fumer essentiellement du tabac brun que le SEITA était seul à fabriquer, les frontières étaient bien fermées et le prix de vente incluait 70 % de taxes. Qu'importaient les désirs du public et les prix de revient ! En 1962, un statut du personnel coulait dans le béton ces structures rigides. Les avantages étaient acquis pour l'éternité. Mais Bruxelles obligea le SEITA à diffuser les cigarettes étrangères, et les Français commencèrent à se détourner des Gauloises et des Gitanes pour se reporter sur les blondes américaines. Les brunes, qui représentaient 90 % de la consommation il y a vingt ans, en font moins de la moitié aujourd'hui, et la SEITA, ayant manqué le virage des blondes, ne tient plus que 60 % du marché national. Les déficits d'exploitation s'accumulèrent à partir de 1976. Le gouvernement de la gauche tenta d'y remédier avec de fortes dotations en capital qui n'empêchèrent pas le compte d'exploitation de virer au rouge à profondeur de 180 millions en 1984. Cette défaillance creusa dans notre balance commerciale un déficit fumigène qui finit par atteindre 2 milliards de francs !

Dans les usines antiques, aux machines vieillies, où il est impossible de travailler en atmosphère contrôlée, la production doit être sans cesse arrêtée. L'Etat intervient à tort et à travers imposant tantôt des prix trop bas, tantôt un coûteux « sponsoring » des voitures Ligier. La direction rate successivement plusieurs produits. Quand, enfin, elle réussit avec la Gauloise blonde, la production ne suit pas, car le personnel n'entend pas faire des heures supplémentaires pour répondre à cette demande inespérée et n'entend pas davantage se déplacer des usines en sureffectif vers les usines en sous-effectif. Il faut à la SEITA 6 000 ouvriers pour produire 55 milliards de cigarettes, alors que son concurrent Reynolds en utilise 2 000 pour en produire trois fois plus.

Raymond Barre décida de réveiller la brune au tabac dormant, de la réintroduire dans le circuit commercial. A la grande fureur des syndicats. Pour éviter l'affrontement, il fut stipulé qu'un statut de droit privé s'appliquerait aux nouveaux arrivants, mais que le bénéfice de l'ancien régime resterait acquis au personnel en place. Cet arrangement ne suffit pas à rassurer les intéressés. En 1981, les leaders syndicaux firent part de leurs inquiétudes au candidat Mitterrand qui, n'en étant pas à une promesse près, s'engagea à leurs côtés : « J'estime légitimes les revendications du personnel de la SEITA concernant la non-remise en cause des avantages acquis (...). » Engagement que Laurent Fabius, ministre du Budget, réitéra par écrit à l'été 1981.

Le temps de la rigueur et de la modernisation étant venu, Henri Emmanuelli, secrétaire d'Etat au Budget de Laurent Fabius, proposa un nouveau statut qui s'appliquerait à tous les employés. Comble d'horreur, on revenait sur les droits acquis ! L'ancienneté ne compterait plus que pour 20 % dans l'avancement. Afin de favoriser l'adaptation aux nouvelles techniques, il était prévu que la compétence influerait sur les promotions, que l'absentéisme serait sanctionné, que les refus de mutations pourraient entraîner des licenciements... Les fonctionnaires redevenaient des ouvriers. Privilégiés, certes, puisqu'ils jouissaient toujours d'une garantie d'emploi, mais des ouvriers tout de même. Ce fut l'explosion : « Le nouveau statut qu'on prétend nous imposer prévoit l'individualisation des rémunérations », s'indignait Bertrand Page, le leader de la CGT. « Nous ne voulons pas d'un avancement à la tête du client qui va introduire des divisions au sein des ateliers. » C'est effectivement tout le problème.

Les agents de la SEITA avaient le sentiment de défendre un monde auquel les attachaient le souvenir des luttes qui permirent de l'édifier, le goût des avantages qu'il procurait, l'image d'une utopie syndicale qu'il incarnait. Décrivant ces relations sociales, Michel Crozier [55] montre l'évanouissement de l'autorité hiérarchique au profit d'une organisation sous contrôle syndical : « Le directeur ne peut donc pas manipuler ses subordonnés et infléchir le comportement de ceux-ci en usant de son pouvoir d'accorder ou de refuser des récompenses, puisqu'il se trouve dépouillé de ce pouvoir trop personnel. Il est en fait prisonnier d'un " système " qui décide à sa place ; l'embauche du personnel lui échappe ; le renvoi lui est interdit ; il ne peut promouvoir ses subordonnés, ni contribuer de façon significative à leur promotion ; il peut les punir, certes, mais ces punitions ne peuvent aller bien loin et il lui est impossible de les récompenser ; enfin, comme nous l'avons souligné, il ne peut pas décider personnellement des postes de travail (...). Tous leurs actes (ceux des directeurs) en outre sont surveillés par les syndicats, et toute tentative de leur part d'exercer directement leur influence sur un membre du personnel risque d'amener l'intervention des délégués. »

Crozier remarque que les directeurs se trouvent confinés dans un « rôle quasi judiciaire ». Ils font office de juge veillant au respect des règles pour maintenir l'ordre, bien plus que de managers prenant des initiatives pour développer la production. Le patron se trouve donc nié, tant dans son rôle de chef que dans celui d'animateur ou d'entrepreneur. C'est l'organisation qui commande et, derrière l'organisation, présidant à sa définition jusque dans les moindres détails, veillant à sa bonne marche depuis l'atelier jusqu'à la direction, se trouve le syndicalisme cogérant du système. Cette dépersonnalisation égalitaire efface les rivalités entre travailleurs à l'intérieur d'une même catégorie, mais les fait resurgir encore plus vives entre les différents corps. Les ouvriers de production jalousent les ouvriers d'entretien, qui jalousent la maîtrise et ainsi de suite. La hargne étant d'autant plus forte que l'écart est moindre. Les affrontements sont quasi horizontaux plutôt que verticaux.

Dans son enquête, Michel Crozier n'a pas rencontré des travailleurs épanouis mais plutôt insatisfaits et résignés. Pourtant, chacun a bien conscience des avantages dont il jouit à l'intérieur de ce monde clos et réglementé. A la question : « Est-ce que c'est réellement un avantage de travailler au SEITA ? », 80 % répondent affirmativement et c'est évidemment la sécurité qui, dans 80 % des réponses, justifie ce plébiscite. En dépit des frustrations qu'elle engendre, cette organisation est préférée par 75 % du personnel à toute autre qui, en contrepartie des chances accrues de promotion, tendrait à réduire la sécurité. La révolte de 1984 était incluse dans l'enquête de 1971.

Dans ce premier exemple, le triomphe syndical se fonde sur la disparition de tout pouvoir personnel au sein de l'entreprise. Syndicats et direction se regardent en chiens de faïence, le règlement à la main. Les salariés ont échappé à l'autorité patronale, mais ils ne sont pas tombés sous la coupe syndicale. Ils subissent la loi d'un maître froid et abstrait : le système bureaucratique. Un pas de plus et le pouvoir syndical ne se contente plus d'annihiler le pouvoir patronal : il le supplante purement et simplement. Ce stade suprême est atteint dans les métiers corporatisés : imprimeries de presse, machinistes de l'Opéra, dockers.

Dans ce dernier cas, l'organisation représentative, solidement appuyée sur son monopole d'embauche, se transforme en société de main-d'œuvre chargée de fournir les travailleurs aux employeurs. Elle contrôle l'accès à l'emploi, la répartition des tâches, les conditions de travail, la discipline de la profession ; bref, elle exerce toutes les prérogatives des patrons, ces derniers ne conservant que le droit de payer. Sans doute n'est-on pas dans le secteur public, au sens strict, mais on s'en rapproche sur l'essentiel. Le chargement-déchargement des navires affecte la vie de la société et pas seulement celle des entreprises ; en cas de conflit, la grève se transforme en blocus comme pour l'EDF ou la SNCF, et la loi, en créant le monopole d'embauche, a soustrait cette activité au marché concurrentiel. Il s'est donc créé un pseudo-service public qui présente cette particularité de n'être pas confié à l'administration mais concédé à une corporation. Hors du syndicat, point de salut : c'est la règle pour les dockers français ! Le système est doublement verrouillé ; en droit, par la loi de 1947 instituant le privilège d'embauche et, en fait, par l'existence d'un syndicat monopolistique : le Syndicat des ouvriers dockers affilié à la CGT. Il y a belle lurette que les sociétés de manutention n'exercent plus aucune autorité sur la main-d'œuvre qu'elles utilisent.

Les dockers, qui ne sont pas occupés au mois mais à la journée, viennent tous les matins chercher leur affectation au Bureau central de la main-d'œuvre (BCMO), vaste bâtiment installé au cœur des installations portuaires. Dans le hall central sont aménagés des petits bureaux où les contremaîtres procèdent à l'embauche, formant les

« bordées » pour les opérations du jour. Les ouvriers qui ne sont pas engagés se trouvent au chômage pour la journée. Au BCMO, la CGT règne sans partage. Elle préside à l'attribution de la carte professionnelle, elle contrôle l'affectation des hommes. En théorie, les contremaîtres représentent les sociétés de manutention dont ils sont les salariés ; en pratique, ils sont tous cégétistes et n'oublient jamais leurs responsabilités de militants. Le syndicat peut donc écarter de la profession les indésirables en leur refusant la carte ou bien éloigner des quais les indociles en ne les embauchant pas. Cette dépendance est encore accrue par la précarité du statut professionnel. Le docker est un des derniers salariés français à n'être pas mensualisé, c'est-à-dire à n'avoir aucun contrat stable avec son patron. La CGT pourrait aisément imposer le droit commun, mais elle ne le souhaite pas. Elle préfère reporter toutes les garanties à l'intérieur de l'organisation corporative. L'ouvrier docker est placé en face d'une alternative lumineuse : il n'a que des avantages à suivre l'ordre syndical et n'aurait que des inconvénients à le braver.

Les dividendes du corporatisme en justifient aisément les contraintes. Le tarif, uniforme pour toute la France, porte le salaire mensuel aux environs de 8 000 francs. Primes en sus. C'est confortable, cela devient exceptionnel par rapport au travail fourni. Car l'intérêt du métier réside dans les conditions d'emploi plus que dans les conditions de rémunération. Faute d'être liés à une entreprise, les dockers se retrouvent donc chaque matin à l'embauche. Ceux qui ne sont pas engagés touchent des indemnités compensant le manque à gagner. Les conventions collectives prévoient que, chaque année, 150 journées peuvent être ainsi dédommagées. Un hasard bienveillant fait que la plupart des dockers accumulent entre 140 et 150 jours indemnisés par an. Sous couvert de ce chômage technique, réel ou supposé, ils peuvent être payés cinq mois sans travailler. Dans certains ports, les entreprises se voient même affecter d'autorité des équipes permanentes qu'elles ne peuvent déplacer. Si les opérations de chargement sont concentrées sur l'après-midi, l'employeur devra payer son équipe du matin à se croiser les bras, quitte à engager une deuxième équipe l'après-midi pour faire face à la tâche.

Ces commodités, jointes à des horaires en peau de chagrin, font bien souvent de cette profession un emploi à mi-temps. C'est pourquoi la plupart des dockers ont un second métier. Un commerce le plus souvent. Double activité que les héritiers des portefaix et hommes de peine supportent sans trop de mal. Car la pénibilité du travail a heureusement diminué. C'en est fini des charges que l'on portait sur le dos à longueur de journée. Désormais les camions, grues, chariots élévateurs, portiques et autres engins de manutention fournissent l'effort physique. Les dockers qui surveillent et conduisent les machines sont obligatoirement de nationalité française. Pour les tâches sales, pénibles et rebutantes, le respect du monopole n'interdit pas de faire travailler sur les quais des immigrés qui connaîtront du métier la crasse et pas les avantages. Mais plus encore que le progrès technique, ce sont les conditions de travail qui réduisent la pénibilité.

Les contremaîtres traduisent donc en effectifs les besoins des entreprises. Pour effectuer cette conversion, ils appliquent des règles corporatistes aussi contraignantes que compliquées qui déterminent la répartition des tâches et l'affectation des hommes. Une étrange arithmétique qui a pour seul but d'employer le plus de monde possible. Il en va du docker comme du médicament, on ne peut jamais se le procurer au détail et le conditionnement corporatiste pousse à la surconsommation aussi sûrement que l'emballage pharmaceutique. Au Havre, par exemple, les équipes sont systématiquement dédoublées par la pratique du « péter en deux », en sorte que bien souvent les uns regardent pendant que les autres travaillent.

En outre, chacun est étroitement spécialisé : les conducteurs de camions ne chargent pas, les ouvriers de quai ne sont pas les ouvriers de bord, etc. On trouve même des « hommes d'utilité ». Il y a quelques années encore, le docker qui apportait la marchandise dans son camion la déposait directement sur les palettes de chargement. Désormais, il doit la laisser à terre et ce sont d'autres dockers qui viennent la prendre avec des chariots pour la placer sur les palettes. Afin de multiplier les hommes, on multiplie les opérations. Le poids de la palanquée est souvent limité. Au Havre, on ne doit pas emporter plus d'une tonne sur une palette, à Dunkerque on autorise 1 200 kilos, mais à Marseille cette limitation n'existe pas. En revanche, le syndicat marseillais impose la présence de 2 dockers, totalement inutiles, pour remplir d'eau les cuves des navires-citernes ; ailleurs, le docker de cale, non moins inutile, est obligatoire pour placer des containers sur le pont, etc. Ces réglementations varient d'un port à l'autre, preuve s'il en était besoin de leur caractère arbitraire. Il faut 19 hommes par bordée au Havre pour décharger une péniche de cuivre, mais il en faut 21 à Marseille et 17 à Rouen. Pour les conserves, en revanche, les dockers rouennais se mettent à 25, les dockers marseillais à 20, les Havrais sont toujours les plus nombreux. Ils veulent être 28 pour décharger des fruits en caisse, les Marseillais s'arrangent à 21 ; pour les billes de bois, ils sont 21 quand les Bordelais sont 12, etc. Bref, toute l'action corporatiste vise à faire en sorte que les gains de productivité réduisent le travail sans réduire le nombre des travailleurs. Une défense d'autant plus vigilante que la profession est héréditaire. Le docker ayant dix ans de métier transmet sa carte professionnelle à son fils. Ceux qui ne bénéficient pas d'un très fort « piston » familial ou politique n'ont aucune chance d'entrer dans la corporation.

La dépersonnalisation est poussée encore plus loin qu'à la SEITA. Il n'existe pas de bons et de mauvais dockers, toute différence entre les uns et les autres est prohibée. Les hommes doivent être interchangeables. La prime d'intéressement, représentant environ 20 % du salaire dans le port du Havre, est répartie uniformément entre tous les ouvriers. C'est un simple sursalaire, et en aucun cas une gratification rétribuant les plus productifs. Toutefois, le monde des dockers n'est pas uniforme, car les conditions locales sont plus ou moins favorables à l'action revendicative. La paie et le travail pourront donc varier d'un port à l'autre. Mais, dans chaque cas, les différences seront collectives et non pas individuelles. La rémunération comme les avantages ne sont pas liés à un travail, mais à un statut.

Grâce à ce bilan totalement positif pour les dockers, la toute-puissance syndicale n'est guère contestée. Il suffit par-ci par-là de ramener à la raison les frondeurs, ce que permet aisément la répartition des tâches. Toutefois, c'est vis-à-vis de l'extérieur ou de la concurrence que la défense est la plus vigilante. Le monopole ne s'étend pas à toute l'activité portuaire, et des occasionnels tentent d'empiéter aux marches de l'empire. Bien qu'ils ne soient pas titulaires de la carte, ils ont le droit d'effectuer certaines opérations de manutention à partir de véhicules terrestres ou dans des bâtiments. Mais le syndicat veille. Pour dissuader les envahisseurs, il déclenche des grèves qui font perdre aux utilisateurs le bénéfice de cette main-d'œuvre moins coûteuse.

Plus grave fut le défi lancé par Usinor à Dunkerque. La société sidérurgique prétendait faire travailler sur son quai « privé » — donc non soumis au monopole — ses propres dockers. Il s'ensuivit une interminable série de conflits qui perturbèrent tantôt l'usine, tantôt le port. Les « portiqueurs » furent l'enjeu d'une bataille homérique. La CGT exigeait qu'ils aient le statut de dockers, et Usinor prétendait en faire des ouvriers à l'égal de ceux qui, dans son usine, conduisent les ponts roulants. Cela valait bien encore quelques grèves.

Le conflit rebondit avec une autre installation : le quai aux aciers. Devait-il, en raison de contraintes industrielles particulières, déroger au régime commun des docks ? Cette fois, on occupa purement et simplement le port. L'armistice était à peine conclu que l'on repartait au feu pour la bataille du « quai à pondéreux ». Il s'agit d'un nouveau terminal équipé avec deux portiques de 50 tonnes et spécialement destiné aux minéraliers de 250 000 tonnes. La construction se termina à la fin de 1982. C'est alors que tout se gâta. Les dockers qui entendaient conduire ces installations se heurtèrent aux ouvriers du port autonome qui prétendaient également se les approprier. Le conflit, purement corporatiste, opposait donc deux syndicats CGT. Il dura quinze mois, avant qu'on trouve un jugement de Salomon attribuant 15 emplois aux uns et 15 aux autres. Dans l'intervalle, le quai flambant neuf qui avait coûté plus de 300 millions resta inutilisé pour cause de corporatisme effréné, tandis que les gros minéraliers allaient décharger à Rotterdam.

Plus que tout, le syndicat craint de perdre son monopole. La CFDT a été seule jusqu'à présent à lancer le défi. Pour la repousser, tous les moyens sont bons, et la justice est périodiquement appelée à trancher. C'est ainsi que Dieppe a connu la bataille du « petit cochon ». Il s'agit d'une cagnotte créée en 1969 et alimentée par les employeurs pour compenser la baisse de travail consécutive à la modernisation. Le produit de ce « petit cochon » était versé au syndicat qui le répartissait égalitairement entre tous les dockers dieppois. Mais l'un d'entre eux, Michel Flament, s'avisa de créer un syndicat CFDT. Par mesure de rétorsion, le patron de la CGT, Jacques Deshays, décida en 1982 que cet argent servirait en priorité à payer les cotisations syndicales à la CGT et que le solde serait réparti entre les seuls dockers adhérents à son syndicat. Michel Flament porta plainte, mais la justice, inquiète des répercussions locales, préféra ne pas donner suite. En 1983, le nouveau procureur de la République déclara recevable une nouvelle plainte.

A Marseille, ce sont les élections professionnelles de 1981 qui furent prétexte à procès. La CGT multiplia les manœuvres pour éviter l'opposition cédétiste. Elle s'entendit avec le patronat sur une réforme qui interdisait les listes incomplètes. La CFDT naissante n'ayant pas 26 candidats à présenter (13 titulaires et 13 suppléants) se trouvait donc hors course. Elle déposa un recours en justice et obtint l'annulation de la clause litigieuse. Notons au passage la complicité étroite du patronat et du syndicat monopolistique, une attitude que l'on retrouve dans l'imprimerie de presse. Les employeurs qui ont perdu toute autorité sur la main-d'œuvre préfèrent s'entendre avec un syndicat dominant qui maintient l'ordre dans la profession plutôt que voir des querelles syndicales envenimer encore la situation.

De nature, le syndicalisme est un contre-pouvoir. Son objectif n'est pas de faire, mais de s'opposer. A quoi ? Le patronat s'étant peu à peu déplacé, son adversaire a fait de même. Hier, il insistait sur les droits de la propriété. Aujourd'hui, il met en avant les exigences de la production. Le capitalisme, lui-même, tend de plus en plus à s'effacer devant l'entreprise. Par un mouvement naturel, les syndicats ont reporté leur méfiance et leur hostilité sur les notions de rentabilité, de productivité, de compétitivité qui sont les nouvelles justifications de l'« arbitraire patronal ». Sans doute ne peuvent-ils afficher cette répulsion. Mais, derrière l'adhésion à la modernisation, à la compétition, on voit sans cesse reparaître les vieilles logiques protectionnistes et antiproductivistes.

Cette attitude n'est pas seulement guidée par une nostalgie passéiste, elle correspond à une stratégie de pouvoir. Le modèle administratif, protégé des turbulences économiques, est, de loin, celui qui est le plus favorable à l'ordre syndicratique. Dans le système industriel, c'est le patron qui doit être maître à bord pour assurer la navigation sur les flots dangereux du marché. Pour tenir le navire, il distribue à sa guise sanctions et rétributions, faisant vivre chaque marin entre l'espoir et la crainte. Une incertitude qui favorise les comportements individualistes. C'est alors que le personnel choisit de jouer au « Chacun pour soi » et déserte la partie de « Tous contre » syndicale. Pour peu que cette politique soit habilement conduite, la hiérarchie verra converger sur elle l'attente et l'attention des salariés. Les délégués se morfondront dans leur coin.

Lorsqu'ils dénoncent l'« arbitraire patronal », les « manœuvres pour diviser les travailleurs », les « promotions à la tête du client », etc., les syndicats expriment leurs craintes face aux carottes et aux bâtons du chef d'entreprise. Bien utilisées, celles-ci peuvent les réduire à n'être plus qu'un organisme de défense, une infirmerie pour éclopés d'une compétition méritocratique arbitrée par la direction. Cette fonction de recours ne peut fonder un pouvoir. Pas même un contre-pouvoir. C'est pourquoi le patronat l'assigne si aimablement à son partenaire et c'est pourquoi celui-ci la refuse si obstinément. Pour mettre le patron échec et mat, le syndicalisme doit imposer le système bureaucratique.

Ces chefs d'entreprises portuaires qui ne peuvent mettre les pieds au BCMO, qui ne choisissent pas leurs dockers, ne les connaissent pas, ne les dirigent pas, qui s'occupent exclusivement des commandes et des comptes, des clients et des fournisseurs, incarnent jusqu'à la caricature la régression patronale qui suit la victoire syndicale. Le plus souvent, les organisations représentatives choisissent de laisser à leur adversaire l'apparence et les servitudes d'un pouvoir dont elles prennent les prérogatives et la puissance. Le commandant continue à tenir la barre, mais l'équipage sait qu'il n'est plus qu'un pilote-navigateur. Pour les syndicalistes, seul compte le personnel à représenter. Défendre au minimum, encadrer et contrôler au maximum. Aux patrons, donc, la gestion économique. Aux syndicats, la gestion humaine. La FEN, par exemple, ne se soucie pas de prendre en charge le million d'agents de l'Education nationale. Elle laisse à l'administration les tâches routinières tout en exerçant un contrôle permanent qui vide, en fait, l'autorité hiérarchique de toute substance.

Le principe bureaucratique est toujours le même : fonder l'ordre sur la force d'un règlement et non pas sur la volonté des hommes. Ce sera donc l'axe privilégié de la stratégie syndicale. Le prix à payer, c'est l'uniformisation et la déshumanisation. Le système n'a plus de maître, il est devenu le maître et débite situation et carrières avec l'indifférence d'un distributeur automatique de billets sur un quai de gare. A l'arbitraire du chef se substitue l'automatisme de l'organisation. Bureaucratiser, dépersonnaliser, uniformiser inspirent les revendications structurelles que l'on retrouve constamment à côté des simples revendications conjoncturelles sur les salaires, les conditions de travail ou l'emploi. Chaque fois que les directions s'efforcent d'introduire une certaine différenciation en fonction de la compétence, de l'assiduité, du rendement, elles suscitent une opposition farouche. Le conflit de la SEITA de 1984 reproduisait exactement celui des Postes de 1974. La télévision, l'Education nationale et plusieurs administrations connurent en leur temps de semblables batailles. Dans tous les cas, les affrontements furent rudes et prolongés car ils touchaient à l'essentiel. La marge laissée à la hiérarchie dans l'appréciation du mérite est devenue un indicateur précis de l'influence syndicale.

Dans les arsenaux de la marine, les ouvriers reçoivent une prime qui peut varier de 0 à 32 % du salaire selon le rendement et la qualité du travail. On en est arrivé à une dispersion de 15 à 17 % ! Dans les arsenaux de l'armée de terre, les « boni forfaitaires », qui devraient aller de 12 à 40 %, tournent, en fait, entre 19 et 25 %. Les directions qui ont perdu la possibilité de récompenser les meilleurs travailleurs ne peuvent non plus répartir le personnel dans les différents arsenaux en fonction des besoins. De ce fait, on travaille au ralenti dans certains établissements pendant qu'on recrute du personnel temporaire dans d'autres. Reprise sur ces points par la Cour des comptes, la direction a avoué son impuissance avec une touchante candeur : « Il est exact que l'évolution du régime des primes a progressivement atténué la relation entre le taux de certaines primes et le mérite de l'intéressé. Il faut admettre que de nos jours le salaire a une valeur incitatrice moins importante que par le passé, dans la mesure où cette conception relève d'un schéma industriel que les mutations tendent à dépasser. La motivation du personnel est maintenant à rechercher davantage dans l'enrichissement des tâches que par l'attribution différenciée de primes de rendement, faute de pouvoir mesurer la contribution de chacun à la performance d'ensemble. » Un art tout militaire de transformer une retraite en stratégie ! Dans le corps professoral, 97 % des notes se tiennent à un demi-point ! Le directeur d'un grand organisme public me disait son ahurissement d'avoir vu un de ses collaborateurs qu'il avait noté à 18/20 lui demander pourquoi il avait cru bon de le sanctionner ! Partout où l'ordre syndical peut s'imposer, il s'attaque en toute priorité à la méritocratie.

Pourtant, les Français sont de plus en plus partisans de l'individualisation et du mérite. Dans un sondage SOFRES-*l'Expansion* de janvier 1985, 65 % d'entre eux, contre 23 %, se prononcent en faveur d'un système d'augmentation des salaires qui tienne davantage compte des résultats de l'entreprise et des performances individuelles et moins de la fonction et de l'ancienneté. Cette opinion est partagée par toutes les catégories sociales y compris le monde ouvrier où elle recueille 55 % d'approbations contre 28 % de condamnations. A la même époque, un sondage IFOP pour la lettre *Affaires sociales* révèle que 76 % des salariés du privé souhaitent que l'évolution des salaires tienne compte des « performances personnelles » tandis que l'« individualisation des salaires » est plébiscitée par 84 % des salariés dans le secteur nationalisé. L'individualisation des rémunérations comme celle des horaires, souhaitée par les travailleurs, se trouve condamnée par leurs « représentants » pour la seule raison qu'elle paraît défavorable au pouvoir syndical.

Mais l'ordre bureaucratique ne convient pas à l'entreprise, c'est le problème. Il s'y trouve battu en brèche par la pugnacité des patrons capitalistes et, plus encore, par les exigences de la compétitivité. Ces lourdes machineries sont faites pour gérer des tâches routinières dans un environnement stable, hors des contraintes productivistes. Car elles font une réforme de la moindre initiative et opposent l'inertie des droits acquis au dynamisme des structures industrielles. Un fabricant privé de cigarettes qui se lancerait dans la compétition internationale avec un statut du personnel « SEITA modèle 62 » ferait naufrage à tout coup.

Les syndicats le savent, c'est pourquoi ils ne cessent de pourfendre la « privatisation » qui, dans leur langage, ne se réfère nullement à la propriété, mais à la gestion. Ceux du commissariat à l'Energie atomique menèrent la guérilla contre André Giraud, l'administrateur général, lorsque celui-ci prétendit détacher certaines divisions pour les transformer en filiales de droit privé. Bien que la nation ait conservé la maîtrise à 100 % de ces affaires, les syndicalistes se propulsèrent dans tous les médias en dénonçant la « privatisation ». L'assurance que les ordinateurs du CEA ne seraient pas vendus à des capitalistes ne suffisait pas à les rassurer. Là n'était pas leur souci. Ce qu'ils refusaient, c'était le marché et ses exigences qui pourraient remettre en cause l'ordre bureaucratique du commissariat. La transformation de la radio-télévision d'Etat en sociétés nationales de type industriel et commercial provoqua les même mimodrames syndicalo-corporatistes. Pierre Desgraupes souleva un beau tollé en disant qu'Antenne 2 devait être gérée comme une société privée. Même la Haute Autorité se crut obligée de froncer les sourcils. Dans tous les cas, l'opposition syndicale visait les contraintes de l'ordre industriel bien plus que les perversités du régime capitaliste.

Ordre industriel, ordre bureaucratique : les défenseurs n'avancent jamais que des raisons « présentables ». Les patrons réclament la liberté absolue d'engager, de licencier, de punir ou de récompenser dans le seul intérêt de l'entreprise. L'arbitraire n'est pas le fait du prince, mais la loi de l'action. Il est d'autres logiques productives, plus participatives. Elles sont rarement mises en avant car elles sont moins favorables au pouvoir patronal.

Il en va de même pour le syndicat qui préfère à toute autre défense du personnel la bureaucratisation qui lui assure un règne sans partage. Voilà donc face à face un système productiviste qui repose sur un patronat tout-puissant et des relations sociales atomisées, et un système bureaucratique qui s'appuie sur un syndicalisme triomphant et des relations sociales collectivisées. Entre les hiérarchies rivales, le conflit porte en apparence sur le type d'organisation et en réalité sur l'exercice du pouvoir.

On connaît les excès auxquels peut donner naissance l'omnipotence patronale face à l'hyperindividualisation salariale, on ne peut ignorer les graves inconvénients de la toute-puissance syndicale face à la démission patronale. N'existe-t-il pas de meilleure solution que cette glaciation socio-économique pour assurer la protection des travailleurs ? Impossible de ne pas se poser la question en observant le bureaucratisme syndical dans l'administration postale.

La Poste est malade. Symptôme le plus voyant : elle ne peut plus relever son orgueilleux défi : « J + 1 », c'est-à-dire la distribution des lettres normales le lendemain de leur envoi. En 1976, le pourcentage était de 77,9 %, il n'était plus que de 68,8 % en 1978, il est remonté à

79,6 % en 1981 pour retomber à 73,2 % en 1984. Le réseau devrait l'assurer à 92 % ! En dépit des avions et des trains à grande vitesse, des facteurs motorisés, du tri automatisé, de la séparation entre grande et petite vitesses et des embauches massives en 1981, l'administration postale ne peut assurer son service. Certains abonnés du *Monde* ont dû se résigner à recevoir le lundi un journal daté du samedi et imprimé le vendredi. Retards, pertes, attentes. 70 % des usagers doivent patienter devant les guichets, 30 % estiment que leur patience est à bout. Un bien piètre résultat pour un coût croissant, car le prix du timbre-poste caracole dans le peloton de tête de l'inflation. L'ensemble du service est secoué par les explosions de la colère postière qui laissent des milliers de sacs en souffrance, créent des ruptures dans l'acheminement, des goulots d'étranglement dans l'aiguillage, des à-coups dans la distribution. Une autodésorganisation qui, en 1984, a fait sortir de ses gonds le très socialiste et très syndicaliste ministre Louis Mexandeau.

Le mal de la Poste s'est concentré sur les 108 centres de tri, qui constituent autant de ganglions enflammés. Dans son rapport sur la Poste de 1985, la commission sénatoriale y porta une attention toute particulière. Le résultat brut est accablant *. La productivité n'a pratiquement pas bougé depuis 1968, alors que le tri et l'acheminement ont absorbé 86 % des investissements postaux et que leurs effectifs ont augmenté de 62 % en dix ans. « Les personnels des centres de tri ont bénéficié de l'essentiel des progrès de productivité tirés de l'automatisation en réduisant leur durée hebdomadaire de travail », conclut le rapporteur Pierre Vallon. Officiellement, les agents travaillent 37 heures par semaine en service de jour ; 33 h 45 en service de demi-nuit et 32 en service de nuit. En 1984, le rapport du professeur Jacques Chevallier [49] estimait que les trieurs de nuit ne font que 25 heures, ceux de demi-nuit 27 heures et demie et ceux de jour 32 heures. Les sénateurs, eux, évaluent la semaine de nuit à 22 heures. Ces horaires allégés permettent à certains agents de cumuler cet emploi avec un second travail, notamment dans des entreprises de routage. Le fait est avéré par l'inspecteur général des P. et T., Cumin, et l'Inspection du travail des Hauts-de-Seine. Les exemples cités s'appuient donc sur des preuves irréfutables. Il serait malhonnête de les généraliser, mais ils traduisent bien la « dérive italienne » d'un personnel qui se désintéresse de sa mission et cherche ailleurs une occupation de complément.

Cette démotivation se voit aux cadences, aux absences et aux

---

* Les sénateurs de la gauche ont jugé plus prudent de se désolidariser du rapporteur.

conflits. On visait jadis un rythme de 3 000 lettres triées à l'heure. On se contenterait maintenant de 1 500. Mais l'administration ne mise plus que sur 1 100 et la commission sénatoriale parle de 800 dans certains centres. Ce personnel s'absentait en moyenne 28 jours par an en 1980. Il manquait 32 jours et demi en 1983. Le climat social est absolument détestable. « Le personnel d'encadrement subit les pressions continuelles de la base sans toujours être soutenu par une hiérarchie très sensible aux menaces d'arrêt de travail (...). Les menaces verbales sont répandues, la détérioration des biens — notamment des véhicules des personnels d'encadrement — est plus rare, mais dans chacune de ses visites votre commission en a eu l'écho. »

Car ces usines à trier constituent de véritables poudrières sociales, des champs de mines traversés de fréquentes et imprévisibles explosions. Pudiques, les statistiques, qui faisaient apparaître plus de 460 000 journées de travail perdues en 1977, n'en trouvaient plus que 270 000 en 1984. Une amélioration de la situation ? Certainement pas. Dans le même temps, le nombre des conflits locaux était passé de 360 en 1977 à 1 827 en 1983, dont plus des deux tiers déclenchés sans préavis. Un chiffre qui est loin de répertorier l'ensemble de la conflictualité. Car entre ces deux dates est entrée en vigueur la fameuse loi du 19 octobre 1982 qui institue la grève d'une heure avec retenue d'une heure. Les mouvements revendicatifs n'ont jamais été aussi efficaces et n'ont jamais coûté aussi peu cher. Pour peu qu'on les déclenche au moment stratégique où le courrier va partir, on peut s'offrir un arrêt du trafic à très bon marché. Comme l'avait prévu son auteur, le ministre communiste Anicet Le Pors, cette mesure a fait exploser le fragile équilibre du service public. Les postiers de tri ont multiplié ces microgrèves à propos de tout et de rien. La commission sénatoriale s'est entendu dire dans chaque centre visité que « le déplacement, fût-ce pour une heure, d'un employé sous-utilisé vers un chantier surchargé, entraîne immédiatement une menace de débrayage des personnels concernés ». Entre les annonces non suivies de grèves et les grèves non précédées d'annonces, l'administration ne sait plus où donner de la tête. Elle a dû créer un bureau qui a pour seule fonction de dépouiller les dizaines de préavis déposés quotidiennement. En raison de leur pathologie sociale, les centres de tri postaux sont devenus un handicap majeur de la vie économique nationale. Car, à chaque interruption du trafic, ce sont des circuits vitaux qui sont coupés. Ne citons qu'un exemple : la vente par correspondance estime à 683 millions de francs (de l'époque) les pertes occasionnées par la grève de 1974 et à 570 millions celles du conflit de 1983.

Dans ce monde tétanisé, la remise en cause de situations acquises devient un *casus belli* avec « prise d'otage » du courrier. On l'avait vérifié dans le passé, on le vérifia de nouveau en 1984 lorsque le directeur de la Poste, Jacques Daucet, prétendit supprimer le tri nocturne, faisant sauter, du même coup, la prime de nuit de 600 francs et remettant en cause les « arrangements » à moins de 25 heures par semaine en vigueur dans certains centres. Un sort cruel voulut que le mouvement le plus dur se produise à Caen dans le fief du ministre. Face à la colère des entreprises, Louis Mexandeau fit preuve de détermination, il ordonna l'évacuation forcée du centre de Caen-gare, fit reprendre les sacs et mit sur pied un atelier de triage improvisé. Tout un symbole. Dix ans plus tôt, les mêmes agents des P. et T. bloquaient déjà le même centre de tri. Ils s'opposaient à une réforme du statut qui visait à favoriser la productivité. Le ministre de l'époque avait dû faire évacuer le centre par les forces de l'ordre, et le député de Caen, Louis Mexandeau, ceint de son écharpe, était venu apporter son soutien aux camarades postiers en lutte.

Sur ce constat, il est tentant d'accabler les postiers. Il est vrai que le recrutement des années soixante-dix a été déplorable. La Poste a avalé par centaines les naufragés de Mai 68. Pour ces étudiants ratés à prétention intellectuelle, le tri représente une déqualification. L'âge venant, cette rancœur professionnelle se transforme en une hargne politico-corporatiste. Cela dit, les rebuts du gauchisme ne constituent qu'une petite minorité agitée parmi les 40 000 agents de ces centres. L'essentiel de cette population est formé de « Français comme les autres ». Ni meilleurs, ni pires. C'est la situation qui est malsaine et pousse à l'irresponsabilité. Le personnel est entièrement masculin — les femmes ne peuvent pas travailler la nuit — et français, les étrangers sont interdits de service public — donc peu porté à la résignation ; or, il se trouve sous-payé pour accomplir des tâches fastidieuses tout en disposant d'un formidable moyen de pression. Bref, il s'agit d'un exercice d'agrégation pour spécialistes des relations humaines et de l'organisation. En ce domaine, l'administration doit en être au certificat d'études. Tout juste.

Nous avons quitté les postiers au début du siècle menant la bagarre contre Clemenceau. Depuis lors, on est passé de l'autoritarisme antisyndical, qui a sévi jusqu'aux lendemains de la guerre, à la démission hiérarchique. Les organisations syndicales régentent cette république des lettres. Il n'est qu'une limite à leur puissance : leur propre division. Les employés des Postes n'ont pas su, comme les enseignants, se regrouper derrière une organisation corporative. Ils se répartissent dans des fédérations affiliées aux grandes centrales. Sur l'ensemble des P. et T., la CGT regroupe 35 % des suffrages, la CFDT : 27,5 %, FO : 23 % et la CFTC : 6 %. Une concurrence qui conduit à la paralysie. Les rivaux ne peuvent s'entendre que pour défendre le système et faire en sorte que rien ne bouge. Car il ne s'agit plus désormais de conquérir, mais de conserver ce statut si favorable au pouvoir syndical. Tout projet de réforme, toute étude critique soulèvent les protestations indignées de la syndicratie postale. Le rapport des sénateurs, faisant suite à celui du professeur Chevalier, à ceux de la Cour des comptes et à tant d'autres, n'a pas fait exception à la règle. Il a déclenché les réactions furibardes des syndicats stigmatisant ces « agressions contre le personnel ». La réaction ne réserve jamais la moindre surprise : négation des faits, dénonciation d'un complot, défense du statut et demande de moyens et d'effectifs supplémentaires.

En matière de service public, l'administration postale jouit d'une antériorité indiscutable. Elle fut créée il y a cinq cents ans, en 1477 exactement, par Louis XI. Son statut actuel découle tout droit de la loi consulaire du 16 juin 1801 et porte la marque du centralisme militaire cher à Bonaparte. A la base, le monopole défini par l'article Ier du Code postal : « Il est interdit à toute entreprise de transport et, d'une façon générale, à toute personne étrangère à l'administration des PTT de s'immiscer dans le transport des lettres, quel qu'en soit le poids, et des paquets et papiers n'excédant pas le poids d'un kilo. Le transport de ces objets est exclusivement confié à l'administration des PTT. » A l'abri de ce rempart, s'est édifiée une société figée et fortement hiérarchisée cimentée par un règlement qui s'applique à tous sur tout le territoire. Dans son rapport, Jacques Chevallier en dresse, mais au passé, un tableau flatteur : « Ce modèle a eu, pendant longtemps, des effets positifs, en garantissant le bon fonctionnement de la Poste et en lui donnant un prestige incontesté. Le travail du postier se trouvait fortement valorisé : le facteur était un personnage, le receveur un notable ; entrer dans la Poste était considéré comme une promotion sociale. Une discipline stricte régnait, une déontologie rigoureuse s'imposait, des procédures responsabilisaient chaque agent. Sécurité, régularité et rapidité étaient les règles d'or de l'institution et de chacun de ses membres. »

Ce bel édifice a très mal supporté la tourmente des trentes dernières années. Le volume du courrier a crû démesurément : 5 milliards d'objets par an en 1948, 15 milliards en 1983, entraînant un gonflement des effectifs qui atteignent aujourd'hui 312 000 agents dont 34 000 auxiliaires. Une telle expansion aurait dû se révéler positive.

Mais la Poste, pour son malheur, n'est pas une entreprise : c'est une administration. Et le fameux « budget annexe des P. et T. » n'y change rien. Coupée de l'activité économique par son monopole et par ses structures internes, elle s'enfonce dans une régression socioculturelle. Face à la montée des techniques nouvelles qu'incarne sa jeune sœur, la Direction générale des télécommunications, elle se laisse plaquer l'image d'une activité du passé et dépassée. L'avenir est à l'électron et non pas au papier, tout le monde sait cela ! Le métier perd sa noblesse et les experts annoncent, en se trompant lourdement sur les échéances, l'inéluctable déclin du trafic postal.

Les postiers perdent le moral et se réfugient dans une attitude défensive. Au lieu d'attaquer le marché, de se lancer dans la modernisation et les nouveaux services pour répondre à une demande extérieure en pleine mutation, ils vivent en assiégés, et leurs représentants les confortent dans cette attitude. A partir des années soixante, la structure administrative se trouva complètement figée par le contrôle syndical.

La Poste est donc une mécanique statutaire, centralisée et hiérarchisée, qui fonctionne en pilotage automatique. Une certaine place avait été faite par les textes à l'appréciation hiérarchique, à l'« arbitraire patronal », mais celle-ci a été réduite à néant par la contre-hiérarchie syndicale. Les organismes paritaires débattent à tous les niveaux de toutes les décisions concernant le personnel. Les délégués syndicaux, divisés en factions rivales, ne sont pas en état d'imposer telle ou telle décision particulière. Ils « se marquent » les uns les autres et ne peuvent s'accorder que sur la stricte application du règlement.

Cette gestion mécanique du personnel est tout entière concentrée dans la capitale. L'échelon local ou régional est toujours suspecté d'arbitraire ou de combines : seule la dimension nationale est neutre. L'ensemble est réparti le long d'une véritable colonne montante qui aspire tout vers le haut. Jusqu'à Paris. Le recrutement se fait par concours national à différents niveaux : il existe 41 corps de fonctionnaires et 94 grades différents. Une fois admis, l'agent est pris en charge par une sorte de « Big Brother » qui, pendant trente ans, traitera son cas parmi des milliers d'autres en fonction de ces critères « objectifs ». Ceux-ci sont pratiquement réduits à deux : l'ancienneté et la situation de famille. L'expérience, la compétence, le dévouement, l'efficacité ou, à l'inverse, la négligence, l'incompétence, l'absentéisme sont des critères « subjectifs » qui n'entrent pas en ligne de compte. La notation, cela va de soi, n'a strictement aucune importance. Chacun se trouve distribué dans un emploi correspondant à son grade, en un lieu correspondant aux disponibilités. Le poste de début ne pouvant, par définition, s'attribuer à l'ancienneté, on avait pour habitude de faire passer des tests psycho-techniques. Sous la pression syndicale, il a fallu y renoncer. L'attribution se fera automatiquement à partir du classement sans que le profil du candidat puisse être pris en considération. L'individualisation, voilà l'ennemi.

Pour l'agent, le point important n'est pas la promotion, mais la mutation. La première, en effet, se fera automatiquement, à l'ancienneté ou bien par concours internes et anonymes de type universitaire. La seconde, en revanche, peut réserver quelques surprises. L'affectation de début correspond rarement aux désirs de l'intéressé. Ce serait trop beau. Chacun dépose alors un « vœu » pour obtenir celle qu'il désire. A Paris, un gros ordinateur avale tous ces rêves postiers et tient à jour le « tableau des mutations ». Pour chaque région, chaque ville, il établit une liste tenant compte de l'ancienneté, des charges de famille, de l'âge, de l'indice de traitement. L'attente commence. Elle risque d'être fort longue pour ceux qui ont demandé très jeunes un poste très envié. Il est donc plus habile de n'être pas trop exigeant afin d'être plus tôt servi. Sautant ainsi de case en case, le postier s'approche pas à pas du point de chute où il prendra sa retraite.

Jusqu'en 1983, le ministère échappait à cette politique du loto. Les postes de l'administration centrale, présumés plus importants, plus délicats, plus spécifiques que ceux du réseau, semblaient justifier un recrutement *intuitu personae*. Une intolérable dérogation à laquelle il a été mis fin sous la pression syndicale. Désormais, les chefs de service du ministère, comme les receveurs d'agent, devront « faire avec » les élus de l'ordinateur. Certains s'en inquiètent au point de travailler à effectifs réduits plutôt que subir le choix anonyme de la bureaucratie. Ce système est tellement lourd qu'il s'écoule souvent une année entre la libération d'un poste et la prise de fonction du remplaçant. Entre ceux qui sont partis et ceux qui vont arriver, il manque toujours du monde au travail.

Toute la gestion est centralisée à l'extrême. Le receveur est un exécutant qui n'a pas la moindre autonomie de gestion et ne peut prendre aucune initiative. Paris décide de tout. Sur cette forte hiérarchie administrative s'est greffée la hiérarchie syndicale. Au sommet, chaque directeur est flanqué de trois « conseillers » syndicalistes représentant les trois grandes organisations. Le système paritaire se retrouve à tous les échelons. Et le pouvoir est à peine moins concentré dans la structure administrative. Entre ses deux maîtres, le fonctionnaire vit dans un espace neutralisé que ne traversent ni les bonnes ni

315

les mauvaises influences. Les syndicats ne laissent sanctionner que les fautes les plus graves à l'exception des insuffisances, des négligences, des erreurs ou des simples défaillances. Que l'on choisisse pour sa carrière la petite vitesse de l'ancienneté ou la moyenne vitesse des concours, de toute façon le « chef » n'y peut rien du tout.

Une telle centralisation devrait permettre de résoudre les difficultés au sommet. Entre hiérarchies. Mais les organisations syndicales ne sont pas assez « représentatives » pour engager la base. Ces procédures, les seules possibles en raison des structures, échouent constamment. La plupart des microgrèves éclatent de façon spontanée et sont couvertes *a posteriori* par des organisations qui prennent le train en marche pour éviter les déraillements.

Le syndicaliste est un des rares personnages qui émerge de cette société conçue pour effacer les individualités. Il dispose de plus d'autonomie que les premiers échelons de la hiérarchie, peut prendre des initiatives plus larges et plus variées et, surtout, il intervient personnellement auprès des agents pour les aider à résoudre leurs problèmes. Au total, les fonctions syndicales sont plus diverses et moins ennuyeuses que le métier de base. En outre, la carrière syndicale offre plus de débouchés que la morne carrière professionnelle. Bref, il vaut généralement mieux être syndicaliste que postier.

A ces prérogatives syndicales, correspondent les moyens considérables que l'on sait. Aux 1 600 permanents syndicaux officiellement recensés et 3 400 permanents sociaux, s'ajoutent les innombrables délégués crédités d'heures et les multiples avantages et commodités mis à la disposition des organisations représentatives : subventions directes ou indirectes, fourniture de locaux, de titres ou moyens de transport, etc. Ici, le marchandage entre la hiérarchie et les appareils syndicaux est de pratique courante. Depuis dix ans, les permanents croissent à un rythme deux fois plus rapide que les effectifs. Un ministre en donna 400 d'un coup à la CFDT supposée contrôler les gauchistes qui mettaient, et mettent toujours, la pagaille dans les centres de tri. La confédération eut bien du mal à leur trouver une affectation.

Ce monde du syndicalisme est prolongé par l'immense empire des œuvres sociales. Celles-ci, contrairement à ce qu'on croit, ne sont pas très richement dotées : 2 % de la masse salariale, c'est moins que dans les bonnes maisons du privé. Mais l'importance de la population concernée en fait une énorme galaxie dans laquelle tournent une centaine de « sociétés de personnel », de la célèbre ASPTT jusqu'aux innombrables associations culturelles. Cette vie associative est d'autant plus intense que le postier est souvent déraciné et cherche dans la communauté postale une « deuxième famille ».

Cet ordre syndical ne fait pas des travailleurs heureux. Pour des raisons matérielles mais pas uniquement. La Poste est d'abord un monde de « gagne-petit ». 70 % des agents sont des fonctionnaires de catégorie C, de simples employés ; la rémunération moyenne était de 6 150 francs en 1984. Et ce n'est pas dans le métier que l'on trouve des compensations. Les tâches sont généralement routinières et fastidieuses. Un travail « idiot », avait dit le ministre, oubliant que c'est surtout l'organisation du travail qui est idiote. Rien n'a été fait pour intéresser les gens à ce qu'ils font. La mécanisation du tri a entraîné la parcellisation des tâches. La rigidité de l'organisation ne laisse aucune place à l'expérimentation sociale. La pression syndicale jouant ici comme dans le reste de la fonction publique n'a même pas permis d'introduire les groupes d'expression directe des lois Auroux. Bref, le postier n'a pas beaucoup de raison d'aimer son boulot. Mais les syndicats ne peuvent, comme ils le font régulièrement, se défausser de toute responsabilité sur le gouvernement. Ils ont trop partie liée au système. L'échec des Postes, c'est aussi le leur. Celui d'un ordre syndical qui ne pèche pas seulement par son inefficacité, mais qui, sous couvert d'égalité, peut charrier autant de férocité et d'injustice que l'ordre patronal. J'en prendrai un exemple : le recrutement national.

L'administration des Postes remet aux futurs agents un gros guide pratique qui commence par cette phrase de bienvenue : « Arrivant généralement seuls dans une ville qui leur est inconnue, éloignés de leur famille qu'ils quittent souvent pour la première fois, les agents débutants éprouvent un sentiment d'isolement. » On ne peut être plus accueillant ! Le déracinement est inscrit dans le système. La jeune recrue se retrouve affectée n'importe où dans l'Hexagone. Près de chez elle si la chance lui sourit, mais généralement fort loin. Dire « n'importe où » n'est pas tout à fait exact, car il existe des « zones de préférences géographiques ». A moins de très solides attaches locales ou familiales, tout le monde préfère se retrouver à Grenoble, Aix-en-Provence ou Versailles plutôt qu'à Hénin-Beaumont, dans une triste banlieue ou dans le fin fond du Massif central. La répartition se faisant à l'ancienneté, les jeunes sont assurés de ne se voir proposer que les « mauvaises places ».

Ils vont être transplantés dans des régions peu agréables pour faire un travail peu intéressant, mal rémunéré, dans une structure dépersonnalisée, sans vraie perspective d'avenir. De très nombreux jeunes gens de l'Ouest et du Sud-Ouest se sont ainsi retrouvés dans les grandes usines à trier de la Région parisienne, tandis que les demoiselles de Bretagne allaient dans le temple des chèques postaux du XVe arrondissement. La Poste est obligée de prendre en charge ses agents, d'assurer tant bien que mal leur hébergement. Ceux-ci éprouvent le sentiment de n'être pas chez eux, de vivre en assistés. Une fois de plus, cela coûte cher pour n'engendrer que des frustrations. Faut-il s'étonner que le climat social soit détestable dans une administration qui s'attache plus à déporter les postiers qu'à transporter les lettres ? 80 % des agents travaillant dans la Région parisienne viennent de province ; sur l'ensemble du pays, le tiers des fonctionnaires n'est plus dans sa région d'origine, 45 % d'entre eux souhaitent une autre affectation ; chaque année 20 % changent de résidence !

Nul n'ignore que ce système est aberrant sur le plan de l'organisation et insupportable sur le plan humain. Si des patrons prétendaient l'imposer, on y verrait la marque de la perversion capitaliste. Pourtant, ce sont les représentants des travailleurs qui imposent le respect de cette règle au nom de l'égalité devant le service public. Toute tentative pour introduire un recrutement régional ou départemental se heurte à leur opposition. Il en va de même dans toute la fonction publique à une exception près : celle des instituteurs qui se recrutent traditionnellement dans le département.

Ce dogme syndical conduit à de véritables drames humains. A l'Education nationale, les jeunes capétiennes, âgées d'une vingtaine d'années, sans aucune expérience professionnelle, vont faire leurs premières armes dans les lycées techniques des banlieues populaires, à des centaines de kilomètres de leur famille, face à de jeunes loubards aussi âgés qu'elles, tandis que les quadragénaires rompus à toutes les ficelles du métier occupent les sinécures des bons lycées dans les villes bourgeoises. Cette répartition aberrante des tâches précipite les enseignants novices dans la dépression nerveuse. Le Collège de France s'est même ému de « l'étrange logique qui voue aux classes difficiles les maîtres débutants ou les maîtres auxiliaires mal formés, sous-payés et surchargés de cours ». Qu'importe ! Ce système est le meilleur dès lors qu'il réduit les prérogatives hiérarchiques.

Un ancien directeur d'une grande administration m'a raconté l'anecdote suivante. Peu après sa prise de fonction, on présenta à sa signature la révocation d'un agent. Il s'agissait d'une jeune femme, et le motif était sans appel : « se livre habituellement à la prostitution ». Ayant vu passer trois cas du même type en peu de temps, il s'efforça d'en comprendre les raisons. Il découvrit que certaines jeunes filles supportaient mal le déracinement provoqué par le recrutement national. Seules, sous-payées, dans une ville qu'elles ne connaissaient pas, dans un milieu peu hospitalier, elles faisaient naufrage et finissaient sur le trottoir, dans la drogue, la délinquance, les sectes, etc. Choqué de cette découverte, il voulut, de sa propre autorité, supprimer le concours national dans son administration et invita ses directions régionales à recruter sur place des agents contractuels pour occuper les emplois vacants. Les syndicats vinrent en délégation le menacer d'une grève s'il ne rétablissait pas le concours. Il eut beau ouvrir les dossiers et exposer les raisons de son attitude, il ne put fléchir ses interlocuteurs. La crainte de voir la hiérarchie retrouver son pouvoir en ayant un droit de regard sur les recrutements, en dirigeant un personnel peu protégé donc sensible à son autorité, paraissait plus forte que les traumatismes du déracinement. Une fois pour toutes, le système doit être aveugle afin de ne jamais marcher « à la tête du client ».

Cette attitude est d'autant plus incroyable que l'ordre syndical ne supporte pas le moindre désagrément fait au groupe ou imposé par une direction. Des épisodes comme le déménagement du ministère de la Solidarité sont monnaie courante. Les syndicats de l'UAP ont organisé des manifestations vengeresses dans les rues de la capitale pour protester contre le déplacement du siège social du centre de Paris à la Défense. Toute mutation d'un agent sur une vingtaine de kilomètres est considérée comme une intolérable déportation dès l'instant qu'elle est décidée par le patron. Mais ces mêmes organisations qui s'émeuvent, se mobilisent et s'enflamment lorsqu'on fait changer d'étage un fonctionnaire, acceptent et exigent que l'on déporte chaque année des jeunes par dizaines de milliers sur des centaines de kilomètres. Une contradiction qui, plus que toute analyse, en dit long sur la sincérité d'une certaine littérature revendicative qui gomme systématiquement les inconvénients du système bureaucratique et souligne jusqu'à l'outrance ceux du système patronal.

L'organisation du personnel selon un statut national uniforme est une obsession syndicale. A la télévision, les syndicats vivent dans l'incurable nostalgie du monolithisme social qui fonda leur puissance. Ils ne cessent de guerroyer pour que les sociétés issues de l'ORTF et, demain, les nouvelles sociétés de télévision soient régies par un même statut pour toute la profession. Dans les grandes sociétés nationales, chez Renault, chez Elf, ils font pression pour gommer les diversités des filiales et imposer le statut unique du groupe. Avec un recrutement national et un service central du personnel si possible.

Cette volonté d'uniformisation bute constamment sur les particularismes corporatifs. Sitôt qu'un groupe de travailleurs peut se souder autour d'un statut particulier, il tente d'échapper à cette loi commune et à se faire son statut à lui. Le syndicalisme doit prendre en considération ce désir de différenciation. L'ordre syndical combine donc deux idéologies : l'une égalitariste et niveleuse qui tend à homogénéiser le monde du travail, et l'autre ségrégatrice et conservatrice qui conduit à le balkaniser. On reconnaît une très forte influence syndicale au morcellement du personnel entre des groupes et des sous-groupes distincts qui défendent farouchement leurs territoires et leurs privilèges. A l'Education nationale, dans les métiers d'imprimerie, la division en corps — corps, corporation : l'étymologie trahit bien la filiation — trace des frontières plus rigides que toutes les manœuvres patronales.

Ces différences de statuts créent des situations aberrantes. Les voyageurs qui empruntent le RER de Roissy à Saint-Rémy-les-Chevreuse ne remarquent pas le petit ballet qui se produit dans la voiture motrice en gare du Nord. Il s'agit tout simplement d'une relève d'équipage. Un conducteur descend, un autre monte prendre place pour continuer le voyage. Sur une ligne aussi courte, on croit rêver. Il s'agirait plutôt d'un cauchemar corporatiste. La construction du RER a posé un joli casse-tête administratif. Auparavant, il existait deux territoires bien distincts. Paris était à la RATP, la banlieue et la France à la SNCF. Qu'en serait-il du nouveau réseau qui irriguait la capitale, mais poussait si fort avant dans la banlieue ? Les sociétés cherchèrent des arrangements. On convint que la ligne A serait à la RATP et la ligne C à la SNCF. Mais, pour la ligne B en partance de l'aéroport Charles-de-Gaulle, on dut s'en remettre à un jugement de Salomon. De Roissy à Paris-Nord, le RER roulerait pour la SNCF et, de Paris-Nord à Saint-Rémy, il porterait les couleurs de la RATP. Pourquoi pas ? Les administrations qui se disputent la France en ont fait bien d'autres en matière de dépeçage. Mais le vrai problème était celui des hommes : cheminots contreératépistes.

Les uns comme les autres ont des statuts auxquels ils sont fort attachés. A la SNCF, le salaire de base est plus faible, mais les primes plus élevées qu'à la RATP où les horaires sont un peu plus légers et les services sociaux plus généreux. Le cheminot « roulant » se retire cinq ans avant le conducteur de métro, etc. Mais surtout le RER, en tant que train de banlieue, représente un poste de début pour un cheminot qui ambitionne de faire les grandes lignes transnationales, tandis qu'il représente un aboutissement de carrière pour ératépiste condamné à faire la navette entre deux portes de la capitale. Bref, d'un monde à l'autre, on se compare, on s'épie, on se jalouse. Les positions sont beaucoup trop figées pour permettre de trouver un compromis.

Il a donc fallu donner la double nationalité au RER et tracer en gare du Nord cette frontière invisible. Les choses se compliquèrent un peu quand il fallut disposer les appareils de pilotage dans le poste de conduite. Certains dispositifs qui étaient placés à droite dans les locomotives l'étaient à gauche dans les rames du métro. Ne risquait-on pas de troubler les conducteurs et de provoquer des accidents en changeant brusquement leurs habitudes ? Il a donc fallu placer ces systèmes en double conduite : à droite et à gauche. Mais voici le plus significatif : si vous avez l'occasion de prendre cette ligne, ne manquez pas de regarder la relève à Paris-Nord. Vous serez surpris de constater que, de la rame en provenance de Roissy, descendent deux hommes, alors qu'il n'en monte qu'un pour continuer le voyage. Quelle est la clé de ce mystère ? Elémentaire, mon cher Watson. Dans un train de la SNCF, il y a un conducteur et un contrôleur, tandis que, dans une rame de métro, le conducteur est seul. Les contrôles sont faits épisodiquement par des contrôleurs itinérants. Entre ces deux organisations, il ne pouvait être question de choisir ou de compromettre. Dans un monde syndicalo-bureaucratisé, le moindre détail est aussi rigide que les grands principes et constitue un obstacle sur lequel viennent buter toutes les volontés productivistes.

Pour revenir à la Poste, il serait injuste de faire porter aux seuls syndicats la responsabilité de son mauvais fonctionnement. Impérialisme étouffant des télécommunications, relations scandaleuses entre l'administration et ses fournisseurs, sous-paiement du transport de presse, sclérose d'une hiérarchie passant de l'autoritarisme à la démission sans jamais découvrir les relations sociales, etc., les explications sont multiples. Mais la crispation sur les méthodes administratives et les positions acquises, qui interdit toute correction, est bien le fait du syndicat. L'opposition syndicratique refuse toute évolution vers des structures d'entreprise qui, bien plus que le *statu quo,* assureraient l'avenir des postiers.

Modernisant les machines sans moderniser l'organisation, l'administration a cru résoudre ses difficultés en augmentant constamment ses effectifs. A population comparable, la Poste anglaise compte 200 000 agents, la Poste japonaise, pour une population double, arrive à 320 000, et la Poste américaine, pour une population quadruple, marche avec moins de 700 000 employés. Le postier français traite 50 000 objets par an alors que son collègue américain arrive à 175 000. Certes, rien n'est tout à fait comparable d'un pays à l'autre : la Poste américaine ne s'occupe que de courrier et n'a pas de services financiers, mais les ordres de grandeur sont significatifs. Cette pléthore de personnes — qui n'empêche pas les syndicats de demander l'embauche de 50 000 postiers supplémentaires — se répercute évidemment sur les coûts. Si l'on traduit le tarif postal en minutes de travail, on obtient les résultats suivants : 1,86 en Suisse, 2,2 aux Etats-Unis, 2,9 en Suède, 3,25 en Allemagne fédérale et 4,06 en France. L'Italie, avec 6,09, arrivant à faire plus mal. Détail significatif : l'acheminement du courrier est excellent en Suisse où il est le meilleur marché et détestable en Italie où il est le plus cher. Un service qui se détériore, des travailleurs frustrés et sous-payés, des tarifs élevés, un déficit qui a triplé de 1978 à 1981 pour atteindre 3,8 milliards en 1982, un endettement qui est passé de 21 milliards en 1978 à 35 milliards en 1982 : tel est donc le bilan de l'ordre syndicalo-administratif. On peut difficilement faire pire, ne pourrait-on faire mieux ?

Pour répondre à cette question, la commission Chevallier est allée voir à l'étranger. Dans la plupart des pays, on retrouve les mêmes problèmes : le monopole, la tendance aux lourdeurs administratives, etc. Mais certains ont mieux réagi que d'autres. Les membres de la commission ont particulièrement étudié le cas des Etats-Unis. La relation qu'ils font de leur enquête américaine est instructive. Là-bas aussi la Poste marchait mal. Elle était, comme en France, un service public administratif qui accumulait les déficits et ne donnait pas satisfaction. Il faut en parler au passé, car, en août 1970, fut promulguée la grande réforme : le « Postal Reorganization Act » visant à transformer l'administration postale en un établissement public qui fonctionnerait comme une entreprise privée. Un cahier des charges lui imposait des obligations de service public : distribution du courrier en zone rurale, fixation des tarifs, et prévoyait des subventions publiques pour compenser ces charges. Pour le reste, l'USPS jouissait d'une totale autonomie de gestion. Quels furent les résultats ? Le trafic est passé de 90 milliards d'objets en 1970 à près de 120 milliards en 1983. Dans le même temps, les effectifs ont chuté de 740 000 employés à 680 000 et la productivité a grimpé de 130 000 objets par agent à 175 000. Alors que le déficit atteignait 27 % du budget en 1971, il était résorbé en 1979 et l'on dépassait les 500 millions de dollars de bénéfice en 1982 et 1983. Quant à la subvention gouvernementale, elle a diminué jusqu'à être complètement supprimée. Pour ce qui concerne la qualité du service, le « J + 1 » est assuré sur le plan local à 95 %. En février 1984, la Poste française n'atteignait que 86,7 % dans le trafic intradépartemental. L'exemple n'est pas unique, celui de la Grande-Bretagne conduit aux mêmes conclusions.

Ce succès ne s'est-il pas fait sur le dos des travailleurs ? Dans les Postes, comme dans tous les services fédéraux américains, la grève est interdite. C'est, estime-t-on, la contrepartie du monopole. Les conflits doivent se régler par une procédure d'arbitrage. Dans l'optique française, cette limitation du pouvoir syndical laisse présager le pire. Les nouvelles directions n'ont-elles pas sous-payé les postiers afin de dégager des bénéfices ? C'est exactement le contraire qui s'est passé. Le salaire moyen a triplé, en dollars courants, de 1970 à 1982 et, estiment les enquêteurs, « le niveau est sans doute aujourd'hui supérieur d'environ 15 % aux salaires correspondants du privé ». La mobilité, la promotion, l'avancement au mérite ont été systématiquement pratiqués. L'image du service s'est améliorée dans le pays, le métier est plus recherché. Il reste encore des points noirs, notamment New York et la côte Est, des services à améliorer. Un bilan global positif ne signifie pas que tout est parfait, loin de là.

Le remède qui a guéri la Poste américaine, qui lui a permis d'augmenter les salaires, d'améliorer le service et de faire des bénéfices, n'a rien de mystérieux, c'est la productivité. La plupart des entreprises ont accompli de tels progrès. Les autres ont disparu. Assurée qu'aucun concurrent ne lui retirera le courrier de la boîte, la Poste française n'a pris cette potion magique qu'au compte-gouttes tandis qu'ailleurs on l'avalait à pleines cuillères.

La productivité se fonde sur le progrès technique et se gagne sur l'organisation. Celle-ci part toujours du même principe : adapter la structure à la fonction. L'ordre syndical fait tout juste le contraire. Indifférent aux finalités, il en revient toujours à son schéma passe-partout. Deux grands modèles s'opposent donc : l'ordre administratif et l'ordre industriel. Ils ne se répartissent pas de part et d'autre de la frontière entre le capitalisme et le hors-capitalisme. En sorte que le passage de l'un à l'autre peut s'effectuer à l'intérieur même du secteur public. La dénationalisation n'a pas été nécessaire à la guérison de la Poste américaine qui est restée la seule propriété de l'Etat.

Réorganiser, c'est toujours repartir de la mission et des contraintes, c'est-à-dire de l'Extérieur, pour en déduire une structure et des procédures. Une telle démarche conduit à des résultats très variés. Il est des activités qui s'exercent nécessairement en position de monopole et hors de tout échange commercial : défense nationale, police, justice, administration. Elles s'accommodent d'un cadre permanent, normalisé et uniforme. D'autres, au contraire, ont pour but de produire des services rendus, et généralement vendus, à des usagers. Elles nécessitent une structure ouverte sur l'extérieur, souple, évolutive et diversifiée. C'est un pur problème opérationnel.

Dans un groupe industriel prédomine la volonté de coller à l'environnement, elle conduit à diversifier l'organisation selon les filiales, les usines, les départements. A la faire évoluer d'une année sur l'autre. Les grands services publics qui exercent la même fonction sur tout le territoire sont toujours tentés d'oublier la diversité du public et de se couler dans le cadre administratif. Toutes les écoles, tous les hôpitaux, tous les bureaux de poste se ressemblent. Le schéma organisationnel est plaqué sur les conditions locales les plus variées avec la répétitive monotonie d'un motif décoratif sur un papier peint. Le syndicalisme trouve dans ce modèle administratif son terrain de prédilection, c'est pourquoi il s'efforce d'en étendre sans cesse l'application.

Il est évident que l'activité postale ne relève plus de l'administration. C'est une industrie qui doit intégrer les techniques nouvelles : automatisation du tri aujourd'hui, courrier électronique, fac-similé, nouveaux services demain. Pour saisir ce futur à bras-le-corps, il lui faut de la souplesse, de l'indépendance, du dynamisme et plus que tout une politique extrovertie. Concrètement, cela implique une véritable autonomie de gestion, sanctionnée par un compte d'exploitation, une recherche constante des techniques de pointe, des besoins naissants, des opportunités ; une adaptation permanente, des hommes, des méthodes, des structures. Le contraire même du carcan administratif.

Pour son malheur, elle a pris le parti inverse et ne peut s'en dégager. Le statut du personnel, au lieu de correspondre aux exigences du métier, reproduit celui de la fonction publique. Cet ordre général ne tient aucun compte des particularités de l'activité postale et ne laisse à la direction aucune marge de manœuvre. Toute modification au régime des postiers doit se répercuter sur l'ensemble des fonctionnaires. C'est la contrainte des « parités externes » qui n'autorise aucune évolution dans un monde où, pourtant, tout bouge sans cesse. Il a fallu attendre le début des années soixante pour que l'administration intègre une qualification de mécanographe... au moment où l'informatique la faisait disparaître. Depuis lors, elle n'en finit pas de courir après les nouveaux métiers de l'ordinateur. Dans le privé, l'apparition du traitement de texte entraînera immédiatement une modification correspondante du secrétariat ; en milieu administratif, il faudra réunir des commissions, négocier longuement et trouver une adaptation du cadre réglementaire pour intégrer cette nouvelle spécialité. Comme le constate le rapport Chevallier, cette règle crée des « rigidités insupportables » et rien ne peut être amélioré sans déroger au statut général de la fonction publique. Or, celui-ci représente pour les syndicats les tables de la loi qui protègent le peuple fonctionnarisé.

Ces cathédrales statutaires ossifiées par la théorie des droits acquis ne se définissent plus qu'en fonction d'exigences propres. Elles ne sauraient évoluer que de l'intérieur et non pas de l'extérieur. Par le haut et non par le bas. Dans sa rigide persistance, cette organisation manifeste la superbe indifférence de tout système bureaucratique au tumulte du monde.

Quand la sclérose n'est pas dans les structures administratives, elle se trouve dans les rapports sociaux. Toute initiative pour se rapprocher de la clientèle paraît une audace suspecte. En 1971, voyant que les entreprises de vente par correspondance tentaient d'établir leurs propres messageries à la gare routière de Garonor, la direction des Postes osa ouvrir un établissement sur place pour répondre à ce besoin spécifique. Les organisations syndicales dénoncèrent cette utilisation du service public au profit de l'industrie privée. Elles obtinrent la fermeture de ce centre en 1977. Du coup, La Redoute puis d'autres sociétés installèrent leurs propres messageries à Garonor, et l'administration postale perdit cette activité. Aujourd'hui même, les syndicats en sont encore à protester contre le courrier à deux vitesses et à préconiser le retour au courrier unique. Il leur paraît suspect d'offrir le choix entre plusieurs services. Tous les postiers doivent être traités de même. Tous les usagers aussi. Ce qui rompt l'uniformité administrative devient bien vite dans le discours syndical des « cadeaux aux grandes entreprises », des « atteintes à l'égalité devant le service public », des « dégradations des conditions de travail », des « remises en cause des avantages acquis », etc.

Si l'on s'en tient aux réactions syndicales, deux systèmes paraissent donc antinomiques. Le premier assure le bonheur des salariés en supprimant l'autorité hiérarchique, multipliant les protections statutaires et isolant la communauté au travail de son environnement. Le second, sous prétexte de productivité, justifie l'autoritarisme et pressure le travailleur soumis à toutes les exigences du marché. Au terme de cette dérive, le syndicalisme est passé de la haine du patron à celle de l'ordre industriel, et de la haine de l'ordre industriel à celle de toute structure ouverte productive. Le prétexte capitaliste est définitivement oublié ; l'ennemi, c'est l'Extérieur.

Dans cette alternative simpliste, il demeure entendu que la prédominance de la contrainte externe se traduit nécessairement par l'exploitation des travailleurs et que, par conséquent, la structure d'entreprise est plus défavorable au travailleur que la structure bureaucratique. Si longtemps qu'on ne sort pas de ce schéma, il n'est de progrès social que dans l'extension du modèle administratif. Si les Français veulent le « J + 1 » et que le « J + 1 » implique des cadences intolérables dans les centres de tri, si les Français veulent un coût moins élevé de l'affranchissement et que ce moindre coût passe par l'abaissement des salaires postiers, si les Français veulent accéder toute la semaine aux services postaux et que ce libre accès prive les agents de tout week-end, si les Français veulent trouver des employés aimables et prévenants et que cette amabilité et cette prévenance naissent de l'autoritarisme hiérarchique, alors les syndicats sont fondés de repousser les exigences extérieures et de poursuivre leur rêve autocentré.

Avant de se laisser enfermer dans ce dilemme, il convient d'en remettre en cause le postulat implicite. Est-il vrai qu'il existe une antinomie insurmontable entre les exigences de la productivité et l'intérêt du personnel ? Pour dire les choses plus simplement : faut-il que les employés soient malheureux pour que les clients soient heureux et inversement ? L'exemple des Postes américaines tendrait à prouver que, sur le simple plan salarial, ce n'est pas le cas. Pour le reste, on peut constater que le postier français n'est pas particulièrement heureux de son sort. Son maigre salaire est la contrepartie de nombreuses servitudes : affectation arbitraire, manque d'initiatives, travail peu intéressant, espoirs de promotion limités, etc. En outre, il n'est pas vrai qu'« on se la coule douce » dans l'administration postale française. Tout y marche suffisamment mal pour que les agents travaillent dur, dans de mauvaises conditions, à un rythme épuisant, dans une tension permanente, avec un médiocre résultat. A l'évidence, l'improductivité ne fait pas le bonheur des travailleurs. Rien n'indique que le conservatisme crispé des syndicats ait enrichi de satisfactions personnelles ou professionnelles les 300 000 agents des Postes.

Pour gagner la bataille de la productivité, il est d'autres recettes que l'arbitraire patronal, la dictature des petits chefs et le travail aux pièces. A la modernisation des techniques doit correspondre celle des rapports sociaux, et si les exemples en sont encore trop rares, ils n'en sont pas moins probants. Lorsque la production est bien organisée, qu'elle est prise en charge par de véritables communautés, libérées de l'autoritarisme hiérarchique, les cadences inhumaines sont pour les machines. Pas pour les individus. Dans les usines les plus productives, on est souvent étonné par l'apparente décontraction du personnel. Tout est si bien conçu, la répartition des tâches entre les hommes et les robots si judicieuse, que la production suit un train d'enfer sans que les employés aient à s'évertuer. Si les bureaux de poste jouissaient d'une certaine autonomie, s'ils étaient bien équipés en micro-ordinateurs et matériel de bureautique, si les procédures étaient simplifiées et mieux adaptées aux besoins de la clientèle, si les machines se chargeaient des tâches fastidieuses et les préposés des tâches nobles, si le personnel avait son mot à dire dans l'organisation de son travail, on ferait diminuer les frustrations de part et d'autre des guichets. Sans accroître les effectifs.

Sans doute les leaders syndicaux se proclament-ils favorables aux techniques modernes, à la recherche de l'efficacité, à la qualité du service. Sans doute même sont-ils sincères, mais ils ne veulent pas voir la contradiction entre leur stratégie et cet objectif. Pour défendre les postiers, il fallait moderniser la Poste. C'est-à-dire s'engager résolument dans la voie du progrès, miser sur la productivité et non pas s'opposer systématiquement à toutes les mutations en se crispant frileusement sur le statut. Pour être efficace, la protection doit être dynamique bien plus que statique.

Avec tous les espoirs et tous les risques qu'elle comporte — les risques étant fort limités dans une structure aussi fortement syndicalisée — la structure d'entreprise est la seule qui offre une voie dynamique dans les activités qui vendent des services. Gribouille d'un nouveau genre, le syndicaliste ressemble à ce maître nageur qui, pour éviter les noyades, interdit toute baignade au lieu d'enseigner la natation. A qui fera-t-on croire que, dans une société nationale de la Poste française efficace et productive, régnerait l'arbitraire patronal, que les directions se conduiraient en maîtres tout-puissants et que les malheureux postiers seraient soumis aux travaux forcés ? Nous avons l'expérience des sociétés nationales. Pour les travailleurs, ce n'est pas l'enfer.

L'entreprise peut s'accommoder d'un statut protecteur pour le personnel, d'une concertation généralisée, d'un pouvoir syndical fort, mais le risque de sous-productivité est permanent. En dépit de ses lourdeurs, EDF, qui eut la chance d'échapper au cadre administratif, a pu préserver un certain caractère industriel. Les électriciens, c'est un fait, sont profondément attachés à leur mission et à leur maison. Pourtant, le fameux statut du personnel paraît être le plus contraignant de tous. Le plus « démobilisateur » aussi. Cette cogestion direction-syndicats impliquant garantie de l'emploi, avancement à l'ancienneté, structures paritaires, permet-elle encore de gérer ? Les responsables de l'EDF l'ont toujours affirmé. L'expérience ne les dément pas. En France, le développement électrique s'est effectué dans des conditions satisfaisantes. Les usagers peuvent trouver coûteux les avantages des électriciens, ils n'ont pas à se plaindre du service. L'endettement catastrophique ne saurait être imputé à l'entreprise car il fut provoqué par les gouvernements successifs, notamment le gouvernement Barre, qui, pratiquant la « politique de l'indice », lui imposa de vendre le courant à trop bas prix et de s'endetter à l'étranger. Si les dirigeants d'EDF avaient pu, comme ils le souhaitaient, faire payer au consommateur la construction du parc électronucléaire, le bilan serait aujourd'hui convenable.

Fidèle à sa politique traditionnelle, la CGT, majoritaire dans la maison, s'est davantage intéressée au personnel qu'à la gestion, laissant à peu près fonctionner la structure d'entreprise. Toutefois, il existe de nombreux points de recoupement. Le recrutement, par exemple. Les syndicats se sont battus pendant des années pour qu'il se fasse à l'échelle nationale. Les directions ont tenu bon et l'ont maintenu au niveau régional. Les promotions aussi. Sous contrôle syndical, il est vrai. Avoir un parent dans la place ou une carte de la CGT dans la poche est un passeport utile sinon indispensable. Mais l'EDF a pu éviter le monolithisme absolu qui étouffe l'administration postale. En outre, le pouvoir est réellement décentralisé. Les chefs de centres jouissent de véritables prérogatives. Certes, rien ne se fait sans la concertation avec les organisations syndicales. Du moins a-t-on quelque chose à discuter.

Mais le vrai critère de l'entreprise, c'est la contrainte extérieure. Elle se fait peu sentir au niveau du public qui, content ou pas, doit en passer par son fournisseur préféré. Mais elle réapparaît, gigantesque, dans les installations techniques : centrales thermiques, barrages et, surtout, centrales nucléaires. On peut toujours traiter un abonné par-dessus la jambe, on ne peut se permettre la moindre incartade avec de tels monstres. Chacun est conscient des responsabilités et des risques. Un sac de courrier qui s'égare, c'est un incident ; une fausse manœuvre dans le pilotage d'un réacteur, ce peut être un accident. Et les électriciens sont les premiers exposés. Lorsque la pression est aussi forte, il n'est plus question de s'endormir dans le ronron administratif. Qu'il s'agisse du choix des hommes, de l'organisation du travail, de la qualité du service, direction et syndicats sont également attentifs et ne s'abandonnent plus à la dictature réglementaire.

L'EDF a surtout bénéficié de circonstances extrêmement favorables qui ont permis d'éviter les pires perversions du système syndicalo-bureaucratique. Le « moral » des troupes a été entretenu par l'aventure électrique. Une industrie noble qui, depuis la nationalisation, a connu une double progression quantitative et qualitative. D'un côté, la production électrique qui n'a cessé de croître à plus de 5 % l'an ; de l'autre, l'épopée du nucléaire qui a pris la relève des grands barrages.

Contrairement au mineur ou au sidérurgiste, l'électricien a toujours bénéficié de courants ascendants. Il n'a jamais connu les réductions d'activité ou d'effectifs, bien au contraire. Poussé par cet esprit de conquête, l'entreprise a même vu trop grand et se retrouvera dans quelques années avec un parc pléthorique de centrales. Heureusement pour elle, le monopole a considérablement réduit les exigences de la compétitivité. En outre, le pari gagnant sur le nucléaire, qui fut mené avec plus de détermination que n'importe où ailleurs, lui permet d'afficher des prix avantageux par rapport à ceux de l'étranger.

L'établissement a dû mettre en place de nouvelles techniques ; par chance celles-ci n'ont pas dégradé le travail, au contraire : électronucléaire, informatique ont nécessité une plus haute qualification du personnel. Cette valorisation s'est largement faite par la promotion interne à base de formation permanente. Seuls ceux qui ne veulent faire aucun effort, qui n'ont aucune ambition de carrière se contentent de l'avancement à l'ancienneté. « C'est avec les secrétaires que nous avons un problème, me disait un directeur, car elles n'ont pas les mêmes responsabilités de promotion que les autres agents. Il faudra introduire rapidement la bureautique pour qu'elles aussi profitent d'une requalification. » Bref, le progrès technique a réintroduit la méritocratie dans un statut qui, de lui-même, incite plus à la langueur qu'à l'ardeur.

Et les syndicats, la CGT en particulier, ne sont-ils pas tout-puissants, trop puissants ? Certes, ils vivent plus que confortablement. Tout le monde le sait. Ils cogèrent le personnel. C'est indiscutable. Ils se livrent à une surenchère corporatiste. Pourtant, la séparation des pouvoirs a sauvegardé l'essentiel. L'impératif industriel a prévalu et l'influence syndicale tend à diminuer. Les agents, bien protégés par leur statut, n'en ont pas un besoin pressant à titre individuel, et, sur le plan collectif, ils ne se mobilisent guère que pour la défense du bienheureux statut. La désaffection frappe même la carrière syndicale. Aux Postes, elle constitue la seule voie intéressante de promotion, ici ce serait plutôt le contraire. Celui « qui en veut » misera sur la formation-promotion bien plus que sur les places de permanent. De ce fait, le niveau intellectuel des représentants diminue, tandis que celui des représentés s'élève. *Last but not least,* la grève n'est plus ce qu'elle était. La coupure brutale et prolongée devient impraticable par temps de crise. Les Français ne supporteraient plus que des grévistes privilégiés les privent d'électricité pendant des jours. Les actions sont donc courtes et presque symboliques. Bref, le syndicat assure la défense extérieure, mais n'a imposé qu'une partie de son projet intérieur.

Cet exemple suffit-il à prouver qu'un pouvoir syndical, fortement marqué de syndicratie, n'est pas incompatible avec le bon fonctionnement d'une entreprise industrielle ? La conclusion serait bien hâtive. Sur le plan social, l'EDF s'apparente aux entreprises japonaises qui couvent leur personnel ; sur le plan économique, elle est encore loin d'atteindre leur efficacité. Des circonstances propices lui ont permis de ne pas se pervertir dans la « fonctionnarisation syndicale » qui entraîne la démotivation des hommes et la sclérose des structures. Mais elles n'en ont pas fait une championne de la productivité. Tant s'en faut. Le rapport 1984 de la Cour des comptes est éclairant sur ce point : « Alors que les ventes d'énergie (hors Eurodif) ne progressaient guère que de 1 % en 1981 et en 1982, les effectifs et les frais de personnel ont connu leur plus forte augmentation : 4,7 et 6,9 % pour les premiers, 6,7 et 6,9 % pour les seconds. La productivité des agents a ainsi tendu à régresser, tant dans le secteur de la production que dans celui de la distribution (...). Dans la distribution, dont les modalités ne se sont pas cependant fondamentalement transformées (...) le coût de fonctionnement par abonné — représentant pour plus des trois quarts des frais de personnel — a ainsi augmenté de 1,8 % en 1980, de 1,7 % en 1981 et de 1,6 % en 1982 en francs constants. De même, le nombre d'agents pour 1 000 abonnés, qui s'était réduit jusqu'en 1980 et stabilisé en 1981 (2,90 %), a tendu à s'accroître en 1982 (2,96 %), pour redescendre, il est vrai, à 2,93 % en 1983. » La paix sociale et l'esprit d'entreprise n'ont été maintenus qu'à un prix élevé. Payé par le consommateur.

EDF n'a pratiquement pas vu la crise. Grâce à une expansion continue du marché et des techniques, elle a continué sur la lancée de la période précédente. Ainsi protégé par la bonne fée électricité, l'établissement a combiné tant bien que mal le pouvoir syndicratique et la vocation industrielle. Il est consternant que la Poste, qui a connu une semblable croissance, n'ait pu atteindre le même résultat.

Mais l'exemple ne saurait être considéré comme probant car la qualité d'une organisation se révèle dans l'adversité. L'industrie du Japon doit se restructurer sans cesse. Comme toutes les autres. Mais on n'en entend jamais parler. C'est sa force. Sa structure d'entreprise ne permet pas seulement d'exploiter le cours favorable des choses, ce qui n'est pas bien difficile. Elle sait également faire face à la tempête. Où en serait l'équilibre syndicalo-industriel de l'EDF s'il avait dû affronter la récession, les fermetures, les reconversions, les compressions d'effectifs, le chômage partiel, etc. ? Cette épreuve de vérité lui a été épargnée. Sans doute est-ce préférable.

Les rigidités de l'ordre syndical français ne s'accommodent que du beau temps et des vents favorables, c'est ce que l'on découvre soudain avec le drame Renault. Cette autre forteresse syndicale a constitué pendant des décennies le modèle de l'entreprise publique. Elle n'enrichissait pas son propriétaire, mais elle se développait de façon satisfaisante. On n'avait guère remarqué que cet heureux résultat correspondait à une conjoncture propice. La Régie ne se heurtait qu'à des concurrents européens, le marché était en forte expansion. Les Français lorgnaient peu sur les voitures étrangères. Au fil des années, la volonté de préserver la paix sociale à tout prix fit oublier les exigences de la compétitivité. A force de ne jamais sanctionner l'incompétence, de mal récompenser le mérite et de toujours ménager la CGT, on s'est installé dans les sureffectifs, la sous-productivité et, pire que tout, l'insuffisante qualité. Le contingentement des importations japonaises n'a pas suffi à préserver le fragile équilibre. Ce fut la chute. Comment les organisations syndicales concevront-elles leur rôle face à cet échec ? Donneront-elles la priorité à la bataille de la productivité, ou bien à l'action contre la collectivité ? On a déjà vu la CGT proposer que les acheteurs de voitures Renault puissent payer leur essence moins cher... aux frais de qui ? Toute une philosophie. Qui porte en germe la mort de la Régie. Car une mauvaise stratégie de défense constitue désormais la pire des menaces pour les travailleurs.

CHAPITRE XII

La guerre extérieure

Dans le plus grand secret, les inspecteurs avaient mis les aéroports d'Orly et de Roissy sous surveillance. Ils connaissaient les points de livraison, les horaires d'arrivée ; ce 28 février 1984, ils passèrent à l'action. L'effet de surprise fut total, les prises importantes. Le mérite de la victoire ne revenait ni aux douanes, ni à la police, car il ne s'agissait ni de contrebande, ni de criminalité. Le butin saisi n'était que du courrier, et les inspecteurs appartenaient aux P. et T. Cette opération « coup de poing » visait à défendre le monopole postal mis à mal par les coursiers internationaux. Dans le lot des documents saisis et qui, à titre de représailles, restèrent quelques jours en souffrance, se trouvaient : les pièces indispensables au déchargement d'un navire dans le port de Marseille, un certificat attendu par les techniciens de Toulouse pour réparer l'avion du président Bongo, et des notes confidentielles que le président de la République avait fait demander au consulat de France à Los Angeles afin de préparer une prochaine visite aux Etats-Unis.

Les coursiers internationaux sont nés aux Etats-Unis il n'y a guère qu'une dizaine d'années. Ils répondaient à un besoin nouveau que les Postes ne satisfaisaient pas : l'acheminement de documents, c'est-à-dire d'objets uniques dont le transport nécessite une attention particulière. Un connaissement de navire, un devis pour appel d'offre international, les plans d'une usine à construire, des effets bancaires qui se chiffrent en millions de dollars, des bandes magnétiques portant des programmes secrets, les instructions d'une société mère à ses filiales, etc., doivent parvenir à heure fixe et à bon port. Impérativement. Une exigence qui risque de sombrer dans les milliards d'objets du flot postal. Des entreprises se sont donc créées pour prendre en charge ce courrier « haut de gamme ». Elles n'hésitent pas à le faire convoyer du départ à l'arrivée afin de certifier la livraison dans les meilleurs délais. Le coût de ce transport est très élevé, mais il reste modique comparé à la valeur des pièces. Lorsqu'elle signa le contrat pour l'université de Riyad, la société Bouygues emprunta le Concorde pour faire transporter son chèque... de 500 millions de dollars, il est vrai. Bref, il existe une demande solvable et rentable qui a permis aux coursiers d'atteindre en une décennie le chiffre d'affaires impressionnant de 4 milliards de dollars.

Ce courrier de luxe étant pour une large part international, les grandes compagnies américaines ont dû s'équiper d'une flotte aérienne transcontinentale qui survole le monde entier et se sont heurtées un peu partout au monopole postal. Elles ont argué de leur spécificité, faisant valoir qu'elles assuraient un service particulier. L'argument fut plus ou moins entendu selon les pays. La Grande-Bretagne de Margaret Thatcher s'est ouverte sans trop de mal. L'Allemagne fédérale a fait de même sous la pression des autorités européennes. La France, on s'en doute, a résisté. D'autant que des coursiers nationaux, tel Jet Service, se sont déjà permis de braver nos facteurs officiels en faisant le transport rapide des « colis », objets non inclus dans le monopole. Une frontière bien floue et toute juridique. Les banques recevaient sous forme de « lettres » des effets bancaires qu'elles rassemblaient en « colis ». Le poids suffisait-il à changer la nature de l'envoi ? La direction des Postes ne l'entendait pas de cette oreille, et prétendait même enfermer dans sa chasse gardée tout le matériel informatique.

Pour mener cette bataille, l'administration put compter sur l'appui résolu des syndicats. En 1981, le congrès des postiers FO demandait au gouvernement « qu'il assure la défense du monopole confié à la Poste et qu'il s'oppose à ce que celui-ci soit entamé par des " achemineurs et distributeurs " privés, généralement connus sous le nom de " sociétés de course " dont le nombre ne cesse de s'accroître. En ce sens des décisions urgentes sont nécessaires pour enrayer la tendance actuelle. De plus, selon le Congrès, l'Etat doit étendre le monopole dans la perspective des prestations nouvelles que permettront l'informatique et la télématique (notamment la télécopie et la téléimpression) ». A plusieurs reprises, les véhicules de Jet Service furent interceptés et mis à mal par des commandos de postiers. Une tolérance de fait fut en définitive accordée qui permit aux coursiers nationaux de vivre aux marges du service public. Dans toutes les grandes villes, des entreprises privées, en infraction plus ou moins ouverte avec l'ordre monopolistique, s'offrent à porter des plis urgents. Et les Chambres de commerce, lassées des grèves dans les Postes, rêvent toujours d'organiser des messageries privées au service des entreprises. Les syndicats, pour leur part, font constamment pression sur la hiérarchie pour qu'elle redouble de pugnacité dans la défense du territoire postal.

C'est dire que les coursiers internationaux furent accueillis avec des fourches lorsqu'ils prétendirent exercer leurs activités dans l'Hexagone. Au terme d'un compromis passé en 1980, ils obtinrent pourtant l'autorisation de travailler... sous condition de payer tribut aux P. et T. Porté par le besoin, le développement fut très rapide. Entre la mi-1982 et la fin 1983, l'américain DHL International, numéro un mondial, a doublé son trafic en France où il emploie plus de 400 personnes. L'administration, mise au défi par ce succès, réagit en créant ses propres services — Postadex, Villexpress — pour satisfaire cette demande. En 1984, elle rompit unilatéralement l'accord de 1980 — mais entre-temps était intervenu le 10 mai 1981 et le renforcement du pouvoir syndical aux P. et T. — et décréta que les coursiers internationaux ne pourraient plus opérer que dans la capitale. Pour la province, ils devraient remettre le courrier aux P. et T. qui se chargeraient du transport en territoire français. Les sociétés privées tempêtèrent en faisant valoir qu'on les payait précisément pour ne pas passer par les Postes, elles firent sonner le tocsin au ministère du Commerce extérieur, se répandirent dans la presse sur le mode tragique : peine perdue, Louis Mexandeau, tenu en respect par ses syndicats, se montra intraitable. Il ne livrerait pas le service public aux intérêts privés.

Le syndicalisme est fasciné par le monopole. Partout et toujours, sous les prétextes les plus divers, dans les circonstances les plus variées, il manifeste son aversion du marché, son goût des positions hégémoniques qu'il conquiert, défend ou étend avec la même obstination farouche. Cette action, qui s'apparente à celle d'un groupe de pression et qui n'a plus rien à voir avec la confrontation patronat-salarié, tend à devenir prioritaire dans le secteur public. La fonction extérieure, pendant de la fonction intérieure qui consiste à imposer l'ordre bureaucratique. Elle se conduit le plus souvent en accord avec la hiérarchie. Directions et personnels constituent une sorte d'Union sacrée dont le ministre de tutelle, tel Louis Mexandeau, peut même à l'occasion prendre la tête. Car la convergence d'intérêts qui bute sur la « collaboration de classes » dans l'entreprise ne semble plus soulever de difficultés lorsqu'il s'agit de se coaliser face à la collectivité.

La télévision offre un excellent exemple de cette stratégie. La mainmise de l'Etat sur l'image électronique, plus ou moins camouflée par des statuts de l'audiovisuel, avait pu se justifier aux temps héroïques de la pénurie. L'explosion des techniques — câbles, satellites, magnétoscopes, vidéo légère — la rend aussi aberrante que la nationalisation de l'écrit. Imagine-t-on un Etat contrôlant les maisons d'édition, les organes de presse, les imprimeries et les messageries ? Tel est pourtant l'idéal défendu par les syndicats dans l'audiovisuel. N'y voyez pas le spectre inquiétant du totalitarisme, mais seulement la réalité bien vivante du corporatisme. Tout le monde s'est coalisé du sommet à la base pour mener cette bataille : directions et cadres techniques défendent le monopole de diffusion tandis que les syndicats de personnel protègent le monopole de production.

Depuis dix ans, les responsables de TDF affirment, péremptoires, que les fréquences hertziennes disponibles ne permettent pas de diffuser plus de trois chaînes. Certains s'étonnaient qu'avec la même technique et les mêmes contraintes, les pays étrangers trouvent davantage de place, mais l'autorité des spécialistes ne souffrait pas la contestation. Pour dépasser les trois chaînes, il faudrait recourir au câble ou au satellite. Sur ces entrefaites, la Direction générale des télécommunications, administration fort impérialiste, tenta de faire main basse sur la nouvelle télévision grâce à la fibre optique. Pour préserver son pouvoir, TDF se fit le champion du satellite. Mais les déboires, les retards et les surcoûts de la fibre remirent en cause l'OPA des télécommunications sur la télévision. C'est alors que le patron de la DGT lança une superbe peau de banane sous les pieds de ses adversaires. Il expliqua que le satellite de diffusion n'avait aucune utilité dans l'immédiat, car les fréquences hertziennes disponibles permettaient de lancer les nouvelles chaînes... en attendant que la fibre soit prête.

Les responsables techniques de notre télévision ont manifesté une incroyable boulimie de mégahertz. Pour permettre à chaque Français de regarder le journal de sa région et non pas celui de la région voisine, pour supprimer la moindre tache d'ombre et, toujours poussés par le pouvoir politique, ils ont multiplié les émetteurs : de préférence surpuissants et omnidirectionnels. Or le champ de réception comprend un périmètre restreint dans lequel le signal assure une bonne image et un périmètre plus vaste dans lequel il peut être capté, mais non plus utilisé. Il faut donc changer constamment de fréquences pour éviter les interférences. Le service public a dévoré le spectre à belles dents. Ce maillage de luxe assura une excellente couverture mais coûta fort cher et, comme par hasard, ne laissa pas grand-place inoccupée. En dépit de ce gaspillage, il restait des canaux disponibles. Combien, lesquels et dans quelles zones ? Le secret était mieux gardé que le code de la bombe atomique. Même la Haute Autorité ne put se faire communiquer l'état exact de notre espace hertzien. On sait tout de même qu'il y a toujours eu place pour l'initiative privée.

Tandis que les services techniques verrouillaient la diffusion, les syndicats, eux, se battaient sur la production. Tout recours à des entreprises privées, qu'il s'agisse de prestataires de services ou de producteurs d'émissions, est dénoncé comme un scandale : le personnel des sociétés publiques est propriétaire de tout le travail lié à l'audiovisuel. Antienne de tous les psaumes revendicatifs, la défense du monopole ne s'accommode d'aucun accroc. FR 3 ayant invité des jeunes à présenter des œuvres originales, on a même vu les syndicats de réalisateurs, toute honte bue, exiger et obtenir que l'opération soit récupérée par ses membres. La compétition : voilà l'ennemi. Lorsque le président de la République donna le feu vert aux télévisions privées, les syndicats lancèrent des cris d'alarme : on massacrait le service public, on tuait la création.

Chaque fois que l'initiative privée veut aller sur les brisées d'une grande administration ou d'une société nationale, c'est le même réflexe qui joue. Comment ne pas voir une volonté corporatiste autant qu'idéologique dans l'acharnement de la FEN à nationaliser l'enseignement privé ? Il s'agit d'installer l'école publique en position monopolistique et de cantonner le secteur privé dans le ghetto des collèges pour riches afin que les parents ne puissent plus dire : « J'en ai assez du public, je mets les enfants dans le privé. » Partout et toujours, les syndicats combattent la cohabitation public-privé. Que craignent-ils ? La contagion du capitalisme ou le défi du libéralisme ?

Il est vrai qu'entre les deux secteurs, la partie peut n'être pas égale. Reprenant l'argument des syndicats, Louis Mexandeau fait valoir que les coursiers visent le courrier d'entreprise hautement rentable, mais se gardent bien d'aller porter les lettres au tarif ordinaire dans les fermes dispersées du Massif central. De même, les cliniques choisissent-elles les malades et les interventions qui permettent de réaliser des profits. Et les écoles privées risquent de ne prendre que les enfants « faciles » en laissant dans les écoles publiques une proportion encore grande d'élèves « à problèmes ». Bref, une concurrence anarchique peut conduire un secteur à réaliser les bénéfices faciles et l'autre à cumuler les problèmes insolubles et les pertes croissantes.

Mais la démonstration se retourne aisément. C'est en raison de leur force et non pas de leur faiblesse que les arsenaux d'Etat se voyaient interdire de soumissionner aux appels d'offres commerciaux. Travaillant à la marge sur un outil de production qu'ils amortissent par ailleurs, n'ayant pas à dégager de profits pour rémunérer des propriétaires, ils livrent une concurrence déloyale aux entreprises privées. Lorsque fut créée la Société française de production, beaucoup de producteurs indépendants redoutèrent ce colosse qui, fort de ses prérogatives multiples, de ses commandes obligées, de ses moyens de pression considérables, attaquait le marché sans devoir rémunérer le capital. C'était une course de handicap dans laquelle le plus fort paraissait aussi le moins chargé. Comme prévu, la SFP a cassé beaucoup de porcelaine dans le bazar de l'audiovisuel, mais, bien souvent, ses « succès » tinrent plus aux privilèges qu'à la productivité. On s'est habitué à la voir présenter des devis plus chers. Et emporter le marché.

La concurrence entre public et privé demande donc à être organisée. On ne peut admettre que des organismes déficitaires et subventionnés cassent les prix, que des services publics abusent de leurs prérogatives et pas davantage que des obligations soient imposées sans être compensées ou que le public le plus riche soit le seul à être servi. Si l'on retirait à l'administration postale son exclusivité, il faudrait prendre en charge le ruineux transport de la presse ou la desserte des zones rurales. C'est évident, et nul ne conteste les subventions versées à la SNCF en dédommagement des « tarifs sociaux » qu'on l'oblige à pratiquer. Mais en soulignant ces difficultés — très réelles au demeurant —, le syndicalisme ne vise pas l'aménagement, mais la suppression de la concurrence. De toute concurrence.

En 1974, lorsque l'ORTF fut remplacé par TF 1, Antenne 2 et FR 3, les syndicats poussèrent de hauts cris. Bien qu'elle ne remette pas en cause le caractère public de notre télévision, la seule instauration d'une émulation sans véritables sanctions paraissait incompatible avec le service public. Il ne suffisait pas que l'audiovisuel soit enfermé dans le monopole, il fallait encore qu'il soit monolithique. Le scénario s'est reproduit à l'identique, nous le verrons, lorsque le Collège de France préconisa d'introduire l'autonomie et la concurrence dans notre système d'enseignement. Cette peur de la compétition ne saurait s'exposer à mots découverts, c'est donc au nom du public et non pas des professionnels que l'on dénigre la concurrence et célèbre le monopole. L'une se ferait au détriment de la qualité et au seul profit des riches, l'autre, au contraire, offrirait à tous les meilleures prestations au plus juste prix.

A la télévision, tout le monde sait cela. Qu'il était beau le monopole, le vrai ! Tous les anciens cultivent la nostalgie des années cinquante-soixante quand il n'y avait qu'une seule chaîne. « Cinq Colonnes à la une », « Les Perses », « Lecture pour tous », l'école des Buttes-Chaumont... l'âge d'or du service public. Avec la multiplicité des chaînes, un ver s'est introduit dans le fruit : le « taux d'audience ». Il suffisait de faire une émission, il a fallu gagner un auditoire. Comme l'a dit notre ministre de la Communication, Georges Fillioux : « La notion de taux d'écoute est incompatible avec la notion de service public. » Les syndicats n'ont pas de mots assez sévères pour flétrir « la course à l'audience ». Laisser les téléspectateurs juges des œuvres qu'on leur propose, leur permettre de bouder celles qui leur déplaisent, quelle régression !

L'obligation d'écoute, reconnaissons-le, est la plus contraignante qui soit. Lorsque s'ajoute l'obligation de productivité, que l'on compare les devis avant de comparer les audiences, alors le métier est foutu. Si encore cette frustration des professionnels assurait la satisfaction des téléspectateurs ! Rien n'est moins assuré. D'action en violence, de distraction en vulgarité, de sensationnalisme en voyeurisme et d'érotisme en pornographie, la surenchère des sous-programmes peut conduire à la mort de toute création. Les procureurs de la concurrence débridée appellent à la barre des témoins la dépouille de feu le cinéma italien. Notre hégémoniaque télévision d'Etat offre, c'est indiscutable, un meilleur spectacle que ce déferlement inorganisé de l'audiovisuel.

Avec ce genre de démonstration, il suffit d'invoquer un intérêt supérieur de service public pour condamner tout recours à l'initiative privée ainsi qu'au marché concurrentiel. Mais cette présentation ressemble un peu trop à la carte forcée. Avant de l'accepter, il n'est pas interdit d'en vérifier le bien-fondé. Sur le plan culturel justement, voit-on que la loi du marché ait des résultats si déplorables ? Dans une production fort inégale, on trouve des journaux, des magazines, des livres, des films, des disques, des chansons de qualité. Qui peut le nier ? Il en est aussi de fort mauvais et qui ont du succès. Nul ne le conteste. L'initiative privée mêle toujours le meilleur et le pire. Mais le « show biz » a-t-il empêché la chanson de rendre au peuple une poésie que les littérateurs avaient fait sombrer dans l'hermétisme ? Trenet, Prévert, Ferré, Brel, Béart et tant d'autres sont-ils des enfants du monopole ? Est-ce en misant sur la vulgarité, le sexe et la rigolade que Gallimard est devenu une affaire en or ? Les livres en format de poche n'ont-ils pas démocratisé la lecture tout en enrichissant les éditeurs ? Oserait-on soutenir que le théâtre subventionné a produit plus de pépites et moins de déchets, qu'il a touché plus sûrement les auditoires populaires ?

Entre Mozart et Saliéri, c'est le public qui a fait la différence et non pas ceux qui prétendaient régenter le bon goût. Le bon peuple sut passer de Joséphine Baker et Tino Rossi à Charles Trenet et Edith Piaf sans que l'on interdise les premiers, sans même que l'on ait à verser des subventions. Beaucoup de talent et même un brin de génie suffirent.

Rien ne prouve que ce soit en fermant le jeu, en faisant contrôler la production de l'intérieur, en coupant la rétroaction créateur-public qu'on fasse vivre la culture ou qu'on améliore une production. Tout indique au contraire qu'un art, une technique ou une industrie qui n'ont plus à rechercher le public tendent à dégénérer. Croire que la qualité peut être reconnue et préférée plutôt que décrétée et imposée, c'est le difficile pari de la concurrence, un pari auquel les professionnels sont toujours tentés de se dérober.

Mais la soif monopolistique va bien au-delà des secteurs « stratégiques » et de ces mythiques « produits-qui-ne-sont-pas-des-produits-comme-les-autres ». La France est le seul pays au monde qui interdise aux particuliers la fabrication des allumettes. S'agit-il de protéger un secret de la Défense nationale ? Le monopole répond parfois à une nécessité, quelquefois à une utilité et, bien souvent, au hasard des circonstances et des luttes d'influence. La concurrence est admise pour l'assurance-auto, l'assurance-vie, l'assurance-santé complémentaire mais exclue pour la constitution des retraites et assurances-maladie principales. Pourquoi ? Les mutuelles ont vite fait de répondre en revendiquant l'exclusivité dans tout ce secteur et l'interdiction des compagnies commerciales.

Ainsi le monopole est-il rarement « justifié » ; quant à la concurrence, elle n'est pas nécessairement « sauvage ». Sinon, comment l'admettrait-on dans les industries aéronautiques et pharmaceutiques ? Il est tout de même plus grave d'avaler un médicament dangereux ou de monter dans un avion peu fiable que de regarder une émission stupide. Pourtant, nous confions nos vies aux produits du marché. Car il n'est pas besoin d'instaurer un monopole pour imposer des normes de fabrication très strictes. Dans tous les domaines, il est possible d'édicter des codes déontologiques, des règles sévères, des cahiers des charges et de les faire respecter afin d'éviter « la sauvagerie concurrentielle ». Il est encore vrai que le marché trahit les besoins sociaux en les réduisant à la demande solvable et risque de ramener toute relation humaine à un échange commercial. Là encore, il est bien d'autres moyens d'éviter les perversions de la société marchande que de tomber dans l'économie administrée. Mais les syndicats préfèrent toujours le monopole à cette concurrence organisée. Il s'agit du choix fondamental.

A quoi bon se donner tant de mal pour retirer au patron une carotte et un bâton que les clients reprennent d'une main si ferme ? Tant que la Poste est seule à transporter des lettres, la gestion syndicalo-administrative peut subsister. Mais si une rivale, de type britannique ou américain, venait la défier et permettait aux usagers de transformer chaque lettre en bulletin de vote, alors il faudrait abandonner l'« inorganisation » actuelle et, à marche forcée, atteindre la compétitivité pour assurer la survie. Cette pression du public bouleverse donc toute la structure interne. L'organisation autocentrée cède la place à une organisation extrovertie, le dynamisme l'emporte sur le conservatisme, l'usager sur le salarié. C'en est fini de l'ordre bureaucratique qui fonde le pouvoir syndicratique.

Pour justifier cette soif monopolistique, le syndicalisme prétend être l'avocat du public qui résout en lui-même le conflit Intérieur-Extérieur. Vaine prétention, il existe toujours une distance considérable entre le point de vue des professionnels et celui des utilisateurs. Dans la télévision, par exemple, les premiers voient un instrument de travail dont le bon fonctionnement est lié au métier autant qu'au produit. Ils prétendent faire de la création et pas seulement de la transmission, c'est-à-dire mettre en œuvre toutes les techniques de la vidéo et, plutôt que de diffuser des films, des débats, des œuvres étrangères, des événements sportifs ou des spectacles, réaliser des fictions originales, des grands reportages, des variétés « mises en images », des grands documentaires, etc., dans la tradition du service public. Toute crise de la télévision sera ramenée à une crise « de la création ». Il s'agit là d'une haute ambition professionnelle qui peut donc s'afficher comme telle. Mais le public ne partage pas nécessairement cette façon de regarder. Il souhaite avoir le choix entre des chaînes publiques et des chaînes privées, il donne la priorité à la distraction qui, sans exclure les œuvres de création, se traduit souvent par des émissions à faible « valeur professionnelle ajoutée » ou, au contraire, par des films dont la réalisation, fort complexe, échappe aux travailleurs de la télévision. Pour ceux qui aiment le métier, c'est assez décevant.

On retrouve le même décalage dans tous les secteurs : la demande varie selon qu'elle est définie par l'acteur qui la produit ou le système qui la reçoit pour reprendre la formulation de Michel Crozier [57]. Les syndicats doivent absolument masquer ces divergences. Pour y parvenir, ils revendiquent systématiquement une extension et une amélioration des prestations. C'est le maintien des lignes secondaires à la SNCF, des classes dépeuplées à l'Education nationale et, plus généralement, de toutes les installations déficitaires ; c'est l'accroissement du nombre des agents dans les rues, des infirmières dans les hôpitaux, des fonctionnaires dans les administrations, des travailleurs sociaux un peu partout. Ces propositions ne peuvent qu'attirer la sympathie, mais elles ne font qu'esquiver le conflit.

Si l'on revient à la télévision, les téléspectateurs applaudissent lorsqu'on propose de multiplier les émissions de prestige, de faire à longueur d'année ces « programmes de fêtes » aussi agréables à fabriquer qu'à regarder. Mais cette politique ambitieuse et séductrice impliquerait une forte augmentation de la redevance. Les Français sont-ils disposés à payer plus pour le petit écran ? Ils applaudissent de même les hôpitaux plus nombreux, les écoles plus modernes, mais sans en accepter la contrepartie fiscale. Pour réconcilier ceux du dedans et ceux du dehors, on cache les prix et les payeurs.

Quelle que soit l'administration, ou le service public, quelle que soit l'époque, quel que soit le problème posé, le syndicat répond toujours : « manque de moyens, manque d'effectifs ». Bien que l'Etat n'ait cessé d'accroître le nombre de ses agents, que la pléthore soit évidente dans certains services, que les budgets augmentent sans cesse, il manque toujours du monde et de l'argent. Accroître les effectifs et les budgets, c'est la purge et la saignée de nos thérapeutes syndicaux. Jamais, au grand jamais, ils n'ont pu reconnaître qu'ici ou là le personnel est en surnombre, voire en nombre suffisant. Les embauches massives et absurdes faites par le gouvernement socialiste en 1981-1982 n'ont en rien diminué cette boulimie. Doublerait-on le nombre des fonctionnaires et agents des services publics qu'il serait toujours insuffisant. Un argument ainsi rabâché, galvaudé, transformé en slogan passe-partout ne peut que ruiner le crédit de ceux qui l'utilisent encore. Mais il traduit si parfaitement le conservatisme syndical qu'il est devenu rituel comme l'*Internationale*. Inusable à force d'insignifiance. Dans un sondage récent, les Français, qui dissocient toujours ce qu'ils reçoivent de ce qu'ils payent, citaient encore ce manque de moyens et d'effectifs comme la première cause du mauvais fonctionnement des services publics.

C'est de bonne guerre, serait-on tenté de dire. Un avocat a le droit de recourir à quelques ruses pour défendre son client. Malheureusement, celles-ci ne sont pas innocentes et cette stratégie a pour résultat d'aggraver les conflits et de bloquer la voie naturelle du progrès : la recherche de la productivité au service du public. Entre les aspirations des professionnels et celles des consommateurs, il existe un point de convergence que l'ordre syndicratique ne permet jamais d'atteindre.

La démonstration en a encore été apportée dans le domaine hospitalier. Depuis quinze ans, l'habitude s'était prise de voir le budget de l'hospitalisation grimper d'année en année. Vertigineusement. En 1970, il représentait 44,8 % des dépenses de santé. En 1982, on atteignait 57,5 %. Il paraissait acquis que l'amélioration des soins était à ce prix. Lorsque le gouvernement socialiste entreprit de mettre plus de rigueur dans la gestion des hôpitaux, que le directeur de la santé, Jean de Kervasdoué, parla de « gérer dans une logique d'entreprise », tout le petit monde hospitalier, des syndicats à l'inévitable professeur Minkowski, poussa les hauts cris. « On ne peut pas mettre la santé en équation », annonça sentencieusement André Bergeron.

Pourtant, la réforme entra en vigueur avec le remplacement de l'inflationniste « prix de journée » par le sévère « budget global ». Le résultat ne s'est pas fait attendre : le taux de progression des dépenses est passé de 13,4 % en 1982 à 7,6 % en 1984 et ne devrait pas dépasser 5,7 % en 1985. Les organisations représentatives prétendirent que ces économies s'étaient faites sur le dos des malades. Pour en avoir le cœur net, le gouvernement confia une enquête conjointe à l'Inspection des finances, à l'Inspection des affaires sociales et à un cabinet privé. Un triple regard qui certifie le sérieux des conclusions. Le rapport, remis au début de 1985, prouve que la qualité des soins n'a nullement été affectée par cette rigueur.

Pour maîtriser les dépenses, il a suffi d'améliorer — ou plus modestement de pratiquer — la gestion. D'un établissement à l'autre, les gains n'ont pas été réalisés sur les mêmes chapitres. Chauffage, nourriture, consommation médicale, gestion du personnel, informatisation, réorganisation des services, appel à la sous-traitance... chacun a joué sur son propre registre. Ce qui donne à penser que les gisements de productivité sont nombreux et que chaque hôpital a encore bien des filons à exploiter. Les malades n'en ont pas souffert. Le personnel hospitalier non plus. Les syndicats, dont le pouvoir fut renforcé en 1981-1982, n'auraient pas permis que l'on aggrave les conditions de travail.

La comparaison avec les systèmes de santé privés (les HMO *), qui en Amérique se développent sur le modèle des entreprises, prouve que cette bataille de la productivité ne fait que commencer. En réduisant la durée des hospitalisations, en serrant les prix du matériel et des médicaments, en séparant la fonction hospitalière de la fonction hôtelière, etc., les gestionnaires américains ont des prix de revient qui sont inférieurs d'un quart, voire d'un tiers, à ceux du service public français. La concurrence sévère que se livrent ces organismes a per-

---

* Health Maintenance Organizations.

mis d'éviter que ces économies se réalisent au détriment de la clientèle. De même, la Sécurité sociale coûterait-elle moins cher si l'on simplifiait les procédures en réduisant le nombre des régimes ou bien en supprimant l'absurde vérification des droits avant remboursement. Là encore, les employés ne devraient pas en souffrir.

Faute d'intégrer le progrès socio-technique comme réponse non antagoniste aux oppositions Intérieur et Extérieur, le syndicalisme s'enferme dans le monopole et transforme des conflits mineurs en conflits majeurs. En identifiant le social à la défense conservatrice des producteurs, il s'engage dans une logique antiéconomique. La « société des travailleurs » ne peut plus se réaliser que sur le dos des consommateurs. C'est le cul-de-sac.

Vendeur de protection, le syndicalisme se méfie des solutions progressistes qui lui paraissent être de compétence patronale et le conduiraient à remettre en cause toute sa stratégie. Il incite donc les salariés à reporter sur la revendication les espoirs qu'ils ne mettent pas dans la productivité. La nouveauté est ressentie comme une menace, le public comme un adversaire, la concurrence comme une malédiction et la conservation de l'acquis comme une garantie pour l'avenir. Le monopole devient alors le refuge idéal. L'augmentation des moyens et des effectifs, l'universelle solution.

Pourtant le monopole n'est pas la Terre promise des travailleurs, et les situations privilégiées ne s'y gagnent que de haute lutte. Les syndicats ne manquent jamais de le souligner et ils ont raison. Le paradoxe n'est qu'apparent. La disparition du marché n'entraîne pas celle de la contrainte extérieure et des moyens de commandement. Le gouvernement n'est pas libre de tout concéder à ses agents. Il doit compter avec ses électeurs tout comme le patron avec ses clients. Ceux-ci n'admettent pas plus une hausse des impôts ou des tarifs, que ceux-là une hausse des prix. D'autre part, les mécanismes concurrentiels ne sont pas les seuls outils de contrainte. L'Etat-patron jouit de sa propre autorité et n'hésite pas à en jouer pour tenir serrés ses serviteurs. Ces derniers, il est vrai, disposent d'énormes moyens de pression puisqu'ils peuvent paralyser le pays en bloquant les grands réseaux de transport, d'énergie, de communication ou du commerce qu'il contrôlent. Mais le maniement d'armes aussi puissantes est fort délicat. Les salariés des grands monopoles n'ont pas déclenché de grève « au finish » depuis plusieurs années. Les débrayages sont toujours très limités dans le temps et situent la confrontation au niveau du symbole plus que de l'affrontement véritable.

La sortie du marché ne fait donc pas disparaître la confrontation sociale mais elle en change les règles. Le jeu revendicatif devient beaucoup plus compliqué, surtout lorsqu'on prétend conduire cette action corporatiste sous couvert de l'historique combat entre capitalistes et prolétaires.

Exemple de cet art de toujours viser par la bande, l'appel pathétique : « SOS avant le naufrage de l'aide ménagère aux personnes âgées », que l'on vit apparaître sur une pleine page de publicité dans les quotidiens au printemps 1984. Il était expliqué que l'assistance apportée à 500 000 personnes âgées par 100 000 aides ménagères se trouvait « gravement menacée » parce que l'Etat entendait réduire son effort dans ce domaine. Les conséquences s'annonçaient tragiques, notamment pour ces vieilles personnes qui se retrouveraient abandonnées ou devraient être parquées dans des hospices ou à l'hôpital. La solution consistait évidemment à « accroître les moyens financiers... ». On l'aurait imaginé. A la suite de cet appel, nombre de retraités durent écrire dans les ministères et au palais de l'Elysée pour protester. Les syndicats d'aides ménagères avaient eu la grande habileté de ne pas signer ce texte présenté par les associations qui distribuent cette aide sociale. L'appel venait des employeurs et ne faisait nulle allusion à des revendications de travail habituelles. Ces « patrons » sont d'un genre un peu particulier puisqu'il s'agit d'associations qui se contentent de dépenser l'argent que la collectivité — Etat, caisses de retraite, collectivités locales — leur alloue. Plus elles sont subventionnées et mieux elles peuvent payer leurs employés.

Ces « associations » ne font donc que s'interposer entre les payeurs et les employés. Elles n'entretiennent pas avec eux de vrais conflits. Ce système ne favorise guère la bonne gestion. D'autant que l'autorité de tutelle est trop lointaine. Le ministère décida de faire distribuer l'aide par les collectivités locales mieux à même d'en contrôler le bon usage. Mais au préalable une convention collective nationale devait fournir aux salariés un cadre de référence et de protection. Les syndicats n'appréciaient guère cette réforme et, en outre, se voyaient imposer un très maigre 1 % d'augmentation salariale qui justifiait à coup sûr leur mécontentement. Après avoir lancé des mouvements de grève, ils bénéficièrent de cette campagne qui avait toutes les apparences de ne défendre que les personnes âgées et non pas les aides ménagères. Il n'était pas inutile de voir des milliers de personnes âgées réclamer un accroissement des budgets sociaux pendant que se déroulaient les négociations salariales. L'intérêt particulier de l'Intérieur disparaissait sous l'intérêt général de l'Extérieur.

Pour noyer ces contradictions, le discours syndical entretient dans le secteur public une mentalité d'assiégés. L'administration et les sociétés nationales sont toujours attaquées, dénigrées, calomniées et mènent un combat éprouvant contre d'obscures forces du mal. Sur ce thème, les outrances cégétistes sont bien connues, mais FO n'est pas en reste. André Bergeron, lors du congrès de 1984, reprochait au gouvernement de ne pas voler au secours de ses employés victimes d'agressions. « Face à la campagne de dénigrement visant les fonctionnaires, il avait le devoir de défendre ses agents. En ne le faisant pas, il laisse mettre en cause un des éléments essentiels de notre société républicaine. »

Ces menaces qui pèsent en permanence sur le service public ne se limitent pas à d'abominables campagnes de presse. A l'arrière-plan se trouvent des intérêts privés, des grands trusts, qui veulent le dépecer ou bien au contraire le vampiriser. L'EDF et les PTT sont accusés de « faire des prix » scandaleusement bas aux industriels. Les études les plus sérieuses démontrent, au contraire, que ce sont les tarifs « publics » qui ne sont pas assez élevés, mais qu'importe ! Le fait que les entreprises privées soient plus rentables que les entreprises publiques prouve que les premières parasitent les secondes. Qu'on « privatise les profits et socialise les pertes ». L'idée que les unes soient plus productives que les autres n'est même pas envisagée. Toute association avec des sociétés privées est dénoncée comme une braderie et un dépeçage.

En écoutant ce discours aux limites de la paranoïa, on oublierait l'impérialisme dont l'Etat, fortement poussé par le colbertisme de nos technocrates, a toujours fait preuve. La création d'un groupe comme Elf, la croissance du CEA, la nationalisation « rampante » de nombreuses sociétés rachetées par des banques d'Etat ou des sociétés nationales, la poursuite des ruineux « grands programmes », bref, toute l'extension du secteur public avant 1981 n'empêchait pas de dénoncer perpétuellement le complot. Les nationalisations de 1982 et la venue au pouvoir de la gauche n'ont pas atténué cette maladie de la persécution. Car la menace extérieure est indispensable pour renforcer la nécessité de la protection syndicale, mobiliser une base qui risquerait de s'endormir dans ses garanties statutaires et arracher des avantages que la collectivité ne concéderait pas à une corporation satisfaite.

Dépassant la simple action de relations publiques, la FEN a tenté de mettre le pays tout entier sous influence. Elle a lancé dans le jeu politique la puissance énorme de son réseau social : MAIF, CAMIF,

CASDEN, Ligue de l'enseignement, Fédérations Léo Lagrange et groupes mutualistes. Sous les formes les plus diverses, elle a fourni au parti socialiste l'appui décisif qui l'a conduit au pouvoir. L'opération a réussi au-delà de toutes les prévisions, mais les dividendes n'ont pas été à la mesure des espérances. L'objectif, le monopole laïc, n'a pu être atteint. Du coup, les réformes de la gauche ont laissé les syndicalistes sur leur faim. Quelques généreuses subventions à la nébuleuse FEN représentent une maigre rétribution pour de si grands services.

Les dirigeants syndicaux n'évoquent qu'à mi-mot dans leurs discours cette violation du pacte politico-corporatiste ; les militants, eux, le disent beaucoup plus crûment. Au Congrès du SNESup de 1984 à Toulouse, un syndicaliste lançait de la tribune : « Ce gouvernement que nous avons porté au pouvoir nous bafoue. » Tandis qu'un autre se demandait : « Pourquoi M. Savary s'obstine-t-il à faire des cadeaux à la droite, à des gens qui ne voteront jamais pour lui ? » En dépit de cette déconvenue, le périsyndicalisme enseignant poursuit sa stratégie socialo-laïque, qui constitue pour ses troupes la meilleure garantie contre les exigences de l'opinion. Il prend donc en sous-main le contrôle de différents médias : journaux, stations de radio, afin d'épauler les socialistes dans l'incertaine bataille du printemps 1986.

Intervenir dans la confrontation politique, influencer l'opinion, n'est pas une exclusivité des enseignants. Avec des moyens différents, le CNPF n'agit pas autrement... et connaît semblables mésaventures. Le septennat de Giscard ne fut pas plus favorable au capitalisme que le septennat de Mitterrand à la laïcité.

Cet échec prouve que l'action syndicale dans le secteur non capitaliste et hors-marché est bien plus délicate à mener qu'au sein de l'entreprise. Si le syndicalisme peut se contenter d'une attitude purement négative dans son rôle de « ministre de l'Intérieur », il doit passer à l'offensive, faire preuve d'initiative, d'imagination et de détermination pour remplir ses fonctions de « ministre de l'Extérieur ».

Les objectifs de l'action revendicative ne sont pas les mêmes dans le secteur privé et dans le secteur public. Conquérir, défendre, étendre le monopole n'est qu'un préalable. Il faut ensuite obtenir des avantages, lesquels ? En tout premier lieu : la sécurité de l'emploi. Un secteur monopolistique ne licencie pas, c'est bien le moins. En revanche, la revendication salariale ne peut être maniée qu'avec précaution, comme nous l'ont prouvé les dernières grèves du secteur public. Les contribuables ne croient pas qu'ils seraient mieux servis par des fonctionnaires mieux payés et poussent le gouvernement à une pingrerie parfois excessive. Les syndicats savent donc que l'Etat-patron ne peut augmenter massivement les rémunérations sans se heurter à l'opinion et révéler au grand jour le conflit horizontal. Une confrontation dangereuse, surtout par temps d'austérité. On ne demandera donc qu'une « revalorisation des bas salaires », et un maintien du pouvoir d'achat. Pour les rémunérations plus élevées, il faudra procéder plus discrètement au moyen de primes, promotions et rémunérations annexes. Sans réveiller le mauvais patron qui sommeille en chaque contribuable. Sauf exceptions fort rares, cela n'ira pas loin : on n'entre pas au service de la nation pour faire fortune ; ici, le sous-paiement est la règle.

Faute de pouvoir arracher de hauts salaires, on utilisera la feuille de paie comme paravent. C'est elle qui fait autorité pour l'Extérieur. On se rattrape sur « le reste » qui n'a pas à être connu. S'estimant sous-payé, l'agent de l'Etat entend travailler à l'abri des tensions. Sans grandes satisfactions peut-être, mais sans contraintes. Un désir auquel répond l'ordre syndical intérieur. Pour obtenir une tranquillité absolue, il faut qu'à la neutralisation de la hiérarchie s'ajoute celle du public. Ce que l'élimination de la concurrence nc suffit pas à garantir. Les usagers peuvent manifester leur mécontentement de façon beaucoup plus directe et beaucoup plus personnelle. C'est la hargne antifonctionnaire, toujours menaçante, que les syndicats interprètent en termes de conjuration.

La réalité est beaucoup plus simple. On ne critique pas un fournisseur, on en change. On ne change pas de monopole, donc on le critique. L'auditeur ne se plaint pas d'une station de radio, il tourne le bouton ; l'automobiliste ne s'intéresse pas au fonctionnement de Renault, il change de marque. En revanche, le téléspectateur, captif du service public, tend à mettre son grain de sel dans son fonctionnement.

Toute position de monopole implique une relation inégalitaire qui est ressentie comme un piège. L'usager qui ne peut fuir sent monter en lui l'agressivité. Réaction bien connue. Obligé d'en passer par la SNCF, le fisc, la télévision d'Etat, la Poste ou la police, il suspecte toujours ses vis-à-vis de le mépriser ou de l'exploiter. Il va donc contre-attaquer en se faisant juge du système. En prétendant le réformer. Cette pression permanente n'est pas le fait d'un complot, c'est la simple contrepartie de la non-concurrence. Mais les salariés du secteur public la supportent très mal. Il ne leur suffit pas d'être surprotégés par leurs statuts, d'avoir toujours le dernier mot face à leurs clients, de pouvoir impunément envoyer des lettres non signées et prendre des décisions anonymement, il leur faut être sûrs de n'avoir ni de comptes à rendre, ni même de plaintes à entendre. Bref, l'agent de l'Etat veut, comme tout un chacun, qu'on l'aime et qu'on lui fiche la paix. Une sérénité difficilement compatible avec les prérogatives dont il jouit.

Laurent Fabius jeta un beau pavé dans cette mare tranquille en décidant que les fonctionnaires devraient se faire nommément connaître des administrés auxquels ils s'adressent. Les réactions syndicales furent, en un premier temps, réservées. Celles de la base furent beaucoup plus négatives. Pour certains agents, confrontés aux problèmes de l'insécurité, l'inconvénient pouvait être réel, mais les protestations allèrent bien au-delà. Le syndicat CGT des Postes fit état de « l'indignation et de l'inquiétude du personnel des PTT qui se refuse à être livré en pâture au public », et dénonça « une atteinte à la liberté individuelle ». A ses yeux, toute cette opération « procède plus du racisme antifonctionnaire que de la volonté d'améliorer les rapports avec les usagers du service public ».

La FEN s'est superbement acquittée de cette mission protectrice en créant de toutes pièces la Fédération des conseils de parents d'élèves qui siégeait dans ses locaux, avait à sa tête son propre avocat, maître Cornec, était truffée d'enseignants mais était censée représenter les parents. Un contre-pouvoir téléguidé en quelque sorte. H. Hamon et P. Rotman [83] rapportent ce témoignage d'un enseignant-parent : « J'étais membre du conseil départemental de la FCPE (...) j'ai eu un jour à rencontrer officiellement le SNES. Notre délégation de parents comprenait outre moi-même, adhérent du SNES, un conseiller d'orientation également adhérent du SNES. Et nous avons gravement débattu de nos difficultés respectives avec deux secrétaires départementaux du SNES, nos collègues. J'ai démissionné (...). » Avec un tel contre-feu, les parents ne risquent pas d'imposer des horaires conçus pour les enfants et non pas pour leurs maîtres. Les écoliers de France continueront éternellement à détenir un double record : le plus de jours de congé dans l'année, le plus d'heures de travail dans la semaine. Une aberration dénoncée par tous les pédiatres, mais qui agrée parfaitement les professeurs. Le monde scolaire doit être régi par les exigences des pédagogues plus que de la pédagogie.

C'est ainsi qu'un beau matin de 1982, le ministère de l'Education nationale décida de supprimer les mentions au baccalauréat. Une imbécillité si énorme qu'elle fit sursauter le président de la République. Sommée de s'expliquer, l'administration fit valoir que le système des mentions était injuste, car il existait pour les bacs classiques et non pas pour le bac technique. Ainsi les élèves, qui souvent venaient de milieux plus modestes, se trouvaient-ils injustement pénalisés... La réponse de bon sens tomba aussitôt : « Il n'y a qu'à instaurer les mentions au bac technique. » Une solution aussi évidente n'avait pas échappé aux fonctionnaires de l'Education, mais il apparaissait qu'elle représenterait une servitude supplémentaire pour les examinateurs obligés de distribuer ces récompenses en plus de la seule appréciation « reçu ou recalé ». Afin d'éviter cette gêne aux professeurs, il avait semblé préférable de frustrer tous les futurs bacheliers de France. C'était gros, trop gros, le président fit immédiatement rectifier le tir. Dans combien de cas la loi de l'« Intérieur » professoral s'impose-t-elle à l'« Extérieur » estudiantin ?

Cette fuite devant le public est d'autant plus absurde que le Français est un administré modèle. Sa rouspétance traditionnelle n'est qu'épidermique. C'est aux Etats-Unis que le citoyen court chez son « *lawyer* » au moindre incident. Chez nous, il râle d'autant plus fort qu'il est d'avance résigné. Quant à l'image du secteur public, elle reste bonne dans l'opinion. Un sondage IPSOS-*le Point* de 1983 montre que 66 % des Français se déclarent « très ou plutôt satisfaits » des administrations et sociétés nationales. Et c'est la Poste qui recueille nettement le plus de satisfecits (58 %), devant le téléphone (39 %) et la SNCF. Ce qui n'empêche pas le syndicat FO des P. et T. de condamner dans ses motions de 1984 « toute campagne utilisant le support des médias à discréditer les P. et T., à entacher son image de marque, à culpabiliser les personnels ». Toujours le mythe du complot. Le personnel de l'Etat pourrait donc venir sans crainte au-devant du public. Mais les organisations syndicales ne cessent de prêcher la méfiance.

Travaillant sans contraintes intérieures ou extérieures, l'employé du service public doit aussi travailler à son rythme. C'est le salaire-temps qui, sous forme d'horaires, de congés, de cadences, d'absentéisme ou de retraite, doit composer le sous-paiement de nombreux fonctionnaires. On admet ainsi que l'OS de l'automobile travaille 1 718 heures par an et l'agent de police 1 419. Il semble que le gros lot en ce domaine ait été décroché par les ATOS. Cette mystérieuse tribu peuple les établissements universitaires mais n'y exerce pas les fonctions d'enseignement. Comme son nom l'indique lorsqu'on le déplie, il s'agit des Agents administratifs techniques ouvriers et des services. Bref, le personnel non enseignant. N'ayant pas les servitudes particulières aux fonctions pédagogiques, ils devraient respecter les horaires normaux de tous les employés de France. En pratique, ils n'ont pas manqué de s'aligner sur les professeurs. A partir d'une réglementation qui leur impose de 1 700 à 1 800 heures par an, ils ont obtenu de la

Direction des enseignements supérieurs des aménagements (35 heures, 6 semaines + 2 de congés) qui ramènent cette durée à 1 540 heures. Mais ils ont pu recréer localement des conditions encore plus favorables. A Paris XIII, ils travaillent entre 1 000 et 1 200 heures par an. C'est un record absolu mais, selon la Cour des comptes, de nombreuses grandes universités ne demandent à leurs ATOS que 1 400 heures annuelles.

Le principe est toujours le même : obtenir du monopole ce qu'il peut donner. De l'argent, l'Education nationale n'en a pas ; on lui arrachera donc du temps... à titre de compensation ou d'avantages. Les enseignants, qui sont notoirement sous-payés, jouissent de congés pour se remettre de ces mauvais traitements. L'Education nationale pourrait sans doute tourner en réduisant ses effectifs de 10 % et en augmentant les traitements et le temps de travail de 10 %. Le contribuable ne paierait pas plus et pourtant il risquerait d'estimer que les professeurs lui reviennent trop cher. Il accepte mieux la situation actuelle qui présente, en outre, l'avantage de réduire le chômage.

Pour éviter la révolte des payeurs, le syndicat mise donc sur des avantages indirects, les facteurs non monétaires, qui ne se comptabilisent pas et, par conséquent, ne se voient pas de l'extérieur. Ainsi, les travailleurs du secteur public bénéficient-ils de régimes sociaux particuliers qui leur permettent de moins cotiser et plus recevoir que les autres salariés. Les agents relevant de statuts particuliers, comme ceux de la SNCF, de l'EDF ou de la RATP, sont particulièrement avantagés de ce point de vue. Pour son assurance maladie, l'électricien ne supporte qu'un prélèvement de 3,5 % contre 5,5 % pour un salarié « ordinaire », mais jouit de prestations bien supérieures. Sur une année pleine, l'avantage représente sans doute plus de 2 000 francs par an. Dérisoire à côté des sommes que rapportent les bons régimes de retraites. Ces disparités ont été mises en évidence par un rapport du CERC de 1982. Les études non publiées avaient attiré l'attention sur le régime social exceptionnellement favorable de la RATP. Le gouvernement fut tenté de réduire ces avantages. Il y a renoncé par crainte d'un conflit qui bloquerait tout Paris. Peu auparavant, la même situation s'était produite à l'EDF. Le rapport de la Cour des comptes s'était étonné que le tarif préférentiel auquel les agents paient leur énergie n'ait jamais été relevé. Il ne paraissait pas déraisonnable que la crise de l'énergie pût exister pour les électriciens comme pour les autres Français. La direction ayant envisagé une telle revalorisation eut droit à une grève d'avertissement massivement suivie. Il n'en fut plus question.

Toute une stratégie pour quels résultats ? L'action syndicale dans le domaine de l'Etat n'a pas édifié de hautes privilégiatures — celles-ci se sont créées en dehors d'elle —, mais des places fortes dont les remparts valent souvent mieux que le confort. Au cours de la dernière décennie, les malheurs qui se sont abattus sur la campagne environnante ont fortement valorisé ces positions frugales mais abritées. Du coup, la majorité des Français pense, de façon bien simpliste, que tous les travailleurs des monopoles d'Etat sont des privilégiés. Réaction naturelle par temps de chômage. Quand on craint pour son emploi, la sécurité devient un miroir aux alouettes dont on oublie le coût en matière de salaire.

Cette monopolite aiguë a-t-elle nui à la population en général, c'est-à-dire à « l'Extérieur » ? La réponse doit être nuancée. Les personnels sont honnêtes et compétents. D'une façon générale, les services publics fonctionnent plutôt mieux en France qu'à l'étranger. Lente, autoritaire, distante, inhumaine, la bureaucratie étatique tourne pourtant avec ses énormes machines qui, de tout grain, font une même farine. Elle a préservé son intégrité dans un pays dépourvu de sens civique et même sa conscience professionnelle dans un système propre à l'étouffer. Si elle manifeste plus de rigueur au service de l'Etat que d'empressement au service de l'administré, c'est que l'ordre syndical n'a pas fait disparaître la tradition administrative.

Mais les inconvénients ne sont pas minces. Le coût tout d'abord. Entre la pléthore de personnel et les rigidités antiproductivistes, les monopoles font surpayer leurs services. L'exemple de la Poste constitue la règle et non pas l'exception. L'absence de concurrence rend les évaluations incertaines, mais, lorsque les comparaisons sont possibles, elles font généralement apparaître un surcoût à la charge de la communauté. Le recours à la sous-traitance se révèle presque toujours plus économique en dépit des profits que réalisent les sociétés privées. Ce prix élevé du secteur public n'est pas incompatible avec la pauvreté générale de l'administration, les mauvaises conditions de travail et les maigres rémunérations. La mauvaise organisation ne profite à personne.

A ce surcoût, le monopole ajoute souvent l'inconvénient de son inertie. Ces systèmes ne disposent d'aucun mécanisme rétroactif pour percevoir le changement et s'y adapter. En période de stabilité, ce n'est pas grave, mais cela peut devenir catastrophique lorsque de nouvelles technologies apparaissent ou que l'environnement se transforme. On ne cesse de le constater avec l'Education nationale. Notre diplodocus pédagogique est si long à faire diffuser une réforme dans son corps monstrueux que ses plus grands efforts ne l'empêchent pas d'accroître son retard sur l'évolution du monde.

Il y a un quart de siècle, l'enseignement des mathématiques fut bouleversé sous prétexte d'apprendre à nos enfants le langage de l'avenir. Afin de pouvoir dialoguer avec les ordinateurs, les chers petits devaient compter en binaire et s'infliger les ensembles dès le berceau. Une monstruosité pédagogique qui se doublait d'une fausse prévision technologique. Il a suffi de quelques années pour constater que l'informatique s'orientait vers des langages de plus en plus « naturels » qui n'exigeaient aucune connaissance mathématique particulière mais, simplement, une familiarisation avec les machines. La justification de la réforme disparaissait à mesure que sa nocivité se révélait. Si la correction avait été rapide, le faux pas n'aurait pas eu de conséquences trop fâcheuses. Mais le système ayant été rendu sourd et aveugle, il a fallu sacrifier deux générations pour faire marche arrière.

Dans le même temps, l'Education nationale n'en finissait pas d'engouffrer en pure perte le temps, l'argent et les talents dans ses recherches sur l'enseignement assisté par ordinateur et se trouvait une fois de plus prise de court par l'arrivée de la micro-informatique. Les mêmes lourdeurs n'ont pas permis de corriger les errements de l'innovation pédagogique dans les petites classes ou la sclérose d'une université de plus en plus incapable de préparer les jeunes à la vie active. C'est ainsi qu'un ministre de l'Education nationale se fait une renommée en annonçant que désormais l'école apprendra à lire, écrire et compter ! Dans une organisation ouverte et décentralisée, en interaction constante avec la société, de telles erreurs pourraient se produire. Elles ne prendraient sans doute pas une telle ampleur. Mais une structure monolithique et centralisée, méfiante vis-à-vis de l'extérieur, n'a aucune chance de préparer la jeunesse à l'avenir. L'échec est aussi flagrant au niveau des enseignés que des enseignants qui comptent parmi les travailleurs les plus frustrés de France alors qu'ils ont le métier le plus exaltant qui soit. Il n'y a vraiment que la FEN à se satisfaire d'un système qui, mieux que tout autre, assure son omnipotence.

Le plus grave reproche que l'on puisse adresser à nos syndicats, c'est d'être de détestables avocats. De ceux qui pensent valoriser leur fonction en aggravant les conflits et en étirant les procédures. Ils fuient les voies du compromis ou de la collaboration comme des pièges redoutables et embourbent leurs clients dans toutes les orniè-res de la chicane. Ils ont pris la très mauvaise habitude de prospérer sur nos désunions et non pas sur nos réconciliations. Bref, ils font des rapports producteurs-public un antagonisme alors que tout leur art devrait consister à les transformer en un partenariat conflictuel.

CHAPITRE XIII

Les producteurs d'abord

Organisation de la profession, suppression de la concurrence, défense du territoire, aspiration au monopole, émergence d'une bureaucratie, pressions sur la collectivité, méfiance vis-à-vis de l'extérieur, tout cela n'a rien de bien original : c'est la version moderne de notre vieux corporatisme. Les principes en sont unanimement condamnés mais les recettes universellement appliquées. Polytechniciens ou viticulteurs, électriciens ou notaires, marins-pêcheurs ou experts-comptables, quel groupe ne souhaite se refermer sur lui-même et dominer son environnement ? En ce domaine, l'action syndicale perd donc toute originalité. C'est en vain que la spécificité du discours prétend masquer la banalité de la démarche. Cette perte d'identité prolétarienne facilite les alliances comme les imitations. D'un côté, les prétendus ennemis de classe se retrouvent au coude à coude pour former les groupes de pression : de l'autre les nouveaux syndicalisés n'ont plus rien à voir avec le monde ouvrier. Professions libérales, agriculteurs, magistrats, artistes, c'est à qui jouera les camarades.

Dans tous les cas, il s'agit de faire surpayer son travail, c'est-à-dire d'imposer en qualité, prix et quantité la production de l'Intérieur contre l'évaluation de l'Extérieur. Ces notions sont économiques et non pas morales. Elles ne prennent en considération qu'un nombre limité de valeurs. Il est légitime de la corriger en intégrant d'autres objectifs stratégiques, culturels, sociaux, etc. Encore faudrait-il que cette entorse à la loi de compétitivité se fasse en toute clarté et que ses raisons soient publiquement énoncées et débattues. Or, le corporatisme commence là où les justifications finissent. Il lui faut donc progresser dans l'obscurité ou la désinformation.

Le patron libéral ne peut transiger avec les lois du marché. S'il pratique des prix trop élevés en raison des profits qu'il s'alloue ou des salaires qu'il verse, il sera rapidement éliminé. Seule la collectivité peut sortir de ces normes étroites et surpayer durablement des biens ou des services. Selon les cas, ce surprix sera supporté par une clientèle retenue captive ou par des contribuables. Captifs de nature.

Le monopole administratif, totalement retiré du marché, est le plus éloigné de la réalité. Privé de tout choix et même de toute évaluation, le public ne peut que subir ses conditions. La gratuité, loin de favoriser le consommateur, ne sert qu'à le paralyser. Ainsi les Français ne peuvent-ils faire connaître le prix qu'ils acceptent de payer pour la défense nationale ou la justice.

L'appréciation devrait être plus facile dans les services qui vivent de leurs recettes. Il n'en est rien. Lorsque l'Etat, après avoir refusé à l'EDF, la SNCF ou la RATP les hausses de prix qu'elles demandaient, vient boucher les trous en fin d'année, on ne sait plus ce qu'il compense d'une gestion trop coûteuse ou de tarifs trop bas. Les comptes d'exploitation ne veulent plus rien dire. Tout jugement devient impossible.

Ce n'est pas innocent. Même en l'absence de concurrence, le paiement par l'usager pourrait fournir de précieuses indications. Encore faudrait-il que les prix pratiqués correspondent à quelque chose : aux coûts sinon au marché. Car il est peu de positions monopolistiques ou hégémoniques qui reposent sur une obligation de consommer. Les clients peuvent donc toujours réagir à des changements de tarifs en renonçant au service ou bien en se reportant sur des produits de substitution. Lorsque les prix du kilowatt-heure ou de la taxe téléphonique augmentent trop fortement, les abonnés s'efforcent de moins téléphoner et d'éteindre les radiateurs. A la limite, ils se rabattent sur d'autres systèmes d'énergie ou de communication.

L'idée de laisser jouer à plein cette concurrence atténuée entre grands monopoles refait périodiquement surface. C'est la fameuse « vérité des prix » qui devrait permettre aux Français de juger en connaissance de cause et qui, depuis la publication du rapport Nora sur le sujet, il y a près de quinze ans, soulève toujours un tollé syndical. La rente est de nature photophobe et ne survit bien que dans l'obscurité. Le public n'a pas à connaître le prix réel — et qu'il devra payer en tout état de cause — des prestations qui lui sont fournies.

Dès lors que la clientèle n'est pas captive, elle peut déserter. L'abus de position monopolistique finit donc par tuer la poule aux œufs d'or. Le scénario fut joué bien souvent, sans que les leçons en soient tirées pour autant. Les dockers ont tendance à oublier que la France, contrairement à la Grande-Bretagne, n'est pas une île. En faisant croître déraisonnablement les coûts portuaires, ils incitent armateurs et transporteurs à se diriger vers des ports étrangers. Anvers est ainsi devenu l'un des grands centres du trafic maritime français. Pour importer les produits chimiques en provenance de Fos, les Soviétiques préfèrent utiliser le rail et passer par Anvers plutôt que de payer tribut aux dockers cégétistes de Marseille !

Il en va de même dans toute la marine marchande où le personnel navigant français a utilisé une position hégémonique pour obtenir un statut particulièrement favorable mais qui grève lourdement l'armement national. Entre les 18 jours et demi de congé par mois d'embarquement, les réductions de cotisation sociale, les cessations d'activité à 51 ans, la couverture maladie, les règles de travail et l'obligation de n'employer que des marins français, les frais d'équipages des tankers français sont supérieurs de 50 % à ceux de la marine britannique et de 100 % à ceux de la marine grecque. Cette sous-compétitivité a entraîné le recul de notre flotte marchande qui a perdu 30 unités en 1984. D'ores et déjà, les élèves officiers ne trouvent plus à s'embarquer. Pour redresser la situation, les armateurs voudraient, comme leurs concurrents étrangers, faire naviguer certains de leurs bâtiments sous des pavillons plus complaisants avec des équipages cosmopolites. Un moyen classique pour réduire les charges sociales en mer. Les syndicats ne veulent pas en entendre parler et exigent que tous les navires de France aient des équipages entièrement français soumis à la réglementation nationale. Une position bien naturelle, mais dont on a vu le triste résultat dans le conflit du paquebot *France*.

Grâce au monopole syndical, les ouvriers de presse ont obtenu des avantages considérables qui ont grevé les prix de revient et contribué à faire du quotidien le produit le plus inflationniste de France. Du coup, les ventes de la presse parisienne n'ont cessé de baisser. Un certain nombre de titres se trouvent menacés de disparition. Un certain nombre d'emplois aussi.

On pourrait multiplier les exemples de ce genre. Seule une clientèle emprisonnée, ligotée, se laisse soutirer une rente parasitaire sans réagir. En l'absence de telles contraintes, les gains abusifs risquent tôt ou tard de faire chuter l'activité et de se payer en termes de chômage. L'évidente conclusion, c'est qu'il faut faire payer son improductivité par l'Etat, c'est-à-dire par les contribuables, et non pas par les consommateurs.

La course à la subvention est devenue un sport national que pratiquent tous les groupes sociaux. Elle représente la forme supérieure de la revendication. De très loin la plus intéressante. Mais il y faut une certaine pratique pour circonvenir la société jusqu'à lui faire payer indéfiniment des productions excédentaires, inconsommables et inexportables. En ce domaine, le syndicalisme ouvrier a encore tout à apprendre des deux lobbies rois : celui de la culture et celui de l'agriculture. Le premier se fonde sur l'indiscutable nécessité pour toute civilisation de soutenir l'activité artistique et intellectuelle tant dans les recherches d'avant-garde que dans les réalisations de prestige. De l'obligation du mécénat à la valorisation du parasitisme, il n'y a qu'un pas. Depuis longtemps franchi. Il est désormais entendu qu'il existe deux circuits distincts. L'un qui mise sur le libre choix du client et ne produit que de la mauvaise qualité. L'autre qui se nourrit de l'argent public et nous donne les œuvres de valeur. Dans cette logique, l'impossibilité de se faire payer par les consommateurs, la nécessité de recourir à l'aide de l'Etat deviennent un label d'excellence. Elles prouvent que l'artiste « ne fait pas de concessions » et impliquent qu'il possède un certain génie. Le mérite finit par se mesurer à l'aune de la subvention. A l'inverse, ceux qui acceptent la sanction du marché sacrifient toute exigence intellectuelle à la recherche du succès commercial. Sur cette base, on peut revendiquer avec arrogance que l'Etat consacre 1 % de son budget à la culture. Au nom du peuple, bien sûr, et pour le plus grand bien des professionnels.

L'agriculture ne dispose pas d'un argumentaire aussi sophistiqué, mais elle trouve dans notre tradition toutes les images, toutes les valeurs, tous les symboles pour soutenir ses prétentions. Le résultat en termes d'action corporative n'est pas moins remarquable. Qui écrira jamais le *Toujours plus !* du monde agricole ? Un sujet tabou, c'est bien dommage. Car les dérives syndicratiques se lisent plus aisément lorsqu'elles ne sont pas brouillées par la mythologie ouvriériste. Bien qu'il s'agisse de patrons et non pas de salariés, cela ne fait pas grande différence. L'« ordre intérieur » s'en trouve simplifié puisqu'il ne concerne plus que la discipline des prix. Vis-à-vis de l'Extérieur, en revanche, l'action à conduire est toujours la même. Il suffit d'adapter les stratégies.

En ce domaine, ce sont les viticulteurs du Midi qui ont été les grands précurseurs. Depuis un siècle, ils se trouvent confrontés à des problèmes de surproduction et imposent aux Français de payer le vin qu'ils ne veulent plus boire. A la fin du XIX\ :sup:`e` siècle, ce syndicalisme naît parmi les ouvriers agricoles, mais l'intermédiation capitaliste disparaît lors des grandes crises. Ouvriers et viticulteurs se battent alors au coude à coude pour obtenir l'aide de l'Etat. Après la crise de 1907 et la fameuse mutinerie du 17\ :sup:`e` régiment de ligne, la tradition s'instaure de subventionner la vigne du Midi. Dans leur étude *le Pays contre l'Etat* [155], Alain Touraine et ses collaborateurs notent : « Les vignerons de 1907 n'ont jamais accepté l'idée d'une crise de surproduction. Leur lutte a été vécue par eux comme celle de producteurs d'un vin naturel contre la fraude et les trafics en tout genre. L'adversaire a toujours été défini en termes vagues et lointains : les fraudeurs, dont on ne dit jamais qui ils sont et, par ailleurs, le gouvernement, la législation, bref un monde lointain et menaçant dont on attend aussi des mesures protectrices. » Comme les syndicats de fonctionnaires, les vignerons doivent fuir la confrontation horizontale avec les contribuables et obtenir une assistance sans jamais reconnaître les faits et les acteurs. Faute de pouvoir opposer le « Haut » au « Bas », ils dénoncent les « Méchants » face aux « Bons », les « Gros » contre les « Petits ».

Sur cette revendication corporatiste se greffe l'inévitable bureaucratie qui ne sera pas de type syndical classique, mais groupera à la fois les dirigeants d'organismes viticoles et les notables politiques qui trouvent dans cette fonction corporatiste la justification de leur pouvoir : « La défense de la viticulture est devenue le fondement principal du pouvoir des notables, surtout socialistes (...) », constatent les auteurs. Le système ainsi mis en place a résisté à toutes les démonstrations contraires des faits. Bien que les Français aient réduit leur consommation de vin ordinaire, que les rendements aient augmenté, que ce produit se révèle de plus en plus inexportable, les ultra-vignerons, auxquels les communistes apportent désormais leur soutien, refusent tout arrachage de la vigne. Et l'on doit, d'une année sur l'autre, détruire aux frais du contribuable entre le quart et le tiers de la vendange. Ainsi, des milliers d'exploitants sont-ils payés pour cultiver des vignes dont ils savent par avance que le raisin est destiné à la destruction. Pour obtenir cette rente d'inutilité, la profession a mis sur pied une formidable organisation qui utilise les réseaux d'influence politique — combien de députés sont assis sur un sarment de vigne ? —, la propagande — combien de Français savent que les bas revenus tirés de la vigne rémunèrent généralement un travail à temps partiel ? — et la violence. Depuis un siècle, le Midi viticole fait trembler les gouvernements. La fusillade de Montredon, le 4 mars 1976, prouvera encore lontemps « la combativité de la base ».

Cette crispation hargneuse sur les situations acquises n'assure pas l'avenir du pays, bien au contraire. Au cours de leur enquête, les plus lucides des interlocuteurs rencontrés par les sociologues reconnaissent : « Une défense globale de la viticulture et le slogan " Ne pas arracher un seul pied de vigne " ne font qu'accélérer la baisse de la qualité du vin, la liquidation de la viticulture artisanale et la mort du pays. » Qui peut douter que le Languedoc serait aujourd'hui en bien meilleure santé si les représentants des viticulteurs avaient fait le choix de la reconversion ? Si les budgets consacrés à entretenir un

359

vignoble inutile avaient été investis dans le développement d'activités nouvelles ?

Toute l'agriculture s'est progressivement structurée en groupes de pression autour de la FNSEA et du CNJA jusqu'à former une organisation qui peut damer le pion à la CGT et la FEN réunies. C'est la domination parfaite de l'Intérieur sur l'Extérieur. Les syndicats agricoles savent mieux que la CGT encadrer leurs troupes, user de la violence, recourir à l'intimidation et mêler l'arrogance dans le discours et l'âpreté dans la négociation pour assurer la défense des intérêts corporatistes. Jamais sans doute les commandos cégétistes n'auraient osé prendre en otage un ministre, une femme de surcroît, à l'heure précise où leur leader, François Guillaume, était reçu en audience par le président de la République comme le firent les agriculteurs normands avec Edith Cresson, le 2 février 1982. A quoi bon se gêner d'ailleurs ? Le président de la FNSEA, loin de s'excuser auprès du ministre, déclara sur le perron de l'Elysée « cela lui arrivera encore... ». Une menace dont le président de la République ne crut pas devoir se formaliser.

Sur le plan institutionnel, le syndicalisme agricole s'est construit un empire en comparaison duquel la nébuleuse FEN n'est qu'une organisation de boy-scouts. Ce n'est pas François Guillaume qui, tel Henri Krasucki, en serait réduit à faire la quête auprès de ses troupes. Le syndicat peut toujours trouver les moyens nécessaires dans cet invraisemblable souk institutionnel qu'irriguent les flux généreux de l'argent public et que les hommes de l'appareil dirigent en arrière-plan. Des Chambres d'agriculture aux Safer en passant par le Crédit Agricole, les coopératives, les mutuelles et tous les organismes professionnels chargés de répartir les subventions, d'assurer l'enseignement agricole, de promouvoir les produits, c'est toute une bureaucratie qui prolifère et prospère sur le monde agricole. Dans son rapport de 1985, la Cour des comptes a étudié plus particulièrement l'Association nationale de développement agricole qui gére des budgets plus que confortables qui atteignaient 538 millions de francs en 1981-1982. Elle a constaté que cet organisme avait passé avec la FNSEA et le CNJA des « programmes de développement constitués pour l'essentiel d'orientations générales (...) permettant en fait de financer une grande partie de leur activité syndicale ».

Le syndicalisme agricole cogère avec l'administration l'énorme système qui draine des dizaines de milliards. La Cour des comptes ayant déjà tenté d'y mettre le nez en est revenue effarée. Elle dresse dans son rapport 1984 un réquisitoire impitoyable contre le fonctionnement des organismes professionnels « alimentés pour la quasi-totalité de leurs ressources par les fonds d'origine publique ». Elle constate que « la majorité des organismes bénéficie d'une trésorerie abondante, dans la mesure où les taxes et cotisations, augmentées de subventions diverses, croissent plus vite que les besoins, et parfois que la capacité de l'organisme à établir des programmes d'utilisation. Cette aisance (...) n'encourage ni l'esprit d'économie en ce qui concerne les frais généraux, ni la rigueur dans le contrôle de l'opportunité et de l'exécution des dépenses ». Et pour cause : « La Cour a relevé de multiples erreurs et omissions dans la tenue des comptes, qui affectent parfois gravement leur exactitude et leur sincérité (...). La plupart des organismes de taille modeste, et quelques-uns parmi les plus importants, n'ont pas recours à une comptabilité de gestion (...). Les procédures de contrôle interne sont pratiquement inconnues. » Incroyable pour des institutions qui comptent parfois plusieurs centaines de personnes et dont certaines gèrent des milliards de francs lourds. Toute la syndicratie agricole profite largement de ce laxisme : « En dehors des rémunérations souvent non négligeables de l'équipe de direction, l'ensemble du personnel bénéficie d'avantages souvent excessifs : augmentations libéralement accordées, classifications généreuses, prestations annexes. » Et de citer, parmi bien d'autres, les cadres du Centre national interprofessionnel de l'économie laitière (CNIEL), qui se sont octroyé 18 % d'augmentation en 1980 et près de 21 % en 1981, ou celui d'une personne qui « parcourait avec sa voiture de fonction jusqu'à cent kilomètres par jour, alors qu'il ne venait à son bureau que deux fois la semaine ». Parcs automobiles trop importants, de trop grosses cylindrées, frais de représentation trop élevés, dépenses de voyage abusives, contrats passés dans des conditions irrégulières...

C'est l'effet corrupteur d'une dérive syndicratique aggravée par l'absence de véritable pluralisme. Des organisations représentatives totalement bureaucratisées prétendent, telles des administrations, tenir un rôle institutionnel et gérer des milliards, tout en conservant, telles des associations privées, leur indépendance et leur antagonisme vis-à-vis du gouvernement. Bref, c'est une fois de plus la concession de service public soustraite aux disciplines administratives : la voie ouverte à tous les abus. Nul n'ignore qu'une enquête de la Cour sur le fonctionnement de la nébuleuse FEN, des grands comités d'entreprises ou des principaux organismes sociaux aboutirait à des constatations du même ordre. On peut le préjuger sans grand risque de se tromper, car c'est le système, non pas les hommes, qui est mauvais et conduit nécessairement à ces perversions. Toute délégation de pouvoir ou d'argent exige un contrôle sévère, faute de quoi le syndicalisme dégénère en syndicratie.

Les agriculteurs n'ont pas lieu de se plaindre, car cette bureaucratie — qui ne prospère après tout que sur les fonds publics — sait à merveille obtenir l'argent de la collectivité sans jamais provoquer la révolte du contribuable. Ce résultat est le fruit d'une politique obstinément poursuivie depuis un siècle qui, là encore, réduit à peu de chose les tentatives de la FEN en 1981. La république des paysans a bien mieux fonctionné que celle des professeurs. Tandis que le syndicalisme salarié se fourvoyait dans les idéologies révolutionnaires, ne sachant s'il devait agir à l'intérieur ou à l'extérieur de la société, les organisations agricoles entendaient y pénétrer pour leur plus grand profit. En un temps où la masse paysanne représentait la moitié de la population, elles ont joué de l'influence électorale. Tout au long de la IIIe République, les gouvernements redoutant le vote des campagnes ont multiplié les mesures de circonstance. En dépit de l'exode rural, les leaders paysans ont su conserver un poids politique hors de proportion avec leur force électorale réelle. L'habileté avec laquelle ils ont négocié le virage politique, si délicat pour eux, de 1981, prouve assez leur savoir-faire.

Le corporatisme agricole repose d'abord sur la maîtrise de l'information. Alors que les syndicats ou les enseignants ont laissé se dégrader leur image de marque, les paysans ont su préserver et même améliorer la leur. Dans la représentation médiatique, les « mamelles de la France » sont devenues celles de notre commerce extérieur tandis que le croquant arriéré d'hier se transformait en chef d'entreprise dynamique mais malheureux. A travers les sondages, les Français aiment à reconnaître que les agriculteurs sont pauvres, qu'il faut les aider et que nos récoltes abondantes représentent une chance pour ce pays. Seul le fameux « impôt sécheresse » de 1976 fut mal supporté, car il faisait réapparaître la relation horizontale. Les organisations agricoles ne s'y trompèrent pas qui en condamnèrent le mécanisme, regrettant qu'on n'ait pas utilisé, comme à l'accoutumée, le canal discret de la confusion budgétaire.

Les Français s'accommodent donc de la situation actuelle et, s'il leur arrive de brocarder les paysans « qui pleurent toujours et qui cachent l'argent dans les lessiveuses », ce n'est pas plus méchant que les allusions aux « fonctionnaires qui se la coulent douce » et aux « professeurs qui ne pensent qu'à leurs vacances ». De simples clichés qui ne traduisent aucune hargne particulière. Comment pourrait-il en être autrement étant donné la vision qu'ils ont du problème agricole ?

— Premier dogme : le monde paysan forme une catégorie sociale. Il ne s'agit pas seulement d'un secteur d'activité comme l'industrie ou le commerce, mais d'une couche homogène de population comme les employés, les cadres ou les enseignants, et les mesures visant la paysannerie doivent s'appliquer également à tous. Or les disparités sociales ne sont pas moindres dans l'agriculture que dans l'industrie ou le commerce. Dans ces trois mondes, on trouve des smicards et des millionnaires. Qui donc songerait à ranger M. Dassault et son balayeur parmi les « industrieurs » sous prétexte qu'ils travaillent tous deux dans le même secteur ? C'est pourtant ainsi qu'on procède en faisant apparaître dans les statistiques un mythique « exploitant agricole ».

— Deuxième dogme : le paysan est pauvre. Le « revenu agricole moyen » se situe, selon les modes de calcul, légèrement au-dessus ou nettement au-dessous du revenu ouvrier. Très bas de toute façon. En fait, on ne possède pas la moindre statistique fiable, car 95 % des exploitations sont taxées au forfait et non contrôlées par le fisc. Ajoutons encore que, dans le tiers des cas, le revenu en question ne correspond qu'à un travail partiel et non pas total. La double irréalité de ce revenu moyen et de son mode de calcul permet de dire tout et n'importe quoi. Tenons-nous-en à une constatation prudente : il y a des paysans riches et d'autres pauvres. L'amalgame entre les uns et les autres n'est pas forfuit, il a permis aux « gros », notamment aux céréaliers, d'être les principaux bénéficiaires de la solidarité nationale.

— Troisième dogme : le revenu agricole ne cesse de baisser. Sur ce point, l'argumentation de la FNSEA ressemble à celle de la CGT. Chaque année, ces deux organisations se précipitent pour annoncer une chute du pouvoir d'achat. Mais les agriculteurs, plus habiles, imposent leur mode de calcul à la France entière et au gouvernement. Le revenu agricole, lié aux cours du marché, varie infiniment plus que les salaires : + 41 % en 1972 et 1973, mais — 29 % en 1974 et 1975. Ces statistiques en montagnes russes permettent de démontrer ce que l'on veut en se donnant la référence appropriée. Les agriculteurs ont évidemment imposé la « base 73 » — année record — qui fait apparaître une chute vertigineuse, tandis que le CERC observe sur l'ensemble de la décennie soixante-dix une quasi-stagnation. Cette dernière mesure prouve déjà que les exploitants agricoles ont été défavorisés puisque, sur la même période, toutes les catégories ont vu leur pouvoir d'achat augmenter à des taux variant de 4,1 à 0,8 % par an. Mais il faut toujours « enjoliver » la réalité. C'est-à-dire la noircir.

D'une année sur l'autre, le calcul est long et incertain. Le lobby agricole fait prévaloir ses premières estimations dans les négociations. En 1980 — veille d'élections —, cette base servit à M. Barre pour fixer à 4,6 milliards une subvention visant à compenser les pertes de revenu agricole. Lorsque les comptes furent définitivement faits, il apparut que la baisse avait été deux fois moins importante. Puis on constata que la moitié de ces subventions était allée à 20 % des exploitants. Les plus riches, évidemment. De même, en 1981, on calcula les subventions sur l'évaluation provisoire d'une baisse de 3,1 % du revenu agricole. Les comptes définitifs ramenèrent cette baisse à 0,4 %.

A l'origine, la politique agricole trouvait sa justification naturelle dans la nécessité de nourrir les Français. L'objectif ayant été atteint, puis dépassé, il s'est reporté sur la notion de « pétrole vert », certifiée par une balance commerciale excédentaire de quelque 25 milliards. Un argument qui clôt la discussion par ces temps de déficit chronique. S'en tenir à ce chiffre, c'est une fois de plus cultiver l'ambiguïté pour forcer la conviction. Il est bien beau de gagner des devises, mais il faut savoir à quel prix. Faire du dollar à 15 francs est une grande spécialité de la France qui n'a cessé d'orienter son commerce vers les clients insolvables et les ventes à prix cassés. S'agissant de l'agriculture, il faut mettre en regard de cet excédent le montant des importations nécessaires à cette production, ce que l'on appelle les « consommations intermédiaires » : machines, pétrole, soja, etc., les postes déficitaires et les multiples aides à l'exportation. D'après les calculs de l'INSEE, cette balance globale ou « solde propre » n'a rien à voir avec ces résultats triomphalistes et se trouve même déficitaire les mauvaises années.

Pour obtenir un tel résultat, les Français paient cher, fort cher. Un chiffre — ambigu lui aussi, il faut le reconnaître — suffit à poser le problème : chaque année, le revenu agricole est du même ordre de grandeur que les subventions à l'agriculture. 100 milliards de francs pour fixer les idées. C'est dire que la collectivité verse, sous une forme ou sous une autre, plus que le SMIC à chaque exploitation agricole. Il s'agit, encore une fois, d'une globalisation discutable pour deux raisons. Tout d'abord, cet agrégat de 100 milliards regroupe le soutien aux cours, le financement des régimes sociaux — nécessairement déficitaires dans un secteur en forte récession démographique —, les subventions diverses, etc. ; bref, on additionne torchons et serviettes. En outre, la manne est très inégalement répartie, les gros recevant infiniment plus que les petits. En dépit de cet énorme effort collectif, un bon nombre de paysans tirent le diable par la queue, tandis que d'autres sont étranglés par la corde du banquier et frôlent la faillite à chaque virage. Tout cela est vrai et, hélas !, nullement incompatible. On peut très bien être tout à la fois subventionné et ruiné.

A cette incertitude du présent s'ajoute celle de l'avenir. L'agriculture entre dans une ère nouvelle : celle des excédents structurels. Hier c'était le vin, aujourd'hui le lait, demain le reste. Avec l'accroissement des rendements et de la productivité, il n'y aura bientôt plus de pays industriel, même les moins bien lotis, qui ne puisse assurer son alimentation de base. Quant aux plus doués, ils ne savent que faire de leurs récoltes. Si les Américains poussaient au maximum leurs capacités de production, ils pourraient fournir à eux seuls une ration alimentaire convenable à 4 milliards d'hommes ! Tout le monde occidental se trouve peu ou prou dans la même situation. Seule la phénoménale sous-productivité de l'agriculture soviétique entretient la demande sur le marché international et permet d'éviter la catastrophe majeure. Pour combien de temps ? Il suffirait que Gorbatchev mette un peu de libéralisme dans son collectivisme pour qu'en l'espace de quelques années, l'URSS soit autosuffisante et cesse ses achats massifs.

Or les gains de productivité vont se poursuivre, poussant toujours les rendements à la hausse. C'est dire que le marché international est à la merci d'un renversement dévastateur. On espérait transformer le grain et le sucre en carburant. Avec l'abondance énergétique, l'opération a bien peu de chances d'être rentable. Or la France réalise l'essentiel de ses excédents (environ 22 milliards sur 25) sur les céréales. Il en va de même pour la plupart des autres productions.

La famine, non moins structurelle, qui se développe dans le Tiers Monde, n'apporte aucune réponse économique. Si, dans la recherche de débouchés, on prétend substituer l'aide humanitaire à la demande solvable, il faut le dire clairement, faire payer davantage les Français et mettre sur pied les mécanismes appropriés dont on apercevra rapidement le coût et les limites. On sait déjà que, pour de simples raisons d'hygiène et de diététique, on ne peut écouler nos excédents laitiers en les donnant aux populations affamées d'Afrique et d'Asie, alors que l'Europe entasse dans ses garde-manger un million de tonnes de lait en poudre, soit un semestre de consommation. Bref, notre politique agricole nous fait foncer tête baissée dans une impasse.

Or, dans le temps où la France se ruine à exporter, elle laisse s'accumuler des déficits incompréhensibles dans des secteurs où ses ressources naturelles lui permettraient d'être autosuffisante et rentable. On peut certes comprendre qu'en 1984 notre commerce se soit trouvé déficitaire de 16,5 milliards pour des productions tropicales : café, cacao, thé, agrumes, épices ; mais il est bien d'autres déficits beaucoup moins justifiables : 5,5 milliards pour les viandes et abats (essentiellement le porc), 2,5 milliards pour les graisses et huiles (l'arachide), 4 milliards pour les poissons et crustacés, 1,5 milliard pour les légumes, 500 millions pour des fruits de nos régions, 3,5 milliards pour la conserverie et l'épicerie sèche, 8,3 milliards pour les aliments de bétail, soja et manioc, 4 milliards pour le tabac, 1,5 milliard pour les fleurs et plantes horticoles, etc., sans compter notre énorme facture pour le bois. Est-il normal que nous importions si massivement les fruits rouges, les oignons, les aubergines, etc. ? Certes, il faut se méfier du repli sur soi et de la « reconquête du marché intérieur », mais, dans un secteur où la demande internationale risque de s'effrondrer, ne serait-il pas raisonnable de viser d'abord la satisfaction de nos propres besoins ?

Ce n'est pas ici le lieu d'ouvrir le dossier agricole. Constatons simplement qu'il y a matière à débat et que celui-ci n'a jamais eu lieu. La politique qui se faisait au jour le jour était toujours présentée comme la seule possible, et lorsque, par extraordinaire, certains voulaient poser les vraies questions, leurs voix étaient étouffées par les protestations syndicales.

Car tout était prévisible, et depuis longtemps. La politique agricole commune s'était créée au début des années soixante pour écarter le spectre de la pénurie. Quelques années plus tard, elle était déjà confrontée au cauchemar de la pléthore. Dès 1968, avec une lucidité prémonitoire, Sicco Mansholt tirait la sonnette d'alarme dans son fameux rapport aux Communautés européennes : « L'accroissement de la production, disait-il, est, pour la plupart des produits, plus rapide que celui de la consommation. » Les organisations paysannes, incapables d'entendre l'avertissement, firent de Sicco Mansholt l'ennemi juré des agriculteurs. Ce sont elles encore qui se déchaînèrent peu après contre François-Henri de Virieu qui, dans son émission « Adieu coquelicot », avait eu le tort de s'interroger sur l'avenir des fermes françaises ; puis contre le ministre Christian Bonnet qui dénonçait brutalement ceux qui, dans le Midi, « ne font que de la bibine ». Depuis lors, la presse répercute assez docilement le credo de la FNSEA, et les vérités hétérodoxes ne filtrent qu'avec parcimonie dans les ouvrages de quelques journalistes : Philippe Simonnot [149], Roger Priouret, Philippe Alexandre [136], Jean-Michel Caroit ou Alain Navarro [46].

La politique agricole n'est pas plus faite par la FNSEA... que la politique de l'éducation n'est faite par la FEN. Pas plus, mais pas moins. C'est dire que l'organisation représentative pèse lourdement sur les orientations choisies et les décisions prises. Dans quel sens s'est exercée cette pression ? Le soutien des cours a joué ici le même rôle que l'accroissement des budgets et des effectifs ailleurs. Il est devenu le cheval de bataille revendicatif du syndicalisme agricole et vise, en fait, à créer une situation de monopole parfait : tarifs imposés et consommation obligée. Dans cette logique, la collectivité ne doit pas seulement accepter le prix de revient des moins productifs, elle doit également absorber la totalité des récoltes quitte à stocker, brader ou détruire ce qu'elle ne consomme pas. L'Intérieur impose sa loi à l'Extérieur.

Cette attitude est commune à tout syndicat et, plus généralement, à toute corporation. Elle repose sur un renversement du système économique comparable au passage de l'héliocentrisme au géocentrisme. La production, simple moyen pour satisfaire des besoins, devient une fin en soi. Elle trouve sa justification dans le revenu qu'elle assure aux travailleurs et non pas dans la satisfaction qu'elle apporte aux consommateurs. La société doit rémunérer toute activité indépendamment de son résultat. La production remplace la vente comme objectif économique, la valeur ajoutée se substitue au profit comme critère d'efficacité. Bienheureux encore lorsque le travail n'est pas justifié par l'emploi !

Cette stratégie revendicative doit donner satisfaction à tous les exploitants ; aux moins productifs qu'elle protège, aux plus performants qu'elle gratifie d'une véritable rente. Mais son coût devient rapidement insupportable pour la communauté. C'est pourquoi elle n'a jamais pu être étendue à l'ensemble des produits agricoles. Limitée à certaines productions de base, elle n'a fait que précipiter la crise en incitant tous les paysans à surproduire dans les secteurs privilégiés. C'est ainsi qu'on en est arrivé au blocage de l'Europe verte sur le prix des céréales.

Toute nation doit accompagner la modernisation de son agriculture au prix d'un effort collectif. Nul ne prône le retour au libéralisme intégral sur les marchés agricoles. L'Europe verte est le fruit de la nécessité plus que du hasard ou de l'idéologie. Il est également vrai que le monde agricole a effectué en l'espace de trente ans une fabuleuse révolution technique et économique et que les organisations syndicales y ont pris leur bonne part. Grâce à elles, un double mouvement de réduction du nombre des agriculteurs d'une part — 3 millions d'entre eux ont quitté la terre en vingt-cinq ans — et d'accroissement de la production et de la productivité a pu se dérouler sans drame majeur. C'est un immense mérite, il faut le leur reconnaître. Mais la politique revendicative fut-elle la plus efficace pour les agriculteurs ? Préparait-elle l'avenir lorsqu'elle conduisait à la production d'excédents invendables ? Les plus lucides des syndicalistes agricoles en viennent à se poser ces questions « scandaleuses » et à porter un regard critique sur l'action passée.

Ainsi Louis Lauga, ancien président du CNJA et secrétaire général adjoint de la FNSEA, adopte-t-il un ton résolument nouveau [97]. Il déplore l'incompréhension face au rapport Mansholt : « Nous avons donc mis trop de temps à nous apercevoir que les seules actions de soutien au produit présentaient à la longue un caractère pernicieux. » « Le syndicalisme agricole français s'est battu contre tous, en France et en Europe, pour une augmentation des prix et l'expansion de la production laitière. » Parlant de certains leaders syndicaux du Midi viticole, il écrit : « Comme par défi, ces responsables feignent d'ignorer qu'un produit ne peut se vendre qu'à la condition de trouver un acheteur. » Il n'hésite pas à remettre en cause la mise devant des petits pour abriter les gros : « En général, dans notre société, se prévalant de la justice et de l'équité, la défense des intérêts des plus faibles permet à tous de tirer parti des augmentations qui interviennent au nom de la nécessité (...). Mais en prônant le bonheur des petits, il faut éviter de faire le malheur de tous en taisant les rigueurs de l'évolution (...). » Au passage, il balaie également l'argument de dernier recours : « Et ceux qui meurent de faim ? ». « Je sais, c'est dramatique. Ils n'ont pas un sou pour nous acheter ce que nous pourrions leur vendre et nous n'avons pas les moyens de le leur donner. » Conclusion de cette courageuse autocritique : « Il ne faut plus faire croire qu'en augmentant uniquement les prix, tous pourront vivre mieux de façon durable. »

N'existe-t-il donc aucun espoir pour l'agriculture ? Certainement pas, et Lauga le montre tout au long de son étude. Mais il faut renoncer à cette forme particulière du conservatisme qui consiste à produire plus et mieux les mêmes choses dans les mêmes structures. Partout, il faut changer pour s'adapter à la demande. « Plutôt que forcer sur les productions invendables de céréales, que la France développe hardiment les substituts au soja qu'elle se ruine à importer, plutôt que subventionner des vignes vouées à la distillation, qu'elle les reconvertisse. » Avocat du monde agricole, Louis Lauga demande que la collectivité aide massivement les exploitants à réussir ces mutations, à maîtriser les excédents, à combler les déficiences. La revendication est naturelle et, sur de tels objectifs, la solidarité nationale doit mobiliser. Une fois de plus s'opposent la défense dynamique qui, par de véritables gains de productivité — on ne fait pas de productivité sur des produits invendables —, s'efforce de concilier des intérêts non antagonistes, et la défense statique des syndicats qui, en s'opposant à toute reconversion, aboutit à des conflits inexpiables.

Ce qui est vrai de l'agriculture l'est aussi de l'industrie. L'évolution économique soumet les usines comme les champs à des épreuves traumatisantes et les mêmes raisons justifient l'intervention de la collectivité dans l'un et l'autre cas. On ne s'étonnera pas de retrouver sur le front industriel cette stratégie corporatiste qui détourne vers la conservation du passé une aide qui devrait servir à la préparation du futur. Ici encore, ce renversement d'objectifs est masqué par la mise en œuvre du progrès technique. On modernise, certes, mais pour faire perdurer aux frais du contribuable les structures dépassées au lieu de miser sur des activités nouvelles et porteuses d'avenir. François Guillaume aime à répéter qu'il n'éprouve aucun complexe lorsqu'il compare les subventions agricoles à celles qui sont versées dans d'autres secteurs. On le comprend lorsqu'il pense à la Chapelle-Darblay.

3 millions lourds d'argent public par emploi, quel exploitant agricole a jamais coûté aussi cher ? Il s'agit d'un investissement, c'est vrai. Mais cette seule justification est un peu courte. Encore faut-il que les nouvelles installations répondent à l'intérêt général et non pas à la défense des situations acquises. Il est bon que la France se dote d'usines de pâte à papier modernes pour valoriser cette richesse à l'abandon qu'est notre bois. Mais au nom de quelle logique construire de telles installations hors de nos massifs forestiers sur un site choisi à l'origine pour le traitement d'une matière première importée ? La décision fut clairement prise avec la volonté de préserver une situation locale sous la double pression de la CGT et d'un élu de la circonscription qui se trouvait être ministre de l'Industrie et qui devint par la suite Premier ministre. Bref, on se modernise dans le respect de l'héritage et des structures acquises. Ce sont les producteurs en place qui déterminent les choix de la collectivité. Ils ne refusent pas de travailler plus efficacement, mais ils ne veulent pas se déplacer ou devoir se reconvertir dans de nouvelles industries. Voire se retrouver purement et simplement à la recherche d'un nouvel emploi. C'est à ce point que se fait l'arbitrage entre l'Intérieur et l'Extérieur. Produire plus et mieux dans la sécurité des droits acquis, ça passe. Produire autre chose et ailleurs avec le risque du changement, ça casse. Or

l'économie est ainsi faite qu'il est impossible de limiter les mutations à cette phase acceptable. L'inacceptable est, hélas !, inévitable.

C'est ce que constatent chaque jour un millier de salariés et une dizaine de patrons rejetés sur le marché de l'emploi. Eux aussi auraient accepté d'apprendre à mieux travailler sur de nouvelles machines. Ils ne refusaient pas le progrès. Mais cette adaptabilité-là était insuffisante. Leur entreprise les a trahis. Il leur faut chercher un autre employeur, apprendre un autre métier, aller vivre dans une autre région. Repartir.

Personne n'accepte aisément une telle épreuve. Elle n'est subie que contraint et forcé. Les organisations représentatives vont donc tout mettre en œuvre pour l'éviter à leurs membres. Tout, c'est-à-dire peu de chose dans la plupart des cas. Car la communauté est avare en miracles. Elle les réserve à ceux qui lui font réellement peur. Lorsque les travailleurs menacés peuvent, comme les vignerons du Midi, les sidérurgistes de Longwy, rendre crédible la menace d'une explosion sociale, alors ils mobilisent la solidarité collective. Là encore, il n'y aurait que demi-mal si celle-ci favorisait le passage des productions non rentables aux productions rentables. Mais, le plus souvent, ce sont les installations déficitaires qui sont entretenues à grands frais. On recule ainsi les échéances inéluctables. L'épreuve, provisoirement différée, se révèle en définitive ruineuse pour le pays et désastreuse pour les intéressés.

Cela fait plus de trente ans que la construction navale joue ce scénario. En 1951, une loi Defferre avait prévu d'aider « à titre temporaire » les chantiers à trouver des commandes extérieures. L'Etat pouvait prendre à sa charge jusqu'à 25 % du prix, ce qui n'était déjà pas mal. La loi fut complètement détournée : l'aide provisoire se transforma en une subvention permanente. A la fin des années soixante-dix, l'Etat versait bon an mal an son milliard et demi. On savait que la situation était intenable, que la France ne pouvait garder ses cinq grands chantiers : La Ciotat, La Seyne, Nantes, Saint-Nazaire et Dunkerque. Mais les gouvernements préféraient payer et fermer les yeux plutôt qu'affronter la colère des ouvriers fortement encadrés par une CGT intransigeante.

A partir de 1982, tout craque. En dépit de leur niveau technique remarquable, les entreprises françaises sont sous-compétitives et ne peuvent plus obtenir de commandes sans une aide considérable de l'Etat. Les carnets sont vides. On fait n'importe quoi pour les remplir. En 1984, l'armateur Delmas-Vieljeux veut faire construire quatre grumiers. Il choisit les Yougoslaves qui les proposent à 135 millions pièce. Le gouvernement lui impose de passer commande pour deux unités aux chantiers de Saint-Nazaire. Prix de revient des constructeurs français : 500 millions. Le client paiera 152 millions et le contribuable le reste. Peu après, l'opération se renouvelle avec deux cargos mexicains commandés aux chantiers de La Ciotat. Lorsque, à l'été 1985, les Chantiers de l'Atlantique se voient confier par un armateur norvégien la construction d'un super-paquebot de croisière, la presse n'ose pas faire allusion à la subvention étatique.

Le montant des aides publiques bondit à 5,6 milliards en 1984 et 4 milliards en 1985. On en vient à dépenser 400 000 francs pour chaque emploi préservé et 100 000 francs si l'on tient compte des emplois induits. C'est-à-dire que la Navale coûterait moins cher au pays si l'on fermait tout et qu'on se contentait de payer les salaires ! La situation échappe à tout contrôle. A ce stade, l'Extérieur ne peut plus suivre la loi de l'Intérieur. Le plan Lagagne de 1984, qui prévoyait 5 000 suppressions d'emplois, doit être aggravé dès 1985. Nul ne sait plus si l'on pourra même sauver deux de nos chantiers et combien des 12 000 salariés conserveront leur emploi. Car il ne suffit pas de restructurer, encore faut-il le faire à temps. La France a tellement attendu qu'elle a peut-être laissé passer sa chance de rejoindre le club des constructeurs de navires. Il y a plusieurs années déjà que les concurrents ont fait les efforts nécessaires et retrouvé leur compétitivité. Malheur aux attardés !

Que cette industrie soit très sensible à la concurrence internationale, c'est vrai et ce n'est pas nouveau. La plupart des États subventionnent leurs chantiers — mais jamais au niveau atteint par la France —, ce qui n'a pas empêché les Japonais de surclasser les Européens, puis d'être détrônés à leur tour par les Coréens qui, eux-mêmes, attendent l'assaut des Philippins, des Brésiliens ou des Pakistanais. Car le coût de la main-d'œuvre joue un rôle déterminant et condamne la construction des navires ordinaires dans les chantiers européens. Ceux-ci ne peuvent retrouver leur compétitivité que sur des unités spécialisées : méthaniers, paquebots de croisière, plates-formes de forage, navires militaires, sous-marins, etc. Il faut tout à la fois accroître la productivité et se replier sur un secteur du marché. Ce qui entraîne d'inévitables et massives suppressions d'emplois. A l'étranger, cette nécessité est admise. Le grand chantier allemand HDW de Hambourg a réduit son personnel des deux tiers et compte revenir à l'équilibre cette année. La plupart des chantiers allemands ont fait le même effort et réalisent à nouveau des bénéfices. En Grande-Bretagne, les réductions d'effectifs ont atteint 50 %... et ce n'est pas fini.

En France, la CGT a fait reculer le pouvoir pendant des années. Reculer pour mieux sauter. Sans doute obtiendra-t-elle en ultime concession qu'on évite les licenciements « secs » comme en Allemagne. Les gars de la Navale auront droit aux deux années de congé-formation. Dans l'espoir qu'ils ne manifestent pas trop avant les élections, après... ce sera le chômage. Car il n'existe pas, dans ces régions, de tissu industriel capable de leur offrir des emplois. La solidarité nationale ne joue pas deux fois ; elle a servi à perpétuer les solutions dépassées, elle ne peut aussi financer les solutions de rechange.

Cette action corporative ne laisse rien subsister de l'identité syndicale originelle. C'en est au point que les différents protagonistes peuvent sans difficulté échanger leurs rôles. Patrons, notables, politiciens, technocrates, financiers, directeurs, encadrement, travailleurs indépendants ou syndicats ouvriers occupent les avant-postes ou l'arrière-pays selon les nécessités. Cas de figure le plus classique : le patronat mène l'offensive dans la période d'expansion, puis passe le relais aux syndicats dans la phase de récession. Les premiers conquièrent, les seconds défendent. Cette stratégie a merveilleusement joué dans la sidérurgie. Un véritable cas d'école !

Dans les trente années qui suivent la guerre, les organisations ouvrières ne mènent qu'une revendication classique et fructueuse — les sidérurgistes font un rude métier, mais appartiennent par leurs rémunérations et leur statut à l'aristocratie ouvrière — sans trop s'occuper de politique industrielle. Les nouveaux « maîtres des forges » — fidèles en cela au paternalisme des Schneider et Wendel — les tiennent à l'écart de la gestion. Le lobby de l'acier s'organise autour de la Chambre syndicale de la sidérurgie et de son maître tout-puissant : Jacques Ferry. Dès le lendemain de la guerre, l'acier se voit reconnaître une place à part dans l'économie, une place bientôt sanctionnée sur le plan institutionnel par la Communauté européenne du charbon et de l'acier. L'idée s'impose dans l'opinion que la sidérurgie est la base stratégique de toute puissance industrielle, qu'il s'agit d'un problème politique et non seulement commercial. Le patronat, les communistes et toute la presse récitent le credo de l'acier : il faut développer nos capacités de production. L'Etat préside aux grands choix stratégiques : d'un côté, il impose des prix trop bas ; de l'autre, il finance les investissements trop lourds.

Tout est facile si longtemps qu'il suffit de faire « plus ». Dans les années soixante, il apparaît qu'il faut faire « mieux ». C'est-à-dire augmenter la productivité. Avec des conséquences douloureuses :

réduction d'effectifs et même fermeture de sites en Lorraine et dans le Nord afin de développer les aciéries en bord de mer. Les syndicats se contentent de grogner, les élus locaux montent au créneau : on fera Dunkerque et Fos, sans remettre en cause le Nord et la Lorraine. Et l'on vise une capacité de 35 millions de tonnes. En 1969, Jean-Jacques Servan-Schreiber s'inquiète de cette sidéromanie : « L'Oréal oui, de Wendel non. Il faut changer de patriotisme industriel », écrit-il. Jacques Ferry lui répond en prononçant l'anathème : « la sidérurgie française ne saurait se satisfaire d'une politique de la crème fouettée et du cosmétique ». Jean Padioleau [129] remarque : « La valeur de l'intérêt général consolide peu à peu la légitimité de l'industrie sidérurgique. » Phase nécessaire de toute action collective, les représentants de l'Intérieur ont réussi à s'approprier la défense de l'Extérieur. Ce qui est bon pour l'acier sera bon pour la France. En sous-main, les représentants patronaux commencent déjà à faire jouer le chantage à l'emploi pour obtenir les concours financiers qu'ils désirent. Le ministre Jean Fontanet cède au groupe de pression : « La restructuration du groupe Wendel-Sidelor ne doit pas se traduire par des licenciements. »

« En permanence, les syndicats soutiennent le principe de l'aide de l'Etat et, *de facto*, ils participent aux efforts (...) de la Chambre syndicale », note Padioleau. *L'Humanité* fait chorus : « La France a à la fois besoin de Dunkerque, de Fos et du développement de la sidérurgie lorraine. » Ainsi tout le « système sidérurgique », des patrons aux syndicats en passant par les notables, les experts et les technocrates, n'a qu'une idée en tête, un principe, un dogme : développer les capacités. A l'étranger, on se soucie de productivité, on réduit les effectifs. En France, on produit plus. Les sidérurgistes accroissent leurs effectifs de 17 000 personnes entre 1969 et 1974. L'Etat paye. Il double même la mise à l'automne 1975 lors du plan de relance en finançant « à contre-conjoncture » de nouveaux investissements, prétextes à de nouvelles embauches.

L'irréalisme de cette expansion à tout va n'est reconnu que sous le ministère de Raymond Barre. La collectivité entreprend enfin de ramener à la raison le monde de l'acier. Il faut réduire les capacités et les effectifs. Le lobby patronal est en pleine déconfiture. Il a perdu tout crédit et passe la main au lobby syndicalo-régional. Ce sont maintenant les grandes organisations ouvrières, CGT en tête, et les élus locaux qui vont défendre le bastion sidérurgique. Ils trouvent des alliés naturels dans les partis de gauche qui reprennent à leur compte le slogan absurde des 30 millions de tonnes. Mai 1981 : le haut fourneau fait partie de la grande foire aux illusions. Après le dégraissage, on s'engraisse de nouveau pour se remettre au régime dix-huit mois plus tard. Cette fois, la défense obstinée des situations en place a bel et bien conduit au désastre. Au cours des dix dernières années, la sidérurgie a coûté 100 milliards de francs aux contribuables, pour quel résultat ? Les chiffres donnent le vertige : 15 milliards de déficit en 1984, 20 000 emplois à supprimer, des usines modernes à fermer et 40 milliards d'argent public à engouffrer entre 1985 et 1987. Au terme de cet effort gigantesque, la sidérurgie française retrouvera-t-elle sa compétitivité ? Rien n'est assuré car nos partenaires ont pris de l'avance et seront bien difficiles à rattraper. D'autant que les restructurations en cours n'écartent pas l'éventualité de nouvelles surcapacités dans l'avenir.

Tous les pays industriels ont été confrontés à la crise sidérurgique. Dans tous les cas, la collectivité a dû intervenir pour aider à la restructuration. Partout, il a fallu réduire, moderniser, licencier. Nulle part les choses n'ont été aussi mal faites. Les sidérurgies allemande, néerlandaise et luxembourgeoise ont recouvré la santé dès 1984 après des opérations chirurgicales ; même la Belgique et la Grande-Bretagne sont nettement engagées dans la voie du redressement. La France seule cherche vainement une lueur au bout du tunnel. Entre les rêves pharaoniques du patronat et la résistance aveugle des syndicats, elle se sera ruinée à tuer dans l'acier l'avenir de la Lorraine. A court terme, les sidérurgistes auront été bien défendus. Sur les 30 000 emplois perdus, il n'y a eu que 40 licenciements. Encore s'agissait-il d'ouvriers qui avaient refusé successivement huit offres d'emploi. Mais leurs enfants devront prendre la route pour chercher du travail. Lorsque, à terme, il faudra faire les bilans, on s'apercevra sans doute qu'un secteur peu syndicalisé comme le textile, qui s'est bien modernisé ces dernières années grâce aux mesures prises par le gouvernement socialiste en 1981, aura sauvé plus d'emplois que la sidérurgie soi-disant protégée par ses bastions syndicalo-corporatistes.

Se faire payer à exploiter une vigne dont le raisin finira à la distillerie, à traire des vaches dont le lait ira grossir les surplus invendables, à construire des navires qui seront bradés à mi-prix ou à regarder une aciérie qui tourne à mi-temps, c'est un peu démoralisant, mais cela assure un salaire pour un métier qui en vaut un autre. Aller travailler à 500 mètres sous terre dans des galeries insalubres, sur des veines insaisissables, affronter la menace du grisou avant d'endurer l'épreuve de la silicose, tout cela pour extraire un charbon que l'on trouve en abondance sur le marché mondial à trois fois moins cher, voilà bien le comble de la perversion corporatiste. Car ce ne sont pas des méchants exploiteurs capitalistes qui engouffrent les hommes dans ce labeur d'un autre âge, ce sont les organisations syndicales. Elles en font même un objectif prioritaire des luttes ouvrières ! Essayons de comprendre.

25 février 1985, 7 h 21, coup de grisou dans le puits Simon à Forbach : 22 morts. Le plus jeune avait tout juste 19 ans. Le Premier ministre vient partager la douleur du pays minier et, comme toujours, les syndicats accusent et se portent partie civile. Le secrétaire de la fédération CFDT des mines dénonce : « il est fondamental que l'enquête mette en évidence les erreurs de conception au sujet de l'aérage et l'insuffisance des méthodes de détection ». Edmond Maire renchérit : « les risques peuvent être diminués en prenant des mesures appropriées ». Des mesures appropriées...

En arrivant sur les lieux de la catastrophe, M. Fabius ne pouvait que constater : « cela montre que la mine continue à tuer en France comme ailleurs ». Une évidence incontestable. Dans la presse, les éditorialistes s'insurgent contre « la fatalité » et demandent des mesures pour améliorer la sécurité. La CGT affirme, péremptoire : « Nous disposons de tous les moyens scientifiques et techniques pour prévenir une telle catastrophe. » L'enquête dira si des erreurs, des négligences ou des fautes ont été commises, mais, comme le fera remarquer justement Haroun Tazieff, secrétaire d'Etat aux Risques naturels, si l'on veut mettre en œuvre toutes les protections imaginables, on renchérit le prix de l'extraction au point de la rendre impossible. Bref, c'est le risque ou la fermeture. Un raisonnement « sans pudeur, écœurant », fulmine la CGT qui craint que « la notion de fatalité soit utilisée pour justifier la fermeture des mines ».

Il ne faut donc pas poser la question... de fond : que faisaient ces mineurs dans le puits Simon ? Ils s'épuisaient à produire, au prix de 584 francs la tonne, du charbon qui serait vendu 472 francs afin de s'aligner sur le prix des produits importés. Il s'agit pourtant d'un « bon » puits français. Cela valait-il la peine de risquer leur vie ou même leur santé ? Car, quoi que l'on fasse et quelque prix qu'on y mette, la sécurité ne sera jamais absolue dans ce genre de mine. La salubrité non plus. Au cours des dix dernières années, la « pneumoconiose du houilleur » ou silicose a tué en moyenne 880 mineurs chaque année. Elle réduit de sept ans l'espérance de vie de ses victimes, elle les condamne à des années de vie douloureuse, avec la bouteille à oxygène sur le dos, jusqu'à la mort par asphyxie.

Il n'est qu'une façon de conjurer ce destin, c'est de faire passer les hommes de la mine à l'usine. La France peut le faire, car elle est une grande nation industrielle et n'a, fort heureusement, pas besoin de ce charbon. Depuis des décennies, ses gouvernements successifs souhaitent renoncer à l'exploitation. Il n'en va pas de même pour d'autres activités dangereuses, comme le bâtiment, qui sont indispensables à la vie du pays. Là, il faut multiplier les protections tout en sachant qu'on n'arrivera jamais à la sécurité absolue et que, pourtant, on ne peut fermer les chantiers comme les mines. Mais faire mourir des hommes pour le charbon français, demander au contribuable de payer pour que perdure en cette fin de XXe siècle la condition ouvrière du XIXe siècle, cela paraît incompréhensible.

Dès le début du siècle, des rapports avaient établi que le mineur américain était trois fois plus productif que son collègue français. Ainsi le veut la nature qui a entrelardé le charbon français dans un millefeuille brisé à grande profondeur tandis qu'elle l'étalait ailleurs en couches régulières, épaisses et à fleur de terre. L'inégalité géologique, ça existe. Ce n'est pas pour autant que la France pouvait dès cette époque renoncer à ses richesses charbonnières. D'autant qu'elle disposait alors de beaux gisements. Au lendemain de la guerre, la France manque d'énergie, elle est fort heureuse de trouver des mineurs pour l'alimenter en charbon. Mais l'exploitation se révèle de plus en plus difficile et de plus en plus coûteuse alors que, dans le même temps, apparaissent sur le marché mondial les produits concurrents offerts à moindre prix.Il faut donc organiser la relève. La règle d'or en la matière est de ne pas s'acharner à gratter le fond. En effet, l'exploitation devient de plus en plus coûteuse à mesure que l'on s'approche de la fin. Plutôt que se ruiner à sortir les derniers milliers de tonnes, il faut investir son argent dans les industries de substitution.

Dès 1960, la France lance le plan Jeanneney pour réduire la production de 6 millions de tonnes dans les cinq années suivantes. Cette récession doit s'accompagner de mesures économiques et sociales afin qu'elle n'entraîne pas de licenciements pour les mineurs ou de charges prohibitives pour les contribuables. La CGT prend immédiatement position contre ce repli en bon ordre. En 1961, la mine de Decazeville se trouve occupée. Deux mois de grève pour protester contre les fermetures dans les houillères du Midi. Analysant ce conflit, Denis Segrestin [144] note : « Dépassant très vite l'enjeu de l'avenir du bassin de Decazeville, les syndicats vont évoquer les " conditions d'un véritable reclassement " et la nécessité de " relancer l'activité économique dans les régions minières ". » Ils obtiennent sur ces points essentiels des garanties qui deviendront la règle pour les phases suivantes de la récession. En 1968, le plan Bettancourt relance cette politique en s'efforçant d'accentuer son aspect positif : amélioration de la productivité dans les meilleurs bassins et création de filiales industrielles au sein des Charbonnages pour développer les activités de substitution. On pourrait certes forcer l'allure pour éliminer ce « sale boulot », mais il faut tenir compte des pesanteurs sociologiques. Quant aux organisations représentatives, elles sont parfaitement dans leur rôle en se battant pour que la reconversion se fasse au moindre coût humain pour les mineurs. La France se dirige sans drames vers la fin de son ère charbonnière.

Mais cette perspective est jugée inacceptable par le lobby charbonnier qui regroupe à la fois l'état-major et l'encadrement des houillères, les notables politiques locaux et les appareils syndicaux. Les uns comme les autres vivent sur l'extraction de la houille. Aux Charbonnages, on communie dans le culte du mineur héros de l'épopée industrielle qui défie la mort pour donner aux hommes la force du feu. Un sentiment sincère mais qui n'est pas exempt de considérations plus intéressées. Le personnel de jour, sans avoir tous les avantages des travailleurs du fond, jouit d'un statut très appréciable lorsqu'il ne se paie pas d'une vie souterraine. Il existe donc un patriotisme d'entreprise d'autant plus fervent que plus intéressé.

Lorsque les mineurs cessent le travail, le 24 octobre 1983, pour protester contre les fermetures, le Syndicat des employés, techniciens et agents de maîtrise CGT du siège social à Paris diffuse un appel à la grève dans lequel on peut lire : « Notre avenir au siège des Charbonnages de France dépend avant tout de la poursuite de l'exploitation du charbon français. En 1990 que resterait-il du siège de CdF s'il n'y avait que la Lorraine et la Provence en exploitation comme le prévoit le plan du gouvernement ? Les mineurs sont en lutte avec la CGT pour imposer l'arrêt de la récession et la relance de notre industrie minière nationale.Nous ne pouvons pas être uniquement spectateurs de cette action. C'est aussi nos intérêts qui sont en jeu. » On ne peut être plus clair : il faut que des mineurs descendent au fond pour préserver les avantages de la bureaucratie charbonnière en surface.

Les élus et notables des bassins houillers ont fondé leur situation sur une clientèle de mineurs et sur la défense des activités liées à la mine. Toute reconversion risque de les faire vaciller sur leur base. Ils font preuve d'un cynisme total. Un haut fonctionnaire qui s'était occupé des problèmes d'aménagement du territoire dans ces régions me disait que, lorsqu'il interrogeait ces bons bourgeois sur le caractère inhumain du travail aux Charbonnages, il s'entendait généralement répondre : « Si vous étiez d'ici, vous verriez qu'ils y sont résignés. C'est leur métier n'est-ce pas ? » Heureux encore lorsqu'ils n'ajoutent pas : « Ils sont faits pour ça, que voulez-vous qu'ils fassent d'autre ? » Quant aux appareils syndicaux, ils trouvent en terre minière de très solides bastions. Ne revenons pas sur la tradition des luttes sociales chez les mineurs. Le fait est que cette population, solidaire dans l'action comme dans le travail, consciente de son exploitation comme de sa force, a toujours constitué une armée d'élite pour les luttes revendicatives. A cet outil de pression s'ajoutent désormais toutes les prérogatives institutionnelles propres au syndicalisme dans le secteur public. On le voit, l'extraction du charbon profite bien plus à ceux du dessus qu'à ceux du dessous. La récession charbonnière va donc être constamment contrecarrée.

Le premier choc pétrolier fournit au système charbonnier l'occasion d'une première contre-attaque. Le monde manque d'énergie, l'OPEP risque de nous étrangler, seule l'énergie nationale est sûre. Il faut donc relancer la production charbonnière. Le gouvernement renverse la vapeur en 1974, mais en fixant des limites très strictes à cette expansion. Le prix de revient ne devra pas dépasser 3 centimes la thermie. C'est aussitôt le grand dérapage. Dans tous les bassins où les effectifs étaient en lente régression, les directions embauchent à tour de bras. 5 014 en 1974, 6 679 en 1975, 4 059 en 1976, 3 299 en 1977. Aux houillères du Midi, la moitié des effectifs a été embauchée après 1974. Mais on découvre que les Français ne veulent plus descendre. La plupart des jeunes engagés démissionnent au bout de quelques mois. Pour les remplacer, on importe massivement de la main-d'œuvre maghrébine, essentiellement marocaine. La direction n'offre que des contrats à durée déterminée mais, après une grève en 1980, doit accorder le statut complet. Preuve que le métier n'est pas fameux, voilà que les syndicats, qui réservent si jalousement aux Français les bons emplois dans les services publics, ne sont pas gênés de voir les étrangers se les approprier lorsqu'il s'agit de descendre au fond. On compte désormais entre un quart et un tiers d'immigrés dans nos puits. Ainsi, progressivement, ce sera une population immigrée qui ira chercher la silicose sous terre, à seule fin de justifier le statut des Français qui travaillent dans les bureaux et des notables qui occupent les mairies. On ne qualifiera pas cette situation, c'est promis.

Cette politique expansionniste ralentit la retraite. La production qui diminuait régulièrement devient presque étale. Mais, pour obtenir ce résultat, on a remis en exploitation les veines les plus difficiles. Celles que l'on avait abandonnées dans un souci de rentabilité. Le coût, ou plus exactement le surcoût, du charbon français augmente brutalement. Le déficit des Charbonnages aussi. A la fin des années soixante-dix, le gouvernement Barre reprend la politique de récession pour la houille comme pour l'acier. Les syndicats, notamment la CGT, relayant le PC, se déchaînent contre cette régression et rencontrent là aussi la démagogie socialiste pour faire cause commune sur l'objectif stupide des 30 millions de tonnes alors qu'on ne dépasse plus guère 20 millions. En 1982, Georges Valbon, président communiste des Charbonnages, relance une fois de plus et réembauche massivement (près de 6 000 engagements en 1982), puis démissionne lorsque sonne à nouveau l'heure du réalisme. En 1984, on repart sur des objectifs tout juste contraires en se fixant pour 1988 une production ramenée à 11 millions de tonnes et des effectifs réduits de 30 000 personnes. Au passage, on reverse à l'EDF un millier de mineurs par an. Parmi ceux-ci, certains engagés de fraîche date, et qui demandent à profiter, leur vie durant, du statut de mineur de fond. Entre-temps l'aide des contribuables est passée de 1,6 milliard de francs en 1975 à 6,5 en1983 tandis que l'endettement dépassait le chiffre d'affaires !

Car on est sorti de toute rationalité économique. Le prix de revient de la tonne s'est accru des deux tiers entre 1979 et 1982, et l'écart ne cesse de se creuser avec le prix du marché. Si même on intègre dans les calculs l'ensemble des coûts sociaux liés à toute fermeture, on ne trouve guère que 2 millions de tonnes de charbon rentable, même pas 10 % de la production actuelle. Dans le Nord-Pas-de-Calais, dans le Gard ou en Auvergne, les aides dépassent largement les salaires des mineurs. C'est dire qu'on oblige des hommes à descendre au fond alors que les subventions, versées en tout état de cause par le contribuable, seraient moins lourdes s'ils restaient au grand air à cultiver leurs jardins !

Mais la CGT n'en veut pas démordre. Elle multiplie les déclarations péremptoires et les actions d'éclat pour maintenir en activité toutes les exploitations et se crispe tout particulièrement sur les plus déficitaires, tel le fameux puits Destival et son gisement de Ladrecht dans les Cévennes. Lorsqu'en 1980 la direction des Charbonnages, renonçant à récupérer ces 9 millions de tonnes d'anthracite, décide de fermer le puits, les 200 mineurs CGT — qui sont tous recasés dans les mines à ciel ouvert de Provence — décident la grève avec occupation. Pour la CGT, le conflit prend une valeur exemplaire et symbolique : il durera plus d'un an. Après mai 1981, la nouvelle direction reprend les sondages et dépense inutilement 4 millions par mois pour découvrir ce que l'on savait déjà, que le charbon est bien là, mais que cette mine profonde, grisouteuse, aux veines peu épaisses et brisées, est idéale pour tuer les mineurs et ruiner les contribuables. Nul capitaliste n'oserait offrir un tel travail aux Français de l'an 2000. Un syndicat ouvrier peut encore se le permettre.

Lorsque le secrétaire général du sous-sol CGT, Augustin Dufresne, dit : « Dans la rentabilité actuelle, Charbonnages de France ne tient aucun compte du coût social... », on est tenté de penser que le bon syndicaliste reproche au méchant patron de ne compter pour rien la peine des ouvriers condamnés à un travail harassant et insalubre, pour rien la perte de leurs poumons rongés par la silice, pour rien les inévitables victimes des coups de grisou, pour rien les milliards que coûtent au pays les maladies professionnelles de la mine et qui ne sont jamais prises en compte dans les bilans du charbon. Vous n'y êtes pas du tout. Les coûts sociaux sont liés à la cessation et non pas à l'exploitation minière. C'est ce qu'explique Gérard Alezard, secrétaire national de la CGT, en s'adressant à la presse le 9 novembre 1984 : « Je songe ici aux vrais coûts de l'exploitation du charbon, à sa rentabilité réelle au sens économique et social, en ne négligeant aucun élément (...) le prix marchand, mais aussi le coût des emplois, des réductions d'effectifs, des fermetures, le coût des importations. Il faut regarder également la régression des investissements, le poids financier et social du chômage, les pertes d'emplois induits. Il y a le coût social. »

Imaginez le capitaliste qui dresserait le bilan du charbon sans inclure la pénibilité du travail, la silicose et les accidents ! Mais non, cette « rentabilité élargie » ne doit pas grever le prix du charbon, mais celui de la solution alternative. Sur cette base, la CGT pouvait encore, en 1982, organiser dans le Midi des opérations de propagande en exhibant les centaines de jeunes prêts à s'embaucher pour sortir le « charbon français »..., vocations dont l'expérience des autres bassins montre combien elles résistent mal au choc des réalités. Ainsi les patriotards des années 1900 contemplaient-ils, émus, cette belle jeunesse de France qui donnerait à la patrie de si bons soldats.

Cette action collective est fascinante d'ambiguïté. Elle a tous les symboles, toutes les apparences du mouvement ouvrier alors qu'elle se situe aux antipodes de *Germinal*. La lutte ne consiste plus à récupérer une part du profit prélevé par les compagnies capitalistes, mais à obtenir une augmentation des subventions versées par les contribuables. Elle ne consiste pas à lutter contre le mauvais travail, mais, au contraire, à le faire perdurer. Pour se raccrocher malgré tout à cette légitimité historique, le discours syndical se réfugie, une fois de plus, dans la paranoïa et la confusion. Les mineurs, plus encore que les autres agents de l'Etat, sont assiégés et doivent en permanence se mobiliser et lutter. Dans les autres services publics, la menace naît des convoitises capitalistes, mais comment dénoncer la « privatisation » dans un secteur qui accumule les déficits et n'a rien pour séduire les financiers ? Le discours syndical s'en prend donc à la « casse », au « gâchis », à l'« abandon », maladies qui doivent être mises en relation avec la « loi du grand capital » selon des voies assez mystérieuses. Au nom de quelle logique les capitalistes dédaignent-ils une ressource rentable, eux qui, à l'ordinaire, se ruent sur la moindre occasion de profit ? Pourquoi veulent-ils refermer notre coffre-fort géologique, eux qui parcourent le monde pour en chercher et en fracturer de nouveaux ? Sans doute peut-on soutenir que le capitalisme contemporain tend à se détourner de l'industrie pour se reporter vers la finance, mais il s'agit en l'occurrence du pouvoir politique et, de ce point de vue, les choses sont encore moins claires. Ces gouvernements « réactionnaires, bourgeois, de droite » ont équipé nos rivières pour produire l'électricité, construit des centrales pour utiliser notre uranium, foré une multitude de puits dans notre sous-sol à la recherche de pétrole ou de gaz, pourquoi se trouvent-ils soudain pris de carbophobie, lorsqu'il s'agit d'exploiter nos gisements houillers ?

Le syndicalisme des mineurs ressemble à celui des viticulteurs, des boutiquiers ; bref, à tous ces mouvements qui se fondent sur le désarroi ou le désespoir de producteurs remis en cause par le progrès économique. Dans de telles situations, les organisations représentatives doivent se battre pour que les producteurs ne soient pas abandonnés et que la collectivité les aide à se reconvertir vers des activités d'avenir. Malheureusement, elles choisissent toujours de s'opposer à une évolution inéluctable afin de faire subventionner les appareils de production dépassés et déficitaires.

Tout serait simple s'il s'agissait de défendre une situation « peinarde », d'assurer une rente confortable ; tout devient paradoxal dès lors que le combat d'arrière-garde ne vise qu'à entretenir un métier condamné par le progrès social. Nous atteignons là le paroxysme de la syndicratie. Jusqu'à présent nous avons vu des bureaucraties corporatives défendre l'intérêt à court terme des producteurs contre leur intérêt à long terme. Ici, elles semblent ne défendre que leur propre intérêt contre celui de leurs mandants. Pourtant, les mineurs font bloc derrière leurs organisations syndicales, ils sont opposés aux fermetures, ils se mobilisent lors des grèves et dans les manifestations ? Tout cela est vrai.

Le calcul autant que la passion peuvent expliquer ce comportement des responsables syndicaux. D'un côté, les dirigeants confédéraux, qui jouent un peu le même rôle que les notables locaux en politique, voient dans la mine un enjeu de pouvoir. Ils veulent la maintenir en activité dans l'intérêt de l'organisation. Un point, c'est tout. Mais cette stratégie ne saurait lier les mineurs à leur organisation. En fait, le syndicat mineur proprement dit réagit avec son cœur plus qu'avec sa tête, et c'est pourquoi il est suivi. Ici les responsables sont eux-mêmes des hommes du fond, ils en ont bavé dans les galeries, ils ont eu peur de l'accident et de la silicose, ils ont expérimenté dans leur chair la condition de mineur... et ils la défendent. Sans faire de calculs. Ce n'est pas le genre dans les corons. Le patron des mineurs CGT, Augustin Dufresne, a vu son père mourir de silicose, il a lui-même travaillé au fond, c'est un homme de terrain et non pas un bureaucrate. Il défend avec ses tripes le charbon national. « Le changement pour notre corporation passe, en premier lieu, par le maintien en activité de nos puits et de nos mines (...) », répète-t-il. Autrement dit, le changement consiste à s'opposer au changement. L'attachement à la mine devient alors une passion et sa justification ne peut plus se faire que dans un climat irrationnel. Il faut reconstruire ce monde maléfique, lieu de sombres manigances et de mystérieux complots, peuplé d'ennemis innombrables et innommables, siège d'une conjuration universelle et multidimensionnelle contre la corporation.

L'exceptionnelle dureté du métier a marqué toute l'histoire minière. A l'origine, c'est la contrainte qui l'imposa aux hommes. Contrainte violente du travail forcé, contrainte économique du capitalisme naissant. Ceux qui descendaient au fond n'avaient pas le choix. Puis il fallut faire accepter cette condition pénible. C'est alors que le patronat institua cette sorte de servage industriel qu'on appelle le statut du mineur. Pour prix de ce labeur inhumain et pour autant qu'il restait attaché à la mine, l'ouvrier se trouvait entièrement pris en charge, de sorte que l'on compensait par une protection en surface l'insécurité qu'il subissait sous terre. Jamais le paternalisme n'a été poussé aussi loin que dans les houillères. Le mineur est immergé dans une véritable société fermée. Il n'y trouve pas seulement le logement et le chauffage, mais également la coopérative pour ses achats, les services médicaux pour les soins. L'employeur a tout prévu, il est allé jusqu'à construire des églises et créer ses propres fabriques de cercueils ! Sur cette base matérielle s'est créée une véritable société du charbon avec son tissu social très riche, son système de valeurs, sa culture propre. On ne travaille pas à la mine, on appartient au pays minier.La profession a été valorisée dans ses servitudes : la force, le courage, la solidarité, l'endurance. Son utilité a été magnifiée : le charbon français est indispensable à la vie du pays. Dans cette mythologie, le mineur est devenu le héros de l'épopée industrielle : « femme de mineur, femme de seigneur ». Ainsi, le travailleur se trouve-t-il piégé dans ce patriotisme qui fait accepter l'inacceptable.

Ce conditionnement transforme toute reconversion en déchirement. Il ne s'agit plus de changer de boulot, de passer d'une entreprise à une autre, mais de rompre avec un style de vie, une tradition, un milieu, une culture, bref de s'expatrier sur place. Ainsi arrive-t-on à ce paradoxe d'adultes qui ne veulent pas quitter la mine et de jeunes qui ne veulent pas y aller. Dans une consultation faite auprès des mineurs de fond nordistes, il apparaissait que 85% d'entre eux refusent que leurs enfants fassent le même métier.

Toute reconversion est inconcevable pour ceux qui ont vécu pendant des années ce destin de mineur. Ils ne peuvent s'y résigner que devant l'évidence d'une mine épuisée jusqu'à son dernier bloc de charbon. Si longtemps qu'il est physiquement possible de poursuivre l'extraction, ils préfèrent retarder l'échéance. Les prophètes de malheur qui les placent devant l'alternative mineur ou chômeur n'ont aucune peine à se faire entendre. Mieux vaut un dur métier qui donne au travailleur sa fierté qu'un désœuvrement même assisté ou un médiocre recasement qui seront toujours ressentis comme une déchéance. A ce stade, les organisations représentatives jouent un rôle essentiel, elles seules peuvent convaincre les hommes d'accepter une rupture radicale avec un milieu aussi possessif. Encore faut-il qu'elles-mêmes n'en soient pas prisonnières.

Le système fut parfaitement mis sur pied par les patrons capitalistes. Repris par l'Etat-patron, il est aujourd'hui utilisé par les notabilités politiques et la bureaucratie syndicale pour enchaîner le monde de la mine au XIXᵉ siècle. Pour le persuader qu'il n'a pas sa place dans l'industrie nouvelle du prochain siècle. Ultime avatar de cette lutte constante de l'Intérieur contre l'Extérieur, les défenseurs des producteurs, c'est-à-dire, rappelons-le, les politiciens aussi bien que les syndicrates, ont pris ces derniers en otages pour conforter leur situation au détriment de la collectivité.

A bien regarder, la situation est-elle tellement différente dans certains secteurs de l'agriculture, de l'Education nationale ou des services publics ? Partout, il s'agit d'utiliser les statuts pour emprisonner les travailleurs dans une situation acquise sur laquelle s'édifie le pouvoir des bureaucraties politico-syndicratiques.

CHAPITRE XIV

La syndicratie scientifique

« J'ai vu des chercheurs, mais où sont les trouveurs ? » aurait marmonné le général de Gaulle après une visite au CNRS. Depuis le 1er janvier 1985, la question ne se pose plus : les uns comme les autres sont fonctionnaires. La France est ainsi le seul pays au monde qui se soit donné pour modèle l'Académie des sciences de l'Union soviétique. Cette victoire du nombre sur le mérite et de l'uniformité sur la compétition parachève la conquête du Centre national de la recherche scientifique par la syndicratie. Le fondateur, Jean Perrin, avait prévenu dès 1939 : « Les chercheurs ne doivent pas devenir des fonctionnaires. » Le mal est fait. Même aux pires époques de la télévision, je n'ai pas rencontré ce rejet d'un système par ses propres agents. Corrigeant ma première remarque, je dirai qu'il existe une nouvelle façon de distinguer les trouveurs des chercheurs, les premiers refusent notre syndicratie scientifique et les autres s'y complaisent.

La recherche n'est qu'un moyen, l'objectif c'est la découverte comme le rappelait le général de Gaulle. Mais l'évaluation des résultats échappe aux non-scientifiques comme le soulignait son point d'interrogation. Le public juge et sanctionne les produits qui lui sont offerts sur le marché ; il peut encore juger, mais non pas sanctionner, les services que lui assure un monopole ; il ne peut ni juger ni sanctionner le travail scientifique et se trouve donc désarmé face aux producteurs de savoir. Dans la dialectique Intérieur-Extérieur, voici le cas limite : celui où l'Extérieur est mis hors jeu.

De la science, la société ne peut contrôler que la recherche et non pas la découverte. En 1983, lorsque la Cour des comptes a inspecté le CNRS, elle n'a voulu connaître ni la qualité des travaux, ni le noyautage syndical qui échappaient à sa compétence. En dépit de cette banalisation, elle a pu confectionner un collier de perles riche d'enseignements. Elle s'est étonnée que, dans une activité réputée passionnante, le personnel semble toujours désireux de plaquer son boulot et rabioter des congés. A l'Institut d'électronique fondamentale d'Orsay

— laboratoire associé au CNRS —, le temps réglementaire de travail n'est que de 35 heures par semaine... Au Laboratoire de physique de la matière condensée de l'Ecole polytechnique à Palaiseau, l'horaire de 38 heures 20 pratiqué depuis 1975 fut ramené à 36 heures 05 le 1er février 1982 ... pour appliquer la règle des 39 heures. A la même époque, tous les services de Marseille se mirent à 35 heures 30, tandis qu'à la station marine d'Endoume on portait de 8 à 11 semaines les congés annuels. D'une façon générale : « La coexistence de personnel du CNRS et d'agents à statut universitaire, travaillant souvent dans les locaux des universités, tend à créer un phénomène de contagion qui aboutit à aligner les congés des premiers sur ceux, plus étendus, des seconds. »

Autre sujet d'interrogation : la prime de recherche. Dans un organisme voué à cette activité, elle ne peut distinguer que des mérites particuliers. Imagine-t-on la Régie Renault instaurant la « prime d'automobile » pour récompenser son personnel de faire des voitures ? Lors de sa création, en 1957, la prime avait été conçue comme une gratification exceptionnelle et individuelle. Deux années suffirent pour qu'elle ne soit plus attribuée au mérite mais répartie uniformément. L'habitude s'est même prise de la donner à ceux qui, pour une raison ou une autre, ne font plus de recherche ! Il est vrai qu'en 1983 elle ne dépassait pas 2 000 francs par an pour les débutants et 4 000 francs pour les patrons. Ce refus de l'individualisation n'est peut-être pas étranger à la faible créativité du Centre : 72 brevets déposés en 1978, 75 en 1979, 52 en 1980 et 57 en 1981. Cet indicateur simpliste n'a qu'une signification limitée. Organisme voué à la recherche fondamentale et non pas appliquée, le CNRS n'a pas pour mission de faire des inventions. Toutefois, la frontière entre science et technique n'est pas étanche et la quête du savoir débouche parfois sur des applications. 50 brevets pour 10 000 chercheurs constitue sans doute un record de sous-créativité. Pour certains, il est vrai, ce genre d'éventualité semble exclu tant ils prennent de distance avec leur travail.

La Cour épingle un biologiste des interactions cellulaires qui n'a pas rendu compte de son activité depuis 1967, un mécanicien et deux physiologistes partis sans laisser d'adresse, un physicien en « grève de recherche » depuis 1969, un spécialiste de pathologie qui réussit à ne rien publier pendant vingt ans, un géologue qui, dix-huit ans après l'avoir commencée, n'a toujours pas soutenu sa thèse, etc., sans compter cette histoire touchante : « Une chargée de recherches en géologie sédimentaire et en paléontologie, qui a changé quatre fois de discipline de recherche pour suivre son mari dans ses déplacements successifs, n'avait, en 1981, rien publié depuis 1972. Résidant depuis 1976 à La Rochelle où elle n'avait pas de laboratoire d'accueil, c'est seulement en 1980 qu'elle a été affectée à Poitiers, où elle n'allait que deux jours par semaine : elle a même cessé de s'y rendre à partir de décembre 1980. »

Il s'agit de cas extrêmes et exceptionnels. C'est vrai. En tant que journaliste scientifique, j'ai vu des chercheurs qui travaillent comme des fous et des laboratoires qui bourdonnent comme des ruches. Des exemples qui, par définition, ne pouvaient retenir l'attention des censeurs. La Cour des comptes a soumis le CNRS à une inspection ordinaire ; or, le CNRS n'est pas un organisme ordinaire. Il relève d'une logique particulière. Si tous les chercheurs pointaient chaque matin, si même ils rendaient compte chaque année de leurs travaux et publiaient régulièrement des articles, cela ne prouverait toujours pas qu'ils sont des trouveurs. La créativité scientifique est une matière plus subtile que cela.

Les méthodes éprouvées qui permettent d'augmenter la productivité dans les usines, les magasins ou les bureaux, n'ont pas cours dans les laboratoires. Faute d'un outil fiable pour évaluer la production, on entre dans le domaine du qualitatif pur. Est-il opportun d'étudier « Les légendes de Pausanias et de Damon de Chéronée », « La morphodynamique actuelle au Rwanda », « Le vocabulaire de l'alimentation » ou « Culture populaire, culture des classes subalternes et cultures minoritaires », pour ne pas parler des thèmes de physique ou de mathématique dont les seuls énoncés suffisent à dérouter l'entendement ? Et comment savoir si de tels travaux sont conduits avec l'ardeur et le talent nécessaires ? La conclusion s'impose : seul un spécialiste peut juger un autre spécialiste.

Ce n'est pas la découverte de la relativité qui a fait Einstein, c'est l'adoption de sa théorie par les physiciens de son époque, car un chercheur n'existe que dans le regard de ses pairs. Le malheureux Aristarque de Samos qui, cinq cents ans avant Jésus-Christ, découvrit l'héliocentrisme ne fut pas le plus grand astronome de son temps, car il ne bénéficia pas d'une semblable reconnaissance. Il ne devint un géant de l'humanité que deux mille ans plus tard. La communauté scientifique seule peut dire ce qu'est la science et ce que valent les chercheurs. Que le jugement soit juste ou injuste, il n'est aucune instance d'appel.

Malgré cette absence de sanction extérieure, la science est fondée sur la compétition. Comme l'art, la politique, le sport ou les armées, elle possède son Panthéon qui propose ses « Grands Savants » à l'admiration des peuples et, *a contrario,* condamne ses « petits savants » à l'anonymat des fosses communes. Ces jeux Olympiques de l'esprit que sont les prix Nobel illustrent bien la concurrence, souvent effrénée, que se livrent les individus et les équipes pour être les premiers sur la découverte. Il appartient à toute communauté scientifique d'organiser et d'arbitrer cette émulation, de remplacer la contrainte extérieure défaillante par la pression intérieure.

Le système qui assure cette dynamique doit être inégalitaire et juste. Au royaume de la science, certains ont plus de valeur que d'autres et détiennent, à ce titre, plus d'autorité : c'est l'inégalité. Elle doit se fonder sur le mérite personnel sanctionné par la compétition. C'est la justice. L'accord peut être assez large jusqu'à ce point. Mais qui arbitrera ce concours et désignera ces maîtres du savoir ? Dans la société civile, tous les citoyens participent à ce choix sur la base : un homme, une voix. Dans la société scientifique, il ne peut en aller de même. L'avis du jeune thésard ne pèse pas aussi lourd que celui du chef de labo. L'élite, qui est désignée par la base dans le système politique, est cooptée par le sommet dans le système scientifique. Pour revenir à Einstein, il dut sa consécration à une toute petite aristocratie — Max Planck et Langevin en tête — et non pas au consensus des professeurs de physique ou des ingénieurs. De ce mode de désignation, on dira la même chose que du suffrage universel en politique : c'est le plus mauvais de tous, excepté tous les autres.

La méritocratie élitaire, tout comme la démocratie populaire, peut être accommodée de mille façons, pervertie de mille manières et doit être sans cesse corrigée et améliorée. Elle n'en reste pas moins la seule organisation possible. La syndicratie s'est attaquée au pouvoir des « savants » dans les laboratoires, comme à celui des patrons dans les entreprises ou de la hiérarchie dans les administrations. La résistance a été faible, c'est pourquoi l'ordre syndicalo-bureaucratique a rarement été poussé aussi loin. Nuançons toutefois.

Dans le domaine des sciences exactes — mathématique, physique, astronomie, chimie, etc., voire pour certaines sciences de la vie —, il existe des résultats concrets, indiscutables, qui imposent une véritable hiérarchie à l'échelle internationale. Le fameux boson W, particule que tous les physiciens recherchaient depuis dix ans, fut découvert au Centre européen de recherche nucléaire à Genève. C'est un fait qui permet de situer les équipes européennes par rapport à leurs concurrentes américaines ou soviétiques. La théorie qui servit à prévoir cette particule fut proposée par les Américains Sheldon Glashow, Steven Weinberg et le Pakistanais Abdus Salam, et valut à ses auteurs le prix Nobel de physique en 1979. Tout cela est indiscutable. Au vu de ces résultats, même un ignorant peut comparer la recherche française à la recherche étrangère et dire si nos scientifiques sont de bonne qualité. Il n'en va pas ainsi dans les sciences humaines — sociologie, psychologie, économie, anthropologie, philosophie, histoire — où le savoir ne forme pas un corpus unique, où le tribunal de l'expérience cesse de départager les rivaux. Ici, la pression concurrentielle est la plus faible, ce qui permet au pouvoir syndical d'être le plus fort. Il existe, en outre, des traditions fort différentes selon les disciplines. Les situations particulières sont donc contrastées, et je ne prétends décrire ici qu'une tendance générale qui, hélas, fut jusqu'à présent dominante.

A l'origine, le CNRS ne faisait que distribuer des bourses. Après la guerre, il recruta du personnel sur contrats. L'accroissement rapide des effectifs et des moyens entraîna une structuration progressive. Le CNRS s'organisa en république des Savants avec son « Parlement », le Comité national, éclaté en 45 commissions correspondant aux différentes disciplines. Au début des années cinquante, les premières élections se déroulent au suffrage restreint. Seuls les professeurs et directeurs de recherche votent. En 1959, un premier statut du personnel crée une structure hiérarchisée en quatre grades : directeur de recherches au sommet, puis maître de recherches, chargé de recherches et attaché de recherches, qui reproduit la hiérarchie universitaire. Lors des élections, le collège A (directeurs et maîtres) se distingue du collège B (chargés et attachés). Le syndicalisme fait une timide apparition au cours des années soixante. Dans le corps B, cela va de soi.

Cette république est donc fortement élitiste. Les commissions détiennent la réalité du pouvoir et sont dominées par les directeurs. Chacune régente une discipline. Pour le chercheur, l'essentiel est de séduire des « patrons » et non pas de se faire protéger par une quelconque organisation syndicale.

Mai 1968, les laboratoires s'enflamment comme les facultés. La contestation de l'élitisme est facilitée par le relâchement de la compétition. Surtout au sommet. On ne juge plus que les débutants. Passé un certain grade, les commissions tendent à reconduire les crédits et conforter les situations acquises. Des patrons qui « ne sont plus dans le coup » exercent une autorité étouffante sur leurs équipes. Les jeunes chercheurs s'en rendent compte et saisissent cette occasion pour secouer le cocotier. Ce pourrait être une fort bonne chose. Le régime méritocratique doit être périodiquement revigoré pour ne pas sombrer dans le mandarinat pur et simple. Une réforme des structures débouchant sur une émulation plus saine et une vie collective plus intense était donc souhaitable. Malheureusement, la critique sera tout juste inverse. L'égalitarisme soixante-huitard récuse le mérite et refuse la hiérarchie. On ne veut pas relancer la compétition, on prétend la supprimer. Pour la science aussi, c'est l'heure de l'OS roi.

La crise passée, les syndicats reprennent à leur compte la frustration des « attachés » et des « chargés ». Ils deviennent les défenseurs en titre du corps B et se donnent une base corporatiste extrêmement forte. Le statut de 1969 renforce le rôle des élus, il fait une place importante aux représentants du corps B et même des non-chercheurs : les ingénieurs, techniciens et administratifs, les ITA. La république des savants sera progressivement subvertie et pervertie par le syndicalisme que domine le Syndicat national des chercheurs scientifiques (SNCS), d'obédience communiste, affilié à la FEN, et son éternel rival cédétiste : le SGEN. Cette conquête fut marquée par deux grandes campagnes victorieuses : la titularisation et la fonctionnarisation.

Au début des années soixante, certains organismes, notamment la Délégation générale à la recherche scientifique ou le Commissariat au Plan, se mettent à financer des programmes d'études et recherches. Les laboratoires du CNRS qui décrochent ces contrats doivent renforcer leurs effectifs. Ils engagent donc pour une durée déterminée des collaborateurs qui n'ont généralement pas la « qualification CNRS » et ne font pas partie de la maison : ce sont les « hors-statuts ». Le nombre de ces contractuels croît rapidement dans certaines disciplines : sociologie, anthropologie, écologie, etc., où les gens tendent à s'incruster faute de pouvoir se recaser. Toute une population disparate, dans laquelle les tâcherons de la recherche sont la règle, et les scientifiques de bon niveau l'exception, campe aux pieds des murailles. Elle aimerait pénétrer dans la glorieuse Cité de la Science, mais n'y peut prétendre faute de titres suffisants.

Le SNCS et le SGEN veulent imposer leur pouvoir contre celui de la méritocratie scientifique. S'ils réussissent à faire pénétrer en bloc tous les sans-grades, ils se donneront une infanterie pour briser cette arrogante aristocratie du savoir. Ils font de la titularisation leur cheval de bataille et entraînent tous les hors-statuts derrière leurs bannières.

A la surprise des syndicats, le pouvoir giscardien et la direction du CNRS n'opposent pratiquement aucune résistance à leurs revendications. Partageant le même scepticisme sur la recherche fondamentale et les sciences humaines en particulier, ils en attendent suffisamment peu pour n'en rien supporter du tout. La tranquillité, il n'en faut pas plus. Mais pas moins. Dans une telle disposition d'esprit, il est tentant de satisfaire les syndicats pour ramener le calme. Cette méthode vient d'être appliquée avec succès dans les Postes où l'intégration des auxiliaires a mis fin à l'agitation. Pourquoi ne pas agir avec les chercheurs comme avec les postiers ? Sur cette haute conception de la science, le gouvernement décide en octobre 1975 de titulariser les hors-statuts. Non pas en examinant la compétence scientifique au cas par cas — il existe dans le nombre beaucoup de candidats valables —, mais en se fiant à des critères purement administratifs. Il suffit d'avoir travaillé à une certaine époque sur un contrat de l'« enveloppe recherche » pour voir s'ouvrir les portes de la Cité. Le résultat est ahurissant. Des gens qui n'avaient jamais imaginé devenir chercheurs au CNRS reçoivent des dossiers d'intégration. C'est l'épouse d'un chercheur qui avait vaguement aidé son mari, c'est un animateur d'association culturelle qui bénéficiait d'un contrat-subvention, c'est un réfugié politique auquel on avait trouvé un boulot de dépannage, etc. Il ne leur reste qu'à remplir les formulaires pour devenir à tout jamais chercheurs au CNRS. Pour peu que la protection syndicale force le cadre réglementaire, tous les barrages sautent malgré les protestations des vrais scientifiques. De simples secrétaires sont présentées comme ITA puis engagées comme chercheuses. Certains se retrouvent même sociologues officiels sans le moindre diplôme correspondant. Une dame, intégrée dans ces conditions, se fit détacher le jour même. On attend son retour. Ceux, fort nombreux, qui n'ont pas le doctorat de troisième cycle sont invités à passer leur thèse. Les universités complaisantes ne manquent pas et sont connues. En dépit de cette commodité, beaucoup se dispenseront de cette obligation. Non sans raisons, puisque aucun terme n'est fixé.

Certaines disciplines connaissent en l'espace de quatre ans une inflation brutale de leurs effectifs. La sociologie bat les records : 100 % d'augmentation. Elles ne se remettront jamais de cette invasion. Les personnes engagées n'avaient bien souvent aucune véritable formation et, depuis des années, s'étaient spécialisées dans des tâches de routine. Incapables de se reconvertir, elles vont continuer à faire la même chose. Les études sur la population immigrée étant fort à la mode dans les années soixante-dix, la sociologie se retrouve avec 25 OS de la condition immigrée et va continuer à produire, utiles ou pas, des recherches sur le même thème. En outre, le rigorisme a succédé au laxisme. Le recrutement, qui s'est fait hier par pleins camions, s'effectue désormais à l'unité. Une ou deux places chaque année. Pas plus. La pyramide des âges est devenue aberrante avec des générations squelettiques succédant aux générations pléthoriques. Tous les chercheurs ont le même âge, la même ancienneté, c'est dire qu'ils n'ont aucune possibilité de promotion. C'est dire également que l'on va assister à un vieillissement dramatique. Dans la section de sociologie du CNRS, les moins de 40 ans ne devraient pas dépasser 10 % en 1988. Une telle population, sans avenir et sans créativité, constitue une clientèle captive pour le syndicalisme.

Une fois de plus, la défense de l'Intérieur s'est faite contre l'Extérieur en misant sur un renforcement de la protection et non pas sur un accroissement de la productivité. Le contribuable devra donc payer des équipes qui, pour certaines, ne produiront plus aucune recherche valable. Une fois de plus, la pire injustice a été commise sous prétexte de bons sentiments. Ces tickets d'entrée qu'on a distribués les yeux fermés, on doit maintenant les refuser aux jeunes les plus méritants. Le niveau des recalés est devenu très supérieur à celui des attachés que l'on promeut « chargés de recherches ». Des scientifiques couverts de diplômes, dont les travaux font autorité aux Etats-Unis, frappent en vain à la porte. Plus de place. Sacrifier les générations à venir — les Grandes Muettes — c'est une méthode classique pour dissimuler les antagonismes sociaux.

Titularisation d'un côté, fonctionnarisation de l'autre. Là encore la victoire est complète. Pour les salariés, cette réforme s'interprète en termes de sécurité d'emploi. C'est bien ainsi que le SNCS a présenté cette revendication... et probablement commis une énorme bourde. L'intégration dans la fonction publique ne change rien en pratique, mais, désormais, la garantie de l'emploi sera donnée par la règle statutaire une fois pour toutes au lieu d'être arrachée par l'intervention syndicale au coup par coup. Le recul de la menace réduit l'utilité du protecteur et le SNCS peut faire confiance à l'ingratitude de ses troupes...

Les syndicalistes ont fini par s'apercevoir que les structures administratives pourraient se révéler moins favorables à leur impérialisme que celles du CNRS. En sorte qu'à la fin 1984, ni le gouvernement, ni la direction, ni les syndicats, plus personne ne voulait appliquer cette réforme décidée en 1982 et qui restera l'une des pires sottises du gouvernement Mauroy. Désormais, il faut appliquer le statut général de la fonction publique à un organisme de recherche, c'est-à-dire introduire toutes les rigidités et toutes les lourdeurs d'une bureaucratie nationale dans un secteur qui, par définition, devrait reposer sur la nouveauté, la souplesse et le dynamisme.

La mainmise syndicale est beaucoup plus grande dans les faits que dans les textes en raison des mécanismes classiques de noyautage. Dans les commissions, siègent côte à côte des membres nommés à titre individuel ou bien élus en raison de leur personnalité plus que de leur étiquette et de purs militants syndicaux. C'est-à-dire des indépendants face à des organisations, des amateurs face à des professionnels. Le jeu n'est pas égal. Les premiers se consacrent à leurs travaux et à leur carrière, n'attachant qu'une importance secondaire aux fonctions administratives. Ils « sèchent » certaines réunions interminables et, lorsqu'ils sont présents, ignorent le vrai « mode d'emploi » d'un tel système. « Face aux représentants syndicaux qui connaissent le droit sur le bout des doigts, je me sens perdu », m'avouait un membre de commission. « Chaque fois que j'avance une proposition qui leur déplaît, ils m'assènent, péremptoires, un argument juridique. Vrai ou faux, comment voulez-vous que je sache ? Et puis, ils ont tout mis sur pied entre eux. Ils se renvoient la balle. Ils avancent des propositions anodines, et nous nous retrouvons embarqués sans avoir vu la manœuvre. Que voulez-vous, je ne vais pas interrompre mes recherches pour me recycler en droit syndical ! »

Car les syndicalistes forment une bureaucratie hautement compétente. Scientifiques médiocres, ils ont sacrifié sans regrets la grisaille de leur horizon professionnel à l'azur d'une carrière militante. Cet investissement ne leur coûte rien, bien au contraire. Le CNRS est le seul organisme scientifique au monde où le militantisme syndicalo-politique soit considéré comme l'« administration de la recherche » et pris en considération au même titre que le travail scientifique pour juger du mérite et accorder les promotions. Il existe peu de « permanents » officiels. A quoi bon ? Il est plus valorisant de se dire chercheur que syndicaliste, et la science reste une passion autant qu'une obligation, de sorte que les militants ne rompent généralement pas complètement avec leurs laboratoires. Chacun étant maître de son occupation peut décider du temps qu'il consacrera au syndicalisme. En outre, le syndicrate peut compter sur l'appui de ses collègues lorsque son propre cas vient en discussion. Un attaché, sans grande illusion sur son propre talent, aura tout intérêt à jouer sa carrière sur la filière syndicale plutôt que sur une activité scientifique toujours aléatoire. Comme les patrons d'autrefois, c'est lui qui jugera ses confrères plus brillants et c'est à lui qu'on viendra faire sa cour. La syndicratie peut aujourd'hui réserver ces privilèges du pouvoir que l'on attendait hier de la méritocratie.

Le pluralisme règne encore au CNRS, c'est fort heureux. Les deux syndicats dominants, SNCS — prolongé par le SNESup pour les « enseignants-chercheurs » et la CGT pour les ingénieurs, techniciens, administratifs (ITA) — et SGEN, ne s'opposent pas seulement entre eux, ils doivent aussi compter avec la CGC, FO et surtout les Autonomes, les Indépendants et, depuis, trois ans, le mouvement « Qualité de la science » lancé en réaction contre la syndicratie scientifique. Quel est le rapport des forces ? Le CNRS représente un incroyable monstre électoral : un sujet de colle pour agrégation de science politique. Composé de 45 000 membres, le corps électoral est découpé une première fois à l'horizontale entre les collèges A, B et C (les ITA), puis une seconde fois pour les deux premiers collèges qui se subdivisent entre chercheurs purs et enseignants-chercheurs appartenant à l'université, et une troisième fois enfin à la verticale entre les 45 disciplines de base. C'est dire qu'on peut en venir à organiser 225 scrutins simultanément pour une élection ! Les règles varient d'une consultation à l'autre... et d'une réforme à la suivante. Difficile donc de s'y retrouver. Prenons une consultation simple : l'élection au Conseil scientifique. En 1983, les résultats ont été les suivants :

COLLEGE A :

Qualité de la science	2 élus
Autonomes	1 élu
SNCS-SNESup	1 élu

COLLEGE B :

| SNCS-SNESup | 2 élus |
| SGEN-CFDT | 2 élus |

COLLEGE C :

ITA :

| SGEN-CFDT | 2 élus |
| Divers CGT | 1 élu |

Un premier enseignement : les mouvements scientifiques l'emportent dans le collège A, tout comme les syndicats en B et C. Après l'arrivée de la gauche au pouvoir, Jean-Pierre Chevènement a délibérément imposé dans les organismes scientifiques le scrutin de liste à la proportionnelle afin de favoriser les syndicats présumés « de gauche » au détriment des mouvements scientifiques présumés « de droite ». Dans cette lutte pour le pouvoir, la balance penche donc très nettement du côté syndical. Bien que la syndicratie ait perdu des points au cours des dernières années, que ses adversaires aient fait une percée spectaculaire avec « Qualité de la science », et que la séparation des deux corps freine encore sa domination, c'est bien elle qui fait la loi dans la maison.

Ce pouvoir s'exerce d'abord au niveau du recrutement où les titres scientifiques sont de plus en plus contrebalancés par les critères syndicaux. Parmi ceux-ci, il en est qui ne s'avouent pas : la couleur politique et l'appartenance syndicale en particulier. Comment pourraient-ils ne pas jouer dans des commissions — rebaptisées « jury » — que domine souvent une organisation politisée ? Un conseiller de Maurice Godelier, le directeur des Sciences de l'homme, déclara tout de go à une candidate : « Pourquoi voulez-vous entrer au CNRS alors que vous êtes catholique et de droite ? » Le propos rapporté souleva une belle indignation. Le conseiller fut renvoyé à ses fouilles préhistoriques... mais il n'avait fait que dire à haute voix une vérité connue de tous.

D'autres critères syndicaux s'affichent sans gêne : les considérations sociales notamment. Lorsque deux candidats sont en lice, on donne le poste à « celui qui en a le plus besoin ». Au cours de ces dernières années, les femmes au-delà de 40 ans bénéficièrent ainsi d'une cote de faveur. Pour peu qu'elles soient divorcées avec des enfants à charge, le concurrent masculin devait présenter un prix Nobel pour avoir la préférence. Pour la même raison, les agrégés ont peu de chances d'entrer au CNRS. Les postes de chercheurs sont pourtant plus courus que ceux d'enseignants, mais, précisément, si l'on peut travailler dans un lycée, il faut laisser la place à d'autres, moins titrés, qui n'ont pas la même possibilité de trouver un emploi.

L'habitude s'est prise d'entrer au CNRS ... à l'ancienneté. Les candidats se présentent une première fois, sont refusés, se représentent l'année suivante et ainsi de suite. D'une longue série d'échecs on finit par se faire une référence. Et les syndicats choisissent le plus ancien dans l'attente la plus longue plutôt que le plus jeune dans le mérite le plus élevé. Les règles de la fonction publique, qui s'appliqueront désormais au CNRS, interdisent de multiplier ainsi les candidatures malheureuses. Sautant d'un extrême à l'autre, le SNCS voudrait que l'on recrute au niveau du DEA des étudiants que l'on titulariserait définitivement après une période probatoire d'un an ! L'INSERM se prépare à choisir de tels moinillons, qui prononceront avant 25 ans leurs vœux de chercheur. « Comment voulez-vous que je sache si un thésard sera, sa vie durant, un vrai chercheur ? » me disait un chef de laboratoire. « Je ne suis pas entraîné à chercher dans les berceaux le nouveau Dalaï Lama ! »

Cette politique d'apparence généreuse met en péril l'institution. Les chercheurs étrangers envient l'indépendance protégée dont bénéficient leurs collègues du CNRS et qui n'a guère d'équivalent au monde. Ce statut privilégié, qui favorise la recherche lorsqu'il est réservé aux meilleurs, la fait dépérir lorsqu'il est attribué sans discernement. Car la sélection doit être à la mesure de la protection et l'on ne doit être garanti qu'après avoir été longuement évalué. C'est à ce prix que de grands établissements comme le Collège de France se maintiennent au plus haut niveau tout en assurant la sécurité et l'indépendance à leurs membres. Un CNRS transformé en centre d'assistance sociale n'est plus à la hauteur de sa mission et ne justifie plus les 8 milliards de francs que lui verse le contribuable. Mais cette politique n'est pas si naïve qu'il paraît : elle correspond à une stratégie parfaitement délibérée.

En recrutant des chercheurs richement titrés, déjà remarqués par leurs travaux, jouissant d'une certaine notoriété, éventuellement même internationale, et qui paraissent promis à une brillante carrière, le syndicat laisse pénétrer des contestataires en puissance. Le nouveau venu ayant conscience de sa valeur, ayant tout à gagner dans la compétion, ne supportera pas le jugement des militants et refusera l'ordre syndicalo-bureaucratique. Au contraire, le chercheur recruté pour raisons sociales a toutes les chances d'appuyer l'organisation qui a soutenu ses premiers pas et qui, tout au long de sa vie professionnelle, le protègera des collègues talentueux. La syndicratie s'oppose donc à l'exigence scientifique, elle pousse à engager des sujets « moyens » sinon « médiocres » et à rejeter de trop fortes personnalités. Pour mener l'assaut contre la méritocratie, il faut miser sur ceux qui n'ont rien à y gagner, c'est évident.

Cette logique syndicale se retrouve dans la gestion des chercheurs. Le « bâton » hiérarchique n'a jamais été bien redoutable au CNRS. Dans les commissions, les scientifiques ont naturellement tendance à fermer les yeux plutôt qu'à renverser le pouce. La montée du syndicalisme a brisé les dernières velléités de rigueur. Lorsqu'un rapporteur, preuves à l'appui, attire l'attention sur un cas flagrant de paresse ou d'incompétence, les représentants syndicaux se contentent de réclamer un ajournement à la prochaine session. « Il faut examiner les raisons profondes, tenir compte des problèmes humains, s'assurer que... » ; bref, il est urgent d'attendre. Et tout recommence l'année suivante sans que, jamais, une sanction soit prise. C'est ainsi qu'en 1984 le CNRS a battu tous ses propres records de sévérité en prononçant... 7 licenciements. Ce laxisme correspond à une politique syndicale délibérée. Dès 1975, la SNCS annonce : « Les élus du SNCS défendront dans tous les cas les chercheurs individuellement menacés (...). Ils n'émettront pas de vote qui puisse aller dans le sens d'un licenciement. » Là encore, on ne peut se payer de bons sentiments. Il y aura toujours plus de candidats-chercheurs que de places disponibles au CNRS. Celles-ci doivent donc revenir aux plus méritants. Maintenir dans son poste un salarié qui manifestement ne remplit pas ses obligations, c'est commettre une injustice vis-à-vis de tous ceux auxquels une telle chance a été refusée. Mais les syndicats, vendeurs de sécurité, n'hésitent pas à garantir l'assurance tout risque pour fidéliser leur clientèle.

Ce laxisme, couplé à des recrutements hasardeux, conduit à des situations ahurissantes. Il y a quelques années, la section de sociologie, se trouvant dans l'incapacité de départager cinq candidats alors qu'elle n'avait qu'un poste à offrir, décida de procéder par tirage au sort. L'heureux élu se trouva être un Mauritanien qui se promettait d'étudier les structures de lignage dans les sociétés traditionnelles. Quelques années plus tard, la commission eut à évaluer la nouvelle recrue. Le syndicaliste-rapporteur expliqua que celle-ci poursuivait normalement ses travaux et qu'il convenait d'en faire un chargé de recherches. Certains membres firent observer que l'intéressé était surtout occupé par ses responsabilités à la tête du Front Polisario qui le retenaient le plus souvent aux confins algéro-marocains ou bien au siège des Nations unies à New York. Le CNRS devait-il salarier les combattants du Polisario ? Les faits, pour n'être pas contestés, ne provoquèrent pas les réactions que l'on pourrait imaginer. Certains syndicalistes estimèrent qu'il était enrichissant pour un sociologue d'avoir l'expérience des guerres révolutionnaires. Finalement, l'assemblée ne vota pas son licenciement, mais sa promotion. C'est l'administration qui, à la lecture du compte rendu, décida de suspendre le traitement du combattant-chercheur.

Fidèle à sa stratégie dans le secteur public, le syndicalisme n'a cessé d'entretenir au CNRS un climat de craintes et de menaces afin de valoriser son rôle de protecteur. Voici comment, en 1979, était présenté dans le bulletin du SNCS le très dur traitement que le gouvernement réservait à ses chercheurs : « Ils devront travailler selon les normes et critères du secteur aval tel qu'il est défini par le gouvernement : rentabilité à court terme, discontinuité dans le travail en fonction d'impératifs extérieurs, exacerbation des concurrences et de la compétitivité, voire secret des résultats obtenus pouvant déboucher sur des brevets, évaluation quantitative stricte du travail fourni, menaces sur l'emploi, le tout encadré par une structure hiérarchique plus contraignante et accompagné de l'accentuation des divisions catégorielles et de la division sociale du travail. » Les auteurs invitaient leurs collègues à « refuser de collaborer et organiser la résistance ». Comme on les comprend !

Ces menaces sur la tranquillité des chercheurs correspondent à d'autres, plus graves, qui planent sur l'institution elle-même. Tout au long du septennat giscardien, les syndicats annoncent la mise à mort du CNRS. En 1975, un contrat passé entre le Centre et Rhône-Poulenc autorise à sonner le tocsin. « Il s'agit de la dénationalisation de la recherche publique, de sa privatisation, de sa subordination aux besoins d'une économie capitaliste en crise. » La création d'organismes comme le Centre national d'études spatiales ou le Centre national pour l'exploitation des océans souleva également les protestations syndicales. On dépeçait le CNRS, on vendait la recherche à l'encan. Chaque matin étaient dénoncées les manœuvres du « Grand Capital », méchant loup qui voulait dévorer tout cru le CNRS chaperon rouge. Dans la réalité, hélas, les entreprises ne manifestaient guère d'empressement pour se fiancer aux laboratoires publics comme les y invitait le gouvernement, mais la crainte des outrages reste, comme l'on sait, l'ultime consolation des filles délaissées. Les trop rares chercheurs qui collaboraient avec des entreprises privées étaient désignés du doigt comme des traîtres. L'idée paraissait impie que l'augmentation des ressources puisse venir d'une association plus poussée avec le système productif et pas seulement des budgets d'Etat.

Tout cela reste conforme à la stratégie syndicalo-bureaucratique que nous avons vu fonctionner à la SEITA, aux Postes et dans bien d'autres services publics. Mais, contrairement à ce que pensaient les technocrates giscardiens, il existe certaines différences entre les Postes et la recherche, des différences mises à profit par le syndicalisme pour passer du contre-pouvoir au pouvoir.

La Poste doit assurer la distribution du courrier ; cet impératif définit les limites possibles de toute organisation, syndicratique ou autre. Si les lettres n'arrivent plus, il se produit inévitablement une réaction. Le CNRS, lui, n'a aucune obligation de résultat, puisque la recherche échappe à toute évaluation extérieure. Il lui suffit d'employer des chercheurs et de produire des études pour être irréprochable. Que le niveau scientifique baisse ou s'effondre, peu importe ; ni le gouvernement ni le public ne se plaindront d'une « dégradation du service public ». Seuls quelques spécialistes verront le désastre et se lamenteront. N'étant plus tenu de satisfaire une demande extérieure, le système tend à se refermer sur lui-même et l'ordre syndical peut indéfiniment s'y pervertir à la seule condition de sauvegarder les apparences.

Or, les critères syndicaux de l'ancienneté et du concours ne peuvent assurer seuls la gestion des chercheurs. Dès le stade du recrutement, il faut considérer le profil de chaque candidat, prendre en compte son parcours, sa personnalité, ses projets, etc. Il en va de même à toutes les étapes où, en dépit d'une tendance générale à favoriser l'ordre de séniorité, la sélection s'impose. Le chercheur entre dans la carrière avec un bâton de maréchal dans sa giberne : il aspire à devenir directeur de recherches et patron de labo. Rien n'est plus naturel. A de très rares exceptions près, ceux-ci ont commencé comme attachés de recherches. Tout se joue sur la promotion interne. Comme le nombre des postes diminue à mesure qu'on s'élève dans la hiérarchie, tous ceux qui entrent à la base ne peuvent finir au sommet. Il est donc impossible de s'en remettre à l'ancienneté. On ne peut davantage organiser des épreuves anonymes de type universitaire pour sélectionner les maîtres et les directeurs. Il faut donc choisir, mais comment ?

La recherche doit être évaluée, et cette évaluation ne saurait être purement « objective ». Tout le monde le sait. Elle peut cependant échapper à l'arbitraire. Car il existe des éléments codifiables et vérifiables susceptibles de fournir une base factuelle de jugement. Les syndicats devraient être les premiers à préconiser de telles méthodes. Ce sont eux qui, dans tout le secteur public, imposent le recours aux seuls critères « objectifs » : âge, ancienneté dans le grade, nombre de points, situation de famille, etc., dans la gestion du personnel à l'exclusion de toute appréciation subjective. Mais le SNCS prend ici la position inverse : « (...) Les élus devront combattre les méthodes d'évaluation qui visent à réduire à des critères dits objectifs (thèses d'Etat, mobilité) ou quantitatifs (nombre de publications, dans quelles revues, nombre de participations à des colloques, nombre de chercheurs dirigés) une évaluation qui, pour être véritablement scientifique, doit être fondée sur la connaissance à fond des dossiers et sur l'originalité des résultats obtenus. » L'explication est transparente. L'avancement au choix échappe ordinairement au contrôle syndical. Il devient alors un outil de gouvernement pour le pouvoir concurrent : patronat ou hiérarchie. C'est pourquoi il est condamné par le syndicalisme ; mais, au CNRS, celui-ci est en état de dominer les instances collectives d'évaluation. Dans ces conditions, il refuse de voir sa marge d'appréciation limitée par des données objectives qui renforceraient le système méritocratique. L'ancienneté et l'arbitraire syndical doivent suffire à gérer les chercheurs.

Les syndicats contrôlent les franchissements de grade : attaché-chargé, chargé-maître. Même les avancements d'échelon à l'intérieur des grades peuvent être ralentis ou accélérés par eux. La règle du jeu est connue de tous. Une immunologiste en fin de carrière, devenue dans sa discipline l'ennemie publique numéro un de la syndicratie, m'avouait son découragement de se retrouver isolée au sein des commissions. « Chaque fois que je pousse un coup de gueule contre les barbus, je suis sûre que le lendemain le téléphone sonnera sans cesse. Tous les collègues me félicitent en secret, mais aucun n'ose me soutenir en public. Ils pensent à leur carrière et savent ce qu'il en coûte de braver les syndicats. Si j'avais vingt ans de moins, avec les positions que je prends, je ne serais jamais devenue directeur de recherches. » Là encore, il faudrait nuancer selon les disciplines, mais, partout, l'influence syndicale sur le déroulement des carrières a progressé depuis dix ans.

Pendant très longtemps, les syndicats ont respecté et protégé l'indépendance des chercheurs, ne faisant nulle objection à des travaux qui, manifestement, n'avaient pas leur assentiment. Une attitude très populaire dans un monde jaloux de sa liberté. Mais, à mesure qu'ils se sentent plus assurés de leur pouvoir, ils entendent régenter les orientations et le contenu des recherches. S'agissant de physique, d'électronique, de chimie ou de mathématique, le choix entre « bons » et « mauvais » sujets ne peut se poser qu'en termes scientifiques. Il en va tout différemment dans les sciences humaines. En sociologie, en économie, en psychologie, en droit, en histoire, l'idéologie n'est jamais très éloignée de la science. Elle tend à devenir le principal critère d'évaluation. Les études sur le Tiers Monde sont beaucoup mieux vues que celles sur les pays occidentaux, les équipes, communistes bien sûr, qui vont travailler chez Renault doivent relever les défaillances de l'encadrement ... mais certainement pas de la CGT, etc.

Pour parachever sa conquête, le syndicalisme aurait besoin de déplacer le pouvoir, de le faire procéder de la base qu'il contrôle et non pas du sommet qui lui échappe. Idéologiquement cela s'appelle lutter contre le mandarinat et développer la démocratie. Tactiquement, cela passe par le regroupement de tous les chercheurs en un seul corps au sein duquel tout le monde vote toutes les décisions et toutes les promotions. C'est ce que revendique le SNCS, en ajoutant, pour faire bonne mesure, les représentants des ITA au corps électoral. L'enjeu est de taille.

La plupart des directeurs de recherches et chefs de laboratoires doivent leur carrière à la méritocratie et représentent la seule force d'opposition à la syndicratie. Leur remplacement par des personnes favorables aux syndicats est difficile, car ils sont cooptés par le corps A. Il en irait tout différemment si les attachés et chargés pouvaient voter. Le courant allait nettement dans cette direction depuis quinze ans. Déjà, les syndicalistes du corps B et du corps C participaient à l'évaluation des unités de recherche et de leurs directeurs. Un pas de plus... C'est le banco que tenta le SNCS avec la fonctionnarisation. Pour que celle-ci consacre définitivement la victoire syndicratique, il fallait que cette mesure s'accompagnât du regroupement de tous les chercheurs dans un corps unique. Le syndicat communiste le demandait, et la mesure fut bien près de passer dans les années 1981-1982. Mais l'affaire traîna suffisamment pour que la décision n'intervienne qu'en 1983. Les socialistes avaient retrouvé la raison et la division en deux corps fut maintenue malgré les protestations du SNCS.

Du coup, ce qui aurait dû être une grande percée syndicale paraît plutôt comme un coup d'arrêt. Car, dans le statut de la fonction publique, on ne badine pas avec la séparation des corps. C'en est fini des discussions « intercorporelles » au sein desquelles tout le monde discutait des promotions à tous les grades, où les chargés votaient pour la promotion au grade de maître, etc. Désormais, il faut appliquer strictement le chacun-chez-soi administratif. La barrière entre le corps A et le corps B, qui paraissait sur le point de céder, se trouve brutalement renforcée. Les manipulations de la base ne peuvent plus se répercuter directement sur le sommet. Fallait-il que la situation se soit dégradée pour que le statut de la fonction publique en vienne à constituer un ultime rempart contre la syndicratie galopante !

Désormais, le syndicalisme est suffisamment fort pour éliminer ses adversaires afin de placer plus rapidement ses hommes. Faute de pouvoir contrôler le renouvellement de l'élite méritocratique, il a entrepris de la mettre au pas. Ses partisans réussirent à convaincre Jean-Pierre Chevènement — le Chevènement modèle 81 — que l'on ne devait pas rester plus de douze ans à la tête d'une unité de recherches. Une mesure qui, selon l'application qui en était faite, servait à lutter contre le mandarinat ou à éliminer les adversaires de la syndicratie. Dans la pratique, elle a surtout rempli cette fonction. Mais l'assaut peut également passer par l'organisation de la recherche. S'agissant de voter les budgets, d'approuver les thèmes, de créer ou de supprimer des laboratoires, la commission vote dans son entier, ITA, attachés et directeurs confondus. Et l'on a pu assister là à quelques règlements de comptes qui avaient fort peu à voir avec la science. On a même vu l'administration s'interposer pour éviter les abus de pouvoir syndicalo-politique les plus flagrants.

En abandonnant ainsi le rôle de contre-pouvoir — c'est-à-dire de force paralysante et non pas agissante — pour celui de pouvoir, le syndicalisme scientifique a sans doute franchi le pas de trop. Le CNRS n'est pas la Poste. Pas les docks, non plus. Les chercheurs, qui se satisfaisaient de n'avoir plus du tout de maître, s'en découvrent de nouveaux et ne les apprécient pas. Ils se sont résignés à la disparition de l'autorité scientifique, mais son remplacement par le pouvoir syndical risque de provoquer leur refus et leur révolte. L'imposture, pour cette fois, semble avoir été poussée un peu trop loin.

A chaque étape de notre exploration, nous avons constaté un décalage entre la pratique syndicale contemporaine et la référence au mouvement ouvrier. Dans le monde de la recherche, l'écart se mesure en années-lumières, l'équivoque est telle qu'elle trahit la vraie nature de la syndicratie dans l'excès même de son triomphe. Comment ne pas voir dans toute cette action la poussée impérialiste d'une bureaucratie ambitieuse ? Comment ne pas voir un coup de force dans la transformation d'une légitimité revendicative en légitimité scientifique ? Ailleurs, subsiste un semblant d'ambiguïté qui censure la critique. Ici, les faits s'imposent. C'est pourquoi ce hold-up syndical sur la science française commence à être dénoncé.

Un homme aussi pondéré que Jacques Lesourne [107] le dit avec véhémence : « (...) l'avenir de la science n'empêche pas de dormir les syndicats de chercheurs. Que le CNRS devienne le plus amorphe des diplodocus ne le mènera pas à la ruine. Dès lors, rien n'empêche ces syndicats d'entonner sans complexe l'hymne de la médiocrité : des chercheurs ! beaucoup de chercheurs ! des chercheurs à vie ! des chercheurs promus à l'ancienneté ! des chercheurs qui votent pour les syndicats ! Que l'on me comprenne bien, le contre-pouvoir syndical est nécessaire et utile, mais le fait de militer dans un parti ou dans un syndicat ne confère pas un gramme de légitimité s'il s'agit d'évaluer la qualité de travaux scientifiques. » Et Laurent Schwartz, fort de sa médaille Field en mathématique et de son engagement à gauche, d'affirmer [142] : « Il n'appartient pas aux syndicats de définir une politique scientifique ou de choisir entre plusieurs candidats. C'est une véritable confusion des rôles. » Ainsi, ce ne sont plus d'abominables capitalistes mais d'irrécusables « sages » qui remettent en cause ce syndicalisme dévoyé.

Tout a été dit sur la médiocrité de la littérature syndicale. Mais nulle part, elle n'atteint ce degré zéro absolu de la pensée et du style que l'on rencontre au CNRS. On y trouve d'un côté les textes techniques qui traitent des problèmes statutaires et des négociations catégorielles. C'est sérieux, solide, ennuyeux et professionnel. Ces exposés ne peuvent que rassurer des scientifiques qui ne suivent pas ces questions, mais souhaitent que d'autres s'y intéressent pour eux. En face de ces mornes dossiers sont proposées les déclarations militantes qui, surtout au SNCS, passent en nullité tout ce qui a pu se faire ailleurs. Union soviétique incluse. Voici des extraits de la lumineuse intervention faite par Janine Rogalski, secrétaire générale du SNCS, devant le congrès de la FEN en 1975 : « La recherche est malade du capitalisme : c'est devenu aujourd'hui pratiquement un fait d'évidence que la " crise de la recherche " est la conséquence dans ce secteur de la crise du capitalisme. Comme il exploite les travailleurs, il entend se servir de la recherche et de ses personnels (...). Et c'est au moment où le grand capital veut faire main basse sur le potentiel de recherche de notre pays, au moment où la direction du CNRS voudrait user des personnels comme de pions sur un échiquier, au moment où les ministères, les directions refusent les négociations, usent de la démagogie et du mensonge, envoient les policiers et leurs matraques contre les personnels du CNRS (...) contre un pouvoir au service du grand capital, pour la défense des travailleurs ; notre camp est celui de la lutte des classes. » Depuis dix ans, c'est le même rabâchage des mots d'ordre communistes et cégétistes. Pas la moindre idée, la moindre approche, le moindre ton qui laisse deviner l'homme de science sous le syndicrate. Dans cette « analphabêtise », la médiocrité du fond le dispute à l'indigence de la forme. A force d'être mal écrite, *la Vie de la recherche scientifique* vous tombe des yeux et fait de *l'Humanité* une œuvre littéraire. Se peut-il que des chercheurs officiels — sélectionnés, garantis, rétribués — sachent si mal utiliser leur langue ! Certes, ce ne sont pas les bons qui écrivent ici, mais tout de même... Comment nos scientifiques, toute opinion politico-idéologique mise à part, supportent-ils que l'« organisation la plus représentative » donne de leur profession une image aussi désastreuse ? La réponse est toujours pareille : « Nul ne lit cette littérature et, de toute façon, les syndicats ne représentent rien. »

Voilà l'ultime paradoxe. Aucun chercheur, en dehors des derniers militants communistes et des syndicrates professionnels, ne reconnaît au SNCS et au SGEN la moindre autorité. Ceux-là mêmes qui doivent leur place à la protection syndicale s'efforcent de minimiser un pouvoir qu'ils n'osent justifier. Les adhésions sont en chute libre, les cotisations ne rentrent plus, tout cela est vrai. Mais, lorsque la saison des votes reviendra, nos syndicats retrouveront leur représentativité intacte au fond des urnes selon la logique bien connue de l'institutionnalisation. Les structures du CNRS, comme de tous les services publics, ont intégré les organisations représentatives. Les salariés ont besoin d'avocats compétents tant pour défendre le corps auquel ils appartiennent que leurs propres dossiers dans les instances qui décident de leur carrière. Ils choisissent leurs représentants en fonction de cette nécessité sans trop se soucier des options idéologiques. Le SNCS et, accessoirement, le SGEN, qui disposent de militants rompus à ces procédures, offrent le meilleur service de défense professionnelle. Tant pour les individus que pour les catégories. Sur ce point, les mouvements scientifiques ne font pas le poids. Leurs représentants, plus autorisés pour trancher des questions de recherche, sont moins compétents pour plaider un dossier d'avancement. Les organisations syndicales jouissent donc bien d'une représentativité, mais celle-ci concerne surtout les questions corporatives. Or, la délégation est globale, incluant tout à la fois la défense des personnels au sens strict, l'évaluation des chercheurs et les choix de politique scientifique. Ici comme ailleurs, les représentants syndicaux ne sont pas les meilleurs dans la profession, mais les plus ardents dans la revendication. Tout le monde le reconnaît. « La question ne se pose d'ailleurs pas, car les plus brillants sur le plan scientifique ne figurent même pas sur les listes », me faisait remarquer un attaché de recherche en biologie.

La preuve de cette ambiguïté se trouve dans les urnes. Les votes diffèrent selon les collèges, nous l'avons vu, mais ils diffèrent également selon les statuts. Au sein du collège A, certains scientifiques sont des universitaires qui travaillent au CNRS, mais dépendent de l'Education nationale pour leur carrière, alors que les autres ont le Centre comme seul employeur. Or les enseignants-chercheurs ne donnent que 18,5 % des voix au SNCS-SNESup, tandis que les chercheurs du CNRS votent à 47,5 % pour le syndicat communiste. Au total, les deux syndicats SNCS-SGEN ensemble n'atteignent pas le quart des suffrages chez les enseignants-chercheurs et dépassent la moitié chez les chercheurs-CNRS. Ce décalage prouve bien l'ambiguïté de la représentativité. Pour les chercheurs du CNRS, deux fonctions sont en jeu : défense du personnel d'un côté, évaluation scientifique de l'autre. Entre des mouvements scientifiques qui remplissent mieux la seconde et des syndicats qui assurent mieux la première, les électeurs font le choix de leur intérêt. En revanche, les universitaires ne sont concernés que par la fonction scientifique, car leur carrière se fait dans le cadre universitaire et non pas au sein du CNRS. Ils choisissent donc des collègues capables d'apprécier leurs travaux et de soutenir leurs projets. Ils ne votent pas pour les militants syndicaux.

Car il reste encore au CNRS une extraordinaire richesse humaine, il s'y fait des recherches de la plus grande qualité. Il suffirait de recréer des structures saines pour que cette créativité, à nouveau stimulée, produise des résultats à la mesure des efforts consentis par la collectivité pour la recherche fondamentale. Mais une course de vitesse est désormais engagée. Tout va se jouer en l'espace de quelques années. Autant une réaction vigoureuse contre les abus de la syndicratie pourrait redonner vigueur et dynamisme à cet organisme, autant une poursuite de la dérive actuelle pourrait le stériliser définitivement.

Jusqu'où la syndicratie peut-elle pousser trop loin son succès sans être rejetée ? C'est toute la question. Au CNRS, la limite est incertaine, car elle ne dépend que de facteurs internes. La réaction intervient plus vite lorsque le poids de l'Extérieur peut se faire sentir : à l'Université par exemple.

Entre CNRS et Université, l'analogie s'impose. L'une et l'autre institution reposent sur la méritocratie intellectuelle et sont rongées par la syndicratie galopante. Leurs deux histoires sont parallèles, et l'on déchiffre l'une avec les enseignements de l'autre. L'analyse du système universitaire venant après celle du système scientifique serait donc longue, répétitive et fastidieuse. Je me contenterai de souligner les ressemblances et les différences qui me paraissent significatives.

Ni les protagonistes, ni l'enjeu n'ont changé, c'est toujours l'ordre syndicratique qui affronte l'ordre méritocratique pour s'emparer du pouvoir. On retrouve donc sur ce nouveau champ de bataille des manœuvres connues. Les campagnes de titularisation en premier lieu. Tout au long des années soixante, les universités, submergées par le flot montant des étudiants — leur nombre a quadruplé entre 1960 et 1980 —, ont dû recruter massivement. Dans la seule année 1968-1969, elles ont engagé 4 500 assistants. Dix ans plus tard, elles en prendront dix fois moins. Pour avoir la quantité, il fallut faire l'impasse sur la qualité. Bien souvent, les nouveaux assistants n'avaient qu'une maîtrise. Ils étaient engagés pour une période qui ne devait pas excéder six ans. Passé ce délai, ils étaient titularisés ou remerciés selon qu'ils avaient ou non gagné les titres suffisants. Il ne s'agissait donc pas de hors-statuts, mais d'un personnel en situation précaire et qui souhaitait, on l'imagine, son intégration automatique. Le SNESup et le SGEN prirent en charge cette revendication, mais ils n'eurent guère à se battre. Dès 1975, le secrétaire d'Etat Jean-Pierre Soisson décida que les assistants seraient renouvelés automatiquement sans exigences de qualification. Cette intégration fit brutalement gonfler les effectifs du corps universitaire, avec les effets pervers que nous avons vus au CNRS : frustration et injustice :

« En droit et sciences économiques, 42 % des maîtres-assistants en place n'ont pas fait de thèse. Or, la plupart des candidats, aujourd'hui, à un poste d'assistant ont déjà achevé la leur ! Les postulants sont meilleurs que nombre de ceux qui sont déjà installés. La défense des droits acquis ne va pas de pair avec l'amélioration de la qualité », remarque Henri Tézenas du Montcel [153]. Mêmes causes, mêmes effets. Cette population sous-qualifiée, qui n'a rien à gagner au jeu méritocratique, ne peut que défendre la syndicratie et son avancement à l'ancienneté. Or cela fait une belle clientèle si l'on songe que, hors médecine, la moitié des assistants et le tiers des maîtres-assistants n'ont pas passé leur thèse de troisième cycle et n'ont pas la possibilité de devenir professeurs dans le système actuel.

Afin de renforcer cette « base », le SNESup et le SGEN relancèrent l'action pour les vacataires. Il s'agissait de véritables hors-statuts, thésards, personnalités extérieures, qui avaient été chargés de travaux dirigés et dans lesquels les syndicalistes voulaient voir des « vacataires à vocation universitaire », des « vavu » en jargon de fac. Le fossé à franchir étant plus large, la bataille fut plus longue. Mais après la victoire socialiste de 1981, Alain Savary ouvrit les portes de l'Université à près d'un millier d'entre eux. Cette fois, on fut encore bien moins regardant. « Tout individu qui était passé une fois dans sa vie à moins de deux cents mètres d'une faculté devenait intégrable », résume un fonctionnaire du ministère. Cette générosité n'a pas empêché les syndicats de repartir comme en soixante-quatorze pour faire entrer une nouvelle fournée de vacataires, coopérants, associés, réfugiés politiques, etc. Sans grand espoir, mais sait-on jamais ? Une fois de plus, cette confirmation de situations mal acquises s'est faite au détriment des nouvelles générations. Tandis que les socialistes rendaient les armes aux vieux bataillons syndicalisés, ils n'engageaient dans les dix-huit premiers mois de leur règne que 57 assistants âgés de moins de 28 ans. Pour les jeunes, l'Université avec ses ponts-levis relevés ne vaut même plus le détour.

La deuxième campagne fut celle de la réforme universitaire qui ressemble par bien des aspects à celle de la fonctionnarisation au CNRS. Il ne s'agissait pas d'obtenir le statut de la fonction publique, acquis depuis toujours aux enseignants, mais, à travers le nouveau statut des universités, d'étendre l'ordre syndicratique sur les structures et sur les individus. La première opération avait commencé en 1969 avec la loi Edgar-Faure dont les intentions démocratiques fournirent une base idéale à la pénétration syndicale. Le schéma est toujours le même. D'un côté, de nombreux étudiants ou enseignants ne sont pas intéressés par l'administration de leur faculté. Ils ne se présentent jamais, ne votent pas toujours et, lorsqu'ils le font, c'est en considération de leur défense personnelle et non pas de l'intérêt général. De l'autre côté, des militants politisés regroupés en organisations fortement structurées s'engagent totalement dans la vie universitaire, mais avec des arrière-pensées idéologiques. Entre l'individualisme égoïste des uns et le militantisme agressif des autres, les institutions sont régulièrement détournées de leur finalité. Nous savons, sur l'exemple du CNRS, que ces régimes d'assemblées sont très favorables au noyautage et, de fait, les conseils d'université furent souvent dominés par des minorités politisées, SNESup en tête.

La loi Savary a multiplié ces relais d'infiltration en coiffant les universités d'une tiare délibérante avec un conseil d'administration, un conseil scientifique et un conseil des études. Cette polysinodie — ainsi appelait-on sous la Régence le gouvernement par les conseils — divise et dilue l'action des individus ou des mouvements peu structurés tandis qu'elle renforce celle des appareils syndicaux avec leur armée de permanents et leurs comités de liaison. Les syndicalistes professionnels n'ont aucune peine à faire traîner les débats, écœurer leurs opposants et se retrouver seuls entre eux pour décider. Couplé avec le scrutin de liste à la proportionnelle, qui conduit à voter pour des étiquettes et non pour des individus, ce système fait le jeu des plus puissants syndicats : essentiellement du SNESup et accessoirement du SGEN. Il permet à des minorités organisées de détenir le pouvoir sous couvert de démocratisation. Bref, la loi Savary relayant la loi Edgar-Faure fait le lit de la syndicratie dans l'enseignement supérieur.

Les 45 000 universitaires, comme l'ensemble des agents de l'Education nationale, sont depuis toujours cogérés par l'administration et les syndicats. Toutefois, le système méritocratique restait marqué par la séparation en corps et collèges, des professeurs aux assistants. Rien que de très classique ; mais on sait combien ces frontières sont hermétiques dans la fonction publique. C'est en réunissant tous les universitaires dans un corps et un collège uniques que les syndicats pouvaient imposer leur pouvoir. Ils entreprirent ici la même action qu'au CNRS. Pour ramasser quelques voix de plus, les socialistes avaient promis le corps unique comme tout le reste. Dans les premières années de leur règne, ils furent sur le point de céder aux pressions syndicales. Mais la réaction vigoureuse des plus grands noms de l'université, Laurent Schwartz en tête, leur fit éviter cette ultime sottise. Dans la réforme, la méritocratie reste protégée par le système du double collège et du double corps. Les assistants ne désignent pas encore les professeurs.

Jusqu'à ce point, Université et CNRS ont connu des destins fort comparables. Mais il existe entre les deux une différence fondamentale, c'est la contrainte extérieure. Elle ne s'exerce pas sur la recherche fondamentale alors qu'elle pèse sur l'enseignement supérieur. Dans ce domaine, il existe bien une demande publique ainsi qu'un jugement sur les services rendus. Les Français veulent des universités qui préparent leurs enfants à la vie et sont furieux de voir qu'elles en sont généralement incapables. Ce dysfonctionnement du système universitaire contribue au mécontentement général. Le gouvernement ne peut donc manifester vis-à-vis des facultés le même désintérêt qu'à l'égard des laboratoires.

Ici, comme ailleurs, la syndicratie poursuit obstinément son rêve d'une administration nationale, homogène, uniforme, d'où la diversité et la concurrence seraient éliminées. Pour imposer ce fonctionnement bureaucratique, il lui faut couper toute rétroaction de l'Extérieur sur les structures universitaires. C'est la raison secrète qui permet de comprendre son extrême crispation sur le problème de la sélection.

Si l'on écarte cette explication, toute la querelle bascule dans l'absurde, tant les arguments invoqués par les adversaires de la sélection sont misérables. Le premier, toujours mis en avant, c'est la démocratisation de l'enseignement. Une université ouverte à tous serait plus juste et plus égale qu'une université sélective. Admettons qu'un accès plus facile favorise au départ les enfants de milieux populaires — postulat qui reste à démontrer —, cela ne fait que reculer le problème. Si le niveau des études est maintenu, beaucoup d'étudiants ne pourront pas suivre et seront rejetés — effectivement, la moitié des élèves abandonne en cours de premier cycle —, s'il est abaissé, tout le monde suivra, mais les diplômes délivrés n'auront aucune valeur. Dans les deux cas, l'admission repose sur une tromperie. Si, en revanche, le bachelier est un élève brillant, il poursuivra ses études. Sélection ou pas, origine populaire ou pas. Comme le rappelle Laurent Schwartz [142] : « On ne rend pas tous les hommes égaux en distribuant le doctorat ès sciences en même temps que le diplôme du baccalauréat. »

Non moins stupide est le deuxième argument : la France manque d'étudiants. Il est vrai que nous ne formons pas assez de jeunes, que, selon les normes américaines, nous devrions en avoir trois fois plus dans nos facultés. Mais, précisément, l'Amérique sélectionne. Preuve que ce barrage à l'entrée du supérieur ne réduit pas le nombre des jeunes admis à poursuivre leurs études et ne s'oppose nullement à la démocratisation du savoir. Le verdict des faits est sans appel. D'un côté, on constate les injustices et l'échec de la non-sélection ; de l'autre, les bons résultats de la sélection. Dans les « bonnes » facultés, l'inscription se règle désormais au coup de poing. Les candidats passent la nuit sur place, puis au petit matin c'est la ruée. Les filles sont « balancées » dans les escaliers et les plus costauds se présentent bons premiers aux guichets. Lorsque les gringalets, les maigrichons ou simplement les « civilisés » voient leur tour arriver, le fonctionnaire ferme boutique. « C'est fini pour cette année, il faudra aller vous faire inscrire ailleurs. »

Sur le fonctionnement de nos universités non sélectives, le silence seul est charitable à moins de travestir en modèles quelques exceptions heureuses. Nos facs crèvent de n'avoir aucun contrôle sur les étudiants qu'elles reçoivent, et par conséquent sur leur propre identité, tout le monde le sait. Quant aux innombrables laissés-pour-compte d'un système qui les accepta sans tickets et les rejeta sans bagages, ils savent combien la sélection par l'échec est la pire de toutes.

Les institutions sélectives, en revanche, font chaque jour la preuve de leur efficacité. C'est vrai des grandes écoles, qui sont certes élitistes, coûteuses, malthusiennes, mais dont les diplômés font prime sur le marché ; c'est vrai des Instituts universitaires de technologie, considérés au départ comme des universités « au rabais », et qui, grâce à la sélection, sont aujourd'hui plus courus que les facultés ; c'est vrai enfin des rares établissements qui ont pu sortir du carcan universitaire et se donner une personnalité. En misant sur la sélection. Le CELSA, institut consacré à la communication, doit être une des rares UER dépendant d'une faculté de lettres — la Sorbonne, en l'occurrence — dont les diplômés trouvent des « jobs » sans trop de difficultés. L'Université de technologie de Compiègne est devenue en dix ans l'égale d'une grande école scientifique. Bref, la non-sélection se révèle insoutenable dans le débat et désastreuse dans la réalité, tandis que la sélection prouve chaque jour ses bienfaits. Loin de se rendre à l'évidence, les anti-sélectionnistes en déduisent simplement qu'il faut supprimer les établissements compétitifs. Ce qu'ils ont obtenu avec la loi Savary et qui conduisit à la grotesque affaire de Dauphine.

La faculté de Paris-Dauphine est une des rares réussites que l'on puisse mettre à l'actif de notre Education nationale depuis une vingtaine d'années. Tout en restant intégrée dans le cadre universitaire, en délivrant les grands diplômes nationaux — licence, maîtrise, doctorat, etc. —, cet établissement a pu s'imposer dans le domaine de la gestion où les grandes écoles régnaient sans partage. Pour les employeurs, un diplôme de Dauphine a une valeur supérieure au même parchemin délivré par une autre fac. Il suffit d'aller faire un tour sur place pour comprendre. Ici, tout le monde travaille ; tout le monde « en veut », on ne retrouve pas ce relâchement débilitant qui caractérise si souvent l'ambiance universitaire. Ajoutons un corps professoral recruté pour une part à l'extérieur et qui rehausse de son prestige l'image de l'établissement... et la sélection. A ses débuts, Dauphine faisait comme les autres établissements et prenait les premiers qui se présentaient. Puis son président, Henri Tézenas du Montcel, remplaça cette sélection « physique » par une sélection « intellectuelle » en retenant les candidats qui présentaient les meilleurs bacs. Les bacheliers recalés introduisirent un recours devant le tribunal administratif en faisant valoir que cette sélection était contraire à la loi Savary. Ils soutenaient qu'ayant passé la nuit sur place et s'étant présentés en premier, ils devaient être inscrits. De fait, la loi n'admet que des critères « objectifs » : à savoir le domicile, la situation de famille et les préférences du candidat, à l'exclusion des notes au baccalauréat qui n'auraient pas le même caractère d'objectivité ! En pratique, le critère du domicile pouvait seul être retenu. La décision refusant les inscriptions fut donc annulée et le président de Dauphine condamné. Comme le constate Henri Tézenas du Montcel [153] : « Aurais-je voulu être scrupuleusement en règle, il m'aurait donc suffi de n'admettre que les candidats du XVIe arrondissement de Paris, de Neuilly et sans doute de Boulogne pour ne pas désespérer Billancourt. Fracassante conquête de la démagogie égalitariste au secours des privilèges ! »

Ce ne sont pas encore ces démonstrations par l'absurde qui auront raison du dogme. Cette crispation est d'autant plus curieuse que le syndicalisme n'est pas opposé au concours de type universitaire, bien au contraire. Il en fait la règle intangible pour l'entrée dans la fonction publique, ou pour la promotion interne. Sa hargne porte, en général, sur le choix arbitraire et non pas sur l'examen anonyme. Bref, cette opposition de principe surprend ; en quoi la sélection généralisée pourrait-elle se révéler dangereuse pour la syndicratie ?

Pour le comprendre, il suffit d'en imaginer les suites. Que va-t-on faire de tous les candidats non retenus ; va-t-on décider que les bacheliers sans mention sont interdits d'enseignement supérieur ? Certainement pas. Il en ira des facultés comme des écoles. De même que les recalés de HEC se rabattent sur des établissements moins prestigieux, que les recalés de l'X se retrouvent dans des écoles d'ingénieurs de province, etc., les étudiants refoulés par des universités de très haut niveau seront dirigés vers d'autres moins difficiles et moins exigeantes. C'est la sélection-orientation et non pas la sélection-exclusion dont nul ne défend le principe. Il existerait donc une hiérarchie entre les universités qui ne recruteraient plus en fonction de leur emplacement, mais de leur renommée. Une hiérarchie et, par conséquent, une concurrence, car aucune ne se résignerait à végéter en fin de liste. Et qui ferait office d'arbitre ? Les employeurs, les médias, les élèves, l'opinion éventuellement, répercutés par un comité d'évaluation. Nous nous retrouverions avec des structures rivales se livrant une compétition sanctionnée par l'Extérieur. Une situation qui, nous le savons, donne de l'urticaire aux syndicats. Si l'Université accepte de sélectionner les élèves, elle accepte également d'être sélectionnée par les élèves. C'est inévitable.

Or, le pouvoir syndical ne s'exerce pleinement que sur des établissements dotés des mêmes structures, soumis aux mêmes règlements, des hommes ayant le même statut, partageant les mêmes perspectives, des enseignements suivant les mêmes programmes, délivrant les mêmes diplômes ; bref, sur une grande administration nationale coupée de son environnement. La sélection qui débouche sur la concurrence, l'autonomie, la diversité, la hiérarchie est incompatible avec l'ordre syndicalo-bureaucratique fondé sur des universités interchangeables et irresponsables, également protégées de toute évaluation, de toute gratification, de toute sanction, qui avalent et rejettent les étudiants avec l'indifférence d'une bouche de métro. Elle conduit à jouer le jeu de l'Extérieur, elle ne peut qu'être rejetée par la syndicratie. Il n'est que de comparer la syndicalisation dans les grandes écoles et les facultés pour comprendre.

La stratégie syndicale est indépendante du sujet traité et de la fonction considérée. Qu'il s'agisse de la Sécurité sociale, des chemins de fer, de la recherche, des P. et T., des arsenaux, de la télévision ou de l'administration des Anciens Combattants, elle marche toujours sur le même schéma qu'elle s'efforce obstinément d'appliquer. Tout ce qui s'oppose à la gestion bureaucratique est présumé mauvais, indépendamment des circonstances particulières. Seul compte l'intérêt de la syndicratie qui ne se porte jamais mieux qu'en mettant la contrainte extérieure hors circuit. A partir d'une telle grille explicative, tout le comportement syndical face à l'affaire universitaire devient lumineux. Voyez le récent épisode du Collège de France.

Les socialistes, après avoir épousé toutes les aberrations de leurs commanditaires syndicalistes, ont progressivement compris que les solutions se trouvaient à l'opposé. Ils évitèrent les pires erreurs comme le corps unique et, faute de pouvoir revenir sur tout ce qui avait été promis, laissèrent dans la loi universitaire suffisamment de flou pour que son application puisse se faire à l'encontre de son esprit. A partir de 1983, les propos entendus dans les allées du pouvoir prenaient point par point le contre-pied des propositions syndicales. On ne rêvait plus que de méritocratie, de compétition, de diversité, de qualité... mais comment passer du rêve à la réalité ? Pensant qu'il ne serait pas mauvais de faire proclamer ces vérités par les plus hauts représentants de l'institution universitaire, on imagina de demander au Collège de France un rapport sur « l'enseignement de l'avenir ». L'opération était d'autant plus habile que l'étude devait être conduite par Pierre Bourdieu, sociologue qui se fit une réputation en dénonçant « la reproduction bourgeoise » dans le système éducatif et que les syndicrates ne cessent d'évoquer à l'appui de leurs thèses. Les sages remirent copie au printemps 1985 et rappelèrent « sagement » ce que tout le monde savait. Ayant salué comme il se doit « les victimes socialement désignées des verdicts scolaires dans le cercle vicieux de l'échec », ils enchaînèrent : « ce qui ne signifie pas que l'on doive résoudre le problème de la " sélection par l'échec ", comme on dit parfois, par un refus de la sélection qui conduit à repousser toujours le moment de vérité, avec toutes sortes de conséquences funestes, tant pour les individus concernés que pour l'institution. Accorder un droit d'entrée fictif, c'est s'exposer à faire payer très cher aux individus et à toute l'institution les conséquences d'un mauvais départ ». Ils se prononçaient donc pour la sélection-orientation et, s'étant lancés dans cette voie, ne pouvaient qu'en tirer les conséquences. De fait, ils demandaient « l'évaluation réelle du travail fourni » par les enseignants, la compétition entre communautés scolaires, l'autonomie véritable des organismes d'enseignement, la pluralité des sources de financement, y compris des contrats avec des entreprises privées et une participation des élèves ou des anciens élèves, la coexistence d'établissements d'enseignement-recherche publics et privés, la liberté dans la création des enseignements, le choix des grades, la régulation du flux des étudiants, une plus grande autonomie des chefs d'établissements dans le choix des maîtres, une émulation ouverte remplaçant la concurrence larvée et enfin des « instances d'évaluation de l'activité pédagogique et scientifique des maîtres composées au moins pour partie de personnes étrangères au corps considéré ». Car nos « collégiens » français envisagent d'étendre ces réformes au secondaire après les avoir appliquées au supérieur.

Ces propositions étaient autant de torpilles lancées contre l'ordre syndicalo-bureaucratique : jugement de l'Extérieur, compétition des structures, adaptation à la demande, autorité hiérarchique, autonomie, souplesse, diversité, sanctions, gratifications. L'horreur absolue pour le syndicrate moyen. Mais les syndicats de la FEN ne pouvaient repousser d'un revers de main les propositions des « super-profs », ils réagirent donc sur le style du « non, mais... » ou du « oui, mais = non ». Le SNES fut le plus explicite dans son refus : « Le rapport du Collège de France reprend les vieilles antiennes du libéralisme et de la privatisation du service public. A qui fera-t-on croire que c'est en introduisant la concurrence entre établissements avec une pluralité de sources de financement (Etat, régions, municipalités, fondations privées, contrats avec des entreprises), en faisant recruter des maîtres par les chefs d'établissements, en tenant pour quantité négligeable la formation scientifique des maîtres, en soumettant leurs carrières et leurs emplois à des personnes étrangères à l'Éducation nationale, qu'on améliorera la qualité de l'enseignement ? (...) Il faut assurer l'égalité de tous devant le savoir, donner à tous un enseignement de qualité, quel que soit le point du territoire où l'on se situe ou l'origine sociale, et cela passe par des moyens importants pour l'enseignement public, l'élévation de la qualification des maîtres, le maintien de l'unité du service public et des garanties statutaires aux personnels. » J'ai tenu à citer ce morceau de bravoure, car il résume à merveille la position syndicratique. Non à l'Extérieur, non à la Compétition, non à la Diversité ; oui à l'Uniformité, oui aux Statuts, oui aux Augmentations de budget. Peu importe le sujet traité, le refus est toujours le même, car c'est la société tout entière qui doit repousser ces dangereuses tentations de la vie afin que s'étende la glaciation syndicratique.

CHAPITRE XV

Le regain de l'entreprise

« C'est ça, la France du troisième millénaire ? Un empire de la syndicratie ! » Mais non ! Cette longue traversée, assez décourageante, il est vrai, nous a fait découvrir le monde d'hier et non pas celui de demain. Tandis que nos monopoles bureaucratisés implosent sur leurs situations acquises, l'avenir s'invente tous les jours dans les entreprises. Pour faire face à la concurrence, il ne suffit plus de moderniser les machines, il faut trouver le nouvel art de travailler. Tous ensemble. Notre tissu industriel est devenu une pépinière d'expériences neuves. Hélas ! comme le constate Edmond Maire, « le syndicalisme est le plus faible, là où l'emploi augmente le plus ». Car le vieil ordre monolithique ne permet plus de faire naître les activités de demain. C'est le plus souvent hors de la présence syndicale que les Français font l'apprentissage de l'autonomie et l'expérience d'un nouveau dialogue social. Sur le temps d'abord, sur le reste ensuite.

L'affaire des horaires variables les avait pris par surprise. Dix ans plus tard, on est passé de l'accessoire au principal. Il ne s'agit plus de se donner quelques minutes de battement, d'aménager les horaires au gré de chacun, mais de renégocier la gestion du temps dans une perspective de concessions et de gains mutuels. Une montagne de « grains à moudre » qui bouleverse les rapports sociaux dans l'entreprise.

A l'origine, les patrons avaient donc imposé leur discipline. Ils décidaient unilatéralement des horaires. Les mêmes pour tous. La contre-offensive syndicale fut purement quantitative. Elle visait à réduire la durée du travail sans remettre en cause le principe d'uniformité. Au contraire. Sous l'égide du syndicalisme et des pouvoirs publics, la protection sociale s'enfonça dans la chronocratie. La France devint une gigantesque caserne qui se lève, se couche, travaille et se repose au signal du clairon. Employeurs et employés ne se querellent que sur des questions de durée. Les bureaucrates patronaux et syndicaux prennent en charge cette confrontation simpliste dans laquelle les seconds arrachent aux premiers les heures, les journées, les semaines. C'est un pur rapport de forces.

Cet ordre centenaire vole en éclats. Dans son principe et, plus encore, dans sa dynamique. Le synchronisme simplificateur se révèle aussi contraire aux aspirations individuelles qu'aux exigences de la productivité. Les solutions passe-partout sont mortes. Du coup, les représentants institutionnels, Etat et confédérations, sont dessaisis au profit des acteurs opérationnels : entreprises, directions, salariés, délégués syndicaux. Entre des patrons qui veulent un maximum de travail et des salariés qui souhaitent un minimum d'efforts, le conflit n'a nullement disparu. Mais il se pose en des termes différents. Les règles du jeu se trouvent chamboulées. Les syndicats n'arrivent pas à suivre. L'administration ne sait plus où donner de la tête.

A Besançon, au début de 1985, l'usine Dupont de Nemours qui fabrique des connecteurs électriques demande l'autorisation de travailler le dimanche pour faire face à l'afflux des commandes. Seuls les volontaires feront ces heures supplémentaires dominicales. Le conseil municipal socialiste donne son accord. Le fonctionnaire-inspecteur du travail refuse. L'entreprise renonce à ses contrats. Au Pontet, près d'Avignon, la direction et le personnel du magasin de bricolage Leroy-Merlin décident d'ouvrir le dimanche. Double avantage : des heures et des emplois supplémentaires. Le préfet, pressé par les concurrents et tenu par la loi, impose la fermeture. Pour forcer la main des pouvoirs publics, le groupement des hypermarchés se déclare prêt à créer 14 000 emplois s'il peut ouvrir sept jours sur sept. Le chiffre est sans doute aventuré, mais chacun sait que la querelle est dépassée. Tôt ou tard, il appartiendra au public et non plus au règlement de dire s'il est utile que les grandes surfaces soient accessibles le dimanche.

Dans les entreprises, on n'en finit pas d'expérimenter les nouvelles formes d'horaires personnalisés. Chez Guichard, fabricant de sous-vêtements du Sud-Ouest, on profite de l'individualisation des tâches pour permettre à chaque ouvrière de venir pratiquement quand ça l'arrange. Tard le soir ou tôt le matin, elles ne sont souvent que deux ou trois à piquer dans un grand atelier vide. Pourquoi pas ? Certaines peuvent étendre le week-end sur 72 heures en concentrant sur quatre jours la semaine de travail. En Vendée, dans une usine d'habillement, le PDG propose le travail à mi-année et à durée indéterminée. Six mois sur douze. Ailleurs, on pratique le « fini-parti ». Les salariés ont une certaine tâche à accomplir, lorsqu'ils en ont terminé, ils s'en vont. Sans regarder l'horloge.

Mais il faut toujours ruser avec la réglementation et compter avec les bureaucrates. En attendant l'ordonnance de 1982, les chefs d'entreprise qui permettaient à leurs salariés de reporter leurs heures d'une semaine sur l'autre se faisaient taper sur les doigts. Aux laboratoires Servier — la première entreprise en France qui ait instauré les horaires variables pour les salariés travaillant à la chaîne —, la direction et le personnel choisirent en 1982 de cumuler la 39e heure sous forme d'une semaine de vacances supplémentaire. L'Inspection du travail le leur a formellement interdit. A Paribas, l'on s'efforce de développer le temps partiel. Les syndicats tiennent à la possibilité de repasser au temps plein. La direction est d'accord. Mais, dans cette éventualité, elle veut pouvoir congédier le personnel engagé pour compenser le mi-temps. Concrètement, il lui faudrait faire des embauches à durée déterminée. Mais on n'entre dans aucun cas prévu par la loi. Tout est bloqué.

Les hommes ont besoin de souplesse, les entreprises plus encore. L'uniforme répétitivité des horaires tout au long de l'année, les coupures de la nuit, du week-end, des vacances se paient très cher en termes de productivité. Les employeurs sont disposés à payer, en argent ou en repos, pour avoir des équipements qui tournent plus longtemps et qui suivent le rythme de la production. Beaucoup de salariés accepteraient de quitter le cadre étroit des « heures de bureau » à condition d'obtenir des avantages correspondants. Ce n'est pas seulement un nouveau thème, c'est un nouveau mode de négociation : le donnant-donnant. Lorsqu'on discute sur ces bases au niveau des confédérations, l'échec est assuré. Car les syndicrates professionnels y voient une offense grave à l'orthodoxie revendicative. Mais, dans la réalité, c'est bien ainsi que se posent les problèmes et que se cherchent les solutions.

Dans le bassin houiller du Pas-de-Calais, au début des années quatre-vingt, s'installe un fabricant de planches à voile : Tiga. En trois ans, il devient le numéro trois mondial. Mais le véliplanchisme est une activité estivale. Produire régulièrement toute l'année et ne vendre qu'à la belle saison revient très cher. On travaillera donc 46 heures en été et au printemps et 32 en automne et en hiver, pour faire face à la demande et éviter les stocks. Illégal ! Une centaine d'emplois sont en jeu, l'inspecteur du travail n'ose trop rien dire.

Dans des milliers d'entreprises, directions et salariés sont disposés à échanger des avantages contre une modulation de l'horaire au cours de l'année. Les syndicalistes auraient pu prendre l'initiative de ce troc. Agrippés à la semaine de 39 heures comme à un étendard, ils préfèrent que l'argent soit gaspillé dans les stocks inutiles plutôt que gagné par les travailleurs. Chez Courbu, une entreprise de 300 personnes dans la région bordelaise, travaillant pour le bâtiment, les groupes d'expression de la loi Auroux ont spontanément proposé une modulation des horaires dans l'année. On est arrivé à un accord : 37 heures en hiver, 39 au printemps et 41 à la belle saison. La CGT n'a pas signé, mais n'a pas osé opposer son veto.

Il ne suffit plus de s'équiper avec des machines modernes, il faut encore les faire travailler 365 jours par an. 24 heures sur 24. C'est une contrainte, mais qui s'accepte lorsqu'elle est convenablement compensée. On a bien vu les postiers se mettre en grève pour conserver le travail de nuit et les avantages liés que la réforme Daucet devait supprimer. Avec la crise, les gens sont disposés à faire des sacrifices sur le temps pour gagner plus. Entre 1982 et 1984, les Français qui donnent la priorité à l'augmentation du pouvoir d'achat sont passés de 54,8 % à 63,6 %, tandis que ceux qui préfèrent davantage de temps libre chutaient de 44,4 % à 36 %. Ce gisement de productivité est si riche qu'il permet de bonnes compensations. IBM envisage d'étendre avant la fin de la décennie la semaine de 4 journées de 9 heures qu'il expérimente dans ses usines françaises. Un système qui permettrait de faire tourner les équipements 6 jours. La direction est disposée à augmenter de 10 % les rémunérations et à baisser de 4 % le temps de travail contre deux demi-samedis sur trois. Gagner plus sur le dos des machines : une magnifique base de marchandage.

A l'usine Matra-Harris de Nantes, où l'on fabrique mémoires et microprocesseurs, il est impossible d'être compétitif en laissant dormir les équipements. Il a donc fallu mettre sur pied le travail de week-end et de nuit. Sur le premier point, l'accord conclu en 1982 avec le syndicat CFTC souleva les objections de l'inspecteur du travail car il prévoyait un chevauchement des récupérations d'une semaine sur l'autre. Nouvelles difficultés pour le fonctionnement en journée continue puisque la main-d'œuvre est en grande partie féminine et que le travail nocturne reste interdit aux femmes. Pour se conformer à la législation, la direction a constitué des équipes unisexuées. Femmes le jour, hommes la nuit. C'est absurde, mais les syndicats s'accrochent à cette discrimination sexiste. Pour la tourner, des centres d'informatique en Région parisienne se sont constitués en association régie par la loi de 1901.

Ces rigidités syndicales et administratives ne peuvent que faire le jeu du poujadisme pseudo-libéral. « Faites sauter ce carcan bureaucratique, cette administration, cette réglementation, ces syndicats et nous nous entendrons avec nos salariés. » L'argument fait mouche, mais la solution n'est pas si simple. On ne fait pas table rase d'un siècle et demi d'histoire sociale, et c'est fort heureux. Il ne s'agit donc pas de revenir au « laissez faire n'importe quoi » mais d'inventer une nouvelle règle du jeu. Car l'aménagement du temps, bientôt relayé par les impératifs de la crise et d'une concurrence accrue, a provoqué un véritable séisme dans ce monde figé. Les sujets de discussion, les façons de négocier sont devenus si divers que l'entreprise se trouve modifiée dans sa logique humaine. Et, peut-être, dans sa nature même.

Le renouveau ne peut se faire ni en un jour, ni en théorie, il a besoin de la durée et de la pratique. C'est l'évolution qui trace son chemin pas à pas dans l'expérience vécue et les problèmes quotidiens. Mais un état de crise peut brutalement accélérer le processus. Une épreuve de vérité dont les acteurs sortent gagnants ou perdants selon qu'ils ont compris les nouvelles règles ou bien qu'ils se sont accrochés aux anciennes. Deux exemples pour illustrer ces deux extrêmes.

Une réussite du « Tous ensemble » : Bolloré. La papeterie fut fondée en 1822 dans la région de Quimper et devint une affaire prospère avec, en vedette, le papier à cigarette OCB : « Si vous les aimez bien roulées... » Les profits abondants permettent aux héritiers de mener grand train. Mais l'art de gérer ne se transmet pas toujours avec le capital et résiste mal aux dissensions familiales. La situation se dégrade fortement au début des années soixante-dix. En 1975, les Bolloré passent la main et la Compagnie financière d'Edmond de Rothschild reprend l'entreprise. En triste état. Beaucoup de productions sont sur le déclin ou peu rentables, les machines sont trop vieilles, la productivité trop basse, le personnel trop nombreux, les investissements trop faibles. Le chiffre d'affaires a chuté de 200 millions en 1974 à 173 millions en 1975, les pertes s'accumulent, les dettes aussi. Au fil des générations, l'entreprise familiale a perdu son dynamisme et se laisse gagner par une mortelle sénescence. Scénario classique.

Les remèdes sont connus : compression d'effectifs, modernisation de l'équipement, orientation sur des créneaux porteurs. Le nouveau manager, Henri Bernet, les applique de 1975 à 1981. Le personnel connaît les années de vaches maigres et les cures de dégraissage. On passe de 1 300 personnes à 800. Les vieilles activités : papier à cigarette, papier bible, papier carbone sont réduites. L'usine de Troie pratiquement arrêtée. En même temps, Bolloré se lance sur de nouvelles techniques : la métallisation, le film plastique de polypropylène pour les condensateurs électriques, et tente de s'implanter aux Etats-Unis. Mais la production ne cesse de régresser. Il faut vendre des actifs puis s'endetter pour soutenir cet effort. La situation financière continue à se détériorer. En 1980, le chiffre d'affaires stagne à 208 millions de francs. Les pertes atteignent 20 millions. Au premier trimestre 1981, elles représentent 15,5 % du chiffre d'affaires. Faute d'un sursaut salvateur, Bolloré risque d'être un gouffre sans fond. Le personnel est de plus en plus inquiet, le groupe Rothschild de plus en plus sceptique. A l'approche des élections de 1981, il envisage d'abandonner l'affaire qui ne tente aucun repreneur.

C'est alors que la nouvelle génération des Bolloré, les frères Vincent et Michel-Yves, persuade Edmond de Rothschild de céder l'affaire familiale — avec ses dettes — pour le franc symbolique. Un héritage à reconquérir. Le nouveau PDG, Vincent Bolloré, fait le pari audacieux de l'expansion. Certes, l'entreprise a des atouts, mais elle ne peut repartir sans une mobilisation de son personnel. Pour financer les investissements et donner confiance aux banquiers, il demande une réduction des salaires de 15 % ! Comment obtenir des salariés cet effort supplémentaire alors que les précédents n'ont abouti qu'à des licenciements et, pour finir, à la menace d'une fermeture générale ? Comment convaincre une CGT qui domine les deux usines, à 90 % dans l'une et 50 % dans l'autre, et qui se retrouve face à « l'héritier du capital » ?

Vincent Bolloré, moins de 30 ans à l'époque, joue son va-tout en exposant directement son plan au personnel, mais en s'appuyant sur les syndicats et sur l'encadrement. Il propose un concordat social. Réduction momentanée des rémunérations, certes, mais contre l'engagement de ne plus licencier. « On s'en sort ou on coule, tous ensemble. » Sitôt que la situation financière se redressera, les salariés en seront les premiers bénéficiaires. Avant les actionnaires. La répartition investissements-salaires sera décidée en commun. Afin que l'opération soit conduite en toute loyauté, la direction finance un cabinet d'experts-comptables choisis par la CGT et qui, tous les trois mois, fera le point de la situation à l'intention du personnel. C'est la transparence totale.

Marché conclu. Tous les syndicats, CGT comprise, signent l'accord. Et c'est le retournement de la situation. Spectaculaire. Le chiffre d'affaires bondit de 208 millions en 1980 à 500 millions en 1984 dont 90 % à l'exportation. L'implantation américaine se révèle une réussite totale et l'on pousse déjà une pointe au Japon. Bolloré devient le premier fabricant mondial de film plastique pour condensateurs et prend de 25 à 30 % du marché. Les pertes disparaissent dès 1981, les bénéfices réapparaissent en 1983, dès 1984 ils se situent à 10 % après impôts. Les capacités d'autofinancement atteignent en

1984 le niveau record de 90 millions. 100 millions de francs ont été investis en cinq ans, les usines sont à la pointe de la technique, tous les emplois ont été préservés. L'entreprise est devenue la quinzième de France pour la rentabilité.

« Chez Bolloré, on a décidé de jouer le jeu du profit », reconnaît le délégué CGT. Effectivement, les salariés ont été les premiers bénéficiaires de cette réussite. C'en est fini des sacrifices, ils touchent désormais les meilleurs salaires de la région. Mais, en contrepartie, ils ont réalisé des gains spectaculaires de productivité. En réduisant l'absentéisme, en s'initiant aux nouvelles techniques, en veillant à la qualité du produit, en acceptant des horaires qui permettent de faire tourner les équipements 24 heures par jour et 365 jours par an... contre la cinquième équipe et la réduction du temps de travail à 32 heures et demie. Tout est donnant-donnant. Et tout le monde y gagne.

Sans doute l'entreprise a-t-elle bénéficié des efforts accomplis dans la période précédente, d'une conjoncture favorable, de la hausse du dollar et du succès remporté par le film pour condensateurs ; encore fallait-il avoir une productivité « à la japonaise » pour saisir ces opportunités. Et cela dépend des hommes plus que des machines. Chez Bolloré, tous les observateurs le reconnaissent, le personnel « en veut ». Il participe activement à la réussite de l'entreprise. De SON entreprise. Et c'est bien là tout le secret. Les syndicalistes de Quimper ne sont pas des naïfs. Ils n'ont accepté le « Tous ensemble » qu'en ayant l'assurance de ne pas tirer les marrons du feu pour le patron. Ils participent à l'organisation de la production, suivent la gestion et acceptent que leurs salaires soient liés aux résultats de la société. Ce n'est ni la soviétisation, ni l'autogestion, et pourtant ils sont désormais chez eux et travaillent pour eux : « Si tout à coup l'entreprise avait des problèmes, tout le monde serait d'accord pour faire machine arrière sur les avantages acquis », admet le délégué cégétiste. Mais pour obtenir cette adhésion, il a fallu rompre radicalement avec l'attitude patronale traditionnelle. Dans le concordat de 1981, les salariés de Bolloré ont troqué du pouvoir d'achat contre du pouvoir de décision. Voilà le signe des temps nouveaux.

Contre-exemple : la Paumellerie électrique. Une entreprise, ou plutôt une usine, située à 20 kilomètres de Brives. La seule industrie de cette région agricole. Une bonne affaire fondée au début du siècle qui a trouvé un produit vedette : la charnière d'automobile. Elle détient 80 % du marché français : un quasi-monopole. Qui lui sera fatal. Elle fait partie de CGIP, c'est-à-dire l'empire de Wendel « miraculeusement » préservé lors du naufrage de la sidérurgie, mais conserve une très large autonomie. Pendant des années, elle suit la croissance de son marché et devient un établissement imposant d'un millier de personnes. La CGT fait pratiquement office de syndicat unique.

Profitant de sa position privilégiée qui autorise une gestion sans histoire, l'entreprise s'installe dans une sorte de cogestion qui laisse à la CGT un très grand pouvoir auprès du personnel. En 1976, les constructeurs automobiles en difficulté commencent à faire pression sur leurs fournisseurs. A la Paumellerie, la CGT refuse l'austérité et engage un conflit très dur avec trois semaines d'occupation. Le syndicat entend ne rien céder. Chez Renault et Peugeot, c'est l'affolement. Une rupture dans la fourniture des charnières risque de bloquer la production. Les deux groupes s'entendent avec la direction pour donner satisfaction aux grévistes. Ceux-ci acquièrent la conviction que l'automobile ne peut se passer d'eux. Il faut pourtant réduire les effectifs. En douceur. Nouvelle grève en 1981, avec l'espoir secret d'obtenir la nationalisation. La sécurité. L'industrie automobile commence à se méfier de ce fournisseur défaillant.

L'outil de production est modernisé pour maintenir la compétitivité, car la concurrence étrangère se fait plus dure sur les charnières. On bute alors sur le problème des sureffectifs. Pour les résorber, la direction joue de trois moyens : les mises en retraite, la formation, la diversification. Cette dernière échoue, et le chiffre d'affaires diminue en volume dans les années suivantes tandis que le déficit passe de 7 millions en 1982 à 9 en 1983 et s'annonce à profondeur de 20 millions pour 1984. La direction de CGIP confie alors la gestion à l'un de ses groupes industriels : Allevard, installé à Grenoble. Cette équipe a la réputation de savoir redresser les entreprises en difficulté. Elle vient notamment de tirer d'affaire une société du groupe : Mavilor à Saint-Etienne, spécialisé dans la fabrication des vilebrequins. Au terme d'un long conflit, elle a fait passer les effectifs de 800 à 600 personnes. En l'espace de six mois, elle a pu recaser 100 des 150 licenciés tandis qu'elle rétablissait la rentabilité.

Forte de ce succès, la nouvelle direction grenobloise lance un plan de redressement prévoyant l'abandon de l'activité bâtiment et la suppression de 210 emplois sur 620. Il existe pourtant des éléments positifs dans cette tourmente. Un investissement soutenu : 41 millions de francs en trois ans et 10 millions dans le premier semestre 1984, preuve qu'Allevard entend poursuivre l'exploitation, et un plan social de treize mesures allant de l'aménagement du temps de travail à l'aide au retour en passant par les congés-formation, les pré-retraites, les indemnités de recasement atteignant 8 mois de salaire, etc. Cela ne compense pas la perte d'un emploi, mais la gravité de la situation ne laisse guère de choix.

La CGT rejette en bloc le plan des « Grenoblois ». Elle a tiré des conflits précédents la conviction que l'automobile sera bien obligée de céder. Sans trop l'avouer, les directions de l'entreprise et du groupe le pensent aussi. Un monopole finit toujours par dicter sa loi. Tout le monde sait cela. En juin 1984, l'usine est bloquée. Tout contribue à cimenter le personnel dans son refus : la conviction d'être en position de force, l'unité syndicale, la solidarité régionale et l'isolement par rapport au monde industriel. L'encadrement même se divise : une partie suit le mouvement, une autre soutient les positions du groupe. Les ponts sont complètement rompus entre les « partenaires » sociaux. A quoi bon rechercher le dialogue puisque, de toute façon, l'industrie automobile va venir recoller la vaisselle.

Des négociations s'engagent entre le mandataire de justice, la direction et le ministère de l'Industrie pour rechercher des solutions. La CGT rejette tous les plans : « C'est six cents emplois ou rien » et poursuit l'occupation. Depuis le début, elle a multiplié les actes de violence, voies de fait, agressions, effractions, vols, destructions, brutalités et séquestrations. Cette intimidation s'est exercée sur la direction, l'encadrement, l'administration. Au total, 76 plaintes sont déposées contre elle devant les tribunaux. L'incroyable lâcheté des pouvoirs publics qui assistent sans jamais réagir favorise tous les débordements.

Quant aux constructeurs automobiles, ils ont tiré les enseignements des conflits précédents. Ils commencent à se fournir auprès des concurrents étrangers et montent leurs propres ateliers pour fabriquer leurs charnières. La Paumellerie est en train de perdre son monopole, mais elle l'ignore. Le 31 octobre, Allevard Industries retire ses dernières propositions, et l'entreprise est mise en liquidation de biens. Nul ne la reprendra jamais car elle n'a plus de marché. Renault et Peugeot n'ont plus besoin d'elle. Après une expérience éphémère de « production sauvage et autogestionnaire », l'usine est toujours occupée, c'est-à-dire inoccupée, et le restera indéfiniment. Les 620 salariés ont perdu leur emploi et n'ont guère de chance d'en retrouver dans cette région agricole. La « démocratie ouvrière » leur fut imposée par les jusqu'au-boutistes du syndicat. Curieusement, la confédération qui aime focaliser l'attention des médias sur certains conflits très durs : Manufrance, les ARCT de Roanne, Ducellier, n'a guère insisté sur la Paumellerie. Sans doute fut-elle débordée par ses militants locaux que grisait un sentiment de toute-puissance. Dans le même temps, le groupe Carnaux, le plus beau fleuron de CGIP, poursuit un plan de redressement exemplaire qui réduit l'effectif de 1 500 personnes par an, sans licenciements et sans drames sociaux, tandis que la valeur de l'action, tombée au plus bas, remonte au plus haut. Bolloré et la Paumellerie, la lumière et les ténèbres ; qui peut douter que les Français souhaitent le premier type de relations sociales et pas le second ?

Entre les deux se rencontrent toutes les situations intermédiaires, celles notamment où des adversaires, partis pour jouer au « Tous contre », finirent par se mettre au « Tous ensemble ». A Vittel, la direction entend moderniser son usine d'embouteillage. Pour la manutention, des chariots automatiques guidés par fils remplaceront les chariots mécaniques pilotés par des charistes. Ces derniers, on s'en doute, s'y opposent et exigent l'ouverture d'une négociation sur l'introduction de ces techniques. La direction refuse, estimant qu'il ne s'agit pas d'une innovation puisque les mêmes procédés sont utilisés dans son usine voisine de 200 mètres. Les syndicats en appellent au tribunal tandis que l'usine est menacée à tout moment par une grève-thrombose qui paralyserait toute la production.

Pour éviter le conflit majeur, la direction accepte finalement de financer une expertise syndicale. Le rapport, remis par le cabinet choisi par la CFDT, est admis comme base de négociation. La discussion s'engage et les solutions sont trouvées. Sans déclencher l'épreuve de force. Les bouteilles circuleront sur leurs chariots automatiques, les charistes seront reconvertis et ces antagonismes seront « é-li-mi-nés », selon le slogan maison.

Chez Rhenalu, on n'a pu éviter l'affrontement. Dans cette filiale du groupe Péchiney, la direction choisit en 1983 de modifier les horaires et d'introduire le travail du samedi pour rentabiliser les équipements. Décision unilatérale prise par un directeur de formation militaire et peu enclin au dialogue. La réaction du personnel, emmené par la CFDT, est très brutale, avec séquestrations et violences. Au point que la direction générale de Paris demande le licenciement des délégués CFDT. Une initiative que l'on prend assez rarement dans un groupe nationalisé. Finalement, l'état-major de Péchiney se rend compte de l'erreur commise. Il change son directeur et accepte l'ouverture de discussions avec expertise syndicale. Grâce à la concertation, un accord sera trouvé couplant les horaires souples et le travail du samedi. Rhenalu tourne maintenant sans tensions sociales particulières et gagne de l'argent... pour les citoyens actionnaires.

La réussite de Bolloré est certes exceptionnelle. Mais elle est porteuse d'avenir. A l'inverse, l'échec de la Paumellerie n'est pas seulement consternant. Il paraît anachronique. On imagine les réactions des salariés visitant l'une et l'autre usine. Ils plébisciteraient la première, rejetteraient la seconde. C'est l'important. Mais ils hésitent à traduire leurs convictions dans leur comportement et lorsqu'ils s'y résolvent, ils paraissent effarouchés de leur propre audace. A « l'Enjeu », nous rencontrons bien souvent des partenaires qui n'osent afficher leur nouvelle entente devant la caméra. Telle cette société de métallurgie lourde qui se trouvait en concurrence pour une importante commande sur le marché international. La CGT, dominante dans l'entreprise, faisait peur au client étranger. Pour arracher le contrat, le syndicat a renoncé par écrit à toute action revendicative qui gênerait le bon déroulement des travaux. Grâce à cette assurance, l'affaire a été conclue et le chômage technique évité. Mais, il est entendu que l'accord restera confidentiel. Pour vivre intelligents, vivons cachés.

Un peu partout, on s'efforce de moderniser les relations de travail. Le plus discrètement possible. La résurgence d'actions violentes, occupations, séquestrations, manifestations, loin de traduire un retour aux « affrontements de classes », prouve le désarroi des militants qui s'efforcent de réagir contre la tendance dominante et utilisent les commaudos faute de pouvoir mobiliser les foules. Un double courant culturel et économique pousse à la collaboration conflictuelle. La grève n'est plus ressentie comme une victoire, mais comme un échec. La réussite n'est plus l'affaire du patron, mais de tout le personnel. La déstabilisation s'étend de proche en proche.

L'entreprise traditionnelle est devenue archaïque. Elle perpétue dans le monde de l'électronique l'ordre brutal et simpliste de la vapeur. Mais un système qui peut encore fonctionner résiste à toute forme de correction. Ainsi les idées et les expériences novatrices ont-elles tourné court pendant un quart de siècle. Intellectuellement, certains chefs d'entreprise se laissaient séduire. Mais, au moment de sauter le pas, ils reculaient. « Avec les syndicats que nous avons, c'est impossible. » Ces derniers, de leur côté, campaient sur leurs positions face au « patronat le plus réactionnaire du monde ». Ainsi les prophètes étaient-ils écoutés et jamais entendus. Les experts hésitaient entre réforme et révolution, ce sera l'évolution. Une série de réponses adaptatives aux changements de l'environnement.

De notre système productif, Marx et Taylor furent les pères fondateurs. La lutte des classes comme l'organisation scientifique du travail débouchent sur des antagonismes. Parfaitement complémentaires. Qu'on nous parle du « capitaliste propriétaire des moyens de production et du prolétaire vendeur de son travail » ou de « la séparation entre la main-d'œuvre de conception-décision et la main-d'œuvre d'exécution », le résultat est toujours le même : l'aliénation. Le salarié est un être mutilé, dont la personnalité est réduite à certaines fonctions productives. Dans son principe même, l'entreprise n'est pas une société humaine, mais une structure opérationnelle destinée à gérer les choses et l'argent. Elle ne connaît pas les « travailleurs » mais seulement le travail... un facteur de production parmi d'autres. Les hommes n'y participent que par « accident ». Ils sont réduits à des rôles stéréotypés qui les fondent dans des groupes opposés ; quant aux relations, elles se limitent à la transmission d'instructions ou d'ordres. Aux rapports de forces.

Cette conception arrange les patrons comme les syndicats. Les premiers y trouvent la légitimation de leur toute-puissance. Face à un personnel qui « n'est pas là pour penser », dont — à quelques cadres près — on postule l'incompétence, voire la malveillance, il ne peut être question d'informer ou de consulter et encore moins de déléguer. Quant à savoir qui a commencé... De leur côté, les organisations ouvrières s'accommodent fort bien d'une exclusion qui reproduit dans la réalité quotidienne leurs schémas idéologiques. Elles récupèrent les frustrations, les aspirations, les refus, bref, toute cette « seconde part de l'homme » que la hiérarchie ne veut pas connaître. « Si vous n'êtes pas contents, voyez votre délégué syndical », répondaient les chefs de services à leurs subordonnés.

Les patrons n'étaient pas méchants, inhumains ou brutaux, ils entendaient rester « maîtres chez eux », c'est-à-dire traiter les salariés en « étrangers dans la maison », ignorants des choses et respectueux de la discipline. On ne partageait ni le pouvoir ni même l'information. Le dialogue social se réduisait à l'échange rituel : « Ça ne vous regarde pas », « Je ne veux pas le savoir ». Quant à la politique sociale, elle ne concernait pas le travail, mais sa contrepartie selon le bon principe du paternalisme. C'est pourquoi elle coûtait fort cher.

Un personnel tenu à l'écart de ce qui le regarde revendique hors de toute considération économique dans une pure logique d'affrontement. De son côté, une direction qui ne veut pas s'expliquer cède plus qu'elle ne devrait : une augmentation, à la différence d'un refus, n'a pas à être motivée. Face à des syndicats puissants, on laissait filer les salaires dans l'espoir de se rattraper sur les prix. Il n'en fallait pas moins pour préserver la paix sociale dans l'absolutisme patronal. Telle était la base de la classique négociation avec la CGT. A la belle époque de la croissance, on voyait les salariés de chez Dassault venir manifester au rond-point des Champs-Elysées devant les bureaux « du patron ». Celui-ci recevait une délégation, l'écoutait, et lui remettait un chèque royal pour les œuvres sociales du comité d'entreprise. On se comprenait.

426

Cette volonté de secret coûte d'autant plus cher qu'elle sert bien souvent à masquer une gestion déplorable. Capitalistes et salariés en viennent à se servir sur le dos de l'entreprise. Celle-ci n'y résiste que dans les périodes de forte expansion. Face à une conjoncture plus difficile, elle craque comme les Blanchisseries de Grenelle en 1985. Une affaire qui avait pourtant toutes les raisons de se bien porter.

Créée entre les deux guerres, elle s'est imposée sur le marché de la blanchisserie industrielle et compte les plus grands palaces parisiens dans sa clientèle. 817 employés, 170 millions de chiffre d'affaires... et 100 millions de passif. Que s'est-il passé ? Un avatar du capitalisme héréditaire. Un de plus. Le fondateur meurt en laissant un fils et trois filles. La guerre de succession qui se déclenche aussitôt paralyse la gestion, bloque la modernisation. Les nouveaux maîtres ne s'entendent que pour multiplier les structures écrans qui leur permettent de tenir le personnel dans l'ignorance de leurs prélèvements. La CGT, majoritaire dans l'entreprise, pousse les revendications. La direction cède pour ne pas ouvrir ses livres de comptes. Entre les augmentations et les avantages concédés pour payer cette fausse paix sociale, la masse salariale devient supérieure de 10 % à celle des concurrents. Il n'en faut pas davantage pour conduire au dépôt de bilan. Lorsque l'administrateur provisoire lance son plan de redressement avec la suppression de 83 emplois, dont une dizaine de licenciements, et la réduction des rémunérations directes et indirectes, la CGT refuse. Comment s'en étonner ?

Depuis un siècle, le patronat français lâche sur l'argent afin de mieux tenir sur le pouvoir. Et tente de se rattraper avec l'inflation. En période de crise, cette politique devient ruineuse. Pour se l'offrir, il faut sacrifier les investissements. Ce que l'économie française a fait tout au long des années soixante-dix. Les salariés ont vendu si chèrement leur absence de voix au chapitre que les entreprises ont perdu leur compétitivité et se sont retrouvées avec des caisses vides au début des années quatre-vingt.

Faut-il s'en indigner ? Certainement pas. Le grand tort de la gauche et des syndicats fut de contester le principe du pouvoir patronal. Celui-ci est totalement légitime. L'application en était abusive lorsque le rapport de forces était déséquilibré en faveur du capital. Avec la législation sociale et la réduction du taux de profit, ce n'est plus le cas. L'entrepreneur qui a fait preuve d'audace et d'imagination, qui a risqué son argent et son avenir, qui a prouvé son efficacité et son dynamisme doit assumer le commandement et récupérer le bénéfice. Sa position est incontestable. Il ne peut pas y avoir d'égalité entre un créateur et un salarié, entre un fonceur et un suiveur. Ceux qui envient ces prérogatives doivent prendre les mêmes risques et prouver les mêmes capacités. Mais il est plus facile de dénoncer les « privilèges » patronaux que de les gagner par le mérite.

Les salariés contribuent à la réussite en apportant leur travail. Cela justifie-t-il qu'ils soient associés au pouvoir ? Certainement pas. Du moins pas à ce seul titre. Le simple fait de vendre sa « force productive », c'est-à-dire de faire le minimum exigé pour justifier son salaire, ne place pas le travailleur dans une position particulière. C'est un fournisseur. L'entrepreneur n'a pas plus à délibérer sa gestion avec celui-là qu'avec n'importe quel autre. Il ne suffit pas de livrer un facteur de production pour avoir des droits dans l'affaire, sinon EDF siégerait dans tous les conseils d'administration de France. A ce titre, on peut jouir des garanties légales, mais pas de la moindre participation.

Le personnel est-il donc condamné à n'être qu'un peuple étranger dans l'entreprise ? Je ne le crois pas. Mais c'est aborder la question du mauvais côté que chercher dans la contestation du capitaliste un remède à l'aliénation du travailleur. Celle-ci découle du rôle assigné à la main-d'œuvre d'exécution dans le processus de production. Toute l'organisation taylorienne repose sur son exclusion, sa robotisation. « Faites ce qu'on vous dit de faire », « Vous n'êtes pas là pour penser ». Le salarié se trouve donc prisonnier d'une position subordonnée qu'il n'admet pas, que chacun ressent comme anormale, mais qui est liée à cette conception du travail : une marchandise dépersonnalisée qu'on se procure sur le marché. Lorsqu'une situation est ainsi bloquée, on ne peut plus en sortir qu'en brisant le système. C'est ce qu'ont tenté les syndicats « révolutionnaires ». Postulant que le pouvoir patronal était anormal — alors qu'il n'était qu'abusif —, ils ont engagé le personnel à le récupérer. Les capitalistes ne voulaient en aucun cas céder à cette prétention qui, de fait, était totalement injustifiée. On débouchait sur un pur rapport de forces. Physique et non pas intellectuel. L'un poussait, l'autre reculait.

Pour passer de ce « bras de fer » primitif à la négociation, que faut-il ? Que les deux parties reconnaissent leur légitimité, l'intérêt commun et que chacune apporte quelque chose dans le marché. Que l'on passe de l'affrontement entre celui qui a et celui qui veut prendre, à une relation d'échange. La première condition ne suffit pas. Refuser la lutte des classes ne résout rien dès lors que le salariat ne peut rien offrir au patron en contrepartie des concessions qu'il exige. Si longtemps que le travailleur se contente de « venir faire ses heures », le capitaliste ne lui doit rien de plus que son salaire. La participation, sous, quelque forme qu'on l'envisage, ne peut être qu'arrachée ou octroyée.

Comment passer de l'affrontement au partenariat, c'est tout le problème des relations sociales. Cela se fait tout naturellement lorsqu'une entreprise passe des accords avec une banque ou une autre société afin de mener une affaire en commun. Dans Airbus, chaque Etat, chaque constructeur apportait un cadeau dans la corbeille du marié. On a longtemps marchandé pour savoir si la contribution des uns et des autres était équitable, chacun a tenté de s'approprier la meilleure part, mille cas de figure ont été envisagés, on a frôlé la rupture, on a modifié les propositions. Les concessions allaient de pair avec les exigences. On ne prétendait pas réparer une injustice ou résister à une agression, mais faire des affaires. Pour instaurer ce genre de conflictualité entre capital et travail, pour passer de la revendication à la négociation, il faut que le personnel puisse mettre quelque chose sur le tapis vert. Quel pourrait être cet apport, enjeu de marchandage ?

Il y a quelques années, un constructeur d'ascenseurs offrit un voyage d'étude au Japon à quatre de ses délégués syndicaux. En discutant avec un directeur du personnel chez Nippon Steel, ceux-ci manifestèrent leur scepticisme condescendant face à la « grève japonaise » pendant laquelle le personnel continue à travailler. « Une grève est une très mauvaise chose pour une société japonaise, répondit leur interlocuteur. Car nos ouvriers, dans ces périodes de conflits, se contentent de travailler comme des Occidentaux. Ils font ce qu'ils ont à faire et rien de plus. Ils travaillent avec leurs bras. Nous avons besoin qu'ils travaillent avec leur tête et leur cœur. »

La base du partenariat, elle est là. Le salarié peut apporter infiniment plus que ce rôle minimum de robot qu'exige de lui l'organisation scientifique du travail. C'est dans cette mesure, et dans cette mesure seulement, qu'il peut devenir associé à l'entreprise. En acceptant les baisses de salaire, en réduisant l'absentéisme, en améliorant sa qualification, en accroissant la productivité, en contrôlant la qualité, en assurant la production continue, en liant sa rémunération aux résultats, le personnel de Bolloré a plus enrichi l'entreprise que tous les apporteurs de capitaux. Comment pourrait-il n'être pas un partenaire du patron ? Le premier de tous.

Le partenariat remplaçant l'ordre marxo-taylorien, c'est la nouvelle logique de l'entreprise. Cette substitution devra se faire pour une première raison, c'est que l'ancien système ne marche plus. L'OS ne joue plus le jeu, il s'absente, il traîne, il s'en fiche, il sabote, il se révolte. Les salariés supportent de plus en plus mal la rigidité du règlement et l'autoritarisme des « petits chefs ». Faute d'adhésion suffisante, le modèle taylorien perd de sa belle efficacité et la rentabilité de l'entreprise en souffre.

La seconde raison, encore plus prégnante, c'est que la notion même de social a changé. Dans l'entreprise classique, on attendait les gains de productivité des différentes directions : techniques, scientifiques, commerciales, financières, sous forme de produits nouveaux, méthodes de fabrication plus efficaces, idées commerciales et autres astuces financières. La direction du personnel, elle, devait simplement assurer la tranquillité. Son chef était jugé sur ses aptitudes à faire respecter la discipline hiérarchique, éviter les grèves, les manifestations de mécontentement et négocier au meilleur marché possible le prix du travail. Bref, entretenir le monologue social. Selon le bon principe : il faut gagner le plus d'argent possible avec l'économique et en perdre le moins possible avec le social.

Dans les entreprises modernes, on a désormais compris que les travailleurs représentent un énorme gisement de productivité, la « ressource humaine » selon l'expression à la mode. On a surtout découvert qu'il n'est plus possible de rester compétitif avec une main-d'œuvre peu motivée qui s'efforce d'en faire le moins possible. Or, le modèle taylorien est, par nature, démotivant. Inadapté aux mentalités de 1985, il est surtout moins performant que le modèle participatif mis en œuvre par les champions de la croissance. En apportant sa créativité, en surveillant la qualité, en adaptant ses horaires, en acceptant de se recycler ou de se reconvertir, en supprimant l'absentéisme, le personnel détient désormais l'atout maître de l'entreprise. Il peut la faire gagner ou perdre selon qu'il accepte ou refuse de le jouer. Et le patron n'a aucune possibilité de le contraindre. L'autoritarisme n'obtiendra jamais que ce minimum qui représente le « travail de grève » pour les ouvriers japonais. Le « plus » ne peut venir que du libre consentement. On n'oblige pas les gens à « bien travailler ». On les « fait travailler ». C'est tout.

La nouvelle productivité ne peut donc être arrachée comme une concession unilatérale, elle doit naître de négociations bilatérales. Les relations de travail s'en trouvent rééquilibrées. C'est une révolution copernicienne.Un progrès fantastique et non pas une régression. Ce n'est pas le faible qui peut donner, c'est le fort. Le prolétariat du XIXe siècle était dépouillé de toute valeur propre. Il ne pouvait plus mettre dans la balance qu'un élément négatif : la menace de grève. C'était la preuve de son aliénation absolue. Qu'aujourd'hui la main-d'œuvre puisse jouer d'éléments positifs et non plus seulement de nuisances change radicalement sa situation.

De cette nouvelle donne, nous ne faisons qu'entrevoir les premières conséquences. La plus importante de toutes, c'est que l'entreprise va se trouver bouleversée. Enfin ! Sa réforme, qui restait une vue de l'esprit si longtemps qu'elle était dictée par des préoccupations humanistes, devient une certitude dès lors qu'elle répond à une exigence économique. Un impératif de survie même.

Les patrons ne vont pas pour autant se dépouiller de leur autorité et inviter les syndicats à la cogestion. Le conflit reste au cœur du partenariat. La seule différence avec l'affrontement archaïque, c'est que les deux parties se reconnaissent, possèdent chacune des éléments de discussion et poursuivent des intérêts particuliers à travers un objectif commun. Mais l'une et l'autre s'efforcent toujours de gagner le plus en cédant le moins. Les partenaires ne sont pas des enfants de chœur.

Le patronat, qui a pressenti cette échéance bien avant les syndicats, a tenté tout au long des années soixante-dix de moderniser la gestion sociale en cédant sur l'accessoire pour mieux préserver l'essentiel. Ce fut la grande époque des « relations humaines ». L'opération se révéla payante car elle tranchait avantageusement sur l'autoritarisme passé. Un sociologue me racontait l'anecdote suivante. « Je suis revenu en 1983 dans une usine que j'avais étudiée en 1973. J'en avais conservé le souvenir détestable d'ouvrières travaillant aux pièces sous la surveillance d'anciens adjudants alcooliques. A ma grande surprise, je trouve un climat entièrement changé. Dans les entretiens, je ne sens plus ce mélange de hargne et de résignation qui caractérisait les relations hiérarchiques. Une ouvrière âgée, avec laquelle je m'étais déjà entretenu, m'expliqua que les choses avaient bien changé depuis l'arrivée d'un jeune directeur du personnel : " Il est très humain, me dit-elle. Il nous a fait visiter tous les ateliers et nous a demandé ce que nous pensions de notre travail. " » Ainsi, en vingt ans, nul n'avait songé à présenter aux ouvrières l'usine dans laquelle elles travaillaient, à leur expliquer ce qu'on y faisait, comment la production était organisée. A demander leur avis. Et la direction profitait de ses propres fautes puisqu'il lui suffisait de les corriger pour se parer de vertus imméritées.

Les syndicats n'ont pas manqué de dénoncer cette « propagande patronale », cette volonté de développer un « esprit maison », il n'empêche que le personnel préfère le nouveau système à l'ancien. Mais il ne s'agit jamais que d'une couche de peinture neuve qui laisse face à face des groupes antagonistes composés de personnages stéréotypés. Il ne suffit pas de savoir « ouvrir sa porte », taper à propos sur une épaule, mettre une « boîte à idées » et diffuser un journal d'entreprise polychrome pour réinventer les relations sociales.

Les experts patronaux ont également tiré les enseignements des horaires libres. Au lieu de rester éternellement sur la défensive en attendant les revendications, les chefs d'entreprise doivent prendre des initiatives et répondre au désir croissant d'autonomie et d'individualisation que les syndicats savent si mal prendre en charge. Pour cette nouvelle stratégie, le terrain de manœuvre idéal n'est plus le niveau national, ni même la branche, mais l'entreprise. C'est là, estime François Ceyrac au début des années quatre-vingt, « que la recherche et l'innovation sociale peuvent être conduites en fonction des données concrètes ». L'observation est juste, mais elle entraîne beaucoup plus loin que ne l'imaginait le « patron des patrons ».

En s'engageant dans cette voie, les directions placent les salariés au cœur d'une nouvelle confrontation sociale : les patrons n'ont plus toujours tort et les syndicats plus toujours raison. Mais il reste à franchir le pas essentiel : le partage du pouvoir. Trois chocs majeurs vont précipiter le cours des événements : la crise, les socialistes, le Japon.

La crise, tout d'abord. Les Français fuyaient devant elle depuis 1974, elle les a rejoints en 1982 lorsqu'ils ont trébuché sur la relance socialiste. En se relevant, endoloris, ils ont découvert l'économie. Auparavant, ils ne voulaient connaître que le social. Le partage et la distribution avant la production et la vente selon notre bon vieux schéma vertical. Depuis le XIXe siècle, la France s'entretient dans le mythe du « trésor caché » détenu par un maître mal défini : « les capitalistes », « les riches », « les patrons », « les gros », « les spéculateurs », « l'Etat ». A coups de slogans : « faire payer les riches », « partager le travail », « relancer la consommation », la gauche avait donné une apparence économique à ces fantasmes. Le réveil a été brutal.

La démonstration par l'absurde fut fatale à cette vision sociomaniaque de l'économie. L'adversaire dont il fallait triompher ne se trouvait plus en haut, dans le bureau moquetté à porte capitonnée du septième étage, mais dans une ville voisine où il fabriquait les mêmes produits et prétendait être meilleur et moins cher. Le trésor à gagner ne se cachait pas dans le coffre-fort des capitalistes, mais dans le portefeuille des clients. Sur le marché. Le regard basculait enfin de la verticale à l'horizontale. La secousse qui suivit bouscula tout notre système de valeurs. Réhabilitation de l'entreprise, des patrons, du profit, de la compétition, des gagneurs, de l'argent, de l'efficacité ; dévalorisation de l'égalitarisme, de l'étatisme, de la protection, de la redistribution, du fonctionnaire, de la réglementation, de la revendication, de la subvention. Si l'on compare deux enquêtes SOFRES-*le Point,* l'une d'avril 1980, l'autre de février 1985, on voit que les réponses à la question : « En pensant à l'économie, dites-moi si chacun des mots suivants évoque pour vous quelque chose de positif ou de négatif ? » traduisent un imprévisible renversement. Les mots qui ont perdu sont tous du même côté : socialisme (-11), syndicalisme (-10), nationalisation (-7), planification (-6), et ceux qui ont gagné de même : libéralisme (+11), profit (+10), concurrence (+4), capitalisme (+3). Sans nulle inflation verbale, on pourrait parler d'une révolution culturelle. Sur le plan politique, communistes et socialistes en ont fait les frais. Gaullistes et conservateurs en ont touché les dividendes. Au nom du libéralisme.

Les syndicats, qui déclinaient depuis plusieurs années, perdirent une bonne part de leur crédit dans cette débâcle. D'autant que la protection sociale, produit vedette de leur catalogue, craquait comme une ligne Maginot contournée par les flots tumultueux de la crise. Dans les entreprises du secteur concurrentiel, ils n'avaient aucune recette pour éviter les licenciements et faire revenir profits et augmentations. Sur le plan national, les fonctionnaires qu'ils faisaient engager, les budgets et salaires qu'ils poussaient à la hausse, tout cela ne créait ni emplois, ni richesses et précipitait le chômage, l'inflation et la récession. Sur le plan social, ils étaient suivis lorsqu'ils défendaient les salariés garantis, mais Edmond Maire faisait fuir son monde lorsqu'il prêchait les nouvelles solidarités. Bref, la France souffrait de non-compétitivité, et le syndicalisme n'était pas le bon médecin pour cette maladie-là.

L'homme de la situation, c'était l'entrepreneur. La science utile, celle du management et non pas celle de la redistribution. Les Français ont maintenant compris qu'ils ne seront jamais plus riches que leurs entreprises et qu'en croquant leur capital productif ils se préparent de tristes moissons. En 1976, lorsqu'il avait lancé son plan, Raymond Barre n'avait pas osé dire qu'il voulait prendre aux ménages pour donner aux sociétés afin de regonfler les profits. Les socialistes, eux, le proclament, le font et s'en vantent. L'opinion comprend. Il y a quelques années, un patron auquel je proposais d'être notre « homme du mois » à « l'Enjeu » déclina mon invitation. Il avait fondé une société qui, en vingt ans, s'était imposée aux Etats-Unis et même au Japon. Pourtant, il craignait d'étaler sa réussite. « Je suis un patron et j'ai fait fortune. Ce sont deux choses que les Français ne pardonnent pas », m'expliqua-t-il. En 1984, je renouvelai ma proposition, elle fut acceptée, car la question ne se posait plus. Pour les téléspectateurs, un homme qui a créé un millier d'emplois, qui fait gagner des devises au pays, mérite son argent.

Dans un sondage réalisé par la SOFRES en 1974, 40 % des Français pensaient qu'un enrichi « a dû beaucoup travailler », mais 37 % « qu'il n'a pas toujours dû être honnête ». Dix ans plus tard, en réponse à la même question, le mérite est reconnu à 59 % et la malhonnêteté n'est plus suspectée qu'à 18 %. Lorsque notre « nouveau riche » est créateur de son entreprise, il est plébiscité. 80 % des Français estiment qu'il n'est pas un privilégié. 69 % des électeurs communistes partagent ce sentiment. Le « phénomène Tapie » n'est que la projection médiatique de cette nouvelle religion. Le CNPF et son président Yvon Gattaz voient leur popularité remonter dans les sondages à mesure que dégringole celle des leaders syndicaux. Bergeron excepté. Bref, les Français, en l'espace de quelques années, en ont plus appris qu'en cent ans. Les slogans et les attitudes d'hier ne passent plus.

A l'université de la crise, les travailleurs du secteur concurrentiel ont été les meilleurs élèves. Ils ont retenu que leur avenir dépend de leur force productive plus que de leur ardeur revendicative, que leur défense réside dans le compte d'exploitation et non pas dans la législation sociale. Ils savent qu'il faut gagner ensemble avant de se battre contre. La revendication n'a pas disparu, elle a changé. Les moyens de pression aussi. La grève devient l'arme du dernier recours. Du désespoir plus que de la colère. La bataille décisive se livre sur le marché. Pour dépasser la concurrence, séduire les clients et faire du profit. La confrontation classique ne peut intervenir qu'en un second temps. Si possible après la victoire. C'est en fonction de cet objectif premier qu'il faut repenser la stratégie sociale et non pas seulement économique.

L'idée que, dans l'entreprise moderne, le profit ne se réalise plus sur les bas salaires, mais sur la haute compétitivité est définitivement passée dans les esprits. Si les employés de Georges Salomon sont les mieux payés de la Savoie, s'ils ne craignent pas de perdre leur job, s'ils font figure de « nantis » aux yeux de la main-d'œuvre locale, ils ne le doivent pas à la générosité du patron fondateur, mais au succès de la firme. Un chiffre d'affaires quadruplé en cinq ans, 500 emplois supplémentaires créés, des profits qui ont augmenté des deux tiers en 1984 et atteignent 10 % du chiffre d'affaires : avec un tel palmarès tout employeur rend son personnel heureux. Encore faut-il réaliser la performance.

Après avoir pris la première place au monde pour les fixations de skis dans les années soixante-dix, Salomon décide de se lancer dans la chaussure. Le marché est dominé par deux géants : l'italien Nordica et l'autrichien Koflach. Pour s'imposer, il faut inventer un produit supérieur. La mise au point sera longue, difficile et coûteuse, une première version non satisfaisante sera rejetée. Quand enfin le modèle est commercialisé, les clients ne se précipitent pas. L'équilibre même de la firme paraît menacé. Mais la qualité de la nouvelle chaussure est enfin reconnue par les skieurs. C'est le triomphe. Salomon vient s'intercaler entre Nordica et Koflach et déjà il prépare d'autres diversifications ; dans le golf, les machines de sport ou les chaussures de course.

Les 1 000 salariés sont entièrement solidaires de ces succès commerciaux. De LEURS succès. Leur rémunération de base n'évolue qu'au rythme des augmentations accordées chez les concurrents. Le reste dépend des résultats. Lorsque les profits sont au rendez-vous, cela vous donne un mois et demi de salaire en plus. En outre, un employé sur deux se trouve actionnaire et détient un confortable « paquet » d'actions. Avec une valeur qui triple en dix-huit mois, l'intérêt n'est pas mince. Les cours du jour sont affichés dans l'usine. Et chacun y jette un œil avant de prendre son service. « La rémunération s'intègre dans un système de performances collectives », résume le directeur du personnel. Chez Salomon, la compétitivité passe avant les querelles de partage. Pour « le social », on finit toujours par s'entendre si les affaires sont bonnes. En 1985, un syndicat qui n'empêcherait pas les propriétaires d'empocher des sur-profits en payant des sous-salaires ferait preuve d'une incapacité revendicationnelle grave.

Quand la conjoncture se retourne, le personnel trinque et nulle « ardeur combative » ne permet d'éviter l'austérité. C'est ce qu'ont découvert les 850 ouvriers de Majorette en 1985. Eux aussi vivaient dans une oasis protégée par la forte croissance et la haute rentabilité de la firme que conduit Emile Véron, l'une des stars du capitalisme français. Ils détiennent le quart du capital, là encore une bonne affaire. Majorette faisait partie des «valeurs de croissance ». Mais, au début de 1985, le marché de la voiture miniature a brutalement plongé : moins 20 %. Il a fallu se rabattre sur le chômage technique. 40 heures de moins par mois, une perte de salaire de 5 à 10 %. A quoi servirait de déclencher une grève contre Emile Véron ? Ce sont les clients qui font défaut et, pour les raccrocher, il faut trouver des moyens de séduction et non pas de pression.

Cette évolution remonte difficilement de la base vers le sommet, c'est pourquoi il n'en reste pas grand-trace dans le discours des confédérations. Jamais le décalage ne fut si grand entre représentants et représentés. En l'espace de cinq ans, les Français sont passés de l'Etat à l'entreprise, c'est-à-dire de la défensive à l'offensive, de la sécurité à l'efficacité. Dans les années soixante-dix, ils étaient étatistes à tout crin. Il ne leur suffisait pas que les grandes sociétés soient nationalisées, il leur fallait en outre placer sous tutelle administrative celles qui restaient privées et conférer à la puissance publique un droit de regard sur les embauches et les licenciements. Bref, c'était la Providence étatique pour tous.

L'image a basculé ; les Français ne voient plus de salut que dans l'entreprise : la priorité des priorités. Les sondages, notamment BVA-*l'Expansion* de 1985— réalisé auprès des seuls salariés du privé — et SOFRES-*Figaro-Magazine* de 1984 et 1985 traduisent bien cette nouvelle mentalité. Dès novembre 1982, 66 % des Français souhaitaient « réduire l'intervention de l'Etat dans la vie économique en donnant plus de liberté aux entreprises ». En décembre 1983, ils étaient 72 % de cet avis, en mai 1985, 76 %. Cette opinion l'emporte même chez les communistes (49 % contre 35 %). La santé des entreprises doit passer avant le niveau de vie des particuliers (60 % « pour » et 29 % « contre »). Celle-ci est aujourd'hui détériorée par des charges sociales et fiscales excessives (70 %) et, en second lieu, par le « mauvais climat social » (36 %). Pour redresser cette situation, il faut d'abord alléger ces charges (64 %) puis accélérer la modernisation et la formation (38 %). Même les socialistes seraient d'accord (45 % de « pour », 43 % « contre ») pour « alléger les charges sociales des entreprises même s'il faut réduire un peu la protection sociale des Français ». Seuls les communistes refusent. Tout de même ! Seulement 23 % des personnes interrogées estiment que les syndicats ont un pouvoir excessif, mais elles ne sont que 7 % à souhaiter leur entrée dans les conseils d'administration. Le droit de grève reste un point sensible. On admet tout juste (46 % « pour », 42 % « contre ») sa réglementation afin de supprimer des débordements : piquets de grève, occupation des locaux, etc. La participation est ardemment souhaitée. Ses deux grands axes — l'intéressement des salariés aux résultats financiers (59 % dans les deux sondages) et la concertation avec les salariés sur l'organisation du travail (34 %) — viennent en tête des remèdes préconisés.

Bref, les Français adhèrent à l'entreprise et la veulent plus participative. Dans le sondage SOFRES-*le Point* le mot « participation » a gagné 9 points en cinq ans et vient en deuxième position derrière le mot « concurrence ». Ils ne rejettent pas le syndicalisme, mais ils entendent prendre en main leurs propres affaires et ne pas s'en remettre davantage à des systèmes représentatifs. Si vous trouvez une ombre de lutte des classes dans ces réponses, vous gagnerez un abonnement gratuit à *l'Humanité*. Le patronat ne peut rêver travailleurs plus compréhensifs. Il a traditionnellement justifié son immobilisme par l'hostilité des syndicats, mais l'adhésion des salariés relance la balle dans son camp. Les Français sont demandeurs de collaboration bien plus que de confrontation. Et cette prise de conscience survient au moment où le monde politique et le monde économique s'engagent enfin dans cette direction.

Au choc de la crise s'est ajouté le choc des socialistes. Ceux-ci ont précipité le mouvement par idéal politique plus que par réalisme économique. Ils entendaient mettre fin à l'aliénation du salarié et instaurer une « citoyenneté d'entreprise ». Une formule qui, associée à la hargne anticapitaliste et aux utopies autogestionnaires, donnait de l'urticaire à nos managers. Par chance, ce n'est pas cette gauche-là qui conduira la réforme des relations sociales. On se rappelle les vociférations du CNPF à propos des lois Auroux. Il a suffi de deux ans pour que, à l'épreuve des faits, les patrons en reconnaissent le caractère bénéfique. Deux sociologues, Michel Bauer et Bénédicte Bertin-Mourot, ont interrogé une centaine d'entre eux. Les réponses se passent de commentaires.

	Bénéfiques	Indiffé-rentes	Néfastes	Sans réponses
Les lois Auroux sont	66 %	14 %	14 %	6 %

	Oui	Non	Indifférentes Sans réponses
Elles intéressent les salariés à leur travail	66 %	15 %	19 %
Elles augmentent le rôle de l'encadrement	63 %	15 %	22 %
Elles permettent la concurrence avec les syndicats	47 %	26 %	27 %
Elles risquent de renforcer le pouvoir syndical	6 %	70 %	24 %
Elles mettent en cause le pouvoir et la hiérarchie	12 %	66 %	22 %
Elles coûtent cher	7 %	73 %	20 %

Ces lois ont eu le rare mérite d'épouser ce profond courant sociologique. En instaurant l'obligation de négocier dans l'entreprise, elles ont fait redescendre le dialogue social à la base, là précisément où il redevenait possible. Elles ont permis à la politique contractuelle de renaître dans le cadre opérationnel au moment où elle dépérissait dans son cadre institutionnel. 80 % des entreprises qui étaient astreintes à cette obligation s'y sont soumises. Dans la moitié d'entre elles, on est parvenu à un accord. La CGT en a signé plus de 50 %. Pourtant, la politique salariale qui prévoyait généralement la désindexation et l'individualisation était la plus difficile à accepter pour elle. Dans un cas sur deux, on n'a pas seulement discuté des rémunérations, mais également de la durée du travail et de son organisation. Il suffisait de donner aux partenaires un prétexte légal pour que les choses se fassent sans que les uns ou les autres aient à en prendre l'initiative.

Il en va de même pour les groupes d'expression. Les salariés ont des choses à dire, des choses qui ne passent ni dans les « boîtes à idées », ni dans les tête-à-tête avec les chefs de service, ni par le truchement des organisations représentatives. Cette parole doit être à la fois individuelle et communautaire pour inciter le personnel à s'engager dans le nouveau « trialogue » de l'entreprise.

La méthode est saine, encore faut-il que chacun joue son rôle. Le personnel n'entrant jamais que le dernier dans la danse. La direction, chef d'orchestre, peut favoriser l'expérience ou l'étouffer selon qu'elle prend en considération les idées et les propositions, qu'elle traduit dans les faits les suggestions et les aspirations, qu'elle étend le champ de compétence à mesure que progresse la concertation et alimente la réflexion commune de nouveaux sujets, ou bien au contraire qu'elle manifeste son manque d'intérêt pour ces « parlotes inutiles ».

Les cadres, surtout ceux de l'ancienne école, redoutaient cette prise de parole des « subordonnés ». « On n'a pas besoin de ça ! » Surmontant ses craintes, la hiérarchie a souvent joué le jeu. Et gagné. Dans les deux tiers des accords signés, elle s'est vu confier l'animation des groupes. La CGT a bien dû reconnaître que ses mises en garde et ses protestations n'étaient pas fondées.

Restent les syndicats. Ils devaient être les grands bénéficiaires, ils risquent d'être les grands perdants. Mais la partie est loin d'être finie. La plupart des 4 000 accords conclus portent la signature de toutes les confédérations. Seule FO — la CGT-FO, on l'oublie toujours — continue à traîner les pieds. Les militants n'ont pas bondi sur ce tremplin pour donner l'assaut aux entreprises. Le fait est acquis. Plus encore que les cadres, les délégués ont éprouvé ce sentiment de remise en cause. Leur méfiance traditionnelle vis-à-vis de la base a refait son apparition. Preuve qu'ils forment un « encadrement social » face à un « encadrement économique » et qu'ils misent sur leur « pouvoir institutionnel » bien plus que sur le soutien du personnel. Ils ont hésité, ils ont regardé, ils se sont risqués. Ils n'ont presque jamais réussi à prendre le contrôle de l'expression et se sont généralement fait doubler par l'encadrement. Dans l'immédiat, l'expérience est loin de leur avoir profité. FO attribue même au droit d'expression directe une responsabilité dans le recul du syndicalisme.

Le bilan dressé au printemps 1985 n'a rien de triomphaliste, il est simplement positif. C'est heureux. Il révèle des lenteurs, des incertitudes, des résistances, des ambiguïtés, des erreurs, des oppositions et, surtout, une grande diversité de situations selon les entreprises et même les établissements. Rien que de très naturel. Les groupes d'expression ne sont pas faits pour vivre dans la concorde et l'harmonie. Comme toute institution démocratique, ils gèrent les conflits sans les supprimer et ne trouvent leur rythme de croisière qu'après un certain temps de fonctionnement. Mais, tels qu'ils peuvent devenir, ils représentent pour l'entreprise un indispensable outil de socialisation.

Cette expression, que patrons et syndicats imaginaient en termes d'idéologie, se révèle terriblement concrète, pratique. Prosaïque même. On parle d'abord de petits problèmes qui empoisonnent la vie quotidienne. L'éclairage, le bruit, le froid, le chaud, la manutention, les vestiaires. Pour les participants, c'est le test. La direction s'efforcera-t-elle de remédier à ces nuisances, de retenir ces suggestions ? La suite de l'expérience dépend de ces premières réponses qui, heureusement, sont souvent positives. C'est alors seulement que l'on commence à débattre de sujets plus vastes : aménagement du temps, changement des procédures, réorganisation des tâches, répartition des fonctions, formation du personnel, aménagement des locaux, choix du matériel, etc. Dans un établissement thermal, les salariés demandent un système de ventilation pour ne pas se trouver 8 heures par jour dans une chaleur étouffante ; dans une brasserie, ils font déplacer des commandes qui gênent la visibilité, ils obtiennent de nouveaux systèmes de protection ; dans une banque, ils inventent un nouvel aménagement des bureaux pour faciliter les contacts avec les clients, etc.

On entre véritablement dans la vie de l'entreprise. Si la direction pousse à la roue, les groupes se prennent au jeu. Dans une conserverie de Bretagne, ils discutent avec l'architecte les plans du nouveau bâtiment ; dans une entreprise de bâtiment en Lorraine, ils choisissent l'affectation d'un crédit spécial destiné à la sécurité ; ailleurs, ils réorganisent des services entiers. Faisant ses comptes après dix-huit mois de fonctionnement, Citroën a compté 1 128 réunions et plus de 6 500 questions soulevées. 42 % concernent les postes de travail, 31 % l'amélioration de l'environnement et 18 % l'organisation du travail. Dans un tiers des cas, des solutions ont pu être immédiatement trouvées ; dans les deux tiers restants, des études ont été lancées. Au total, estime la direction, le bilan est bien « positif».

L'essentiel n'est évidemment pas dans ces résultats concrets, si sympathiques soient-ils. Un nouveau pouvoir naît dans l'entreprise, c'est le fait important. Nul ne sait aujourd'hui jusqu'où il se développera et quel sera son statut. Cette volonté commune va perturber le jeu de l'entreprise. Que feront les hiérarchies ou les syndicats s'ils se trouvent mis en cause ou désavoués ? Que feront les directions face à une recommandation précise ? Qu'en sera-t-il si tous les groupes, les uns après les autres, prennent la même position sur une question d'intérêt général pour l'établissement ?

L'avenir seul apportera les réponses et celles-ci seront extrêmement diverses. Mais cette parole perturbatrice vient à point briser le monologue patronal ou le dialogue patronat-syndicat. Au moment où l'entreprise découvre obscurément qu'elle peut constituer une communauté et pas seulement une structure, il est indispensable que la parole de la base vienne s'ajouter aux discours institutionnels. Bien des erreurs de la décennie précédente, notamment dans l'aménagement du temps, auraient été évitées si le personnel avait eu la possibilité de donner son avis et de ramener ainsi ses représentants à plus de réalisme et moins de dogmatisme.

Certains chefs d'entreprise, c'est vrai, s'étaient déjà engagés dans cette voie. A leur façon. En 1982, alors que le Parlement discutait les lois Auroux, ils expérimentaient leur propre méthode d'expression directe : les cercles de qualité. Leurs objectifs étaient plus économiques que sociaux, il s'agissait d'exploiter ce fameux gisement de ressource humaine, mais des approches différentes conduisaient à des résultats comparables sinon identiques. Le mouvement, timidement commencé dans les années soixante-dix, était en développement accéléré, propulsé par le syndrome japonais.

A force de se faire tailler des croupières, les industriels français avaient fini par s'interroger : « Comment font-ils ces Japonais ? » Certains d'entre eux prirent leur bâton de pèlerin afin de chercher une réponse sur place. Cette efficacité collective reposait-elle sur des facteurs culturels intransmissibles ou bien, au contraire, sur des méthodes de travail transposables ? Bref, y a-t-il quelque chose à apprendre pour les managers français dans l'Empire du Soleil-Levant ? La première constatation, évidente, c'est que la mobilisation du personnel s'étend à tous les travailleurs japonais alors qu'elle se limite à l'encadrement dans les entreprises françaises. Mais encore ?

En visitant les usines, nos explorateurs — dont beaucoup devaient conserver l'image d'une organisation japonaise ultra-autoritaire — découvrent des petits groupes réunis autour d'une table devant de grandes feuilles blanches sur lesquelles est tracé un schéma en forme d'arête de poisson. Les participants notent leurs idées, élaborent pas à pas des solutions opérationnelles pour résoudre des problèmes concrets. Il ne s'agit pas seulement d'experts, d'ingénieurs ou de techniciens, mais de salariés à différents niveaux qui appartiennent à l'atelier et se réunissent en « cercles de qualité » afin d'améliorer le travail et la production. Voilà la botte secrète de l'industrie japonaise. Depuis quinze ans, elle a généralisé ce système — un million de cercles tournent dans l'économie japonaise — et ne cache pas qu'elle lui doit une bonne part de son étonnant succès.

Dans les années cinquante, elle avait pour réputation de ne faire que de la « camelote ». Aujourd'hui, elle s'impose grâce à la qualité de ses produits. Un tel renversement ne peut s'obtenir en conservant une organisation taylorienne, car cela coûterait beaucoup trop cher en correction de défauts. L'idée géniale des Japonais a été de fonder la qualité sur la participation active de tout le personnel qui, seule, permet de « bien faire du premier coup ». Si les exécutants ne portent pas la plus grande attention à leur travail, s'ils ne détectent pas immédiatement les défauts, s'ils n'éliminent pas impitoyablement les pièces défectueuses, s'ils ne s'attachent pas aux tâches les plus humbles, s'ils ne s'efforcent pas d'améliorer la production et si cette vigilance ne se retrouve pas tout au long de la fabrication, on court après la qualité sans jamais l'atteindre. Il faut prévoir un service spécialisé pour repérer en bout de chaîne, sur les produits finis, les défauts qui se produisent inévitablement. Or il n'est pas facile de détecter une défectuosité sur une automobile ou un téléviseur terminés. Les contrôles sont longs et coûteux, les résultats incertains. A supposer que le défaut soit décelé à l'usine même, la correction ne sera pas aisée. Que l'on choisisse de démonter ou de jeter au rebut, la productivité en pâtit inévitablement.

Bien souvent, les vérificateurs ne voient rien et la panne se produit en cours d'utilisation. On peut toujours la réparer, mais l'image de marque reste altérée. Chez Thomson, on estime qu'une « puce » défectueuse éliminée dès l'origine ne coûte que 30 centimes, mais que la réparation atteint 300 francs lorsqu'elle échappe aux contrôles et provoque une panne chez le client. Bref, ce sont les ouvriers et eux seuls qui peuvent assurer la qualité. Encore faut-il qu'ils y prêtent une attention suffisante.

L'anti-Taylor japonais, Kaoru Ishikawa, qui lança le mouvement au début des années soixante — en reprenant d'ailleurs certaines idées américaines — refuse la coupure entre l'*homo sapiens* et l'*homo faber*. Il explique, au contraire, que n'importe quel travailleur, de l'OS au directeur, peut avoir de l'enthousiasme et des idées. Mais il faut créer des structures qui favorisent l'épanouissement individuel au lieu de l'étouffer. Stimuler l'ardeur au travail avec des systèmes de primes ne suffit pas : l'intérêt personnel et la création collective peuvent seuls aboutir à ce résultat. C'est la grande nouveauté. Le cercle de qualité vise précisément à mettre en œuvre cette capacité de tous à résoudre les problèmes, à faire progresser la productivité, à améliorer les produits. Dans ces petits groupes — de dix à vingt personnes — se retrouvent des manœuvres, des balayeurs, des ouvriers, aussi bien que des contremaîtres, des techniciens ou des ingénieurs d'un même service ou d'un même atelier. Tous volontaires.

Le champ de compétence paraît très étroit ; en réalité, il se révèle très large. Car la qualité n'est pas une donnée « en soi », elle n'est jamais que le résultat de tout ce qui est fait dans l'entreprise. Partant d'une situation insatisfaisante, le cercle entreprend de remonter aux causes, et cette exploration le conduit à reconsidérer les conditions de travail, la nature du produit, les processus de fabrication, la circulation de l'information, les relations professionnelles... Les chefs de services, ou même des spécialistes, organisent ces discussions afin de stimuler et d'orienter la créativité collective pour déboucher sur l'inventaire des solutions, la découverte d'idées neuves et la mise au point de propositions concrètes.

Dans les entreprises françaises, le « contentez-vous de faire ce qu'on vous dit » restait la règle qu'un encadrement pléthorique de chefs, de sous-chefs et de petits chefs se chargeait de faire appliquer. Kaoru Ishikawa le dit crûment : « L'organisation du travail en France et en Europe n'est pas tellement démocratique. Ce sont toujours les cadres qui décident et qui imposent. Les changements ne viennent jamais des ouvriers ou très rarement. Chez nous si. » Il y a quelques années, les spécialistes de la qualité chez Renault constatèrent que l'on retrouvait souvent le même défaut sur un modèle. Une pièce mal vissée finissait par lâcher. Ils étudièrent le problème sous l'angle technique. Tout semblait parfait. La défectuosité venait de la fabrication. Ils allèrent sur la chaîne voir l'ouvrier qui fixait les trois vis. Peut-être était-ce un immigré manquant de formation technique ? L'OS, qui effectivement travaillait mal, se trouva être un Français. En l'interrogeant, les ingénieurs découvrirent que, dans le civil, il s'occupait d'une association de « castors », ces bricoleurs qui, par souci d'économie, se regroupent pour construire eux-mêmes leur maison. Le « mauvais OS » était donc compétent en menuiserie, en maçonnerie, en plomberie, en carrelage, etc. Il savait tout faire, mais on l'avait attelé sur la chaîne à une tâche idiote sans jamais chercher à tirer parti de ses capacités. Il ne portait pas un grand intérêt à son travail et mettait ses vis à la diable. Comment s'en étonner ?

Les Français paraissaient donc fort éloignés de ces méthodes participatives, d'autant que les obstacles à surmonter étaient encore plus idéologiques qu'organisationnels. Les ouvriers risquaient de considérer comme un « fayot » celui qui participerait régulièrement à une concertation pour le seul bien de l'entreprise. Autant dire du patronat. Pourrait-on jamais acclimater un tel système ?

Pour l'économie française, l'enjeu est de première importance. Les chiffres les plus fantaisistes circulent sur le coût de la mauvaise organisation, du mauvais travail et de la mauvaise qualité dans les entreprises françaises. Une seule chose est sûre : cela se mesure en dizaines de pour cent du chiffre d'affaires ! C'est là que se trouvent, et de très loin, les plus importants gains de productivité à réaliser. Inutile d'acheter des machines performantes si les hommes ne le sont pas. D'autant que les batailles commerciales se livrent rarement sur de grandes découvertes. Certes, il arrive qu'une firme ou une nation maîtrise une technique entièrement nouvelle, mais ces positions de monopole sont fort rares et ne durent pas longtemps. On se retrouve bien vite dans la situation de compétiteurs offrant sur le marché le même type de produits. Tout se joue alors sur le fameux rapport qualité/prix. Celui-ci ne dépend pas d'une innovation géniale, mais de milliers de micro-innovations qui améliorent le produit ou réduisent les coûts de fabrication. C'est à ce stade que s'affirme la supériorité nippone, que se révèle la faiblesse française. Or cette qualité vient de la fabrication et non pas de la conception, c'est-à-dire de l'ouvrier plus que de l'ingénieur.

Cette faiblesse de l'entreprise française tient à la mobilisation insuffisante d'un personnel cantonné autoritairement dans son rôle d'exécutant et à l'existence d'une énorme « usine fantôme », selon l'expression des experts, faite de mille gaspillages de travail, de temps, de place, de matière, et, plus encore, à une conception statique du travail. La production organisée une fois pour toutes — réorganisée au besoin de temps à autre — fonctionne de façon routinière. On s'accommode donc de toutes les imperfections : les machines mal entretenues qui tombent en panne, la production mal organisée qui impose des stocks importants, la mauvaise disposition des ateliers qui complique l'exécution des tâches, l'accumulation des produits défectueux mis au rebut, etc. Avec les cercles de qualité, au contraire, tout change sans cesse. Mais les travailleurs ne se mobilisent qu'en ayant, à leur niveau, la maîtrise de l'organisation. En pouvant l'adapter, l'améliorer et pas seulement la subir. A cette condition seulement, l'entreprise peut atteindre le nirvana du parfait management : « zéro panne, zéro délai, zéro défaut, zéro stock, zéro papier ».

« Tout bascule lorsque les responsables de l'organisation se souviennent que les ouvrières sont aussi des ménagères », m'expliquait un de nos « Japonais ». « Dans ses activités domestiques, la femme doit se fixer des objectifs, gérer des budgets, organiser son travail, assurer la qualité du service et respecter les horaires. Elle prend en compte la totalité de ces fonctions et s'en acquitte de façon très convenable. Personnellement, je sais faire marcher un atelier, mais je serais incapable de tenir un intérieur. Cette activité suppose donc une réelle compétence professionnelle. Or la ménagère, en devenant ouvrière, est dépouillée des capacités dont elle fait preuve à la maison. C'est absurde. Je crois qu'elle peut apporter à l'entreprise bien plus qu'une présence passive et y trouver plus qu'un boulot idiot. »

Belle démonstration d'une idée si simple qu'elle devrait être évidente comme le soleil de midi. Mais ne cédons pas aux pièges de l'analogie. La ménagère travaille seule et pour sa famille, tandis que l'ouvrière travaille collectivement et pour l'entreprise. La différence est d'importance. D'un côté se trouve la « vraie vie », de l'autre le « monde du travail », l'organisation est unipolaire ici et multipolaire là. L'implication est donc naturelle dans un cas et ne l'est pas dans l'autre, c'est pourquoi les choses ne se font pas aussi facilement dans une usine et dans une cuisine. D'où la nécessité de ces nouvelles méthodes de travail en groupes, si communes dans leurs principes et si subtiles dans leur application. Un cercle de qualité, c'est beaucoup plus que « des gens qui causent ensemble ». Pour que les individus comme l'entreprise y trouvent leur intérêt, il faut que la spontanéité s'organise selon des schémas de réflexion bien précis.

Le patronat ne croyait pas aux groupes d'expression, la gauche et les syndicats se méfiaient des cercles de qualité. Toujours notre double refus. Lors du débat d'août 1982, le député socialiste Michel Coffineau n'y voyait qu'« une forme plus moderne d'exploitation et d'aliénation des salariés... », qu'il convenait de combattre. Comment s'en étonner ? Qui aurait pu imaginer, il y a une dizaine d'années, que sur ce « terrain privilégié des luttes sociales », les ennemis héréditaires pourraient jamais s'exprimer librement sans se lancer à la tête des invectives ?

Les groupes d'expression marchent, les cercles de qualité aussi. Il a suffi de quelques années pour qu'ils ne se comptent plus en centaines mais en milliers. Le succès des premières expériences a été tel que tout le monde veut en organiser. Ce sont les promoteurs qui doivent mettre les néophytes en garde contre les illusions et la précipitation. Car les expériences mal préparées conduisent souvent à des déconvenues. Là encore, l'engouement actuel est lourd d'ambiguïtés et les tentatives sont nombreuses pour détourner le moyen de ses fins. Il n'empêche que l'adhésion des salariés est réelle, indiscutable et ne peut s'expliquer par une simple manipulation patronale. D'autant qu'elle n'est pas moindre dans les grandes entreprises dominées par les confédérations que dans les PME sous-syndicalisées et qu'elle s'inscrit dans un courant de fond infiniment plus large. Il faut l'admettre, le Français a changé. Lorsqu'un système consensuel est correctement appliqué, c'est-à-dire sans prétendre supprimer la réalité des conflits sous-jacents, il s'en accommode aussi bien qu'un Japonais.

L'expérience est toute neuve, et déjà les réalisations concrètes sont innombrables. La presse a célébré les femmes de chambre du Novotel d'Orgeval qui ont mis au point un caddi plus fonctionnel pour transporter le matériel de ménage, mais il est bien d'autres exemples aussi surprenants. A Usinor Dunkerque, un cercle repense le plancher du haut fourneau pour éviter les débordements dangereux de matière en fusion ; un autre trouve un système électronique pour synchroniser les roues d'une drague montée sur des rails écartés de 25 mètres et qui se coinçaient constamment. Les problèmes ne sont jamais théoriques, ils naissent des tâches quotidiennes. A l'usine Motorola de Toulouse, des ouvrières contrôlant des pièces d'alternateurs devaient établir la jonction avec leur pince, puis vérifier le résultat sur un écran au-dessus. Elles levaient et baissaient la tête 20 000 fois par jour. Un exercice éprouvant, source d'erreurs. Elles ont imaginé de remplacer l'écran de l'oscilloscope par un système de voyant fixé directement sur la pince qu'elles ont en main. La fatigue a diminué, les défauts aussi. Aux chantiers navals Dubignon, on s'est attaqué aux détériorations en cours de construction. Un bateau moderne comprend de nombreuses pièces vitales et très sensibles, les capteurs, qui permettent d'en assurer la surveillance et le pilotage. Durant les multiples opérations d'armement, il arrive souvent que ce matériel fragile soit détérioré sans qu'on le remarque. Pour chaque capteur, le cercle a imaginé une protection afin d'éviter ces accidents. Chez Kodak, les machines à laver n'arrivaient pas à nettoyer convenablement les bassins d'émulsion, et les employés devaient finir le travail à la main. Ils ont repris toute l'opération : filtré l'eau, ajouté des produits de lavage, changé les procédures. Les bassins sortent impeccables. Ailleurs, on change un système de versement et l'on économise des matières premières, on modifie un appareil de découpe et l'on évite des rebuts, on corrige une porte coulissante et l'on élimine des pertes de temps et de chaleur.

La réinvention du quotidien se fait dans tous les secteurs. Ce sont des standardistes qui relèvent la fréquence des appels, la nature des questions posées afin d'aménager leurs horaires et d'avoir la bonne documentation à portée de la main, des vendeuses qui mettent au point un système de « bip-bip » pour contacter plus aisément les spécialistes et mieux répondre aux clients, des employés de banque qui repensent la saisie des données sur système informatique, des secrétaires qui modifient le système d'agrafage des catalogues.

La solution peut être purement « organisationnelle ». Au service achat d'IBM Belgique, on a décidé que les services utilisateurs passeraient directement les commandes d'un montant inférieur à 1 500 francs qui représentent 50 % des dossiers et 3 % de la valeur totale. On pense tout de suite à l'administration. Il est significatif que la « réforme administrative » soit confiée à un ministre. Et si les employés s'en chargeaient ? A la Caisse primaire d'assurance-maladie du Val-de-Marne, les cercles ont été introduits au service « Recours contre tiers ». Ils ont réorganisé le travail en fonction de la rentabilité des dossiers et non plus de l'ordre d'arrivée. En un an, le montant des sommes encaissées s'est accru de 87 %, le nombre des dossiers bouclés de 69 %, tandis que diminuait celui des dossiers en instance.

La preuve est faite : le personnel représente un fantastique potentiel d'innovation. Débordant les seuls problèmes de qualité, la direction de Lesieur demanda à chaque salarié de lui faire des propositions pour améliorer ses conditions de travail. Dans une limite de 500 francs. Elle reçut 750 réponses, allant d'un poste téléphonique à un nouveau système d'éclairage. Ces demandes, très pertinentes, ne figuraient pas dans les revendications syndicales. Mais qui d'autre qu'une femme de ménage sait qu'elle est obligée de courir d'un bâtiment à l'autre et qu'un vélo réduirait sa peine ?

La bataille de la qualité se raconte mal à cause de son atomisation. De l'extérieur, ces micro-succès peuvent ressembler à des « super-gadgets ». C'est la multiplication de ces interventions ponctuelles qui donne à ces méthodes leur véritable dimension. Lorsqu'un constructeur automobile fait chuter de 75 à 14 le nombre moyen des défauts par centaine de véhicules, alors l'enjeu devient capital.

Les cercles doivent contribuer à changer les relations de travail et pas seulement à découvrir des astuces productivistes. Mais ils n'ont pas, à eux seuls, un tel effet. Ce serait vraiment trop simple. Ils fonctionnent mal en vitrine sociale sur une structure autoritaire. Dans une PME de 300 personnes, le patron de droit divin avait imaginé de constituer des cercles de qualité qui, recherchant la meilleure efficacité, en viendraient à préconiser les réductions d'effectifs qu'il entendait faire ! Sitôt les premières réunions, les participants dénoncèrent l'autocratisme patronal. L'opération tourna court. Cette technique doit s'insérer dans une politique d'ensemble visant la participation sous tous ses aspects. Elle peut alors se révéler étonnamment efficace.

Il est peu de secteurs aussi difficiles que la sidérurgie. Voilà une industrie de très forte tradition ouvrière — le souvenir des « maîtres des forges », symbole de l'arrogance capitaliste, se profile toujours dans l'ombre des hauts fourneaux — qui bat en retraite depuis quinze ans, qui, après avoir été la fierté du pays et de ses travailleurs, fait figure de « boulet » dont on cherche vainement à se débarrasser. Comment mobiliser des ouvriers qui lisent année après année que leur travail se traduit par des pertes gigantesques pour la nation, qui sont toujours tentés de réduire leur productivité pour éviter les compressions d'effectifs ? S'il est un endroit où il vaut mieux ne pas évoquer les beautés du management japonais, ce doit bien être dans une aciérie. C'est pourtant le parti contraire qu'a choisi Raymond Vidal, le nouveau directeur de la Solmer à Fos-sur-Mer.

Lorsqu'il prend ses fonctions en 1980, l'entreprise sort d'un long conflit social, le climat est morose, les pertes s'accumulent, l'horizon est chargé de lourds orages. Il trouve en face de lui une CFDT dominante avec 37 %, serrée de près par la CGT avec 20 % et FO 17 %. Peu de marge de manœuvre donc. Pourtant, il décide de changer radicalement la politique de l'entreprise en s'inspirant des enseignements tirés par ses collaborateurs d'un voyage d'étude au Japon.

Il lance une campagne contre les accidents du travail avec participation de tout le personnel. Les salariés sont invités à faire des suggestions, les différents ateliers à rivaliser sur la sécurité. Les résultats font l'objet d'une compétition dans toute l'entreprise avec distribution de lots aux gagnants. Les syndicats dénoncent l'engagement autoritaire de tout le personnel dans ce système de récompense et la transformation de la sécurité en thème de concours. La direction accepte de ne faire participer que les volontaires. Dans la pratique, cinq personnes seulement se retirent alors qu'il existe dans l'entreprise une centaine de salariés détenant des mandats syndicaux. Ainsi les consignes syndicales ne sont même pas suivies par les délégués ! La mobilisation rencontre un plein succès : le nombre et la gravité des accidents diminuent spectaculairement. Dans cette industrie réputée dangereuse, la lutte pour la sécurité devient un thème très populaire.

La querelle des horaires variables fut plus longue. En ce domaine, la loi a malencontreusement donné un droit de veto au comité d'entreprise. Les syndicats en profitent et bloquent pendant trois ans l'introduction du nouveau système. La direction se contente d'informer le personnel de ses propositions. La pression de la base est telle que les appareils syndicaux devront finalement céder... après avoir encore perdu bien du crédit. Quant à l'application des lois Auroux, elle n'a évidemment posé aucun problème et, pour tout dire, pas changé grand-chose. Les accords ont été signés avec les syndicats, les groupes d'expression fonctionnent à la satisfaction générale. Dès avant la nouvelle législation, les salariés avaient été invités à s'exprimer sur leur travail.

C'est dans ce contexte général de politique sociale active et novatrice que sont introduits les cercles de qualité rebaptisés « groupes Euréka ». On commence par quelques expériences pilotes qui font rapidement tache d'huile. Au bout de quelques mois, des dizaines de groupes sont au travail. La direction décide alors d'organiser des concours entre eux. Lors d'une grande séance annuelle, les meilleurs groupes viennent présenter leurs résultats et sont récompensés. Face à cette action très ambitieuse, les syndicats jugent urgent d'attendre. « C'est un feu de paille ; dans six mois, il n'en restera plus rien. » La CFDT ne sait si elle doit approuver la démarche participative ou condamner la concurrence déloyale. Finalement, elle choisit de rester dans l'expectative. Mais des syndicalistes se retrouvent dans les jurys qui arbitrent les concours entre cercles de qualité.

« Il y avait avant et il y a après », ce mot d'un ouvrier suffit à résumer la perception de la nouvelle gestion par le personnel. Les gens de Solmer se sentent mieux dans leur entreprise, c'est un fait indiscutable et constaté par les nombreux observateurs qu'attire cette expérience. Quant à la société, elle a tout gagné dans l'affaire. Le taux d'absentéisme a baissé de quatre points, la productivité a augmenté, le nombre de brevets déposés s'est accru, les performances des produits ont été améliorées, la compétitivité a été restaurée, les commandes sont revenues : Solmer est devenu l'exemple, trop rare hélas, d'une entreprise sidérurgique qui marche. Tous les salariés participent à ce succès. La politique sociale n'a pas coûté, elle a rapporté.

Ainsi la gestion des hommes a dépassé celle des choses, des techniques et de l'argent parmi les « facteurs d'excellence ». Le management participatif n'est plus un choix d'idéologie mais de compétitivité. Tous les experts en gestion sont arrivés à la même conclusion : une entreprise qui reste figée par ses antagonismes traditionnels et cherche son unité dans les seuls rapports de forces, qui ne devient pas une véritable société de travail, qui ne crée pas une communauté d'intérêts et d'identité pour tous ses membres, qui n'offre pas à chaque salarié une possibilité d'épanouissement personnel, est condamnée dans la compétition internationale. La leçon ne peut qu'être entendue, puisque les sourds sont condamnés à disparaître.

Horaires personnalisés, aménagement du temps, groupes d'expression, salaires liés aux résultats et intéressement du personnel, cercles de qualité, équipes autonomes, transparence de gestion, négociations à concessions mutuelles et engagements réciproques, la panoplie du partenariat est abondante. Mais il n'existe pas de modèle. L'heure des structures universelles de type taylorien est définitivement passée. Il appartient à chaque entreprise de se reconstruire chaque jour en cherchant la solution à ses problèmes et non pas en appliquant une recette préfabriquée ou des schémas idéologiques. Le succès ou l'échec dépend alors de l'esprit qui préside à cette rénovation.

La règle du jeu est claire : c'est le partenariat. Chaque partie défend ses propres intérêts, mais en reconnaissant l'autre et le but commun. La négociation est permanente. Dans cette optique, les différents éléments dépendent toujours les uns des autres. Aux laboratoires Boiron, leader mondial des médicaments homéopathiques, les syndicats (CGT exceptée) ont accepté de lier l'évolution des rémunérations à celle de la productivité. Si celle-ci progresse de moins de 4 % l'an, le pouvoir d'achat peut être amputé. Ailleurs, on associe le taux d'absentéisme et les hausses de salaire. A l'American Express, on a échangé la mise en place de cercles de qualité contre une réduction du temps de travail. Dans une entreprise marseillaise, au contraire, les cercles de qualité sont venus en contrepartie d'une réduction du temps de travail non compensée sur le plan salarial. D'autres patrons s'engagent à mettre sur pied une gestion participative pour obtenir une baisse des salaires. Aux Cartonneries d'Auvergne, on ne garantit l'emploi qu'aux salariés qui n'ont pas un taux d'absentéisme trop élevé. Au laboratoire Sobio, dans la Mayenne, c'est tout le personnel qui réduira d'un point ce taux pour bénéficier d'une heure de travail en moins chaque semaine. En Alsace, à la brasserie des Bières du Pêcheur, la direction renonce à 27 licenciements contre un gel des salaires. Lorsque l'on sort de l'affrontement et des systèmes monolithiques, que l'on entre dans cette nouvelle logique, les possibilités de négociation sont infinies.

Aucun de ces accords ne représente, en soi, un bouleversement des relations capital-travail. Mais toute réussite appelle son propre dépassement. C'est inévitable. Après quelques années d'implication dans les cercles de qualité, le personnel veut être davantage informé. Dans la mesure où l'une et l'autre partie se satisfont de ces résultats, elles sont tentées d'engager la discussion sur d'autres points. Toujours sur cette même base : rien ne s'octroie, rien ne s'arrache, tout se négocie. Personnel et direction ont toujours quelque chose à échanger. La discussion peut être serrée, aller à la rupture, déboucher sur un conflit. Mais ce n'est pas l'antique face à face dans lequel une partie voulait prendre sans donner et l'autre refusait sans rien demander. De proche en proche, au fil des années, les salariés se sentent assez impliqués dans leur entreprise pour vouloir discuter des investissements, des choix stratégiques. Etre, d'une certaine façon, associés à la gestion. Face à un refus, ils auront le sentiment d'être dupés et feront machine arrière. Car le raisonnement sur le pouvoir patronal est réversible.

Des employés qui ne font rien de plus que leur travail n'ont aucun titre à devenir des partenaires, c'est vrai. Mais un personnel qui a lié son sort à celui de l'entreprise, qui apporte sa disponibilité, sa créativité, qui consent des sacrifices et augmente la productivité, celui-là ne peut plus être traité comme un simple fournisseur soumis à l'arbitraire hiérarchique et tenu à l'écart de l'affaire. Il a bel et bien un droit au partenariat et il dispose des outils de pression pour l'obtenir. Le patron qui demande et reçoit n'est plus de droit divin.

Ainsi s'oriente-t-on vers un nouveau partage du pouvoir. Un jour celui-ci cessera de se concentrer au sommet pour des raisons de propriété, mais se répartira d'échelon en échelon selon les nécessités opérationnelles. Dans ce genre d'organisation, l'autorité du chef d'entreprise subsiste, mais elle tient à la personnalité autant qu'à la fonction, c'est un rôle d'animation autant que de commandement. Les prérogatives spécifiques du patron se concentrent sur quelques arbitrages essentiels ; pour le reste, les décisions se prennent au niveau le plus efficace pour l'action. C'est dire bien souvent à la base et collectivement. En cette matière, il n'y a pas de recette, même pas un objectif, tout juste une orientation. C'est à peine si l'expérience des autres peut servir. Le chemin se trouve en marchant. Pour chacun, à son rythme. Les choses n'ont pas à se décréter, mais à se faire.

Dès lors que les vents de la crise et les courants d'opinion poussent dans ce sens, l'évolution suivra son cours. Pour la faciliter, le législateur doit modifier son mode d'intervention. Jusqu'à présent, il a épousé la conception archaïque de la confrontation sociale. Les syndicats revendiquaient, les patrons refusaient et, périodiquement, l'État poussait « dans le sens du progrès ». C'est-à-dire qu'il obligeait les employeurs — et lui-même en l'occurrence — à faire des concessions unilatérales que les acteurs n'avaient plus qu'à appliquer. Cette façon de procéder était indispensable pour rééquilibrer le rapport de forces capital-travail. Nulle contrepartie ne pouvait accompagner les lois qui constituent la base de notre vie sociale. Cette phase de normalisation unidirectionnelle, unilatérale, uniforme et autoritaire est maintenant et pour l'essentiel terminée. Le personnel a cessé d'être en position de faiblesse légale par rapport à ses employeurs. Dans le secteur monopolistique d'État, il est souvent trop puissant — sinon le personnel, du moins les organisations représentatives — et, lorsqu'il se trouve dominé dans le secteur concurrentiel, ce qui est souvent le cas, la faute en incombe moins à l'insuffisance des protections légales qu'à l'incapacité des syndicats. Ceux-ci gagneront ce supplément d'autorité en rompant avec leur passéisme, en s'engageant dans une stratégie moderne bien plus qu'en obtenant des prérogatives supplémentaires. Bref, la distribution des « cadeaux » n'est plus de saison.

La loi de démocratisation du secteur public illustre bien cette conception dépassée. Il est bon que les salariés soient représentés dans les conseils d'administration des sociétés nationales. Mais ces fauteuils devaient être négociés et non pas donnés. Dans chaque entreprise, ils auraient fait l'objet d'un accord liant cette prérogative à des engagements précis et tenus. On ne voit pas pourquoi un personnel qui maintiendrait un taux d'absentéisme supérieur à 10 %, qui refuserait d'adapter ses horaires, qui multiplierait les conflits sociaux sur le dos du public, aurait le droit de cogérer l'entreprise. Mais, à l'inverse, on imagine fort bien une extension des droits du personnel allant de pair avec une amélioration de la productivité. Dans le même esprit, un certain nombre de statuts, de la fonction publique, de l'EDF, etc., ne relevaient pas de l'antique « réparation » due aux offensés de l'histoire. Ils représentaient des avantages « en plus » qui devaient faire l'objet de négociations.

L'intervention législative peut faire sauter les obstacles qui s'opposent à ce nouveau dialogue. Pour ne prendre qu'un exemple, la responsabilité du chef d'entreprise sur ses biens propres est incompatible avec le partage du pouvoir. Sans doute faut-il laisser l'alternative ouverte. Je connais de fantastiques entrepreneurs qui sont, de nature, des fonceurs solitaires et tyranniques, réfractaires à toute participation. Il est bon qu'ils puissent assumer leurs choix, dans la stricte observation des lois et conventions en vigueur. A leurs risques et périls. Ceux, au contraire, qui s'orientent vers le partenariat n'ont plus à porter une telle responsabilité sur leurs épaules, ni à se voir imposer de telles rigidités. Il s'agit, dans tous les cas, d'élargir l'espace de l'imagination contractuelle au lieu de l'enserrer dans un carcan réglementaire.

Le personnel a tout à gagner dans cette voie nouvelle. Sans doute se trouve-t-il plus responsable dans son travail, mais il n'est pas vrai qu'on se satisfasse de tirer au flanc. S'il est une leçon des groupes d'expression comme des cercles de qualité, c'est bien que les gens ont envie de s'intéresser. A ce qu'ils font, à leur métier, à leur service, à leur entreprise. Ils sont disponibles pour un engagement, source de valorisation personnelle. Les petits-enfants de Taylor ont tué grand-père.

On le constate d'abord dans l'exécution même du travail. Au service comptabilité d'Ugimag, l'absentéisme pouvait atteindre 30 % et la correction des erreurs absorbait 20 % du temps. Deux chiffres qui révèlent une complète démotivation du personnel. Effectivement, l'organisation atomisait chaque tâche en sorte que les employés voyaient passer entre leurs mains des dossiers dont ils n'avaient ni la connaissance ni la maîtrise et sur lesquels ils faisaient la même opération. Pas de quoi « investir un max' dans le boulot ». Désormais, chacun prend en charge une affaire de bout en bout. Absentéisme et erreurs ont diminué. Les salariés ne s'en plaignent pas.

Cela posé, il ne faut pas nourrir d'illusions. Le travail reste le travail. Il ne suffit pas de former des cercles autour pour le rendre passionnant. L'évolution dans l'industrie est même inquiétante sur ce point. Alors que, dans les années soixante-dix, on cherchait à enrichir les tâches pour briser la monotonie de la chaîne, on tend de plus en plus à privilégier les impératifs de productivité qui ne vont pas toujours dans ce sens.

Daniel Mothé attire justement l'attention sur ce point : « Ainsi, lorsqu'un magnétoscope est conçu au Japon, que son mécanisme est fabriqué en France et que ses divers assemblages sont effectués en Allemagne et en Angleterre, on comprend combien la marge d'autonomie de l'entreprise française, allemande ou anglaise est étroite. Que dire alors du champ d'autonomie de l'opératrice européenne qui dispose d'un cycle de douze secondes ? Bien que l'opératrice en France dispose désormais d'une loi qui peut lui permettre de faire des suggestions pour améliorer son poste et le produit, on devine fort bien que son rôle d'intervention n'est pas uniquement une question de droit du travail. » On a beau rebaptiser « ligne » ce qui reste une chaîne, cela ne permet pas à l'ouvrier de se réapproprier son travail. Les servitudes demeurent. Qui sont toujours aussi mal compensées.

Le patronat a donc changé radicalement de politique depuis quelques années. Hier, il voulait négocier partout sauf dans l'entreprise ; aujourd'hui, il prendrait volontiers le parti inverse en reportant tout le dialogue sur le terrain, là où les syndicats sont faibles ou absents. En tout état de cause, beaucoup moins dogmatiques. « A quoi bon une législation nationale, des accords par branche, des syndicats archaïques, une administration paralysante, laissons les partenaires, c'est-à-dire le patron et le personnel, définir leurs propres règles. Et tant pis si ces contrats dérogent au Code du travail ! » Le CNPF n'ose s'engager trop avant dans cette réduction de l'espace réglementaire, mais des associations comme ETHIC ou « Entreprise et Progrès » poussent à la « déréglementation contractuelle ». Les nouveaux contrats d'entreprise, supérieurs aux conventions collectives, ne seraient plus négociés avec les délégués syndicaux mais avec les mandataires élus par les salariés. Ce radicalisme libéral ne fait toutefois pas l'unanimité. Dans les industries qui ont constitué de puissants appareils corporatistes, les syndicrates patronaux verraient d'un mauvais œil dépérir la négociation par branche qui constitue une de leurs prérogatives essentielles. Sur ce point, ils rejoindraient volontiers les syndicats de salariés qui partent en guerre contre cette fuite du social dans l'entreprise.

L'avenir appartient à la négociation d'entreprise et à la diversité. Cela ne fait pas de doute. Tout le système doit donc être repensé, sans pour autant abolir la législation sociale, les conventions collectives et les syndicats. L'époque où les organisations représentatives, « minorité consciente et avant-garde militante des masses inorganisées », entendaient prendre le pas sur le personnel, est révolue. Après un siècle d'instruction obligatoire, il est temps de considérer chaque salarié comme un individu majeur qui n'a ni à subir l'arbitraire patronal, ni à démissionner entre les mains de ses représentants. Dans cette optique, les délégués, élus ou désignés, ne peuvent jouir d'un veto interdisant au personnel de trancher en dernière instance. Par vote à bulletin secret. Le précédent de l'aménagement du temps avec l'obstruction syndicale et les années perdues suffit à condamner la prétention des appareils à décider souverainement.

Quels peuvent être les principes de ce « trialogue » d'entreprise ? Il appartient normalement aux organisations représentatives de négocier avec les directions. Si les discussions aboutissent à un accord, tout va bien. Dans le cas contraire, le personnel doit être consulté pour trancher le différend. Lorsque les grandes confédérations ne sont pas présentes dans l'entreprise, on doit toujours craindre une manipulation patronale. C'est dire que les propositions de la direction ne sauraient être acceptées qu'à une majorité renforcée de votants. Dans le cas contraire, le référendum tranche à la majorité simple. Les syndicalistes n'admettent pas ce retour devant les électeurs. Mais que vaut-il mieux ? Laisser le personnel prendre ses responsabilités sur des questions précises ou bien, comme l'on fait aujourd'hui, prétendre agir en ses lieu et place, puis se faire désavouer aux élections jusqu'à faire des non-syndiqués le deuxième syndicat de France ?

Quant aux mesures sociales, elles ne doivent plus constituer des ensembles préfabriqués que l'on applique mécaniquement. Il faut faire le progrès en kit. Inventer des formules ouvertes dans lesquelles les partenaires sociaux viennent puiser pour construire leur propre cadre contractuel. Sur la base de négociations impliquant des engagements mutuels. Les possibilités offertes dans l'aménagement du temps ou les accords dérogatoires vont dans le bon sens, mais sont loin de couvrir, ou plus exactement d'ouvrir, tout le nouvel espace conventionnel.

Peut-on admettre pour autant que les partenaires dans l'entreprise contreviennent à toute législation sociale ? Ce serait absurde de le penser. Mais il faut laisser une souplesse. Contrebalancée par le pouvoir syndical. Si les confédérations représentatives présentes dans l'entreprise se mettent d'accord avec la direction pour assouplir une disposition légale, il y a gros à parier que les raisons sont valables et les garanties sérieuses. Si, au contraire, la dérogation est convenue en leur absence, la présomption de manipulation patronale doit jouer à nouveau. Ainsi, le pouvoir syndical devient-il la caution de la liberté contractuelle. Par sa présence, il rend possibles des dérogations à certaines normes ; par son absence, il réduit cette marge de manœuvre pour la direction, et par son opposition stérile, il prend le risque d'être désavoué par les salariés. Aujourd'hui même, les inspecteurs du travail « laissent passer » les clauses dérogatoires qui portent la signature de la CFDT, de FO, voire de la CGT. Si les plus durs sont d'accord, à quoi bon être plus royaliste que le roi ? En revanche, leur méfiance est éveillée par l'absence des organisations représentatives. Un pouvoir syndical qui conduit la négociation apporte, ou refuse, sa caution, pèse sur les rapports sociaux, mais ne prétend pas se substituer aux salariés et leur imposer sa volonté, c'est la conséquence naturelle de toute l'évolution en cours. L'ancienne conception était cohérente avec la lutte des classes, la massification et le taylorisme. La nouvelle découle logiquement du partenariat d'entreprise.

Quant au problème « théologique » de la flexibilité, il se pose en des termes entièrement nouveaux. Il n'est plus besoin de recourir à la précarité ultralibérale pour l'obtenir. Bien au contraire. La souplesse que fournit le travail-marchandise ne se gagne qu'au détriment de la productivité. C'est l'intégration du salarié dans l'entreprise qui permet de concilier l'adaptabilité et l'efficacité. Les travailleurs de Bolloré sont remarquablement flexibles. Pourtant, ils ne vivent pas sous la menace constante du licenciement.

Tandis qu'on manœuvre au niveau des institutions représentatives, les patrons ont pris les opérations en main sur le terrain. Avec les intentions les plus diverses. Certains en sont toujours à vouloir obtenir la mobilisation du personnel sans rien céder sur l'essentiel. Le personnel est invité à s'investir dans les cercles de qualité, à consentir des efforts sur les rémunérations, à accepter le travail de nuit ou de week-end, à réaliser des gains de productivité, mais il est toujours tenu à l'écart de la gestion et n'entend parler des comptes qu'au moment de se voir demander des sacrifices. C'est le « Moi tout seul » caricaturant le « Tous ensemble ». Dans ce genre d'entreprise, la direction joue généralement les cercles de qualité contre les groupes d'expression. Aux uns, elle accorde toutes facilités, prend les demandes en considération, récompense les participants ; aux autres, elle manifeste une indifférence totale qui anémie l'ordre du jour et raréfie le public. Comme tous les doubles jeux, celui-ci fonctionne parfaitement en période de prospérité, mais révèle ses faiblesses dans l'adversité. De nombreux exemples le prouvent.

Les patrons plus intelligents utilisent une véritable gestion sociale comme rempart antisyndical. Les laboratoires Servier restent le modèle de cette politique. Servier, c'est d'abord le succès d'un homme : le docteur Jacques Servier, médecin et pharmacien, PDG créateur de l'entreprise. Celle-ci constitue une des rares réussites de notre industrie pharmaceutique : 2 milliards de francs de chiffre d'affaires, la moitié réalisée à l'exportation, près du quart consacré à la recherche, tous les bénéfices réinvestis et une spécialisation sur des médicaments à forte valeur ajoutée. Le chef d'entreprise exemplaire que nul ne conteste. Sur le plan social encore, Servier est une référence. Depuis dix ans, les spécialistes vont voir l'usine de Gidy, dans le Loiret, le modèle qu'on voudrait retrouver partout. Ses ouvrières — le personnel est aux trois quarts féminin — ont les meilleurs salaires de la profession, la durée du travail la plus courte. Elles ont été les premières en France à jouir de tous les aménagements possibles du temps : horaires souples, variables, à la carte, temps partiel, etc. Elles ont la maîtrise de leur travail qu'elles organisent à leur convenance par équipes autonomes. Les contremaîtres ont pratiquement disparu, les ouvrières savent ce qu'elles ont à faire. Chacune peut remplir tous les rôles dans le groupe, assurer la surveillance des machines comme de la production. Chez Servier, on mise sur la responsabilité et la polyvalence. Passons sur le cadre de travail agréable, les minibus à la disposition du personnel, les primes annuelles de productivité et les congés exceptionnels. Le tout pour obtenir un taux d'absentéisme inférieur à 4 % — avec une main-d'œuvre féminine et sans aucun contrôle des présences — et une productivité record. Bref, le monde du travail parfait. Sans syndicats.

Car c'est la particularité maison : chez Servier, on ne supporte pas le syndicalisme. On ne le réprime pas, on le rend inutile. En 1972, une section syndicale s'était bien créée dans l'usine. A l'époque, le climat social était assez mauvais. Un indicateur qui ne trompe pas : l'absentéisme atteignait 12 %. C'est alors qu'arrive le nouveau directeur André Vauthier, un ancien officier. Au personnel, il propose tacitement le troc : tout ce que demandent les syndicats et même beaucoup plus, mais sans eux. Les actes suivent. La section syndicale s'autodissout. La direction engage alors avec le personnel un dialogue incessant dans lequel la concertation, la délégation de responsabilité, les avantages et les gains de productivité vont de pair. Et cela dure depuis dix ans.

De l'extérieur, les syndicats pestent contre cet « anormal excès de zèle » qui pousse à l'« auto-exploitation », contre le développement de cet « esprit de maison », contre « l'auto-répression ». Mais que dire et que faire ? Le personnel est, c'est vrai, soudé à son entreprise. Près de la moitié des ouvrières ont occupé des fonctions électives comme déléguées du personnel ou membres du comité d'entreprise. Elles sont heureuses. Sans syndicats. Pierre Poret [133], étudiant le système Servier, constate : « Détenant progressivement des informations connues d'elles seules, de moins en moins professionnellement remplaçables, capables de s'auto-organiser, les ouvrières peuvent prétendre exercer un contrôle supplémentaire sur l'activité de l'entreprise, par exemple il est significatif qu'aux élections de délégués du personnel de 1982, il y ait eu 40 candidates (...). La nouvelle organisation offre donc des opportunités de pouvoir, que cela soit intentionnellement ou involontairement. »

Certes, il vaut mieux ne pas avoir été permanent CGT lorsqu'on présente sa candidature chez Servier, mais, après tout, on n'entre pas dans les monopoles cégétistes sans la carte du syndicat. Cela posé, ici le progrès social ne se limite pas aux apparences. Les ouvrières n'ont pas seulement des gadgets : tennis, walkman, salle de décontraction et autres commodités que l'on commence à installer dans les usines les plus modernes. C'est dans l'organisation du travail et la répartition des responsabilités que réside la novation.

L'exemple est séduisant, il ne doit pas faire oublier que, dans le monde non syndicalisé, il représente l'exception alors que la règle est tout juste inverse. Mais le cas Servier illustre l'extrême fragilité du syndicalisme face au management participatif. Partout où les directions abandonnent les méthodes classiques et s'engagent dans les voies nouvelles, la lutte des classes et les représentants régressent. Soit que les délégués de la CGT changent de comportement comme on l'a vu à BSN-Emballage ou chez Bolloré, soit qu'ils se trouvent écartés par le personnel comme cela s'est produit à la Télémécanique.

Encore une réussite de l'industrie française dans un secteur où elle en compte peu : les automatismes. Un groupe de 12 500 personnes réalisant 5 milliards de chiffre d'affaires dont 58 % à l'exportation et des résultats exceptionnels pour les dernières années. Entre 1981 et 1984, le chiffre d'affaires est passé de 3,4 à 5 milliards, les bénéfices de 81 à 165 millions tandis que l'endettement régressait de 1 milliard à 450 millions, alors que l'investissement progressait de plus de 6 % l'an et que les effectifs restaient pratiquement constants. Une fois de plus, ce succès industriel s'accompagne d'une gestion sociale exemplaire. Au début des années soixante-dix, le PDG André Blanchet a fait partie de ces très rares patrons qui ne se sont pas seulement intéressés à la réforme de l'entreprise, mais qui l'ont réalisée. Son successeur, Jacques Valla, a poursuivi dans la même voie. La Télémécanique constitue un modèle de participation. Des représentants du personnel siègent au conseil d'administration, c'est la transparence totale. Les salariés détiennent 10 % du capital. Des structures de concertation ont été mises en place à tous les niveaux. En 1981, est signé un accord d'entreprise que la plupart des travailleurs français envieraient. Les rémunérations sont liées aux résultats de l'entreprise constatés par une commission paritaire. En 1984, le salaire mensuel moyen atteint 11 000 francs. Car la qualité des relations sociales permet d'atteindre une productivité à la japonaise. Et les syndicats ?

Jusqu'en 1968, deux organisations dominent : la CGT et le syndicat autonome. Leur influence va diminuer au profit de Force ouvrière à mesure que se développe la politique sociale. En 1985, FO a 8 titulaires au comité central d'entreprise ; les autonomes 4, la CFDT, la CGC et la CGT : 1 chacune. Cette régression cégétiste ne peut s'expliquer par la « répression patronale ». La chasse au militant, ce n'est pas le genre de la maison. Pour en comprendre la raison, il suffit de lire les tracts syndicaux. Voilà ce que devient la Télémécanique vue à travers les lunettes cégétistes. « Aujourd'hui, il n'est plus question qu'un seul homme (le directeur) fasse la pluie et le beau temps, cela dure depuis huit ans et cela empire de jour en jour. Il y en a parmi nous qui en sont à un point tel qu'ils ont peur du directeur ; on se croirait en prison et pourtant l'on n'a aucun crime sur la conscience, sommes-nous des détenus ou des ouvriers ? » « Tout est répression. Pas le droit d'être malade, pas le droit de prendre un café à deux ou trois, pas le droit de parler... Nous revendiquons le droit d'être jugés sur notre travail accompli, et non sur des critères inventés de toutes pièces par notre chef d'établissement, comme cela se passait au temps de Zola. » Les salariés sont inondés depuis des années par cette littérature débile. Ils ont répondu. Dans les urnes. Innombrables sont les entreprises qui ont connu cette double évolution. L'effondrement cégétiste dans le secteur concurrentiel ne s'explique pas autrement. C'en est au point que, selon ses propres statistiques, FO passe devant la CGT dans les entreprises où les deux organisations sont représentées.

A nos patrons qui prétendent ne pouvoir rien faire à cause de la CGT, il ne faut pas seulement raconter l'histoire de Bolloré, il faut ajouter celle de la Télémécanique. S'ils prennent l'initiative d'une politique sociale novatrice, les syndicats devront changer de registre, faute de quoi, ils seront éliminés. Pas par les capitalistes, mais par les travailleurs.

Les positions des fédérations et confédérations ont de moins en moins d'importance. Les syndicrates fulminent contre le nouveau jeu social, mais tout se passe à la base dans le « trialogue » d'entreprise. La CGT a beau affirmer qu'elle « s'honore d'avoir toujours rejeté (et mis en échec) les opérations capital-travail, actionnariat, intéressement et autres DPO », comme dit Gérard Alezard, et Henri Krasucki décréter que « le troc dans les relations sociales, ça n'a pas de sens », cela n'empêche pas les salariés d'apprécier la vraie participation. Dans un sondage SECED de l'*Usine nouvelle*, 78 % des Français estiment que les syndicats doivent « adapter leur action et leurs revendications en fonction des résultats de l'entreprise » et 65 % souhaitent « être associés intimement et en permanence à la vie de l'entreprise en participant à des cercles, des réunions, des groupes concernant directement leur travail », alors qu'un tiers seulement ne désire pas être impliqué dans la marche de l'entreprise. Commentant ces réponses, André Bergeron estime qu'« il convient de se méfier de ce genre de sondage ». Mais, dans l'entreprise Comia-Fao de Vitré, son organisation, qui recueille les trois quarts de voix, accepte un système d'augmentations individualisées, une modulation du temps de travail dans l'année et la mise en place de cercles de qualité. Le secrétaire général de FO, visitant ces militants aussi flexibles que participatifs, s'est contenté de leur dire avec bon sens : « Réglez cela entre vous. »

Ce nouveau management inquiète les syndicats pour eux-mêmes plus encore que pour les travailleurs. Ils y voient une menace contre leurs organisations. Les directions et les salariés ne risquent-ils pas de s'entendre entre eux et de les exclure du jeu social ? Cette crainte tourne à l'obsession dans une confédération modérée comme Force ouvrière. Elle est compréhensible, car elle reflète très justement une certaine politique patronale. Pourtant, elle me paraît mauvaise conseillère.

Il n'est pas vrai que cette renaissance du dialogue entraînera le dépérissement des confédérations et fédérations. La négociation ne va pas disparaître au sommet ou dans les industries. Mais elle va se cantonner à son domaine de compétence propre. Il est absurde de prétendre régir d'en haut ce qui doit être réglé sur le terrain. L'échec de la grande négociation sur la flexibilité prouve que les instances nationales n'ont rien à gagner en traitant directement les problèmes concrets des entreprises. Mais cette décentralisation du dialogue fait naître un besoin nouveau. Les sections syndicales se trouvent face à des dossiers beaucoup plus délicats. Elles ont besoin de conseils, d'expertises, d'expérience. Le niveau fédéral et confédéral devient alors une « société de service » à la disposition du personnel pour l'assister dans la négociation à concessions mutuelles. Un conseiller en partenariat. Il conserve toute sa nécessité dans ce rôle, mais le métier syndical se trouve « requalifié ». Il ne consiste plus à mobiliser les troupes dans un assaut frontal, mais à les faire manœuvrer dans une stratégie de mouvement. Décortiquer des propositions patronales, élaborer des contre-propositions, déjouer des pièges, déplacer le centre de la discussion, évaluer les avantages et les inconvénients des nouvelles technologies, etc., ce n'est plus un travail de sous-officier mais d'état-major. Les tribuns-bureaucrates doivent se faire experts-stratèges. La fonction syndicale se trouve emportée vers le haut. Aux permanents de se recycler pour suivre le mouvement. Une perspective qui n'a rien de déprimant. Bien au contraire.

Au sein des entreprises, la législation doit toujours favoriser la présence syndicale. Mais pas pour bloquer le jeu. Les délégués ont leur place dans cette nouvelle mobilisation. En avançant des idées neuves, en s'engageant dans les structures participatives, en dénonçant les manœuvres douteuses, ils sont mieux à même de s'imposer qu'en négociant des pourcentages d'augmentation ou des grilles de qualification. Combien de points aurait gagnés lors des élections d'entreprise le syndicat qui aurait pris l'initiative de proposer un aménagement des horaires permettant d'échanger salaire et temps libre contre meilleure utilisation des équipements ? Et combien de points furent perdus en se contentant d'attendre les projets de la direction pour les critiquer ? Dans l'espace social, le syndicalisme a subi une défaite majeure en laissant l'action passer de son camp au camp patronal, tandis que la réaction faisait le chemin inverse. Il lui faut reprendre l'initiative pour devenir un centre de propositions et non pas seulement de refus. A ce prix, il retrouvera son capital de confiance. Les nouvelles négociations lui offrent une chance inespérée. La seule qui lui reste.

Il n'est pas vrai qu'en période de crise le patron se trouve renforcé et les salariés affaiblis. Car si les seconds craignent le chômage, le premier redoute la faillite. Pour sauver son entreprise, il lui faut absolument disposer de toute la productivité que peut apporter le personnel. Sans qu'il veuille le reconnaître, il se trouve donc en position de demandeur. Aux syndicalistes de jouer. A l'approche du XXIe siècle, n'est-il pas plus exaltant d'être l'avocat compétent et le conseil écouté de travailleurs adultes que de prétendre rester le représentant et le maître d'un prolétariat infantilisé qui n'existe plus ?

Si le syndicalisme campait sur des positions de force, on comprendrait qu'il rechigne à les abandonner pour se lancer dans une telle aventure. Mais la preuve est faite que l'ancienne conception de la défense sociale le conduit à la ruine. Or, l'offensive patronale ne fait que commencer. Le management participatif va se développer très rapidement et dans toutes les directions. C'est un fait acquis. Le syndicalisme à l'ancienne ne peut ni s'y insérer, ni s'y opposer. Combien de temps verrons-nous encore des militants passer outre aux consignes fédérales ? Combien de temps le crédit des organisations survivra-t-il au désaveu de la base ? Cette obstination dans les dogmes surannés et le refus de la modernité ne peuvent que précipiter la désyndicalisation. A terme, ce sera le repli définitif sur les grandes entreprises nationales et les monopoles d'Etat. Tel est le bout de la route actuellement suivie par les confédérations. Cette politique n'est donc pas seulement néfaste pour l'économie, les entreprises et les salariés, elle est également suicidaire pour l'institution syndicale. Celle-ci est mise au défi par le regain de l'entreprise. A elle d'en faire le regain du syndicalisme.

La réponse des Français

L'Histoire tend des pièges. Les peuples s'y laissent prendre. Les uns s'en dégagent, les autres s'y enferrent. Renaissance ou décadence. Pendant trois quarts de siècle, les Français ont cru que les Allemands étaient leurs ennemis. Et réciproquement. Pour alimenter leur paranoïa, les deux nations recréaient sans cesse leur antagonisme destructeur. En 1871, puis en 1919, le vainqueur impose son tribut au vaincu qui prépare sa revanche. En 1945, sur un champ de ruines, la France et l'Allemagne retrouvent enfin la raison. De la reconstruction, elles enchaînent sur l'expansion et découvrent le « Tous ensemble » européen. On ne joue plus à somme nulle, mais à gains variables. Et croissants. La rivalité franco-allemande, qui subsiste malgré tout, a changé de nature. Les crises sont incessantes, les négociations interminables, les accords insatisfaisants, on se querelle sur le taux du mark ou le prix des céréales, mais on progresse. Alors que, de guerres en traités de paix, on n'avait fait que régresser. De cet interminable cauchemar, il ne reste qu'un monument aux morts dans chacun de nos villages.

Le changement ne fut pas décrété un beau matin de 1945. Ni l'écroulement des mythes, ni la mise à vif du réel ne suffisent à gommer le passé. Le temps doit aussi faire son œuvre. Pendant des années, de part et d'autre du Rhin, les hommes ont expérimenté dans leur vie quotidienne cette paix retrouvée. C'est alors seulement qu'ils ont vu, dans l'ennemi héréditaire, le partenaire indispensable. Les chefs d'Etat purent célébrer la réconciliation.

Combien faudra-t-il de chômeurs, de faillis, de déficits, de défaites et de reculs pour que, surmontant l'oppression bourgeoise du XIXe siècle comme nous avons surmonté les horreurs du nazisme, nous mettions fin à notre guerre civile ? Que nous engagions la collaboration conflictuelle entre partenaires sociaux ? Un siècle, cela pourrait suffire. Mais le scénario ne prévoit aucune rupture, aucune révolution, aucune libération, aucun événement grandiose et final pour nous

463

faire changer de chapitre. Nous sommes prisonniers de la continuité. Prisonniers et, pour certains, complices. Nous dégager de cette ruse historique sera notre épreuve de vérité.

Cette France sociale ressemble de plus en plus à celle de 1939 qui ouvrait les hostilités sans ouvrir le feu. Elle a toutes les apparences d'un champ de bataille avec ses camps opposés, ses places fortifiées, ses structures militarisées, ses armées syndicales et ses états-majors patronaux, ses dénonciations de l'adversaire et ses appels à la lutte. Mais les manœuvres tendent à remplacer les combats. Et pour tout dire : on n'y croit plus. C'est la drôle de guerre froide. Un simulacre belliciste qui encadre et empoisonne la vie de tous les jours.

J'y pensais, un soir d'été au Puy-du-Fou, tout en regardant le ballet de ces personnages, illusions de la nuit qui s'évanouissent à la lumière du jour. Dans le fracas des pétards, l'éclat des fanfares, le jaillissement des lumières, le martèlement des cavalcades et le sortilège des fumigènes, on se saoulait de passé. Des centaines de Vendéens bénévoles venaient des environs, pour s'habiller d'Histoire et voyager dans le temps. Pendant quelques heures, ils devenaient manants ou seigneurs, royalistes ou républicains, poilus ou « Boches ». Culte du souvenir ? Certes, et pourquoi pas ? Après la représentation, les figurants oublieraient les jacqueries, l'insurrection vendéenne et la Grande Guerre, ils retourneraient travailler dans leurs fermes, leurs magasins, leurs ateliers ou dans ces entreprises, si dynamiques, du Choltais. Il n'y a là que Français de 1985. Vendéens, mais contemporains. A l'opposé des « Puyfolais », se trouvent les Amishs. Les adeptes de cette secte américaine vivent le XVIIe siècle dans leur existence quotidienne. Condamnant les techniques modernes, s'habillant de gros drap et se déplaçant en carriole à chevaux, ils suivent la loi d'une mémoire tyrannique qui rejette toute forme de progrès.

Nos syndicalistes de choc et nos patrons de combat vivent leurs traditions en Amishs et non pas en « Puyfolais ». Professionnels et permanents plus que bénévoles et amateurs, ils présentent leurs reconstitutions historiques comme le monde réel. En bannissant la collaboration, la participation et le partenariat, ils copient ces anabaptistes qui maudissent l'électricité, les voitures et la télévision. Ils prétendent nous interdire de XXe siècle et nous maintiennent dans cette France incertaine de nos pères qui ne savaient pas encore si elle allait vivre sans capitalistes ou sans syndicats. En un siècle, l'histoire a tranché. Il n'y aura ni révolution pour chasser le capitalisme ni contre-révolution pour chasser le syndicalisme. Seuls quelques attardés de l'un et l'autre extrême rêvent encore de la victoire finale.

Englués dans leurs souvenirs, entraînés par leurs représentants, les

Français se sont accoutumés à cette militarisation des relations sociales. Ils ont « fait semblant » d'appartenir à un peuple opprimé qui se débarrasserait un jour de ses maîtres ou bien à une élite méritante que la horde des envieux voulait pendre à la lanterne. Il ne fallait pas moins qu'une crise pour les rappeler à la réalité. Nous l'avons rencontrée.

Lorsque les syndicalistes en appellent à la lutte des classes deux cents ans après le début de la révolution industrielle, on entend les anciens de Verdun lançant en 1945 : « Avec les Boches ? Jamais ! » Lorsque nos patrons dénoncent la main de Moscou derrière la moindre revendication et menacent de « fermer la boîte » à la première ombre d'un militant cédétiste, on voit le père Schneider morigénant ses ouvriers. Du mauvais, du très mauvais *remake*. Les habits historiques de nos syndicrates ne sont plus que des déguisements, leur langue du patois, leurs paysages du carton-pâte. Dans les réponses de sondages, les résultats d'élections, les négociations d'entreprises, les comportements des employeurs et des employés, partout se révèle cette nouvelle perception des valeurs et des contraintes. Sur la scène de l'entreprise, les acteurs se retrouvent « ici et maintenant » ayant des problèmes à résoudre et non plus des comptes à régler, retenant du passé les erreurs à éviter et non pas les solutions à appliquer. Mais rien n'est encore assuré.

D'un côté comme de l'autre, les états-majors ont compris que la guerre totale est finie, mais ils sont convenus de ne pas le reconnaître. Une connivence tacite qui cache un objectif commun et inavoué : le Yalta social. Un partage de la France qui permettrait à chacun de réaliser son rêve impérialiste. Le patronat régnerait sans partage sur les entreprises privées et les syndicats sur les monopoles d'Etat. Pour traduire dans les faits cette division du territoire, il suffit de maintenir cette lutte des classes qui rend les positions syndicales indéfendables dans le secteur privé, mais intouchables dans le secteur public. Seul le sort des entreprises nationalisées — et peut-être un jour dénationalisées — reste incertain dans ce schéma syndicratique.

Cette coupure sociale ne laisserait à la France aucune chance dans la compétition internationale. Le regain d'efficacité dans le système industriel ne serait qu'un feu de paille, la sous-productivité du système bureaucratique ne ferait que s'aggraver. Or, nous ne sommes pas seuls sur Terre. Tandis que nous ressassons notre XIXe siècle, les autres nations s'engagent résolument dans leur XXIe siècle. Et nous dépassent. C'est ainsi que l'on rate l'avenir.

Nous entrons donc dans une phase de déstabilisation et d'incertitude. Allons-nous vers une décrispation des rapports sociaux ou bien une glaciation d'un nouveau type ? L'évolution des mentalités et des comportements est toute récente. Et bien fragile. Elle a besoin d'être prolongée et préservée. Rien ne se fera sans la durée, c'est la loi de l'évolution qui procède de l'expérimentation et non pas de la théorie. Tout se perdra dans la revanche si le système syndicratique reprend le contrôle d'un mouvement qui lui échappe. Que peut faire l'Etat dans une telle conjoncture ?

Au hasard des alternances politiques, les tentatives de récupération seront inévitables. La fin de la guerre sociale ce n'est pas, ce ne peut pas être, la contre-offensive d'un camp sur l'autre. Jeter bas toute législation sociale pour libérer l'initiative, restaurer l'absolutisme patronal pour dynamiser l'entreprise, éliminer tout pouvoir syndical pour s'adapter à la concurrence, pourfendre la fonction publique pour moderniser l'Etat, bref mettre à profit ce courant socioculturel pour livrer une bataille de plus, c'est le plus sûr moyen de tout arrêter. Si la restauration de l'ordre ancien se profile derrière ces aspirations neuves, si la démarche spontanée se transforme en marche forcée et la pédagogie de la crise en stratégie de pouvoir, alors la réaction suscitera la réaction. Et chacun retournera se terrer dans ses forteresses historiques.

Que surtout l'Etat ne prétende pas se substituer aux vrais acteurs : aux chefs d'entreprise, aux salariés, aux délégués syndicaux, aux directeurs, aux fonctionnaires. Qu'il laisse les expériences se faire, la réalité s'imposer et les esprits changer. Qu'il lève les obstacles, qu'il favorise les initiatives mais que son intervention soit légère. La négociation et la décision doivent redescendre au niveau de l'action. Mieux vaut des milliers de contrats plutôt qu'une bonne loi, des milliers d'accords locaux plutôt qu'une convention nationale. Pour nos institutions politiques et corporatives en défaveur dans l'opinion, c'est l'occasion de prendre du recul. Elles ont plus à y gagner qu'à y perdre.

Sans doute faudra-t-il modifier le cadre législatif, réglementaire et conventionnel de notre société. Ces réformes ne doivent pas imposer le changement, mais l'accompagner. C'est à l'Etat de s'adapter aux Français et non plus l'inverse. La prise de conscience est un préalable que nulle intervention législative ne saurait remplacer. Les lois Auroux ont été positives en 1982, parce que les esprits étaient prêts. Seules les institutions ne l'étaient pas. Dix ans plus tôt, elles auraient eu l'effet inverse. Il arrive bien souvent que l'opinion pousse dans le mauvais sens. Aujourd'hui même, en matière de sécurité, elle demande une politique répressive qui n'apporte aucune solution. Dans le domaine social, au contraire, elle suit un courant progressiste. C'est une chance et, pour tout gouvernement, une responsabilité.

Les critiques et les reproches sont nombreux dans cet ouvrage. C'est vrai. L'esprit partisan ne me les a jamais inspirés. Toute victoire des uns sur les autres m'est étrangère et, pour tout dire, odieuse. Le principe même du « Tous ensemble », c'est de favoriser les gains croissants grâce auxquels il n'y a plus ni vainqueurs, ni vaincus. Les organisations représentatives ont leur place dans un tel système. Mais elles doivent apprendre ces nouvelles règles du jeu. Encore faut-il permettre aux intéressés, salariés et clients, de sanctionner celles qui s'y refusent.

Le partenariat que je souhaite, c'est le retour de la société dans l'économie. Un monde où les personnes ne soient plus réduites à l'état de marchandise par les patrons ou bien à l'état de masse par les syndicats. Un monde où les conflits débouchent sur des négociations constructives et non pas sur des affrontements destructeurs. Un monde où le dynamisme offre toujours une issue dans l'action et le changement, plutôt que dans la crispation et l'immobilisme. Un monde où la compétition, individuelle et collective, valorise l'entreprise et la réussite, restreint la rente et le monopole. Un monde où le pouvoir est un outil d'organisation et non pas de domination, où l'autorité ne peut se passer de la considération. En bref, le contraire du capitalisme bourgeois qui domina le XIXe siècle et du socialisme bureaucratique qui s'y opposa au XXe.

Mais ceci est un livre et non pas une loi. Son seul objectif est l'information. Je n'en tire aucun programme, je ne prétends pas qu'il faille réformer, dès demain et par décret, ce qui me semble insatisfaisant. Mon rôle est de dire et de montrer. Rien de plus. C'est une chose de présenter le souhaitable, c'en est une autre de proposer le possible. L'auteur a cet avantage sur le législateur qu'il n'est pas tenu d'accompagner l'opinion. Il peut — il doit même — prendre le risque de la précéder. Quitte à n'être pas suivi. Lorsque j'ai publié *Toujours plus !*, on m'a souvent mis en garde : « Les Français ne sont pas disposés à recevoir un tel message, ils n'y verront qu'une provocation gratuite. » La même interrogation se pose aujourd'hui. Le temps du « Tous ensemble » est-il arrivé ? Je le crois. Mais cette réponse, ce n'est pas moi qui la détiens. C'est vous.

Bibliographie

1. ADAM, Gérard, *Le Pouvoir syndical,* Paris, Dunod, 1983.
2. ADAM, Gérard, et REYNAUD, Jean-Daniel, *Conflits du travail et Changement social,* Paris, PUF, 1978.
3. AGLIETTA, Michel, et BRENDER, Anton, *Les Métamorphoses de la société salariale. La France en projet,* Paris, Calmann-Lévy, 1984.
4. AGULHON, Maurice, *Les Quarante-Huitards,* Paris, Gallimard, 1975.
5. ANDRÉANI, Edgar, *Grèves et Fluctuations en France de 1890 à 1914,* Paris, Cujas, 1968.
6. ANDRIEUX, Andrée, et LIGNON, Jean, *Le Militant syndicaliste d'aujourd'hui,* Paris, Gonthier, 1973.
7. ANDRIEUX, Andrée, et LIGNON, Jean, *L'Ouvrier d'aujourd'hui,* Paris, Gonthier, 1966.
8. ANSART, Pierre, *Proudhon. Textes et débats,* Paris, Le Livre de poche, 1984.
9. ARCHIER, Georges, et SÉRIEY, Hervé, *L'Entreprise du 3e type,* Paris, Ed. du Seuil, 1984.
10. ARETE, *Négocier l'ordinateur ?,* Paris, La Documentation française, 1983.
11. ARON, Raymond, *La Lutte des classes,* Paris, Gallimard, 1964.
12. ASSELAIN, Jean-Charles, *Histoire économique de la France du XVIIIe siècle à nos jours,* Paris, Ed. du Seuil, coll. « Points Histoire », 1984, 2 tomes.
13. AUGER, Jean, *Syndicalisme des autres, syndicats d'Europe,* Paris, Editions ouvrières, 1980.
14. AUZIAS, Claire, et HOUEL, Annik, *La Grève des ovalistes. Lyon, juin-juillet 1869,* Paris, Payot, 1982.
15. BARJONET, André, *Qu'est-ce que la paupérisation ?,* Paris, Editions sociales, 1966.
16. BAROU, Yves, et RIGAUDIAT, Jacques, *Les Trente-cinq heures et l'Emploi,* Paris, La Documentation française, 1983.
17. BAUCHARD, Philippe, *Les Syndicats en quête d'une révolution,* Paris, Buchet-Chastel, 1972.
18. BAUDELOT, Christian et ESTABLET, Roger, *Qui travaille pour qui ?,* Paris, Hachette/Pluriel, 1982.
19. BAUDOUIN, Thierry, et COLLIN, Michèle, *Le Contournement des forteresses ouvrières,* Paris, Librairie des Méridiens, 1983.

471

20. BAUDOUIN, Thierry, et COLLIN, Michèle, *Le Mouvement syndical face à la crise*, Paris, Librairie des Méridiens, 1983.

21. BEAU de LOMÉNIE, Emmanuel, *Les Responsabilités des dynasties bourgeoises*, Paris, Denoël.

22. BEAUD, Michel, *Histoire du capitalisme (1500-1980)*, Paris, Ed du Seuil, 1981.

23. BEAUVILLE, Claire, *Les Syndicats de l'opinion française*, CFDT, aujourd'hui, mai-juin 1983.

24. BELIN, René, *Du secrétariat de la CGT au gouvernement de Vichy*, Paris, Albatros, 1978.

25. BERGERON, André, *La Confédération Force ouvrière*, Paris, EPI, 1971.

26. BERGERON, André, *Lettre ouverte à un syndiqué*, Paris, Albin-Michel, 1975.

27. BERGERON, André, *1 500 jours*, Paris, Flammarion, 1984.

28. BERGOUNIOUX, Alain, *Force ouvrière*, Paris, PUF, coll. « Que sais-je ? », 1982.

29. BERGOUNIOUX, Alain et autres, *La Parole syndicale*, Paris, coll. « Politique d'aujourd'hui », 1982.

30. BÉRIOT, Louis, *Le Bazar de la solidarité*, Paris, J.-C. Lattès, 1985.

31. BESNARD, Pierre, *L'Ethique du syndicalisme*, 1938.

32. BIRNBAUM, Pierre, *Le Pleuple et les Gros*, Paris, Hachette, 1984.

33. BODIN, Louis, et TOUCHARD, Jean, *Front populaire de 1936*, Paris, Armand Colin, 1961.

34. BOLTANSKI, Luc, *Les Cadres*, Paris, Ed. de Minuit, 1982.

35. BON, Frédéric, et BURNIER, Michel-Antoine, *Classe ouvrière et Révolution*, Paris, Ed. du Seuil, coll. « Points Politique », 1971.

36. BONNEFF, Léon et Maurice, *La Vie tragique des travailleurs*, Paris, EDI, 1984.

37. BOUDON, Raymond, *Effets pervers et Ordre social*, Paris, PUF, 1977.

38. BOUET-DOMMANGET, *Histoire de la FEN*.

39. BRACHET, Philippe, *Entreprises nationalisées et Socialisme*, Paris, Ed. du Cerf, 1978.

40. BRÉCY, Robert, *La Grève générale en France*, Paris, EDI, 1969.

41. BRIZAY, Bernard, *Le Patronat*, Paris, Ed. du Seuil, coll. « Points Politique », 1975.

42. BRON, Jean, *Histoire du mouvement ouvrier français*, Paris, Editions ouvrières, Paris ; I, 1973 ; II, 1979 ; III, 1973.

43. CACÉRÈS, Benigno, *Le Mouvement ouvrier*, Paris, Ed. du Seuil, 1984.

44. CAIRE, Guy, *Les Syndicats ouvriers*, Paris, PUF, 1971.

45. CAPDEVIELLE, Jacques, et MOURIAUX, René, *Les Syndicats ouvriers en France*, Paris, Armand Colin, 1976, 3e éd.

46. CAROIT, Jean-Michel, et NAVARRO, Alain, *La France du gaspillage*, Paris M.A. Editions, 1984.

47. CHAMBELLAN, Colette, *Le Syndicalisme ouvrier français*, Paris, Editions ouvrières, 1956.

48. CHÉRAMY, Robert, *FEN, 25 ans de l'unité syndicale*, Paris, l'Epi, 1973.

49. CHEVALLIER, Jacques, *L'Avenir de la poste*, Paris, La Documentation française, 1984.

50. COMBES, Maurice, *L'Alibi*, Paris, Gallimard, 1970.
51. Comité Hyacinthe Dubreuil, *Pour le développement des entreprises par la promotion des hommes*, Paris, Imprimerie nationale, 1981.
52. COTTA, Alain, *Le Triomphe des corporations*, Paris, Grasset, 1983.
53. CRAVENNE, Paul, *Le Mensonge idéologique*, Edition d'observation sociale, 1984.
54. CROZIER, Michel, *Le Monde des employés de bureau*, Paris, Ed. du Seuil, 1965.
55. CROZIER, Michel, *Le Phénomène bureaucratique*, Paris, Ed. du Seuil, 1963.
56. CROZIER, Michel, et DOLLEANS, E., *Mouvements ouvriers et Socialismes*, Paris, Editions ouvrières.
57. CROZIER, Michel, et FRIEDBERG, Erhard, *L'Acteur et le Système*, Paris, Ed. du Seuil, 1977.
58. DELMAS, André, *Mémoires d'un instituteur syndicaliste*, Paris, Albatros, 1979.
59. DEMANGET, Louis, *Histoire de la FEN*.
60. DESCAMPS, Eugène, *Militer*, Paris, Fayard, 1971.
61. DOLLÉANS, Edouard, *Histoire du mouvement ouvrier*, Paris, Armand Colin, 1948, 2 tomes.
62. DOMMERGUES, Pierre, *Syndicats français et américains face aux mutations technologiques*, Paris, Editions Anthropos-Encrages, 1984.
63. DRANCOURT, Michel, *La Fin du travail*, Paris, Hachette/Pluriel, 1984.
64. DUBIEF, Henri, *Le Syndicalisme révolutionnaire (textes)*, Paris, Armand Colin, 1969.
65. DUBOIS, Pierre, *Mort de l'Etat-patron*, Paris, Editions ouvrières, 1974.
66. DUBREUIL, Hyacinthe, *Employeurs et Salariés en France*, Librairie Félix Lacan, 1934.
67. DURAND, Claude, et DUBOIS, Pierre, *La Grève*, PFNSP, 1975.
68. ETRILLARD, Gilles, et SUREAU, François, *A l'Est du monde*, Paris, Fayard, 1983.
69. FERRÉ, Max, *Le Syndicalisme des instituteurs des origines à 1929*.
70. *Fonction publique en 1983*, Paris, La Documentation française, 1984.
71. FOURASTIÉ, Jean, *Machinisme et Bien-Etre*, Paris, Ed. de Minuit, 1962.
72. FOURASTIÉ, Jean, et BAZIL, Béatrice, *Le Jardin du voisin*, Paris, Hachette/Pluriel, 1980.
73. FREDET, Jean-Gabriel, et PINGAUD, Denis, *Les Patrons face à la gauche*, Paris, Ramsay, 1983.
74. FRUIT, Elie, *Les Syndicats dans les chemins de fer en France*, Paris, Editions ouvrières, 1980.
75. GARNY, René, *Histoire du mouvement syndical en France*, Paris, 1934.
76. GAUDARD, Jean-Pierre, *Les Danseuses de la République*, Paris, Belfond, 1984.
77. GEORGES, Bernard, et TINTANT, Denise, *Léon Jouhaux. 50 ans de syndicalisme*, Paris, PUF, 1962, 2 tomes.
78. Gestion sociale, supplément à la lettre de *l'Expansion*, Paris, 1984-1985.
79. GOËTZ-GIREY, Robert, *La Pensée syndicale française*, Paris, Armand Colin, 1948.

80. GUÉRIN, Jean-Claude, *La FEN, un syndicat ?*, Paris, CERF, 1973.

81. GUILBERT, Madeleine, *Les Femmes et l'Organisation syndicale avant 1914*, Paris, Editions du CNRS, 1966.

82. HAMON, Hervé, et ROTMAN, Patrick, *La Deuxième Gauche*, Paris, Ramsay, 1982 ; et Ed. du Seuil, coll. « Points Politique », 1984.

83. HAMON, Hervé, et ROTMAN, Patrick, *Tant qu'il y aura des prof*, Paris, Ed. du Seuil, 1984.

84. HARMEL, Claude, *La CGT, 1947-1981*, Paris, PUF, coll. « Que sais-je ? », 1981.

85. HARMEL, Claude, *Les Origines de la CGT-FO*.

86. JACQUET, A.V., *Refus de parvenir*, L'Amitié par le livre, 1941.

87. JACQUET, Gérard, *Les Cheminots*, Paris, Editions sociales, 1967.

88. JEAMBAR, Denis, *Le PC dans la maison*, Paris, Calmann-Lévy, 1984.

89. JULLIARD, Jacques, *Contre la politique professionnelle*, Paris, Ed. du Seuil, 1977.

90. JULLIARD, Jacques, *Fernand Pelloutier et les Origines du syndicalisme d'action directe*, Paris, Ed. du Seuil, 1971.

91. KAPP, Bernard, et PROUST, Odile, *Les Horaires libres*, Chotard et Associés Editeurs, 1973.

92. LAGUILLER, Arlette, *Moi, une militante*, Paris, Stock, 1974.

93. LANDES, David S., *L'Europe technicienne*, Paris, Gallimard, 1975.

94. LANDIER, Hubert, *Demain, quels syndicats ?*, Paris, Hachette/Pluriel, 1981.

95. LANDIER, Hubert, *L'Entreprise face au changement*, Paris, Entreprise moderne d'édition, 1984.

96. LANDIER, Hubert, *Les Organisations syndicales en France*, Paris, Entreprises modernes d'édition, 1980.

97. LAUGA, Louis, *Agriculture : le présent dépassé*, Paris, Economica, 1985.

98. LECLERCQ, Robert, *Les Luttes des employés de banque et leur signification, 1974-1978*, thèse du 3e cycle, EHESS, 1980.

99. LEFRANC, Georges, *Le Front populaire*, Paris, PUF, coll. « Que sais-je ? », 1974.

100. LEFRANC, Georges, *Histoire du mouvement ouvrier en France*, Paris, Aubier, 1946.

101. LEFRANC, Georges, *Histoire du mouvement syndical français*, Librairie syndicale, 1937.

102. LEFRANC, Georges, *Les Organisations patronales en France*, Paris, Payot, 1976.

103. LEFRANC, Georges, *Les Origines de l'idée de nationalisation industrialisée en France*, Paris, Payot, 1970.

104. LEFRANC, Georges, *Visages du mouvement ouvrier français*, Paris, PUF, 1982.

105. LEQUIN, Yves, *Histoire des Français*, Paris, Armand Colin, 1983, 3 tomes.

106. LEQUIN, Yves, *Les Ouvriers de la région lyonnaise (1848-1914)*, Presses universitaires de Lyon, 1977, 2 tomes.

107. LESOURNE, Jacques, *Soirs et Lendemains de fête*, Paris, Robert Laffont, 1984.

108. Loos, Jocelyne, *Le Syndicalisme à l'épreuve des expériences d'aménagement du temps de travail,* Centre de recherche « Travail et Société », université de Paris IX, 1984.

109. Maire, Edmond, *La CFDT en question,* Paris, Gallimard, 1984.

110. Maire, Edmond, et Julliard, Jacques, *La CFDT d'aujourd'hui,* Paris, Ed. du Seuil, 1975.

111. Maitron, Jean, *Dictionnaire biographique du mouvement ouvrier français,* Paris, Editions ouvrières, 21 tomes de 1964 à 1983.

112. Maitron, Jean, et Chambelland, Colette, *Syndicalisme révolutionnaire et Communisme,* Paris, Maspero, 1969.

113. Mallet, Serge, *La Nouvelle Classe ouvrière,* Paris, Ed. du Seuil, 1963.

114. Martinet, Gilles, *Sept Syndicalismes. Grande-Bretagne, RFA, Suède, Italie, France, Etats-Unis, Japon,* Paris, Ed. du Seuil, 1979.

115. Martinière, Dominique de La, *Lettre ouverte à tous les parents qui refusent le massacre de l'enseignement,* Paris, Albin Michel, 1984.

116. Mendras, Henri, et Forse, Michel, *Le Changement social,* Paris, Armand Colin, 1983.

117. Michels, Robert, *Les Partis politiques,* Paris, Flammarion, 1971.

118. Millon, Charles, *L'Extravagante Histoire des nationalisations,* Paris, Plon, 1984.

119. Milner, Jean-Claude, *De l'école,* Paris, Ed. du Seuil, 1984.

120. Minc, Alain, *L'Avenir en face,* Paris, Ed. du Seuil, 1984.

121. Montaldo, Jean, *La Maffia des syndicats,* Paris, Albin Michel, 1981.

122. Morville, Pierre, *Les Nouvelles Politiques sociales du patronat,* Paris, Edition de la Découverte, 1985.

123. Mothé, Daniel, *Le Métier de militant,* Paris, Ed. du Seuil, coll. « Points Politique », 1973.

124. Mouriaux, René, *La CGT,* Paris, Ed. du Seuil, coll. « Points Politique », 1982.

125. Mouriaux, René, *Les Syndicats dans la société française,* FNSP, 1983.

126. Moussy, Jean-Pierre, *Le Mai des banques,* Paris, Syros, 1974.

127. Olson, Mancur, *Grandeur et Décadence des nations,* Paris, Bonnel, 1984.

128. Olson, Mancur, *Logique de l'action collective,* Paris, PUF, 1978.

129. Padioleau, Jean, *Quand la France s'enferre,* Paris, PUF, 1981.

130. Pernoud, Régine, *Histoire de la bourgeoisie en France,* Paris, Ed. du Seuil, coll. « Points Histoire », 1981.

131. Perrot, Michelle, *Les Ouvriers en grève,* Paris, Mouton, 1974, 2 vol.

132. Piquemal, Marcel, *Le Fonctionnaire,* Paris, Berger-Levrault, 1979.

133. Poret, Pierre, *Productivité et Aménagement du temps de travail,* Paris, Editions d'organisation, 1983.

134. Pouget, Emile, *Le Père Peinard,* Textes choisis par Roger Langlais, Paris, Galilée, 1976.

135. Pouvoirs, *Le Pouvoir syndical,* 1983.

136. Priouret, Roger, *Origines du patronat français,* Paris, Grasset, 1963.

137. REBÉRIOUX, Madeleine, *Les Ouvriers du livre et leur fédération*, Paris, Temps actuels, 1981.
138. REYNAUD, Jean-Daniel, *Sociologie des conflits du travail*, Paris, PUF, coll. « Que sais-je ? », 1982.
139. REYNAUD, Jean-Daniel, *Les Syndicats en France*, Paris, Ed. du Seuil, coll. « Points Politique », 1977.
140. RIOUX, Lucien, *Le Syndicalisme*, Paris, Buchet-Chastel, 1960.
141. RUDE, Fernand, *C'est nous les canuts*, Paris, Maspero, 1977.
142. SCHWARTZ, Laurent, *Pour sauver l'université*, Paris, Ed. du Seuil, 1983.
143. SEGRÉ, H., *Les Entreprises publiques*, Paris, Editions sociales, 1975.
144. SEGRESTIN, Denis, *Le Phénomène corporatiste*, Paris, Fayard, 1985.
145. SÉGUY, Georges, *Lutter*, Paris, Stock, 1975.
146. SELLIER, François, *La Confrontation sociale en France (1936-1981)*, Paris, PUF, 1984.
147. SELLIER, François, *Les Relations industrielles*, Paris, PUF, 1976.
148. SELLIER, François, *Stratégies de la lutte sociale*, Paris, Ed. Economie et Humanisme, Editions ouvrières, 1961.
149. SIMONNOT, Philippe, *Le Grand Bluff économique des socialistes*, Paris, J.-C. Lattès, 1982.
150. SOFRES, *Opinion publique*, Paris, Gallimard, 1984.
151. *Ibid.*, 1985.
152. STOFFAES, Christian, et VICTORRI, Jacques, *Nationalisations*, Paris, Flammarion, 1977.
153. TÉZENAS DU MONTCEL, Henri, *L'Université peut mieux faire*, Paris, Ed. du Seuil, 1985.
154. TOURAINE, Alain, *La Conscience ouvrière*, Paris, Ed. du Seuil, 1966.
155. TOURAINE, Alain, *Le Pays contre l'Etat. Luttes occitanes*, Paris, Ed. du Seuil, 1981.
156. TOURAINE, Alain, WIEVIORKA, Michel, et DUBET, François, *Le Mouvement ouvrier*, Paris, Fayard, 1984.
157. TREMPÉ, Rolande, *Les Mineurs de Carmaux*, Paris, Editions ouvrières, 1971.
158. VERRET, Michel, *Le Travail ouvrier*, Paris, Armand Colin, 1982.
159. VIGNAUX, Paul, *De la CFTC à la CFDT*, Paris, Editions ouvrières, 1980.
160. VOGEL, Ezra F., *Le Japon, médaille d'or*, Paris, Gallimard, 1983.
161. WEISS, Dimitri, *Les Relations du travail*, Paris, Dunod, 1983.
162. YOSHIMORI, Masaru, *Les Entreprises japonaises*, Paris, PUF, 1984.

Sommaire

IMPRIMERIE HÉRISSEY À ÉVREUX (EURE).
DÉPÔT LÉGAL OCTOBRE 1985. Nº 8958 (37952)